"十三五"国家重点出版物出版规划项目

〔黎巴嫩〕米哈依尔·努埃曼 著
王复 陆孝修 译

七十述怀

华文出版社
SINO-CULTURE PRESS

سبعون

ميخائيل نعيمة

黎巴嫩的敬意

在中国的知识分子们中间,一批有识之士积极地架设着沟通黎巴嫩和中国两国人民的思想和文明的桥梁。王复、陆孝修两位文学家和翻译家是他们之中的佼佼者。将米哈依尔·努埃曼的巨著《七十述怀》译成中文,正是这种思想交流、文明融汇的最生动体现。他俩为翻译这三卷本的世界名著,付出了艰巨、伟大的努力,又一次赢得了我们对他俩的高度评价,使我们对他俩的译笔表示由衷的钦佩。他俩始终不懈地坚持让中国读者了解黎巴嫩的文学家、思想家及其作品,了解整个阿拉伯世界的文学、思想宝库。

黎巴嫩感谢王复女士、陆孝修先生,黎巴嫩的思想界更是感谢他俩,我亦要向他俩表示我真诚的祝贺和深深的敬意。

黎巴嫩驻华大使法里德·萨玛赫教授
1992年10月于北京

序

七十年!……

信手拈来。从一数到七十,易如反掌。即便算出七十年里有多少个月,多少星期,多少天,多少小时、分、秒,也轻而易举。但是,你无力使它按时空顺序一一再现;无力将每一瞬间带来的启示、幻象、激情、自发或自为的行为、心中的邪念欲望、光天化日或冥冥之中的梦幻泡影,隐瞒部分,而又有意或无意披露另一部分的欢愉和痛楚,逐层分离出来。

想在一小时内给自己或他人叙述你的生平,纯属自欺欺人。因为尽你所能,至多讲出部分中的枝节,怎能一口气说尽七十年的故事呢?

眼睛怎能将七十年里摄取的图像、形影,按其固有的体态、色泽和环境,映射在你记忆的屏幕上呢?凭窗远眺,匆匆一瞥,所闻所见,远胜直觉和记忆的感受。可是,七十年里,对你在大地上所见的人、物、飞禽、走兽、花草树木、固体流质,对苍穹中的日月星河,对书本里的文章词句,对一切瞬间即逝的事物在你心灵的影响,你能道尽其奥妙吗?

耳朵怎能使你重温昔日音响的领域,并将体察到的舒心、不悦、憩适、焦虑、痴醉、战栗、专心致志和漫不经心的感情重返记忆之中?

以此类推,如何计算双脚迈出的步伐,两手摸过的躯体,鼻子嗅过的气息,舌苔尝过的滋味以及吃进肚里的饮料和食物,排出体外的废料?

亲爱的读者！凡此种种和除此之外的千千万万，都是构成你我一生的基本粒子。粒子的大部分已深深沉落，记忆无法触及了。但无法触及不等于湮灭，它们的详情细节永远存在于悠久不朽的宇宙间。我们留下了自己生活篇章上一切印象最完整的记录。我们亲自填写，但又难得忆起并理解它们，留下并理解的简直微乎其微。不过，数量虽少，却正是打开被埋藏起来的部分的钥匙，人的毕生最伟大的意愿不就是精于使用这把钥匙吗？！

我不敢说已然掌握了自身的钥匙。这里，我只想冒一次险，带领读者在我至今依然生存的世界中做一次短途（或许是长途）的旅行。行前免不了提醒几句。文中的遭遇，无非是我在这大地上七十年来生活的记录。它们充其量是平淡无奇的零散片段，仅能帮助你了解我的一生，难得另有所获！就像地图帮人了解山脉的走向和河流的源头与流向，但无法告诉你山里的沟壑、坡崖、宝藏、草木、禽兽，以及数不尽河水的涓滴、河床底下的水草、泥沙和鱼儿，更无法窥见两岸的沙砾、丛林以及水面上的碧空。

我不是被迫的，可写也可以不写。那么为什么还执着地要冒这风险呢？

我素来信奉耶稣的话：应给恺撒的给恺撒，应还上帝的还上帝。所以，这本书里，我只是把一生中属于人们的那一份——对他们的心和思想有益的食粮，还给他们。至于私生活：诞生、起居、工作，谁是父母、兄妹、祖父母、叔婶姑舅，和挚友、仇敌如何相处，和深爱的女子间的绯闻，还有悲愁、哭泣、愉快、欢笑……我始终认为打听这些繁缛的琐事实属无益。因此，除在罕见的章节给至亲好友的信中稍微提起外，难得一见。

但是读者的好奇心——这是可以理解并应被感谢的——无意涉足我的思想生活。他们热衷于这些思想成长的土壤条件、结晶的气候、存在的基础、已经克服和尚未战胜的障碍。他们要了解我的生活如何与思想相适应，又在哪些方面有所差异。读者的这些要求都是合理的，因为我们同样热爱生活，同在广袤无垠的生活长河中执意追求自我，探索生活的目的和要求。他们确信——错也好，对也罢——我比他们更为熟悉这条路上的坎坷、滑坡、沟壑，两旁游人难以到达的小小绿洲以及应带的干粮；也更清楚目的地的沃土——此外，别无游迹和旅客的乐土了。

为什么有这种想法呢？答案在我，也在他们。

我——近半个世纪以来，一支秃笔献给他们许多许多，是我这个不速之客叩响了他们的心扉。

他们——认为我的赠予脍炙人口，和我一样，他们也感觉到这里掺和着彼此生活的血液，经受着彼此心坎里热烘烘的共通的感受。看！开罗一位读者这样写道：

"……说实话，我爱你，超过了对任何人，甚至生父之爱……啊，你这魔术师，你就是我的父亲、兄长和朋友……"

巴士拉的一个读者写道：

"我沐浴了你大量的恩惠……你是我的启蒙老师，也永远是我最好的老师，你将在我的精神和心灵中永生，是我不朽的朋友……"

下面是叙利亚哈玛一位姑娘寄来的信：

"当我以极大的兴趣和迷恋阅读你的作品时，我深感自己是世界上最幸福的人，因为我正在那些感觉敏锐的人才能理解的世界中漫游……"

摩苏尔的一位姑娘写道：

"我愿成为你身体的一部分，踏遍我脚下的大地，正如我现在让自己的精神跪拜在你崇高的凹壁前。我亲吻着那写出了光明和坦途的手，它将是照亮我未来道路的火炬，是驱散我度过的那些黑暗年月中的抑郁的慰藉。"

一位美国作家从加利福尼亚给我寄来了信：

"我又读了一遍《米尔达德之书》，它占据了我的全部感情。这是哲理、诗歌和远见卓识的宝库。这是精湛无比的修辞艺术雕琢的精品，书中那深远的意义与世共存。"

孟买的一个出版社说《米尔达德之书》是畅销书，誉满一代，永垂不朽。他要求我答应他们在印度出版。而荷兰的一家出版商则商请我同意将书译成法文、德文和荷兰文。

巴基斯坦的迈荷拉加写道：

"我读了您的许多书，您和我的思想是一体的。我时刻都在研究、学习您的见解，它使我日益接近自我，远离利己……您的作品使我增强了对人和人道的信念……"

无须一一列举了，数百封诸如此类的信，来自不同的国家和人民。既有真心诚意的赞誉，也有近乎神化和崇拜的吹捧，这里随手拈出的几封，只是承认了这样一个事实：读者已把对兄弟、朋友、同志、引路人的信任赋予了我，他们有权更多地了解我的生活。不过，对发自内心的、奉献给他们的礼物，他们是否也同样感激地接受了呢？摘食树上果子的人，又在树下乘凉，会不会惹人骂呢？

促使我进行这次冒险的还有几个原因。其一便是利己。我十分清楚，一旦专心写书，必然唤起昔日的回忆，重涉往日的生活。它虽不能使青春韶华再现，但能帮助我正确对待自己和他人，正确对待与我生活有关的世间万物。人在长足的前进中应不忘回顾。前进道路中的转折点上往往可以发现往昔遗留的问题。

另一个原因也许出乎读者的意料。在兄弟面前披露内心的隐私和罪恶时另有一番快感。此时，他俨然像一座玻璃房，通体透明，暴露无遗。不过对人们的视力和思想无法触及的深处当然不在此列，那是非己莫属的种种场所。

还有一条，或许是关键的一条：无论是现在还是将来，无论我在思想界和文学界的地位怎样，我永远是一个人，我的生活在他们的生活中得到了反映，他们包容了我。我出版的和即将写出的作品的价值，会影响我和读者之间相互探讨、相互影响的深度。如果彼此没有若干共通的东西，那么相互探讨和影响也就是一句空话了。我和他们本质相同，天性如一。我们同履一块土地，头顶同一蓝天，呼吸着一样的空气。我的欢乐和痛苦也就是他们的欢乐和痛苦。唯一的差异就是所得出的结论可能不同，适应或改革这一切的方法有时会大相径庭。但这一切都正常。没有这些适应、改变和估计上的差别,安于他人所恶,接受别人所弃,那就再也不可能有人乐于用笔或用嘴来交换观点和经验了。

我这七十年,特别是后四十年,是在生活方式上和思想方法上发生巨大变化的奇妙的时代。这首先由于短时期内出现了大量令人目瞪口呆的发明创造。再就是政治、经济、社会各方面爆发出的岩浆般的滚滚急流,它和我赖以生存的世界已迥然各异。若不是那条被称作"我"的线将这两个世界合而为一,我早就被分尸两半了。

我并非历史学家或学者,只是亲身经历过某些变动、潮流以及孕育它们的事件。我只想弄清其中暧昧的含义,它们对人类近期和未来的影响。我只想知道,这是时代的开始还是结束,或者只是一次垂死的痛苦的搏动。我看人,并不着眼他的建设、破坏、发明、创造、生产、消费。我主要注意上述一切在多大程度上帮助他实现其存在的目的。这一目的远远超过了他现在对美,对知识、自由和永生的渴求。

我将自己的一生分成三个阶段:从童年到结束俄国的学习生活;在美国;返回故土到今天。

现在大门已经敞开,让我们倒退七十年看看吧——如果时间真有先后的话。

米哈依尔·努埃曼

1959年10月于白斯肯塔

目录

黎巴嫩的敬意 / 001

序 / 003

第一部
1902—1910

在天之父与旅美之父 / 003

童年记旧 / 010

布·优素福和乌姆·优素福 / 014

白斯肯塔和舍赫鲁布 / 021

字母表 / 027

重归故里 / 032

魔术的变幻 / 038

俄国学校 / 041

我们和大自然 / 048

灾难和离乡 / 054

初次离家 / 059

拿撒勒 / 067

两个世界之间 / 092

布勒塔法 / 100

日记摘抄 / 105

伊拉·西穆夫卡 / 117

库提亚 / 119

法尔娅 / 126

神学校的第三年 / 130

第三年的收获 / 133

辛伯达式的旅行 / 149

香　蕉 / 154

愤怒的米沙 / 156

冰　河 / 158

阿拉伯骑士 / 160

破产的结婚方案 / 163

正要结束的时候 / 166

跨越大洋 / 170

第二部
1911—1932

瓦拉瓦拉 / 179

一门新的语言 / 184

大学里 / 188

初降的雨滴 / 192

燃烧的世界 / 198

一线光明 / 203

《艺术》的再生 / 209

共济会员 / 218

恐怖的旋涡 / 222

战神的网罟 / 227

叛　逆 / 231

蛋　壳 / 237

"妈——妈!" / 244

幽冥带来的憩静 / 250

这就是战争 / 253

大学里的兵 / 266

各条战线 / 273

发酵的面团 / 280

心儿的苏醒 / 285

笔　会 / 294

白　宫 / 303

啊,爱情! / 307

《筛》/ 311

革命和停战 / 319

失败的计划 / 329

侨居生活 / 334

在乡下 / 341

杜鹃钟 / 347

多种职业技艺 / 353

独　居 / 358

两个朋友 / 363

致弟弟纳西布 / 367

米开朗琪鲁第二 / 382

纽尼娅 / 386

主啊,怜悯我吧! / 392

希勒达 / 397

末场戏 / 402

我认为已经履行了的职责 / 406

了　结 / 414

第三部
1932—1959

在大海的陪伴下 / 421

新的黎明，猛烈的打击 / 430

相　会 / 435

恢复时期 / 440

新　生 / 444

舍赫鲁布的隐士 / 451

钱和笔 / 456

种　子 / 460

在世界之巅 / 470

考　试 / 476

方　舟 / 481

纪伯伦·哈利勒·纪伯伦 / 489

新的职业 / 507

艾布·艾迪布告别舍赫鲁布 / 511

与大自然 / 516

新的家 / 526

人们的灾难 / 531

生我的人死了 / 537

世代竞争 / 542

反常的现象 / 551

独　立 / 557

我的家 / 562

一本书的诞生 / 571

1949—1959 / 578

以　后 / 587

词汇的筵席 / 592

译后记 / 595

第一部

1902—1910

在天之父与旅美之父

"孩子,跟我一起说吧:在天之父,愿你的名字永远圣洁,愿你的神威统管普天,愿你的意愿在天上如同在地下一样实现……"

母亲不做句读,不顾语法,结束了耶稣教导弟子那简短的祝词。活了一辈子,拼音字母的谜团对她来说始终是"有学问的人"才能解开的,可是那个时候能有几个有学问的人哪?!

做完祷告,马上又给那些活在她心里和生活在周围的人诵念长长的祝辞。首先是:

"跟我一起说吧,孩子:主啊,默祝我旅美的父亲成功!他若捧起一抔黄土,请把它变成黄金。主啊,愿他平安返乡!主啊,佑助我的哥哥,佑助两个舅舅易卜拉欣和苏莱曼,保佑他们顺利地生儿育女。主啊……"

瞌睡已经爬上眼睑,我艰难地转动舌头,一遍又一遍重复着母亲的话,蒙眬之中,母亲的话语在我脑海里勾画出一连串奇形怪状的图像……天国里非血肉之躯的父亲——那蔚蓝的苍穹里,白天,旭日东升;夜晚,星月满空。我不知道怎么去想象他的长相和他的住所。能和我们家一样吗?也许更大,更漂亮些。不用说,准是砖砌的大宅院!……血肉之躯的父亲,住在一个叫美国的地方,我把他想得人高马大,膀阔腰圆,两撇胡子比以往见过的都要浓。美国,可是天那边的国家啊!那里谁抓把土转眼就变成黄灿灿的金子。那种我还没见过的黄金,该是多宝贵的东西!不过,令我百思不得其解的是,既然母亲可以不费吹灰之力祈祷在天之父将父亲手中的土末变成黄金,他为什么还要远涉重洋，来到美国呢？我们家的地是土的，屋顶也是土的，周围到处是土，无穷无尽。莫非两种土不一样？看来，这是确凿无疑的了……

如果说这些形象使我困惑不解，那么，每天夜里闭眼入睡时，浮现的另一些形象倒从未使我迷茫过，那就是我母亲。我熟悉她，爱她，因为她喜欢我。她的臂弯最适于我枕息，她的胸怀是我最得意的藏身处，特别是在那寒冷的冬夜里，俨然似一膛温暖的炉火，赐给我恬适和安宁。至于，这个女子怎么成了我的母亲？为什么孩子都要有父母？父母之爱又是什么？……这些问题我很少思考。反正，每个孩子都要有父母。我的父亲在美国，这个女子是我母亲。她是我母亲，这就够了。

我有两个哥哥——迪布（后来改名艾迪布）和海卡尔。所知道的仅此而已。他们是我兄弟，因为我们住在一起，吃在一起，同一个母亲料理我们的吃喝穿戴。母亲对我们有着绝对的权威。令出必行，稍有忤逆，招来的不是一顿痛骂便是掌嘴。桑木棍揍得掌心或身上其他部位火辣辣地疼。我和母亲在一个床上睡，两个哥哥的床在另一边，母亲天天起夜几次，怕他俩的被子给蹬掉了。至于为什么有些邻居的孩子有不止一个哥哥或什么兄弟也没有？为什么有的人有姐妹，我又没有？这都令我费解。

有两个人在屋子的另一个角落里，他们是我爷爷艾布·优素福和奶奶乌姆·优素福，年龄比我、哥哥和母亲要大多了。我了解他们，也爱他们，因为他俩都喜欢我。我还有两个叫艾布·易卜拉欣和乌姆·易卜拉欣的外祖父母。不知为什么，他们另外住着。我当然也喜欢他们，可总不像对家里的爷爷、奶奶那样亲。为什么我有爷爷、奶奶，还有姥爷和姥姥，可街上有的孩子没有，有的只有其中一个。其中的缘由，我也说不清。

每天晚上，屋里回荡着母亲"求主……""求主，勿……"那单调呆板的声音，屋中间柱头上的油灯总在我的眼前幻化出奇妙的形态。灯由黑铁皮敲制成，呈锥形，顶端饰有璎珞，一侧装着长方形的把，油箱里至多能装一两多煤油。可它是我家唯一的照明用具，我们叫它"努瓦斯"，字典里这个词的原意是摇晃、摆动，我们的努瓦斯确实总是摇曳不停。火旺时，灯芯上一缕青烟袅袅升起，在黑黝黝的天花板上缭绕，不一会儿，火苗便左摇右摆。有时，它又仿佛犯了头晕病，耷拉着脑袋，但那舞姿在墙上、天花板上、地上、家具上勾画出一连串千奇百怪的形象，使我惊奇不已。

现在，请读者原谅，我暂时抛开那农舍和摆设，来讲讲我们的房子。这种格式的房子是散落在黎巴嫩高高山麓上千百座农舍的一个缩影。今天，也都已成为历史的陈迹，无法一窥其真面目了。

几百年前，来到这山坡上落户的人家，并非垂涎这里土地丰腴、生活富足。他们只为逃避当权者的淫威、雨水的稀缺和乡土的贫瘠。但这里石头比土多，山道崎岖，冬日苦寒，不见店铺，没有灯火，唯一糊口的生计就是犁杖、镐头和锄把。不过，这可是一片结结实实的山麓——起码当时是坚不可摧的，并且气候宜人，泉水潺潺，山坡上长着橡树、松柏、冬青槲和茂密的水稻。他们来了，囊空如洗，手无分文，有的只是一条身躯，满腔信心和结实的臂膀。难怪他们采用了简捷省钱的办法建房！钱对他们来说是多么稀罕，多么珍贵啊！

最简单的造屋原料是石块、树木和泥土。他们把碎石掺在和好的泥里，屋檩用树干，铺上木板和树枝，再敷上一层泥土，用碌碡压实。这样，除非日后松散开裂，否则连雨水也渗不进去。当然，出现了裂缝就要重新碾压。特别是冬季，哪怕出现些微裂隙，也不能放过。人们经常发现雨水或雪花突然从四面八方钻进屋里，那说明小缝已经变成大口子了。

那时，家家院里都有一座东西或东北向的高架，类似今天的天桥，用来堆放柴火。石头或木质的墩座设计在院落正中央。盖这类房子花钱不多，可真累死人：伐树、铺石、运土，需要集体劳动，特别是一大家子人的合作。随着家庭人口的繁衍，大家庭开始分裂，住房随之增加，按照上述的模式修造的房宅紧相毗邻，逐渐形成以族姓为名的条条街道，如努埃曼街、哈达德街、艾比·哈依代尔街……这种七八座，甚至十来座紧紧相依的宅院群落，除了各辟自家进出的大门外，无论外形、深度、高矮，都如出一辙。这种格局的住宅普遍被称为"萨依哈"（呐喊者)。可能意味着倘或有人在房子的一头喊一声,另一头也能清楚地听到吧。

我们的萨依哈六扇门,一律朝南开。三扇是我们家的,两扇属于我父亲的叔伯兄弟的;最西头的第六扇门里住了一个叫乌姆·哈娜的孤老太婆,她的房子实际上只占了点儿零头地边,远看像是我们家的阳台。我们萨依哈的顶上是另一个萨依哈,模样和我们的相似,也是努埃曼家族的。令人讨厌的是他们的孩子总在我们的房顶上跑,弄得天花板上的灰土经常落在我们的头上和吃食里。我们的东边还有一个同样的萨依哈,属努埃曼的另一家宗族。它只有两道门,层与层之间隔着一条狭窄的走廊。以上这些就是我懂事之始所知道的努埃曼街。街的尽头是我生活的世界的疆域界限,它全部的居民也就是我世界中的居民。

现在再回头看看我出生的屋子吧。这间房位于萨依哈的中部,门是两块钉在一起的厚板。门锁真难以形容:两巴掌宽、一拃来长的厚板交叉成十字形。一块钉在门扇的东边,另一块一头顶住的下方可以左右各移动五六厘米。可移动部分的上面有五个小孔——一边两个,中间一个。上边板上,有五颗活动的钉子,当木板下落到靠近下面那块木板时,钉子正好插进五个小孔里,门锁上了。人们叫这些钉子为"插销",而它的全部秘密就是门一关,它就跌入孔内,开门后,它又从孔中抬起来了。

有趣的是这把奇妙门锁的发明者,居然没有忘记发明一把钥匙。钥匙是一根一拃来长的棍。顶端有五根小棍,也可以说是五根没有帽的钉,位置正好插进五个孔里。开锁时,只要准确地将五齿插进孔内用力一推,插销就被顶出,上下两块木板随之分离。再用钥匙将下面那块往后一拽,门自然打开了。这个复杂的工作往往需要好几分钟,以致常使开锁的人气得骂天骂地,背叛了上帝……

万赞归主,我们总算打开了门,那么,亲爱的读者,咱们就进去看看吧。屋子简陋得可笑。脚最先踏上那块直径一米左右的半月形低地,叫门槛。门槛上铺了一块破席子,上面摆着大大小小的鞋。这里每家的习惯,不论家人还是外人,进屋都必须脱鞋,鞋就放在门槛上,免得把土带进屋里。要知道，迪布他妈有洁癖。

踏上门槛，屋里的一切便一览无遗了。屋子呈正方形，长、宽不超过七米，高三米左右。

右边首先映入眼帘的是一张高约一米的木台，上面放着我们家的"银行"：一把陶壶，两只陶罐。按饮食、洗涤和清扫的需要，乌姆·迪布每天总要一次或多次地扛上陶罐，走下那简陋的砂岩石台阶，到一里地外去打水，那里有一口泉眼，地势比我们家低百多米。酷暑严冬，风雨无阻。木台右面的墙上嵌着一面小小的镜子。这是家中唯一的一面镜子，背面的镀银早已斑剥蚀落，照出的形象多半是扭歪的。不过俗语说得好：黑眼睑总比瞎眼睛强。

左手边靠墙立着一只高高的木箱，无形中为屋里隔出了一个角落。冬天，因为它离炉子近，开门时扑进的冷风又吹不到，所以，这间"小私房"倒成了老人们最中意的地方。紧挨"小私房"的是一座红泥砌起的一尺来高的半月形炉灶，饭锅支在上面，下面烧柴火。灶前留出一块半圆形的空地，砌上一道边，以防炭末灰烬落在周围的床垫和羊皮上，这是我们专门做饼的烤炉。今天，灶下烧火的情景记忆犹新。一旦火苗压灭，浓烟腾空而起，屋内立时烟雾弥漫，我们就得使出吃奶的气力，拼命地吹，尽管烟迷得泪流满面，灰涂得脸颊上黑一块白一块，也还得轮流吹。和炉灶相连的是一段墙围子，巴掌宽、两尺来长，颜色、高度和炉灶一模一样，我们叫它"法里兹"（围腰）。

墙的北头是一个比屋顶低一尺左右的泥柜。为了不惹人注意，所以没有建在室外。泥柜底下有一个直径约十五厘米的洞，洞上用破布塞得紧紧的，这是家里唯一的粮仓。冬天，从上面倒进小麦，取时，再从洞里掏出，而那口泥柜的顶上则用来储存土豆、洋葱和蒜。

屋中央靠右，从天花板上垂下一道宽尺许的白帘，帘后是一口壁橱，白天存放被褥、枕头。这些卧具有自用的，有专为客人准备的。壁橱下面还挡着一幅布幔，后面有家家必备的糖蜜罐、油罐、干扁豆、鸡豆、麦渣、糖、大米和咖啡豆。陶制的油罐主要存放腌制的熟羊肉。它的作用类似我们今天的罐头。罐子的数量，按各家为储备冬粮在秋季宰杀羊羔的多少而定。至于本地少见的橄榄油,老百姓不按磅,而按两买。

那时,山村的居民必须储存六个月的食物,这样,秋末至春初这段时间,即使田地里或葡萄园里毫无收获,或冬雪封门,足不出户时,也不会因吃喝而发愁。今天,虽然现代文明给他们带来了便利的交通,但许多人仍保留着这旧日的习俗。

现在,该领你看看面缸了。那是一只大肚子泥桶,立在壁橱的左边。磨好的面粉从上面的大口中倒进去,用时再从下面的圆口里掏出。桶口边放一只陶盆,除了和面,有时还盛放甜食。别小看了它,这只口宽底窄的圆边陶盆,足可以盛下够一个多星期吃的面饼。盖是乌姆·优素福用麦草编的,吃饭时正好用作端饼的大盘。

最后,看看我们的地板,一张粗麦秸编的草席上散放着九只坐垫和靠垫。严冬季节,草席上再铺上一层毛毯或山羊毛毡。草席下面的土地,用掺有蓝色泥土的水抹过,所以地面呈蓝黑色。乌姆·迪布每星期都要把这屋子上上下下地擦上几遍。所以连离地一米左右的墙围子也都是那种蓝色泥土的颜色。

这就是我出生、长大、生活到1911年的屋子。看来,你会奇怪,这间屋子是怎么"呼吸"的?要知道,三面都是内墙:左右两面和旁边两间屋子合用,后面则依山而立,只有前面有门的那堵朝外。夏天,这里夜不闭户。冬天,屋顶下,墙角边的那些孔洞、缝隙是烟尘、混浊空气和新鲜空气交流的地方,我们把它叫作"安瓦勒",说不定它们就是现代空调机的鼻祖呢!

可真有意思,你什么都看见了,还如此认真和诧异地问我:"客厅在哪儿?"

"冬天,就在炉灶周围。夏天,散放的坐垫、靠垫就算是了。"

"餐厅呢?"

"那张放着调料的小圆桌,加上旁边放面饼的草盘。勺子嘛,当时只吃面饼,不用勺子。刀子、叉子就更不用提了。"

"卧室呢?"

"无论哪里,铺上被褥就是卧室。"

"厨房?"

"冬天,屋里的炉灶是厨房,天气暖和了,它自然移到外面去了。"

"在哪儿洗澡呀?"

"就在你脱鞋的门槛上。在那儿放上一只大盆,盛满热水,再关上身后的门,不就成浴室了?"

"那么,厕所呢?"

"露天地里,街道和村子里的桑园里,水车附近也可以——水车多极了!"

关于住房,我说得不少,目的只希望把我观望世界的窗口——对我,它是狭窄的,但又是宽大的一只笼子——的真实形象介绍给读者。在这里,我度过了童年、少年和青年;在这里,我第一次赞颂"在天之父",第一次为在美国的父亲祈祷。但愿我的描述有趣真实,没给读者带来任何疲倦和烦恼之感。

童年记旧

任何人都难以准确无误地确定记忆中的事物,特别是对童年的初次回忆和当时的年龄。下面,我将不按时间顺序,告诉读者,我童年时代的某些记忆。

我尚能忆起母亲把我扛在肩头上教堂的情景。多大的孩子还要扛在肩上,记不清了。只是那摇曳的烛光、袅袅香烟和教士们金银浮花织锦的披风引起的阵阵喜悦仿佛还在心头碰撞。我也记得听了一个信士的祈祷和看到他那肥硕的秃脑袋给我带来的不悦。再就是祈祷者和圣坛之间的那堵圣墙上挂着的一幅色彩灰暗的肖像画。他一脸大胡子,眉头紧锁,哀伤的眼神既不见慈悲,也没有怜悯。长大后,才知道这幅画竟是希腊或俄国修道院中的一个修士笔下的耶稣像!

一天黄昏,知道两个哥哥要上教堂,便求他们把我带上。他们知道我走不了那条崎岖的山道,一口拒绝了。我执意跟在后面,没多远,真走不动了,无奈,趴在地上大哭大闹,手脚抠着泥土,泪水哗哗地流着,最后,嗓子都哭哑了,别提当时怎么生自己的气了。这么小的个子,什么时候才能长大?大哥见我怪可怜的,俯身安慰我,劝我回家。我一听,脾气更大了,哭得更响。大哥心生一计,许诺道,如果听话,他就会带一个教堂的铃铛给我。这许诺像魔术一样愈合了我那被愤怒撕碎了的心。我马上回家,怀着翌日清晨在枕边拿到铃铛的希冀,甜蜜地入睡了……

时至今日,母亲把我一把抱过来,站在房内那面唯一的镜子前的情景,依然栩栩如生地刻在脑海里。"瞧瞧,这小鬼!"她慈祥地说道。这是我第一次看到了自己的脸。我死死地盯着那镜中人，简直无法相信，里面竟是我的脸。我皱皱眉头，又堆起笑容。可微笑里透着愁意，脸皮也发棕褐色，看完挺不是味儿，长一张白净脸有多好！而且，个子才这么点儿，母亲不抱还真够不着这块奇怪的镜子。

上面说过，我有两个舅舅，易卜拉欣和苏莱曼。他俩早就离开家乡，跑到埃及干承包商去了。大舅苏莱曼更精明些，挣下了数量可观的财产，在埃及颇有地位。一次他派兄弟回白斯肯塔，以他俩的名义兴建一条砖瓦街。街上的建筑、装修、陈设，当时都是一流的，也是全村第一条红砖街。它离我们家不远。就在屋内家具安置妥当、舅舅易卜拉欣从埃及回来消夏那天，母亲带着我踏进了那座"宫殿"。现在回想起，那些奇妙的景象依然历历在目。譬如刚一登上楼梯，就把我惊呆了：石雕台阶的两边竟是铁制的扶栏，上面配着一个个金灿灿的铜球；又如，那高大的门扇上安着手形的门环。更有趣的是那一尘不染、滑得留不住脚的地板，弄得我差点儿摔了一跤；还有那挤满穆斯林男女的客厅，四周墙上饰有彩线，天花板绘着彩图，有葡萄、苹果、花卉、百鸟、鸽子……厅正面的玻璃窗上，还绘有一对怒目相视的雄狮。妈妈领着我跨进大厅，我一颗心差点儿迸出胸膛，眼珠瞪出眼窝……周围是天鹅绒面的圈椅和沙发、耀眼的镜子、波斯地毯和金银线绣的幔帐。"啊，这也是家？！为什么我们的家不这样？"命运的差异第一次在我心中深深地种下了。我们远不如舅舅，不免痛苦。可想想有这么两个大亨舅舅，又感到由衷的幸福。

易卜拉欣舅舅招呼我过去，把我抱在胸前，亲着我的面颊，问道："你是努埃曼家的，还是海勒夫家的？"（是爸爸家的，还是姥爷家的？）那两撇浓重服帖的胡子、俊伟的面庞和一脸男子气的威严，使人简直不敢抬头。一身西装和我们村里男人常穿的衣服没有一点儿相似之处，背心扣眼上的链子金光闪闪，令人眼花缭乱。我惶恐不安，唯恐不能答出令他满意的答案。可他一再问我，我想了又想，鼓起勇气，低声答道："是努埃曼家的。"他又吻了我一次，然后，开始了一连串我早已练熟的对话：

"你叫什么?"

"代阿布勒。"

"卖什么的?"

"肥皂。"

"在哪儿呢?"

"篮子里。"

"会有人偷吗?"

"难道我是个疯子?"

舅舅哈哈大笑,在座的人都跟着笑了起来。

回家的路上,我问母亲:

"咱们怎么没有舅舅这样的房子呢?"

"咱们穷。"

"那他们呢?"(我是指两个舅舅、舅妈和当时还活着的姥姥。)

"他们富。"

"咱们为什么穷?"

"咱们没钱。"

"那他们为什么富?"

"他们有钱。"

片刻的沉默后,我又追问道:

"那舅舅干吗不给点儿钱也让咱们盖一幢和他们一样的房子呢?"

"不许胡说!"母亲呵斥道。

一天,母亲给了一枚铜板,让我上小贩那儿买糖豆。这是我第一次见到她所说的钱。它的价值大约相当于五个土耳其基尔什。又一次,大约是四岁,或许还不到。我在小柜的角落里发现一枚金里拉[①],我以为仍是一枚铜板,兴冲冲拿着它跑到最近的一家铺子去买糖吃。那老板很好,抓了点儿糖给我,收了我的金币,不一会儿,便把它还给了我母亲,劝她不要把金币放在孩子可以摸到的地方,它们是贵贱莫辨的。

---

① 一里拉等于100基尔什。

也许，至今我还弄不清到底哪个更值钱，黄铜还是金子。

那时，我从大人嘴里听到许多我不明白的话，有好话，有坏话，也有不好不坏的。为了证明我的语汇丰富，每每抓到一个新词，便想方设法找机会来用，可又不能像大人一样，用得恰到好处。一天，母亲和几位邻居闲扯家务。我在几小时前，刚学了一个词，后来才明白它的意思是"瞎吹"。母亲在说她的孩子们，特别是我，总说有头脑，文静，心眼好。一听这话，我马上进出一句："你瞎吹！"母亲狠狠地拧我的耳朵，痛得我哇哇乱叫。时至今日，你还可以看到，我只要一听到这个词，就情不自禁摸摸耳朵，嘴上当然再不敢用这个词了。

我还记得，当我刚刚可以自理，不需要母亲监护，也不需要人帮扶，自己可以在屋后房前转悠时，身上有两件银器：右耳上一只银耳环，脖子上一副银项圈。耳朵钻窟窿，戴耳环，是为了防止忌妒和邪恶的毒眼。至于项圈，据说是在村修道院许下的愿，只有还过愿，才许摘掉。有一天，我觉得这个圈圈非常碍事，随手摘下来，丢得远远的。同样令我不快的是，看到周围小朋友们都不带耳环，耳环只是女人和姑娘的东西。于是，趁家里人不注意，我又开始捣鼓那只耳环，终于，撕破了耳轮摘下了耳环。母亲知道后，简直要疯了，她拼命地找这两件信物。最后，总算找到了项圈。这是至关重要的。虽说丢了耳环，但她已经高兴得不得了了。于是，项圈又套在我的脖子上，直到母亲还了愿……受到母亲责备时，我理直气壮地回答她：我不是丫头，我是男孩！

今天，我多希望，那只项圈和耳环还能在我的手里。

布·优素福和乌姆·优素福

　　我父亲叫优素福,排行老大,又是四个孩子中的独子。我祖父,布·优素福[①],名叫米哈依尔。人们都顺口叫他姆哈伊勒。按当地的习惯后人往往用先辈名字,他们也叫我米哈依尔。据父亲说,我的先祖是纯血统的阿拉伯人,希腊教会派基督徒。阿拉姆洪水[②]后,他们可能从也门到叙利亚,后又迁往黎巴嫩的阿布尔,最后定居绥尼山。

　　我们家族的姓——努埃曼,有几种读法。所以,你也许弄不清,是"恩阿依米",还是"努依米",还是"尼欧依米"……另外人们又在这个词的前面加上了定冠词"艾勒",于是人们说:"艾努依米家"或"艾努依米的舍赫鲁布"。我们来之前,能读会写的人都写成"努欧依曼",即"纳依姆"的指小名词。后来,来了一位自称博学多才的老师,让我两个在校学习的哥哥把名字写成努埃曼,即"尼阿买"的指小名词。从此,我们就按他的说法写了……但不管怎么念,它绝不是埃及或者阿拉伯国家某些人念的"纳依姆"。

　　我知道的祖父布·优素福年近八十。他身材魁梧,肩宽膀圆,一副庄严、持重的脸相。他有着大部分黎巴嫩山民的普通装束:阿齐兹式(阿卜杜勒·阿齐兹素丹陛下)的土耳其帽下,戴着一方头巾,披着的半身毛织斗篷是在家乡白斯肯塔缝制的,蓝色的长裤又肥又大……

　　我对他那慈祥的面容,和蔼又甜蜜的微笑,甚至双颊上隐约可见的

---

① 这里的"布"应作"艾布",意思是"父亲"。阿拉伯人习惯在儿子名上加"艾布"或"布"称他父亲。
② 公元三世纪也门的一次大洪水。

细红的血管,无不迷恋崇拜到了极点。父亲对我说过祖父力大无穷,一次,竟扛起一扇磨盘。可他心地善良,慷慨大方,只要力所能及,从不拒绝别人的请求。

祖父去世时,我还不满七岁,但他生活中的一幅幅亲切可爱的画面至今还珍藏在我的心坎里。只有一幅例外。记得那次,我爷爷坐在院中的碌碡上,周围是我们族里的一些男人,他们刚参加完一个亲属亡灵的四十天聚礼,在这里等着理发。早时,我们族里只有一个人有剃头刀,他当然成了族里唯一的剃头师傅。第一个就是祖父。这位师傅先把剃刀在掌心来回一刮,又在鞋上磨磨,走到爷爷跟前,先在头上洒点儿水,涂上肥皂,便开始了。一上手,祖父的头上立刻划出了一道道口子,暗红的血丝开始渗出。但他岿然不动,依然谈笑自若。仿佛头上冒出的鲜血只是他心甘情愿向剃头匠和他的剃刀交付的课税。

爷爷的下巴也出血了,其他人的下巴也都被刮破了,这个痛得直叫,那个向主呼救。可是感谢也罢,抱怨也罢,剃头匠毫不介意,兀自目不转睛地完成他艰巨的任务。只见他鼓足两腮,一边用外袍的袖子抹着额头上的汗水,一边咯咯地笑着说:"这把胡子得用斧头砍,剃刀玩不转了。"

另一幅记忆中,我看到自己正躺在爷爷身边。扁桃体发炎引起的高烧使我的身体像一只燃烧的火炉,喉头肿胀得连口水都咽不下。爷爷彻夜不眠,抚摸着我,搂抱着我,安抚着我的脸和头,不停地在我耳边低语道:

"孩子!你是爷爷的命根子!但愿这痛苦在我的嗓子眼里。"

提到扁桃体,不妨费一点儿笔墨告诉读者,早年,我们是怎么处理扁桃体炎的。努欧依曼人的街上有个老太婆,我觉得她最有资格进入天主的乐园。她用十分简单的土办法,给我们这些扁桃体发炎的小孩子减轻了多少痛苦!她在自己皲裂的食指尖上抹点儿咖啡粉,然后,伸进患者的口中,用力把扁桃体挤破。哪个小孩不肯张嘴,她就把上面说起过的那把木钥匙塞进他的嘴里,直到"手术"完毕。塞东西在嘴里是怕孩子咬她的手指!乌姆·达乌德老奶奶,愿上帝怜悯你!

回头再讲讲爷爷吧。这回是在舍赫鲁布发生的事。什么是舍赫鲁布？不用急，下面我就告诉你。

堆在打谷场上的庄稼是我们的，可拉碌碡的两头牛都是人家的。自父亲去了美国后，我们就没有牛了，年迈的祖父怎么照料牲畜呢？我依偎在爷爷怀里，他坐在碌碡上，抓着拴在牛角上的辕绳，碌碡前面有一把铲牛粪的木锨。麦子里万万不可掺进牛粪。尿嘛，就无所谓了。

头顶上碧空如洗，骄阳高悬。眼前，白色的绥尼山熠熠闪烁。身旁枝头上鸟儿鸣啭，块块山石危兀嶙峋，逶迤起伏，在不远处劈开了一条深邃险峻的峡谷。身下的碌碡机械地转动着，铸铁的牙齿啃磨着麦穗，不断发出诱人的音响。它在我心中撩起的感情，犹如最负盛名的乐队在乐迷心中激起的涟漪。啊，多么舒适啊，麦穗上扬起的细细的灰土落在碌碡上，落在爷爷和我的身上，钻进了我的口中、鼻孔，停留在眼窝里。岩石、山岚沐浴在阳光下，山谷里送出阵阵轻风；牛不停地摆动着尾巴……此情此景，在我心头涌起无比的喜悦。

突然，耳边响起祖父那柔美、断断续续的嗓音，一阵战抖在我周身荡漾。那不是寒冷、恐惧和憎恶引起的战栗，它是突然涌上心头的欢乐产生的震颤，爷爷唱道：

庭院的枣椰，
雄狮将你守卫，
无尽的妒忌，
使你枝条断裂。
我辛苦耕耘，
换来他人的收获。
真见鬼！
快把麦子还到我们手里……

什么是枣椰，我不懂，那时我还没见过。心想，大概是一株果实累累的大树，被忌妒的火焰烧断了它的枝丫。"耕耘"和"收获"我是懂的,爷爷种的地,别人来摘取了果实,他幽幽的哀诉使我难受。他珍惜自己的麦子,对掠夺者的哀求深深刺痛了我的心。我多么希望自己快快长大,长成个结实的小伙子,替爷爷好好治治那帮恶棍!后来,爷爷过世了,我也长大了,但他的哀怨和愁伤始终伴随着我走遍天涯海角。我发现,爷爷的哀怨和愁伤也是世界各地——特别是东方千百万人的哀怨和愁伤,被他人攫取了收获的耕耘者何其多?向抢劫自己庄稼的人哀求的又何其多?快把那麦子还到我们手里……

爷爷又唱起了另一支和声合唱曲,至今我还能背记其中的一段。

> 穿蓝衫的,主在你身边,
> 佑助你那忠诚的痴恋!
> 啊,我绝不再有新的企求,
> 主从不掐断人的希冀。
> 啊,我绝不再有新的企求,
> 若非人言可畏,
> 我早破口大骂。
> 是我辛苦种下的枣椰,
> 路人都来品尝它滋味的甘甜。

爷爷的歌声乘着轻风飞扬,飘落在绥尼山顶。甜美的声音使我陶醉,也诱使我插上幻想的双翼,翱翔在神秘莫测的天空中:和爷爷窃窃对话的"穿蓝衫的"究竟是谁?为什么爷爷跟他说,主佑助他那忠诚的痴恋?不过,我的陶醉里却带有几分忧伤,因为爷爷辛勤种植,别人却顺手摘走了果实。

从爷爷和父亲的歌声里听到的哀怨和愁伤,仍然是今天阿拉伯东方歌手们的歌词。莫非还有许多人的麦子依然被装进他人的口袋里?

我说过,爷爷的许多事迹长久地留在我的记忆中,新鲜而又美好,仅有一桩是例外。爷爷晚年患有慢性腹泻症,奶奶这也不让吃,那也忌嘴,葡萄是其中之一。可是,可怜的爷爷就爱吃葡萄。一天,门前来了个卖葡萄的，爷爷见家中无人，偷偷买了几串，卖葡萄的刚走，就传来了奶奶的脚步声。爷爷慌忙把葡萄藏起来，他哪里知道，我也在家，正睁大了眼盯着他的一举一动！等他们出去后，我把葡萄藏在了一个谁也找不到的地方，我之所以那样做，完全是出于对爷爷身体的爱护，减轻奶奶和母亲的忧虑。

不一会儿，爷爷回来了，直奔他藏葡萄的地方，可翻遍了屋子的每个角落，连影子也没找到。他满腹狐疑，嘀咕道："以耶稣发誓，出了犹大了。"我什么都看在眼里，却佯装不知，爷爷怀疑是我使的坏，问我是不是把葡萄都吃了。我矢口否认："什么葡萄？我没见过，更没吃过！"

就在那年秋天，他去世了，带着对葡萄的垂涎，带着在那个秋日失踪的三串葡萄的疑虑与世长辞了。唉，我的布·优素福爷爷！我总觉得你早已宽恕了以你的名字命名的孙子干下的这桩事。他绝不想惹你生气。求主保佑，那只是出于对你，对两位照料你的女人的怜悯。那时，他像爱你一样地爱着她俩。今天，他在这里向你坦白，多希望这件事从未发生过。

爷爷去世了，享年八十有余。没过几年，父亲也无声无息地去世了，但愿我将来也能如此平静、安详地魂归天国。那是黄昏前，爷爷感到浑身发抖，让奶奶给他铺好褥子，比往常多盖了条被子。不一会儿，身子不抖了，人也睡着了，一个多小时后，脉搏停止了跳动，进入了永远的长眠。那时，父亲从国外回来还不足一年，游子归来不仅对风烛残年的爷爷是最大的慰藉，也是对他俩最好的安慰。他们父子俩紧密相连的爱是多么深切！

爷爷和奶奶纯属上帝撮合的一对矛盾对立体。爷爷仪表堂堂，高大魁梧，才思敏捷，力所能及的无不尽力帮助。他精于工作，长于理家。奶奶呢，身材矮小、枯干、消瘦，凡事不动脑筋，日常生活中既不懂计划开支，也不会料理家务。所以，母亲刚一过门，爷爷就发现了奶奶和母亲这两个女人之间显而易见的差距。他经常对母亲说："你才是男人的姐妹！多亏得你来。这个家要没有你，早完了！"这是实话。母亲天资聪颖，感觉敏锐，有独到的鉴赏力，在料理家务和抚养孩子方面颇有远见卓识。而那希望改变现状的欲望也是无止境的。

奶奶尽管头脑简单，但她那钢铁般的神经却使她不知疲倦地工作。除吃饭和睡觉，从不见她休息。春天，她用牛粪和破布做养蚕的笸箩。从孵出幼蚕到摘下蚕茧，她始终是母亲最好的帮手。夏天，我们全家住在舍赫鲁布时，她要不刈石头缝里绑笤帚的草，要不就在打谷场上拾麦秸，编盛饼的大草盘。稍有闲空，就帮着筛麦子，打扫谷场。白天黑夜，哪怕是一把草、一根柴，回家手里总拿点儿什么，空着手或不担什么物件进家门的日子太稀少了。

她总跟我们唠叨：手闲着要发臭，空着手回家绝没好处，连门槛都表示可惜哩。一旦家里、地里的活都忙完了，她便坐下来摇起纺锤，给我们纺线织毛袜、给爷爷或自己补衣衫。唯有我们孩子的衣服，妈妈是不放心让她缝的。

除去繁重的家务劳动，奶奶最喜欢的就是接生。村里大部分妇女都爱上门来找她。逢人来请，她什么要紧的活儿都丢下了，披上最漂亮的衣服，急如星火，奔向那即将抛离黑暗禁地、向往光明世界的新生儿。婴儿一出世，她那高兴劲儿，比孩子的父母有过之而无不及！

为照顾新生儿和产妇，她总要和他们一起待上三两天。辛苦的报酬不超过六个土耳其基尔什，往往到手的只有一块的黎波里肥皂加一句普普通通的祝祷："主的恩佑，你的接生无比高明，主让我们酬谢你。"难得的是，在漫长的岁月中，经奶奶接生的大人孩子个个平平安安，这一点是她最值得自豪的了。

母亲和奶奶之间的拌嘴常给家里罩上一层阴霾。母亲常是肇事者。她口上说奶奶多勤快，心里总不以为然。家务上，奶奶绝不甘受他人支使，动起手来比母亲还利索，可不善安排，无法善尽人意。除此之外，至关重要的，怕是母亲觉得婆婆过分疼她女儿和外孙，独生子和孙儿们倒不是那么在意。多年后，我才听说，奶奶晚年病重，起不了床，也是这个媳妇赛过贴心的亲人，细心地在一旁侍候。祖母感激涕零，一次又一次地吻着她的手，说："我是你的亲娘，你是我的女儿。除了主和你，我一无所有。主替我酬谢你，保佑你、你丈夫和孩子们幸福，升入天堂……"

　　奶奶死在第一次世界大战期间。当时，我流亡在国外，战后噩耗传来，她那纯洁的容貌又出现在我眼前：双颊、额头上深深的皱纹，细削的鼻子，眯细的眼睛。我仿佛又看到了她蒙着的黑头巾和那双被劳累磨皱的起茧的小手，当蛆虫尚未噬咬这双手之前，我理应去抚摩亲吻它，可如今我只能默默地为她祝祷："乌姆·优素福奶奶，愿主按你生前的辛苦，亡后给你带来同等的恬适吧！"

白斯肯塔和舍赫鲁布

白斯肯塔和舍赫鲁布在我的一生留下了不可估量的影响。我一定要浪费一点儿笔墨，哪怕是只言片语也来给大家说说。

"白斯肯塔"一词，可能是古叙利亚语，有人说它作"住家"讲，也有人说它是"法院"，还有人说，这是"斯肯也挺之家"的缩略字。相传，斯肯也是特洛伊战役前的一位腓尼基哲人，选中了在绥尼山麓安家。这个地名怎么去解释，对我无关紧要，我关心的是这块地方。读者可能对这个地名的正确读法存疑，我们和周围的人都叫它"白斯肯塔"。可不知为什么黎巴嫩邮局却把它叫作"比斯肯塔"，邮戳上的英文则为"Biskinta"。

白斯肯塔位于贝鲁特东五十公里处，海拔二千七百米，黎巴嫩最著名最美丽的绥尼山巍然耸立在这里。绥尼山主峰宛如一个巨大的火山口，一年中有大半年披着皑皑白雪。它与周围的崇山峻岭逶迤向西，状如一个大问号。一条从舍赫鲁布到狗河河口深邃的大山谷从问号的中部穿过。名叫骷髅谷的一段，穿过白斯肯塔通向贝鲁特。

火山口的北麓遍地沙石，辽阔茂密的松柏林使峰巅常绿。树林下，远远近近散布着一堆堆白斯肯塔镇的住房。其面积，若按现代城市规划，足可建成一座拥有三十万人口的城市。镇子街位于海拔1200米至1500米之间的山坡上，一公里左右的距离内，最高处的房子和最低处的房子竟有三百米的落差。山坡在冬日山洪和暮春雪水的长年冲刷下，冲出了几道排水沟，自北向南穿过白斯肯塔。水沟两岸，高大的法国梧桐参天蔽日，偶或也能看到一些杨柳和核桃树，树冠参差不齐，高高低低。宽窄互异的台地隔着一条条水沟，还常常挡住视线。因此，在白斯肯塔的一头无法看到另一头，甚至在中间想要环顾两头或抬头仰望山顶，都是绝对不可能的。

今天，白斯肯塔俨然成为一座茂密的大果园，山麓间片片红色宛如碧蓝大海中的颗颗红宝石。第一次世界大战前，这里主要是桑园，养蚕是农民主要的生计。他们和旧日黎巴嫩的居民一样，辛勤劳苦。但一旦发现生丝市场日趋萧条，便以各种水果代替了蚕茧，涌进的泉水帮助他们做出改变的抉择。其中，最著名的绥尼山泉以其异常丰富的水量灌溉着镇内镇外大部分的土地。白斯肯塔的耕地一直伸向附近的山巅。镇内那部分叫"堆阿"，镇外的叫"朱尔德"，大部分山民在朱尔德有土地。

所以，夏天一到，为了照料土地，个个都搬到舍赫鲁布去住，直到秋冬才回镇内。

从我童年时起直至被法国占领，有两千多居民的白斯肯塔始终是这一地区的行政中心，人口外流严重。今天，那里人口已增至五千，三分之二是马龙派基督教徒，三分之一是正统希腊教派，但外流明显减少，派别之争也日趋和缓，甚至使你觉得他们都归属一个教派。可在我少年时期，两派的青年厮杀不断，从未有过一个和平的年景。

绥尼山和它周围的峰峦遮挡着我们的视线，它身后究竟有什么，我们一概不知。所以，我小时候，始终认为白斯肯塔就是世界的尽头，山后再也没有什么东西了，我们的镇，是世界上最了不起的地方。当然，绥尼山也是地球上最高的山峰了。长大了，我才知道，白斯肯塔连同它的居民只能填满摩天大楼的一角；而绥尼山和埃弗勒斯特（喜马拉雅山）相比，仅是一个土丘而已！我真太伤心了，可是，我依然热爱它们，爱那充塞于它们之中、笼罩在它们之上的绝世的美艳。

现在，来谈谈舍赫鲁布！

在阿拉伯书写语中舍赫鲁布是"舒尔霍布"，意为脊椎骨的变体字。这块地方之所以叫这个名字，可能因为从它山脚下通向白斯肯塔平原的那条出自大自然之手的崎岖山道，它简直像一根脊椎骨。路上尽是石子，难得见点儿土。

舍赫鲁布在白斯肯塔东五公里处，海拔三百米。东西两条水沟环抱着它三角形的台地，在南端的谷地里汇合。北边，一排排嶙峋的岩石中有不少长宽约半公里的山洞。台地的倾斜度很大，从最低处到最高处，竟如攀登天梯。

灰白色的大小不一的石灰石满地皆是，大的可在上面建屋盖楼，但地面上往往只露出人头般的一小块，当你想挖它出来时，便会发现那被掩埋的部分伸出很远很远去。北边那一块，高一百多英尺，像一个挺立的巨人，周围有许多下部风化碎裂的石柱，它们边缘凸出，顶部像一排排屋檐。这些高大宽阔的屋檐不仅可遮阳避雨，更是燕雀筑巢的理想之地。每逢春夏来临，鸟儿们是那样地忙碌，仿佛那一对对精巧的羽翼从不知疲倦。

山泉在这些石林下曲折流过。童年时，多少次我坐在水边，凛冽的泉水驱走了我手上、脸上和脚上的燥热，我抬头数着高高的檐头下的燕窝，凝视着那温存可爱的鸟儿们筑巢哺雏。你可知道，在那盛夏酷暑里，我多少次脱光了衣服，伸开四肢躺在水里，任凭晶莹闪亮的绥尼泉水在我身体的上下急急淌过。我痴醉了，沉入无限的喜悦中。似乎那奇妙天地间，只有我一个人存在。身畔看到的是清流、燕雀、碧草，听到的是鸟儿的啭歌、轻风的低语和泉流的吟唱。

啊，舍赫鲁布的那姆鲁德……你那美丽的屋檐，精致的鸟巢，吟唱的泉流和温馨的浓荫！你昨天今天在我耳际的细语听来多么的甜蜜可爱。我深深地了解你的功德，沐浴着你对每一个居民的热爱。

舍赫鲁布的野生树像它的岩石一样多。橡树、冬青槲、李子、欧山楂、笃耨香以及种类繁多的荆棘、草木漫山遍野。暮春季节，百花怒放，各以其独特的色泽和馨香争奇斗艳。

父亲告诉我，很早以前，舍赫鲁布连一棵树都没有，因为绥尼山麓的土地始终是山羊等牲畜的牧场。收获后，山羊就来这里扫荡，绝不留下一根绿色的植物。一次，我们的一位先祖在山羊攀登不到的地方发现了一株橡树幼苗，便和兄弟们商量，决定保护土地不受山羊的侵犯。

但谈何容易，坚持到最后跟牧羊人打了起来，才取得胜利。若干年后，在他们的土地上，出现了花草树木。其中，一棵高大的橡树就长在夏日居住的草棚附近。于是他们互相叮嘱，一定要保护好这棵树，给子孙后代留作纪念。今天这棵我们叫它"长烟袋杆"的大橡树已经二百岁了，但依旧为我们遮阴送爽。每当我在它的浓荫下憩息时，都忘不了为先辈们祈祷，默默地感谢他们以极大的仁慈和吉祥替我们保住了它。

我不清楚，连我父亲也不清楚：究竟是什么诱使我们的祖先到绥尼山麓这块地方来的？又是什么时候来的？在那久远的年代里，他们在岩石间撒下麦种，想方设法扩大耕地面积。结果，也只能收到为数可怜的麦子。能用犁杖的地方用犁，不能用犁杖的地方用镐，与岩石、荆棘做不懈的斗争。这场斗争持续到父亲的年代，并延续至今，我们终于以持久不懈的努力，改变了舍赫鲁布的面貌。我们敲碎岩石，挖去野树，筑坝保土，平整土地，种植果树和蔬菜。于是，我们不但能像童年时那样收获小麦、土豆、葱头、黄瓜、菜豆，还能生产最甜最美的水果和我们祖先连想都不敢想的蔬菜。我相信，如果今天布·优素福爷爷重返舍赫鲁布，看到那一座座果园和那平如手掌的土地，一定会茫然不识故里了。

我对舍赫鲁布的最初了解，是从我们家在那里修建了一所石拱小屋开始的。屋子没有任何修饰，甚至连泥巴都没抹过。屋子呈长方形，打开东门，绥尼山横陈眼前。屋子后面，我们用树枝拦个羊圈，夏天在这儿把羊养肥，秋季屠宰后晒制成冬天的羊肉干。邻居们对我们这间"圆顶屋"，眼红得很，因为他们绝大部分只能在树枝搭成的棚里过夏。一旦在回家前，天有不测，下上几场雨，他们便手忙脚乱，不知在哪儿藏身，更不知如何不让自己的东西遭受雨淋。我们在圆顶屋旁的大橡树下安放了一张白日歇息用的条石凳，屋后搭起一个烙饼的灶。

没过多久，这旧屋便摇摇欲坠。1905年父亲盖了一间新的。在孩子们看来，这次用较现代化的方法建起的三间大屋，俨然是一座宫殿：中厅的门是拱形的，两侧是和中厅面积相仿的两间厢房。和上次一样，它也没有用一点儿泥巴。近年来，外墙开始倾斜，我们只好拆了它，重砌,翻修时还开了门窗,加了廊子。保存下的圆拱顶,上面抹上了灰泥。大橡树下的小石凳,早已换成了宽敞的钢筋水泥平台。今天,那条崎岖的旧山道依然存在,但旁边另有一条崭新的柏油汽车路,从舍赫鲁布的最高处直达绥尼山泉。泉边盖了多家夏日咖啡馆。海内外的游客使舍赫鲁布丧失了许多幽静的居室和宁谧的自然美。消夏的人发现,在我们的山林中最好的消遣莫过于捕鸟,于是,这些可爱的啭鸟遭殃了,它们逐渐从果园和林子里消失了……

我描绘的舍赫鲁布,或许能使你有一个地理上的了解,可如果不用丰富的想象力去完成那任何画笔也无法渲染的色彩,和那多少笔墨也无法触及的深度,那你看到的依然是一个被歪曲、丑化的形象。

你接触到的仅仅是我描述的绥尼山麓上的一块岩石、林木、荆棘、飞鸟聚集的小去处。你不曾像我一样与这些岩石、林木、荆棘打过交道,像我那样了解它们那日夜不止的生命力和运动;不曾像我那样在晨曦初现时,在正午的骄阳下,在落日的余晖中,在皎洁的星光月色里窥见过它;不曾像我那样见过啄木鸟用利爪攀爬着山脊,也没有欣赏过它爬山时歌唱的优美旋律。你不曾在舍赫鲁布的任何一片树荫下纳凉,更未谛听到叶和风的绵绵细语;更不曾像我幼年时那样,一旦被舍赫鲁布的荆棘划破了皮肉,马上抹去流淌的鲜血,然后抓起手边的棍子,把那些尖刺,一阵风似的统统敲断。不,你没有像我那样陪伴过牧放的牛羊,没有听到它们黄昏归圈时的"哞哞""咩咩"的欢叫声……

对驮运的驼队马帮,我能说些什么呢?他们通过舍赫鲁布那条旧日的小径,从东方、从绥尼山后、从布高尔平原、大马士革盆地或遥远的侯朗来到这里。一群一伙的驼、骡、驴送来了山里需要的面粉、无花果和其他的生活必需品。你有没有像我那样听到过骆驼在光滑的石板路上滑倒、身负的重担像天塌似的散在地上的隆隆声?你有没有在黑夜的静谧中,听到驮夫的小调、声声的驼铃、姑娘的哀怨?

我说过舍赫鲁布山谷地深邃幽暗,可你不曾像我一样从岩石上溜到谷底,谛听那美妙的树荫的喃喃低语,那么,山谷对你还有多少诱惑呢?

最后，我说过绥尼山距舍赫鲁布仅一石之遥，你又有什么概念呢？你没有像我那样目睹过它那山脊沟壑的起伏，欣赏过阳光、阴影在它上面跳起的绝妙的舞蹈，仰望过鹰隼展翅翱翔的雄姿。你的双脚不曾像我一样一步一级攀登到顶峰，听那狂风的怒号和轻风的柔语。你更不曾像我那样，坐在它皑皑白雪上，忍受着天顶骄阳的炙烤。你也没有立足峰顶，犹如站在世界之巅，有"一览众山小"之感吧！

你见过明月在绥尼山的怀抱中安歇，朝阳从羚羊口的山隘间冉冉升起，然后，像我们小时候一样欢呼"太阳出来了"的情景吗？小时候，种种原因使我们迫切地想看到舍赫鲁布的日出。主要是我们天天黎明即起——说实话真不愿意——去放羊。山里，即使是盛夏季节，也是凉气逼人。因此，每天早晨，我们都以急不可待的心情注视着那光明的使者。啊！它已经从海边爬上小丘，向我们走来！天亮后两个多小时，它才能到达我们身边。每当旭日爬上绥尼山巅，我们无不雀跃欢呼"太阳出来了"，一股暖流顿时流遍周身。同时，太阳升空又预示着放牧已近尾声。因为天气一热，绵羊就不吃草了。

亲爱的读者，这一切以及除此之外的种种，都是舍赫鲁布这幅画上不可缺少的色彩。当然也希望你能发挥想象力为我添色。我之所以如此不厌其烦地赘叙，只想让你更轻松地伴我做这次生命的旅行。舍赫鲁布是最重要的一站。它过去是，今天仍然是我们度夏的胜地，我们从它的土壤、流水和空气中，获得了健康和生命的力量，在生命主宰的感召下我利用了它最宝贵的一切，获益于它不竭的精力和丰富的生活之源。

字母表

我的哥哥迪布和海卡尔比我先进学校。每天清晨，母亲都给他俩梳洗，整理衣服，预备早饭，然后帮他们背上书包，谆谆嘱咐要品学兼优，为人表率。那时的书包和现在的马料袋相差无几。斜挎在右肩上，里面只装书本。没有铅笔，用一种咖啡色芦苇代替，叫"艾扎尔"，它放在长方形的铜墨盒后边。墨盒前面的方头里塞着浸有墨水的黑丝绒，墨盒别在腰带上，成为光荣和骄傲的象征。只有它才能证明佩戴者已具备了分析名词、把几个字母连成一个词的能力。如果墨盒的主人同时具有削笔尖[①]的技术，那它更是天才和精灵的化身，因为只有少数的老师和学生才精通这门技术。

妈妈不但给我们缝书包，还做衣服。那种过去日常穿着的长袍今天已难得在黎巴嫩或叙利亚出现了。它和现在的长敞袍很相似，通常用一种叫"迪玛"的国产布缝制，在前襟上从领口处往下开口，用同样的布做成长带，束在腰间，它紧裹着身子，一点儿不浪费布料。

当年人们脚上穿的鞋子分两种，一种鞋帮不过踝骨，另一种鞋帮长及腿肚。为了延长它们的寿命，两种鞋子的底上都整齐地钉有圆头小钉，规定只有八岁以上的孩子才可以穿。我当时多么殷切地希望得到一双带钉的鞋啊！

除这些杂事，母亲还"修饰"我们的脑袋。我还记得，我们弟兄总想逃过她的剪子，可是，一切努力都是无效的。她的剪子移开后，我们

[①] 把芦苇笔按一定角度削成可以书写的平头。

的头俨然是一幅立体地图：丘陵、山谷、不毛之地，一应俱全。不过，我们头上从没有长过虱子，这一点，在小伙伴中谁也不敢夸口的。母亲亲自动手给孩子剃头不完全为了节约几个铜板，她要完成比剃头更重要的事。

我知道，总有一天，人们会跟我说：你该上学了。我焦灼地等待着……期待着有一个书包，墨盒拴在腰带上，兜里揣上一把修笔的小刀！我多么渴望看到我的母亲——把家里的书、本、笔墨视为最崇高的希冀的母亲——自豪地看着邻居们纷纷前来请她的孩子给国外的亲人代笔。她为了给远在加利福尼亚的丈夫写信受尽了鄙视和屈辱。另一方面，我也听到了许多有关学校的事情：那里有棍子，还是有杠子，到底是什么，很难通过字典给你们解释清楚——一条绳子的两头分别系在两根棍子上，犯错误的人小腿搁在绳子上，掌刑把两根棍子绞紧后，就可以动手打了。

我还听说，上学后要起大早，学生被关在四堵墙之间，不能随意走动，更不能尽情吵闹、嬉戏。

这一天终于来到了。两个哥哥各拉着我的一只手，亲切地带我向学校走去。我自豪地背着书包，装着大哥传给二哥、二哥又传给我的识字课本走在他俩之间。一路上腾云驾雾，忘记了脚底下走的是哪条路。满脑袋塞满了那个被称作"学校"的神秘世界和那里等待着我们美妙的和令人沮丧的事物。

会不会出现那么一天，妈妈像对海卡尔那样对我？那天，她当着我的面，把哥哥绑在柱子上，拿起从屋前折下的桑枝狠命地抽打，眼里、脸上连声音都是愤怒："还逃学不？还逃学不？"绑着的可怜虫不停地哭叫："饶了我，再不逃学了！"不管他的叫饶，还是爷爷奶奶的求情，都没有用。那时，我们年幼无知，总把完成一件"艰难大事"看成是豁达、侠义的表现，干这种事浑身充满了无穷的精力。可能，海卡尔也是精力太旺盛，不愿把自己关在学校的四堵墙壁中间，去费力思考那些无味的东西。还有什么比爬树、掏鸟窝更有趣的呢？结果，他的冒险精神最让母亲头痛、心痛。因为经常有人捎来口信或告状：

海卡尔从松树上（或桑树上）摔下来了！海卡尔逃学了！海卡尔把某某的脑袋打破了……

学校位于离我们家三百米的一幢大楼的二层……今天，人们还能见到它那深色石块的残垣断壁。但愿我们之间能交流当年发生的一切！

学校有两位老师、两间教室，一间是小班生的，另一间是十岁以上的大班生的。

教室里摆着孤零零的破木凳，最先让我犯难的就是那些破木凳。上去两脚顿时悬空，只好任它前后左右不停地摆动。结果，老师不止一次地告诫我，好学生应该像天使一样静静地坐着。唉！如果凳上有靠背，能稳住双脚，我又何尝不愿做个天使呢？

白斯肯塔令希腊教派的名流们十分自豪。因为以前，这里只有一所流动小学，不时从一所教堂迁往另一住所。现在，他们居然能有一所固定的学校了，学校共有两间教室，两个老师。其中一个老师是半文盲，除口粮外，不拿任何束脩。我父亲当年也在他知识的海洋里拼命求学的。说来也可怜，那点儿学问仅仅是《旧约》中几行关于先知大卫的诗篇。他又是逐个字母按拼音教，"塔、瓦伍、巴、雅——土巴……"多久也学不会几个字，尽管这样，父亲也是很满足的了。

这个老师，待人非常和蔼，中年，个子不高，穿着本地人的服装。跛着一条腿，成天提着一根棍子，一到上课时间，便紧锁眉头用棍子敲着桌子，喊道："别说话了！"

学生们都闭上嘴巴，静静地等他再次命令我们翻开课本第一页，跟着他，扯直了嗓子来回喊那几个字母。

"艾里夫、巴、塔、萨、金、嘿、哈……"

大家一遍又一遍地重复，他念累了，我们也喊累了，他便命令我们背记。谁错了，就得挨棍子；对了，他就说："主保佑你，坐下吧！"记得我上学第一天所得到的就是"主保佑你，好孩子"和他轻轻地抚摩我的肩和头顶。之后的两年间，老师的棍子一次也没落在我身上。但有一回，另一位老师险些罚我笞跖棍①。那是星期天，我不愿上教堂去听讨厌的祈祷，一个人偷偷跑到舍赫鲁布掏鸟窝。老师发现了，命令我躺在地上，绑住了我的双脚。可能，平日里我品学兼优，他心软了，像一位天神教训小鬼似的把我狠狠训斥了一顿。最后问道："以后还敢不敢？"我用半窒息的嗓音答道："不敢了，老师！"就这样，保住了我的皮肉和面子。

这所学校是我迈进奇妙的字母世界的大门。那世界始终以它永不枯竭的创造力令我心旷神怡。没有它就没有我笔下的这本或其他任何一本书；没有它，人就不可能高于动物，渴望阅读揭示宇宙间一切秘密的书籍。我之所以提起这所学校，就是要叙说我对命运的首次尝试。当我的思想插上羽翼，那该是多么令人心醉的尝试啊！我和生命结下了兄弟之谊，不朽的联盟，我确信它是我的一部分，我也是它的一部分。它是我的形象，我也是它的形象。它对我是玄妙的，又是我神秘的一部分。

七岁上下，我念完了字母拼读的"土巴"识字课本，这是先知大卫宗教诗的节选，意为"幸福"。第一段的开始是："幸福属于不走叛教之途的人们。"那时，学校有个规矩：老师把念完"土巴"的学生双手反绑，送到家长面前。当家长为老师和随行的人们送上葡萄干、核桃等吃食后，学生才能松绑。这一行动等于为学生颁发第一学习阶段的"结业证书"。当时，很少有学生能完成这一阶段或更多的学习。

就在我以"辉煌的胜利"获得了"土巴"毕业证书后不久，一天清晨，我和哥哥来到学校。小朋友们越来越多，大家就在学校的平台上玩了起来。太阳从绥尼山后冉冉升起，平台上我们的影子忽地变得老长。当时，有个比我大六岁、神情痴呆的同学忽然心血来潮，想要踩住我的头的影子。为了气气他，我也去踩他的头的影子，结果，你躲我跳，越玩越起劲，我胜了他不少次。最后，眼看他要拿到第一分时，我便轻巧灵活地向后退去。结果忘了是在房顶上，我一下子从七米高的平台上

---

① 一种刑罚，受罚者趴或躺在地上，脚绑横木上，掌刑人用大木板打脚心。

摔到硬石路上。大哥忽然找不到我了,便问和我玩的那个傻小子,对方指着我掉下去的地方说:"他从这儿下去放书包去了。"

碰巧有个邻居走过,看见我一动不动地躺在那里,马上把我背到离学校最近的一家人家里去,再派人去找我母亲。母亲浑身哆嗦,舌头僵直地跑来了。邻居安慰她说已经看过了,头、手、脚都挺好,没有骨折,口鼻和身上其他地方也不见流血,可能是吓晕过去了。

引来了半个镇子的人,最后做出一个决定——但愿我以后能知道这是谁的高见——立刻宰一只羊,用那尚未变冷的羊皮把我周身紧紧裹上,只留出气的鼻子和嘴。这创造性举动的目的是保护那些断裂的血管不流血。如果摔伤了骨头,也可望快快复原。不管怎么说,这项措施反正极其简单、容易办到。

我不记得自己昏迷了多久,更不知道在那奇怪的"殓衣"中裹了多长时间,只记得当我刚刚醒来发现周身包着羊皮时,极不痛快。除了舌头、身上哪块肌肉都不能动,更不用说那令人作呕的羊膻味和黏糊糊的皮子!我要大伙儿把我放出来,恢复自由。这时,传来了一个甜蜜的声音轻轻呼唤我:"米哈依尔,我的宝贝!你哪儿还疼?想吃点儿什么?喝点儿什么?"母亲的声音!我安静下来了,求大家把我的眼睛露出一点儿,终于看见了身边的母亲,更放心了,可是,我不明白怎么会在别人家里躺着。

两三天后,我解脱了桎梏。大伙儿,特别是我母亲,简直不相信他的儿子竟会完整无缺地从那张羊皮里蹦出来!我像往日起床一样从"殓衣"中蹦了出来,仿佛什么也不曾发生过似的,自己走回了家。筋骨,肌肉,浑身上下不见一个伤口,甚至像猫抓般那样的抓痕也没有留下。

重归故里

我七岁差几个月时,父亲从国外回来了。见面时的情景已模糊不清了。但他带回的点心滋味却永远留在心头。只尝了一点儿,这是从未吃过的美味,要是能饱餐一顿有多好,可是母亲却把它和核桃一起全送给前来祝贺的客人了。足有好几天,家里人来人往,几乎镇上人人都来向父亲打听国外亲朋的情况。一个女人问她在科瓦多尔的儿子,一个男人打听他在阿根廷的妻子,哥哥问菲律宾的兄弟。他们也不想想我父亲所在的加利福尼亚和他们要问的地方相差多么遥远。但没几个人能弄清这个、那个国家,外国在他们眼里都是"马尔卡",稍稍能分辨的人,就把美国叫作那依尔克,把整个南美叫成巴西。在他们眼里,那依尔克的人哪能不知道全美国侨民的情况,而住在巴西的更应该和南美、中美,甚至远东各国的侨民保持联系。

父亲和我想象中的样子差不多:高身材上套着西装,清秀的脸庞上两撇浓密的胡子,眼中不时射出温和亲切的光芒。当时,我并不知道他是怀着悲痛和欣喜的矛盾心情回来的。他有三个姐妹,六年前,一个已婚的大姐和一个未婚的小妹陪着他,别离了妻儿父母走向异乡。小妹正值韶光,跟他最要好。但六年后,她却长眠在旧金山的地下了。父亲眼里的世界顿时黯淡无光,无法再留在那虽说钱袋里装满了钱、心却撕碎了的异国他乡。于是,为了和父母共同哀悼亲爱的小妹,为了与妻儿合家团聚的喜悦的热泪,他毅然重返故土。

年长后,我才知道,父亲是在母亲的一再敦促下,才远涉重洋。我那生性好强、不肯居人下的母亲,看到自家的生计在这穷乡僻壤已无法再提高了。何况，镇上漂洋过海远去美国的，无一不是空手而去，满载而归。回来给乡亲修了砖瓦街，买下桑园，添置了葡萄园和橡胶园。回头看看家里依然三代一领破席。她希望自家的丈夫能撇下犁杖锄头，自家的孩子能考进名牌学校，将来做个有权有势、被众人忌妒，却无须眼红别人的人上人。

可是，父亲没有挣美元的命。回国后，家里只添了两把竹椅和一小片桑园，这片地原本就是我们果园的一部分。后来，不知祖上哪位捐给了马尔·吉尔吉斯教堂，另一块在我家前面，应属我们的地界内的，却被一个高利贷主霸占着。至于村里的家产，还依然如故，丝毫也不见增多。

没过多久，父亲又重操祖辈的旧业——种地。头一件大事，先买一头牛。在他那样的人眼里，牛的哞叫，扎实、健壮的躯体和耐力都是美的化身。买来的牛，父亲喜欢它，我们也爱它，争相为它割草、搔痒。早晨上学刚和它分手，待到下午放学回来，已迫不及待想看看它了。它力大无比，出奇的温顺、柔和，我们就叫它"安杜尔"。

一天，安杜尔病了，不吃不喝，眼睑低垂，闪亮的皮毛枯卷了。结果，父亲也几乎不吃不喝，眼神黯淡，一脸痛苦和惶惑。"专家们"纷至沓来，可都束手无策。安杜尔和父亲一起在消瘦。我还记得，过来一个邻居劝父亲把牛宰了，卖了肉还能得几个钱。父亲勃然大怒，一本正经地对他说："想宰牛就先宰我吧！"又来一个老太婆劝他割一基拉特牛肉许给马尔·吉尔吉斯神父，求主保佑。父亲鄙夷地瞧着她，悻悻地说："即使马尔·吉尔吉斯能治牛病，但不从牛身上捞着点儿什么就不动手的话，神父和牛不都没有了？"有趣的是，两天之后，安杜尔的病霍然而愈了。

父亲的巴掌只落到我身上一次，那次是我对他撒谎说做过弥撒了。父亲绝对不能容忍谁撒谎欺骗，认为那是比吃喝嫖赌、偷鸡摸狗更见不得人的行为。因为，你相信它，而它却连自己也信不过，它无中生有，任意编造，以人际关系的第一支柱——语言的歪曲来丑化人。

如同憎恶撒谎一样，父亲对沽名钓誉、逢迎拍马、言而无信的人也深恶痛绝。他无法理解,那些欠了别人一角钱,有能力偿还却不还的人,居然不羞愧,还能高枕无忧、诚惶诚恐地斋戒和祈祷!他认为,信教,首先应是自足和善待,然后才谈得上做功。所以,他从不鄙视在星期天和节日里劳动。有益的劳动本身就是虔诚的崇拜。话虽这么说,父亲对教堂和虔诚的教徒有着特殊的偏爱。他给我们讲过爷爷讲的一个故事。一次,一头棕熊闯进了地里,把鸡豆糟蹋得遍地皆是。那时,镇里有一个极为虔诚的修士,爷爷跟他诉苦讲了这件事。修士拿出一点儿水做了祈祷,让爷爷把水撒在鸡豆上,爷爷照办了,狗熊从此再没来过……

父亲就这样回到了舍赫鲁布的岩石、荆棘和绥尼山的怀抱中,回到了那梦幻般的浓荫中,决心从那狭小、贫瘠但却又迷人的土壤中索取什么,去资助家庭,保住面子,再不受人,特别是高利贷主的欺凌。他确有雄心壮志,可孑然一身,孤掌难鸣。三个孩子最大的才十一岁,暑期前母亲是绝不会允许他们辍学工作的。她当着我们的面,毫不掩饰地跟父亲说:"我不让孩子们继承你祖辈的老行当,更不想让他们的命运和你一样坎坷。"不过,当我们刚能拿动锄头铁锹时,每逢夏秋,我们都竭尽全力帮着割麦、打场,再赶着驴把麦子运回家里,秋播时分,父亲扶犁,我们跟在身后,用锄头把种子埋进犁沟。

时至今日,只要一闭眼,那心地纯洁、语言朴实的父亲的身影就会出现在眼前。他紧扶着右手边的犁杖,左手执鞭,一股股灰土不断从他身体两侧扬起。一道沟犁到头便放下犁耙,拿起种子袋,画着十字,一边在默默祈祷:"主啊,我是种地的,你是普施主!"然后把种子撒向沟里。

看着他一步步慢慢移动腿脚,把满握麦种左右有序地撒进地沟,又虔诚地紧盯地面,检查播撒的质量的神态,真像是一个笃信上帝的信徒在做着神圣的功课,此情此景对我的诱惑实在太大了。这也不奇怪,因为从他那颀长的手指间撒下的每颗籽粒都是他以及靠他为生的人的一线希望。他知道,那些种子,有的肯定是蝼蚁鼠鸟的美餐,有的便会在岩缝中丧生,另一些将被荆棘扼杀。但他也知道,如果天公作美,可以获得五倍的收成。所以他不止一次地说过:"如果天主不对农民怀有特殊的爱心,那就不会创造众多的人来种地。"

可是,父亲在舍赫鲁布的犁头无法满足我们对麦子的需求。一到养蚕季节,不买点儿麦子充口粮,还填不饱肚子。"有了麦子,再祈祷",这是父亲、白斯肯塔以及全黎巴嫩农民的一句口头禅。他们辛勤劳作,夜不成眠,付出最艰巨的劳动,流血淌汗,都是为了一口面包。除了主外,面包是他们的第二需要。不!甚或是第一需要。饥饿当头,上帝可以退居第二。至于油盐、住所,附属于第一需要下的次等品了。

每逢春雪融化,大地春回,父亲便带着牛去舍赫鲁布,像个苦行僧似的,独自一人住在那里。学校一放假,我们全家才搬到那儿。隔一两天,我们就轮流给他送饭送水。记得,一个春季的星期天,轮到我送饭。当我走近他身边时,听到他正哼唱着一支歌曲,我一个字也听不懂。

迪兹,迪兹,给米,有,安塞尔,多……

后来,我又听他唱过几次,知道那是从美国学来的一支歌。可是,我从没有想到问问他,那歌词是什么意思?

若干年后,命运也把我带到了美国。一次偶然的机会,听到一个大学同学也在哼这支歌。他唱道:

Daisy, Daisy, give me your answer, do!
I'm half crazy, all for the love of you.

意思是:

黛西,给我一句话,你!
我爱你已然神驰魂迷。

父亲、舍赫鲁布离我有千里之遥，但是一听到同学的歌声，我的心瞬时紧缩起来，眼前一片昏暗迷蒙……舍赫鲁布山谷边父亲的形象浮现在眼前，伤感的声音在我每一滴血液里回荡：我凝神、谛听，他仿佛依然身背满盛杂物的褡裢，怀揣着对父母、妻儿和舍赫鲁布的挚爱，辗转在农田村落间。我奇怪：忠诚善良、易于满足的父亲怎能在那但凭敲诈、欺瞒才能取得微小胜利的国度里生活了整整六年呢？

啊，自哥伦布航向印度，新世界在他身后诞生后，我们广袤的土地开始变小，遥远的距离随之缩短。那位远涉重洋、跨越大洲的恋人！你是否知道，绥尼的山岚，已听到他多次为她祈祷？舍赫鲁布的幽谷，重又吟诵着它在孩提时代和青春时期都迷茫不解的祝福，而现在又把它录在纸上了，我真诚地希望黛西已给了他肯定的答复，帮他寻回那半丢失的理智。

和荆棘、岩石的搏斗，和母亲唇枪舌剑的纠缠，使父亲遭受身心两方面的痛苦。

他容忍，她执拗；他易于满足，她心怀抱负；他与人和平共处，她不畏任何强敌；他沉默多思，她能言好动；他的感情深藏心底，她的心意表露在眼里、脸上和嘴上。他们之间的争吵在我童年记忆中留下了令人憎恶的印象。但两人彼此又相辅相成。如果没有母亲的抱负和执拗，我们这些孩子谁也不会学到比父亲那"塔——瓦伍——巴——雅——吐巴"更多的知识。同样，如果没有父亲的长期忍耐、艰辛劳动和节衣缩食，我们的家绝不会始终和睦相处、亲密无间。1937年，我哥哥迪布在美国听到父亲去世的噩耗，他在给我的信中这样写道："以前，我甚至崇拜他走过的每一寸土地。"

一次，我给在舍赫鲁布干活儿的父亲送干粮，可是母亲忘了放烟叶。打开袋子，他脸色陡变，从口袋里掏出自己的烟袋，可是里面除火石、火绒和钢片外，连一根烟丝都没有了……他气疯了！要知道，烟和干粮对他同等重要！我特别爱看他慢吞吞地卷好烟，点着，然后美滋滋地大吸一口，再从嘴里、鼻孔里冒出缕缕青烟。由于我熟知他的嗜好，不到两个小时，取来了烟叶。这时他那愤怒的脸色里才展现出笑容，烟从他嘴里和鼻孔里冒了出来。奇怪的是,他虽然嗜烟如命,可是在他去世前十五年,却能下决心戒掉。我从异乡返回故土时,父亲告诉我,他和烟诀别了,这实在感人心肺!是啊,当他独自冥想,难得休息,艰难地和愁苦哀伤做斗争时,烟曾是他唯一的伙伴。但他却在不到七十岁的时候和它分手了。今年我整七十,却无力摆脱它对我的控制。

魔术的变幻

当我还是个小孩子时，一天舍赫鲁布来了一个身着奇装异服的男子，牵着一头黑熊和一只黑猩猩。消息不胫而走，孩子们从四面八方蜂拥而至。那两只奇怪的动物在他们眼里、心里、嘴上和一切动作中激起了无比的惊奇。随着悠扬的笛声，黑熊用两条后腿站了起来，肩上扛根棍子，两只前爪抓住两头，龇牙咧嘴，喘着粗气跳起舞来。可令人目瞪口呆的事还在后面，轮到猩猩表演了，它做了许多只有猩猩才能做的怪动作。主人问它："姑娘值多少？"它立刻把手按在头顶。"老头值多少？"它犹豫片刻，把手放在它发红的臀旁，孩子们看到猴子如此灵巧、聪颖，爆发出一阵阵欢笑声。

接着是主人表演，简直把我们惊呆了！他从口袋里掏出六只小咖啡杯和六颗石子，当着我们的面在每只杯子里扣一颗。然后，吹一口气，念了几句咒语，再把杯子揭起。嘿，突然之间，石子不见了！这还不算，他还不停地变杯子和石子，使我们一次比一次吃惊。最后，他把石子塞进耳朵里，不一会儿却从眼睛里取出来，再放进嘴里，最后从鼻子里掏了出来，看得我们眼花缭乱，目瞪口呆……

当天黄昏，我找了些小伙伴，决心像那个魔术师一样也施展一下我的法术，让他们大吃一惊。我的表演很简单，不用石子，拿一颗鸡豆，满怀信心地对他们说："瞧着，我把这颗豆子从这只耳朵放进去，再从那只耳朵拿出来。"在一起玩的伙伴中我还有点儿小小的威信，所以他们对我的话不置可否。说时迟，那时快，我以百分之百的把握把豆子放进了右耳，心想过不了多久，该到左耳里了。我还想，豆子从右滚到左边,肯定会有感觉的,可是过了一阵什么感觉也没有,便自忖道:是不是该再往里塞塞,便又把豆往耳里塞了塞。可是仍然毫无动静,这时,我对自己的魔术产生怀疑了,真怕在小伙伴们面前出丑,丧失了我往日的地位。于是,拼命把豆子往里推,最后,这颗豆子再也取不出来了。

太阳落山,夜幕降临,小朋友们陆续散去,最后只剩下我一个人,我的痛苦、羞愧绝非笔墨所能形容,多希望地上裂条大缝把我吞了进去!万般无奈,只好回家,小小的心里怀着对自己的满腔怨恨,带着那颗挖不出的豆子凄然上床了。

半夜,耳朵把我疼醒了。可我不想让妈妈知道我的失败,便默默强忍着。同时,突然升起一线希望:说不定越疼,越说明那颗豆子的倔强执拗出现了妥协的信号!它要开始"走"了!可是,随着越来越强烈的疼痛,我的希望很快地消失得无影无踪,哭喊声惊醒了母亲。当她明白事情真相后,立即带我到离家较近专给白斯肯塔和附近居民消炎解痛的医生那里。他怎么也取不出那颗豆子来,我喊得更厉害了,母亲十分害怕,又把我带到另一个医生家。

这个医生比第一个有办法,他把热水注进我耳朵,豆子泡软,弄碎了,再用镊子一块块取出来。"手术"刚完,耳朵不痛了,心里也踏实了。唯一让人不放心的是母亲会不会发脾气,揍我一顿。可这次我想错了,她没有一点儿火上加油的意思,反而加倍地给我照料。母亲的爱心使我真正从心底里感激不尽,深深地领会到她的一片挚情。无巧不成书,不出一个月,有一桩事使我加倍偿还了她的恩情。

那年我们希腊教派的慈善学校里新来了一个老师,自诩法语语法颇有造诣。他想在村民面前炫耀一下自己的学问,便要求教我们法语语法。就这样,他是我"A、B、C"的启蒙者。后来,教到动词"Etre"的变化。我的成绩很不错。年终,他想搞一次有家长在场的公开考试。当时,我父亲在地里,母亲便应邀参加了。

点到我的名字,我立刻站起身来,可我这个孩子太瘦小,后面根本看不到。有人便把我抱到一张椅子上站着。老师请个法语专家考我"Etre"的语法变化,我信心十足,回答得流畅、自然,而且一字不错。

考试结束，人们围上来向母亲祝贺，她久久地沉浸在幸福和自豪之中。她过来慈爱地抚摩着我的头发和肩膀，趁人不注意吻了我一下。我们走出学校，学校所在的村子离集市很近，她拉着我踏进第一家铺子说："喜欢什么自己挑吧！"

"花生！"我不假思索，脱口而出。

孩提时代，我只看到过两次魔术表演，一个亲戚从巴西回来，镇上的人都说他带回一架能唱歌的怪东西。它跟人一模一样，会唱艾布·祖鲁夫的歌，会唱《轮回曲》和我们完全不懂的许多歌曲。我下定决心要看看那机器，亲耳听听它怎么唱。一照面，原来它是一只小箱子，上面安了一个喇叭，旁边有一个小摇把，用手摇转小把，箱子就放声歌唱。这可真是一个神奇的魔术！任何人不管多瘦多小，想藏进那只箱子是不可能的。那么究竟歌从哪里出来的呢？我，也是白斯肯塔，第一次认识了初期的留声机。

第三次看到的魔术是母亲领我到一个叔叔家，他刚从美国回来，他的旧屋子和我们家完全一样，没有能够引起我兴趣的东西。可是，不一会儿，一个勾魂摄魄的东西使我惊呆了。"咕——咕！咕——咕！"传来鸟叫声。循声望去，只见对面墙上一只木盒子，底下垂着两根链子。匣子上部有一扇小窗，一只鸟钻出窗口俯着身子，有规律地"咕——咕"叫。每叫一次又驯服地俯一下身子，等叫完了，它马上回进小屋，身后的小窗也关上了。满屋子的客人跟我一样惊讶不已。主人做了一番解释我更奇怪了。他说小鸟等于一只打点的铃，它叫几次就是白天或夜里的几点钟。可是，比鸟叫更使我不解的是，它竟能有条不紊地弄清分秒。那么，谁叫醒了它的呢？是谁告诉它现在是三点而不是十二点呢？它自己怎么打开又关上那扇小窗，还藏到它背后面去？每一小时之间它在后面干些什么？怪呀！实在是奇怪的魔术！那时怎能明白，我视之为魔术的那一切只不过是骤雨之始的几滴雨点！电影——汽车——无线电——飞机——收音机——电视——雷达——原子弹——氢弹——计算机——人造卫星……而我当时最大的幸福莫过于口袋里塞满花生米罢了！

俄国学校

莫斯科，在我们的方言中读成"莫斯科比"。我们称俄国"米斯科布国。"

"米斯科布来白斯肯塔办学校来了！主保佑他们！"

消息如穿透黑夜的晨曦，在镇上不胫而走。希腊教派的教徒们以赞美天主为名表示欢迎。奥斯曼行省时代的黎巴嫩居民公认俄国是罗马人传统的捍卫者，法国保护马龙派，英国是新教和德鲁兹派，土耳其则是穆斯林。可是，俄国人却在巴勒斯坦、叙利亚、黎巴嫩开办罗马式学校，一切免费；这一招战胜了所有的竞争者。学校的教学大纲和管理都是最新式的，各镇的正教派只要捐款，修一所校舍，其他教师、书、本、笔墨、桌凳以及行政管理费，一概全免。

白斯肯塔的希腊派教徒们慷慨解囊，有钱出钱，有力出力，仅一年左右，一座富丽堂皇的砖顶大楼便矗立在一条水渠旁。那条渠冬日水流喧闹，盛夏反倒枯寂。教室楼前铺起了运动场，各层分别做了安排，圆拱形的底层给低年级或作果园，高层中央大厅的两侧，扇形展开六间宽敞的教室，编号序列从一排到六。

就这样，1899年，白斯肯塔的历史上第一次有了真正的学校，女孩子也破天荒第一次可以和男孩子并肩在教室里学习。学校聘有五名男教师和三名女教师，校长毕业于巴勒斯坦拿撒勒教育和校务管理系。我们第一次感到真正身处在一个有秩序、按教学计划上课的学校里。阿拉伯语文课采用吉尔吉斯·胡玛斯编写的初级阅读课本，全套书分四册，从认字开始到古代、现代诗文选读。文内有大量插图，令人遗憾的是今天的学校遗忘了，替代它的绝大部分都远不及它的水平。

　　和阅读课同时进行的还有语法教学。学校要求学生在动词变化等方面能达到相当的水平。那时的几门课中，阿拉伯语、算术是主课，其次是史地等，俄语排在第三。学校的毕业生中精通俄语的寥寥无几，一般只会几个单词。但就这点来说，这所学校和其他外国语学校有本质上的区别——那些学校迄今为止只重视他们的语言教学，阿拉伯语早被忽视了。

　　课程表中还有体育和音乐，每周一次的师生郊游也是一桩新花样。

　　上课时间每天早上八点到十二点，下午两点到四点。星期三、星期六下午没课。每节课五十分钟，老师摇动小铃宣布下课。课间休息十分钟。我们特别喜欢这个小铃，它打破了四堵砖墙间持续了五十分钟的呆板纪律，使我们处于老师和书本之间紧张的思想、感觉和肌肉都得到了松弛的机会，给我们带来了新的活力。

　　对新学校我们感到无比自豪，觉得身后有一个威慑世界的伟大国家，金边镜框中镶着沙皇尼古拉二世和皇后桑德拉的照片，高挂在大厅中央。对立的马龙派，虽然人多势众，到这个时候，也顾不上什么叫丢面子，把他们的子女纷纷送进我们学校！每逢郊游或去教堂做礼拜，谁也不敢穿过我们长长的整齐的队列。一次，马龙派学校里的一个教师想横穿我们的队列，结果，我们高年级的学生让他饱尝了一顿拳头，然后，狠狠地把他推开了。

　　每年总有一两次，俄国的检察官在翻译陪同下到学校来视察。他们的到来不仅是学校，也是镇上的一件大事……一次，一个正教的老鞋匠听说有两个陌生人正骑着马穿过镇上的地带，他们就是俄国的督察和翻译。他一听说便立即奔出铺子，跑向两个骑者，一把抓住为首那个人坐骑的缰绳，高喊道："你是米斯科布？齐吐！"（齐吐是希腊语"万岁"）。边喊边吻他们脚跟，连画三次十字。他喜不自胜，不相信自己能亲眼看到沙皇国度里的来使。

　　学校生活中最重大的事莫过于十二月六日的圣尼古拉节了，它是沙皇尼古拉二世的守护神。那天全镇张灯结彩，各种庆祝会上鞭炮齐鸣,气球、烟花飞上夜空。人人都觉得自己是生活在最强大的国家的荫庇下,沉醉在欢乐的海洋中。俄国人比罗马人聪明得多。我们的学校每年逢素丹阿卜杜·哈米德①登基纪念日,总要召开庆祝会。会上流畅的讲演,动听的诗篇,无不大加赞颂"天地四海之王——阿卜杜·哈米德素丹"。这里我抄录几段令人作呕的奇文,看看我们纯洁的鉴赏力和思想已经被这些谎言侵蚀到了何种地步。

> 赞美在天之父,
> 重大的胜利已经实现。
> 起来吧,
> 告诉虔诚的人们:
> 大声欢呼!
> 主啊,让冲锋陷阵、无往不胜的阿卜杜·哈米德,(重复)
> 伟大、崇高的君王,
> 把我们保护,
> 他前进,
> 他进攻,
> 喜讯在欢呼。(重复)
> 蒙君荫庇,
> 各族享清福,
> 狼羊为知己,
> 鸟儿鸣枝头。(重复)

第二首:

> 创造了人类的主!
> 洞察万物又不为所见的主,

---

① 阿卜杜·哈米德一世(1725—1789),1774 年,为奥斯曼帝国君主,在位时期俄国疆域已达黑海。

保护我们伟大的素丹——阿卜杜·哈米德君主！
君王的慷慨誉满天下，
似波涛汹涌澎湃。
他的时代，
宇宙焕发新的骄傲，
光辉的胜利，
庇护属下的臣民百姓。
君王的伟绩永垂不朽，
流芳百世扬名千载。

除了歌颂这位"在他荫庇下，各族享清福"的阿卜杜·哈米德的诗外，更有许多肆意夸张灾难永消除，人们对尼古拉王世随心所欲的颂歌。而最令人肉麻，倒人胃口的莫过于我们集体欢迎督察来访时唱的歌：

欢迎督察来，
灾难变欢乐，
厄运已消失，
幸福正来到。
敬爱的先生，
酒杯举高高，
光临敝校舍，
欢乐又看到。
敬爱的先生，
幸福正来到。

我列举的只是那丑恶、伪善的点滴而已。我们高唱，却不知那是裹着糖衣的炮弹。我们这小小的年纪，哪里知道什么是"最伟大的国家"①?谁是那士兵统帅愿为之赎身的素丹阿卜杜·哈米德?哪里知道"我们的皇上"尼古拉二世和其他的欧洲君主彼此间对我们那个"最伟大的国家"策划的阴谋诡计?我们更无法了解无论是奥斯曼人还是欧洲人个个都是劫贼,他们都是一丘之貉!

在随后的岁月中,我费了相当的气力,清除那渗进我血液中的毒素——下流、伪善、不知羞耻的阿谀奉承。初涉文坛的我,就对文学中的伪善发动了不遗余力的反击。写诗撰文时,我坚持的首先必须"真诚实在",其次才是韵律自然,语言优美,句子严谨。我发表的第一篇文章就提倡:要忠诚,哪怕只是芥子那么大一点儿!在我们这儿,语言已是捏造的工具!生活中哪有美德的地位?沽名钓誉、谄媚奉承和垂涎虚荣已成为时髦!

甚至在那无知的童年,我对这些已有所感,可是无法表达。否则,我为什么那么早就喜欢离群索居,沉默寡言?我的一个姑姑甚至给我起了个"沉默太太"的外号。她奇怪:我为什么不像其他小朋友那样,我不争吵、不打架、也不饶舌。说实话,我最讨厌喧闹斗嘴,玩耍玩得称心,但往往我会离开欢乐的场所,一个人到水渠边享清福,或到柏树荫下看屎壳郎滚粪球,看蚂蚁搬食物,看鸟儿争口粮。我会昂首苍穹,静观朵朵白云在湛蓝无垠的天空轻轻掠过,我会在沙滩上画出条条曲线和种种图案。我一点儿也不觉得孤独,因为我常默默地和那些幻想中的人物会心地交谈。

这些心灵中的伙伴温暖着我的心。它们丝毫不像班上的同学,叽叽喳喳、吵吵嚷嚷个没完。他们不会将我对周围光怪陆离的事物以及千变万化的运动所激起的惊愕,引以为怪;它们也从不嘲笑我童年起就反复思考的问题:造物主难道就像创造我一样地创造了普天下众生?究竟为了什么呢?在一连几个小时的原始冥想中,答案仿佛不止一次出现在舌根下、眼面前……

不知是否由于经济拮据,我讨厌过节以及接踵而至的人仅仅因节

---

① 指土耳其奥斯曼帝国。

日而欢乐。我发现，我会因复活节和圣诞节换上新袍，戴上新帽，穿上了新鞋而兴高采烈，但立刻又因为节日欢乐中出现的人与人之间命运的乖戾而郁郁寡欢。有人挥金如土，炫耀财富，有人却竭力掩饰自己的窘困，像那些人一样，为了欢度佳节不得不大把大把挥霍掉忍饥挨饿辛苦积攒起来的铜板。这种节日的愁苦与不悦，伴随着我度过了童年和青年，越来越觉得节日就是平常的日子。一个平淡无奇的日子，说不定会给我带来光辉的思想和卓有成效的工作。举世瞩目的一天，倒是带来了无聊和味同嚼蜡的琐事。

大多数同学被繁重的功课和作业压得喘不过气来，我没有。这也要归功于我对学习有一种天生的爱好：迅速理解老师的讲解，有着极强的记忆力和超人的向上的欲望。在班上，我无法容忍任何一个同学比我更能博得老师的青睐，更不能想象老师会对我有任何谴责和训斥。我从来都是信心十足，带着预习好的全部功课踏进教室。记得有一天，前面提到的教我们法语语法的老师，让我们背诵"我们的父亲"的词尾变化。可是直到晚上，我还没背熟，眼睛已经困得睁不开了。无可奈何，只好带着满肚子的怨气上床睡觉了，心想第二天，我再也不能像鹦鹉学舌似的流畅地背诵了。夜里，我做了个梦，梦见自己正坐在教室里，老师逐个地让学生背，可谁也背不好，轮到我了，我猛地站起身，流畅无误地全部背了下来。翌日清晨，班上发生的事竟和梦中丝毫不差。

还有一个挺有意思的梦，记得我六七岁时，弄到一把单刃折刀，这可把我乐坏了，一会儿放在兜里摸摸，一会儿拿在手里玩玩，要不，不管有用没用，拿它削小棍。可是，一天黄昏，刀子不见了。这下可把我急疯了。我翻呀，找呀，哪里也没有，眼前顿时如暗夜般一片漆黑。我无计可施，只得在床前祈祷，以无限的虔诚，乞求天父帮我找到那把宝贵的小刀。耶稣没有置之不理，而在梦里暗示我刀就埋在前院的沙堆里。清晨，我一觉醒来，急忙起身，朝梦里暗示的地方跑去，小刀真的在那儿，和梦里一模一样。

学校的功课中，我最喜欢语文，当我刚刚觉得自己可以独立阅读和理解那些比较简易的书本时,更是尽量扩大我的词汇量,多记新字。特别是那些大家称它为"文绉绉的词儿"。碰巧我在舅舅家里看到一本《广辞苑》,里面尽是"文绉绉的词"和成语。我便找了本大练习本,把喜欢的词都抄了下来,准备复习,和尽可能地使用它们。不久,我们的一个亲戚在巴西去世,大家在教堂里为他举行了追悼会。我发现,这是一个显示自己语言水平的好机会,于是立刻用那本《广辞苑》上抄来的词句写了一篇悼文。那时,我才十一二岁。听众也都是些只懂方言、不懂阿拉伯标准语的人,所以这篇用标准语写就的悼词在他们心中引起的震惊就可想而知了。而我也因自己的修辞技巧而沾沾自喜,自以为已能达到斐然成章、情文并茂的境地。

从此,我认为自己俨然是个大人,孩童的自我感消失了。自诩为肩负重任,不可游戏人生,浪费光阴。1902年夏,这种感觉愈发强烈。学校里,我品学兼优,已是黎巴嫩、叙利亚、巴勒斯坦俄国学校中的一个幸运儿。为了奖励我的努力,校方答应将来送我到巴勒斯坦的拿撒勒俄国师长学校就读!

言外之意,我总有一天,要成为一校之长。那时,男女教师俯首听命。我将在集会上讲演,将分担父亲的生活重担!啊,想着实在高兴!

我们和大自然

我们普受大自然的怜悯与垂爱，可孩提时代的我们，对它却报之以仇视，冷眼相待。当时居然没有一个人，哪怕是只言片语，晓我们以理，教我们尊崇众生，领略万物之美及其在我们的物质和精神生活中所具有的伟大意义。

我们一见鳄蜥①，就投石痛打。它有幸躲开了卵石之灾，找到个洞没命地钻进去，一条尾巴露在外面，我们毫不放松，抓住尾巴把它拖出来，颈上拴一根绳，绳的一端系上重物，让它拖着走。折磨够了，把它活活弄死，血涂在掌心里。孩子都相信：手上涂了鳄蜥血，老师的棍打着不痛。我已经不记得我的手里是否涂过鳄蜥血。

我们常抓青蛙。不是为了吃它的大腿，目的是要折磨它。先掰开它的嘴，往里吐满唾沫，然后押开两腿，直到撕成两半。或者从肛门插一支空心草棍，往里吹气。青蛙鼓得像只气球，直到炸开为止。

街上的狗常常厮打。一旦我们的狗打输，胜利者一定会被我们处死。手脚当然很干净，绝不会留下任何痕迹。方法是把玻璃，像捣盐一样捣成末子，然后包进一个面团中，烤熟，乘人不注意时，抓来那条"罪犯"塞进它肚里，碎玻璃在它肠胃里起的作用，远远胜过毒药，可怜的动物便在剧痛中一命呜呼了。

我们残酷虐杀的这些生灵，不是因为他们有罪，只因为它们是弱者，没有我们那样多的招数。但我完全可以问心无愧地说，我从没有像

---

① 中东、北非产的一种蜥蜴类动物，大者一尺有余。

其他小朋友那样为了开心取乐,折磨它们。我不止一次地目睹那种虐杀,胆战心惊,但没有逃开;我厌恶,却又不曾抗议,或许当时认为面对如此的"勇敢精神",战栗就意味着胆怯,厌恶则是软弱吧!

不过,有种生物,我却认为可以折磨而无须自责,那就是鸟。大人从小就告诉我:鸟可以任意捕杀和充饥。我们最得意又最简便的方法是:春天男婚女嫁的季节就开始查它们的窠巢,待到雏鸟破壳,羽毛丰满,行将远飞时,就连巢端走,烤熟了解馋,吃得津津有味,忘乎所以。我们居然能把这些小家伙从它们父母身旁夺过来!啊,如此伟大的父母!整个春天含辛茹苦为了儿女们的出生和成长,盼着它们能像自己一样展翅飞翔,幸福生活,繁衍后代。而我们却把它们残害了!

找巢我们有许多高招。眼前掠过一只衔着草枝或苔藓的鸟,马上可以断定它正忙着筑巢,便赶快躲起来,悄悄观察它的去向。切记!绝不能让它看到,甚至不能让它感到有人存在。一旦它发觉被人监视,便会到处乱飞,一直等到你不耐烦走开了,它才回来。但是,只要它认为一切都平安无事,便径直飞向选定的筑巢地,放下草枝,再去找新的。这时,下面的人应当马上去认准地点,而且必须在鸟儿返回前完成。因为筑巢的鸟一旦发觉它的地盘被发现,会立刻另择佳地。不过,如果巢里已经有了卵或正在孵化,它们绝不会弃巢而去的。

鸟儿独立枝头,沉醉在自己优美的歌声中,那完全可以断定,这是"丈夫",正在向孵雏的妻子传递柔情蜜意,告诉她,自己正忠于职守,履行着为夫和为父的义务!这个时候,应当密切监视这个新婚的丈夫,它要回巢的,不是给爱侣送吃的就是去换班。

如果,有一只鸟衔着虫子,可以断定它正专心哺雏。那就要盯住,它钻进岩洞或飞上树梢后,嘴里的东西没有了,那它的巢就在那棵树上或洞里,这时可以过去观察。如果小鸟身上净是绒毛,那就是"肉鸟",让它留在巢里长大;如果毛长如缝针,我们叫它"针鸟";如果羽毛长全,快能飞了,我们叫它"飞鸟"。这时,就要铁着心肠掏出来,玩够了,便烤熟吃掉。

如果春天眼走了神,鸟悄悄筑起窠巢,下蛋,孵化。这时,就得用另外的办法来捕捉了。通常的办法是用活套捉。活套只能等雌鸟专心孵卵时用。我们的活套就是在一条长绳的一端打一个活结，轰走巢里的鸟，把绳圈套在巢边上，轰鸟时不能过分惊动雌鸟；一切布置定当，就找个地方藏好，焦急地等待它们回来。鸟刚刚落下，站在蛋边的一刹那，便立刻拽绳，活扣一收，套住了它的双脚，不需多久，它就成了我们手里的猎物了。

如此细致的工作我只做过一次。当我拉紧手中的绳，看到鸟儿惊慌地扑落在地上，掀动着翅膀妄图逃出我的活套时，别提有多高兴了。

它一双脚被拴住了，我小心翼翼地拉着绳，马上可以到手了。心怦怦乱跳，几乎要蹦出胸膛。猎物前胸和肚皮上那柔软光艳的羽毛四处散落，两只细巧的翅膀奋力扑扇，我的眼中也燃起了胜利的火焰。真难以相信，转瞬之间，它就将成为我手中的猎物。我可以仔细地看个够，可以随意抚摩它头上和背上的毛，然后带回家，一路上还可以在遇到的伙伴和哥哥面前炫耀我的能耐。最后当然是，拔光了毛，烤熟，连骨带肉，美餐一顿。

可是，等着我的却是不幸与失望。我刚急切地张开战抖的手去抓，绳子断了，鸟儿飞了。它怎么能相信自己居然能从死神手里逃脱。我也不相信轰轰烈烈的胜利竟在弹指间变成凝结在我心头的失望，变成流动的、撕裂着血管的骨刺。我眼前顿时一片漆黑，不辨方向。真希望大地裂开，把我吞没算了。

啊，短暂的童年，多少欢乐多少幸福！送出童年的叹息和欢笑的源泉又是多么美妙！

十岁那年，一天我和哥哥海卡尔在舍赫鲁布附近放羊。幽深恐怖的峡谷两侧耸立着危岩断石，像是神话中古堡的废墟，又像是远古寺庙的遗址。忽然，头顶上空出现一只大鸟在盘旋。不一会儿，敛起翅膀，掠进谷壁一个离我们没几步远的岩洞里，洞里立刻传出咯咯嗒嗒的声音。一分多钟后，大鸟又钻出石洞，振翅飞向远方。洞里的声音消失了，一切重归静寂。

"那是鸟巢！"十二岁的海卡尔像发现了无价之宝，欣喜地喊着，跳上了那块大磐石。他打量了一下地形,手足并用,往上攀登。我吃惊地盯着他,眼前的一切快得实在令人难以相信,那块高耸的岩石有十米高,洞离地面也有五米左右。除了一些坑洼和孤零零一株野树,根本没有供攀缘之物。

"海卡尔,别爬了!快下来……"

我吓得直哆嗦,眼泪夺眶而出。无疑地,这场冒险必然以灾难告终。一旦,他从那曲曲弯弯的树上掉下来,就会粉身碎骨!我一个人,叫谁谁不应,我又背不动,那可怎么办?还有牛呢!

"别怕,别怕!"他根本不理会我的乞求、眼泪和战抖的声音,径自往上爬。英雄创造了奇迹!他越爬越高,终于抓住树枝,钻进洞里,不一会儿他探出头来,挥动着两只雏鸟喊道:"瞧,快瞧!我扔下来你能接着吗?"

"行!"我接住了第一只,放在地上,又接住了第二只,放在一起。这是两只猛禽,个头足有童子鸡那么大,体形怪异,目光可怕,羽毛像直竖的根根黑针。让人惊奇的是,这两只小东西居然还想用宽宽的大喙和双爪进行自卫。

两只怪鸟吸引了我片刻,心里依然惦记着哥哥的安危。他奇迹般地爬了上去,可怎么下来呀!

"主啊!马尔·吉尔斯,圣母马利亚!保佑……"

我心情沉重地站在大石头底下。准备他万一松了手滑跌下来,我拼了命也得将他像接那两只鸟似的抱住,起码可以摔得轻点儿吧。可是,怎么回事?我万万没想到……小鸟的妈妈回来了。它看见我哥哥正从石壁上往下爬,便开始发动攻击,用巨大的翅膀轮换抽打他的头。哥哥受得了吗?大鸟疯了似的根本不顾自己死活,盘旋起伏,忽远忽近地用翅膀扇打。

这场战斗好像延续了几个世纪。最后,奇迹又出现了。哥哥平安来到我的身旁,连一点儿擦伤的痕迹都没有。这场战斗以那位母亲的失败而告终。她丢下两个心肝宝贝高飞远去了。可怜的母亲为了子女日夜筑巢,精心孵化,猎取鹧鸪、兔子、蝙蝠。这个安乐窝曾被认为固若金汤,任何强敌都无法摧毁。可是,何等不幸!不提防冒出两个专爱冒险的顽皮鬼夺去了它两个爱子,绝不是为了垂涎它们的肉,他俩很清楚猛禽的肉并不鲜美,只是生性崇尚探险。为那一对饿了一整天的幼雏觅得适口的食物的母亲及其幼子的悲剧就这样发生了。在以后的岁月中,我也深感这是人自身的一场悲剧。我多么希望,如果时光能倒流,我将把如今七十老头儿的心境,装进十岁孩子的心中。但这仅仅是想象而已,时光绝不会倒流,也无法超前。我们只能凭借自己的直觉把范围扩大或缩小,凭借着对生灵挚爱的深浅,而决定前行或后退。

　　使我永萦于怀的还有一桩悲剧。大约十四岁那年,我刚学会打猎。一天黄昏,我背着一支双筒猎枪踱向舍赫鲁布的草棚。无意中在一块兀立的岩石上看到一只鹧鸪鸟。

　　我放轻脚步,打开猎枪的保险,紧张地朝那美丽的猎物走去。机警的鸟儿发现了我,尽量保持着它的距离在散弹射程之外。它在我眼前的两块石头上跳来跳去。根据我以往的经验,鹧鸪一旦发现危险,一定高飞远走,绝不回头的。而眼前的情景却使我不知所措了。我做了一次又一次的努力,但全告失败。此时,我才恍然大悟,被我追逐又无法得手的那只鹧鸪原来是只雌鸟。做母亲的天职使它不能弃子远遁,把亲生骨肉留给一个心怀叵测的人。我有这个经验,即如果雌鹧鸪发现襁褓中的幼鸟有杀身之祸时,用啼声警告小鸟不许出声,在石堆里藏好身子。不知道的人粗略地看以为它是一块顽石。

　　想到这里,我放弃了追逐雌鸟的念头,找它一开始站着的那块石头。我热切地希望能逮住一窝小鸟。当然,绝不会像过去那样都烧着吃了,而是想把它们抚养长大,欣赏它们缤纷的羽毛、灵巧的动作和甜美的歌声。在我们山间的鸟儿中,我最偏爱鹧鸪。它们不怕恶劣的气候,不顾周围猎手的残忍,始终厮守家园,依恋故土。

　　离大石不远有一堆碎石,我藏好身,瞪大眼睛,竖起耳朵。但好半天静悄悄地什么声响和动静都没有。鸟妈妈远远地不安地监视着我,情景真似一个近在咫尺的受惊的母亲为了隐藏的孩子们的安全和一个万物之灵进行着一场无声的交锋。我能甘心承认失败吗?能默认鹧鸪和它的孩子们胜我一筹,比我诡谲吗?不,绝不可能!忍耐就是胜利!要忍耐,不能动,屏住呼吸。小鸟不懂事,等烦了,准会从隐蔽处飞出来。好!我让自己在忍耐中胜过它们。

时间一分一秒地过去了。我像一块石头,屏息凝神,目不转睛地等着。终于,传来了轻微的啁啾声,是耳朵在欺骗我吗?……不,声音又响了。在哪里?那儿!就是那乱石堆下传出来的,就在那块石头旁边。我过去掀起石块,立刻抓到一只不满一周的小鹧鸪!又是沉默、忍耐、进攻……我数着猎袋中的小鸟,啊!竟有十一只!了不起的胜利!意想不到的成功!在这个吉祥的日子里,我沐浴着西沉的残阳余晖,面对着春天、大地和我的心,面对着那曾远远盯着我,自信她和她的小宝贝比我技高一筹的鹧鸪妈妈,我无限自豪地回到了棚屋。我的忍耐力超过了它和它的孩子们,我的战略比它和它的孩子们高出一头。现在,它会怎么样呢?当它重新回到石头上,凄惨地叫着"回来吧,我的孩子们!回来吧,我的宝贝们!"时,娇儿的回答只剩下零落凄惨的四五声了(一只鹧鸪往往同时孵出十二至二十只雏鸟),它会有什么感觉,做何感想呢?

入晚,我把这十一只小鸟放在一只大洋铁盒里,铺上羊毛,压上筛子。我怕它们冻着,又怕它们逃跑。一切安顿好以后,才放心地爬上床去,合计着明天的计划:明天,捉蚱蜢,割嫩草给他们吃。听说鹧鸪最喜欢吃蚱蜢和鲜草了。这些,舍赫鲁布应有尽有!翌日清晨,我一觉醒来忙不迭去看我的小鸟,打开洋铁盒,发现里面竟是空空如也!

至今我也不明白,它们是怎么跑掉的?那天夜里出了什么事?我到处找,别人也帮我找,结果还是一无所获。可是,多少年来,我为这些宝贝以及他们的母亲制造的这出悲剧却依然活生生地留在心底里——我相信永远也不会消失。

灾难和离乡

二十世纪初,五月上旬的一天,弟弟纳青布降临人间。同年(1900)秋季,从埃及传来噩耗,大舅易卜拉欣谢世。他的死,对埃及的弟弟、舍赫鲁布的双亲和弟兄,特别是对我母亲——爱他胜过自己、把孩子的希望整个寄托在他身上的妹妹来说,不啻是晴天霹雳,一场天大的灾难。她的悲恸绝不亚于韩莎哭兄①。过分的哀悼使她完全置自身安危于不顾,置家庭和子女于度外。想起了,给六个月的儿子喂口奶。其他事一概都扔给了我,我抱着他到处走,换洗褥子直到睡着了放上床为止。

死,对人有如此巨大的打击!我惊呆了。我多次听人说过:"我们都免不了一死","上帝是永恒的","死是慈悲","死是权利"。既然谁都明白人必有一死,只有"天主永生","死是人的权利",那么有人过世,又何必大动感情,抛洒眼泪,呼天抢地?又何必在身上裹上黑衣,在心中垂下黑幕?又何必脸上收起笑容,屋里不动酒食,还不时送出碎心的哭号?

母亲就是这样。噩耗传来前后,她判若两人。那持重、优美、自负的步态哪里去了?现在像肩负天地之重的人,步履艰难;那温和、聪颖的大眼睛哪里去了?现在眼窝成了两潭血水洼,眼睑被泪水浸得肿胀溃烂;麦色面孔上美丽的红晕哪里去了?现在脸色变得像慢性病患者,憔悴焦黄;那颇有韵味的翘起的鼻尖上的骄傲哪里去了?出现的只有沮丧和慵懒的心意;那慈祥、清澈的嗓音哪里去了?剩下的只是嘶哑和

---

① 阿拉伯蒙昧时期女诗人韩莎,在其兄死后,曾写长诗悼念,诗歌极为哀怨动人,传为佳作。

干涩。为大舅亡故而悲伤,在我的记忆中已是非常模糊的事了。但为母亲的泪水而哭泣,为她的哀伤而痛心的情景,至今历历在目。

痛苦的昏眩过去了,严肃的思考摆在眼前。活着的总要为自身的生计考虑。原先六口人现在已成七口,会变八口、九口、十口,甚至更多,谁能预料?舍赫鲁布的荆棘结不出麦穗,岩石酿不出蜜,榨不出油,村子里的桑园也抽不出使钱柜装满钞票的丝茧。出路在哪儿?也许在美国?

当我哥哥艾迪布的唇边刚刚长出软髭,踏进他十六周岁的青春年月时,母亲用一颗流血的心做出了让他去美国的决定。我们的父亲去过,失败而归。可是,他读过书,父亲是文盲,说不定会比老一辈更走运。或许几年后,返回白斯肯塔时,能跟有些人那样,把自己的家人从深渊推向顶峰。父亲同意得十分勉强。按他的心意:老大最好留在身边,帮他务农。好在老二从小就讨厌学习,不愿把自己关在教室里,爱在自然的怀抱里进行最艰苦的体力劳动。剩下的就是船票问题了。一张船票需要近二十个金里拉,父亲不得不出面向二舅苏莱曼借贷,他是大舅死后刚从埃及回来的。一切就绪,大哥在主的保佑下随同白斯肯塔的男男女女踏上离乡背井的征途。那时,他是整个队伍中最年轻的。

从十九世纪末叶的最后十年到二十世纪二十年代是黎巴嫩历史上一段十分奇特的时代。那一浪高过一浪的冒险闯荡,连神话传说里的人物都望尘莫及。而白斯肯塔人就是第一个对此做出预言的人。老人们都说,从前有个狂人,手持木棍,天天在镇上转来转去,喊道:

"男人、女人、孩子,连你们的鸡,都漂洋过海啰!"

狂人的预言证实了,白斯肯塔,甚至整个黎巴嫩开始涌向海边,远涉重洋!向那一无所知的远方挺进。他们中绝大部分,一字不识。不知道地球是圆是方,更不知他们要去的国家在地球的何方,住着些什么人,怎么生活,讲什么话,性格如何,生计如何,信什么教……他们甚至从未走近轮船和火车看上一眼。从小山里生、山里长,见过贝鲁特或沿海大城市的高楼大厦的人简直是凤毛麟角。有人听过几个国名:美国、加拿大、墨西哥、哥伦比亚、玻利维亚、巴西、阿根廷、澳大利亚、最多还有菲律宾或印度！

到外国去，已经铁了心。但是去哪儿？还得和别人商量。于是，召开了一个又一个的会议，提出能去的地方。最后总是挑中一个过去家里有人去过的地方，或是一个较快能适应、生活水准较低的国家。

船票价格的高低也往往是做出决定的依据。为了到手一张船票，许多人都把家产押给高利贷主。所以家人离家后的最初一段日子，最大的意愿就是还清这笔债。小时候，常听得人们议论那些远在天边的亲人，往往一个妇女问另一个：

"你丈夫怎么样？""麦赫鲁斯好吗？来信了没有？顺利吧？"

回答常常是：

"赞美主，船票挣回来了。"或是"船票还不够呢！"

从白斯肯塔到贝鲁特全靠一周两次的商队。星期一和星期四，总可以看到镇子里有人出走。唉，离别的时刻令人心碎！骡驴嘶叫，赶牲口的喊着："走吧，晒死人啦！"男女老少，个个泪流满面，话在嘴边哆嗦，哽咽在喉头，臂挽颈、胸贴胸，头执着地伏在肩上抬不起来，饥饿焦渴的双唇，雨点似的在脸颊、前额、下巴和眼睛上吮吸，再吮吸，永远喝不够吃不饱。窒息的嗓音一遍又一遍重复着："我真亲不够，让我亲够了吧！"是的，孩子就要奔向那遥远陌生的土地，何日能回得来？父母怎么亲得够他们呢？而夫妻、兄弟、父子、朋友能同行的更是罕见的！

巢儿捣毁，骨肉分离，心肝撕裂，一线希望乃是唯一的安慰。希望是一副灵丹妙药。缺了它，人世间就是一座死刑犯的牢狱，就是一座没有生命和光明的、恐怖的坟场。远离祖国，远离亲人，远离祖国山山水水的游子，热切地盼望数年后能衣锦还乡，重返故土。风把他们吹向远方，脚踏在遥远的海角天涯，但心灵上一根纤细、强韧的线，把他们拉向亲人的身旁，拉向故乡蜿蜒的小径、平川和山野。轻轻的心声在倾诉："明天我就要回去了！"

商队启程了，呼声此起彼伏。一张张流泪、抽泣的脸庞，一块块挥动的手帕，使空气为之颤动。天空中回荡着声声祝祷："主保佑你们平安，一切顺利！主与你们同在！"呀，擦不干的泪水……送行的，以爱心和祝福目送商队远去；远行的频频回首，恨不得把耳濡目染过的点滴不漏携带上路。商队远去了，消失了，没有留下一点儿声息。送行的人回到家中，仿佛走进死寂的坟墓；离去的在路上，仿佛走向绞刑架。这一切，绥尼山无动于衷，峰顶的太阳无动于衷，广阔的苍穹无动于衷。于是表演上述场景的舞台，很快就成了众口一词的议论对象：

"掉进海里不免一死，脱出身去才有活路。"

"主知道，谁能活着回来？"

"无情的离别。别看他们今天哭，明天就笑了！"

"去美国的通道没打通前，还是咱们这儿好！"

"主把开路人的骨头烧成灰吧！"

唉，哥伦布的残骸要遭殃了——如果他的坟墓里还剩有骨头的话。但是，对一位普通的黎巴嫩母亲来说，当她听说是你赋予旧世界以崭新的面貌，而那新世界又恰恰是她儿子的墓地，她，该有着莫大的安慰！你给人们带来的幸福，很快就成为无数人的灾难。这样的灾难难道不是你发现的世界中民众的灾难吗？如果目前不是，也许不久就会降临，谁知道呢……

商队在前进，队伍中每一颗心始终在回顾、眷恋着深爱的家乡，眷恋着条条深谷旁的树荫、岩石、帐篷，眷恋着牛、羊、母驴。蜿蜒的山路，淙淙的溪水和涌动的山泉。万千条思绪，都在最活跃的顶峰，终于飞向那辽阔的大洋彼岸——新世界，那里有可怕的未知数，被稠密的浓雾覆盖着。幻想竭力要破雾而入，但终于，无力地退却了，驯顺地聊以自慰："主是慷慨的，顺从主的意愿吧！"

商队刚抵达贝鲁特，马上遭到一帮掮客的包围，"旅行掮客""买卖掮客"……什么都要换，换上西装，戴上礼帽，披上外套。开襟长衫，肥腿裤换成西装，带钉的土布鞋换成皮底鞋，土耳其币兑换成外国钱，最后确定出国的去向，买护照。所有这些都是那帮掮客们的拿手好戏，其中的奥妙绝非大字不识的山里人能知晓的。

最后，他们又落进大海的魔掌。熬过了漫长的、充满歧视侮辱、忧伤痛苦和疾病的日日夜夜。大海又把他们一个个像贝壳、残屑、废渣似的吐出去。吐在大西洋两岸,吐在太平洋东岸、南岸的各个港口。海德森、波士顿、里约热内卢、圣地亚哥、哈瓦那、悉尼、马尼拉……一个个迷惘的身躯和幽灵一登上岸,马上开始往各地寻觅糊口的生计。有的在荒漠中,有的在阴暗的森林里,有的去附近的城镇和遥远的村落。如果实在身无长物或一技之长,就拾起锄头或凑钱开个铺子也行。但无论干什么的,差不多个个都背上一个"开舍"。

"开舍"类似我们的万宝囊,里面什么都有:扣子、顶针、棉线、缝针、发卡、镜子、剪刀、链子、钟表、花手帕、袜子、衬衫、薰香、香水,有的甚至还装着耶稣坟头的土、约旦河里的圣水和插在伯利恒的贝雕十字架,中间绘有世界末日的大教堂。一切应有尽有,琳琅满目,移民们背着"开舍",辗转各地,逢门必敲。有的敲开了,更多的是吃闭门羹,弄不好还会碰上一条看家狗。开门的多数是掀一条缝,女主人的脸一闪,鄙视的目光一见门外站的是个"土耳其"人,往往一怒之下把他骂走。砰地把门关上。但他不沮丧,不气馁,忍着四肢和脊背的酸痛,带着腹中的饥渴,坚韧地往前走。一天内只要得到三五家的"怜悯",卖出点儿什么,就心满意足了。买护照的钱,必须挣回来!远在祖国的亲人必须给他们寄钱去!

是的,"开舍"对黎巴嫩的功绩,在黎巴嫩人心中没有占到足够的分量。否则,理应在高山之巅,为"开舍"竖一座最壮丽的后代敬仰的雕像。"开舍"是那些散落在黛色的山麓和高原上的珊瑚色屋顶下的基础。他们在结束黎巴嫩的封建势力中建立了丰功伟绩。侨民把钱源源不断地汇给祖国亲人。拿到钱的开始购买旧时被那些封建王公和头人霸占的土地。近一个世纪的时间内,白斯肯塔每年交付的大量田赋,绝大部分落进王公显贵的腰包。记得我童年时,见过他们五个后裔,今天,这些人早都消失得无影无踪了。他们的后代,没有一个拥有白斯肯塔的一寸土地和山冈。剩下的几处古老宅院的粉墙,再也不会听到白斯肯塔穷人儿女乞求主人的呼唤声了!

这一切奇迹的实现首先应归功于"开舍"。

光荣属于"开舍"!

初次离家

我最初的世界是一个黑暗层层包围着的子宫。接着变成了一张小木床,日承光明,夜罩黑暗。随后,又从泥顶泥地的农舍扩大到小村落,从小村落走向周围的山岭。现在,我也该启程了。走向遥远的巴勒斯坦的拿撒勒。巴勒斯坦!那盛产奶、蜜的迦南的土地,你在哪里?那摩西的梦幻和叫苏欧①的女仆在哪里?大卫和苏莱曼的情人,《以赛亚②书》的感召和《艾尤布书》的作者在哪里?亚当悲剧之后,相继出现的荣华富贵以及水深火热的舞台,你们又在哪儿?木匠优素福和他那养育了生活和悲剧的英雄的未婚妻马利亚,他们居住的拿撒勒又在哪儿?主啊,你那奶和蜜的土地离我们多么遥远!你的拿撒勒离我们多么遥远!你拿得出什么东西来替换这不足十三岁的少年,替换他的亲人和他舍赫鲁布的寒舍,使他心满意足?

有人告诉我,想到拿撒勒,首先要有法院的户籍证。跑一趟法院来回花上两天时间不说,还得先有出生证。上哪儿弄出生证?只好找神父。

神父满头白发,体弱多病,和阿拉伯语结下了不解的宿仇,谁也不服谁,结果倒霉的是阿拉伯语。"萨"读成了"斯","译"读成"扎","高"念成"唉"。更糟的是从他嘴里出来的连词全变了音,这种念法可真是空前绝后的。我找到了他。

"神父,我要一张出生证。"

---

① 摩西的仆人。希伯来人进入迦南后,她退入巴勒斯坦。
② 《圣经》中四大先知之一。

他的目光从眼镜下透出来，紧盯着我，吃惊地问道："出生证？我怎么记得你是什么时候出生的？"

"不是你给我做的洗礼吗？"

"不错。"

"那给一张受洗证明也行！"

"孩子，我不是天主，记不得你受洗的日子了。"

"教堂里就没有记录？"

"什么记录？我们给新生儿做洗礼，为死者做祈祷，给情投意合的人证婚，为什么要记录呢？记录有什么用？"

"可我就要出门了，一定要有张出生证。怎么办呢？"

"找你的爸妈或是奶奶，说不定他们记得你是什么时候出生的，完了再来这儿。"

我垂头丧气地回到家中，问母亲我是哪天出生的，再不行，知道哪年哪月也行。可她比神父还糊涂：

"让你妈进坟墓吧！我哪记得清你是哪年哪月生的！我只记得生你时正是宰羊季节。你十个月不满周岁时，你爸就上美国去了。"

"那么爸爸是哪年走的？"

"我也记不得了。只知道他在美国待了整整六年，七月去，七月回的。"

无奈，我去问父亲：

"爸爸，你什么时候去的美国？"

"忘了，孩子。"

"那你哪年回来的？"

"也不记得了。只记得我妹妹玛尔塔在旧金山去世之后。我是七月走，七月回的，在外面待了整整六年。"

"那你知道我是哪年哪月生的吗？"

"我记得你是宰羊季节出生的。我离家时你妈怀你十个月，在马尔·米哈依尔节那天你受洗礼，所以，你就是用你爷爷和节日的名字来命名的。"

回答得如此相似，我无可奈何回到神父那里，把父母的话一五一十地告诉了他。

"何必这么啰唆。"神父微笑着，"你父母或是邻居说过你几岁吗？"

"他们说我是十二三岁。"

"那就从1902减去12，再从米哈依尔节前的宰羊季节，也就是11月或12月里，任选一天。这是笔、墨、纸。你自己写个证明，我给你盖个章，签上字，不就完了？"

就这样，我亲手给自己写了出生证，但始终不知道受洗的日子。这模棱两可的记录我从没把它放在心上过，以至多少年后，我的出生年月从来没有统一过。这件事使我久久不安，唯恐无意中因寻求真实，而陷于难堪的窘迫中。

1932年我从美国返回祖国，这未解之谜仍折磨着我。但冥冥之中似有天佑，数年后，我在家里发现了一本书。那陈旧的封面，不是我们熟悉的、古怪的阿拉伯文字母，一下子把我吸引住了。急忙打开，原来它是一本《教堂纪实》。

扉页上这样写着：

谨致优素福·米哈依尔·努埃曼家的迪布、海卡尔和米哈依尔

愿主保佑他们幸福、健康、长寿，愿他们如圣子耶稣所说：孩子们，到我身旁，你们找到了正确的信仰。他们已在俄国的罗马正教修道院里受洗。天主使你们长寿。

1893年22日（月份不清）于旧金山

书中的另一段是这样写的：

1896年6月22日，妹妹玛尔塔升天，23日入葬。

玛尔塔丧葬费：六十二里亚尔六十生特。

医疗费：十一里亚尔。

多年的谜突然破解了。父亲在美国待了六年，于1896年7月离开。那么，他可能是1890年7月我十个月的时候去美国的。按这么算来，我是1891年10月来到人世的。当时正值11月8日守护天神米哈依尔节前的宰羊季节。后来，当我知道"米哈依尔"即希伯来语"米卡依勒"意为"像上帝的人"时，着实使我大吃一惊。不管怎么说，我的生辰年月已经弄清，剩下的，就是哪一天了。说也不信，一次，我竟在梦中找到了那一天。几年前的一个清晨，我醒来时，一切梦境都已忘记得干干净净，唯独"10月17日"这几个英文依然清晰地呈现在眼前。一种强烈的感觉，使我觉得毫无疑问，那就是我的生日了。至于读者会说什么，那就悉听尊便了！

户籍卡到手了。它证明我出生在白斯肯塔，父母均是希腊正教派教徒。我皮肤麦色，眼睛棕色，鼻梁挺直，身上没有任何特殊标志。身高为××，奥斯曼帝国的黎巴嫩人。

于是，我像许许多多的动物一样，有了自己的标记。没有这个标识，谁也不可能逾越那小小的国界。我的活动范围不过咫尺之遥，我也只能在这咫尺间走动。我不可以改名换姓，不可以变动出生地、出生日期、父母的名字和国籍。从此以后，不论我到哪里，将始终背负着许多与人迥异的标记。没有这些，我就不能在人群中生活。随它去吧！目前最重要的是到拿撒勒。

1902年9月初，舅舅陪我告别了亲人和舍赫鲁布，来到了贝鲁特。贝鲁特的巴勒斯坦俄国协会代表已经付清了从贝鲁特到海法的护照钱。那时，家乡的俄国学校都由他们管辖。临行前，妈妈给我穿了新长袍、新鞋，戴上新土耳其帽。装满干粮的小包挎在肩上，最后，在我手里塞了一块银圆，叮嘱我在路上买些学校里没有的吃食或用品。我心里可真不愿拿这块银圆，家里比我更需要它。

我和舅舅来到了贝鲁特。多少次听过这个名字又深深地妒忌那些幸运儿，他们不仅知道它，还能亲眼看见那伸向沙姆[①]的神奇的铁路

[①] 古代称叙利亚及周边地区为沙姆，沿袭至今为叙利亚、黎巴嫩的统称。

线。于是，一踏进市街，我便左顾右盼，找心目中的铁路。一见罩在水沟上的铁网，便暗自思量："铁路就是这样，可一点儿不像我听到的那样神奇呀！"难道……这一切就是贝鲁特？街道狭窄，坑洼不平，垃圾成堆，挤满了人、驼、驴、骡、狗，车夫们不停抽打着辕马，一迭声吆喝："留神后背，太太！""先生，小心你的脸！""扛脚的，膀子往哪儿搁！"满街是裹袍子、蒙头巾的女人，带缠头和戴土耳其帽的男人；卖清凉饮料的背着个大皮串或玻璃樽，手不住地敲着手里的铜盘："玫瑰水，解渴！"咖啡馆里，水烟袋咕咕地响着，掷骰子的大喊大叫，咖啡冒着热气，输钱的骂爹骂娘。一个个肉体不停地散着热气，淌出臭汗……难道这一切就是贝鲁特？舍赫鲁布，你在哪里？

翌日中午，舅舅把我交给了一个叫穆罕默德·凯布尔绥里的中间人，他是本地有数的几个地头蛇之一。他刚刚把我接过来，一转身就钻进了赌场。他嗜赌如命，也死在这个"赌"字上。太阳落山前，他带我到港口，交给一个水手。当着我的面对他说："你最多只能跟他要两个比什里克。"这么说，我兜里的那个银洋就只剩下五个比什里克了。没关系，目前关键是到拿撒勒。

我生平第一次在大海的怀抱里。同舟的男女船客是那么陌生，那么遥远，没有一张可亲的面孔。波涛戏弄着小船，时而托起，时而又抛进波谷。每一次我都觉得船就要翻了，乘客行将葬身鱼腹。可舵工们却面不改色，他们无数次和大海搏斗，还有何惧？一望无垠、白浪滔天的大海，令我惊叹不绝。人类怎能以一叶小舟或轮船骑在它的背上，轻易地信任它呢？

我们的轮船叫"朱丽"号，是一艘蒸汽发动的大船。航线：贝鲁特——达慕尔——赛达——苏尔——阿卡——海法——雅法——贝尔卡斯。一般沿海岸线行走三十六到四十小时就能从贝鲁特到海法。乘汽车的话，这段路三个小时足够了。

船上是一个无奇不有的世界。我见过的船都靠划桨前进。可我们这条船没有桨，怎么走呢？为什么不会连人带货沉入大海呢？我早听说过蒸汽，可是蒸汽怎样变成推动船只前进的动力，我一无所知。船舱里挤满了各式各样的男女老幼。有的衣着平常，有的奇装异服，都带着背包、袋子、草篮。这个女人在喂奶，那个对着大海给孩子把尿；有人从袋里掏出大饼津津有味地嚼着，有人掀开草篮把葡萄往嘴里送，有人不停地拨弄着手里的念珠，有人跪在地上，双手时而冲天，时而落在膝上，头俯向地面，嘴里念念有词。奇腔怪调的阿拉伯方言敲击着我的耳鼓，实在不舒服。你们就这样说阿拉伯语的吗？去白斯肯塔学学吧！

船破浪前进。极目东望，目光突然落在绥尼山上。夕阳的余晖给它披上了一条美妙绝伦的饰带。面对鬼斧神工般的奇迹，莫过于静思默赏。我凝眸远眺，听到了心灵的呼喊："可怜啊，米哈依尔！你在哪里，在哪里呀？过去你在笔墨难以形容的饰带那里，可现在，你漂浮在浩瀚无垠的海上的几块木板上。身边此起彼伏的鼾声、闹声、打诨声搅乱了你的思想。尿、呕吐物、涕痰向你身上飞溅。你无处蹲坐，无处栖息。你是个陌生人，米哈依尔，陌生人，陌生人……"

我第一次明白了"离别"的含义，感到它的苦痛正贯穿我的心房。心收缩了，似乎也成了一个陌生客。想着，我泪水满眶，不是怕人笑话，怕这个自认为是独胆的英雄变成人们眼里的小毛孩子，泪水早就夺眶而出了。

从贝鲁特到海法的这次旅行，多少记忆、感觉、印象都已淡忘，唯有一件事却终生留在我的记忆里，作为殷鉴和纪念。只希望这位先生长命百岁，活到今天，能读到我写下的这篇记述。

船行两夜一天，到了海法港口。我决定在这里下船，去拿撒勒。可是怎么下船？下了船上哪儿去？怎么找到送我去目的地的人？拿撒勒离海法有多远，怎么走法？所有这些，我都稀里糊涂，答不上来。是呀，这个时候，我活像袋里的一只猫，让我怎么回答呢？

我提着小包随着人流站在扶梯附近，望着从城里向我们轮船飞快驶来的一只只小船，心中漾起阵阵恐惧。遥看船上的水手，一个个像扑向腐尸的巨兽猛禽，他们都在嘶喊："喂，阿卜杜！""马哈茂德！""阿里！"喊声、骂声、奇特的服饰令我惊恐万状；啊，怎么都像妖魔似的爬上梯子来了！真不知我会成为哪一个的牺牲品。

在这关键时刻,我感到一只手抓住了我,随即传来一个声音:"孩子,就你一个人?没有伴儿,没有家人吗?"

我转过身,一张温和的脸:和我说话的这个瘦瘦的中年男人,身材适中,穿一件长袍,头戴土耳其帽。

"只我一个人。"

"你在海法有熟人吗?"

"没有。"

"你到哪儿去?"

"到拿撒勒的俄国学校。"

他拉住我的手,在我的耳旁悄声说:"跟着我,千万别离开,要抓紧。"此时此刻,远离家乡的感觉消失得无影无踪。甜美的男中音将一颗定心丸溶化在我的血液中。不消一分钟,过来一个水手,彬彬有礼地向那男人请过安,便把我们两人的行李提到小船上。上岸后,我的大朋友付了钱,我准备把自己应付的份额交给他,他笑笑,轻抚着我的脊背说:"没必要,孩子。"我跟在他身后,穿街走巷,来到他的家。他和家人互致问候,他吩咐他们给我准备好洗脸水和肥皂,还有早餐。他和善可亲的态度驱走了我惯有的自卫和羞涩,便不客气地放开肚皮,美美吃了一顿。

休息片刻,他让仆人去客栈,查看到拿撒勒定时班车的情况。仆人回来禀告说半小时后有车,正好还有一个空座。

"太幸运了,主保佑你,走吧。"说着他让仆人把我送到客栈。一件极端复杂的事如此轻而易举就解决了,高兴又兴奋之余,竟忘了问那人的姓名、工作和宗教信仰。也许没问更好,否则,以后自己如何在众人面前证实:只要有人在,无论他的肤色、语言、宗教信仰,无论他生活在哪块土地上,善良的源泉是不会枯竭的,永远不枯竭!今天落笔时,我只有一个心愿——希望他知道。五十八年前海法港口"朱丽"号上与他邂逅,受他照顾的异乡男孩没有一天忘记过他的情谊,几年以后,他拿到了开启艰辛生活、探索人际关系秘密的钥匙。

事实上,每当我回首那些难以忘怀的往事,一种强烈的感觉油然而生:事件的时间、地点在冥冥之中早被安排。它的最后出现,只是证实了我现在所认识到的"自我"。这种感觉异常强烈,跟"坚信"几无差别。甚或可以说:就是坚信。当年从学校平台上失足坠地后,把我抱起的那个陌生人;选中我进拿撒勒学习的老师;白斯肯塔致力办俄国学校的人们;海法的这位先生,以及下文将要提到的许多人——谁指使他们为我服务?又是谁指使我为别人服务?难道不正是有一只我不知、人亦不知的隐蔽的手操纵着这一切吗?那只手指挥的一切里面有没有我和其他人可得的份额?这一份是什么?在哪里?

"米斯库比到了!"经过八小时的旅行,车夫边喊边把马车停在一条狭巷的三层楼前。拿撒勒和附近的人都把这所俄国师范学院叫"米斯库比"。门卫打开大门,学校迎进了一名来自绥尼山麓到这里寻求光明、道路和知识的新同学……

拿撒勒

1902—1906

一

我现在写着那个来自绥尼山麓的孩子的故事时,但愿我已从岁月的记忆中,摄下了拿撒勒俄国学校的大门,第一次为他敞开,旋即又在他身后关上时的照片。但愿我依然能再现他提着那破旧的小包,在校园中踯躅的情景,目睹那棕色的脸上和迷茫的双眼中的激情和疑惧。

一双双目光从四面八方投来。为了掩饰内心的孤独和惊慌,他竭力保持稳定的步伐。可是,内心却茫然若失,不知所措。多亏门卫过来接过小包,扛在肩上,带他到二楼的校长办公室。

"你就是白斯肯塔来的米哈依尔·优素福?"

"是的。"

"身上有钱吗?"

"有。"

"让我们替你保存在学校的保险柜中,随用随取。"

兜里剩下的钱我都给了他,数目少得可怜。真怕受他的冷眼,要不就引起他的怜悯——谁的怜悯我都讨厌。我厌恶人们按照我的财力、父亲的家产、家族的血统、门第及养家的手段和财路来衡量我的价值。可院长却一视同仁,他以对待大宗钱财的态度,平静地把我的钱数记在本上。他很清楚,这个学校的学生来自巴勒斯坦、叙利亚和黎巴嫩的不同阶层，有城里人，有乡下人。每个人的父亲有不同的职业：神父、商贾、织工、裁缝，也有农民和牧畜者。所以，这个学生拿得出几个金里拉，而那个只有几个白什里克。

我忘了向校长纠正他对我名字的错读。他只叫了我的名字和父名，却把族姓努埃曼给忘了。不过，这不重要。重要的是别把我给丢了。只要我想出人头地，不打算一辈子默默无闻，绝不会把自己丢掉的。我必将显示出我在这所学校里的存在。老师把我这个白斯肯塔的孩子推荐来这里学习，我要为老师争光。这所学校也是他的母校。

校长没有在我心中留下任何波澜。岁月在他谢了顶的脸上添上条条皱纹，银丝样的密扎扎的胡子令人肃然起敬。不过，眼里找不到一点儿使人感到亲切、慈祥的光芒。他身材适中，走路的步态缓慢持重，双目有力地看着前方。低低的不带任何乐感的男低音，加上一连串不加修饰和锤炼的词语，听起来刻板而单调。一旦疾言厉色，训斥起人来，措辞严谨，词锋犀利，远比鞭子有力，而且，训人在他眼中是家常便饭。

一天，正值复活节前大斋期间。我和三个同学偷偷让校工上街给我们买两盒沙丁鱼罐头。成天是吃厌了的饭，咸橄榄、扁豆粥、薄荷，哪怕不是沙丁鱼，一点点荤腥也行。平日里，除了老师带领我们去集体郊游，星期天和节日到教堂做礼拜外，校方不允许我们擅自离校。学生生活和修士无异。工友买来了鱼，从厨房拿了大饼，我们立即关起门，躲在角落里，打开罐头，狼吞虎咽大嚼起来，其滋味之美，仿佛正在六翼天使的盛宴上，享受世界上最美的佳肴。正当我们吃得津津有味、乐不可支时，门突然打开，院长走了进来，他气得胡须战抖，脸色陡变。顿时，我们的嘴也木了，美食像一块硬石哽在喉头。傍晚，全体同学在大厅集合，院长做了一通严厉的训斥：我们这里有人忘恩负义。他们背叛校方，远远超越了学校甚至家中应得的份额。他们不遵守教规，触犯了赎罪和解脱的教法。他们把一心为开办这所学校、热情捐款资助的数千名俄国信徒丢在脑后。他们是猪猡……唯一的可以说是不幸中之大幸，他没有点我们的名。

同学和老师中，这位大马士革土生土长的伊斯肯德尔老师——伊斯肯德尔·吉布拉伊勒·库兹玛真可谓无人不知，无人不晓。他从十九世纪末拿撒勒俄国师范学院创立到奥斯曼帝国参加第一次世界大战、没收全部俄国在东方的产业为止，始终是这所学校的主持人。在他的管理下，学校日渐昌盛，培养出一批批训练有素的人才，以至英国占领巴勒斯坦后，也不得不依靠那些教师和他们的教学经验管理巴勒斯坦的教育机构和学校。伊斯肯德尔·库兹玛虽然少言寡笑，实际上，胸中却蕴藏着一颗伟大的心，慈父般的心，他是第一批有机会到沙皇俄国去学习的阿拉伯人。学校中，除院长事务性工作外，还兼着三个年级的宗教课。

校长结束了同我的简短会见，命令工友带我去认识总务长，再到三楼看看床位。总务长让我跟一位年过半百的妇女走。她在一大堆衣服中给我挑了一套合身的校服：红毡帽、长袍、灰呢外套、鞋、长裤。这些都是旧的。因为院长坚持同学们像居家生活那样，新生先穿高年级的旧衣服，任何衣着不到无法修补不能更新。同时，改变建校初期帝国协会立下的穿西装的规矩，改穿本地的阿拉伯服装。理由是学校无钱添置。他的意见非常正确。

二

初到拿撒勒时笼罩在我心上的迷雾逐渐消散。才过一个星期，我就了解了这所学校的许多事……学生分三个班读完六年课程，每班两年，全校四十名同学有半数都在一年级，来自巴勒斯坦、叙利亚和黎巴嫩的城乡，像耶路撒冷、白加来、拿撒勒、拉马、克夫利亚塞夫、阿卡、苏尔、大马士革、霍姆斯、的黎波里、考尔·拉西亚和开菲尔等地。我记住了所有俄国和阿拉伯教员和同学的名字，打听到他们间的许多事。比如从哪儿来的？品行、学习如何？学生最喜欢哪个教员、最讨厌谁等。

我早已知道自己初到的陌生感不会持续太久，唯一担心的是在学习上会不会落后于同学们。我的估计会不幸而言中。上第一堂俄语课时，最坏的情况发生了。教员是个俄国人，一句阿拉伯话也不懂，有的同学和他用俄语交谈，可我肚子里的俄语加起来也不超过一百个单词，照本宣科还念不流利呢，坐在课堂上，真成了"婚礼中的聋子"。倒霉的人！俄语课已经如此难熬，那么，用俄语教的算术、地理和俄国史又该是个什么样子呢？灾难啊……

我走出教室，感赞主，居然没有引起老师的注意，也没问我。可是我被阵阵浓重、可怖、漆黑的愁云笼罩，挤压得喘不过气来，我只得自己给自己打气："坚强些，米哈依尔，不能做胆小鬼。你是白斯肯塔的优等生，哪能在拿撒勒得个倒数第一？你刚刚起步，有人跑在你前面，又有何妨。关键是坚持到底，你能挺住的，一定名列前茅，你的宏伟志向决定了这一点，你的父母料到了这一点——绝不会比在舍赫鲁布和绥尼时差。"

不行呀，许什么愿都无济于事，真正穿破云雾拯救我于水火的倒是伊本·穆格法、伊本·马立克和伊本·阿基勒①。那天，紧接着俄语课的是一堂阿拉伯语课，教师是个贝鲁特人，名叫吉布朗·夫帖，四十多岁的中年人，两捋长须，身材粗壮高大，脸色明朗，沉稳持重。我们早就听说他的阿拉伯语造诣颇深，著有解释哈利里诗韵的《诗韵学简析》一书。两年后，我们就是凭这本书解开了诗韵之谜，踏进诗歌和它那广阔胸怀的大门。

老师在高凳上坐定后，每人发下一份不标音符的《卡里来和笛木乃》②，他要求每人读几段，了解我们对词法掌握的程度。我顿时精神大振。挨着个儿下来，大部分同学读得都差强人意。轮到我了，我音调铿锵，平稳准确地读完了我的一段。只一次，便开创了我和那位《诗韵学简析》作者间的良好关系。它是驱散我眼前恐怖和心中雾幛的吉祥标记——尽管只是短短一段时间。

伊本·穆格法在排解我的愁闷上立了头功，当然也应为伊本·马

---

① 均为阿拉伯古代著名语法学家。
② 阿拉伯古代童话故事。

立克和伊本·阿基勒表表功。六年中的阿拉伯语课起自伊本·马立克的四行诗及阿基勒的注释,终自一位俄国东方学者撰写的阿拉伯文学史。奇怪的是最难记忆和理解的千行诗却首先紧紧地攫取了我的心。这恐怕是出于我对语言,特别是阿拉伯语天生的酷爱,出于我想探索阿拉伯语语法和词法之谜的强烈愿望吧。时至今日,半个世纪前读过的半行诗,我还可以饶有兴趣地把它背记下来:

穆罕默德·本·马立克说:
赞美我主,
崇高的统治者。
为他优秀的使者祈祷,
为使者光荣的同胞祈祷。
我向主求助,
完成千行语法诗的创作。
伊本·马立克,
伟大的学者!

伊本·马立克,你是天才。你向主求助,主帮助你在恰好一千行诗中,解释了全部语法现象,创造了奇迹。绥尼山里来的这个孩子,在这所学校里,沐浴了你数百年来为后代所创的恩泽。伊本·马立克呀,你的路是艰难的,新的一代人,他们看不到你奇迹的任何痕迹,这些人不承认奇迹,甚至不承认你以韶华青春换取的千行诗中总结的语法。他们懒于探索,畏避艰难,但求迅达。时代变了,伊本·马立克!事物变了,今非昔比,生活的脉搏也发生了变化。像你这样的人,在今天的世界中只剩下最后一席之地,仅是在你生辰忌日每每向你致意的一支秃笔和他的一颗心。他永远记住你的声音:
"字词达意,构成话语,名词、动词还有连词。"

三

在这小小的、宁静的和阿卡姆·吉利勒丘陵相连的小城里，在这拿撒勒古城里，生活着木匠约瑟和他的未婚妻童贞女马利亚。一千九百年前，一个奇妙的婴儿诞生了，东方西方，千百万人们赞颂他的名字。你，米哈依尔，就是其中的一个。

在这里——巴勒斯坦的任何大地上都一样，你生活在神奇、吉祥的世界里。无论走向何处，无论向何方眺望，那遥远的逝去的无数张面孔和事物都在你面前呈现，再深入到你的身心中。当然，你最不能忘怀、最热爱的是老师的面孔和他的生平事迹。多么短暂的生命！

可是日月却无法以淡忘将其湮没！米哈依尔，千万要牢记你正生活在耶稣的诞生地！

孤身独处时，我常常以这席话作自身的对白。绥尼山带来的深厚的宗教感情，在拿撒勒日渐增长。在远足旅行时，我多次恍惚觉得突然灵魂出窍，我离开了同伴，走在当年耶稣及其门徒行走的小路上，有时见他独坐在那株树下或那块岩石旁。还记得有一次，我祈祷耶稣帮我解决数学疑难。他真的显灵了！回忆起来真是甜蜜幸福的瞬间啊！

事情是这样的，那天下午，我们去郊游。上午，数学老师给我们留了四道题，要求第二天交卷。我解出三道，第四道把我难住了。我在班上各门功课均名列前茅，同学们都求我帮助，可是我的自尊心却不允许我反向他们求教。所以虽然下午人在郊外，思想上却受到那道题的折磨。我趁同学们开始做游戏，一个人偷偷溜到一块大石头后面，跪在地上，虔诚地祈祷，求主耶稣帮我解决难题。祷告完毕站起身来，已豁然开朗。待到返回学校，竟不费吹灰之力，很快就解出了折磨我好久的那道难题！

教堂和学校要求我们笃信、虔诚。我表里如一，压根儿不曾怀疑过上帝用六天时间从无到有创造了世界，第七天是安息日。人是他最后的创造物。他用泥塑造了亚当，然后将生命吹入他体内。后来，怜悯他茕茕孑立，又从他身上取出一根肋骨，造了夏娃。上帝把亚当和夏娃安置在伊甸园中，准许食用任何树上的果子，唯独不准吃那颗辨别善恶之果。还警告他们吃了马上死去。

狡猾的蛇和夏娃交谈后，引诱夏娃吃了那禁树上的果子，夏娃又劝丈夫也摘了一颗吃下，于是大罪降临了。日月穿梭，大地上人类日渐增多，死亡的阴影紧紧跟随。上帝重发恻隐之心，派出他天上的独子降临人世。为了使他的躯体免遭大罪，让他出自处女之腹，并以鲜血代人赎罪。虔诚信仰他的，死亡后可获永生，享天堂之福；不信他的，将在来世中永遭烈火熬煎。

我以赎身求得指引的一片诚心，信仰基督的精神。当我发现自己脚下的土地正是耶稣诞生、生活、传教、横遭痛苦以致死亡的土地时，迫切地想走访《新约》上记载的与他生活有关的远近名胜古迹。但是，少数地方尚能发现些许遗址，大部分地方都无法判断其准确地点了，何况还夹杂着大量谣传、迷信和传说……拿撒勒有一座天主教的修道院。传说那里原是马利亚和约瑟的家，向导把你带进一间烟熏的地窖，说烟迹就是当年童贞女马利亚用的灶熏黑的。拿撒勒还有一眼童女泉，人们说当年马利亚就是在这里打水时见到了天使，天使告诉她，她将成为救世主的母亲。也有人说，当时，她是在一口井的旁边打水，今天那口井上矗立着正教的白沙尔教堂。

拿撒勒的东边有个叫利乃的小村。据说这就是《新约》里的那因。在村里，耶稣使一个寡妇的儿子在被送往坟地的路上死而复生。再远一点儿是开夫利坎那村。传说中这是耶稣创造的第一奇迹——将水变成酒的高那·伽利略。好心的人们还会把你带到出现奇迹的石坛前。尽管我对上述种种说法颇有怀疑，却对耶稣创造的奇迹从不质疑。

二年级和三年级，学校组织过两次旅行。这是我一生中最痛快、最有趣味的旅行。一次，游图尔山和塔布利亚湖及其城郊，另一次是穿过约旦到阿吉伦山，然后参观吉尔什和哈买遗址以及叶勒姆克峡谷。两次旅行都在春季的复活节假期里。

图尔山位于伊本·阿米尔草原的东部,一马平川,风景秀丽,距拿撒勒两个小时的路程。和高山峻岭比,它只能算是一座大的山丘,那里有规则的圆形总让人觉得这是出自人工的雕琢。满山环翠、超然的孤独、无尽的幽僻,都为它增添了任何高山大岳不曾有的妩媚。如果你像我一样有幸与它的繁星、微风共同度过那幽静的长夜,能像我一样与头顶上徘徊的记忆敞开心扉,她的妩媚将赋予你某种神奇的力量。

《新约》写道:一天,耶稣和三个门徒登上一座高山。这时,一片发光的云彩自天而降。云层忽变,出现了先知摩西和以利亚。这就是后来所谓的显圣,并认为那座高山就是图尔山。你现在可以想象一个像我这样笃信宗教的少年,在山顶上独宿,要能看见身披光环的耶稣突然出现在眼前,该如何激动得心潮澎湃不能自已啊。我虽和同学朝夕相处,但却像个陌生客。我不止一次离开集体,独自踅进山岭深处。此时我觉得和基督之间的时代深渊已经消逝,他离我并不遥远,我对他也不陌生。这番感受绝对无法用言语描述。

从拿撒勒到塔布里亚的全程,从涉越约旦河、伊朗和阿吉龙的山山水水,这种感受始终伴随我。沿途山峦绵亘,其中有一座叫坦图比亚特的。一天,耶稣和门徒登上山头,耶稣坐下教导他们说:"虚心者有福了,天国是属于他们的。"这就是占《马太福音》三节篇幅的"登山训诫"。过去,直至今日我仍然坚信这训诫是人世间最崇高的信条。因此,非常想爬上那座山,可惜它不包括在我们旅行计划之内。我只得一步一回头,在想象中谛听着耶稣的声音。他正在为周围的听众和后人们描绘得救的道路:"古人这么说……但我要跟你们说……"灾荒的年月,大家饥饿难忍,他将门徒仅有的五张饼和两条鱼分给众人,不仅使五千人填饱了肚子,还有剩余。

啊,塔布里亚,伽利略湖!这群山环抱的湖泊,披着一望无垠的浓荫,闪耀着迷人的光环,引起了我深沉的思绪和幻觉,约旦河由北方注入,从南边流出,奔向死海,去寻找自己的归宿。海平面下八百米的湖畔,起伏的碧波,你们目睹了多少基督的事迹!岸上,他从渔民中招来了门徒,让他们传播福音。湖里,他足履水面,顿时水平如镜。在麦吉代勒村,他从马利亚身体里驱走魔鬼,她便永远追随基督左右,站在他的十字架下。那里还有他热爱和创造了许多奇迹的卡夫尔·纳侯姆城。可今天已是牲畜遍地,牧民栖身的废墟了。

我们在湖边的罗马修道院过夜。我的眼睛抵不过日间的疲劳,终于合拢了。夜阑人静,波涛轻轻拍打着修道院的房基,摇晃着满天繁星,和风掠过湖面,悄悄地倾诉着一个又一个的回忆……来自遥远的绥尼山麓的少年的一颗心分外温柔,分外甜蜜。

基督传播福音前受洗的约旦河,我们跨过它走向伊朗和阿吉龙山脉的约旦河,给我们的第一个印象是失望和诧异。我一直以为它应是一条宽阔、深邃、奔腾的大河,可是,眼前却是一条在杂草、芦苇和夹竹桃间蜿蜒的小渠。但往前不远它那蛮荒的孤独所显示的威严,两岸茂盛的庄稼和草木,弥补了河道狭隘的不足。令人吃惊的是,河边的牧草茁壮挺拔,骆驼只露出头和峰,使我们误以为岸边的骆群是跪卧在地上。过去这里的确盛产牛奶和蜜,是迦南的土地。可是在奥斯曼帝国的统治下,它变得穷困、无知。呆滞、苟安控制了它儿女们的心。仰望天空,魅力依旧。降生在它的土地上,呼吸过它的空气的使者、先知们,他们的回忆却依然在那大地和空气中回旋萦绕。

我的错误也许像海滩上的沙子不计其数,但我却从未有过偷窃的行为。可是,有一天魔鬼引诱了我,以非法手段驱使我回答了饥肠的呼叫,辱没了一个品学兼优为人表率的好学生的名声。

据我所知,所有的寄宿学校无一不是天天失窃,天天有人践踏道德和法律。我们的拿撒勒自然也不例外。学生中有的手艺高超,专门欺骗老师,拿到校方绝对禁止的东西。被禁的事项之一就是不许偷看老师每天在班级日志后面写下的成绩。老师把这本簿子专门放在一间房里,每月一次向大家宣布结果。可是我们中间,却专有一伙人,能乘老师不备,以魔鬼的方法看到那些成绩。是啊,没有人不关心自己成绩的!我们学校的成绩按优劣分为:$5, 5^-, 4\frac{1}{2}, 4^+, 4, 4^-, 3\frac{1}{2}, 3^+, 3,$

3^-，$2\frac{1}{2}$。其中$2\frac{1}{2}$是及格的最低标准。偷看分数还属于"合理"偷窃的范围。可是我搞的那次，表面看来也是属于"合理"范畴，但实质上却是极其肮脏的。

那是我在拿撒勒学习的第二年。由于肠胃缺油，屡遭饥荒，我们几乎把大斋看作是一场灾难。一天下午，同学们又去郊游，我向老师请了假。这是在这个学习期间我唯一一次没参加郊游。我身边无人，又无监督，只身一人留在学校。

我的双脚，或者说我肚皮里的干旱，把我向地窖引去。地窖的门用铁棍拦着，里面盛满了做奶酪用的凝乳的袋子。斋戒过后，我们将蘸着油吃这些奶酪。

我站在铁门前窥探。一只只雪白的袋子撑得鼓鼓的，都快裂开了。袋里的美味令人垂涎欲滴。刚一走近，口水自己就流出来了。可是，米哈依尔，你疯了吗？铁栅栏穿得过去吗？想得到这些，应该吗？为了吃一块奶酪，以自己的名誉冒险，值得吗？可是，为什么不可以呢？欧沙不就是为了一口扁豆把他兄弟出卖了吗？奶酪比扁豆要珍贵，香味也浓百倍。如果你有幸既能平息饥肠辘辘的难受，又不被任何人发现，吃它一块有什么不好呢？可是，栅栏棍是钻不过去的，怎么才能走到口袋边，拿出奶酪，再把袋子系好，从原路退回呢？想想吧，当你还在下面时，如果校长或者哪怕只是一位校工，突然出现在眼前，使你百口莫辩，那你又如何掩盖自己的过失呢？这时你该巴不得地上裂开一条大缝，钻了进去才痛快呢。不过，这样的事是绝不可能发生的。学校空空的，只剩你一个。快！机不可失，时不再来！

我进一步，退两步。犹豫，踌躇……终于把头伸进了两根铁栅间。一分钟后，我进入了地窖……

我右手拿着奶酪，巧妙地把袋子放回原处，地上、铁栏杆上没有留下任何痕迹。可是，在院子里吃奶酪就不那么高明了。突然，头顶上传来一声清脆的嗓音。我嘴里塞满奶酪，手里还拿着一把，吓得四面环顾，最后在楼上的阳台上看到了一名刚刚休假回来的俄国老师。他不认识我，并且肯定也不知道奶酪是什么，更不知道我是从哪儿搞来的。

说不定还以为那是一种糖果呢！尽管如此，我还是惊呆了。腿、舌、手都转不过弯来。羞得无地自容。看来，当时天主接受了我良心上的忏悔，没有当场揭穿我。半个多世纪后的今天，我用这支秃笔在这里自我揭发了。

四

我的一生中有多次奇妙的巧合，海法港口的那个好心人只是其中的一位，这里，我应该讲讲另一次。

拿撒勒学习期间，每逢假期，我们都回家探亲，我在舍赫鲁布过完了第一个假期后，又来到了贝鲁特，和过去一样在那里转乘去海法的"朱丽"号。和亲人，和舍赫鲁布告别，该是世界上最艰难的事了，特别是我学会并迷上了钓鱼，那恋恋之情可想而知。到了贝鲁特后，我觉得自己仿佛置身于流放地，心中像燃起一堆火炭，胸臆间如裁缝的针脚，紧扎压抑。总之，我的感情仍然在绥尼山山顶上回旋。

命运还跟我开了个不大不小的玩笑，简直是愁上加愁。送我们上汽船的小划子离开原来的道路，转向另一处驶去。我们奇怪地问船夫上哪儿去。他木然地回答说：上检疫所。主啊，什么叫检疫所？在哪儿？——原来国内发现了霍乱病患者。乘客登船前，必须和行李一起接受消毒。

霍乱！对这可怕的黄色瘟疫，我是从那些老妇人的嘴里听到的。每当她们乞求天主让敌人遭灾时，就求主将霍乱降落到他们身上。啊，可怜的米哈依尔，看来你所遭受的苦闷和不幸还不够，现在霍乱又降临了！还有更难熬的地狱在前面！

进了检疫所，我被带进一间窄房。强迫交出箱笼行李，脱光衣服，裹上一件白袍子，吩咐等在外厅里。其他乘客也都一样披着那样的怪衣走进大厅。当时如果甘地在世，我或许还能得到些许安慰，我那身打扮和他简直惟妙惟肖。遗憾的是，这位老先生尚未来到人世，无法减轻我内心的耻辱、陌生和不悦感。环顾四周,所有的人都白袍裹身,一个个俨然是神语中的幽灵。我垂头丧气,坐在一只木椅上抹眼泪。忽然一只手轻轻地摇晃着我的肩头,一个熟悉的声音轻轻呼唤着我的姓名。哦,纳西布·阿雷达的声音。过度的愤懑和忧郁竟使我坐在他身旁而一无所知。

我在这里提起这次庆幸的巧合,只是请求上帝保佑说出了下列诗句的那颗灵魂。

> 切莫忧虑漾心间,
> 任凭命运择路前。
> 短暂时刻转瞬间,
> 上帝有意万事变。

啊,赞美那改变一切而自身永存的主吧!赞美他吧,他把人创造成一部具有思想和灵感的奇妙的乐器,并对它们的思想言行了如指掌。每当人心怀委屈,孤寂忧郁,甚至寻求一死以解脱痛苦时,这部乐器便会在转瞬间,让自己的琴弦奏出最欢快、宁静的乐曲。仿佛有支魔棍在指挥。而这根魔棍通常不过是同事、朋友、亲人或任何善良者的一颦一蹙、轻呼、轻抚,甚或在你不知所从、歧途彷徨时,送来的一滴水、一缕轻风、一线烛光或一块面包。

纳西布的手驱走了我眼前的黑暗,减轻了我心头的重压。顿时,我觉得再不是孤立无援,周围的一切都在欢呼雀跃。我抬头看到他的身边还站着也从霍姆斯来的伊斯肯德尔时,这根魔棍的威力发挥得益发强烈。我们都是同班同学。学习上,他俩是一对赛马,不过我和纳西布的关系更密切。我喜欢他的宁静、稳重、长于思考和好学,赞赏他远离书生气的争执和吵闹。随着光阴的流逝,我们的同窗之谊益发深厚、纯洁。

由于在检疫所木凳上和两个同学不期而遇,我低沉和沮丧的情绪烟消云散,周围又是我的天下了。这时候,我面对老太婆的威吓,就会高喊:"霍乱!你愿降到哪里就降到哪里吧!检疫所!房子再小也由你了!'朱丽'号!让它随风颠簸去吧!我原先孤掌难鸣,现在可是三个人了。三个人将共命运,同欢笑,以回忆和努力,冲破那阻碍我们的屏障,我们具有不甘后人、自强不息的精神。"

那次旅程确实障碍重重。当日要是我只身孤影,很难说能活到今天来著书立说了。刚抵海法,城内霍乱猖獗,乘客禁止登岸,我们只得继续去雅法。可是到了雅法又怎么办呢?那里到拿撒勒的距离是海法的四倍,除了畜力——驴、骡和骆驼外,无任何交通工具,我们怎么走呢?这不仅是难题,简直是灾难了。

但是,那只隐蔽的手再一次拯救了我。纳西布想起他有个亲戚在雅法经商,和他父亲常有来往。于是,我们三人成了他店里的座上客,一番盛情款待后,安排我们晚上和信使一起上路。信使有一头毛驴、一匹驮马。抓阄的结果,我运气最好,独骑毛驴,他们两人合乘驮马。现在,可以想象这整整三天三夜里三个青年在这支奇怪的队伍中,他们大声说笑,驱赶睡魔,或是轮流值班,防盗防贼。时而踏上平川,时而拐进弯路。我们昼伏夜行,白天,只要一歇下来,哪管它是茫茫旷野、粪污满地的路旁,还是拥满苍蝇、跳蚤的大车店,我们第一件事就是睡觉。

我们终于平安到达了,但也不是全无灾难。抵校后,全部行李都被送去消毒。天晓得,我的行李里还有纳西布亲戚送的一盒蜜饯,当时没舍得吃,连一口也没尝。唉,惨重的损失!……

五

那年,学校开除了两个学生,理由据说是"有可疑的关系"。大家都明白指的是性关系。

这消息对我无疑是当头棒喝。我来自绥尼山麓,单纯无知,我所知道的男女间的事就和公牛和母牛、雄猫雌猫、羝羊母羊、公鸡母鸡之间一样。可是，它怎能发生在男的和男的之间，实在令人作呕。我的肠胃为之痉挛，理智上我简直无法相信。人，哪怕只是少数几个，怎能堕落到如此地步？耻辱！丑恶！

时至今日，每当读到或听到同性恋，心里依旧泛起当时的恶感。这里我绝不自以为洁身自好，采取高姿态回避，我要谈谈性欲——人体内最强烈的一种欲望。你认为它不是最强烈的也无妨。情窦初开，我们便处于有悖于自己本性的痛苦和残酷的斗争中。这本性蕴藏于我们体内，甚或说，即我们的血和肉。一旦欲火在血肉中熊熊燃烧，体内每个细胞都像锅里沸腾的开水，头脑里剩下的只有女人和她的生殖器。眼珠奇妙地把一切，甚至无生命都变成了有生命的形象。这时心儿战抖，它要扑灭这座火焰山，这高烧、这疯狂的行动。同时，体内又产生一股可怕的力量，力求摆脱那被禁锢的潜力，固执地摇晃身体，直到远离而去。为渴求传宗接代的人类的本性、为使欲念得以尽情发泄，自然就这样给它设置了得以逃逸的门户。可是，我们都在门旁筑上高墙，布置守卫和岗哨。任何没有通行证偷越入禁者都是犯罪，持证的人都是那些"替天行道"或"为民谋利"的，他们在门上套上神圣的光轮，再用铁蒺藜把它一道道圈起。

结果呢？畸形的性欲导致千万家妓院的出现和通奸的泛滥。情窦初开和受禁的青年都染上了自慰的恶习。他们夜间做噩梦，白日里欲火如焚，坐卧不安，甚或终生痴癫。

至今，大部分人都把婚姻、婚姻的神圣化和数不清的清规戒律看作是解决这一问题的唯一途径。可是人绝不是宁肯受本能制约的动物。任欲望无节制地发展，势必把他们推向深渊。要控制，但控制者绝不能来自身外，应该来自他自身。

为此，的确需要一种新的教育转移青年人沉溺于性欲之中。我不是说屈服于这种感情是罪愆。不！这是蕴藏在抗拒和控制中，是武力、权欲、金钱所不及的力量。谁掌握了它就掌握了摆脱毒害身体和精神的大量瘟疫。他比那些在需要之时，强行熄灭欲火的人幸福、快乐万倍。垂涎天堂或企图逃避火狱的人绝不能称他贞洁。贞洁的实现只有靠对贞洁自身的爱、对贞洁撒播在心中的纯洁感情和战胜欲望的痴醉。环境、法律、习俗强加的贞洁毫无裨益。唯有精神加诸于精神的贞洁才有价值。

为了克制自己的性欲,我忍受了不少痛苦,除了我下面某些篇幅提及的外,我倒从没有做过这种感情的俘虏。

我在拿撒勒学了四年,家里又多了一个妹妹和弟弟。妹妹叫阿丽叶,弟弟叫纳西布。这样,兄弟五人,一个妹妹,加上父母和奶奶,全家共九口人。地地道道都要张着嘴吃饭的家庭。可是每年,除艾迪布哥哥有一两次微不足道的接济外,家庭收入依然如故,哥哥住在华盛顿州东部的一个小城里,城市的名字挺有意思,叫"瓦拉瓦拉"。后来,我才知道这是个印第安词,意思是"很多的水"。

这个家庭应该生活,要生活得舒适、高贵,弟妹们应该上学。为了增加它的幸福、高贵和知识,我有必要做出自己的努力。要用石头堵上那个家伙的嘴,他瞧不起我。"让你拿撒勒的儿子回来和你一块儿种地吧。学问是结不出什么果实的。狗嘴里要能长出象牙,努埃曼家可要出太阳啰!"父亲告诉我,这是做完弥撒后一个人问起我们家里的情况后,说到我的时候说出了这番话。狗嘴里确实长不出象牙,我要用石头堵他的嘴,提高我家在村里的地位这是可能的。可是怎么堵呢?我的前途明摆着,毕业后就当一所俄国小学的校长,薪水五十五个法郎。太微不足道了,能省下几个钱给家里呢?

不过,要是时来运转,让学校选上1906年去俄国学习,那情况就大不一样了。可能吗?……条件倒也不十分苛刻:读完四个学年,品学优秀的学生就有资格,如同时有两名学生名次不分先后,那就送两个。

我从一年级开始,就做着去俄国的梦,不过也不敢太自信,班上遇到了一个强有力的竞争者。唯一一点他的作文缺乏想象力和鉴赏力。而写作恰恰是我最拿手的。我把老师要求用阿拉伯语或俄语写作的全部题目一气呵成,博得了师生好评。一篇描写秋天的作文,纪布朗·夫铁老师竟破天荒给了 5^+。这超优秀的成绩可是这个学校中我独得的,我无时无刻不在盼望着深藏在内心深处的巨大的希望的实现。在二十名同学中能选上我,那是我极大的荣誉。我一定利用这难得的机会,在这诞生托尔斯泰的国度里寻求更广博的知识。可是……梦想能变成现实吗?

随着俄语水平的提高,我阅读俄罗斯作品的兴趣日益浓厚。我读过一些译成俄语的法国小说以及契诃夫、托尔斯泰的作品,还一字不漏地读完了陀思妥耶夫斯基的《罪与罚》,不过大部分内容都没有看懂。尽管我读的东西不多,大部分内容也已忘记。但这就足以燃起我心中进一步学好俄语和俄罗斯文学的愿望……在这方面,俄语老师给了我很大的帮助……他不是我前面提过的那位,是新来的,叫安多尼·白兰,生在霍姆斯的阿拉伯人,在俄国学习。多方面的原因,使我经常想起他的好处。

安多尼老师身材瘦小,面孔清秀,动作敏捷,态度温和,要不是那两撇胡子,一见他那乱蓬蓬的卷发,我总觉得这不过是个大孩子。他既是良师,又是益友,那妙不可言的教学法每次总使我当堂记住许多单词,然后通过反复练习和听写,用俄语讲述读写练习的梗概,让俄语语法在我们头脑中扎下了根。

更令人敬佩的是,他是第一个重视培养我们民族感情的人。一有机会,他就向我们讲述祖国在土耳其的压迫下遭受的苦难,讲述阿卜杜·哈米德的暴政、布斯夫尔的罪恶,以及从最高当局到小小村吏的腐败。他强调阿拉伯人只有收复失地,夺回被剥夺的自由,才能过上独立、自尊的生活。而阿拉伯人中的穆斯林,必须夺取被抢占的哈里发职位。哈里发只属于阿拉伯人,绝不能落在土耳其或波斯人手中。啊,安多尼·白兰,愿主恩赐你!

《诗韵学简析》课上,我们和哈利勒·本·艾哈迈德向阿拉伯诗歌的艰涩深奥、博大精深、拘奇抉异发起了进攻。人们广泛传诵的诗歌有:

尊贵的容貌,
高尚的门第,

像那璀璨星汉，
照亮长夜漫漫。

还有：

带着狗儿，他们
静静地走来了。
盛情款待来客，
不问来自何方。

最辛辣的讽刺莫过于对巴希勒人的嘲讽：

巴希勒人，
你们的狗冲我乱叫，
可你们的狮豹比不上阿拉伯的狗！
如果你把狗儿也唤作巴希勒，
它将因低贱的血统而吠叫。

学习诗韵过程中，特别背过许多包括《悬诗》①在内的古诗后，满以为已掌握了诗韵的要领。我们没有放过草莽诗②，更不用说伍麦叶、阿拔斯和安达卢西亚时期的佳作了。许多同学想写诗却又无能为力，这令我十分吃惊。一说起写诗，他们怕韵律，这一点可从没有难倒过我。学诗之前，我对自己的听觉本已信心百倍，自认为对音韵的辨别不会出错。后来掌握了诗韵的要领，更希望自己具备一个诗人的素质：

马群、暗夜和荒漠认识我，
刀剑、长矛和纸笔陪伴我。

---

① 公元六世纪前后阿拉伯半岛上流传的七篇古诗。
② 比悬诗更早期的阿拉伯半岛诗歌。

这是多么丰富的词汇和精湛的技巧！当时，只要有人问我：你背记的诗歌中，最上口的是哪一首，我会毫不犹豫地回答他：

我始终相信，
哭泣和叹息，
绝不是光荣的举止。

我喜爱促使我思考生死的诗。某些表达激情的诗，特别是那些充满自恃、夸耀，描写所谓"砍君王脖""刀枪浴血"等的词句引不起我的兴趣。抒情诗中唯有情诗充满了真情实感，那么美好、纯洁。如盖斯·本·姆劳哈·阿米尔的情诗，表达了情深意切的倾诉和悲伤欲碎的心灵的痛苦。我的禀性，自小与悲伤、穷困，与被欺凌、被遗忘的人们息息相通。一见那些身居高位、目空一切、饱食终日，恣睢暴戾，以财产和权势自傲，在死人坟上欢唱的人，我的心就厌恶得紧缩起来。童年如此，今天依然如此。

乌兰杜戈·西尔斯哪年被暗杀，我已记不清了。可能是我学习的第三年或第四年吧。他是沙皇尼古拉二世的叔叔，巴勒斯坦帝国国会主席，在黎巴嫩开办了俄国学校。我只记得学校举行了追悼会，邀请本市的名流参加。会上，校委会推选我上台朗诵一首诗，效果居然超过了那些比我大、学诗早的同学。今天，有一行诗还留在脑海里：

掠空飞驶的闪电，
震山撼岳的霹雳，
带来了他的噩耗……

时至今日，我依然认为这行诗不仅是诗中的绝句，更属于诗中的精华。所以至今仍深深留在记忆中。啊，童稚的天真！诗人的骄傲！我们当时自以为诗韵及其格律的变化已经拜倒在我们脚下，诗歌也应成为我们笔下的奴隶。我们感到，身心和思绪沉浸在其中的内心世界比任何诗词格律的内涵都要广泛、深邃。我们把多少古人和今人，把那些离开诗歌遥遥的人捧上了奥林匹斯山之巅！

力戒是非和争执，不说三道四，力求和同学和睦相处，这不仅是寄宿学校学生面临的最大困难，恐怕也是与他人相处时会遇到的最大问题。学校里总少不了拌嘴、骂街、结伙、拉圈子、妒忌、不负责任的议论和搬弄是非。同学间斗殴，更是屡见不鲜。直到今天，我还是讨厌挑拨离间和进谗言的人，我厌恶任何形式的对立和争吵，对动不动说下流话，更为反感。所以，入学伊始，我便竭力避开会使我与同学起冲突的一切场合，但严肃的大事，我们仍据理力争，以理服人，击败对手。

一天，一个平日里非常友好的同学跑到我跟前，尖酸地责问我为什么损他，可他举的一些例子又纯属谎言。我努力说服他，其中必有人在故意挑拨离间，可他始终不信我的话。他的执拗折磨着我。挚友的不信任，以生硬冷漠替代过去的亲密和友谊，使我痛苦万分，我自忖道："这是多嘴多舌者制造的难题，是舌头制造的隔阂。如果人能管住自己的舌头，那么争吵和仇视也就绝迹了。让我先管住自己的舌头吧！"

这种想法使我心安理得。虽说执行起来不无困难，但我有足够的毅力。此后数十天，除非老师课堂提问，我始终一言不发。对周围的风言风语以及千方百计想让我开口的一些人，我都置之不理。唯一使我能容忍的是他们对我还相当尊敬。没多久，他们就不理会我了，任我独自留在自我创造的、宁静的蜗壳里，它是那样地温暖、静谧和宽大，我真希望今日能有缘重返其中，亲眼看、亲耳听、亲身感受昔日充溢的幻影、默念和梦境。

来自舍赫鲁布绥尼山麓的这个少年开始严肃地思考生活了。某些事物博得他的青睐，另一些又令他憎恶。他希望大家和睦相处，不愿见到纷争、仇视。把时间浪费在玩乐和闲聊也使他万分不安，他要求同学严肃认真，说话有的放矢。他深深感到人的一生应是汲取的过程，汲取财富、地位、荣誉的唯一源泉则是知识。自尊心拒绝他成为一个无足轻重的人，他要出人头地，成为村中校内以及所到之处的知名人物。

我决定说话了，我摘去了嘴上的笼头，恢复和同学们朝夕厮混，但相处之中又茫然觉得自己在他们中像个他乡游子，远途归客，仿佛像我，又不是我。在沉默的那段时间里，我的幻象滋生了新生的羽毛，思想长出了智慧的眼睛。现在，我表面上和周围水乳交融，可内心却有着永远与之陌生的东西。光阴荏苒，这陌生感日益强烈，我仿佛生活在两个世界中：一个是从自身出发为自己创造的世界，一个是人们为他们创造的世界。两个世界在生活中是芳邻，但绝不可能缔结良缘。

六

每周一小时的劳动课，是非常高明的安排。那一小时是我最幸福、最快乐的时刻。学校里有个小作坊，拥有最新式的木工、篆刻和装订的工具。我经常忘情地把全部思想和精力都集中在手里的木料上：锯、刨、凿、慢慢地，小木凳、方桌、镜框在我手里诞生了！唉，真是幸福愉快的时候！用手帕擦拭着额上渗出的汗珠，和田里农民、厂里工人用手抹去脸上的汗水是一样的有着美好的滋味。就连手上沾满了胶水也是妙不可言！

我感受到了创造的幸福！我按手中物体的形状、大小、使用目的等各方面经过构思，设计创造出新的物体。我仔细打量着手中的心血，它随着我的心意，白璧无瑕地呈现在眼前。心中的欢乐和喜悦自是不可言状。这是造物者的喜悦，是看到了被造物之完美内心动情的欢乐。据说主完成了世界的创造后，也是瞧着自己的杰作，发现它是非常完美的。

发明者制造犁，用犁耕地，种出各种蔬菜、五谷和果实。发明者纺织毛鬃，织出帐篷、地毯、斗篷和衣衫。发明者把金银锻成戒指、耳环、把语言、词句铸入诗文，化成思维敏捷的头脑、感人肺腑的内心、婉转动听的琴弦、轮廓柔和的塑像。发明者对幻想中的东西说：出现吧！新东西立刻展现在眼前。人是芸芸众生中独具创造能力的。他的创造力无穷无尽，非凡伟大！可是，有些两眼一抹黑的瞎子，他们无视人的伟大，把人视作一部生儿育女的工具、棋盘上的小卒、买卖石油和权势的钞票，甚或是被称为"国家""祖国"或"城市"的地狱炉火中的燃料。

当今，这盲人时代的深重罪孽之一就是学校何其多，而发明创新者又何其少！多少学生的手从未捏过锄把锹柄，甚至不懂怎样把钉子钉进墙里，把线引入针孔！多少学生不辨菽麦，不明黄油、奶酪的来源！又有多少人碌碌一生，可手、脚却从不曾接触过一点儿泥巴！

罪恶啊，学生校内外的生活居然横亘着偌大的深渊。因此，当你看到一个离校的学生无法立刻架设连接两种生活的桥梁时，就不足为怪了。他们为寻找立足之地而奔波，敲开一扇又一扇大门，写出了一份接一份的申请。乌姆鲁勒·盖斯①、兴法里②、拿比厄·祖布央③帮不了忙，《哲学家的矛盾》（或译《支离破碎的哲学家们》）④《哲学家矛盾的矛盾》⑤等书也毫无裨益。最后，只能在加油站、理发馆或杂货店里当个伙计，或在酒吧里卖卖酒和饮料。不用多久，学校的全面教育就挥发殆尽。正是这种"全面教育"割断了他们与现实社会生活的道路，消灭或几乎消灭了人类之所以存在的唯一理由——创造力。没有创造力的生活该是什么滋味？和死相差无几。把青春年华耗尽在学业上，继之又被迫踏进了一扇与所学无关的大门，那样的生活是痛苦的！我们可以抛弃那些被认为是有益的实际上已经腐朽不堪的习俗和理解，这样我们的生活会变得甘美如饴。

我们小工厂的所在地是俄国人在拿撒勒新建的又一座大楼。据说，是为每年复活节前来圣地的俄国人准备的栖身之处。朝觐者，农民居多数，男女老少，成百成千步行来到拿撒勒。我们特别喜欢看他们那

---

① 六世纪阿拉伯蒙昧时期七悬诗作者之一，为阿拉伯《格西特》（长诗）的创造者，被誉为"魔火诗圣"。
② 六世纪初阿拉伯蒙昧时期草莽诗人，有两首著名的以字母"艮姆"为韵脚的长诗。
③ 纳比埃·祖卜雅尼（535—604），阿拉伯蒙昧时期著名诗人。相传为半岛赛诗会评判，希拉王国大臣。
④ 安萨里（1058—1111）的名著。该书尖锐地批评了当时奉为经典的希腊哲学家和阿拉伯哲学家的论点，让哲学为神学服务。
⑤ 伊本·路世德（1126—1198）的名著。本书是针对安萨里那些反对哲学家的论战作品的批评和回答。

千奇百怪、褴褛的百衲衣衫,肩上或胸前耷拉着铁皮的茶壶,手里拄着长木棍。我画十字,无比虔诚地念着:"主啊,怜悯我们吧!"我们归属正教派,而这个教派在俄国有好几百万,这么说我们在这地球上就不是少数派。无论今世还是后世,我们都有一定的地位,起着不可忽视的影响。这一点够自豪的啦。

这些善男信女们脸上的质朴和行动中的笃信深深吸引着我。他们一个个简直像天真的大孩子。你哪能相信他们的祖国正是孕育了那些蜚声文坛的才子的国度。不过,也许正因为养育了这样的人民,才培养了伟大的天才!

不知为什么,一想起这些遥远国度里的朝圣者,他们多少年含辛茹苦,节衣缩食,只为攒下钱来朝拜一次圣地,我便心如刀绞。究竟是什么魔法驱使着世界上各个角落里成千上万的人,特别是穷人,不去采掘大地的宝藏,只图取得天主的保护,甘愿远离祖国,跋山涉水?他们愿自己的双眼得以享受那使者、先知或信使的指引见到光明,呼吸他们呼吸过的空气,踏上他们涉足的土地,坐在他们坐过的地方,在他们祈祷过的地方礼拜,以求得他们墓地中的一抔黄土,永葆吉祥。

他们——各教各派朝圣者的朝拜比水更能解渴,比面包还能充饥。他们用朝拜涤净沾染着大地污秽的心,为在死后能见天上的主做好一切准备,那样,世界末日来临时,主就为他们打开天堂的大门说:"放心进来吧!"可是许多卑鄙的寄生者却利用他们的虔诚和信仰,用谎言、欺骗劫掠他们的钱财,朝圣日竟然成了这些人的发财季节!他们像恶狼窥视羔羊,给朝拜者设下了天罗地网、陷阱和圈套。

宗教的感情,呼吁人们行善时,多么崇高;诱人作歹时,又多么丑恶!正是那些在教的人驱使人们行善作恶。亲热地拥抱信士们的信赖多么美好,可又多么沉重!以宗教之名使两人嫌恶、流血牺牲,难道罪责不应由他们承担吗?他们指出的天堂并非由一种宗教独占。那里接收一切宗教的信徒。警告不法之徒的火狱也照样适用于一切宗教中的暴徒。既然如此,为什么拥挤争吵?为什么人们大限未到,末日号角尚未吹响前,总是唠唠叨叨宣布末日来临,要把人们投进火狱呢?

七

期末考试,是学校最紧张的时刻,对第四学年的学生,这又是最困难的时刻,因为这要对四年中学过的所有科目来一次统考。

班级里的同学如履荒漠,天昏地暗,狂风乍起漫天飞尘。这个想用书挡风,那个想用本遮脸,东奔西跑,缄默不语,默默祈祷。大伙都盼着能像我一样。此刻的我是天空晴朗,心神安宁,眼中看不到一丝恐惧和忧虑。考试对我犹如过节。这确实是我的节日。全体学生中唯独我一个除数学外,全部课程准予免试。校方规定,任何一科考试成绩满分(5分)的学生,统考可以免试。我只有数学考试是4.5分,其他科目都是5分。

正当我自得其乐时,安东尼老师来了,他教我们俄语。"米哈依尔,我有一个要求:你的俄语是免试的,可我希望你能给我面子,一起参加考试。因为在检察官先生面前,只有你一个人能为我争光。你看如何?"要求中包含了几分请求"主保佑吧!"我高兴地答应了!让主给他增光吧!

凌驾众人之上的骄傲在向我挑逗,但我却十分谨慎小心,不愿以一言一行之差让同学嗅出我有丝毫骄傲和自矜。我多想听几句褒奖的话,可更希望赢得他们的尊敬和爱戴。直至今日,我依然万分憎恶自诩和孤芳自赏。每当我的地位在别人眼中提高了,便在自己心中降低了。我不愿为难任何人甚至被认为最低下的人。我愿攀登那力所能及的最高峰。数年后,我在《路边的葡萄园》一书中写道:

> 我达到了众人无法企及的高度。

同学熬夜,焦急复习功课,神情恍惚。而我却悠然地回首往事,展望未来。我生活了十六个春秋。四年,是在这里,在拿撒勒度过的。其余的留给了绥尼山、舍赫鲁布和白斯肯塔。米哈依尔!缅怀过去,认真思考未来吧。

你到拿撒勒时还是个孩子,离开时,青春的火焰在胸中炽燃。你的脸颊两个月前不才刚刚尝过刮脸刀的滋味吗?那真是一次有趣的体验!那天,学校的理发师在给大同学刮脸,你也凑上去说:"给我也刮刮!"师傅转过身来,笑话你:"要刮什么?"你双颊顿时飞起两片羞涩的红晕。你指着下巴和鬓角上的汗毛,结结巴巴说不出话,样子真逗人笑。现在汗毛长成短髭,不久,就是两撇小胡子。你甚至可以按自己喜欢的式样蓄发。今天你不再是孩子了,你是青年。如果你了解青年的价值,一定会为他摆出一桌丰盛的筵席。

可是,怎能为青年设筵呢!你的知识,你在为亲人、为世界崇高的目标而奋斗中仍然是个无知的幼童。米哈依尔,世界像一片波浪滔天的大海,广阔无垠,你充其量只是一滴水,涓滴细水。一滴水怎能成大浪?一个浪怎么会是大海?绝不可能的!

米哈依尔,你还知道了些什么呢?对世界史你的知识仅仅是一鳞半爪,对你的教堂,你生活的大地,走过的小径,你知道的也只是零星片段。你学了点儿算术、平面几何。只读过伊本·马立克的千行诗和哈利里的诗韵,能背少许阿拉伯人和俄罗斯人写的诗句。你识乐谱会玩吉他,学过拉弓射箭和俄语语法。你知道得太可怜了。一星半点,只言片语,加起来,还不足以点亮一支火柴,烙一张饼,买一根针,不足以满足求知的渴望。米哈依尔,你是个渴求者,你自以为,到了俄国,准能喝足饮饱……

我的思路在这里中断了。考试尚未结束,成绩没有公布。眼前一切迹象都表明我可能被选送去俄国学习。谁知道那最后的一刻,校委会也许会选中别人,这种事谁也无法预料的。

考试结束,卷子批完,算出总评成绩。人人都翘首以待大事的宣布。没多久,大厅里开全校大会,师生各在两侧站一列长队。院长点名把我叫到面前,拍拍我的肩膀,用平静、慈祥但却直捣我的心底的声音当众宣布：为奖励我的勤奋和几年来品学兼优的成绩，校方决定选派我去俄国学习……

梦幻成了现实。这是我生活中的一个特大事件。

两个世界之间

海里幻化出一连串不曾有过的形象。幻想和直觉,多有价值的吉祥如意的收获,它为我打开了迥然不同的新世界的大门,我心满意足了。那儿和这里不同,人们生活在另一个辽阔富有的国度里。统治者沙皇敢与大地上任何君王抗争,那里诞生了驰名天下的诗人和作家,那里绝大部分的居民都信仰正教!

我把这"特别事件"告诉家人后,他们会高兴还是难过?肯定高兴!父亲肯定要把说过"狗嘴里能吐出象牙,努埃曼家里会出太阳"的人的眼珠挖出来。是的,狗嘴里已经长出了象牙,太阳也将在努埃曼家升起!整个白斯肯塔都将谈论这个孩子,他出生在农村,但马上要飞向广阔的世界。羽毛初丰,已经飞向拿撒勒,不久,要飞向比拿撒勒更遥远的地方——米斯库比的俄国!

旅居美国的哥哥听到这个消息,会有何感想呢?为弟弟取得的胜利高兴呢,还是希望弟弟也来山姆大叔的国家,一起为养家,为提高家庭地位,消除脑海中穷困的噩梦,携手并肩,共同努力呢?我到拿撒勒后,始终保持着与哥哥联系。

哥哥到美国一去就是六年,但始终没能像白斯肯塔其他的侨民一样在这段时间内交上好运,但他不失为家庭的顶梁柱。没有他,在世界汪洋中游泳的兄弟就抬不起头来。他们自豪地消费着自家的口粮和饮水,没有人指责。生活虽说未能列入一流,但也过得红红火火,欢愉自得。他们应该更好享受一番,要尽一切力量,促使这一愿望得以实现。目前我仅是一个中学教员。一个教书先生,能有多大力量?活到老,教到老,不到裹上白布,放入坟墓不会停止的了……

从拿撒勒到贝鲁特的路上,我竟然想家了。学校给我们选了陆路,要骑驴,还要步行。我们全然不顾旅程的遥远、道路的崎岖和七月骄阳的炙烤,顽强地走着。

黎巴嫩西海岸边茅棚中的那一夜是终生难忘的。棚子在夏季可能是一家咖啡馆。走了一天,酷热和劳累使我过度疲乏了,脑里像灌满了铅,全然无法思考了。加上身旁无休止地传来大海潮汐的喘息声,看到星月在困倦的波涛上跳着轻盈的舞姿,哪一件都像一颗颗催眠药片,把人带进酣梦的世界中去。

我真该合上眼,美美睡上一觉,可是不行。过了大半夜,我还没有感到一丝睡眠的滋味。不过也难怪,今宵是我生平第一次和大海、星星、皓月进行夜谈。听到的、看到的都使我应接不暇。

我想弄清楚:大海是什么?海里的水是从哪里来的?它为什么永远生生不息,喧嚣激荡?以前它在哪里?是否与时光共存?要是没有海,陆地和陆地上的一切会发生什么变化?我想知道星月如何挂上天穹?它们是怎样井然有序地运行,既不越轨又不碰撞?谁把它们挂起来,还照得亮晶晶的?它们的终点在哪里?有人说曾经有一段时间没有大海,没有星辰日月,也不见陆地和陆地上的一切,对吗?眼前这一切都是从无生有。只因为上帝说了一声"有",一切都出现了。这种说法有根据吗?什么是"无"呢?我应如何把它想象成为虚无缥缈,存在于幻想中的真空境界呢?"无"中又是如何产生上帝的?据说上帝存于无始,留于无终。如果属实,那他并没有从"无"中创造了万物——存在不是从"不存在"中诞生的。而他正是从自己——自身——创造了万物,即在他的存在下产生了存在。

再说,上帝又如何从自身中创造了世界?难道有一段时间,世界不存在,只有上帝?

那时,他干些什么?创造世界之前,他在干什么?为什么要创造世界?

我信仰上帝……

时空存在之前，上帝在哪里？

他在无始之中，充斥于无始之中。

那么，无始又是什么呢？

时间并非起于某时。

上帝存在多久？

无始无终？

时间不会在某一时刻内结束的。

同样的情况是否适用于创造自身？即不是起于某时，终于某刻。因上帝的无始成为无始，因上帝的无终成为无终？

我信主……

我力图用自己年轻的幻想和有限的思维解开宇宙之谜，直到疲劳不堪，思想陷于停滞。我又回到了夜涛声里，回到了星月柔光闪烁和风吹茅草的沙沙声里，回到了摩尔福优斯的怀抱里。一个遥远的声音在我胸中低吟："这是美的创造，我追求美的意境，这是无法抗拒的神奇、美妙和魅力的创造。赞美主所创造的万物之灵吧！"

到贝鲁特后，我没有直接骑牲口回白斯肯塔，想去泽哈来探望一个父辈的世交，他也是我们的亲戚，种了一大片果园。泽哈来直属行省管辖，位于布高阿平原的边缘。贝鲁特到沙姆的铁路经过市郊。奥斯曼帝国统治下的行省从词典的含义上指的是基督教管辖的、小小的黎巴嫩或山区以外的地方。它享有行政独立权和许多其他的特权。

驱使我前去探亲不仅是思念，还有一个原因，就是想乘火车旅行一次。火车我听过不少次，可是，我从来没有机会凑近去看看它，更谈不上坐着它旅行了。此外，我还想看看除了舍赫鲁布、绥尼山、白斯肯塔以及骡夫们常走的那条连接白斯肯塔和贝鲁特的土路以外的地方，以便更多地了解亲爱的黎巴嫩的情况。我早就听说布高阿平原丰腴、美妙，但却无缘目睹。

我自然坐三等车厢。火车沿着两条光滑的铁轨向上爬。为防止车辆下滑，两轨之间还有一根带齿的铁轨。极度的疲劳使火车气喘吁吁，吐出的浓烟飞向天际。车厢左右摇晃，像醉汉般踉跄前行，发出弥留病人喉头的咯咯声。我捧着一本俄文书，翻开又合上，不时看着窗外，生怕漏过沿途的美景。对面木椅上坐着两个姑娘，一边向我眨眼睛，一边低低地说着什么。有一个用俄语对另一个说："没错，就是他。"我听得清清楚楚，但装着什么也不知道。可不知为什么，心突然急剧地跳起来，脸也红了。姑娘比我大胆，问道：

"对不起，你是拿撒勒学校的吗？"

"是的。"

"你就是被选派去俄国学习的学生吗？"

"是的。你怎么知道的？"

她说，她的弟弟也在拿撒勒学习，陪送她上火车时看见我在前面上了车，没机会和我说话，便把我的情况告诉了她。"祝贺你！"姑娘结束了自己的谈话。

我们的长谈，时而用阿拉伯语，时而用俄语。她俩来自沙姆地区，现在耶路撒冷附近的贝特·哈拉一家俄国女子师范学院学习。这是我生平第一次与两个受过教育的姑娘谈话，我是那样自傲，竟成了这场谈话的主题，崇拜的对象！但愿旅途永无尽头！终于到了该分手的时候。我在这里写这件小事，无非想把分别时的一种奇妙情感告诉读者们。汽笛又响了一次，火车踏上了开往大马士革的行程。这笛声穿透我的骨髓，刺破我的心包。不，它简直是从我的胸膛中挖走了我的一颗心。我眼前一片昏暗，我的世界漆黑无比。我觉得自己正是从一枕黄粱中苏醒过来，又如那荒漠中的独行者，身旁突然出现一个消忧解闷的旅伴，但转瞬间，又烟消云散了。

就是在今天，我也无法分析当年那种感情，这两位普通的姑娘唤醒了我欲与女性交往的朦胧欲望。这是对微笑、幽默、逗趣的需要，对和我一样情窦初开、不解生活之谜的姑娘嘴中吐出的意味深长的话的需要。姑娘对我的特别重视和赞赏、我在学习中取得的胜利激起了我的自重和自赏，可能是姑娘们血液中的电流流进了我的躯体，使我热血沸腾，使我感到了一种幸福的战栗和甜蜜的沉醉。电流一断，沸腾平息了，战栗和沉醉消失了，剩下的只是空虚和寂寞。

两天后，这种感情在亲戚盛情请我参加"大世界"的晚会时，再一次出现了。"大世界"晚会上，由姑娘们组成的乐队演奏四弦琴、竖琴和手鼓，表演唱歌舞蹈。我们靠近舞台坐下。没多久，咖啡馆里挤得水泄不通。空气中充塞着茶杯碰撞声、水烟筒的咕咕声、念珠的摩擦声、打诨插科的笑骂声，加上游动的烟雾，憧憧的人影……我在这里简直是个陌生人，完完全全的局外人。

突然，琴声骤起，竖琴声紧接相随，颤动的旋律渗进了我的每一滴血液，我立刻忘记了几分钟前让我压抑不适的气氛。我被音乐俘虏了，仿佛进入了温柔的梦乡，又愉快得像婴儿在催眠曲中宁静憩息。周围是那么宽广，道上开满鲜花，不见一丛荆棘。这以前，我从未听过四弦琴和竖弦琴的合奏，更不知自己的心竟如此如饥似渴地期待着音乐。

一会儿，舞台上出现了一个身材俊美的女郎，近乎全裸的身体上的遮羞部分显得更为诱人。她全身扭动，挥舞双臂，从眼神和乳房中透出撩人的欲念。气灯光使这移动的影子从头到脚增添了无限的魅力。手掌拍红了，喉咙喊哑了。"我的小宝贝！""让我爱死了！""杨柳细腰，主和你常在！"钱像雨点般掷过去。这个扔比什里克，那个扔泽赫拉维①，还有人扔麦吉德②。甚至大方地给金里拉。光我那亲戚就往台上抛出了一个多麦吉德里亚尔。他一向贪杯、好色，爱凑热闹，晚会结束时，已烂醉如泥。我费了好大的力气，才把他弄回家。离开咖啡馆时，我心中充满了空虚和孤寂，两天前告别沙姆两位姑娘时的低落情绪又充塞心头。

这一次挑逗我的是音乐，但同样也有女性！

亲戚了解到我此行是由巴勒斯坦帝国委员会派去俄国学习的，不由分说把我带到裁缝店，做了一套西装。西服上身，立刻变了样，似乎到了另一个世界。阿拉伯的开襟长袍简朴、贴身，多规矩！和我身体的血缘关系多么紧密！这西装的裤子穿上真让人抹不开脸。背心、外套上怎么有那么多扣子和兜兜?! 我一穿上，活像一个木偶。西装还需要

---

① 均为土耳其钱币名。
② 土耳其银币。

特殊的衬衫、浆洗熨平的硬领和领花。我上哪儿去弄这些东西？我们家没有熨斗，妈妈从来没有摸过这些洋玩意儿，家里谁能给我熨呢？

苏莱曼舅舅，想到他，我放心了，他在赌场上输掉了一大半家产，之后，在白斯肯塔的市场上开了一片店，卖各色新花布匹、衬衫和领结。作为满足我这套新装的需要，他绝不会吝啬。可是我估计错了，我只向他要了一个领子，他竟伸手要钱！才半个比什里克他也要！如今他早已远离人间。但这件事至今仍刺痛着我的心！

我在舍赫鲁布过了整整一个夏天，多想把亲人们和舍赫鲁布统统带到俄国去！我迫使自己能多看几眼绥尼山，多看看我兄弟和父亲的面孔，但总也看不够！出发的日期到了，我告别了他们，来到贝鲁特。头上的土耳其帽换成了草编的礼帽。这顶帽子，整个旅途中可让我受够了罪。它太小，一有风吹草动，不是掉下就是被吹跑了。要不是找了条细绳系在上装扣眼里，恐怕到不了登船，早就丢了。我哪知道，帽子还分什么号的。

我乘船由贝鲁特开往俄国的敖德萨。幸亏早先的"朱丽"号使我体验过海上旅行的滋味。否则长达十二天的旅行准给我带来莫大的痛苦。唯一得到补偿的是领略了一个又一个异常美丽的国家和地区：爱琴海和散落在印度洋中的岛屿，达达尼尔海峡，马尔马拉海峡，波斯福尔和它那神奇的海岸，伊斯坦布尔，黑海……这一切激起了我心中崭新的感觉。史地课上学过的人物、事件、国家贯穿起来勾画出了一幅完整的图画。上帝创造的汪洋大海、港湾海峡、曲折的海岸，种种美丽多姿的容颜，使我心旷神怡。但家乡的人、绥尼山麓的亲人时刻在我心上。

到了新校舍，安顿好以后第一件工作就是拿起笔写家书。我以诚挚的感情详尽地叙述沿途的见闻。有一段我叙述了舍赫鲁布的最后一夜以及第二天清晨告别时的心境，下面几段都未经修饰，摘抄如下：

> 记得离家前的最后那天夜晚，泪水已无法控制，在腮边流个不停，俯身看着酣睡中的兄弟们，轻微的鼾声在我心中留下了比手鼓、琴弦更美妙的旋律。他们还不知道，明天，哥

哥就要奔向远方。亲吻、凝望才能平息爱你们的一片火热的心。睡吧，带着虔诚和孝顺安静地睡吧！祝福你们在慈祥的父母身旁成长。此时此刻，你们在想些什么？离别？相会？告辞？哭泣？还是寻求生计、辛勤劳动？……生活园地还不需你们辛勤劳动，趁年幼的时光尽情地游戏欢乐吧！

就这样，熬了一夜，逐一张脸看过去，逐件物品摸过去。每看一眼，我都说：最后一次了……东方出现鱼肚白，在我眼里它比乌鸦毛还黑……天蒙蒙亮，慈母就起身为远行的儿子准备干粮。她说："带上吧！我的宝贝！我有能力的话，一定把我的心和灵魂都给你捎上。"

要上路了，响起了可怕的钟声……父亲站起来跟我吻别，我亲着他的手，泪流满面，哽咽抽泣，说不出一句话。他的声音听来仿佛在睡梦中……母亲过来了，含着泪向儿子告别……她吻遍了我的头，吻一次说一句："让我再亲你一次吧！"……我向睡梦中正和天使嬉戏的弟弟们走去。我走到小弟身边，热烈地拥吻他："再见，纳西布！再见了，亲爱的。再见了，纯洁的天使，再见了，我的心！你明白哥哥为什么亲你吗？这是离别的一吻。之后，你将有好长好长时间看不到他。有多长呢？只有主知道……常给你抓鸡逮鸟的人今天要走了。"

我又以同样的热情吻别了我的妹妹，然后，走向纳吉布，他似乎已经感到亲哥哥今天早晨就要离家远行，一骨碌爬起身来，抱着我说："主保佑你一切顺利！"

我在二哥海卡尔的陪同下出发了，妈妈跟在身后，最后吻别……我又一次站住，环顾四周，这一瞥是游子心窝里的泪珠谱写的！只有尝过别离的痛苦的人才能领悟！我迈开脚步，向那高高矗立、注视着宇宙间一切活动的绥尼山走去，说道：再见了，饱经沧桑、战绩累累的将军……借我峰巅的雪水，浇灭心中炽燃的火焰。借给我你心中的坚毅，让我勇敢地和这里的一切告别……再见了,舍赫鲁布。你将永远留在我的梦中。我就这样和每一块山石,每一株树木逐个告别……来到了外婆家。外婆牵着羊羔眼泪汪汪地亲着我,我一边吻着她的手,一面默默地说道:"我愿意是一只啃这里牧草的羊羔,也不想是一个年年离乡背井受离别煎熬的人……"

请读者原谅写信的人用了一些生僻的字眼,不要再去品评他的修辞,重要的是应该体会这个四个月后才满二十岁的青年人。当他离别绥尼山、走向异国他乡、与陌生人相处时,心中翻滚着的激情。

布勒塔法

1906—1911

西米那尔神学校是一所中等或中专性的学校,学制六年,头四年教授一般中学基础课和普通宗教知识,后两年专学教堂礼仪和宗教信条。俄国这类学校的经费和管理一律归宗教行政机关"圣会堂"负责。西米那尔省各教区教会人士的子弟都在这所学校受一流的教育。以后若被选去教堂服务,一般都是有能力卓越地完成本职工作的人。

除各省的神学校外,全俄国有四所神学院。学制均为四年,教授高等神学课。神学校毕业生可以免试进入神学院。巴勒斯坦协会为拿撒勒师范学校学生提供的奖学金,包括神学校六年和神学院四年的全部食宿费用,每月还有六个卢布零用钱。

我学习的神学校在布勒塔法。沙皇布托鲁斯一世和瑞典的卡尔鲁斯十二在城郊进行过一场血战,最后以俄国人获胜告终。布勒塔法的首府也叫布勒塔法。该省位于全俄中心地带,物产富庶,地域广阔。当地人把这个地区叫"乌克拉伊依那",俄语是"乌克拉伊那",阿拉伯语译成了"乌克兰尼亚"。霍姆斯的米哈依尔·伊斯肯德尔要不是先到了这里,我真不知会怎么狼狈呢!在校门口下了马车简直像个迷路者待在路边,右手提着箱子,左手抓着草帽,刺骨的寒气冻得我上牙直打下牙,从头凉到脚心,学生都穿着厚呢大衣,只有我,还是穆阿米格亲戚给的那套西装。我忘了贝鲁特的九月和布勒塔法的九月是有天渊之别的。不,也许没忘,我根本没有其他的穿戴。

突然间，米哈依尔·伊斯肯德尔出现在眼前，我们高兴得握手、拥抱，灵魂立刻回到了躯体。我丢了草帽，忘了噬咬我手脚、钻进每个毛孔的寒气，不顾周围一双双盯着的眼睛，急不可耐地让人带我参观学校的每个角落——宿舍的床前、食堂、教室，甚至去见见必须躬身站立的校领导。我的同学不愧是个出色的向导，没过几天，我整个身心融进了学校的生活。我已是五百多学员中的一名了。和他们一样吃和穿，跟他们一起读书求知，听取老教师的教诲。我审视着身上的黑呢制服，两排发光的铜纽扣和扣子上的俄罗斯帝国标志——双头鹰。我高兴得心花怒放。

发给我的内衣中，有两块一肩宽、一尺长的亚麻布。同学告诉我是"袜子"，用它把脚趾到踝骨统统包起来。"这能比袜子还暖和？"我问道。"不见得。"同学答道，"裹脚布没有穿袜子快，却比袜子耐穿，这可以大大地节约一笔钱呢。"同学边说边脱鞋，让我看那裹着布片的脚。可是，我学不了他们那样，我的皮肤不行，最后，尽管开销大，我也只得穿袜子。后来我才知道，在俄国绝大多数的工农和部分学生、中产阶级都用包脚布代替袜子的。

入乡随俗，我理应尽力效仿俄国人，像他们一样讲俄语，具备他们的性格，遵循他们的风俗习惯，唱他们的歌，跳他们的舞，了解他们的难处，爱他们之所爱。可是，用包脚布代替袜子……无论如何也做不到。

到校一个多月了，修辞学老师从未向我提过问题，我真怀疑他的点名簿上有没有我的名字。也许他出于同情，害怕一个外国孩子答不出来，陷入窘境。一天，上课讲到"文章的文气和风格"。他一个个叫起来问什么叫作"文气和风格"，全班近四十名学生，但回答得却不尽人意……这时就剩下我一个了。老师面带犹豫地转向了班上最后一个人。结果，我的回答不仅使他满意，还受到一番表扬。他告诫俄国学生说："在本国语言课上，你们败在一名外国人手下，难道不是你们莫大的耻辱吗？！"我得了五分，可此后一年内他再没有向我提出第二个问题。我们成了好朋友，他邀请我参加文学俱乐部的晚会。这个俱乐部为激起高年级学生对文学和文学活动的兴趣而组织的,经常讨论俄国和外国文学家或文学作品。

这桩不起眼的事情使同学们改变了对阿拉伯人的理解,换成了尊敬、赞许的眼光。以前,他们认为阿拉伯人不过是帐篷和沙漠之子,与马匹和骆驼为伍,手握刀剑长矛。至于黎巴嫩,你不说这是和圣地相连的国家,他们是完全没有一点儿印象的。许多同学不相信我来自高山雪峰,也是有严冬气候的国家。他们的认识局限在阿拉伯人与阿拉伯有关的一切只能与沙漠有关。那里无论冬夏,骄阳似火,既无绿树浓荫,更无潺潺流水。

我正埋头书本,忙于功课的时候,忽然收到大哥来信说海卡尔也去瓦拉瓦拉了。这消息对我太突然了。我离家前,他怎么不告诉我他也准备去美国呢?当时他要说,我一定说服他留在家人身边。他怎么能让父亲一人在舍赫鲁布干繁重的体力劳动呢?!要不正是繁重的劳动促使他离家出走?是的,我的心为他哀叹!为了糊口,是我们把他的青春浪费在捉萤火虫、砍荆棘、养蚕种桑的杂活儿中。可是,青年人不安于那饼来张口、衣来伸手、有房有地的生活。他应该得到更多的财富,更高的地位。他有权这样做。

主啊!我们原来在哪里?现在在何方?天各一方的游子,有朝一日能否团圆重逢,还是命该如此?长大一个,远走一个,流浪四方,使那生殖养育我们的生活只留下一幅美好的画卷和记忆?不能!我们一定要回去,回白斯肯塔,回舍赫鲁布和绥尼山。我向自己、向兄弟、父老乡亲、向白斯肯塔、舍赫鲁布和绥尼山发誓:我一定要回去,博得他们的信任。可是今天,我却沉浸在一个充满了诱惑的世界上,贪婪地吸吮着一切新奇、美好的事物。同学有的拉提琴、弹吉他和曼陀林,嗓子好的,在他们身边唱起动听的乌克兰歌曲。我多么想像他们一样弹琴歌唱啊!有的同学背记了不少俄罗斯和乌克兰著名诗人的佳作并精彩地朗诵。我也愿像他们一样背诗、朗诵,更想写诗,写故事。第一次在布勒塔法剧院看了戏剧以后又想写剧本,上台演戏。那是多么迷人的表演啊。

在思想、心灵和肉体生活的广袤世界里，我眼花缭乱，但清楚地看到了祖国的经济萧条，觉得自己真像个想用双手捧干海水的人，像老百姓说的：穷光蛋看见一篮无花果——干瞪眼。我买了一把提琴，有个老师每周教我们两小时。没练上几个月，有一次，我去拿琴，琴盒里却空空的，我的琴跑到另一只陌生的盒子里去了。也许偷我琴的那只手比我的手更有权利使用它；说不定是一只赌博输得精光的手，想用我这把破琴重新塞满他的口袋；更可能是我的提琴发现它已无力将我造就成一个音乐家，自己找新的天才去了……归根结底，琴被盗，我的美梦也告一段落。此后，我再也不敢在琴瑟丝竹中寻求我的地位了。

我又去猎取一项新的目标——学跳舞……说到跳舞，还有一段有趣的故事呢！

学校每年冬春各举行一次舞会。我们学校附近有一所教区女子寄宿学校。大多数学生是本州宗教人士的女儿……我们的舞会当然首先邀请这些芳邻。同样，我们也是她们舞会上的常客。

我参加了入学第一年的冬季舞会。打蜡的拼花地板，看上去像一片透明的水晶。满屋春意盎然，挤满了姑娘和小伙子，乐队奏起帝国进行曲："主啊，保佑沙皇强大，权势无限。啊，正教沙皇，你增加我们的光荣，使恐惧充满敌人心间。主啊，保佑沙皇！"突然间，音乐停止，人群有规律的波浪戛然停止了。主持人大声命令奏"华尔兹"舞曲。话音未落，鼓号齐鸣，男女成双作对，围成了一个椭圆形的大圈环绕着大厅，翩翩起舞。

我在角落里，茫然若失地盯着他们熟练的动作，听着他们的喧哗和欢笑，领略到青春的激情正在他们的双颊和肌肉里散发。音乐挑逗着我的神经、思想和血液，把我淹没在残酷的孤寂和自我伤感的浪涛中。我周身都在喊叫：为什么你一个人待在这里？在青春洋溢的舞圈里，为什么不找个舞伴，共同旋转，溶化在微笑和拥抱所燃起的烈火中？为什么不在那怦然心动或醉人的一吻中忘情地随着生活之春的队伍，前行，落脚！

音乐逐渐高昂炽烈，脚步摩擦，舞伴们窃窃私语，频繁的暗送秋波。我的眼前益发昏暗,孤寂沉入心底。这时,一个胸脯丰满、皮肤白皙的姑娘走到我跟前,亲昵地请我共舞。我当然只得表示歉意。是啊,除了道歉,我还能说什么呢?!顿时,我脑中一片空白,舌头僵直。她也惋惜地走开了。我靠在墙上,眼前的阴影愈加浓重,甚至那扇堵墙,也正在离我而去。

晚会后,我躺在床上,不停地赌咒发誓:非学会跳舞不可!果然,第二年春天我以一个令姑娘们眼花缭乱、赞不绝口的小伙子的身份出现在舞会上。舞会的主持人也非我莫属了。男同学们都认为这是我莫大的荣誉和胜利。可是,没多久,正如我在日记中写下的那样,我抛开了跳舞和青年人的一切游戏。事实经过可以从1908年3月23日到1909年5月21日全部用俄语写成的日记中一窥全貌。

当年我在俄国学习时的大部分东西都已散失。后来我从国外返回故里,从家人为我保留下的少量东西中发现了这些日记,不必提我是如何地欣喜若狂。

这些日记是我亲笔写下的,共七百五十页。若不是怕我这部分篇幅过大,一定一字不差地将它们抄录下来。现在只挑选一小部分,与本书有关,能有助于读者认识那个时代中这个年轻人形象的部分。我写这部书的目的,也就是尽量使读者能愉快地伴我走完我生活中的每一个阶段。这是一个用生命走过一生的故事,无可讳言,它必然在多方面和许多人相仿。否则,这本书也就失去发表的价值了。

日记摘抄

1908 年 3 月 23 日

我终于下定了决心,将久久积压在心头,无时无刻不扰人思绪的想法付诸实施了——我要记日记了。必须承认,促使我做出这一决定的主要原因是读了尼基敦①的《宗教学校学生日记抄》。它给我留下了深刻的印象。整整一个星期,我头脑中只考虑一个问题:为什么不学尼基敦,哪怕就写写日记呢?或许可以从写日记中学得流畅地表达思想的能力,灵活自如地进行写作。

……心啊,你在渴求什么?思念什么?你渴望得到作家的荣誉和诗人的好运……谁不渴望为自己能有一支文思泉涌、挥毫泼墨的笔而奋斗呢?

……最近,我读了莱蒙托夫的《魔鬼》和其他诗篇。啊,绝妙的诗句!崇高的心灵!高加索的层峦叠嶂在他的笔下变得更为美丽……黎巴嫩!我童年的摇篮和思想的膜拜,如果,我是诗人,我一定歌颂你的动人和妩媚!

是的,我歌颂你嫩白的枝蔓,
深幽的岩洞。
那里有我的家,
亲人们辛勤劳动。

---

① 俄国中世纪无名诗人,他曾是宗教学校的学生。著有《宗教学校学生日记抄》。

稻谷飘香倾诉逝去的岁月，
潺潺小溪泛出银白光辉。
俭朴的生活充满甘甜，
粗粝的手足不曾使美丽毁容。

3月24日

奇怪！近日来，诗歌占据了我的全部灵感，我的全部思想集中在诗歌上。初步尝试给我带来成功的希望……我奇怪自己竟有如此大的活力。我拼命写，像荒漠中的焦渴者寻找水源。我想写，不停地写。严重的眼炎迫使我尽量写得简短。

……清晨起身，没有像那些手不释卷的同学那样去备课。过去我把功课看得很重，一心盼望名列前茅。在拿撒勒和到这里的第一学年里，都是这样。可现在我变了，我讨厌那些博览群书的人。一心找一个能全力投入的写作题目，耗尽全部时间，不让一分钟浪费。

3月27日

两天前，我把《莱蒙托夫诗集》还回图书馆。天主知道这位诗人是如何震撼着我的身心，激起我无比的遐想和梦幻！因为没有借到他的其他诗集，我扫兴地空着手出来了。未到门口，我又返回去，借了本托尔斯泰的《战争与和平》。眼睛发炎，一直没有开卷。自从读了莱蒙托夫的诗，一种无法遏制的写诗欲望产生了……我将跟随心灵的召唤，走上自孩提时代就引诱着我的道路——文学之路。为它，我愿意呕心沥血……

今天，教堂里有做大礼拜的各种服务。我非但没去，反而跟艾勒尤沙和布尔雅这一对好朋友上纳侯姆家去了。纳侯姆是个犹太人，在校门口对面的角落里开个小商铺，专售糖果、汽水、牛奶。它刮尽了我们神学校学生口袋里最后一个戈比。店里经常人满为患，找不到落脚之地。我也算是一个老主顾。我以坚强的意志和这两个朋友成了莫逆之交。

今天，我比往常起得更早。复习了一会儿历史，便和阿辽沙到户外呼吸新鲜空气……他认真地跟我谈了许多事，并预言我不久一定会获得荣誉和声望。当然，它们并未引起我的注意。

光阴荏苒，我在教室里出出进进，却没有认真复习功课……天花板上煤气灯微弱的光芒使我的眼睛越发红肿。不写了吧，同学们吵得我无法集中思想。我已开始考虑诗歌的内容，时间不允许我去想其他东西。

3月28日

今天，学监萨夫卡不在，许多同学乘机都去教堂，我也是其中之一……萨夫卡呀，萨夫卡！我不知为什么这么讨厌你，是因为我不常上教堂，你就三番五次威胁说要把我送回巴勒斯坦，还是因为我发觉你缺乏人性？也许是因为你认为生活中最高尚的职业就是在学生中搞"间谍活动"，然后在校长面前说他们的坏话，降低他们的操行分数，直至把他们赶出学校？……我多希望能喜欢你，可是我的心不听话。我想尊敬你，可是，在你身上我找不到丝毫值得尊敬的地方……

今天，我本不想上纳侯姆家的小店，可是饥肠辘辘……微微的暖气预示着盼望已久的春天就要来临……我已动笔，我的身心，我全部的热情都充溢着诗的灵感。

4月1日

左腮上长了个疖，眼睛都肿得睁不开了。昨天下午三点只好进校医院。一照镜子，啊，可怕的模样直让我发抖……无事可干，只好写日记来打发，一写起来，还蛮有味道呢……窗子附近，两个一年级的同学热烈地争论着比西姆斯基的一部小说，一个褒，一个贬。

……光秃秃的墙壁，冷冰冰的床铺，床边桌上堆放着绷带和药品。加上病号穿的灰色外袍———一切的一切都给你带来烦躁和忧郁。唯一的解脱办法就是张开幻想的羽翼，到另一个世界去遨游……我们的医生是位哲人，对法律、宗教习俗、风土人情、语言文学都有浓厚的兴趣，很愿意跟我谈东方的事情，有的阿拉伯字母他念不好，便下结论所有阿拉伯人和东方人的声带和西方人长得不一样！

……两天前，我的第一首诗《爱情被埋葬》写完了，给几个同学看，得到的竟全是赞扬和鼓励。实际上，这是一首"可以"或"不错"的诗。今天，我在寻找一个更广泛、更深刻，值得我毫不吝惜地献出我心灵和时间的题目……时钟敲了六下，天色微黛，我那只勉强睁开一半的眼睛又开始流泪了。就写到这儿吧！

4月2日

同班同学瓦西里和我一起住院。大家都管这个瘦高个儿"瓦夏"，称呼他"你"。这足以证明他十分幼稚和毫无个性……谈到自己，他便夸夸其谈地对我说："我对什么都不感兴趣，课程表中哪一门也引不起我的兴趣。早在耶稣诞生前，有个叫欧里庇德斯①的人，发明了一种'几何'的游戏，弄得我们现在都得学它。"

这个可怜虫竟把欧里庇德斯和欧几里得混为一谈，引起哄堂大笑。其中一个人没笑够，问道：

"瓦夏，既然你不喜欢这儿的课，为什么还要进神学校呢？"

"跟我有什么关系，这是我爸爸的主意。"对方冷冷地答道。

今天，瓦夏出院回班级了，但愿我也不要在这儿多住。我的病也开始好转……可以读托尔斯泰的《战争与和平》了，这本书开头太枯燥，别急，精华往往在后面。

我焦急地等着祖国的来信。

4月6日

今天出院了，脑袋里带着一大堆千奇百怪的问题和情绪，从今以后，善良的助理医生的"各位先生，早晨好！"的声音再不会把我从晨梦中唤醒。不过，取而代之的将是每天早晨七点钟的铃声和学监的粗

---

① 古希腊三大悲剧家之一，相传著有悲剧90余部。

嗓子"该起床了,马上起床!"

……已经不是第一次了。昨天,学监又批评我不上教堂做礼拜。他吓唬我说,要写一份报告,把我和米哈依尔·伊斯肯德尔的情况转给巴勒斯坦协会。倘真如此,会影响我们的声誉和操行鉴定,使我们失去学习的机会。……求主宽恕我们的校领导吧!如果他坚持认为优良的操行就是坚持上教堂做礼拜,那么,为博得他们的喜悦,我一定坚持下去。我身边的那位霍姆斯来的伙伴,也说了同样的诺言。

现在,且不谈我基本坚持的那些原则和信条吧。在神学校里坚持这些原则的本身就是对文化和未来的牺牲。不只我一个人认为,真正信仰基督教,绝非仅仅在星期日、周末和节假日到教堂去站上两三个小时,而应该遵守《新约》的教导,按其指示办事……

一颗远离被崇拜者为崇拜而崇拜的心,把耶稣局限于修士们的耶稣教,这有何裨益呢?当你走进教堂,你只能将教堂和剧院进行比较。教堂等于剧院,神父、执事就是演员。他们牢记并精彩地表演着各自的角色,时而抛头露面,时而隐匿不见。教堂和剧院一样,不断更换摆设。唯一不同的是剧院里的演员用语言和动作与观众沟通思想,而教堂里的人却用嘴不用心,并且违心地只与大主教交谈。在这样的氛围中,就是那些真心祈祷的人,也没有心思了。当天花板上的宝石熠熠闪光,圣器看管人手中的烛光摇曳不定,执事和神父在你眼前摇来晃去,满耳尽是诵经的嘈杂声,当鼻子里钻进一股香气时,这个祈祷者怎么还能向上帝表述他的思想和心绪呢?

可诅咒的钟声又响了,它呼唤我们上教堂做天使报喜节的祈祷。我要去的。同学们跟往常一样,身在教堂,心已远走高飞,我身边的一位,正用铅笔在墙上画着一个非人、非驴、亦非猪的怪东西……

"兜里有烟吗?"我身后的一个问他身边的。

"我想出去,两脚受不了。"另一个回答说。

"对主发誓,我就一支了。"

另外两个在聊天。

"今天和你一块儿走的是谁?"

"吉姆那兹的一个女学生。"

"女朋友？"

"是的，女朋友。"

同学们就这么地在教堂里礼拜，可以说是校方希望他们这么做礼拜的……我呢，我宁愿留在外面，用我的嘴，不是用神父的嘴去祈祷……

有一天，这本子如果莫名其妙落在哪位学监手里，我也绝不会否认自己写下的任何一句话。为了真理，我准备受苦。

……我开始逐段读《战争与和平》。

4月11日

早就读完了《战争与和平》，完全赞同作者对拿破仑的评价。我是反战者，讨厌战争贩子和积极参战的人……但是，作者对拿破仑和库图佐夫的评价上有矛盾。作者认为拿破仑并非按照个人意志行事，他受了环境和人民意志的驱使。可是写库图佐夫时，他又认为他的智慧、经验和意志是他战胜拿破仑，把他逐出俄国的主要因素。

……真好笑，我想和托尔斯泰这样伟大的思想家讨论问题。对不起，列夫·尼古拉维奇，你的许多思想照亮了我精神世界中的阴暗角落。我在去年读过的你的近期作品中找到了光明，照亮了我行程中每个足迹。是的，这方面，你虽不知道但已成为我的老师和引路人。

我写了《爱情被埋葬》，绝没有想到这首诗受到了不少同学的好评和赞扬。这显然是鼓励，要我坚持。只有持之以恒，才能取得可喜的成果……今天，开始了一项更庞大的计划。素材来自黎巴嫩的生活……

尽管受了警告，可今天我仍然没去教堂。因为我的三个同学和三位姑娘希望我陪他们一起去郊游。从下午三点到九点，我们尽情地谈啊谈，最后彼此祝愿对方做一个最奇怪的梦，大家幸福地分手了。

4月23日

本月十六日开始放复活节假期。天刚亮，同学们都忙着准备回家。

听到的话题无非都是这一句:"喂,哪天动身?"问我,我开玩笑说:"明天清早,我将走路回家。"对方也开起玩笑来:"我们送你去搭乘空气,三天就到家,怎么样?"

……第二天,学校俨然像一个沉寂的坟场。留下来的四五十个同学都搬进寝室里,就我一人孤零零留在班级。静到了极点,我空洞的咳嗽声更增加了寂寞感……

铃声催我去吃午饭。饭后,我飞快地跑回教室,想练练提琴。可是,一打开盒子,里面竟是空的。不像有人拿走玩的。琴和弓子都不见了……准有人偷了,真卑鄙!这桩倒霉事彻底破坏了我的兴致。写诗、读书的欲望也烟消云散。永别了,我的提琴!每当我思念祖国时,你为我排解了多少忧愁!

十九日,最后一个同学也回家了。当天,我也进了医院,治疗胸部的炎症,只有寂寞和无聊。医院里有一个六年级的同学,严重的肺炎几乎使他失去了记忆力。他父亲是个贫苦农民,特地从家乡来医院护理。忧伤,日夜不离儿子身边。我不时听到病人断断续续地发问:

"爸——爸!"

"瓦夏,我在这儿,亲爱的,你要什么?"

"库兹玛呢?"

我知道库兹玛是他的弟弟。只听他父亲说道:

"他在家里。"

"我们不在家里?"

"不,在医院里。"

"噢,对了,我记起来了。"

医生来了,问道:

"你哪儿不舒服?"

"罪使我难受。"

"什么罪?你卧床多日,哪来的罪?祈祷可以消罪,祈祷上帝吧!"

"上帝……什么是上帝?人人有罪。一定得忏悔。"

"你哪儿痛?"

"你问我,可要犯罪了⋯⋯"

"我问你的病,哪儿痛?"

"问我吗?"

"是的,你哪儿痛?"

"痛⋯⋯教皇呢?"

医生没有得到任何答案,吩咐把病人送进精神病院。

是的,正如莱蒙托夫所说的,生活是腐臭、邪恶的。

4月27—29日

收到第一批《新月》杂志,从创刊号到第六期。订这杂志,目的是不放松对阿拉伯语的学习。我们欠缺真正的文学,没有堪称独立的文学作品。但是,有一个可喜的现象:埃及的自由新闻,开始用统一的语言,号召人民为自由而战,把英国佬赶出埃及。自由的呼声已开始在阿拉伯的东方回荡⋯⋯祖国啊,无论我的命运如何,我都保证,为了你的昌盛,为了人民的幸福,贡献出我全部的青春和力量。

5月3日

我一个人在校园里消夜。孤零零一个人和树影、星星以及往日的回忆对话,该多有意思!昔日的种种情景纷至沓来,使我热泪盈眶,我任其尽情地奔流⋯⋯最近,我读了冈底奇的《黑雾》和托尔斯泰的《最大的错误》,主题都是想改善土地问题以及减少土地弊病。我十分赞同。

5月14日

考试是学校中的白刃战。8日考了历史,题目是:印刷在教育人民群众中的重要性。我用了两小时。三天后,同学告诉我,老师认为我的试卷是最优秀的一份!⋯⋯一切消息都在说考试带给学生的是如何如何的疲劳。学生为了考试忘记了一切,对任何事物都提不起兴趣,连我也无心做最喜爱的工作——写作了⋯⋯接舅舅来信。几天前,接到瓦拉瓦拉两个哥哥的信和一百卢布汇款。我已经写信告诉他们我将在俄国度假。他们——舅舅，黎巴嫩的亲人和美国两位哥哥——对我寄托了无限的期望。在舅舅眼中，我前途远大，将成为家庭的栋梁、黎巴嫩的骄傲……啊，亲爱的人们，我将竭尽全力实现你们的希望。可是，这就够了吗？

6月9日

今天，考试结束，梦魇消失，自由舒畅……我应邀和艾勒尤沙，陪吉姆那兹的两个姑娘到修道院森林去郊游。

落日西坠，走过的林间小道上有两只鸟不停啁啾，看来这是一对夫妻。啊，甚至鸟儿——温柔可爱的生灵——它们的生活也不无忧愁和争吵啊。

耶稣希望我们能效法鸟儿，依靠上帝。他说："看那些飞鸟，它们不种不收，它们沐浴着天父的养育之恩！"可是鸟儿也同样有思想、痛苦、悲伤和死亡……以前，我曾折磨它，捕杀它，吃它。真是罪孽！

一孔之见，些微小事，促使我深深地思考生活、思考生活的意义和目的。可现在落下笔却是郊游，而非生活及其目的。我要写，毫无隐讳地坦坦荡荡地写呢，还是遮遮掩掩犹抱琵琶地写呢？我难道不是为了自己的心在写吗？如果最高理想不曾与血肉之躯的欲念进行斗争，那它又有什么意义呢？

……我们坐在灌木林中的一块草地上，"一别害羞，二不用客气"，两位姑娘向我们提了两个条件。刚刚吃完，我的女伴对她的朋友和艾勒尤沙说："你俩随便走走去，我们要单独坐一会儿。"这正是艾勒尤沙求之不得的。

……我立刻明白事情还没完，心里很不痛快。可是，为了不给大家扫兴，只好服从。

我俩躺在柔软的草地上，月亮不时从云朵的缝隙间向我们窥视。她不安地躺在我身边。我知道是怎么回事，我和她有着同样的感觉。可是我的内心展开了激烈的斗争：米沙，你面临着严峻的考验，不，一场激烈的战斗。你会凯旋,还是俯首投降?你应该取胜!荣誉系于一发,姑娘也同样掌握在你手中。你可以将她推向不劫之路。但是,如果她已失去了贞操,你也可以把她拉回到纯洁之途。她要是怀了孕,那你就毁了她,毁了她的前途。你们之间不是爱情的结合,在你面前她不过是一个女人。但她也是父母之女,有兄弟姐妹。她是毕业班的学生了。米沙,正直些,像个男子汉!——我做出了决定,并坚持到最后。

  我默不作声,一动不动地躺着。长时间的沉默使身边的女伴更加不安了,她不停地翻来覆去,突然,我感到一双臂膀搂住了我的脖颈,双唇紧贴在我的嘴唇上。这雷击般的进攻,使我面临失败的边缘。她已经控制不住自己了,我也几乎不能自制,但是内心的声音没有停止:"不能投降,不许失败。你的贞洁必须胜过你的欲念!"经过一个多小时的痛苦斗争,纯洁胜利了。最后,女伴气喘吁吁、战抖地说了一句:"好一个天使。"

  三天之后,我们又见面了。彼此若无其事地握着手,她没有抬眼,吞吞吐吐地说道:"你看清了我的所作所为还跟我握手?我的手不配在你的手心里。你是一位圣徒。(我笑了,暗暗说道:还是圣徒哟!)我是个堕落、卑贱、下流的女人。但从那天夜里开始,我下定决心清洗自己,跳出挣扎了多年的泥潭。我要自新,相信我,一定相信我!"我说道:"希望你言而有信,祝你成功。"

6月12日

  读了南德逊的诗作。这位感情细腻的诗人死于风华正茂,他年轻时的遭遇和我多么相似。他想的恰恰也是我想的。和我一样,做起无数空中楼阁。他也忧虑,自信有能力成就大业……生活中没有光荣有什么意思?我不愿默默无闻了此一生。也许我应该冲破未来的屏障……我要做的,一定努力,全力以赴,为之奋斗。让主来决定吧。

  〔以下部分直至日记摘抄结束(1909年2月21日),年、月将被略去,不拘形式,仅为简要地援引要事和抒发感情。〕

去年（1907年），我和米哈依尔·伊斯肯德尔回国过了一个暑假。为了免去长途跋涉和节省开支，今年，我们决定在俄国过个暑假。日记详细记述了头几周的假期生活。我和一些塞尔维亚、保加利亚等外国学生一起过的，琐碎而又无聊。大家住在一间屋里，一切都是自己动手。没几天，角落、地上堆满了垃圾。伙食坏透了，再加上爬满苍蝇的食物，一看就倒胃口。

七月初，一天，一个俄国同学把我叫到一边说有要事相求。他告诉我他二年级考试不及格，希望我给他补课，争取秋季考试能过。为此，除了管吃、管喝，在他家给我一个单间外，还有八十卢布的报酬。他说，我肯定会受到他全家的欢迎和热情款待，村子离布勒塔法一百二十英里，风景美丽，我可以在那里过一个舒适的暑假。我自忖道：多么慷慨的命运啊，这可是一个求之不得的机会。我总希望能在夏天找点活儿干、挣点儿钱，使我能在这离布勒塔法、远离西姆那尔的乌克兰村子里过上一个假期。现在，梦想就要变成现实了。

这个牧师的儿子告诉我，他先回家，告诉父母，给我准备好房间，两天后一定打电报来。可他开口向我借十五个卢布买车票，还要借一条裤子。我都照办了，反正等我到他家，会立刻归还给我的。

两天、三天、一个星期过去了，杳无音讯。我等不及了，自己搭火车找上门去。半夜，在离他家最近的一个车站下了车。一夜未睡，清晨，我一打量四周，这里竟是一块不毛之地，除了站长就剩下他的副手。车站旁边的帐篷里有个孤老太婆，卖黑面包和煮鸡蛋。和我一样被命运抛到这个小站来的人，被辘辘饥肠赶着买点儿东西就上路了。我打听同学住的村子，回答还要走十英里。

我怒火中烧，顾不上饥饿、疲劳和困倦，一心只想再见面，目光接触的刹那间，就向他倾盆大雨地倒出满肚子的不快。我知道他是个嗜酒如命、放荡不羁的赌棍，但万万没想到，我给了他友谊和帮助，他竟是个卑鄙的小人，言而无信到如此地步。可是，怎么能找到他呢？

远处过来一辆瘦马拉的车，赶车的是个农夫，车是他们运谷、装干草的，又小又破。

"大叔,你认得开特村吗?"

"认得。"

"你认得那里的牧师吗?"

"符拉基米尔神父,我认得他。"

"他儿子伊万在家吗?"

"那就不知道了。"

"求求您带我上神父家去好吗?"

"完全可以。"

我又想,是不是先别去,让这个农夫给同学的父亲带个信,他如果在家,一定来车站接我,就不必跑一个来回了,那多辛苦。中午,农夫果然带来了消息,报酬是一个卢布,他高兴得说不出话来。据他说,牧师的儿子早就上布勒塔法参加考试了,打那之后根本没回来过……

这消息犹如晴天霹雳,我知道自己上了职业骗子的当,傻乎乎地落进了圈套,这比破了财丢了裤子还要难受。更为沮丧的是美梦破灭,回去过那乏味的暑假去吧。眼前一片昏暗,几乎陷入绝望的深渊。猛然,眼前竟现出了一线希望,好朋友艾勒尤沙临行前不是一再邀我同他一起回家吗?他住在结了婚的姐姐家里,离鲁米那城不远的一个村子。从这到他那儿和回布勒塔法的距离相仿,何不去找他呢?

半夜一点钟才有去鲁米那的火车。我注定要在那可怕的荒漠中,在那凝固、烦躁、闷热、饥渴、疲劳和困倦中挨过那开车前的十多个小时。实在忍不住了,天擦黑我提前爬上一辆过站的货车,车厢里是大大小小的牛。我发现,和牛做伴,竟比考虑和人类、考虑和充满在人类生活中的丑恶做伴要舒服得多。

但我高兴得太早了,下一个站上,我被管理员发现了。最初他以为我是个逃犯,至少也是个心怀叵测的小偷,他强拉我下车,要扭送警察局。可当他听完我的遭遇后,竟相信这一切都是实话,但是唯一遗憾的就是不许我再搭货车,让我在站上等那班车。有什么办法?这就是对我的惩罚。

伊拉·西穆夫卡

命运把我带到朋友艾勒尤沙居住的那个简陋的乌克兰村庄时,我哪里知道自己正向着我在俄国生活中的最大的考验走去。哪个人在他迈步的一刹那,能知道一小时或一年后,双脚将把他带向何方?也许,奔向婚礼的脚步会把他带进坟场,走向绞架的步伐却把他送上了王位。

伊拉·西穆夫卡,正确地说是那个大家庭极为亲切、欢愉地接待了我。他姐姐叫法尔娅,姐夫叫库提亚。和周围那些低矮的茅舍相比,艾勒尤沙姐姐和姐夫家的房子俨然像一座巍峨的宫殿。屋宇设计新颖,房顶上铺的是铁皮,屋后一片种满果树和杨树的园子。一道高墙,专为防止不耻之徒来这里随意践踏。

午饭时,我们围坐在餐桌周围,我成了中心人物。他们仔细观察我,盯着我的每个举动。看来艾勒尤沙和他们谈起过我的种种,可是,对这个陌生的黎巴嫩青年,他们想了解得更多些。我也在观察他们的音容动作,说不定我对他们的了解超过了对艾勒尤沙呢。我闪过的第一个念头是:这个男人不可能是那女人的丈夫,两者的差距太大了。

她——法尔娅,青春妩媚,大大的蓝眼睛里透着浅浅的黛色,柔嫩的皮肤散发着青春的红润,栗色的头发起伏闪亮。虽年近三十,但看上去最多二十五岁左右。如不是嘴略显得小了一些,牙上留着少许黑斑,那真该是个美人了。聪明、机智、感情充沛,从目光和谈吐举止上都说明了这一切。

可是库提亚,却是一个长相奇特的男人。他三十出头,又高又瘦,说话间不时用手把耷拉到狭窄前额上的一撮头发撩起,可头发立刻又落了下来。边缘破裂的眼睑包着一对黯淡无光的绿色眼珠,远看仿佛后面是一片浩瀚的沙漠。塌陷的双颊上蓄着两缕窄窄稀疏的黄胡须,在下巴会合处它们失去了平衡,左边的比右边的长。大嘴上长着两片厚嘴唇,但说话间却关不住嘴角上泛出的唾沫。不过,他很少开口,跟孩子似的,即便说上一字半句也要犹豫半天,结结巴巴。实际上,局促和羞怯令他更像个尚未成年的孩子。看得出,他很怕老婆,经常担心一个举动,一句话说不好,挨老婆的教训。生人在场,更是如此。那天,每向我提一个问题,都偷偷瞧瞧妻子,唯恐出什么差错。其实他问的问题十分单一,全是有关圣地的。看来,这是一个虔诚的教徒,不过他像那些质朴的人们一样,除了宗教礼仪之外,对教义却一无所知。

我和库提亚相识的最初日子里,十分拘谨。可是,没多久,他便开始主动地过来搭话表示亲热,我成了他最亲密的人,他甚至把我叫作"我的思想朋友"。这毫不奇怪,因为我尊重他的人格,从不笑话他那些孩子气的幼稚动作。我是他欢乐的源泉,排解忧虑和倾诉冤屈的通气孔。一天,我独自坐在果园中,读坦尼里夫斯基的小说,他慢慢过来,忧伤地对我说:

"祝你愉快。我真忌妒你,你正值青春年少,又用心学习,你的生活有价值、有意义。我呢,活到这把年纪,却毫无意义。这主要是我受的教育,或者说缺乏教育。"他叹息着,断断续续地说出了最后几个字。

"你抱怨你受的教育,或者说缺乏教育是怎么个情况呢?"我问。

"你不讨厌,我就简单地给你讲讲我的过去吧。"他孩子似的微微一笑。

"我正听着呢,讲吧!"我又和蔼又认真地说道。

于是,他结结巴巴地简单地讲开了。

库提亚

"我生在本村。父亲在神学校毕业后，成了这里的一个穷牧师。母亲生下我四天后就过世了，家里只有我一个男孩子。所以成了父亲和姐姐们唯一的欢乐，他们很疼我，不过没有了母亲，家里总缺少那种家庭特有的温暖。

"我不记得在哪个屋子里出生的了。只记得母亲去世不久，一个老寡妇把我领走了。她原是个上校军官的老婆。父亲生前是村里的知名人士，拿到过政府颁发的金质奖章。父亲死后，这个老妇人继承了一笔可观的财产。她把我当作她晚年的安慰，为我操尽了心思，花了不少钱。可是，我不明白当时她为什么总希望我继承父业，当村里的牧师。

"我管她叫妈妈。刚满九岁就进了教会小学。可是住校生活没有改变我的懒惰习性。老太太对我过分的娇惯促使我越发偷懒！我根本不想读书，一味贪玩还和同学口角、打架。我生来胆小怯懦，常被同学欺侮，挨老师的板子。每个年级起码念上两年。最后，觉得再学也没多大用了。我自忖道：成千上万的人没进过学校，更没念过书，可依然过着悠闲富足的生活，他们不曾同那些调皮鬼一起被囚禁在监狱般的学校里，也不曾像我一样挨打受气，更没有老师逼着天天背书。为了离开学校，摆脱学习，我想了一个点子：用泥巴和脏物揉进眼里，双眼很快成了一对血窟窿。花招得逞，免去了学习，但眼睛差点儿弄瞎了。进医院治好眼睛后，我再也没有返校。我可连三年级都没读完！这完全是我当时一心所盼的！"

他深深地叹了口气，继续说道：

"是的,我的文化水平也就是这个程度。我本应以如此低下的水平投入生活的战斗。可是,不久,寡妇妈妈又去世了,遗留下的一笔财产都归在我名下。主怜悯她、她的财产和灵魂吧!妈妈真是个好人,一直把我当亲生儿子一样看待。

"我无力管理名下的家业。一直由父亲经手,我自己则过上了修士的生活,足不出户,与世隔绝。我不止一次地思考过自己这不幸的现状和黯淡的未来。思前想后,只觉得该找个生活的伴侣,应该结婚了。可是仔细一想,把我吓了一大跳,这个决定,关系到我的未来,十分关键。选不好,娶回来一个心狠泼辣、嘴尖舌利的女人,不需多久,钱刮尽,人也被踢出门外,另求新欢。

"谁不了解自己?我深知我是个缺乏个性、没有意志、瞻前顾后的人。找不到人管我的家产,我必将原地踏步,进退维谷,谁都可以把我推来拉去。一旦没人管我,即使眼前是座金山,我也不敢越雷池一步。所以,当年父亲说我:你结什么婚?结婚对你有什么用?除了在大地上多几个像你一样的白痴!……我一点儿也不生气。父亲说得对。今天,我才理解他话中所包含的真理。

"但是,我还是迈出了这可怕的一步。结婚十年,夫妻生活没有给我的性格带来什么变化。我依然故我,还是十年前那个沮丧、懦弱、没有个性的男人。前进的生活收缴了我的一切武器。没有才能,没有爱好,像我这样,对生活有什么用?对己对人,对任何事,有什么用?求求你跟我说句真心话:像我这样的人,还有什么可救的药?我吃、喝、睡——仅此而已。这叫生活?这种生活有何价值?连那土堆上最细小的虫子都在为生存而奋斗,享受着生活的乐趣。可我,不仅不去奋斗,反而随波逐流,随时准备将一切拱手让给他人,条件只要对方不将我卷入反对他的公开的或不断的斗争之中。

"我妻子管理一切,仿佛我并非一家之主,只是一个光阴的过客而已。实话跟你说,这都是我心甘情愿的。因为我自知缺乏掌管任何事业的能力。

"有人说,我最应该进修道院。说起宗教,我确实是个虔诚的教徒,信得深，信得热烈。不过，我的虔诚是一种黑暗、有限的信仰，是一种不自觉和没有认识基础的盲目的信仰。一句话，我不是个男子也不像个男子。你说：'在你的生活中碰到过我这样的人吗？我是一具活尸，是这个世界上多余的人。'正像俄罗斯谚语所说：'他既非上帝的蜡烛，又非魔鬼的巴掌。'我是第五只柜子，就这么一回事！"

后来他发现有了一种爱好，或许可以帮他消磨时间，排忧解烦，那就是照相。照相机令人大开眼界。这只四方的木盒子，用一块玻璃底片。冲洗后才会显影。库提亚在地窖里搞了个暗房。装上幽暗的红灯。可是冲了几十张底片。没有一张见人影的。这一失败使他觉得连从事这种简单的爱好能力也没有。可是艾勒尤沙·法尔娅却从那照相机中得到极大的乐趣。

艾勒尤沙爱玩，喜欢向女人调情，我则拼命读书、写作。每天都规定了写诗撰文的计划。可对自己长时间抱有怀疑：我有能力达到自己的目标吗？早先，我的目标总是最遥远、最美妙、最艰巨的。因此，尽管同学们对我的努力大加赞扬，但我自己则十分不满，也很少像别的年轻人那样成天游乐。

偶尔，我也顺从艾勒尤沙的意愿，和他一起陪姑娘出外散心。最有兴味的出游莫过于在伊拉·西姆夫卡附近的苏拉河上泛舟。两年后，我曾漫步在这条河的坚冰上，事后写下了诗篇《冰冻的河流》。

啊，苏拉！无论是蓝天的艳阳下，还是皎洁的月光里，投射在你那梦幻般平静的脸上婆娑的柳、枞的阴影总是那么迷人！河湾港汊旁洁白的百合花更为妩媚，一簇簇一丛丛，根须深深扎在你的体内，表现了另一个世界里的奇幻。过去，我真不知道，古代印度人或其他一些民族，在他们眼里，荷花是神圣的标志，出淤泥而不染，象征神圣、贞洁。根长在漆黑的污泥里，面貌却是洁白、高尚、艳丽焕发着光华，菩萨似的盘膝端坐在上面。

对那些沉思打坐的笃信者，努力清除内心污浊的凡夫俗子，最赏心悦目的方法，莫过于默想荷花在它面前盛开。啊，苏拉！我正是从你纯洁的脸庞上，第一次认识了贞洁的荷花。可是，无论是它，还是你的纯洁,都无法自始至终地捍卫我的纯洁……

那个夏天,不止有一个姑娘爱上了我,但我从未敞开自己的心扉,也从不曾想引诱她们。当时,只要我愿意,满可以轻而易举地扮演一下唐璜的角色。可是我的秉性从小就厌恶唐璜之辈,为满足一时的欲念玩弄女子的感情。如果我对某一个姑娘表示了心意,心许给了她,同时又和另一个分享我的感情,那我便犯了罪。如果我们的血液已经融合在一起,关系始终如一,那么,其他外来的血液都将是体内的脏物和灵魂深处的瘟疫。

由此类推,我憎恨那些口舌生花,但由衷地和行动加以否认的谎言欺诈和逢迎谄媚。我憎恨形形色色的下流、淫秽。污秽的语言在我耳中比针刺肌肤还要痛苦,甚至那些巧妙的诙谐,如果其中夹带了"油腻",也不能在我的心中求得共鸣。所以,对那些打诨插科、乱哄哄的聚会,如艾勒尤沙非要我参加的城里大学生的晚会,我总觉得很不愉快。每次,玩到半夜回宿舍时,我就产生一种恶心欲吐的感觉。一切见闻都像满是尘埃的空中,降下一阵蒙蒙尘雨,非但不能使你神清气爽,还在衣服上留下点点泥迹。晚会上,许多人都酩酊大醉,人们难道都不喜欢听、喜欢看那些使他们无法谛听生活的脚步,无法瞥见生活真面貌的东西吗?他们把这些叫"娱乐""狂欢"或"消遣",所以日夜盼望着过节、聚会,以期求得内心的超脱。

* * *

在伊拉·西姆夫卡才住了一个星期,我让艾勒尤沙告诉他姐姐,我不想以客人的身份在他们家过夏,希望他们把我当作一名旅客,允许我交付一切费用。

七月中旬,主妇病得卧床不起,留在她家成为我的负担。她决定到附近的哈尔科夫去看病,那里有许多医院和经验丰富的医生。我的这种感觉更加强烈。在她动身那天,我向她告别,她却恳切地一再要求我能等她回来后再走。她相信自己还能回来见我。进医院后,再三来信求我留下。恭敬不如从命,我还是留下了。

法尔娅在哈尔科夫这段时间里,我记下了不少事情和感想。下面就不按时间顺序,笔录几段:

我的前途,你晦暗、阴郁。考虑你也许还不应是我这个年龄,可是,我不得不这么做——神学校?毕业后呢?——神学院?——在神学院里又将……神学之间的论争……我希望能成为一名优秀的作家。在人生洪流的旋涡中,我把自己托付给了这股激流,主知道我将飘向何方……生命何其短暂,痛苦和忧患又何其多!能允许我们自由思考、探索,为财富、荣耀和名誉而竞争吗?生活貌似迷人,但不持久。当某一时刻来临,一道狭窄、阴暗、冰冷的土坑把我们一起淹没深藏在地底。那里没有光荣、奢华,没有诗歌、散文。来客将永远摆脱世间一切忧虑,舒心地休息……可是,准备接收我的尸骨的坑,在哪里呢?

主啊,土耳其有宪法!!!祖国有自由!!!可是,我怕这自由将会像它突然光临似的迅速逝去……同胞们能否设法通过它,找到和土耳其人同样享受尊严和权利的机会?基督徒们能否享有和其他公民们一样的权利呢?可怜的新闻业能否解脱讨厌的检查的桎梏,还是安于现状,习惯地受制于锁链而无所事事呢?……

翌年夏天,我一定要回去,亲眼看看叙利亚、黎巴嫩是如何迎接自由,而自由在政治、思想领域中又产生了何种影响。求主使自由成为它们幸福的开始吧。

昨天,我一人独坐在果园的大杨树下,周围一片宁静,但又不是坟墓中的死寂。我手中无笔无书,脑中也没有装进任何写作计划。慵懒、倦怠,什么都消失了。正像人们说的:宁静喜爱魔鬼。很快,我心中的野兽——性欲苏醒了。它随意玩弄我,麻痹我,我似醉非醉成了它爪下的玩偶。它给我描绘了许多清醒时刻深恶痛绝的形象……那时刻,想在你内心挖掘出摆脱控制你的瞬间的意识、能力和意志,昂首向前,该有多难!面对欲念的诱惑,能临危不乱,又有多难!欲念在你耳中、眼前、头脑以至整个身躯里鼓噪喧哗时,怎能听到理想之声呢!……够了,你已濒临悬崖,如果还拒不谛听崇高之声,那必定堕落深渊。之后,即使清醒了,过去的种种也难以挽回。或许,你会自我安慰:"这不是开始,也不是终结。——多么可怜的自慰啊!

我们生活在这个邪恶的时代,青春正迅速凋敝,美好的愿望被扼杀,年轻的力量无谓地消耗!只要看看我们周围这一代人中的一切,你的心会悸动战栗!无人能抗拒的可咒的性欲正是万恶之源……这头野兽在我体内窥探,以待时机。时至今日,我依然强过它,不过,谁知道将来什么时候,我会被击败,成为它的奴隶!今天我能阻止未来带给我的厄运吗?

我希望自己的文风灵活、轻快,希望自己的诗句甘美、流畅、富有乐感,但愿在我年轻的头脑里未刻下经验和知识前,找到更多的机会发表它们。人的天赋和才华只有借鉴他人的经验,才能趋于完善……我愤懑的是前进道路上的障碍比比皆是,以至我必须如饥似渴地读书。可是双眼抗议了,它们罢工了。如果我一味任性地读,面临的将是失明的危险……

多美啊!一个个梦幻般的黄昏里,我独自倚立在果园中的杨树旁,坐上记忆的飞毯,飞向遥远的亲爱的祖国!更美的,则是触及我灵魂深处的诗句从我的笔下奔涌而出……今天,我感到自己正以最美好的情感吟诵着诗句。看来,我能够写诗,我不停地写。我对写诗及写作的爱好达到了如此痴迷的程度，至于作品的优劣，上才能判断。

拂晓时分，我才和艾勒尤沙从城里参加晚会回来，看着那成群结队走向田间的农夫和农妇，实在难为情。眼下是收割季节，是镰刀、麦穗和打谷场的季节。我们走得双腿酸痛，上下眼皮直打架。我们用狂舞、闲扯和打诨打发了整个夜晚，伴随着它的"葬礼"回来。在家里又将以沉睡、懒散和倦怠扼杀随之而来的白昼。农民的步伐显示着大地般的决心，他们的双眼闪烁着新的一天的希望，他们的双手把握着开启幸福和吉祥的钥匙。我们大家打着招呼。仿佛我们也掌握着幸福和吉祥，而他们只是一群不速之客。唉，如此被扭曲的制度！

托尔斯泰八十寿辰那天，报上展开了激烈的论争。左派要求政府出面，组织庆祝会；右派则认为，这是一个以其学说腐蚀人们头脑的人的诞辰，政府和全国人民丝毫也不要理会；教会则是反对派的急先锋，利用"神圣"的特权对亚斯娜亚·布勒雅娜大加诽谤，并敦促文化部向每个学校发出通令，禁止学生们用任何形式庆祝这位大作家的诞辰日。啊，这是何等的耻辱！俄国竟有人企图熄灭这支火炬，它的火焰普照着全球……

法尔娅

1908年8月28日，法尔娅出院回家。病魔夺走了她青春的光华，她瘦了，可是她竟一天天地康复，重又焕发出活力。下面是我在她返回后写下的日记片段：

我万万没有料到，我在伊拉·西姆夫卡的假期竟以爱情告终。看来，法尔娅早就看上我了。过去她以各式各样的动作、眼神和暗示向我表白，但丝毫不能打动我的心。今天（9月8日）她干脆公开了。那种公开也确实令人感动。她为自己创造了机会：坚持亲手给我拍照，然后，和她一起单独在地窖的暗房里冲洗。在那里，在那微弱的红光下，她开始透露我是怎样闯进她心房并成了她的主宰。

相识以前，艾勒尤沙早跟我谈过你。通过他的叙述，我已在头脑里勾勒出了你的一副画像，并设法使它理想化。一天，艾勒尤沙给我看了你的照片，当时我真不知道是一种什么心情，照片透出某种我无法理解的、隐蔽的东西。它们使我目不转睛地盯着他看，叫我忘记，那是绝不可能的。

过去，我怕你到我们宿舍来。一颗心预言了你我之间将会出现某种变化。我的心是忠实于我的，你一踏进家门，立即占领了我整个的身心。我想的只是你，只愿见到你一个人，可是见了面还得设法掩饰我的感情。我不敢想象，一旦你感觉后，如果讨厌、拒绝，或者全然不知，我该怎么办。后来，我病了,很重。我想病因可能是对你的感情,爱情包含了罪孽,罪孽带来了疾病。我想尽办法想把你忘记,可是做不到,即便最痛苦的时候,我也在想你。我害怕高烧谵语泄露了我的天机。可你,心肠那么狠——或者说,你简直没有心肝。我绝对没有想到连主动来看我一次也没有。最后我不得不让艾勒尤沙带了个口信,说有话想跟你说说,你才露了面。至今我还清楚地记得那个黄昏,你我面对面坐着,我问一句,你答一句。那天晚上,我的身心得到了充分的休息和慰藉。可你,吝啬得多几分钟也不肯给我。我不知你在想些什么,反正心里没有我就是了,也许,从来没有过。后来我感觉到了我除了遭受肉体上的痛苦外,更忍受着心灵上的创痛。我现在和你倾谈了私下的感情,我知道,你正冷冰冰地无动于衷地听着。不过,没关系,把话讲清了,也许能把你的心吸收一点儿过来。

我去哈尔科夫了。在医院里最担心的事莫过于病情久久不愈,无法在你返回布勒塔法前再见上一面,所以我多次给艾勒尤沙写信,让他把你留到我回家。可你,只有在我给你写了信,才肯回几个字……毫无疑问,出于礼貌,你回了几句无关痛痒的话。可我,却读了一遍又一遍,至今,还深深烙印在脑海里……

想从你那里得到我在任何医院都无法获得的药物,我提前出院了。可事实又怎样呢?你仍是以往那副冷淡的态度。我竭力在你眼里搜索着对我的情感。可结论只有一个:在你心目中我是无足轻重的。你不明白,你的目光如何深入我的心底,刺伤、撕裂着它……我追求你,使你感到厌烦。你的旁若无人使我恼火,使我愤怒,在隐瞒到今天才表露的爱情面前,退却了。对于你,我已荡然无存,没有必要再隐瞒了。以上的表白能得到些许同情,我将十分高兴。否则,也只好默默地忍受,咀嚼内心的痛苦,直至心儿枯竭、死亡……

唉，有多不好意思！该如何对待只在我心中才出现的生活？我的心，形如众星拱月，被人追逐，但它自己又飞向何方呢？我彷徨，失意，它也希望爱情，盼望在爱河中消融。可是，时机不成熟——它没有找到憧憬的目标。它会找到的，总有一天……

法尔娅很能选择暴露心事的地点：地窖里的一间密室里，光线微弱、昏暗的一盏红灯，这里既容不下第三者，也不会让任何窥视的眼睛得逞，连那窃窃私语都不可能传入任何人耳中。甚至近在门旁的可怜的库提亚也被蒙在鼓里。他还傻乎乎地不时胆怯地问我们，底片什么时候才能冲好。法尔娅回答他：还得一会儿。不多久，他又问，得到的还是同样的回答。是的，这道'冲洗'工作确实使我手足无措。我体内的野兽苏醒了，怒吼了！殊不知头脑和心底里翻腾的思潮和感情远比那吼叫强烈。眼前的姑娘像溺水者发现救命稻草般地缠上了我，她没有错，堕落情网的恋人有什么错？一个从法律上被称为她丈夫的人，智力低下，形貌猥琐，不像个男人，他除了吃喝和排泄，什么都得依赖他人。而她，青春的活力正在骨肉间跃动，心儿如饥似渴地希望从满盈的爱河中汲取点滴的幸福，她有什么错呢？而那个三十岁的大孩子——库提亚，天命和法律把他和一位跟他没有一点儿共性的姑娘连在一起，他又有什么错呢？此外，我也没有什么错，命运把我从绥尼山麓带到了一个乌克兰的小村中，插足于一对夫妻间。如果容忍了妻子的行为，必然伤害丈夫，如果尊重丈夫的感情，又将对妻子最珍贵的情感犯下罪孽。她有权利去爱，有权利生活在她的挚爱中，哪怕只是短暂的一瞬间。

生活的希冀是最崇高的。但为何把我投进如此尴尬的境地？是考验我的勇敢、高尚和信念的坚定性，还是要为我这未经沧桑、素未涉猎情场而在思想和行为中恪守崇高理想的人开辟必经之路？

我实在可怜库提亚。他像孩童般幼稚，对同情他的人盲目顺从。我给予他的怜悯和温情，使他对我完全信任，他对妻子过分的尊敬或者说畏惧——使他感到唯一的欢乐就是看到她愉快、健康，特别在她患病之后。一旦他知道了法尔娅爱上了我，一定会伤害我们之间的感情。听了法尔娅的表白，又想到这些，良心便感到像被蜇刺似的痛苦。

　　过度思考、矛盾的感情，弄得我头脑和四肢阵阵麻木。法尔娅蓦地站起身，瞧了我一眼，然后扑上来紧紧地搂着我。火热的双唇频频地落在我的脸上、嘴上，每一吻后，重复着同样一句话："接受吧，接受它吧，是法尔娅给你的纪念！"——冲洗照片的工作就这样结束了……

当晚，我踏上了返回布勒塔法的归途……

神学校的第三年

在神学校学习的第三年初,一股苦修的浪潮猛烈地袭击我。一两个星期里刮脸刀片才接触一次脸颊;剧院的台阶上听不到我的脚步声;修道院的树林深处和其他园苑雅处见不到我的身影;一次又一次的舞会上,没有一颗心在为我跳动;我的口袋里不存纳侯姆小铺里的任何东西,肚子里根本尝不着汽水和糖果的滋味。

我久已不参与同学们的议论和闲谈,机械地学习着必修课程。这一切都是为了不能从名列前茅落到榜末,损害我的自尊心。我沉默了,爱在孤独中与心儿接近,检查散落在心灵角落里的良种和劣种,清理它的过去和未来的希望。

我在寻找某种巨大、遥远而又模糊的东西。除此以外,一切都微不足道,味同嚼蜡。唯有书是例外。书是我白日黑夜的伴侣,是我求真之路上的向导。笔当然也不例外,我爱听书写时的沙沙声。心儿把感受和思绪告诉了笔,织出了一页又一页的日记。它有时带我在韵律的世界里漫游,然后带着兴奋雀跃的长短诗句归来。但不久我又摒弃了写诗,转向新的方面。

市内街道上的许多景象每每使我心头不快。有时,宛如芒刺在背,难以忍受。瞧,这个高级军官如此趾高气扬,仿佛全世界包括天上的主都欠了他一笔债。是腰间的佩刀,还是皮靴上的马刺使他沾沾自喜?扪心自问,他对这个世界履行了什么义务?他仅仅学过并传授操刀屠杀、摧毁房舍田庄之术?除此以外不曾带来任何好处。他有什么权利如此骄横跋扈呢?另一个,浑身裹着绸缎,头戴鸵鸟毛礼帽的贵妇,目空一切地坐在富丽堂皇的三驾马车上——她身上的绫罗绸缎、帽子上的鸵鸟毛是哪里来的？骏马又是哪里来的？她为什么能面无愧色地在那些衣不蔽体、脸上从没有用过肥皂的人们面前耀武扬威呢？还有这些豪华的商店，满橱窗的金饰钻石，对那些饥渴交加的被侮辱、被损害的人们又有何裨益呢？一条项链，一只手镯，一副耳环或一枚戒指可能喂饱一千副辘辘饥肠，遮蔽一千个赤身裸体，筹足一千个病人的药费。为什么偏让一个贵妇人的脖颈，她的手腕、耳垂、腰肢独占如此巨大的财富，享受千百万人无法得到的显赫呢？

的确，这是本末倒置的世界。心儿藏在口袋里，思想囿于肚皮中，良心抛进茅坑里的世界。更可憎的是，居然声声自称笃信光明正义、完美和爱的主。如果这个世界不按自己信仰的启示去做，便不会有痛苦和灾难，不必忍受那产生了不同阶级的制度。这些阶级中有高贵的、卑贱的，有脑满肠肥的，有两手空空的，有占有者、统治者，有被奴役者、被剥削者。如果这个世界不按自己信仰的启示去做，那一切便正确无误。可是现在，它却左右摇摆，无所适从，成为一个貌似宽广，实为狭小、被自身罪孽扬起的灰尘窒息了的世界。灰尘也伤害了我？遮蔽了我的视线，在这中间我只是一个小小的陌生客。

有鉴于此，我便在内心中建立了一个自我的精神世界，躲避尘世的灰土。很快我便发现，自建的世界比现世大为宽广。我迈开大步，竟走不到它的边沿。每每归来，它的辽阔无垠、瑰丽珍奇以及令我迷茫的未知都使我不胜惊愕。但是，我绝没有沮丧，每次归来总带着那希图重返未知的执拗和坚决，带着揭示其奥秘的热忱。

同学们没有涉入我的世界，所以，对我的境况和奇怪的自我陶醉迷惑不解，视我为意图改良世界腐朽的人物。一天晚上，我在布告牌上看到一幅漫画，画我痴立着，引导一个名妓进行忏悔，力行贞洁。画的下方写了这样一句话："我们失去了一个同学，却找到了一位先知。"看罢我暗自觉得好笑，随手揭了下来，留作青年时代的纪念。今天青春离我远去，无数年轻时可触及的具体的纪念也随之消逝，唯有这支笔尚在挥动和书写。

第三学年,我的思想、感情和精神沸腾了。我坚持用俄语写日记,在第 388 页的篇幅中,记下了从 1908 年 9 月中旬到 1909 年 5 月 21 日发生的形形色色的事件、感受和冥想。如果强行将它做个小结,那无疑是败笔。所以我决定效仿前篇,采撷其中某些片段,告诉读者。当然,这也是不按时间顺序,而根据生活对我的影响以及事后的记忆来排列的。

第三年的收获

近来我难得跨出学校大门,甚至很少离开教室,我忙于同"自我"交往,审察他走过的每个脚印。此时此刻,一切推动我奔向目标的意念才有价值。我的心如波涛汹涌的大海时而掠过怀疑的风暴,时而燃起思念之火,可是它离我又如此遥远。海之潮有涨有落,可我的心,永远翻腾着……

我们人类,世代以其挣脱地球的羁绊而自豪。我们总渴望了解,倘若月球、金星或其他星球上也有生命存在,那么,它们的居民该是个什么样子?是怎样生活的?可是,反顾我们的地球,却遍布罪孽,却听之任之未做任何根绝这些罪恶的努力。这样,思索又有何神益?穷困、暴虐、无知,不是地球上的罪孽?我们不曾以战争或战争的手段互相消灭、残杀?以刀剑、枪支或其他方式洒遍人类鲜血的行为就是滔天大罪!以不流血的方式杀人,如抢夺口粮、断绝生计则是更大的罪责。这些灾难,这些罪孽,是我们自身的灾难和罪孽,只有依靠自己的力量才能得救、获得清白……

能用我的笔高尚地、清白地为他人服务,是我的最高理想。获得一支能积极、有效地完成这项任务的笔就是我的目标。

接到了美国两个哥哥的来信：一封说艾迪布得了伤寒，差点儿死去。信的结尾这样写道：你的哥哥已经死而复生了！主啊，你是何等仁慈啊！

……宿舍里的空气太坏了，特别是冬天。酸臭浑浊、令人窒息。学生们呼吸的空气与校方本无干系。安装排风扇要花钱，钱比学生的健康宝贵。可怜的学生，为了少受冻，紧闭门窗也绝无怨言。暖气片几乎永远是冰冷的。能暖暖和和地睡上一觉，比上牙打下牙熬个通宵美多了，于是管他娘呼吸什么空气！学生每天下午都出去散步，呼吸新鲜空气，活动身子。久而久之，城里的居民们都管他们叫"耶稣的步兵"。

……今天我刚动笔写个阿拉伯剧本，就感到出国两年我的俄语写作能力已经高于阿拉伯语；同时也深感写阿拉伯戏剧已困难重重。书面语和方言混杂；演员，特别是女演员奇缺。除了国内很低的文化水准外，各地派别林立，风情各异，语言不通。一个村庄的事物，竟使邻村感到陌生，而导演、摄影等人尚未诞生。俄罗斯谚语说：不要同时追赶两只兔子。可我正设法同时用俄文和阿拉伯文写作，是啊，可真担心双双落空……

今天，我们班里演出了一场野蛮的悲剧。遗憾的是，这种现象在我们生活中并不陌生。我们的拉丁语教师，是在神学校任教了二十九年的老教师，今天竟被学生轰出课堂！学生希望老师平等待人，不训斥，人人都及格升级，对学生的调皮捣蛋听之任之。每个老师都有绰号，新老生班班相传。拉丁语老师的绰号是"母鸡"。虽说他走路有点儿像母鸡，可面部轮廓完全可以证明他年轻时确实是个美男子。

一年前他得了半身不遂，也有人说他精神失常，可是他竟痊愈而且康复，重新上班了。平日里热心于占卦。今天，他走进教室，不像往常那样用眼光搜索哪一个学生，而是和蔼地问有没有人愿意读读自己的作业。同学没有一个出声的。他再三地问。突然全班人一起叫道："没人愿意读！"近乎炸雷般地回答使这可怜的人极为恼火，他声嘶力竭地喊着要离开教室。不料学生异口同声地请他出去。他本不想真的走掉，结果弄得骑虎难下，最后还是被强行轰走了。学生冲他的后背嚷嚷："母鸡！母鸡！"老头儿也破口大骂："猪猡！下流痞子！疯子！"这情景真令人哭笑不得。同学们这种凌弱怕强的做法刺伤了我的心……

今天（10月12日）下午，艾勒尤沙面带喜色，兴冲冲地跑来，激动地对我说：法尔娅和库提亚就在布勒塔法，赶快去看看他俩吧！他不容我思考他们什么时候来的、为什么来、在哪家旅馆下榻，只是不停地催我快走。

消息没有给我带来兴奋情绪。我知道，法尔娅来了，我必将中断阅读，离开我已经习惯并喜爱的孤寂。更有甚者，我将换上另一副虚伪的面孔。我知道，情思促使她来找我，正如她后来告诉我的那样，她的眼睛渴望着见到我……她身体好多了，脸上残留着淡淡的病容。她想单独与我约会，机灵地把艾勒尤沙和库提亚打发去看傍晚的戏。屋里剩下我们两人，坐在沙发上，她站在我对面，我随时准备应付她的进攻。久久的沉默之后，她启动双唇，不安地说：

"毫无疑问，我来布勒塔法使你不痛快。"

"正相反。这早在我预料之中，不过，仍然有些突然……"

"你恨不得魔鬼把我从这儿抓走。你凭什么相信我要来呢？"

"噢，预感！"

"啊，米沙，米沙！你知道我多么爱恋你，所以断定我必然来找你，有什么办法！你应该紧紧地拥抱我，谛听我的心跳，方能理解你走后短短的时间里，我忍受了多少痛苦。我经常彻夜失眠，你知道吗？有一天晚上，我给你写信时，突然周身像一片树叶似的颤抖起来，因为我看到了你，确确实实是你。我看见了这双眼睛（说着，她用手抚摩着我的眼睛），向你伸出了战抖的手。可是，你突然消失了。噢，不，你绝不会理解这一切。在你看来，这些都是胡说八道。这里是我写给你的那封信；本来，我要寄出去的，后来，才决定亲手交给你。我真受不了了。不过，你对这一切都无动于衷，那还有什么好说的呢？"

"你以为我是块石头？"

"你是说我还有希望？"

"真奇怪，你总要旧情重温。"

"你讨厌我吗？"她一边问，一边靠近我，抓住我的手。

"我非常乐意听一个爱我的人用这种口气表白心中的爱情。"

一听这话，她跳起身来，双臂勾住我的脖颈，在我的嘴唇上印下一个炽热的长吻。但是这一吻并没有激起我心中的爱慕，只是催动了我的情欲。我生自己的气，决定不过分刺伤身边这颗心的情况下，向她摊牌了。我故作遗憾地说：

"法尔娅，可惜我们相见得太晚了。"

"是的，太晚了。不过……难道真的没法补救了吗？"

"也许你并不认为我们在一起是不可能的事？"

"为什么不可能？只要你不反对。"

我愕然，我万万没有料到她竟如此地无视我们之间的巨大差异。即使不考虑年龄的差别，我起码还是个在校的学生。退一步说，我又怎能忘记她是个有夫之妇呢?！她竟没有想过，为了这片痴情，我可能杀死那孱弱无援的孩子。还有库提亚怎么办？我真没料到，她居然无视这些因素。我又跟她指出了新的问题，别忘了，我现在是远离家乡，是在一个新的、陌生的环境里生活。

"你能跟我到叙利亚去吗？"我突然问她。

"跟你到天涯海角！你到哪儿，我去哪儿。"她不假思索地回答道。

主啊，爱情是如此执拗！只要还剩一根救命稻草，就绝不轻易放弃。稻草断了，用泪水连接。泪水常常比刀剑锋利，比话语有益。

"我错在哪里？米沙，谁叫我爱上了你，这有什么错？我控制不了自己的感情。如果我能，早就从心底里根除对你的爱。现在我的心安宁了，我也平静了。你不允许我爱你吗？我只要你允许我爱你就够了。"

主啊，用这种言语同我讲话的一颗心，我又如何忍心去撕裂它呢？

两天后，我第二次和法尔娅单独见面。问答、谈话激起的情欲比第一次更强烈。但是，为了维护我的面子，费了好大劲才克制了自己。我多次明里暗里让她断了这片情愫，把我忘掉。可是，她依然痴心不死。当时如果我稍有迁就，她一定会在布勒塔法过冬的。可是，我保守到底，第二天一早她动身走了。半夜里我向她告别，心想这将是永别。显然我还是阅历太浅。

几天来，学校里到处交头接耳、窃窃私语。各校都送来传单，号召全体同学同仇敌忾，为捍卫被圣会剥夺的权利而斗争："以斗争求得你的权利。"这就是今天的口令。听说，大学都停课了，我们的学校绝不会落后的……老同学兴奋地回忆1905年革命后的自由生活，但今天，这只能是回忆。许多新的限制中就有一条：禁止学生进入普通图书馆……

近几天，我读了高尔基、渥伦布尔乌斯基和祖鲁哈里夫等青年作家的作品。他们致力革新的精神令我赞赏和钦佩。他们的风格中跃动着生命，闪烁着光彩。他们衷心赞美的神就是伟大的人民。高尔基在他的《自白》一书中响亮地宣布了这一点。他说，他久久地寻找着基督教的神，遍访教堂、修道院和苦修者的洞穴，都一无所得。这位天才的作家用手中的笔把荒凉的沙漠变成葱郁的森林。我热爱这位艺术家，热爱他对人类灾难的深刻理解。毫不奇怪，正如俄国人说的，他自己也是从火和水中走过来的……

……我们班上展开了"左派"和"右派"的激烈争论。一个"左派"学生说："我们神学校的学生至今还对墙唱着帝国国歌，这是耻辱。谁都知道，我们倾向人民党。""右派"学生立刻反驳："这种调子早就听腻了，它对我们不起作用，还是换个嗓门吧！"

来了一位新学监，叫伊夫拉明库。今天，和我们谈他的职责时说，学监这个位置，比教师所认为的和从事的范围更广，性质更重要。无论课内课外，学监应和学生保持经常的联系。为开发学生的智力，扩大他们的知识面，学监应组织各种晚会、读书会和讨论会。遗憾的是，校方不但不允许组织这类活动，还警告教师不得参加任何学生的集会。新学监无力与校方抗衡，只得在力所能及的范围内扩大我们的知识面，慷慨地把自己文学、社会等方面的书籍送给想读的学生。伊夫拉明库的谈话和他脸上出现的人道主义的表情深深地吸引了我……

……今天，收到纳西布·阿雷达寄来的纽约出版的阿拉伯文杂志，其中谈到黎巴嫩向'双边委员会'派出自己的代表,选择了脱离奥斯曼帝国、成为一个独立国家的道路。上帝保佑!祖国正经历着生命中关键的时刻,迫切需要有推动她前进、拨开她眼前迷雾的知识分子。我愿意成为这批知识分子中的一员,为人民传播人的价值,走社会主义道路的精神,我不愿看见祖国淹没在西方文明的渣滓中,愿她文明、健康和美丽……

……很奇怪,我写东西跟其他人不一样,写完了从不反复修改。只要提笔写好一首诗或一篇文章,让我动一个字也是难上加难。就这样,一次成文,如此行文。今天,我写了一首题为《孤独者》的长诗,先给艾勒尤沙看,他竟喜欢得不得了。不过,我更愿意听听专家的意见。看来,伊夫拉明库就是我心目中的专家……

舅舅来信说,如果把他忘了,那就意味着罪过。父亲的几个儿子都不在身边,舍赫鲁布的农活只得交给最小的纳吉布。现在八岁的小弟弟被迫辍学。这真是罪过,是我的罪过,与父亲无关。我有什么权利自己读书,让弟弟离开学校呢?我有什么权利毁掉弟弟的前途,换取我的前程呢?我绝不会说:"我走了,洪水来吧!"我不是这种人。所以,我立刻写了回信,严肃、坦率地告诉他们,如果亲爱的纳吉布不回学校,我决定顶替他。弟弟没有回校前,我良心将始终受到谴责……

……今天我高兴得仿佛上了九霄云天……几天前,我把《孤独者》给伊夫拉明库看了。今天他把我叫去,说我写的这首诗不仅令他惊讶,也让所有读过的人赞叹。素以稳重而闻名的逻辑教师也不例外。一个外国学生、俄语的陌生客,却能精确、熟练地掌握词法变化和语言的内在秘密,使句型优美,音韵和谐。他以神学校有这样的学生深感自豪,勉励我沿着既定的道路勇往直前。消息传到同学之间,这个鼓励我向前,攀上奥林匹斯山!那个预言我必能蜚声文坛,名扬四海。当然也有妒忌的……唉,一个人超群拔萃是甜蜜美好的,而忘我超脱则可说是进入大乘境界了……

读了作家安德列维奇的《俄国文学的哲学尝试》,很自然将我们的文学和俄罗斯文学进行了比较。我不禁对横亘在东西方之间的鸿沟感到惊讶!我们生活中的黑暗何其浓重!托尔斯泰的火炬尚未撩开暗夜的帷幕……

美国的两个哥哥来信说,他们的事业有进展,在扩大。亲爱的哥哥,祝福你们,祝福你们日新月异地迈进!可惜你们在俄国的弟弟,根本没有意识到要挣钱,反而把享受今世的荣华视作生活目的……我日益觉察到,在思想和生活之路上,我正逐渐远离自己的家庭……以前我不止一次地听到、看到母亲数落父亲,说他撇开了土地和犁杖,别无生财之道。现在,她该怎样理解她的儿子呢?我对母亲怀着无限纯洁、真挚的爱。她对我寄托了最高的期望,盼我能给她、给家里带来财富和名望。如果她现在听见我放声宣布这个儿子不是一个挣钱的男子汉,该多么伤心!

……我从不知什么叫烦躁,我怀着巨大的兴趣观察自身精神的成熟,我不让一分钟白白浪费……一旦沉醉在某些有特殊兴趣的事物里,就难以入睡。奇怪的幻影整夜在头脑中骚扰我。韵律、诗句在心中翻腾。往往人躺着,脑子却无法休息。所以,每晚就寝前,枕头底下早就准备好了书本和铅笔……

……祖国!你定将砸碎周身的桎梏。自由!人们给你定下的范围何等窄小！可怜的人民，幻想从奴隶主手中以立宪的方式成为自由人，可全然不知凡是权力都是奴役，一切随从都是奴隶主义……

……今晚照镜子，吓一跳，脸色苍白得可怕，一副龙钟老态的模样。更像一个痨病患者。该休息了，暂时离开书本吧！

昨晚，文学老师的女儿丽达请我在她们家玩，过了一夜。同学们都以为出于父亲对女儿的挚爱，绝不可能允许她跟一个被认为是堕落的神学校学生来往。"优秀生"大有人在……丽达姑娘确实温柔、美丽、可爱，但家庭教育把她变成了笼中的金丝雀……有关教堂的一场辩论结束了，她转过身来，半真半假地说："往后的接触中，我希望把你带回正途，使你获得新生。"哦，不，亲爱的！你希望的事绝不可能出现。正确地说，将是我把你带回正途，使你获得新生……

……昨天，第一季度的成绩公布了。我得了满分。我奇怪，全体同学也捉摸不透。大伙儿，包括我在内，都十分清楚，我这个人平日里并不怎么注意功课……伊夫拉明库逢人便夸，还念我的一段诗。他的赞许，对我诗作的称道，使我感激不尽。我们的友情，令我毕生难忘……丽达可能听到他谈起过我，所以，昨天见面时，他让我星期日晚上带着诗稿去看她……

假期里有一段时间，我是在丽达叔叔家度过的。我们的友谊在发展。她叔叔是个牧师，住在离布勒塔法村很远的教堂。一个孩子和我同班。放假前，他孩子多次热情地请我去玩，我也想亲身领略一下俄国农村的真实生活……

牧师夫妇的两个男孩儿，一个比较大，一个和我相仿，都在神学校。女儿玛露夏十五岁，在教区学校上学，离我们神学校不远。善良质朴的面孔组成的一个好家庭！……圣诞夜，我们一起参加村教堂的弥撒。教民中农民占绝大多数，密密匝匝，石榴籽似的拥满整个大殿。我深深感受到他们恭谦、温良的感情。俄罗斯农民为了纯笃的信仰，无条件听命于教堂，他们甘愿忍受一切艰辛，献出热爱土地一样深挚的爱，一心捍卫着教堂的利益……

短短的做客期间，玛露夏爱上我了。可惜她情窦未开，是个小姑娘，否则我哪能不投桃报李呢？她长得那样甜美、纯洁，最后我答应给她题诗留念。

（1909年1月28日）主啊！今天怎么了？什么也没做，仿佛是个陌生客，神情恍惚地东窜西突。在我眼中，心是那么龌龊、低贱。这不是第一遭，今天，什么问题都以雷霆万钧之势向我迈进：我是谁？从哪里来？到哪里去？活着为什么？谁要我？……它们无情地要我回答。如果以往我不曾苛求，不曾为自身营造高大的尖塔，不曾任思想在远方自由驰骋，我可以不予理会……可我愿建设更美好的世界，盼望在扶弱抑强中取胜；我愿以自己的笔杆完成这一切。当然，我也生怕自己不敢在某些时刻迸出心底的愤怒，从而轻易地用匕首把心儿剁碎，或沉入泥淖或嗤之以鼻……我的恋人——文学……

气温降到零下二十度。校方发善心，教室里生上了炉子。有的同学乘机熬猪油，弄得屋里油烟迷漫，恶臭难忍。更糟糕的是，有人大抽其烟，这是明文禁止的。最后，大伙儿以集体名义对一些破坏纪律的人发了话，才得以制止破坏纪律的行为……

伊夫拉明库有个兄弟在哈尔科夫大学。今天，他让弟弟拿上我的诗给文学系的教授看。据说，这位老师的见解颇具新意，为人称道……

我和六个同学从纳侯姆小站里出来，兴高采烈地谈论起现代文明。我对此进行了无情的非议，认为它和农村以及泥腿庄稼汉的自然生活相比，乃是欺骗、虚伪、腐朽的制度和堕落道德的化身……不知为什么，我当年热情捍卫卢梭和托尔斯泰的观点，他俩的观点和我的简直如出一辙。这场一比六的辩论相当激烈，但是最后胜利却属于我。一次，我扪心自问：为什么如此偏爱诗歌？究其原因，我不认为诗歌是囚禁在象牙之塔里为艺术而艺术的文学。它与生活息息相关，服务于生活。当它着力刻画人们的痛苦、困扰，唤醒意志消沉、心灵闭塞者，为他们创造自由、平等、友谊的生活之路时，不失为一种美妙、有益的艺术。

……随着我与世界日益频繁的交往，我的憎恶感也越发强烈。总有一天，我会像那迪生说的中断和它的联系，重返自己的蜗牛壳。但是，目前，却不得不留在这里……

玛露夏准备回家过狂欢节，我送她到火车站……她热情地邀我一两天后到她家做客。我多么愿意谛听她向我表白爱情！这朵鲜嫩、芳香、美丽、纯洁的玫瑰，现在正以我的名义，并为我而开放。她仿佛是我手心里的面团，由我随意摆布、任意塑造。我只消说一句：读这本书或那本书；这样说或别那样说；这么做或别那么做……她都会应允，保证绝不违背你的意愿……看来，你在玩弄我的感情……哪怕你能给我些许温存，我也会成为最幸福的人……

直到如今，我还无法确定自己的感情。这不是那种伴随着心理上的风暴，激烈的心跳、失眠或和爱人永远相伴的爱，也不是建筑在空中楼阁里的爱。这是一种近乎兄妹的爱，贪婪、幸福地亲吻，紧紧搂在怀里，抱起来，千方百计讨她喜欢、让她高兴……是的，我对她发誓要成为比她胞兄更忠诚、比她姐妹更温柔、比她的母亲更慈祥的人……"可怜我吧！"这是分手时，她对我的最后一句话……

读完了里南的《耶稣传》……看来，作者试图抹去耶稣的神的面貌，可是当他把耶稣描述为人们无法达到的完人的地位时，又出现了这种色彩。关于耶稣的许多奇迹，作者却缄口不语。这说明他尚未理解或无法解释那些现象……目前，《新约》仍是我唯一的安慰，并将永远如此。

正当我为种种思绪和动荡的心理所困惑时，接到了玛露夏的信。心头的愁云顿时一扫而光。她是这样写的：

你很清楚，我对你怀着炽热的爱恋和深深的情思，因此，别再折磨我了。来吧！马上到我身边来吧，眼下的心境，我简直难以用言语道出，只想跟你说一句，我爱你，胜过爱天底下任何人。每天，我不知多少次溜进书房，把你的照片亲个够……盼着尽快在我家见到你。

末尾，又添了几句：

把信撕了吧，我知道你会用它笑话我的。不过，你要知道，这是我平生第一回写下这样的信。

……看来，答应玛露夏的邀请是上策。留在学校，特别是大斋戒的最初几天，意味着天天上教堂、忏悔和吃祭饼……

……她的家人和一些熟客在餐厅玩纸牌，我一人留在客厅，想把昨夜那场怪梦写成一首诗，献给玛露夏作纪念。她在我心目中已经是一个屹立在高山之巅的好姑娘了。为了按捺住胸中一颗炽热的心，她不时地给我抛个媚眼、搭上一句话或做一个动作。我们终于紧紧地拥抱在一起，亲着、吻着。送出的是最美好的吻，得到的是最纯洁的心。可是，刹那间她跑了,怕人偷看,像一只受惊的小羚羊似的跑得不知去向。昏暗的灯光下,我多么想多看一眼她的面庞……

……学校里流传着振奋人心的消息:学期考试不举行,暑假提前两个月左右!政府为了举办布勒塔法战役(1709年)两百周年的盛大纪念活动,全城将披上节日的盛装,学校修葺粉刷,迎接皇帝在阅兵式后来校参观……我分外思念远方的亲人——弟弟、舍赫鲁布、林木、岩石、鹰巢、雀窠。我思念绥尼山,思念黎巴嫩。啊,黎巴嫩,当你卸下首饰,袒露着美丽的胴体时,你面容清瘦,体态迷人。可丑陋卑鄙的土耳其奴役了你!

……我太疲乏了。两天内,我竟就一个会考题——就奥斯特洛夫斯基四出戏剧中的人物进行分析,同时答了四份考卷。四篇文章中只有一份属于我的。其余三篇都是代笔……事情够挠头的,文体必须互异,老师才不容易发现四份卷子出于一个人的手笔……

一口气读完库兹杜马鲁夫笔下的乌克兰英雄《布俄丹·赫米勒尼茨基》的第三四卷……啊,自由!为了你,洒下了多少鲜血,牺牲了多少生命!人民——乌克兰、俄罗斯、法国、英国、美国、希腊、波兰,到处都在为自由而拼搏……可它依然是可望而不可即的梦幻,是一片虚幻的蜃景。

最近,全国将庆祝果戈理百年诞辰:我们学校也要举行活动。果戈理是布勒塔法州的乌克兰人,我为此写了一首诗。这位天才令人肃然起敬,我当然更难以下笔了。诗念给艾勒尤沙听了以后,他居然说:"听到了一位达到自己才华之巅的诗人的心声。"

回城后，我们在玛露夏大哥家又会面了。她悄悄告诉我，我的名字已经刻在她胸前的十字架和梳子上。她不时一个人偷偷地看看它。和一个知心的女伴说起我时，她情不自禁地夸道："好好瞧瞧吧，你见过这样的青年吗？"在她眼中，我是完美的化身。谁说不是，恋人的眼睛是瞎的。夜间会面后，我送她回校，在校门口，我又一次紧紧把她拥在怀里，在她双唇上印下炽烈的一吻。此时此刻我笔录这一切时，她那纯洁的热吻的烈焰仍在我的唇边燃烧……

昨天，同宿舍一个同学祈祷的情景令我震惊：两眼发直，紧盯圣像，右手不停画十字，前额触地，砰砰叩首，跪了整整十分钟，祷告完毕，向四方画十字，直到划过枕头上的十字后，才安然躺下……主降福给他和像他一样虔诚的人吧！我真忌妒他们。

……我着手创作一首长诗——《渔翁》，描写挣扎在死亡线上的被折磨的人们，揭露现代文明的腐朽……我得知伊夫拉明库以及所有读过我写的纪念果戈理诗歌的人，无不倍加赞赏。伊夫拉明库建议校方负责果戈理诞辰纪念委员会出面邀请我在大会上朗诵这首诗。他连招呼也没跟我打，就把诗交给了他们。

……今天，我在纳侯姆店里喝牛奶时，生平第一次看到了妓女。我打量她，打量她身边的男子。他花钱买了她的身子，准备玩上一夜——我战栗了，奶没喝完就急忙逃了出来。她浑身上下、眼神、嗓音、动作中的轻佻、无耻着实使我战栗……这就是生活，我们的生活。蛆虫在躯体上蠕动，可他依然行乐不止！这就是人——装满着神经种子的容器，争先恐后跑向深渊，在竞争中粉身碎骨！……

……我的"名声"越出了学校的围墙。今天，有人求我答两份考卷。我不认识试卷的主人,一个好像是吉姆纳兹学校八年级的女生,另一个是我校六年级的男生……明天(4月22日)开始考试。我们年级的将在五月中旬结束。

早晨,《圣经》教员踏进教室突然袭击宣布考试,试题来自苏莱曼的《布道集》《忧伤强过欢笑,面上的忧郁能改造心灵》。教室里顿时一片哗然。同学们手足无措,你瞧我,我望你。这个说,"这下子我完了。"那个说,"我肯定不及格的。"我旁边的同学苦苦求我救救他,甚至说出"别让我们在青春年少时死去"的话……结果,除了答自己的试卷外,我只好又写了两份……

今天一股从未有过的忧伤包围着我,我的心仿佛无数条毒蛇在噬咬。十九岁的青年俨然九十老翁,对一切都失去了兴趣,头脑一片混沌,迷雾遮蔽双眼。我恨,怨气在胸臆中膨胀……我想笑,可是双唇仿佛被铁线、被锁链紧紧缚住……这一切只是因为纪念果戈理诞辰委员会不同意我昨天在大会上朗诵诗歌。伊夫拉明库解释的原因是日程表已复印,我的诗送晚了一步。他强调,凡是读过我诗的老师都为之赞不绝口……没什么,只要自身的努力不曾背叛,我将用自己的双手开拓前进的道路……

1909年5月21日——我终于安心地喘上一口气。考试结束了,很快就可以回到亲爱的黎巴嫩,回到亲人身旁,回到舍赫鲁布,回到绥尼山……当我告别这一学年时,我尽量公正、廉洁、细致地做了一次自我反省,这是全面丰收的一年。和去年相比,思想、精神都有了长足的进步。品德方面,我无懈可击。回顾一年来,我没有虚度一天的时光……这一年,我将永远不忘,它为我立志铺下坚实基石的一年……

伊夫拉明库告诉我，他在哈尔科夫大学的弟弟来信了，我的诗给文学教授看过。教授认为这是辉煌灿烂的未来的良好开端……

伊夫拉明库希望我选些过去的诗作送给他。昨天，我选了一部分，誊写清楚，交给他时留下了这样几句话：赠给我最亲爱、最尊贵的老师——深知其功德的学生。他读完后，立刻紧紧地搂住我，不住地亲吻，仿佛见到了一个久违的亲爱者。他用激动得发颤的声音说："亲爱的，谢谢！谢谢你！我做了些什么，值得你如此热爱和敬重？我力所能及只做这一点点。祝你成功，问候你的双亲，虽然我和他们素不相识，但务必替我像一个儿子那样地问候他们。祝你不断取得胜利，一路平安，秋天再见！"

这一切在众目睽睽之下进行着，同学们不胜惊奇，因为他们不知道是什么使我和伊夫拉明库结下了如此深厚的友谊……

再见了，布勒塔法！再见了，神学校！祖国在召唤我……

辛伯达式的旅行

离开布勒塔法前,美国的两个哥哥汇来了相当于三百卢布的钱,我的口袋里从没有装过如此巨大的一笔财富。当时,同学米哈依尔·伊斯肯德尔也准备回国,得知我收到汇款的消息后,和我一样高兴。我俩都盼着做一次舒适、愉快的旅行。

火车启动前十分钟我们才到车站。车站上同时停靠着来自东、西的两列火车。我们首先西行至敖德萨,再乘船到贝鲁特。旅客十分拥挤,排成两行,一个个依序买票,我的朋友建议他看行李,我排队买票。售票处前至少有二十来人,我前面是一个农村姑娘,结实的身躯焕发出健康美丽的诱惑力,我看得忘了自己的使命。没多久,朋友来要零钱,打发行李脚夫。我从裤子后兜掏出装有全部钱财的银包,抽出几张给了他,把钱包又塞了回去。身后的人推搡拥挤,不知过了多久,轮到我买票了。售票员递过来两张去敖德萨的票,我手伸进裤兜,钱包没有了!我把所有的衣兜翻了个遍,售票员等得不耐烦,让我靠边,让后面的先买。我躲在一边,待了有两分钟,像突然遭到雷劈,手脚不知往哪里放。毫无疑问,我们的箱子肯定已装上火车,一分钟以后就开车了,我们怎么回学校呢?米哈依尔·伊斯肯德尔,你又在哪儿呢?

我的朋友过来了,我把一切遭遇都跟他说了,问他去贝鲁特的车票钱够不够。当时,没有时间再去找钱包了。偌大的车站,旅客熙熙攘攘,哪儿去找?找谁去?东去的火车已经离站,我们乘坐的火车即将启动。当我看到朋友拿着两张车票急匆匆跑来时,心里别说有多么高兴。"快走!"他叫着。

我们还来得及刚跳上火车，车轮已经转动了，我们久久地议论着这场灾难。朋友说我碰上了扒手。这以前，我还没听说过扒手这回事，这是我生平第一遭和那帮"不种、不收、不存"却靠别人的收获赖以生存的扒窃集团打上了交道。我扪心自问：哥哥在美国的辛勤劳动难道就造福了这批乌克兰陌生汉？也许，偷钱的人，比我更应该享受它！也许，某种我未知的力量正要对我的过失进行惩罚，扒手便成了理想的惩罚工具。是的，耶稣说过的："任何以情欲的眼神观看妇女的人，已经在心里奸淫了她。"我不就是以这种眼光观看了站在我面前的那位农村姑娘？赞美全知的主，赞美普天下众生中公允的主！……

抵达敖德萨，已是傍晚时分。我的朋友也已两手空空，没钱吃饭，没钱住旅馆。怎么办？亏他招数多，也比我胆大，对我说："走，找个修道院去！"天擦黑，我们在城里找到了一所修道院，看门人异常冷淡地开了门。等到了解我们是神学校的学生，才去报告院长。院长还比较同情我们的遭遇，让我们在屋角的一堆干草上栖身。倒是管理员见我们可怜，给了黑面包和头天剩的煮扁豆。

翌日，我们前往土耳其领事馆办理签证。在小窗口交叉的铁栏杆后面的办事员无动于衷地看着我们填完表格，和两份护照一起放到他面前，冷冷地说道：一份护照交一个迈吉德里亚尔。我俩顿时目瞪口呆，不知所措。我的朋友会点儿土耳其语，他鼓起勇气，求那位职员道："我们是大奥斯曼帝国的臣民，又是学生；学生搭车乘船减价，俄国人都这样，难道我们慈祥的母亲土耳其不应当对我们更优惠点儿吗？"但是，雄辩无济于事，对方坚持要收钱。我的朋友见如此情景，瞪着眼猛然把手伸进窗口，说时迟，那时快，一下抢过两份护照，叫我快跑。我们逃出领事馆，飞快地混进街上的人群中。一小时后，上了船……

船行驶在海上，运气还好，我的朋友从厨房弄到点儿残汤剩饭果腹，我们几乎是空着肚子熬过了黑海。伊斯坦布尔到了。船刚在布斯夫尔码头抛锚，土耳其、阿尔及利亚和希腊小商贩立刻划着小艇把轮船围了个水泄不通。商贩是不许上船做买卖的，他们设法把货品装在篮子里，用长棍挑起来，递给顾客，钱放在篮子里收回去。我们俩趴在船栏上向下张望，不远处一个土耳其人正烧着一锅热气腾腾的羊头，诱人的香气着实使我们饿得熬不住了。我的朋友用土耳其语同那位小贩说了几句，一只放着一个大羊头的篮子立刻举到眼前。我的朋友像在领事馆前一样地故技重演，一把抓起羊头，说了一声"快跑！"两个身影瞬时便在那可怜的土耳其人的视线中消失了，身后传来一声声要钱的叫喊和不绝口的诅咒和谩骂。但我们可以名正言顺地说只有用这种办法，才能从土耳其人手里夺回一丁点儿应得的权利！

直到贝鲁特，才松了一口气，这儿有许多熟人。应该先到泽赫莱看望我的亲戚，他会很高兴的。我从布勒塔法给他买了一把美国剃刀作为礼物，可是，他用了几次，就把它丢在一边了。我哪里知道，刀片要不断更换，我真以为一片刀片可以用上一辈子呢！美国人不是专门创造奇迹的吗？

从泽赫莱出发，踏上了通往舍赫鲁布——白斯肯塔的道路。当我刚刚瞥见故乡那亲爱的土地时，心中的欢乐是无法形容的。舍赫鲁布的山石、林木、荆棘和燕雀仿佛都在呼唤着我的名字。它们思念着我，我也思念着它们。父亲一个人正在浇地，他看见有人，便远远地走了过来，可见了我那身俄国服装时他迟疑了，等我走近到几步远，他才认出了自己的儿子。他一下扔掉手里的铁锹，热泪盈眶地扑来，强有力的臂膀把我紧紧地搂在怀中，因过分兴奋而战抖的声音喃喃地说道：

"孩子，我的孩子，你就这样对待我们？"

我不胜惊奇：

"怎么了？"

"两个月没接到你的信了。你母亲忧伤过度已卧床不起了。她简直不相信你还活着。"

"我想突然回来，使你们高兴一下。"

"更使我们不安的是艾迪布来信，说给你寄了一块表，可没多久，表又退了回来。他简直急疯了，写信问我们，家里有没有你最近的消息。这些事凑到一起，我们甚至怀疑，你是否……"

"我是否还活在人世？现在你看见了，我还硬铮铮地活着呢！"

"快回家去,看看你母亲,让她也开开心!"

我到家时,母亲确实躺在床上,可是当听到我的声音,立刻从床上爬起来。她吻我,我的脸上沾满了她的热泪。她反复唠叨一句话:"感谢天主!主啊,感谢你,赞美你!"然后,跪在地上,亲着地面,口里不断赞美着还给她儿子的天主。是啊,她早认为这个儿子已是另一个世界的人了。

那只拖着一条长链的漂亮的金表(也许是镀金的),也做了一次辛伯达式的旅行。从瓦拉瓦拉到布勒塔法,再回瓦拉瓦拉,最后到达白斯肯塔!

* * *

那年夏天给我留下的记忆是难以忘怀的……至今,我还记得那时奇怪的心理状态:一天黄昏,我独自坐在舍赫鲁布高高的岩石下,那里有鹰隼、燕雀的窝巢。清冽透明的绥尼山泉水潺潺流过,周围浓荫环抱,田野散落着刈割的农民和安详放牧的牛羊,远处高高的绥尼山奇峰林立,阳光在突兀的山岩上滑动,闪耀着迷人的色彩。

我的思想掺和着浓荫、岩影、渠里的水珠、田里的牛羊和牧人、农夫一起嬉耍,并肩前进着。但顿时眼前的一切都消失得一干二净了,我仿佛觉得行走在一条黑暗的隧道里,无数个声音在体内呐喊,询问:一切景物来自何处?走向何处?为什么?为什么来自主又回到主的身边——什么是主?万物为何千差万别,找不出两根相似的草、两朵一样的花和两个一样的人?它们来自主,又返回主的身边,但其中酝藏着什么哲理呢?在往返的历程中,伴随着欢乐和痛苦的成长,但这些又蕴藏着什么哲理呢?如果不存在哲理,不存在隐藏在哲理后面的目的,那么,什么叫存在?我们怎么又和它紧密相连?

黑暗更加浓重,隧道愈益狭窄,我依然听不到任何回答,仿佛生命之火正从胸臆间逸去。

突然,我瞥见一丝天光——微弱、遥远的一线光明:身处幽暗的隧道，心里顿觉豁然开朗。这开朗不断添加、增生，逐渐化为阵阵喜悦，内心紧闭的门正慢慢开启，遍寻着每一扇门窥视，隧道的四壁还在收缩、收缩。我将在瞬息之间，目睹我的主，认识他，并同他对话。可是那"瞬息之间"远比我找它还要珍贵，它又从我身边擦身而过。我又回到了岩石下，看见燕雀归巢，牛羊进圈，绥尼山泉在渠中汨汨奔流，伴随着周围的青草左右摇曳。我仿佛从那无终的旅途中归来，有一种自顶峰跌落到谷底的感受，可是，同时，又觉得比以前更为宽阔、高大。我已和周围这一切水乳交融。它们对我并不陌生，我们有着同一个躯体，同一个灵魂，一同向无终伸展。

这一瞬间照亮了我未来的道路。

香　蕉

又到了返回布勒塔法的日子。登上开往敖德萨的俄国轮船前，我徜徉在贝鲁特大街上。在一家铺子里意外发现了一串青青的香蕉。这以前，我从没见过香蕉，别说尝味了。听说它是一种高级美味的水果，在俄国也同样很稀罕。所以我想买些带给丽达和她父母作为礼物，保证受欢迎。

我买下了那串香蕉，放进篮子里，连同其他行李，一起放在甲板上。当时，我们的钱只够买甲板票。好在正年轻力壮，吃点儿苦算不了什么。一路上太阳炙烤，海风吹乱了头发和行李，飞溅的浪花打得衣衫和甲板全湿了！大海如此残暴，刚刚咽下的食物，整个给掏了出来。烟囱里冒的浓烟把我们的脸和衣衫全都薰成黑色，一个个活像披上了丧服！

几天后，船过达达尼尔海峡。我独立船头，看着船首破浪前进，激起片片浪花和泡沫。眺望两岸风光，以前学过的这神秘的海峡如今历历在目，站在这划分（或说是联系）两大洲的地方，一桩桩大事跃入眼帘……突然，身后发出一种奇怪的声响，循声望去，两只猴子正在糟蹋我的香蕉。

我急忙奔过去，一路全是掰断的香蕉，到篮子跟前，只剩下一半还可以吃。可怜我这份礼物遭到的灾难，比波斯船队在达达尼尔海峡遭遇的伏击更惨。面对敌手猴子，我是无能为力的。事后，我才知道，船停在红海之滨时，一个海员从岸上弄来了这两只猴子。后来不小心，跑出了笼子，事情发生了，知道了又管什么用。它们被人类强行从非洲故乡弄来,又带往陌生、遥远、冰冷的异乡,也许反比丽达和她家更有福享受这些香蕉吧。

当天晚上抵达布勒塔法,我带着剩下的香蕉上丽达家,一家人亲切、热情地接待了我,香蕉就挂在大厅的墙上,和我一样,他们也只听说过或从书本上读到过香蕉,可什么滋味、什么模样却一概不知道,他们问我现在能不能吃。我像专家似的蛮有把握地说:皮一发黄,就可以吃了。

之后,我很久没去她家。再次登门时,那半串香蕉依旧挂在墙上,变得乌黑、干瘪了。他们还问我能不能吃。我含含糊糊找话搪塞过去了,说实话,能不能吃我也不知道。但那模样实在令人不愉快,一定烂掉了。就这样,一直到告辞,我依然未置可否。往后,我又去过几次,墙上的礼物不见了,谁也不再提起香蕉。

愤怒的米沙

像以往一样，我第四个学年的生活也是在孜孜不倦地阅读、写作、思索和自我反省中开始的。可是不到半学期，校中掀起了学潮。我自然也受到裹挟。一到四年级的学生全体罢课，同仇敌忾，不让老师授课，谴责校方对他们的压制，宣称为自由而斗争。事前，我对此一无所知，更不是发起人或倡导者，但激越的气氛促使我发表了即席演讲。

由于我的抨击措辞严厉，校方把我列为鼓动者之一。

罢课的结局是：除了神学校没参加的五六年级学生外，其余"闹事"的全被遣送回家。不久，校方又下令，除领导罢课的四年级外，其他班级一律复课。一年后，四年级学生才被允许返校，至于鼓动分子——我也被认为是一个，只让在家自学，到1911年夏季才准来校参加年级考试。真是严酷的惩罚，不但丧失了整整一学年的听课机会，还必须自学完四年级的功课参加考试。

我去彼得堡找巴勒斯坦帝国协会的总书记，也许他能使我摆脱困境，送我进另一所神学校。可是我的遭遇如雪上加霜，总书记狠狠地批了我一顿，命令我到莫斯科去等他的教诲。

心上浇了一层严寒的冰霜。万般无奈，我只得身怀"深仇大恨"，返回布勒塔法。一路上心灰意冷，既无计划，更无所适从。

刚到布勒塔法，两封信等着我。艾勒尤沙和法尔娅都热情地邀我到他们那儿做客。时值寒冬，他们已从乡下搬进城里来过冬。这两封信救了我，我立即动身去鲁米那，在那里库提亚像法尔娅一样十分热情地接待了我。

我久久地思索着我和觉悟的俄国青年的命运。对俄罗斯，我是个异乡人，只是在她家做客，可是，我的生活已和她的生活水乳交融结为一体了。这种感情使我深感自己正是俄罗斯人民的一员，深感俄罗斯人民遭受的巨大压力，这压力来自上面——沙皇及其腐朽的宫廷；来自贵族阶级，他们念念不忘自身的特权，却无心履行应尽的职责；来自国家杜马，这是一批觊觎政权的保守野心家；也来自为捍卫自己权利与现政权紧密勾结，并对其俯首听命的教会。

深深的、持久的压抑，使某些人愤怒了，使某些人陷入悲观涤荡和歇斯底里。在他们中流行的歌词没有任何崇高的目标。记得有一首是这样的：

> 日月似奔腾的浪涛，
> 每时每刻，
> 我们向坟墓边靠。
> 举杯吧，
> 亲爱的朋友，
> 让我们痛饮！
> 谁也不知什么将发生在明朝。

当时的文学思潮中这种放纵的虚无主义的情绪大肆泛滥，大受欢迎的艾尔巴舍夫的小说《萨尼》，正是这类文学的萌芽。

当时，我的心境虽然也出现悲观情绪，但从没有屈从于品德的放纵和对崇高的人的价值的疏忽。所以，我始终置身于那股汹涌的思潮之外，孜孜阅读和思索，就近观察，但却不让它的泡沫和浮渣溅到我的身上。至于人民遭受的压抑，我感觉太强烈了。是的，幼年时，最令我痛楚的，就是亲眼看见贫困者将自己双手收割的果实装满了扬扬得意的马车，然后卑躬屈膝地拉起它，身后是得意忘形的皮鞭，抽得皮开肉绽。可是不能诉苦，不能表示一丁点儿委屈。只能说："谢谢，老爷！"那么，现在，我当然无法无视俄国人民的命运。

冰　河

法尔娅、库提亚、艾勒尤沙和我在鲁米尼像一家人一样生活在一起。我已经无法抗拒法尔娅猛烈的进攻。她那爱情的火焰比以前更为炽烈，她一再表示能独占我的心。我感觉自己终将顺从于血液中跃跃欲试的激情。我竭力压制着的反对修行的思想已使我疲惫不堪。终于，我淡化了心中咆哮着的威吓，设法为自己的顺从搜索理由：

人们在制定婚姻法时，能否比天性更明智？如果天性要求夫妻双方除自己的伴侣外，不能有其他的相识，那么它必须从双方的心中根除对方对其他男女的亲近感。现在，法尔娅正以全部身心爱着我。如果天性想根除她心中对我的亲近感，那它必须把生命从她的体内夺走。命运使她成为一个像男人，又非男人的妻子，她有什么过错呢？这个男人像她手中的羔羊，无比温顺。她呢，希望这只羔羊永远柔顺。但遗憾的是，他激不起她的任何欲念，无法填补她生活的空虚，她也不曾给他带来任何兴奋。面对我们俩的关系，他无动于衷。不痛苦，不气愤，仿佛他在对自己的心说：一切就该如此，她喜欢的，我也应该喜欢，因为我希望她满意、幸福。没有她，我岂不变成生活在车辆上的第五只轮子？

艾勒尤沙明知道我和法尔娅的关系，却装傻。但我知道，他正为我们的事暗中祝祷呢。我终于投降了，更确切地说良心麻痹了，它让我体内的情欲屈服了。不幸的是，若干年后，我在美国生活时，又发生了两桩类似的事，其结果当然和这次一样。

* * *

不久,我又开始追求孤独,希望有所作为。时值寒冬,但我还是说服了艾勒尤沙,一起在附近的伊拉·西姆夫卡的一所大房子里住上一个星期,有可能,就住上几个星期。我幻想在那可喜的孤独中,索回我失去的安宁,打开心中的矿井,开发那蕴藏丰富的诗歌,喜爱在宁静生活中进行深刻的冥想。这个冬天,在沙皇统治的俄国,我已经很久没有这样做了。

住进那所大宅子后,首先做的就是驱逐来自地板、天花板、墙壁和各个角落里冒出来的难以忍受的寒冷。我们戴上手套、套上厚衣、蹬上毡靴,可是仍然无济于事,最后还是点起了炉子。可是炉火也只能暂时驱寒。第一个夜晚我就写了诗歌《冰河》。诗句用俄文写的,快得仿佛在做听写练习。给我灵感和启示的是进城时流经冰冻卵石的苏拉河。

结尾,我向冰雪覆盖的俄罗斯和坚冰如镜的苏拉河提出疑问:什么时候,春姑娘将它从冰的桎梏下解放出来?工农享受自由和幸福的时候何日到来?当时,哪能想到,就在七年之后,问题就有了答案,俄国的政权就从沙皇贵族和封建上层统治者转到了广大的工农手中!

若干年以后,当我把这首诗转译成阿拉伯语时,结尾向俄罗斯的提问改成了对自己内心的发问。因为,我感到我正生活在一个美德日益衰落的社会中,这里没有恻隐,没有友爱,没有忠诚、正义,更没有自由。它们已经化成一张张硬皮,皮下潜流着仇恨、贪婪、倾轧、欺压以及随之而来的饥荒和悲剧。

第二天晚上,一个挎着马刀的警察敲开门,问我们在这所主人不在的空宅子里干什么。他隐晦的语言,使我们恍然大悟,强留在这里,是会引起怀疑的。

警察的意思无疑是当局对我们的警告。当时,上面最怕一不小心下面出现思想上的交流。末了,屈服的是我们,接受他的警告,怀着满肚子被虚伪、暴虐、诽谤、剥夺的忧伤,只住了一天,就匆匆返回鲁米尼。

阿拉伯骑士

过完冬天,我们又搬回伊拉·西姆夫卡。那年(1910年)村里来了哥萨克骑兵,驻扎在村旁。艾勒尤沙和他们混得很熟。一天,他跑来跟我说,有两个军官请我们俩去郊外骑马,非去不可。这可又让我为难了。要知道,我从没有上过马背,甚至没有摸过缰绳,没踏过马镫。谁都知道,哥萨克驯出的马只能由他们骑,我怎能骑哥萨克马呢?唉,既然是非去不可,那就听主的安排吧。

头天傍晚,他们牵来了四匹马让我挑。我可不愿在外人面前认输,承认自己从没碰过马。他们认准了我是个地道的阿拉伯人。阿拉伯人素以骑术、马术著称,那么,我肯定生在马厩里,和马一起长大。他们将有幸看到一名高明骑手精彩的骑术表演了。我硬着头皮,狠狠咽口唾沫,挑了一匹看来最温顺的。这时,一个军官朝他的同伴笑笑,别有用意地挤挤眼。我佯装着没看见,挺着胸膛。我就是自己的主宰,当时的主宰者可实际上心却在怦怦乱跳。

我们边走边玩,任凭马儿在青青的麦穗地里走着碎步,随便聊着马的种类和习性。突然,在毫无先兆和迹象的情况下,我胯下的马疯狂地向前一窜,几乎把我掀翻在地。仿佛有毒蛇在噬咬,仿佛精灵在它体内投生,唯独我这匹马使出全部劲力开始飞跑起来。如果不是马蹄的得得声,我敢肯定它不在跑而在飞。路两旁的景物飞快落在身后,我忽而竭力拉紧缰绳,忽又放松,可是一点儿用处也没有。我只得抛开缰绳,一把抓紧鬃毛,其他一切便听天由命了。

同伴们远远落在身后,谁也看不到我的窘境。他们肯定认为我撇开他们狂奔,正是阿拉伯骑士在表演一种令人目眩的高超骑术。所以,开始我还能听到身后的欢呼:"好极了!米沙万岁!阿拉伯骑士万岁!"不一会儿,欢呼声远去了,我能听到的只是心脏的剧烈跳动,看到的是马儿窜出每一步后狡猾地窥视着我的灾难。毫无疑问,这一遭我必然粉身碎骨。但我不知道,他们是在我呼吸停止后追上来呢,还是当我摔成肢残臂断、剩一口气时才上来?

下坡路上,我断定必死无疑了。上坡,马疲劳,我还能挺住,可现在下坡了,我怎么坐得稳呢?这时,我双脚已脱开马镫,全身累得没有一丝力气,马却越跑越快,主啊……

奇迹发生了!瞬息间,连我自己也没搞清,怎么一下子从鞍子窜到马脖子上,手死命搂住脖子不放,两腿垂落在它的前腿和前胸之间,稍稍离开地面,整个人已掉转身子,脸朝后了。突然,马收住步子,像被钉住一样一动不动站住了。我脚沾地站了起来,惊魂初定,不禁松开手,抚摩着它的肩胛,抹去它脸上的汗水,情不自禁地吻着它的前额眉梢。

半响,朋友们才追上来。他们热烈祝贺我,对我高超的骑术不胜钦佩,我无意告诉他们刚才出了什么事,理所当然地接受着这仿佛是应得的祝贺。说实话,我真应该像一个阿拉伯人那样对他们说:强迫亲兄弟的人并非是英雄!

说起了和马的搏斗,不妨再写一桩若干年后相似的遭遇!

那是在返回黎巴嫩之后。正是一个春天的黄昏,我和弟弟纳吉布从舍赫鲁布回村,走完我最喜欢步行的五公里村道,踏上大路,迎面过来一个骑着马的街坊。他一见我立刻跳下马,苦苦要我骑他的马回去。按规矩如果他骑马,我步行,对他可是失礼的。他一再强调他的马十分听话,完全是一头母绵羊,所以从不佩肚带、嚼子,只带一副缰绳。我不好意思推托,翻身骑了上去。刚探进脚镫,马一下子像惊弓之鸟,发疯似的狂奔起来,仿佛一千个魔鬼用一千根马刺在刺它。

道路崎岖不平,坑坑洼洼,满地是碎石块,听着马蹄踏着硬石的得得声,真不知我的头颅会敲在那块石头上。随着飞驰的马蹄声,身后传来一声声欢呼：主啊！真棒！

除了一副缰绳，我两手空空，更无暇思索，身下是狂怒的畜生，眼前是石子多过黄土的山路，左临深谷，右傍高山。可是，我竟奇迹般地牢牢地坐在鞍子上。谁都无法保证马儿不失前蹄，以致一起粉身碎骨同归于尽，这就叫命运！多年来，死亡已远离我，可现在，竟想让我在舍赫鲁布的岩石上长眠。难道是命运之神让我和马的主人相遇，然后，又鬼使神差让我骑上他的马，奔向死亡？

前面有个急拐弯，右侧是一米多高的石墙，再往上是一块十多平方米的平地。瞬息之间，我把马头向墙的方向扳过去，由于冲力太大，马急收不住，企图跳上石墙。结果，前胸部撞在墙上。此情此景，至今历历如在眼前。马倒在地上，我被抛到墙上三米外的地上。我弟弟和马的主人急忙跑来，他们认为我一定是死了，可是不但他俩见了我目瞪口呆，连我自己也惊奇得说不上话来。我竟像憩息后醒来一样，不到一分钟就站了起来，没有伤，没有血，衣服连土也没沾上。可笑的是——如果真笑得出来——迈了一步，觉得右膝下沉甸甸的，低头一看，竟是一只生了锈的空沙丁鱼罐头盒挂在裤子上。特意要挂的话，怕还挂不这么牢呢！

对马也可以放心，它略有擦伤，也站了起来。唯一不同的是在剩下的路上，马背除了一副鞍鞯，再没有什么承载物了！

破产的结婚方案

　　为了明年夏季的期考,我这个被勒令禁止进校的学生不得不在1910年秋返回布勒塔法,找了一所旧的房子租了间陋室。但是,法尔娅忍受不了和我离别,她和库提亚也来到布勒塔法,租了房子。艾勒尤沙,校方不认为他是个危险分子,所以又回学校上课了。每天,我们四个总要在法尔娅家里见面,经常一起吃饭、消夜。

　　我还在伊拉·西姆夫卡时,米哈依尔·伊斯肯德尔来向我告别。他决定去巴黎,报考苏尔本大学法律系。我们难舍难分,他敢作敢为的精神实在令我起敬。一个没有任何准备,甚至连起码法语都不通的人,只凭纽约两个兄弟的一句话作为物质基础,就上路了。如此勇敢的精神敲开了我心目中从未奢想的希望之门。明年,我拿到文凭后,为什么不走他的路呢?我和他一样,也有两个哥哥在纽约,他们绝不会拒绝帮助我的!法语可以利用夏天的时间刻苦自学,终能掌握的。于是我带着一幅清晰的、对未来的规划蓝图准备考试。可是我和法尔娅的关系却日益亲密和复杂起来,超出了合乎情理的范围。就我而言,这关系开始于怜悯,而后逐渐变成亲热和同情,但从未化成冀求在爱人身边生活的爱情。另外,身边的库提亚,对我无疑是最大的折磨。法尔娅深知我们的关系给我带来了思想和心理上的折磨,便动用她的聪慧才智,设法减轻我的痛苦,使我能心安理得地和她共同生活。她坚持学阿拉伯语。刚会写字母,便用清晰、娟秀的字迹,把她的名字写成"法尔娅·努埃曼"。我问她这是什么意思,她说:

　　"本来就应该这样。事情发展到末了将会如此。"

"库提亚怎么办呢？"

"我不是为库提亚而生，他也不是为我而活。我生来只为了你，你也是只为了我。"

"那，库提亚为谁生的？"

"为修道院。他从思想、到心脏、到灵魂，无一不是一个地地道道的修士。"

"你确信逼他抛开现实的生活去当个修士，他不难过吗？"

"绝对不会。"

"那我，你又怎么相信和我在一起不会受苦受难呢？"

"和你受苦也比和别人享福强。你折磨我好了！但有一点，必须保证让我留在你身边。"

法尔娅准备把库提亚送到阿苏斯山顶的俄罗斯修道院里。库提亚没有反对，但我从他的脸上、行动和眼神里找到了抑郁和痛苦。我相信有一天，如果他真进了修道院，那纯粹出于对妻子的畏惧，绝非对修行有什么愿望。我感到法尔娅在对他犯罪，我则是她主要的同谋。这一切使我痛苦不堪，终于我向法尔娅提出警告，如果她一意孤行，我不得不和她断绝关系。

一天晚上，我一人在房里，库提亚跑来，张口结舌地说：

"法……法……法尔娅……自……自杀了。"

我顾不上穿外衣，慌忙向法尔娅房间奔去。她毫无知觉地躺在床上，地上一只瓶子里残留着些许酒精。毫无疑问，法尔娅喝了酒精，而可怜的丈夫却无法阻止她。我俯下身去，发觉尚有微弱的鼻息，她还活着！该怎么办呢？报告警察？请医生？唉，罪孽啊！她如果真死了，警察和医生问话时，我能说些什么呢？我一阵眩晕，脑子里乱糟糟的，思想完全麻木了，不知怎么办好，一切只等主的安排。

主要把她从死神手中拯救出来。她开始呕吐，翻肠倒肚地大吐一阵。

比一辈子还长的一个小时终于过去了，随着呕吐的停止，她的脉搏又逐渐增强，危险过去了，法尔娅陷入浑浑噩噩的沉睡。我和她丈夫在床边守了一夜。库提亚发誓说,他宁愿死一千次,也不愿看到眼前发生的一切,不愿给法尔娅带来任何的伤害。他甘心情愿上阿苏斯山,为法尔娅和我终生祈祷。

法尔娅恢复了健康,库提亚也上了阿苏斯山。为了那个至死坚贞不渝地爱着我的女人,我不得不对我的个人主义让步,我答应她,只要库提亚在修道院里住下,我们就结婚。大几岁、不能生育都没有什么关系,只要身边的人眷恋、憧憬我,就够了。爱情难道不是生活中最神圣的东西?它可以赎回一切罪孽!我横下一条心写信告诉家里人,夏天,我可能带着我生活中的伴侣回家探亲。

但是命运又一次嘲弄了我的决心。不到一个月,库提亚回来了,原因是有妇之夫修道院都不愿收受。我有多高兴!终于能从我自己或命运安排的窘境中脱身了。现在,如果我对法尔娅说我不能娶她时,她再也无权责怪我冷酷无情了,怎么能娶有夫之妇呢?此后,只要我想到库提亚对我的亲热,甚至把我称为他的"思想之友"时,我的良心便受到深深的刺激和谴责。好了,心头之结终于打开了,我的和库提亚的都打开了,可是谁又能打开法尔娅的呢?如何着手呢?难啊!让时间去承担这一义务吧,即使要付出忍受巨大痛苦的高昂代价,也在所不惜了。

正要结束的时候

无论是和法尔娅的关系,还是罢课导致的残酷结局,都未能使我放弃读书。相反,更激起了我这方面的欲望。长久以来,书和笔早就成为我赖以生存的两种必需品。我使用并通过它们观察比我存在的世界辽阔得多的领域,没有它俩,我一定会窒息而死。各门功课和准备考试没有占用我多少时间。如今校方把我看作危险的捣乱分子,为避免给玛露夏和丽达以及她俩保守的家人们带来麻烦,我主动中断了和她们的联系,更何况我和法尔娅的关系已发展到了如此地步,直觉上已不允许我再享受和她们的关系了。

在那艰难的日子里,伊夫拉明库始终向我伸出友谊之手,我们是同路人。他的家像他的心,始终为我敞开大门。多少个夜晚,我们促膝对坐,沉浸在友谊、坦率的气氛中,接受着他妻子亲切的招待。一有机会,他就表露出对我的喜爱和对我未来在文学上的信心。但一谈到俄国,却牢骚满腹,历数它的暴虐、专制以及腐败的管理。说话结束时,他总满怀信心地说这种状况绝不会长久,不可能永远持续。俄国人民是宽容的,可是,容忍就意味着爆发。俄国拥有辽阔的土地,崇高的精神,肩负伟大的使命。这使命绝非囿于自己的国土,它面对全人类,俄国终将光荣胜利地完成这一使命。

除了伊夫拉明库这位朋友外,还有一只大手,始终在若明若暗地支持着我。他根本不认识我,但我却相当了解他,我十分关注,急切地注视着他同自我、同世界的斗争,我把他的胜利看作我的胜利,把他的失败认为是自己的失败。这朋友不是别人,就是亚斯那亚·布勒亚那的纳姆鲁德——列夫·尼古拉耶维奇·托尔斯泰。

他寻找自我，探索世界的真谛，这个托尔斯泰比写《战争与和平》和《安娜·卡列尼娜》的托尔斯泰更能吸引我。像他一样，我也开始认真地寻找我的自我和我生存在世界上的真谛。照亮托尔斯泰前进道路上的灯以及我赖以行进的唯一的灯塔就是《新约》。我们都感到愤懑，教堂正用那些传统和仪式的浓云密雾遮蔽了这支指引信士的灯光。他们从教堂中制造出一种不是耶稣的基督教，除名字外和拜物教无异。

对那些口是心非的伪君子、叛教者、垂涎大地荣华富贵和贪图享受之辈，以仇恨和暴虐相待的人们，耶稣不曾向他们宣战吗？难道耶稣未使人们平等、同为千万个子嗣吗？他让财富的大门为那些心中充满仁爱、袋里空瘪无财的信士敞开；对那些荷包鼓胀、心地恶毒的刁民紧闭。

耶稣说过："有人在获得普天下的人的同时失去了自己，这又有何用？"

耶稣还说过："不要和恶人作对……要爱你的仇敌……施舍时，不要让左手知道右手所做的……祷告的时候，不可像那伪善者，爱站在会堂里和十字路口，故意招人看见。……做祷告，回自己的内室，关好门，向暗中的父亲祈祷，你父暗中观察，必然有所报答。你们的祷告，也不可像外乡人，啰唆重复。他们以为话多必蒙垂听……为什么盯住你兄弟眼中的刺，而不想自己眼中有梁木呢？……凡事愿人怎样待你，你也怎样待人……高呼我主的人，不能都进天国，唯有遵行我父旨意的才能有福……不要为己攒财于地，地上有虫咬锈蚀，有贼挖洞偷窃。尽有聚财于天，天上没有虫咬，不会锈坏，也没有贼偷。因为你的心就在你财宝那里。"

是的，这一切耶稣都已经讲过了，而且讲得比这还多。可是，正是教堂和那里的执事，他们在办战争祝福，与财权为盟，在心中筑起仇恨的宝座，在寺院里搭上憎恶的讲坛。他们用良心和灵魂为尘世服务，却用口舌侍奉天主。

托尔斯泰的生活道路正是耶稣为他的门徒指示的道路。可是，他首先向教堂发起攻击，又对自我宣战，命令它抛弃任何背离《新约》的道路。第一个尝试是他把大量的田产无偿分给农民。于是，在家庭和政府的激烈反对下，无可奈何，只得把财产转到妻子名下，企图过苦行僧的生活。不过，他始终住在自己豪华、舒适的宅第里，进行与"自我"的斗争。关于这一斗争，我略有所闻，并衷心希望托尔斯泰能取得最后的胜利。当时，任何一个人的任何胜利，都使我产生一种信念：我那样做的话最后胜利一定属于我。

因此，当我在1910年11月的一天，听到他弃家出走的消息后，大为震惊，因为从这消息中我得知了原来期望他得到的胜利，看到了他与自我进行的斗争。难道不正是他最终否定了他生活的世界、这世界上的虚荣和一切诱惑吗？不正是他背离了人们孜孜以求的不惜牺牲自己，以获得现世的做法吗？他牺牲今世，获得了自我。以我的生命起誓，这就是胜利，就是伟大。

11月20日下午，我一个人在中心大街上散步，忽见报童捏着一叠报纸，边跑边喊："号外，号外，托尔斯泰逝世！"我抢过一张，匆匆一瞥：托尔斯泰因患肺病，在一个小火车站上逝世！据说，当时他正要前往一座修道院，准备在那里离群索居断绝尘世生活。

我没有流泪，也不悲伤，只是高度赞赏这位年迈的作家在他生命最后的日子里体现的飞跃。尽管迟了，没有达到目的，但是获得了我的万分尊崇。我旋踵而归，闭门深思，考虑我的自我和今世的斗争将如何发展，会把我带向何处？

损失了一个学年，日子实在难以忍受。为了一张文凭，还必须等待学年考试后才准许回国，我想直接向校方提出申请，或许能同意提前在三月初先考试。这一想法，得到伊夫拉明库的支持，他亲手给我写了申请书，这份草稿我至今尚珍藏着。那是1911年2月19日的事了。

这份申请书中，我倾诉了校方没有任何法律依据，却不许我进校的痛苦，当局如要惩罚我的过失，那么，迄今为止我的遭遇足以赎回我的过失。他们不可怜我，也应该看在父母、祖国的分上怜悯我。正是他们认为我是健康肌体上腐烂的器官而疏远了我。在他们眼里，我正是白羊群中的一只黑羊。为了保证放牧羊群的纯洁，保障它的肌体健全，我宁愿远离群羊和无病的肌体远远地，使它们不受传染。

申请递了上去，字里行间充满了痛苦的嘲讽。后来，伊夫拉明库把会议上老师的讨论以及激烈的争辩告诉了我。校长带头反对，可是绝大多数教师却站在我一边。最后请求被批准了，我终于在三月中旬参加了考试，拿到了文凭。几天后，便踏上了返回黎巴嫩的路程。

跨越大洋

舍赫鲁布的山岩间,燕雀、猛禽一心在岩石下修筑奇特的窠巢。我呢,形影子立,席地而坐,清理我在俄国短暂时光里的思想。

这个时期我在文学上硕果累累,思想积极活跃,感情沸腾,精神成长。我的眼睛亮了,看到了祖国、看到阿拉伯世界,甚至整个东方的浮浅、落后,尤其在思想、文学和艺术方面。我们的作家和诗人正以华丽的辞藻、铿锵的韵律竞相表现他们思想和精神上的赤贫,在我侍奉的另一位主的眼里他们一向最擅长辞藻、欺骗和虚伪。地位最尊贵的那些思想贫乏的骗子和伪善者制造了不少东西,但读者毫无文学鉴赏力,欺骗和诚实之间有不共戴天的深仇,犹如鼠和猫之水火不相容。他们的笔和他们的生活,犹如地球与火星的距离。

这个时期我失去了青春的纯洁,但赋予我迫切需要的经验。我真切地知道了女人,为女人而倾倒的人。不了解女人心的男人就不了解自己的心,男人不认真对待自己和女人的关系,定将受到生活最无情的清算,清算他对她贞洁的破坏和践踏。

另外,这个时期已被急切地驱向任何活跃的精神必须跨越的深渊。眼前是悬崖,我没有勇气跨越。面临这条熟悉的深渊,身后驱赶的吆喝声消失了,执着的手松开了,照路的光明消失了。我们进退维谷,一筹莫展,只得在原地徘徊。

去俄国之前,我无力以自身的力量面对各种问题,更不敢怀疑教堂对这些问题的诠释。我坚信六天内上帝从无到有创造了世界,第七天是休息日。开始他只创造了一个亚当。后来,眼看他孤单地生活而动了恻隐之心，便取下一根肋骨又创造了夏娃，人从此有了男女之分。上帝让这对男女住在美丽无比的天堂里，允许他们吃任何果子，只是不能碰那棵分辨善恶之树上的果实，上帝警告说，一旦吃了分辨善恶之果，便会死亡。

蛇引诱夏娃尝了禁果，夏娃又让自己的丈夫吃了。结果上帝大怒，在他俩尚未认识天堂中那棵可使他俩永生的生命树之前，便被逐出天堂。他们违背了主的旨意，被判死罪。教堂称这一罪行为弥天大罪，同样的惩罚——死亡，也降临到他们后代的身上。

地球上人不断增多，成为聚居各地、语言互异的民族。但上帝只选中一个民族——犹太人，让他们信奉他的真身。上帝对他们寄予特殊的同情，凡是犹太人的事，无论巨细，一概关心重视。不久，又在他们中挑选了代言人，和他们直接对话，领导他们斗争。子民顺从时，教导他们如何杀敌，如何制胜；表现出忤逆时，惩罚他们。

千年后，犹太人的悖逆益发严重，屡遭流浪和屈辱的惩罚未能恢复他们的理智。上帝记起答应派遣大卫部族中忠实者的诺言，他派出了自己的独生子，用他的鲜血，为他们赎身；为一切信仰他并按其意旨行事的人们赎回弥天大罪，这位赎身者就是马利亚之子耶稣。他在犹太人中间生活了三十三年，用语言、用榜样示以真理。但他始终不被承认，他们压迫他，最后把他钉上了十字架。他在被埋葬后的第三天复活了，四十天后升到了天堂，从那天起，始终坐在上帝的右侧。

这一切，都是教堂给我精诚缝制的衣服，整个童年和青春伊始，这套服装曾使我扬扬自得，得意非凡。可是当我从俄国回来，在舍赫鲁布巨石间静坐时，我觉得那身衣服不合身了，针脚不断迸裂，破烂到无法缝补。我不曾思考上帝，而是向自己提出了一系列问题，如：为什么上帝不早不晚，偏偏选上那个时候创造呢？他未创造世界前，干了些什么呢？

《旧约》上说上帝就在第七日停止了他的一切工作，安息了。这一条如何讲？也许他至今还在休息？他创造了世界，并让世界按他设定之轨道运行后，他做些什么呢？也许他最重要的工作就是管人们的思想、工作、心愿、欲念——甚至呼吸——以便实行奖惩。《旧约》上说的"上帝按照自己的形象造人"又是什么意思？人的知识依靠经验教训累加，上帝创造世界也许只为进行自我考验？也许他也像人一样成长！

他为什么在创造亚当的时候不同时创造夏娃？夏娃的出世仿佛弥补他的疏忽？上帝警告了亚当和夏娃，不许他们吃分辨善恶之果，他难道不知道他俩以后会犯禁？如果答案是肯定的话，为了自己两个珍爱的被创造物，他崇高的爱又怎样忍心使他们堕入自己的陷阱呢？哪一个父亲明知儿子会掉进去，还会布下天罗地网呢？

夏娃吃了禁果，为什么没想到去吃生命之树的果子呢？她和丈夫如果吃了生命之树的果子将永生不死。

如果这第一对该死，那么一切爬虫、昆虫、飞禽、鱼鳖、花果树木又有何罪，统统列入被杀之列？

父母犯了罪，后代又何过之有？让孩子咀嚼父辈们咬过的酸葡萄，公平吗？

为什么上帝唯一的孩子——耶稣教导我们要七十七次原谅亲友们的过失，而上帝却不宽恕亚当和夏娃？莫非儿子比为父的心胸更为宽广、高尚？

上帝如果饶恕了亚当和夏娃，又何必在数千年之后还让儿子为了赎罪而沥尽鲜血？

"赎罪"作何解？我的血犯下了罪责，别人的血怎能洗刷深植于我血中的罪责呢？依靠他人之力得到的解脱又有何价值？

既然耶稣唤我为他的兄弟，教导我以其父为己父，为什么他可以是上帝的独子，而我却不能是上帝的儿子呢？

我和耶稣的父亲怎会是经典中所说的隶属同一个神呢：摩西的耶和华是士兵之神；是战争、暴力、奸诈、幸灾乐祸之神；是愤怒惩罚之神；是世界诸民族中一个贪婪、自私、欺骗、不择手段、不惜损人利己、干尽一切卑鄙勾当的一个民族之神。可是《新约》之神却富有同情、怜悯、仁慈和友爱。他的太阳普照善人和恶人，他让一只离群的孤羊高兴，然后再让它返回，使整个群体充满欢乐。他是全人类之主，而不是把关切倾注给一个民族，那么我怎么能像教堂期望的那样，将这二主协调统一起来呢？这种思想实在难以理解和接受。

另外，我认为教堂对《新约》犯下了罪责，因为只是把它作为所谓的《圣经》的一部分。《新约》本身确是一个极为辽阔的世界，是价值连城的瑰宝。但它又与那些低于它的《摩西五经》及其后的诸篇章为伍，这实在是一种贬低！又有什么能使《创世记》《申命记》《约书亚记》《士师纪》和《使徒行传》《马太福音》等书中的登山训众相比拟的呢？！

于是，教堂在我心灵上灌输的一切东西，除了令人眼花缭乱的个性中的宗教色彩以及我汲取其教导的崇高精神外，已经剩下多少了？我时刻提醒自己按教导办事，尽管它们是多么晦涩和难以理解。比如世界末日时，上帝把好人和坏人分开。耶稣对好人说："来吧，为我父祝福的人们，去享受自世界始时就为你准备的财富吧！"他又对第二种人说："可诅咒的人们，离我远去吧，进入为魔鬼及其党羽准备的火狱中去吧。"耶稣常说："祝福吧，不要诅咒。"这里，他怎么会称呼某些人为可诅咒的人呢？当他要求人们尽情宽恕时，怎能把某些人投进永不熄灭的地狱之火中呢？永不熄灭的地狱之火是什么？在哪里？上帝愿意的话，他满可以轻松地规劝人们弃恶从善，他为什么又毫不怜惜地将他的创造物投进地狱之火呢！

更重要的是耶稣没能为我解答"恶"的概念，以及"恶"从何而来；也不曾说清"死"及"死后"的去处，他所谓的世界末日主知道是哪天的事。而好人升天堂、恶人入火狱的思想又与他那爱天父和天父公正崇高的思想相悖。让死去的人永远死去，难道很公正？可是他却把一部分可怜虫从生活的甜蜜和苦难中带走，让他们死去，使他们无知觉，不复存在。既然卑劣者已无法改造，忠实之士也不可能更加优秀，为什么还要让他们复活，还他们以知觉呢？世界末日正是上帝的一种"默认"，他默认自己在创造世界时，错误地认为他的作品都是优秀的，完美无缺的，事实并非如此。那么他何不先纠正错误，重造一个更美好的世界，在有生之年，在世界末日来到前的千千万万年前，先清算一切，而无须让现在的世界死而复生？

我说的这一切足以使读者了解，当我和亲人、市镇的居民以及祖国共同生活时，我的精神世界是多么孤寂。如果仅是精神上的倒也罢了，可它又是思想和鉴赏力的苍白无力，我能和谁广泛谈谈文学和艺术问题？在俄国度过的短暂时光里，它们和我亲昵、接近，可是在黎巴嫩及其邻国，我提到文学、戏剧、绘画、雕刻、音乐界的大师时，谁也无法理解这些大师早已成为他们生活中的一部分。整个阿拉伯世界，肯定不超过几十人，听到过易卜生、尼采、陀思妥耶夫斯基、契诃夫、席勒、米开朗琪罗、舒伯特、柴可夫斯基等人的名字。

可怕的孤寂中，暖着我心的只有我和家人们彼此相爱和对周围静谧、神奇大自然的眷恋。我打算九月初去巴黎，现在必须努力自学法语。我抱着侥幸的心理给大马士革的希腊正教大主教乌里乌尔尤斯·哈达法写了一封信，希望他能帮助我，请求法国领事同意我免费去叔尔本学习，没想到真的成功了。可是，我是去学法律，一想到将来当个律师，心中便不太高兴。当律师能帮我让弟弟们获得受教育的机会，能改善家中的经济状况，可对我没有丝毫吸引力。我总想在律师之外找些除挣钱养家之外能吸引我的理由，想方设法将其同我对文学的酷爱联系起来，将辩护词披以文学色彩，扶助被污辱被损害的人，免费为穷人辩护。我将专门受理与人们精神直接有关的刑事案件，专门反对那些唆使穷人犯罪的不义的法令、制度。我一定要成为一位坚持真理和正义的律师，出色地完成任务。

那年夏天，米哈依尔·伊斯肯德尔从美国给我寄来一封信。可怜他在美国的两个哥哥寄给他的钱不够，肚皮老吃不饱，不得不逃离巴黎去美国，这无异于出狼窝进虎穴。我还没有来得及告诉他我要去巴黎，他却先走了，这消息使我十分烦恼。本来我的一切希望都寄托在他身上，希望他能帮我铺平走向叔尔本、走向喧嚣的法国首都之路。上帝啊！现在我去巴黎干什么？那里没有我的同伴和朋友，只有不得不用的陌生的语言！

几天后，母亲让我回村看看，有没有哥哥从美国来的信，我们很久没有他们的消息了。谁知道我得到的不只是信！我在那儿遇见一个贝鲁特来的驴夫，他在舅舅铺子前说他碰见了我哥哥艾迪布，很快就会跟另一个脚夫进村来。

我和舅舅都不相信，可是他发誓说讲的都是实话，贝鲁特碰到了自称是艾迪布·本·优素福·努埃曼的人，这哪能骗人。

听到这里，我再不怀疑了，飞奔着去接哥哥，脚下的路如同《天方夜谭》里的神毯，疾风般飞掠而逝。哥哥走了十一年，我是那样喜欢他。见了面还能认出来吗？他能认出我吗？父亲、母亲还有奶奶能认出他来吗？一见面，大家该怎样的狂喜和欢欣？他和长辈以及从未照过面的小兄弟相见时，又该是一种什么感情？这对于谁都是做梦也没想到的事，真是突如其来。生活多么慷慨！兄弟、子女、父母之情多美好！在心中成长、又变成上帝宝座的友爱多么珍贵！

脚夫没有骗人，驴背上过来的英俊青年就是我哥哥。他从我的俄国服装上认出了我，立刻下了坐骑。啊，慢点儿再慢点儿吧，别让这珍贵的一瞬间溜掉。这是一生中最美好的时刻，不，它就是整个人生，这是大赦一切罪孽、解放一切疑难的时刻。天、地，及其包容的一切都成了忠诚、欢乐、美丽的天堂。

那时刻持续了几个小时。我们一起走到舍赫鲁布，最先看到父亲，他问我们有没有美国的来信，我故意说没有，他又问我身后的青年是谁，我说他从泽哈莱来的，现在在巴黎读书，两星期后将陪我一起前往巴黎。父亲相信了，可哥哥控制不住了，他按捺不住，一下冲到父亲面前，张开双臂，紧紧地抱起他，带着流不完的泪水，不住地吻他。这陌生青年的奇怪举动，不禁使父亲怔了一下。但立刻他明白了事情的真相，他哽噎了，好久说不出话来。

我同样骗了母亲。当时，天刚擦黑，母亲在羊儿入圈前，把自己的三只羊羔带到绥尼山泉边去饮水消热。我们见面后一起回家，父亲和哥哥在前，我和母亲跟着。母亲目不转睛地盯着这个"陌生青年"，柔和的声音里透着殷切的期望，她说："孩子，赞美天主吧！这个年轻人真像你的艾迪布哥哥！"可是，没走几步，她突然冲了过去，从身后把他拦腰紧紧抱住。她抽泣，哭喊："孩子！我的孩子！艾迪布！艾迪布！"她看到了青年后颈上的一颗黑痣，马上认出这就是她吻过千百次的那颗！那时，她的大儿子还是睡在她怀抱中的婴儿呢！唉，母亲们的心！

哥哥在国内没待多久，时间不长却是我生活中的一个重要转折点。哥哥和我说起我的前途，他让我和他一起到美国去读大学。他说美国有四十八个州，每个州都有自己的大学，学费基本全免或半免，大西洋之滨的华盛顿州，有座很不错的大学，相比之下，巴黎繁华喧闹，他怕我卷进那嘈杂的伤风败俗的洪流里。另外，我在他们身边就读，也免去他们给我寄东西应花的费用。

于是，旦夕之间，我的思想从法国飞到了美国，从叔尔本转向华盛顿大学，从旧世界转向了新世界。以前一想到这个新世界，总觉得我们之间横亘着万丈深渊。美国并没有以神话般的财富、优裕的生活以及发财的机遇吸引过我。吸引世界各地千百万人的美元没有使我神往，因为我一直在追寻那些无法用美元购买和开启的东西，相反，美元倒可能成为我和所追寻的东西之间最大的障碍。而且，我对英文一窍不通，还觉得美国大学的水平比不上欧洲。

最后我同意了哥哥的建议，事情就这样定了。我相信，在新世界里我依然能找到其他地方无法找到的东西。语言绝难不倒我，我可以像掌握俄语那样去精通英语。对，上美国去！

1911年11月初，我终于同哥哥还有他新婚的妻子———一个白斯肯塔姑娘———从绥尼山脚踏上了漫长的旅途，奔向太平洋之滨。

第二部

1911—1932

瓦拉瓦拉

从白斯肯塔，经贝鲁特、亚历山大、那波里、马赛、巴黎、萨尔堡、纽约、到瓦拉瓦拉！水陆并进，日夜兼程，一月有余，踏遍了半个地球。可是今天，这段距离普通飞机最多三天，喷气飞机三十小时，而火箭只消三十分钟就足够了。地球啊，过去你是多么庞大，而今又是何等的狭小！明天，将比今天更要狭小，总有一天，我们会像怀念孩提时憩息的小床那样，把你的名字提及。

愿主怜恤你这第一个搭乘一叶木船冲破海浪的巨人，怜恤你这将驴、马、驼变成坐骑的能者。愿主怜恤你吧！哥伦布，当你切望开拓一条通往旧世界的新航路时，命运却让你发现了新大陆。今天，你发现的大陆虽已成为古老的土地，但我们仍把它称为新大陆。四个多世纪的光阴早已将新的变成了旧的。倘若今天你还和我们共同生活，那逐年改观、旦夕变化的速度定会使你目瞪口呆。

整整半个世纪前，也就是1909年7月25日，我们以无上的尊敬，为法国人路易斯·布来里奥欢呼。他乘着单翼机，在三十七分钟内，飞越了三十二英里宽的马恩（英吉利）海峡！昨天，我们又以无上的尊敬，更热情地欢呼，为我们的超音速飞行器，从地球向广袤无垠的宇宙深处的无数星球飞去。它是我们头脑和双手的产物。今天，它正围绕着地球和太阳旋转。明天，我们笑谈这些星球，就像今天笑谈布来里奥飞机一样。

哥哥本以为，当我从船上遥望纽约和它的摩天大楼时——和今天相比，这些大楼只能算作平房小屋了——当我跻身那人声鼎沸、车水马龙的街道时，一定会惊叹不已。可他哪里知道，在俄国度过的短暂岁月，已令我在思想和精神上近似一个离群索居者。和纽约相比，布勒塔法不过是一个不起眼的村庄，我抛弃了它，因为我对文明总抱有反感。它使人们背离正道，将人推上贪欲、冷漠、没有正义和友爱的蜿蜒小径，竟不知自己正走向死亡。

于是，我初见纽约的感情完全出乎哥哥的意料。那巨大高耸的建筑、病态的活动像沉重的磐石挤压着我胸膛。有的街道上空，高高地织起钢铁的网架，滚动的车轮声震耳欲聋。街面上，充塞着汽车、电车、行人。地底下，每分钟有成千人进进出出，夜以继日的嘈杂、喧哗、拥挤，使你觉得人正在匆匆地奔向末日。我忆起了绥尼山和舍赫鲁布，忆起了笼罩着它们的和平、静谧和胸臆中的美，回忆在折磨着我。当发觉自己不过是一页纸上孤零零的一个标点时，心里倍觉痛楚。

不过我在纽约有三个伴：纳西布·阿雷达、米哈依尔·伊斯肯德尔和阿卜杜·迈西哈·哈达德。他们住在哪儿，干什么都不知道！更别说去找了。当然，只要稍加打听，找到他们是没有问题的。找城里最贫困、最肮脏的叙利亚区，位于下曼哈顿，距华尔街仅一步之遥。华尔街不就是我们那些背井离乡的兄弟们在国内梦寐以求的发财之地吗？这里有他们的商店、工厂、饭馆、酒吧、旅馆和大部分人的住宅。这里可以听到黎巴嫩各地农村夹杂着贝鲁特的方言。可以听到叙利亚的霍姆斯、哈马、阿勒颇、耶路撒冷的口音。这里还有水烟袋的咕噜声，掷骰子的沙沙声，捣制肉丸子的棒槌声。纽约城，你多奇妙！你有着无数的居民区：叙利亚人、中国人、希腊人、波兰人、俄国人、犹太人、黑人、意大利人、爱尔兰人……美元的叮当，高贵的容貌，让地球上一切民族都聚在这里。

在纽约的头两天把我憋坏了。但乘火车前往瓦拉瓦拉的一昼夜却令人心旷神怡。主啊，多么广阔的大地和天空，无边无际，无垠无界。极目远眺，任思绪驰骋，任心胸奔放。在这里，你能自由呼吸。这里有原野、山冈沙漠，有城镇、田庄村落，有森林、湖泊江河。这就是美洲最大的河——密西西比河。正如俄国人称"我们的母亲伏尔加"一样，美国人称密西西比河为"我们的父亲密西西比"。父亲，你好！母亲，你好！两河带给居民的福利，你们好！这广阔富饶的土地，这无尽的财富，使我觉得自己仿佛从一个俄国来到另一个俄国。它们之间唯一的区别是：拥有西伯利亚的俄国比美国辽阔广大。它大地上的居民使俄国得以开发繁荣，而开发美洲大陆的人民来自世界各地。三个世纪的漫长岁月中，他们消灭了土著，努力改变美国的面貌。所剩的土著，在消亡和与异族同化的路上，已趋于无声无息。

圣诞节前夕抵达瓦拉瓦拉。真是甜美的时刻——分别五年后，我和二哥海卡尔紧紧拥抱在一起！他没有我高，但最结实。他心地纯洁，富有感情，学历最低。他是干理发这一行的，五年多居然把单身一人的小铺发展成拥有十个座位的大理发馆，他自然是老板了。他热爱自己的新居，热爱美国的文明。我们之间的一次冲突至今还历历在目。那是我到瓦拉瓦拉不久……谈话转到祖国的贫困，以至世界性的贫困和美国的富有强大。他听我说了穷和富本是相对的两件事后，表现出那样的愕然和痛苦。拥有少量财富的人可以其之"少"比那些富有的人以其之"多"生活得更幸福。母驼产仔，山羊下羔给贝都因人带来了如同获利百万而产生的喜悦和欢欣。欢乐不为富人独揽，忧愁不专随穷人，它们首先占据思想和人心。生活公正地将"忧""欢"分配给它的臣民，而文明化，特别是美国化，只能使人感到乏力，脱离本性，背离正道。当然，我的哥哥不会高兴弟弟向他灌输这样的思想。对矫正我的坏思想，对我的将来，他几乎彻底失望。不过，这毕竟只是一次暂时性的打击。

我大哥艾迪布，离开白斯肯塔老家时，就已熟练地掌握了阿拉伯语。以至五十九年后，仍可用美丽的字体，准确无误地写出阿拉伯语，牢记着许多谚语和诗歌。这也可能使他轻而易举地掌握了英语，并选择了经商。我到瓦拉瓦拉时，他和一个英籍美国人共同经营着一个家具店，店铺开设在城里主要大街上，地点非常显眼。美国的村镇都有一条主要街道，叫作"Main Street"，著名作家辛卡来拉·路易斯正以此名作为一部令他名声大振的小说的标题。

斗转星移，更朝换代，法律上如此。侨胞们也认为名字应随时间地点的变化而变化。其结果，艾迪布哥哥成了"乔伊"，海卡尔变成了"亨利"，还有许多侨民把他们的名、号，意译成了英文。比如，曼苏尔·哈达德成了维克多·史密斯，路路·爱斯买尔叫作普尔·布朗。于是，曾几何时，"迈勒哈姆"成了"沃利姆"，"达伊布斯"成了"戴维"。照理，不应对我们的侨民多加指责。他们对自己臣属土耳其人，对那包含有许多哈、赫、阿、埃、高等字母的名字感到羞愧。这些字母，在这个国家的主人——大多数是盎格鲁-撒克逊人的语言中是找不到的。为了免遭嘲讽，侨民们想方设法去接近他们，遵从对方的习俗和宗教礼仪，模仿他们的生活方式，以便和他们融为一体。我到瓦拉瓦拉时，两个哥哥在这方面已做出巨大的努力。他们的生活方式，无论家里屋外，都是美式的。他们思想的交流，大半都用英语。

瓦拉瓦拉坐落在华盛顿州东部，地处盛产鲜果、粮食和蔬菜的沃土中心。当时，居民才两万左右，来自地中海沿岸、东欧、北欧。地方不大，但确是附近各庄园产品主要集散地。收获季节，市场买卖一派繁荣。季节一过，一切如常。

在瓦拉瓦拉平原上，我有生以来第一次看到机械种植小麦，机械收割、扬场、装包。无花果，是无人问津的。我情不自禁地想起了舍赫鲁布父亲的犁杖、锄头和锹铲。他绝不放过岩石间难以落锄的一星土地。收获时，更不让任何一枝小麦穗从他的镰下或掌中溜过。多少次，我见他不顾荆棘扎破手指，在乱枝中搜寻一枝麦穗，或弯腰捡拾遗落的麦穗。麦穗是最宝贵、最巨大的财富，孕育着他和全家的生命。无论遗落在田间哪块土地上，无论丢失一颗一粒，都是他的过失和罪孽。

当我看着那奇怪的收割机把麦穗切断、嚼碎、喷出麦秸，将麦粒吐进硕大的口袋，装满，捆扎完毕时，不禁暗自问道：这两种方法，哪种更尽人意，更有利于延年益寿？用手播种、收割、扬晒、筛磨、和面、烤制面包好呢，还是用有铁关节、钢筋条以汽油为生命的机器做好呢？机器将把我们带向何方？

我们正处在一场奇怪而巨大的革命前夜。多少年来，花木鸟兽依节气而生，我们也遵循着季节的脉搏组织生活。但今天，厌倦了，我们便肆意加速生命的搏动。有谁知道这将把我们带向何方？嫌脚慢，求助于机器；嫌手迟钝，求助于机器；嫌眼、耳、脑呆滞，求助于机器……至于苛待我们的土壤、作物和牲畜，也只能用机器，使它们慷慨大方，将数倍于今日之所得赐给我们。

速度增加，生产增加，消费增加，这就是机器的功劳……实际上，它未曾赐予我们丝毫安适，没有减少我们点滴辛劳。它非但没能解脱手脚，缓解耳目迟钝，反而使我们成为它的奴隶。它让我们带着旧日的心，堕入形形色色的欲念、奢望和恐惧的深渊，使我们的思想成为怀疑、戒备、焦虑的土壤，因为机器时代对什么都是漠然处之。

我扪心自问：你肯用舍赫鲁布换取瓦拉瓦拉广阔肥沃的土地吗？不，绝对不换！这就是我的回答。我爱舍赫鲁布，它肌体里跳动着永久的大自然的脉搏，它的大地和天空从未见过狂风黄沙。而在瓦拉瓦拉，有一年夏天，整个世界成了灰暗的海洋。蔚蓝的天空消失了，大地茫然不见踪影。我们龟缩在房中，紧闭大小门窗，默默坐着，任汗水流淌，任呼吸压抑，全部思想集中在从四面八方袭来的大自然的愤怒上。一两个小时后，怒气平息，灰土飘落在每一个角落。家具、地面、墙壁，处处蒙灰，它甚至透过衣衫，沾在身上、手上、脸上、睫毛上，钻进喉咙，挤入牙缝里。屋子周围的鲜花、青草、绿树，莫不垂头抽泣。

不，不！我清新的心灵、明澈的睿智已然少之又少，而动荡的心神、纷繁的见知却代之而起。与其希望我展开雄鹰的翅翼，从卑贱的目的飞向更为卑贱的目的，倒不如任我以蝼蚁的爬行逐渐接近崇高的目标。

一门新的语言

古人说过：人各操其语。这话有道理。掌握一门新的语言就像手里拿了一把钥匙，打开矗立在大地上的人道主义大厦的一个房间。这间房可能与它的居室相邻为伍。可是，因为他不懂房里的人所操的语言，彼此形同陌路相逢，互不相识。但只要学通了他们的语言，必能洞察心灵，深入他们的思想境界。那里蕴藏着多少宝藏！掌握了他们的语言，心胸和思想变得富足。随着精神财富的积累和增长，自己也会成熟、壮大。

一旦掌握了这把钥匙并能灵活运用，那么这间房——无论大小，以及房里的人便可以和邻室的居住者建立感情。倘若这间房里的太阳永不落下，就像过去和今天那说英语的世界，那又该如何呢？这将使人感到，所有人尽管肤色、语言和信仰各异，俨然成为同宗同族的眷属。

当我只能讲一门阿拉伯语时，我只是一个人。学会了俄语，我成了两个人。一旦掌握了英语，那我将是三个人了。我当时的法语，仅能算半个人。那么，好吧，米哈依尔，让我们来攻下英语这座堡垒吧！

我开始学习这门控制了近半个地球的语言。手头只有一本约翰·艾布卡琉斯编的《英阿词典》和一个叙利亚侨民为阿拉伯人学习英语而编写的一本小册子。万般无奈，只得时常求助于艾迪布哥哥和他那一点点可怜的语法知识。

起步时，的确有过一些有趣的经历，比如看到"once"一词。从词典上查到它的释义是"次"，那时，我已经知道英语名词的复数一般是在单数的字尾加"s"。为了卖弄聪明，我特意在哥哥面前造句，使用

"一次""两次""三次"等词,我是这样说的:

once, two onces, three onces.

哥哥一听,哈哈大笑道:

once, twice, thrice.

而四次以上,他们则用 times。

我抱怨道:从词义到逻辑,这简直太邪乎了。还有一桩,见面时,我常听到彼此问候身体健康、工作情况和"夫克斯",这"夫克斯"是什么,我不明白。一翻词典,使我大吃一惊的是 fox 的意思竟是狐狸!兴许这个国家的人豢养狐狸,对狐狸喜爱到天天见面时都要问到它们的情况。可我们没养,但他们也问哥哥,哥哥也跟他们说"夫克斯"。不,这词肯定另有别义,要不拼法不一。我又找了 foks、locks,都不对。这下可愁坏我了。傍晚哥哥回家,我一问,才知道那是 folks,中间的字母"l"不发音,意思是"家眷"。于是,我慨叹道:真是一种自行其道的语言,本身就很混乱。

但是,更令人难堪的还在后头。事情发生在我在大学一年级的第一个月里。一天,哲学老师走进课堂,看了看坐在头排的我,异常冷淡地问道:

Will you steal me an eraser?

这句话的意思是:你能给我偷一个黑板擦吗?老师吐字清晰。我要求他再重复一遍,未免太不礼貌了,即使他再说一遍,我就像第一次的理解,又怎么办?当时我把这句话理解为老师让我替他偷一把刀片——随便什么刀片都行!我只知道 razor 一词的意思是刀片,esaser(黑板擦)这个单词我一无所知。两词读音相似,于是我把老师的话误解为:

Will you steal me an razor? 给我偷一把刀片来好吗?

我旋即站起来,却不知为什么站起来?往哪里去?去干什么?哲学老师要刀片干什么?难道他讲的课里用得着刀片?可我又上哪里去给他偷呢?不,米哈依尔,你准是搞错了。他要一件课堂里没有的东西,否则,为什么让你去"偷"呢?可是,他要的是什么呢?

我一头雾水,步履艰难地走出教室。我可不愿像个白痴似的出现在老师和同学面前。上哲学课,不懂老师说的最简单的话!走廊上,同学们正拥挤着奔向两侧教室。老师没让他们偷东西,他们不犯愁。老师竟让我去偷一样不知是什么的东西!灾难啊!时间一分钟一分钟过去了,我呆若木鸡,皱着额头,依然无济于事。怎么办?走进左边敞着门的教室吧,也许主会让我开窍!屋里坐满了同学,老师站在讲台上,就要上课了。右边竖着一块大黑板,一块黑板擦放在下面!突然,我以迅雷不及掩耳之势抓起黑板擦,走出教室。这时头脑顿觉爽朗,眼前一派明亮,老师不是让我给他偷东西吗?可能这块黑板擦正是他要的,万一我搞错了,可以解释为我就是这样理解这样做的。

我走到老师身后的黑板前,把黑板擦放在下边,回到座位上。我等着老师的责备,因为我拿的不是他想要的。可是,他拿起黑板擦,擦去身后黑板上的字,写上关于"路克"哲学的试题,要求我们一个月交卷,然后继续讲课了。我简直不敢相信拿来的东西正合要求。事实上,这完全是"歪打正着",就像天启降临一样。

下课回到屋里,翻开词典,找到 esaser 意为擦抹,eraser 有黑板擦之意。愁云消散,我为自己努力所得而欢愉。当时,我不愿意求助他人解决难题。多少次,被一个词或一个句子苦苦折磨,但宁愿受折磨也要自己解决,不求人。在这里,也许该提一下——绝不是自吹自擂,我这次的哲学答卷颇得老师青睐,他在我的答卷上打了全班唯一的一个"AA",并把大部分答题在班级宣读。

我一个人依靠词典和书本学英语,总为进步迟缓而苦恼。那里又没有教授英语的夜校,只得以旁听生的资格在小学听课。两个月左右的时间里,我和孩子们一样坐在板凳上,认真听他们的课堂复习,听老师的讲解和课外的嬉戏、打闹。除新词和句子外,我耳朵特别注意单词的重音、长音以及声调的高低。感到稍稍入门后,便转入中学,选学几门有关的课程。我最喜欢别人对我正规化——也就是像正式生那样对待我,这就意味着像其他学生一样学习和复习。

就这样,到美国不足八个月,我已能从容提笔,用英语写要求进华盛顿大学的申请。申请获准。我远涉重洋来到美国，不正是为了求知而不是为了赚钱吗？现在，知识的大厦在我面前敞开了大门，我进门去学什么呢？法律！今天，那些促使我选学法律的理由依然深深地印在脑海里。我天生崇拜的是文学和写作，可是无法依靠文学来挣钱活命。阿拉伯语不会给我面包，而英语，主知道我何年何月能自如地运用它来写作？我肩头还挑着赡养双亲和抚养两个弟弟的重担。看来看去，律师是达到目的的捷径，我定能在这方面取得较大的成功；在我国，持有大学文凭的律师更是屈指可数。这样，只需四年，我便可以回黎巴嫩，登上令人瞩目的地位——毫无疑问！

这期间，我接到的家信里夹着法尔娅的信，寄发地址是离白斯肯塔十英里的一座黎巴嫩希腊教修道院里！当时它属我国修士管辖。渴望和一年前告别的恋人相会始终在法尔娅这可怜的女人的心中燃烧，并把她带到了遥远的祖国。她发出了追踪求见的信，可是回答却是他已奔向更为遥远的美国。他究竟在美国的什么地方呢？给他老家寄封信，试试或许家人会把信转过去吧……信把我带回到过去的岁月，带到了布勒塔法和伊拉·西姆夫卡。新的忧患开始在我和这两个地方间垂下了帷幕，现在，信又把它粉碎了，并再次绞拧着我的心。有另一种精神残杀了我心中的爱，我们俩的中间竖起了一座非我非她所建的高墙。建墙的那只手比我们更透彻建这堵墙的目的。我找到了自己的生活之道。坦然、心安，无所要求地走上这条路时，我早认清了这一目的——可是当时，它离我的视野和思想太远了。

主啊，用你的爱去平息恋人们心中的烈焰吧！

大学里

华盛顿大学位于濒临太平洋的西雅图城北的高地上，俯瞰着华盛顿湖和云云湖。两湖间有一块狭长的低地被人修成水渠，便直接和大洋相通了。几十公顷的高地上，密密覆盖着枞树、橡树和其他灌木丛。大学校舍分散在其间，钢筋水泥的通廊把校舍连成一体，两侧一座座花园，绿草如茵，花木如锦。这里，真是一块人间仙境，充满了像我这样喜爱孤寂和冥思的幽静、雅致。

1912年初秋，我发现自己竟是这块土地上一个陌生的孤魂。人和物，一切的一切，全然不知晓。好在我早已熟悉这种感觉，无论环境如何，最重要的是实现我此行的目的。

入学后，我才知道，只要一年级选学的课程考试及格，校方便同意我将俄国的文凭作为文学院二年级考试通过的凭证。文学院四年结业，法学院三年。这样，我只需六年（不是七年），便可以同时拿到文学院和法学院的文凭。既然布勒塔法的文凭可以早毕业两年，我便决定同时参加两个学院的课程。于是第一年里选了哲学、文学、美国史、政治经济学和生物。我努力学习，为了不致放跑书本上和课堂上的许多有益东西，我十分注意增强语言的理解能力。不到两个月，我就感到明白的东西比不明白的要多许多。

那时，瓦拉瓦拉的哥哥每月补贴我三十美元。我总是精打细算，做到月有结余，哪怕只剩一块或半块钱。古话说得好，"量体裁衣"，我独立生活以来，总把它奉为生活的宗旨——我按能力所及花钱和办事。考虑最关键的而不是重要的，考虑最必需的而不是补充性的。这一来无异为自己设了许多禁区,无法享受世间的奢华和乐趣。不过倒也免去了在人面前丢失面子。

令我吃惊的是,手头比我宽绰得多的同学往往在上半个月就把钱花光了,然后,不惜向这样的人伸手借钱。我对钱的感情,从前是,如今依然像穆泰纳比所说的"见到一位必须把他当成朋友的敌人"来对待。我深知以钱的名义和为了钱犯下的种种罪孽和带来的耻辱,所以讨厌它。钱也从不曾像大多数人那样把我吸引过去。我讨厌自己成为钱的奴仆,但又无法抗拒它在大地上的绝对统治。我不得不屈从——哪怕是暂时的,但我绝不做奴隶。所以我不奢望自己的钱袋鼓鼓囊囊,只要别身无分文,不至于在人前有失身份,履行肩负的义务。所以钱多多用,钱少少花。

大学招收男女生。对我来说,这种两性混合的教育真是件新鲜事。可是考虑到发生在这个走向新生活,并力图使自己成为他人楷模的国度里,我又觉得不足为奇了。它完全应该这样,它的土地是"新"的,前来开发和建设的人是"新"的。谋求幸福生活,渴望崭新的自由的愿望把他们从世界各地召集到这里。当时,濒临大西洋的东部各州已相当繁荣,被称为老区。而中西部和最西部各州仍是一片处女地和半开发的荒地,可以容纳更多的居民和工厂。所以,曾有一位著名的美国记者向那些有志于建设未来的青年人大声疾呼:年轻人,往西边走吧!

你看到西部各州里,人们像同路的伙伴、共同的冒险者那样生活在一起时,不必大惊小怪。他们行动自然,真诚相待,这里没有条条框框的束缚,没有高低贵贱,没有主人仆从,没有骄横的封建主和卑贱的雇佣者。这里的生活充满了互尊互助、亲密无间。人们不像饿狼,法律不是弱肉强食。人人争先恐后奔向同一目标——赚钱,谁在最短时间内击败对手就意味着积极活跃。

看到这种气氛波及西部各大学也不必大惊小怪。它是这年轻国度里的年轻机构。它既无久远的根基,也不存在使它后退的传统势力。它正年复一年地创造着自己的传统或是向那些历史悠久的大学"借用"传统。

华盛顿大学的传统之一就是一年级新生必须戴一顶绿帽,帽子小得几乎遮不住头顶。谁敢不戴,必定遭到二年级学生的严厉惩罚。拳打脚踢,被抛进丛林里过夜,或投入湖中,数九寒天也不例外。这也可以算作是一种体育锻炼吧!我当时不同意执行这种儿童般的规矩,整个一年级在提心吊胆中度过的,唯恐遭到谩骂或侮辱。但结果却平安无事,可能人们认为我比孩子要多点儿什么吧。

普遍的活泼、愉快、玩乐的气氛,对垒球、足球等体育运动的迷恋,深深地触动了我那颗心。我是那么严肃又不和谐地对待一切,尤其在学习和对生活责任的估价上。我认为,童年时光可以玩玩,青年时代应当深思人生存在的意义。这种感觉增加了我在新环境里的生疏感。总之,也许是我早熟,也许是我的美国同学必须延长他们的童年生活,直到上大学。

不过,我在同一些外国学生的交往中得到了某种乐趣。这并非因为"陌生人是异乡人之友",而是大多数外国学生都比他们的美国同学能深刻地感念人道主义的职责。外国学生组织了一个世界主义俱乐部,参加者有瑞典人、挪威人、荷兰人、苏格兰人、日本人、中国人,唯独我是一个阿拉伯人。我和部分外国同学建立的牢固友谊远远超过任何一个美国学生。

我发现我最大的乐趣还是读书和写作。我和当年阅读俄罗斯文学一样,贪婪地、如饥似渴地读着英国文学中大师巨匠们的作品。用阿拉伯语写作的大门已经敞开,于是我便以游子思乡的渴望欣然入室。

我在华盛顿大学学习期间,在校生只有三四千,今天,据说,已达两万。西雅图的居民也从二十万增至今天的近百万。这些数字不就是民族前进的最有力证据吗?

为了不致受数字的蒙骗,错将肿瘤当脂肪,我讲件小小的趣事吧。入学不久,一天,我在校园外一条街上散步,惊奇地发现路旁一些电线杆上挂着一个个煤气罐似的箱子,每个里面放着一卷卷当地报纸。上面的那份上放了一堆一美分硬币。后来了解,谁走过取一份报便将报钱放在上面,一份报一美分。城郊的报纸就是这样发售的。没有专人管理，也没人当场算账。谁想把钱卷走，或给一美分钱拿两份、三份，或干脆不给钱，都易如反掌，绝对没人知道。真是诚实和互信！这只能存在于有良心的国家。

可是不到一个月，敞口箱子也上锁了。箱子上方有可放进硬币的小口，报纸在箱子里，一个特制的机关使买者只要投入一个硬币便可取出一份报纸。必须对人们的良心实行监督了！监督者是一部机器……

还有一个类似的有趣事。地铁是纽约市最拥挤的交通工具，早晚更是如此。1916年我初到纽约时，每站入站口的乘客都要向管理人员买票，然后再把票交到为他打开通往月台门的另一个人手里。烦琐迟缓的手续加重了交通的阻塞。有人发明了一种加速交通运转的机器。通往月台的大门出现了一只长方形的铁箱，远处立着一根齐腰高的铁柱，柱顶是一个十字形的转盘，空隙只容一个人过。这样，乘客从箱子上部投入一块银币（相等于5分硬币），门自动打开，人一过，门自动关闭。

公司自认为给自身和广大乘客减少了许多麻烦。但是，一天，箱子的钱里混进了不少铁片和铅片，大小、重量和一块银币相等。结果，逼得公司不得不动足脑筋在这奇妙的箱子上安装一只能识辨真伪钱币的魔眼，使伪造者难以得逞。这里又是机器监督人的良心。荣誉、名声全凭"魔眼"的仲裁。至于主的眼睛、以眼还眼的永恒制度的眼睛，已然全无任何"魔力"可言了，在这城市机械化的眼里，它顶多只是一只黯然失色的眼睛———只瞎眼。

我知道，在美国的过去和现在都有不少人在认真思考，发明某种揭示思想和心灵秘密的机器，从而使证人——比如说——在法庭上无法信口雌黄或出示假证。既然城市文明化已将它的手、足、思维、直觉、正义和荣誉都交给了金钱，而金钱又将它托付给了机器，那我们对之还能有何希求？是的，对它——除了破产，还能抱有什么希望呢？

初降的雨滴

进大学第二年,在法学院一年级学习的那年春天,邮局送来一份纽约出版的阿拉伯文杂志《艺术》。封面的出版日期为1913年4月,创办人是拿撒勒、我的同学纳西布·阿雷达和另一个不认识的人。

翻开第一页的心情是什么呢?眼珠追随手指,贪婪地翻过一页又一页。一颗心在胸臆间兴奋地欢呼。见鬼去吧,什么"合同""证书""失足""行"以及和法庭、审讯有关的一切!这不过是一些没完没了的难题。你那儿的正义令人不可思议,你不过是一堆浮泛的肥皂泡。这里有新天地、新世界,这里有跃动着生命的文字。奇怪的是它竟然是阿拉伯语。这之前,我认识的阿拉伯字母不过是些绣织在尸衣上的思想,精神上的僵化、因循、虚伪和贫困的蜘蛛网,甚或积落在那尸衣上的五个世纪的尘埃。噢,为使朽骨复生的人有福了!

读完了封面醒目的杂志目录后,首先映入眼帘的便是纪伯伦·哈利勒·纪伯伦的画像:俊美、忧郁的面孔,尼采式的胡须,纤细刚直的鼻梁,迷茫深邃的一对大眼睛,两道弯弯的浓眉,宽大的额头,灵活修长的手指……真是一幅充满内涵、才华横溢的画像。

紧接着画像的是纪伯伦执笔的《致读者·夜》:

恋人、诗人、歌唱者之夜!
魍魉、幽灵、幻想之夜!
相思、钟情、眷恋之夜!
……

文中那不以字母做交易、深知其价值的笔触使我心花怒放。这支笔杆明辨声、色之美，深谙词意之华，绝无陈词滥调。既知心又知音，更晓神又知己。这一切尽管尚未被那忠实于自己艺术的艺术家之手做出恰当的估价，但凡此种种已然是鹤立鸡群、群峰之巅了。

　　序言之后，我读了署名艾里夫的诗歌《我的希望》。我马上断定这个艾里夫就是纳西布的笔名。我了解他的心，了解俄罗斯作品在他诗歌中留下的影响，甚至整本杂志也不例外。杂志编辑刊登了许多俄国诗人、作家的译作，特别像高尔基、安德烈耶夫、苏洛哥布、马尔基科夫斯基等现代作家和奥斯卡尔·王尔德和维克多·雨果等西方作家的作品。

　　杂志中吸引我的最后一篇文章是艾敏·雷哈尼①的《生死夜莺》：

　　笼中，夜莺在鸣啭，山谷里，风在狂啸……

　　不，不，米沙，你不是在梦中。你同学纳西布·阿雷达的《艺术》吹来的馥郁芬芳也不是你一心想使阿拉伯语返老还童的幻想和愿望。这是活生生的事实。多年来，你涉猎了俄罗斯和世界文学，你理解了语言的神圣，知道了笔杆子的威力，那是一支不曾以欺骗、虚伪、吹嘘、玷辱文字，不曾使字母脱离精神的笔杆子，你希望你的同胞苏醒。现在，苏醒的喜讯传到了你耳边。是的，米沙，这是一场春雨的最初点滴，接着便是倾盆大雨。雨点在向你挑战，你为它增加新的雨滴吗？你如果希望把自己的点滴加进下一场雨水中，那么，你的时刻到了，今天就是开始。

　　于是，我撰写了一篇长文《沮丧的长夜后到来的希望的黎战》，一吐胸臆中对木乃伊文学的愤懑和仇恨——一种阿谀、因循、吹捧的文学；逢场作戏、恭维讨好、小丑献技的文学；空有其表，没有任何营养抚育思想、心灵，和日常生活脱节的文学。我多么希望手中的笔化成一

---

① 艾敏·雷哈尼（1876—1940），黎巴嫩作家。

座火山，行间的词句喷出滚滚烈焰，烧尽我们文学中的一切腐朽、败落和欺骗，使无数新笔诞生，歌颂诚实、优美和一切崇高的人道主义的价值。我以纪伯伦小说《折断的翅膀》的评论作为结尾。这篇文章早在几个月前，就博得了纽约阿拉伯文报纸的高度赞扬和评价……我把文章寄给《艺术》，不久，接到了纳西布的回信：

  我首先要告诉你的是这本杂志帮我找到了多年前便杳无音讯的一位朋友。他给我留下的印象是：脸上带着沉思，深邃的双眼焕发着无须幻想便可看到的希冀。现在，我找到他了，看见他依然与昔日的希冀同在。我仿佛和他一起在修建未来的大厦，在制造毁灭性的炸弹，以摧毁空想、迷信、法令等旧日的支柱。
  我的朋友，你关于《折断的翅膀》的评价很美，很正确。我十分喜欢你的文风。它使我更为强烈地希望，能在这新时代——我们东方木乃伊文学的黄金时代开始时的新作家行列中看到你。因此，我要求你坚持写作，建议你把我们的作家——从雅齐吉①到当代的——逐一介绍给读者。要为他们单独撰文，让人们看看他们从那些赞颂、嘲讽以及一堆堆空洞冗长的废话中得到的不过是些干碎的秕糠。愿你成为我们的像俄国人眼中的别林斯基或法国人眼中的萨恩特·比夫。

  发表我文章的那期杂志一到手，一腔热血在体内跃动，我犹如战胜了歌利亚的先知大卫。面前的对手无比巨大、顽强，它如果也是血肉之躯，倒也不难对付。可它却是世代相传、盘根错节的传统。它是一种生活方式，是思考和表达的路数，是扩散到精神和血液中的毒瘤，和它搏斗必然白刃相见。战斗已经打响，后退意味着放弃美丽的梦境，丢掉生活的使命。必须完全信赖手中的武器，勇敢投入战斗！我们的武器就

---

① 雅齐吉（1800—1871），黎巴嫩文学家、诗人。

是对语言的神圣性坚信不疑。使它摆脱偶像泥足上的污秽、欺诈和虚伪,为真理、正义和高尚的情趣服务。

在不放松学习的同时,我从阅读、散步、睡眠中挤时间从事写作,这段时间,写了有关《诗和诗人》等几篇文章,还有小说、故事和与纳西布交换长信。这就是战斗,《艺术》是战斗中的旗手,是传播胜利消息的号角。我写,忘乎一切地写,心热恋着笔,思索和写作成了我唯一的欢乐,久久伴随着我的梦想开始变成现实。纳西布曾这样给我写道:

> 《艺术》上你的那篇文章引起了人们的伤痛,这里的人赞赏它,而我尤为钦佩。亲爱的,我希望你坚持下去,为了文学,为了我们要掀起的文学复兴去写。每一期我都等着你的文章。望你不遗余力地抨击这悲惨民族的一切陈规陋习。

另一封信里他这样写:

> 告诉你,你在《艺术》上发表的文章,篇篇都激起了侨居文学界的强烈反响和喝彩。无可置疑,它也必将在我们那古老的社会中引起喧哗。我见到的作家们,无一不吃惊地问我:为什么这位作家以前没露过面?他躲在哪儿?波士顿的作家对我说:我们像饿虎扑食似的阅读《艺术》。先挑努埃曼的,我们百读不厌,甚至能背下来。

但是,这迅猛的出击很快便遭到了强大的反击,1914年5月15日,纳西布来信中写道:

> 我这么长时间没给你写信,你一定以为我成了一具失落的僵尸。是的,亲爱的,我确如一具尸体,需要人们吟唱的亡灵诗篇。我的斗争失败了,我的希望在死人堆前覆灭了。环境,不,应该说是叙利亚的愚昧,希望《艺术》止步。那些高

贵的订户已经一年未曾"惠顾"订费，看来绝不打算在年底前交付……现在我囊空如洗，订户的悭吝使我只能止步。我已经停刊了。我不知道双腿能否再次移动，抑或永远僵直……微不足道的二百里亚尔（对我可是一笔大款）就可以救我一命……救《艺术》一命。

《艺术》使我饱尝辛酸折磨。我为它献出了一切。在我刚感到获胜时，物质条件又把我击倒在地。是的，我确已获胜，我使它成为整个阿拉伯世界的宠儿。最近，叙利亚、埃及、巴西、阿根廷的订户急剧增加，可以成为未来的保障……不过，亲爱的朋友，你不必与我一起沮丧，和我一起来培植你的希望……我唯一希望的是别忘了我，用你那充满生命力的檄文鼓励我直到生机再现之时……

曼法鲁特①要求我对他的观点发表意见，现将原件转上。时间允许的话写点儿东西，宽慰我对这些作家们的一片希望之心。

别失望，7月份或许能使《艺术》复刊。

我回信说《艺术》更新了我们间的关系，它的新生说明它曾经死亡，但它在我们之间播下的希望将随季节的更迭而不断加强。无须沮丧和哭泣，我有一种近似确信的预感：《艺术》一定会再次来到世间。

不幸事件发生三个月后，我收到了纪伯伦的《泪与笑》，这是纳西布的，《艺术》印刷厂出版的，随书而来的信里写道：

……我仍伏身在巴比伦的柳树上为耶路撒冷恸哭……今天寄上《泪与笑》……盼能写篇评论。书的作者托我寄书给你，要书评的意见是我添上的。你的文章将寄到哪里？在哪家报纸杂志上发表？我不知道。怕就怕它被塞进那些无稽之

---

① 曼法鲁特（1876—1924），埃及当代文豪。

谈里。但是,需要自有其法则……

需要终于判定了,文章在纽约新出版的半月刊《旅游者》上发表。该刊的创办者也是我在拿撒勒时的一个同学——阿卜杜·迈西哈·哈达德,我在这篇题为《几个五分之一,几个六分之一》的文章中,热情赞扬了《泪与笑》的作者精湛的写作艺术和高超的语言功力。他创造了大量的显比和暗喻,使无机物也焕发出生命。我可怜他陷入浪漫主义的伤感中,特别在人物形象的塑造上,使那些血肉之躯的人变成了玩偶。

《艺术》的销声匿迹是对文学复兴运动的当头一击——不过是暂时的。

燃烧的世界

无论学业、写作多繁忙,无论《艺术》是如何的多灾多难,白斯肯塔的亲人和瓦拉瓦拉的两位哥哥始终在我心坎上。我按时给他们写信。我高兴地知道黎巴嫩的双亲、祖母和兄弟们平安无事。艾迪布和海卡尔隔一两年给他们的补助和兄弟们在田间辛勤劳动结出的果实能让他们过上小康的生活。纳吉布弟弟在国内上中学,阿利娅和纳西布也在俄国学校学习,我正是从那里走向广阔世界的。

1913年秋,艾迪布哥哥生了一男孩,起名叫哲利尔。为了让自己的头生子既有一个真正的阿拉伯名字,又要名字顺口,不至于让说英语的人别扭,哥哥选中了"哲利尔"。可是为什么选了一位诗人①的名字,而不用军人、政治家或宗教人士的名字呢?必定是他对诗人的偏爱超越了其他作家和领袖。那时,他还能背诵法拉兹达格的关于哲利尔的诗句:

> 哲利尔,你那些弯脚拐腿的婶母、姨娘,
> 要我把十月怀胎的母驼的奶汁挤淌。
> 赞美主吧,一切平安,诸事顺遂。
> 我欲前往的港湾虽然无比遥远,那又何妨。

但是……我,是个什么人,哪里能知道日月的万宝囊中竟装有使

---

① 哲利尔(653—733),阿拉伯伍麦叶王朝讽刺诗人。与艾赫泰勒、法拉兹达格并称伍麦叶王朝"三诗王"。

大地和大地之子感到突然的万千怪异？1914年6月28日，一名塞尔维亚青年在波斯尼亚（波斯纳）首府、小城萨拉热窝暗杀了一名奥地利人。这不过是一则新闻，这个塞尔维亚人不是这里第一个凶手，奥地利人也不是第一个被害者。这里每天都有成千上万的人被他们的同类杀戮，大地也不曾有丝毫震动。奇怪的是法庭异常活跃，法官律师都跳出来"分析"案情，寻找罪犯，一旦证据"确凿"，犯罪动机"无误"，凶手便将被判无期或死罪。然后，好人坏人扬长而去，各干各的事，各挑各的担，仿佛一切都不曾发生过。每天，销赃匿迹的罪犯往成千上万人的身上撒黄土，却不见法律出面，法官律师置若罔闻，除了死者的家属亲朋，除了牧师、神父和掘墓人的积极活动，有谁知道他们已长眠地下？

但是，萨拉热窝的被杀者不像你、我、他一般的凡人，他是奥匈帝国女王塞义黛的希布斯布尔格——洛琳家族中的一位大公。布斯尼亚的居民虽是塞尔维亚人，也在这位女皇统治之下。所以，大公的血不能用凶手一人的血偿还，而要搭上东西方几百万人的血，要用他们的泪水，他们的糊口之资，他们的手、脑和思想所获得的一切来偿还。甚至像我这样的与此案毫无干系的青年也要来偿还，从他那痛苦的希望，从他的尊严、阳刚之气、纯洁心灵，从他那历尽艰辛积累的建设未来的口粮中集资偿还。

请你用所崇拜并为之自豪的自由之歌对我诉说。有一位青年，他只为寻求知识从绥尼山麓来到太平洋岸边，他的生命与千里之遥射来的一颗子弹联系在一起时，他还有什么自由？要知道，他对这颗子弹一无所知，既不知谁开的枪，更不知他为什么被杀！这颗子弹改变了他的生活计划，使他必须设法与这颗子弹所制造的突然事件相联系。莫非自由就只是适应，而没有改变的自由？只有从命，而没有选择的自由？以我的生命起誓，这正是我通过自己的观察思考，透过我生活中的事件得出的结论。

我们应该得到心中想要的东西。但无法肯定愿望必定实现。我想娶法尔娅，但是一种非我的意志把我拦住了；我本想去巴黎求学，结果来到了西雅图城；我盼着1916年大学毕业后立即返回祖国，但萨拉热窝的子弹燃起的战火却将我阻隔至1932年。不过,我始终与各种事件进行赛跑。

是的,半个多世纪来,欧洲列强正处心积虑地堆积着爆炸性的燃料:仇恨、厌恶、贪婪、虚伪、欺骗,纷纷疏远弱小民族,侵占他们的土地,敲诈他们的财富,供少数有钱人享用,更增加了他们的财产和奢华,而萨拉热窝的子弹正是落在这堆爆炸性燃料上的火星。战火燃起,几乎波及了整个世界,所以被称为世界大战。我们身居美国,颇感满足。因为美国遵照华盛顿不涉入欧洲问题的遗嘱,宣布在两大对立阵营中持中立态度。1916年,威尔逊大选获胜的口号就是:"他让我们站在战争之外。"

但是,当土耳其一脚跨进德、奥、保的行列一边,跻身这世界屠场后,我们日夜担忧亲人和祖国的命运,严重时几乎无法工作。我毫不怀疑土耳其军队将占领黎巴嫩,剥夺它的特权。在其盟友德国的帮助下,势必强化还在它的势力范围内的叙利亚、巴勒斯坦和其他阿拉伯国家的压迫和统治,残酷无情地荡涤那里的独立活动。

仿佛命运为黎巴嫩欠下了旧账,又想一举清债。灾难接二连三地降临到黎巴嫩身上:战争、蝗灾,土耳其的吉玛勒帕夏①和他在阿来的军事法庭。其中要数蝗灾最可怕。1915年的一个春日,当白斯肯塔的居民早晨醒来时,发现这种飞虫密密匝匝、铺天盖地而来,不消片刻,落满了他们的农田、葡萄园、果园和森林。天上地下,山谷房顶,一直延伸到海边。成千上万,盖住了土地和岩石,飞上了树梢和屋顶,可怜的手无寸铁的居民只能挥动棍棒,敲击汽油桶,心想这讨厌的声音兴许会吓跑不义的敌人。但蝗虫或许将这一切看作是温柔的催眠曲或乡村小调,甚至认为这是人类对它们的热烈欢迎。

随后,人蝗之战开始,人们奋起战斗,遍地挖坑,活埋了无数的"天兵",但这一切,真像想用顶针淘干海水一样,这些满地爬的蝗虫,不消灭大田、葡萄园和果园里的绿色,绝不离开白斯肯塔地面。它们飞

---

① 吉玛勒帕夏(1872—1922),土耳其奥斯曼四世将军,血腥镇压、屠杀黎巴嫩、叙利亚等地爱国者。

上天时遮天蔽日，日月无光。它们从农民口中夺走了口粮，从牲畜嘴边抢走牧草。这行为不是一天、一个月，而是两年，整整两年！于是，颗粒——小麦粒、大麦粒、玉米粒以及一切可食用的颗粒都变成世间最昂贵之物，寻找这些颗粒已成为首要的工作。谁有了这些颗粒谁就能活命，否则，死路一条。

严冬腊月，没有几家还存有一个月的口粮。都知道比高阿平原上有粮食卖，可是奥斯曼帝国一心想扼杀黎巴嫩，不让它得到一点儿口粮，当然也禁止那时还不属黎巴嫩的比高阿出口粮食。可是饥饿是个叛逆者。男女老幼，日夜兼程，不管阴晴雨雪，一股脑儿拥向比高阿。有点儿钱的揣上钱，没钱的背上屋里的家什，铜锅、毛毯、席子、地毯、外套、暂时不穿的鞋……大家共同的愿望就是换到小麦、扁豆、玉米、蚕豆，背回给饥肠辘辘的家乡父老和童稚。

饥饿从四面八方包围过来。人们不惜以自己最珍贵的财产去换取一磅面粉，生命总比财产宝贵得多。没有钱没有物的人，开始在垃圾堆里，在死去的牲畜堆里寻找，侥幸能找到一点儿挽救生命免于死亡的东西——哪怕只活一阵也好。土地已是寸草不长，牲畜奄奄一息，牧场空空如也，庭院里不见主人，丈夫不知妻子的下落，母亲不知儿女流落何方。也许他们在霍朗流浪，也许已进入叙利亚的某个游牧部落，也许已成道旁饿殍，也许身体已被积雪深埋。

饥荒的消息传到国外，侨民纷纷行动起来援救亲人，组成救灾委员会。可是在委员会的命名上产生了很大分歧。有人主张叫"救济叙利亚灾民委员会"……最后达成协议，叫"叙利亚、黎巴嫩救灾委员会"。唉，即使在这生死存亡的大问题上，谁也不愿放弃废话琐事之争。

噩耗自然让我为亲人们担心。我给纳吉布写信，问他是否还活着，亲人们还是不是这个世界上的居民，有没有收到我们寄去的信和钱，在信尾我写道："我们唯一希望，是政府战胜敌人，为人民带来安康，解除对我们海岸的封锁。到那时，我们才能便捷地通信，互报消息。和我一起为即将取得的胜利祈祷吧。"

我所以写出这策略的词句完全出于对亲人的爱和安全的考虑。我很清楚当时国内有着严密的监视，侨民给家人的信中如写了不满政府或谩骂的话，都有可能把他们送进军事委员会、监狱，甚至绞刑架。我的做法是正确的。从战后的家信中，我知道监视人是看了我写的那些话，在信封上用大字批了"好"，家人也免遭折磨。同时，我还得知，他们属于白斯肯塔少数没有被饥饿吞噬的幸运儿中的几个。由于母亲的精打细算和父兄的辛勤劳动，他们在舍赫鲁布旁边开了一大片荒地。原土地的主人缺种子和耕牛，早把它荒弃了。蝗灾之后的干旱季节中，母亲不仅救济了许多灾民，更使自己的家里粮食满仓。

如果我的笔被迫为奥斯曼帝国祈祷，那么，当时我全部身心却为剪除暴虐者，除尽他们留在叙利亚和其他阿拉伯土地上的阴影而祈祷。

德国，诞生了我尊敬和羡慕的康德、叔本华、歌德、尼采、席勒、贝多芬、瓦格纳等人类天才的德国，因与我祖国的敌人土耳其结盟，我已日夜盼望它败北。而曾与之友好、热爱过的俄国，则又重新回到我的心间。

正在我沉浸在亲人、未来和祖国命运的忧虑之中时，收到了一封用阿拉伯文写的匿名信，告诉我有一个秘密团体，正为叙利亚摆脱土耳其的统治而奋斗。他们希望我加入这个"自由叙利亚"的组织。为了不至于使他们的亲友遭到土耳其当局的迫害，目前还不敢公开成员的姓名。我对该组织的发起人一无所知，更不了解他们在侨民中的地位，所以一开始我不得不拒绝。后来，当我得知我的朋友纳西布·阿雷达也在该组织之内，便毫不犹豫地参加了。大学毕业去纽约后，组织的一切任务都落在了我的肩上。我始终不遗余力，努力工作，直到实在抽不出空，才把工作交了出去。不过后来，这个组织也很快没落，终至消失。

这时，俄国在西特勒设立领事馆。纯粹出于相识的目的，我拜访了领事，没想到结果是我进了领事馆，成了领事的秘书助理，工资每月五十美元，每天下午工作两小时。一年后，增至六十五美元，这笔钱对于我这个每月拿三十美元生活补助的穷学生来说，可谓是一笔庞大的收入了。我不仅可减轻瓦拉瓦拉的两个哥哥的负担，还可以帮他们俩支持远方的亲人。

尽管逆风千里，船儿毕竟在前进。

一线光明

上课学习、《艺术》杂志、战争报道、黎巴嫩饥荒、领事馆工作以及"自由叙利亚"组织,使我抛开了自身以及日夜与之相伴的孤寂、彷徨和忧郁。正确地说,不是抛开,而是暂时淡忘了我的心声。它仍然不时地问我生命和它的意义,死亡及死后的一切;问我那广阔无垠的奇妙的宇宙及其包含的无数的、变幻无穷的一切存在的目的。它们生长时分解,解体时生长,各自都有不可逾越的时间和空间,都有看来荡然无存的孔隙或空虚。

我知道,除了人,地球上没有任何一种实体能思考这些问题。我知道,当人向自己提出问题,得不到圆满解答时,思想上显得十分可怜。是不是思想只是人类而非其他生物所必然遭受的灾难?是不是不动脑筋的优于终日思考的?是不是一切动物比人幸运?思想来自何方?为什么要去想?也许它只是为了引起怀疑和猜测?也许是去探索那无法知晓的一切?也许它是开启有关存在难题的一把钥匙?如果思考无力解答它所提出的一切疑难,那它提出疑难的能力又来自何方?它又为什么如此执着地求得解答?拼死拼活地希望解答?

我知道,人按他思索的能力和执着地追求思考的程度分成不同的阶层。下层和上层有着天壤之别。一种人他们的思想在肚子里、脊背上和口袋里,另一种则把口袋、脊背和肚皮装进思想里。为什么思考能力和对思考的倾向有如此悬殊的差别?

人类具有地球上任何生物所没有的感觉。动物固然能感到快感与痛苦,知道恐惧和安全,但绝非人类之所感。动物只要有能力,它不会克制自己的欲望，但人的欲望有的"合法"，有的"非法"，会感到"罪责"和"良心谴责"。人正是由于对欢乐和痛苦、美和丑、优和劣的感觉，把良心谴责的感觉分成三六九等，不同的阶层。难道可行和禁止、美与丑、优和劣、良心和良心所感仅仅只是心中幻觉和词典上的词语吗？既然人们不同程度地感受到这一切，那这差别又来自何方？

我知道人的生命可以长到一百岁，一百多岁，也可能短到一天甚至一个小时。那么，这种令生命长短的力量是什么？从哪里来的？是否有一条坚持不变的原则，还是盲目所为？对盲目的力量或有目的的力量的思考只是一种白痴的表现吗？若真如此，那么正义、制度、哲理及贪生都只是不同类型的白痴或词典中的词语了。我在本书第一部中叙述的神奇的瞬间又如何出现在我眼前的呢？当时，我一人坐在舍赫鲁布的岩石间，恍惚中我觉得正在一条漆黑的地道里行走。后来地道逐渐宽敞，一缕光线射入，于是，横亘在我和一切生物之间的界限通通消融在这光明世界中。

大学三年级开学时，我正处在这种焦虑的心理状态中。我认识了一个苏格兰青年，他学药物学。我们俩共同租赁了大学附近的一间小屋。彼此熟悉后，我便叫他比勒，他叫我米沙。

我的伙伴说起话来细声细语，动作娴静，眯着眼睛，透过一副厚厚的镜片观察世界。他有一把提琴，空闲之时经常拉着玩。琴声从没有打搅过我，我喜欢他拉琴。

我观察比勒几个月了，发现他每星期四晚上，总挟着琴进城，总要到夜里十点才回来。我问他干什么去了，他说参加了一个团体，每星期四晚上有集会，他要在会上拉琴。

"除了演奏，还有什么活动？"我问。

"有关我们主义的报告和讨论。"

"这团体叫什么？"

"苏菲神社。"

"它宗旨是什么？"

"主要宣讲投生和赏罚天平。"

"投生？投生是什么？"

"所谓投生或叫转生，就是说人死后过一段时间又会回来。就像一颗种子，死是为了新种子的再生。"

"你是说，将来我死后，将会以现在的肉身、现在的环境再活一次？"

"不，以新的肉体再生。身躯的情况将按你死去时的行为、爱好、才能等种种关系而定。"

"谁给我准备这具新的肉体呢？"

"专司赏罚天平的人。"

"什么样的天平？"

"实际上是一种种瓜得瓜的法则。种毒麦的收毒麦，种小麦的收小麦。善有善报，恶有恶报。一切思想和意念都服从这条法则。"

"这么说，种小麦的人收小麦，种毒麦的人永远收毒麦了？"

"轮回投生的目的，就是使种恶的人明白自己犯下的错误，从而改恶行善。这方面对他的考验便是一次又一次的投生。"

"这么说，以色列，只有靠自己的手求得解脱了。"

"完全正确。靠自己的手以求解脱。"

"命运的乖舛与上帝无关吗？"

"绝对没有。否则，上帝在母腹中植下盲人、哑巴、瘫子、白痴等各种胚胎，它的公正又如何解释呢？每个人都以他现世的生活铸造着未来。一个人带着压倒一切爱好的兴趣死去时，这种兴趣在他投生重返大地时，便成为他最突出的一种性格或天才。莫扎特就是这样，他四岁开始演奏钢琴。拿破仑也依此规律，从无名小卒变成军事天才，登上皇帝宝座，最终又在流放中死去，因为他的生活就配那样的结局。"

"慢点儿，比勒！你差点儿把我的思想搅浑了。倘若你的话有理，那为什么我对前生毫无记忆呢？"

"死亡的深渊摆在面前，你怎么可能记得呢？你晚上睡觉醒来时对梦境的回忆也只能是一星半点，或全然不知，更何况你睡了'死亡'的一觉，从一个躯体投到另一个躯体，从一种状况转到另一种状况呢？不过，的确有人可以记得前生，讲述着前生的生命故事。那只不过不容易被人们相信罢了。"

"你信吗？"

"我当然信。"

"那么，祝贺你！"

我和同屋苏格兰伙伴的第一次讨论持续了很长时间。我破天荒第一次听到"投生"的说法。我对这种理论挺好奇，一开始又觉得它比较消极。但随着我执意提问和他越来越详细的回答和解释，我发现我的思维和心也越来越敞开了，以至当我按这一理论诠释我的生命和一生时，比勒吃惊不已。我认为这一原则正以全面有序、公正友爱、不偏不倚、毫不虚假的力量将我的信仰回归我的心中。它"以自身的力量求得解脱"替代了"大罪"和"恐怖的世界末日"的思想，要实现它，就必须走艰苦的通向知识的道路。因为，能称之为知识，只有当路人皆知时才能成立。而一个人的生命无论多长，也难以获得全部的这些知识，而这种转生的说法正好将生命看成是一种连续的运动，它从一个躯体转移到另一个躯体，从一种状况转移到另一种状况，二者之间我们称之为"死亡"。

为什么不可以这样去解释呢？为什么上帝自己把握了全部时间，只给人有限的光阴去求知呢？我是一个人，愚昧、无能，绝不能设想出生后踏进小学才一年，就获得哲学博士学位。按此类推，上帝怎能希望我们迈进生活的学校，学上二十年或者八十年，便拿到进入天堂和极乐世界的证书呢？一旦不成功，就得进入烈焰不熄、蛆虫不眠的深渊……

其二，这一理论可以为我接受的是它解释了人的品性，父母兄弟、亲友仇人间的关系都是前世的遗传。绝不是任意产生，也不是偶然现象。它决定了遗传和环境，而不是后者决定了它。这就是"命""天命"。

这一理论未被科学证明。但又有何妨？科学知道些什么？它才起步，正研究可感知的东西，每天都以新的假设推翻旧的假设。人的精神世界里有许多未知，知识从不敢闯入。因为它拘泥于感性的试验，没有闯入的办法,无法在自己的实验室中将这一切进行解剖。我为什么去相信一位科学家在实验室得出的结论,而对自己的结论,对毕达哥拉斯、柏拉图和耶和华等人的理论未纳入科学范畴,未经科学实验而得出的知感、悬念和见解妄加菲薄呢?如果科学家有他们的实验室,那么,我的心就是我自己的实验室。如果科学家每天只在他的实验室中度过几个小时,我却昼夜与心常在。我每分每秒都在进行实验,它对我试验的详细记载,远胜电动的或电子机械的记录。

总之,自从我和这位苏格兰同屋的偶然结识带来了这次谈话后,以反复的生命进行反复的试验,以求全的知识、最理想的自由武装起来的理论成了我生活哲学中的最大支柱。生命是一场最大的喜剧。始于摇篮,终于坟墓。周而复始,或在永久的欢乐中更新,或在无穷的磨难中重生。它也会以死亡的面目而消失,仿佛从未存在过。人是命运手中——甚至造物主手中最大的玩偶。他是一颗被各种灼热的外皮包裹着的神的火星。燃烧的热度随着时间的推移越见炽烈,直至外皮燃尽,剥离出来,得见充满时空的光华。炽烈的程度取决于被包裹的人对出世的向往。因此,我们发出的热,即我们对美、对知识、对自由的渴求正是衡量我们进步的标尺。坚持优良、高尚的品德和崇高的追求,是我们渴求的标尺。它的实际价值远远超过词典中词语的释义。至于那些低劣、卑贱的德行和对崇高理想的轻率对待,则是遮蔽那神的火星或阻止其燃烧的浓烟和黑暗。

此后,我深入研究了自古以来的各种"内在"学说,研究了天启宗教和其他各种天道。令我惊讶的是它们彼此在时空遥遥距离上的目的与方法竟如此接近。"吠陀"①"甚特阿凡斯达"②和"赫尔墨斯秘义书"③相去不远。老子的"道"无异于基督的"归"。《德哈玛巴德》中《内尔

---

① Veda,用古梵文创作的流行于伊朗、印度一带操印欧语的各民族的颂神诗歌和宗教诗歌。
② 甚特阿凡斯达,波斯古经。
③ 公元一世纪前后有关神灵启示、神学和哲学的作品。实际上是东方宗教的要素和柏拉图哲学的一种融合。

瓦》的形象只是新约全书中的主。哈拉智①、伊本·阿拉比② 以及其他的阿拉伯神秘主义者在上埃及相会几乎就是和世界上其他国家的方济各③、雅可布·布希默、斯维登堡④、威廉·布来克⑤、罗摩克里希纳⑥、高尔地也夫见面相仿。

  这个世界充满了渴望真理，充满了寻找能使人从愚昧、痛苦和死亡中解脱出来的办法。这些办法即使没有科学依据也无关紧要。或许它比科学途径更容易到达目的地。真正的愚昧就是装作对自身的现实和生活的现实视而不见。

---

④ 哈拉智（857—992），阿拉伯苏菲派诗人。
⑤ 伊本·阿拉比（1165—1240），阿拉伯苏菲派哲学家。
⑥ 方济各（阿西西的）（1182—1226），天主教方济各会和女修会的创始人。
⑦ 斯维登堡（1688—1772），瑞典著名科学家、哲学家、神学家。神秘主义者。
⑧ 威廉·布来克（1757—1827），英国诗人，版画家。
⑨ 罗摩克里希纳（1836—1886），印度教领袖。

《艺术》的再生

1915年4月13日　纽约

米哈依尔哥哥：

绝不是我忘了你，也不希望你责备我。此时此刻，我多么需要安慰和鼓励。

没给你写信期间，我身体虚弱不堪。精神萎靡，身体有病……我认为此生所求都已从手中溜掉，绝无返回的希望……

现在好了，既可从精神上拥抱你，又可告诉你全部希望已从坟墓中崛起……说实话，我现在仍然身无分文。既没有工作地点也没有工作助手。但我已强大到足以肯定我的文学刊物《艺术》，不久就要复刊了。

我的朋友，在我的杂志沉寂的时刻，你是我唯一的伙伴，从精神上帮助我，和我共经风暴，同度那黑暗的时光，安慰我一颗痛苦和烦恼的心。现在，我拥抱你，把你拥入心间。让我热情有力的手紧握你那愿意共同承担我们文学工作的手吧。

现在我暂时在《旅游者》杂志担任编辑和撰写任务……能谈谈你的忧患和欢乐吗？能让我知道你想些什么吗？吻你，希望尽快能听到你的声音。

纳西布·阿雷达

1915年4月17日　西雅图

亲爱的纳西布：

表上的时针已近夜半。在拥枕而睡，把自己交给幽冥之神前，我愿与你做一次心灵的交流。

首先对你希望回来表示祝贺。我认为这是你迄今为止、与命运的斗争中取得的最大胜利……投入了你承受过考验的熔炉，坚强又安全，以崭新的面貌脱胎换骨，这种精神能在世界上进行创造工作中的广阔天地和文学斗争的伟大战场中发扬。

纳西布，有的青年不被生活磨炼、搓揉，以用来烘烤新的纯净的面包，他们着实可怜……我不知道自己内心的力量，因为我没有受到生活的磨炼……可你已经堕入火狱的底层又平安返回，这难道不是一次辉煌的胜利吗？

你想知道我的忧患和欢乐，知道我的希冀、建树……可你知道，我是一名法律系的学生，你不觉得其中有什么奥妙吗？是什么推动我去学法律又这么酷爱文学，爱精神生活胜过物质生活，我为什么先学了法律？我也说不清……我只知道我并非为空洞的、世界性的、物质的目的去学法律。一开始我便认为，在这方面的努力，将使我和人际以及他们的精神秘密接近。

此外，我喜欢学法律，也出于从哲学的角度寻求促进世界制定各种生活法则的缘由，它给强者以权力，去限制弱者的自由，让少数去统治多数。

可是我的第一学年令人十分失望。我没有发现我追求的东西的任何痕迹。相反，只看到那些一切成文或不成文法律武装起来的老师们，时时刻刻、日日月月地把这些东西塞进学生们的头脑中。这里唯一的目的，就是让他们的学生毕业后，每天、每周或每月拿到多少金钱。这就是全部美国学校的精神……物质的、商业的、世俗的……

纳西布！你在我的心里就是兄弟，所以我向你吐露出了内心的悲剧。这是一个发现自己的精神处在陌生世界中、远离自己的心的悲剧……

你说《艺术》杂志即将复刊。对此,我完全相信。不过你没有说用什么办法让它复活的。

我写累了,可是还有许多许多想告诉你。就让我暂时同你告别吧。

你的朋友米哈依尔

1915年11月19日　纽约

亲爱的米哈依尔:

我真不知道,或许我只是个世代不愿修葺、使其恢复原形的残肢、碎片。在激烈斗争中败北后,恐怕已不宜再投入真正的战斗。我俨然像一叶被失望、迷雾、幻想的礁石撞碎的小船……我想表述更多的东西,但是时世使我丧失了雄辩的口才。我多么需要像你这样的朋友,哪怕只用一个鼓励的词汇,也可以一次又一次地医治我。

现在,唯一能滋润我焦渴精神的是在《旅游者》杂志工作,并努力使它成为一份真正的刊物。同时我还准备承担"自由叙利亚"更重要的工作。后者犹如在失望之夜的一束希望之花。知道你也是该组织的成员,我十分高兴。它鼓励我忘却时间带来的一切厄运。

毫无疑问,你要骂我改动了"圣父"中的一些词句。那一段得到了美国各地作家的一致赞扬。

要告诉你,我决心在年初出版一期版面大、内容多的《旅游者》,包括文学巨匠们的思想,刊登他们的照片。这一期将成为一面可保存、留作纪念的时代明镜。尽管我的要求将给你的学习和辛劳增加新的负担,我还是希望你给我寄一篇文章和你的照片……向你的兄长问候。

纳西布·阿雷达

当时，我曾有过请"自由叙利亚"的同志帮助继续出版《艺术》的想法，也跟纳西布交换过意见。但很快我们就发现，这个组织的成员不仅缺少经费，更缺乏同仇敌忾、解放祖国、传播信仰应具备的能力和才干。1916年1月18日纳西布给我写信：

> 你是和我们共同战斗的一名勇士，这更增强了我坚定不移致力于我们新工作的决心。不过，我并不想向你隐瞒我对许多成员的怀疑和缺乏信心，我对该组织的主席艾·夫争取会员时的不调查、不分析，轻率地拉进组织来的做法极不满意。我更不喜欢那种在众所周知的情况下故弄玄虚，趾高气扬，妄称如何重要和有广泛影响的做法……这常使我想到鼓起肚子的青蛙……为什么要这么虚张声势呢？少数的坚定分子做出许多成绩，总比佯称人数众多，比无所作为强得多……

我回了一封短信，说明如何与艾·夫通了几封信后才加入"自由叙利亚"的。当时，我虽从他的信中感到这个组织的活动颇像孩子们闹着玩，但仍被他吹嘘的该组织的重要及广泛给蒙住了。信的结尾我是这么写的：

> 这段时间，我一方面肯定了这个组织缺乏计划性，但同时也感到我们对"自由叙利亚"或任何可替代它的新组织的需要，我指的这个新组织应当是任何旨在为叙利亚带来光明、解除它的重压、为它的人民揭示生活意义的秘密组织。它当然应该包容我们文学力量，并能明智地调动它……我们同西方的摩擦，必将推动我们之间的活力，而它迄今为止依然僵滞在无知的灰烬和陶醉在昔日的统治中。令人担忧的是，这种力量会像流进沙漠中最后销声匿迹的溪水一样，白白丧失。所以，我认为应尽可能地把它聚集、团结起来，增强其威力，扩大其影响……我又认为让"自由叙利亚"继续存在、整顿和修

改它的计划,比重新组织一个新团体好得多。

《旅游者》新年一期大大出乎我的意料……你的短诗太美、太美、太美了,远胜其他的诗作……文章更应受到奖赏……写吧,像我给你那样写吧。

1916年3月20日,纳西布给我写了一封长信,谈到在纽约成立一家出版阿拉伯杂志的公司之争。信的最后他写道:

> 你的《十字路口》一文,引起极大的反响。你听到的,仅是回声而已。毫无疑问,你根本没把文学界鸦群的聒噪和它们对你的攻击放在心上。这篇文章足以使不止一个文学界的不速之客哑口无声,而另一篇如此凌厉的文章将消灭其余的不速之客。准备拿起你的笔吧!
>
> 《正途》的创办人奈欧姆·姆克勒泽尔正筹建新闻工会。《西方明镜》的主笔纳吉布·迪亚布对他或言听计从或花言巧语地哄着,我跟你谈过这方面的事,我们非常需要一个文学工会,团结起真正的文学家。帮助他们,使他们的作品不像目前这样只让各报的主持人获利,而不给自己带来丝毫的物质利益。侨居地的文学工会若能有一致赞同的宗旨,就可以捍卫文学家的权利,使工会会员的每一位作家不至于白白地把自己的作品送给各报刊。此事建议你研究一下,并告诉我你的意见……
>
> 希望常能在纽约见到你。我们将因为你而感到自豪。也许你会帮助我们开辟一个新的、灿烂的文学新时期……

关于"工会"一事,我是这么给他写的:

> 我早就考虑文学工会一事。以前是,现在仍然希望客观环境有助于我前往纽约,就此事同你交换一下想法。我将尽

力促成工会的成立。但是，我目前对工会的设想，和你的想法不尽相同。我的工会的宗旨是：

一、致力于团结侨居地的优秀作家，使他们成为我们文学生活进程中具有影响的力量。

二、提高读者的文学鉴赏力。

三、为缩小方言和书面语之间的距离想办法和定措施。

四、在叙利亚人中宣传和促进表演艺术。

五、加强写作艺术，并把它提高到有资格才能有此称谓的程度。

六、和一切中性的或害多于利的报纸杂志进行斗争，以加强叙利亚或阿拉伯的新闻事业。

七、赞助一切有为的青年作家。

八、宣扬文学原则……尽最大力量将欧洲文学译成阿拉伯文。为此，应组成翻译委员会。

总之，最主要的是当工会有了令人瞩目的地位后，应掌起我们文学生活之舵。应创造这样的气氛，即任何一位证实了他已为我们的文学金库提供了珍品的人，加入工作就是他的荣誉……

1916年4月5日　纽约

亲爱的米哈依尔：

一周来，因《艺术》的准备工作忙得不可开交，故未能给你写信。不过，我已委托拉俄布先生转告此事。他照办了。你可能已收到他的信，我们正共享快乐。这本杂志如果没有拉俄布兄弟物质上的援助，绝对无法起死回生的。基于许多原因，我确信这次定能获得成功……其中最重要的是人们正准备接受它，我已经感觉到了，每一个旁观者也都如此……我们一分钱一分钱地计算着开销，每月不会超过200个里亚尔……拉俄布准备二次付出两千，余下的五分之一，他设法在年底前筹齐……

现在，我感到了生活中的巨大变化。我活了，我热爱生活。我拂去了慵懒、厌倦地上的灰尘。从今天起，尽力帮助我吧，我的兄弟！我知道，我绝非孤独的建设者，因为你与我同在。携起手来，说不定我们能在文学史的建设上搞出点新东西来。也许这一次的声音不会像上次那样喑哑、沉寂。

你如果不能给我寄点新的东西，我将把你原来的《诗歌和诗人》在第一期上发表……

即颂。

你的兄弟纳西布

1916年6月29日　西雅图

亲爱的纳西布：

第一期《艺术》昨天收到，我一字不漏地读完了，连广告都没放过……

我把《诗歌和诗人》的剩余部分寄给你，主晓得，我在交出第一部分后两年才把它续完。但实际上我仍未结束。刚写到这里，读到阿拉伯报纸上密特朗·杜尔彦撰写的关于黎巴嫩的饥荒，顿时思绪纷乱。我觉得所写的似乎是些笑料，我的亲人们在饥饿线上死亡，我却在这里写什么《诗歌和诗人》，难道还有比这更大的傻瓜吗?！不过我还是把写的寄给你了。这是我就此题目的最后一些东西……我在《波士顿少女报》上看到有人批评你使用《蜚声遐迩的诗人》、《哲人艾敏·雷哈尼》和《自由的现代人》等词。这批评启。望你在将来能改正。

此致。

你的朋友米哈依尔

1917年6月27日　纽约

亲爱的米哈依尔……我正尽力使第二期的印刷更为精美。我们的《阿拉伯杂志》的伙伴们，正积极筹办出版该刊。他们踏破了纪伯伦和雷哈尼的门，要求签订合同只为他们写文章。原因是除此之外，他们别无稿源，更无办法与《艺术》抗衡。但只要你和我一起，就是失去了纪伯伦和雷哈尼也无所谓。人们读够了纪伯伦的东西，舆论界已转向你的新鲜自由的评论文章。它远远超过了对那些名作的赞赏……

我多希望你在纽约啊！当初，如果《艺术》平安地走过了第一年的路程，我们现在该是同坐一屋，为了共同的目标，各自在桌前忙碌。不过，我还有更大的希望。只要平安地度过第一阶段，再没有任何东西可将我们和胜利分割开了……

你的朋友纳西布

6月11日，我给纳西布寄去了小说《不育者》，那是三天前，从晚上九点到半夜两点的一次聚会上一气呵成的。那天，尚未搁笔，又热泪盈眶，结果是彻夜难眠。

三个星期以后，纳西布写信来说，《艺术》准备出一期专刊《灾难中的叙利亚》。他说：

我们对祖国负有未了的义务。它不是用笔杆、金钱和一颗心来偿付的。

于是我又寄出了小说《死亡联欢会》。他一接到稿子，立即复信：

《死亡联欢会》实属我们现代文学中罕见的佳作……如果我的估计不错，它将受到读者和文学家的热情欢迎。

《灾难中的叙利亚》推迟到第五期,所以《不育者》将在第四期发表……得知拉俄布去信请你到纽约来。我天天翘首以待,盼望你的到来。但奇怪的是接到来信,知道你对此行尚在犹豫之中……

不过,我没有犹豫太久。由于纳西布和他同事的一再催促和我一心投入战斗的迫切愿望,两个月后,我终于手执唯一的武器——秃笔一枝,怀里揣着一个多月的伙食费,起程前往二十世纪的巴比伦。我丝毫没有凭着文凭谋生的念头。在我成为拿撒勒和布勒塔法学校的一名学生时,从不曾梦想过从事文学,完成文学家的使命,获得文学家的荣誉。现在,我确已开始品尝那荣誉,并感觉到完成这一使命的光荣职责。至于大饼、衣服、鞋袜和栖身之处那就不必多想了……我们的主是最慷慨的,他绝不会把你丢弃。

共济会员①

1916年8月18日，我向俄国领事告别。他那盈眶的热泪，坚持为我向战时驻纽约的俄国机构写介绍信等做法使我十分激动。我正向挚爱的朋友告别，向满怀善勇的父亲告别。让我远离他们该是多么的困难。

"把介绍信带上。像纽约这样嘈杂的大都市，你又无亲无故。遇到困难，这些东西或许对你有点儿用。"战抖的语音里透着亲切。这方面他确实比我想得多，看得远。

这之前，我已向颁发文学文凭和法学文凭的大学告别了。但感情上达不到像有的大学毕业生称之为"养育母亲"的程度。这里我度过了四年时光，但没有在我心中留下任何因离开而产生的依恋之情。我结识了一些善良的男女青年，但在思想上、心坎里总留有一种陌生、外来之感，以至无法对他们任何一个打开自己的心扉。所以，虽共同生活，却处于两个世界之中。这也许应该是我，而不是他们该负这个责任吧。即使到此时此刻，如果清点一下在我的世界里和我共同生活的人，恐怕也超不过一只手掌的数。

我带着不工作、不看书、不写作、好好休息的打算，回到瓦拉瓦拉，准备在那里过完夏天。我确实需要休息。我想去纽约的消息在两个哥哥心中犹如晴天霹雳。他俩原本要我留在当地，找一家有名的法律事务所，定能在法律界崭露头角，为自己开创一个光辉灿烂的未来。他俩

---

① 世界上最大的秘密团体，旨在传授并执行其秘密互助纲领。共济会起源于中世纪的石匠和建筑工匠的行会。会员必须是相信上帝并坚信灵魂不灭的成年男子。

的劝阻没能生效,我血液中催我奋进的马刺——字母、笔墨,比任何执拗的企图都坚强。

我没有休息,用三个星期的时间写了《父与子》剧本。我选择这个题目,并不是不知道俄国著名作家屠格涅夫的名篇《父与子》。但我认为两者毫不相干,这题目不算什么创造,也许这是任何一位想描写两代人斗争主题的作家最先想到的题目。类似的情况还产生了许多题目如《诗和诗人》《东方和西方》《生与死》等。重要的是作品的内容。题目可以雷同,但是处理的手法不同。无论人物、事件,还是对白,我和屠格涅夫对父辈和子辈间斗争的处理迥然各异。

同样的情况并不适用于别人不曾想到的创造性的题目上。如果我写了一本书,取名为《宽恕书》,那我的选择便是公开的剽窃。如果有人发表了一本诗集,名为《眼睑细语》,那这题目又是百分之百的偷窃。写到这里,我想起一位黎巴嫩诗人把他的一本诗集起名为《月亮的秋千》。这两个词出现在我的题为《秋叶》的一首长诗中。我对纷飞的落叶说:"噢,太阳的舞场!噢,月亮的秋千。"有人告诉他诗集的名字来自这首诗时,他回答说:"秋千"和"月亮"都是字典中的词,谁都可以用。但他没能在字典里找到这种将它俩结成良缘的办法。

说到题目,我给读者讲一则有关巧合的怪事。1932年回国后,我被黎巴嫩、叙利亚、巴勒斯坦的许多俱乐部和学院请去开各种讲座,做报告。事后,我想把这些讲话编撰成集出版,并加个名副其实的书名。讲话全部探讨人的问题:人围绕着小我旋转,直至通向大我,从有限到无限,从地到天,从人到主,即返回神性之本的道路。我起了二十来个书名,总觉得不满意。突然"来世的干粮"——这几个字跳进我的脑海,我顿时身心得以解脱,觉得非常理想。因为我所写的都是为一个要求返本的人准备的干粮。当时,我真觉得这个题目简直是默示的降临。

但令我目瞪口呆的是,该书出版一年后,我在贝鲁特的一家书店里,看见一个陌生人拿着我这本书在手里翻弄了一会,抚摩着前额,仿佛他对店主说:"《来世的干粮》……《来世的干粮》……我好像记得有一本古书也叫这个名字。那书比这本厚,而且书名中不止这两个字。

《来世的干粮》……噢！那本叫《善人正途上的来世干粮》……"请读者相信，那时，我根本没见过这本书，甚至连听也没听到过！到今天，我的好奇心还在促使我去寻找它，了解它。

刚写完《父与子》，就开始埋头读艾迪布哥哥带回家的一厚本英文书，叫《道义与信仰》。编者是一个有名的共济会员。书中有对共济会信仰的详细研究，对共济会各等级的标志符号的全面解释，但回避了不宜为非共济会员了解的一些秘密。

我知道艾迪布哥哥是共济会会员，还担任过瓦拉瓦拉共济会副主席。但我却从未与他探讨过共济会的组织和信仰，原因是我觉得它没有什么值得我重视的信仰。可是，读完这本书后，编者对各种古老信仰的深刻分析，远比这个组织的某种信仰更使我震惊。编者意图通过分析，证实共济会与古埃及人、迦勒底人、印度人、波斯人、希伯来人、希腊人所寻求到的"真理"有着密切关系。为了使他们的真理免遭无法理解它的浩浩之众的伤害，他们用各种标志符号把它包裹起来了。

思想真是个怪东西。自古以来，它就千方百计地寻求"真理"——自我的真理和它所生活的宇宙的真理。从久远的年代起，它的努力就把它带到了文字、语言无法解决的"秘密"中去，于是，它只得求助于可感受的符号和标志，以此接近智能，去理解什么是超感觉的。于是出现了难以数计的标志、符号，如金硬壳虫、蛇、鱼、两角托着太阳的井、带翅膀的公牛、狮身人面像、金字塔、三角形、正方形、立方体、圆、3、7、9神圣的数字等。这些标志、符号迅速地在人们的头脑中占据了所标志的一切地位。因为广大群众无力进行抽象的和绝对的思考，所以他们的一切宗教、崇拜对象都变成了僵化的活动和无生命气息的仪式。

不过，世界上始终有一批优秀的人物，他们明白这些符号、标志，对它们的价值和意义已给予了恰如其分的评价。他们采取各种不同的手段记住所领会的真知，并把它传给人们。这多种手段之一便是组织秘密团体，以分期分批分等级的办法，训练成员。于是，产生了共济会的等级。

可是，奇怪的是今天的人！竟认为只有他一人通过现代科学掌握着通向"真理"的钥匙。而那些建造了金字塔、太阳神庙的人,写出了《摩诃婆罗多》①《罗摩衍那》《甚特阿凡斯达》和《伊利亚特》的人,创造了希腊神话、艺术和哲学的人,以及给人们带来《旧约》《新约》和《古兰经》的人……这许许多多思想和精神的使者,在现代科学的眼中,不过是一些迷途者和误人者。他们的所作所为都不过是迷信和幻觉,或者说思想本身也已今非昔比。如果它没有像现代科学那样被套上感觉试验的缰绳,那么,它的全部结论都是毫无价值的信口雌黄。

我的艾迪布哥哥是个热心的共济会会员。今天,他已擢升为美国为数甚少的三十三级——共济会最高等级的——会员。有一天,他对我说:

"上面不让我们去说服任何人加入共济会。不过,我还是劝你在去纽约之前入会,你说怎么样?"

"那就入吧!"我说。

于是我成了瓦拉瓦拉共济会的第一级会员,因为往下的两个级别我已无暇去争取了。瓦拉瓦拉的共济会写信给纽约的共济会,委托他们完成入会手续。纽约的会所完成了。我这个刚刚变成共济会师傅的人到会所去了几次,发现人们都在卖弄着一些皮毛,没有实质内容。和其他各帮派一样,大多数人只为了某种物质利益或社会利益才加入的。每一个共济会员都有义务,用各种办法帮助他的弟兄。又因为相当多的大实业家、政界和司法界人士都汇集在该组织的大旗之下,所以加入组织已成为一种达到自己目的的手段。我是被共济会的思想所吸引,对它空洞的外壳毫无兴趣,所以,没过多久,我便不再踏进会所的大门,每年的会费自然也不交了。结果,自己给自己除了名。我的所作所为甚合我的心愿。我生性讨厌被囿于整个组织某种主张的框架内,也讨厌哪怕被众人认为是美好的、形形色色的烙印和标记。

---

① 印度两大叙事史诗。较短的是《罗摩衍那》。

恐怖的旋涡

　　五大洲把五百万形形色色的人们抛向海外。有白人、黑人、棕种人和黄种人；有高的、矮的；有赤贫如洗的，有脑满肠肥的；有虔诚的教徒，有背信的叛教者；有小偷、凶手、淫荡之徒和那些恪守"不偷、不杀、不好色"信条的；有白痴、天才；有卑鄙小人、豁达丈夫；有默默无闻的、有自力更生的。这些人注定住在他们那大大小小的巢穴中。有的是山洞、栏圈和地道，另一些又是贵族、君王的宫廷，无与伦比的高楼大厦。为了他们面孔上绽出的每一丝微笑，为了从生命中赢得快乐幸福，他们都必须马不停蹄地活动，低三下四地从他们的血、泪、脑力、肌肉和心神的纯洁中交付课税。他们的语言原本是大地上各种语言的混合。可现在出现了一个共同的语言——美元。为求生存，他们八仙过海，各显神通，有些竟是魔鬼也不曾想到的计策。

　　这一社会正是我 1916 年第二次进入的纽约城，更恰当地说，那是我心甘情愿跳入的恐怖的旋涡。我来此唯一的目的就是纠正与我相距千万里的同胞们的文学标尺！在什么样的环境中呢？在旋涡中，在纽约的旋涡中，未免太自负、太妄自尊大了吧！可是，为什么要把我的冒险看作是妄自尊大呢？人们在这里，在世界各地，都跳着各自的舞蹈，那么，就让我在这股旋涡中跳出自己的舞蹈吧。让命运奏出它欣赏的乐曲，让它随心所欲地笑吧！只要我的笔和《艺术》与我同在，我便心安理得了。

　　纽约没有像欢迎一位征服者那样欢迎我。但是《艺术》办公室的欢迎会却使我耳、目、身心的感觉远比那掌声雷动、彩旗飘扬和礼炮轰鸣的仪式来得亲切、甜美。我见到了纳西布·阿雷达、阿卜杜·迈西哈·哈达德、米哈依尔·伊斯肯德尔。不久,又看到了纪伯伦。——这些面孔使我愉悦、欢快,这种空气使我能尽情地自由地呼吸。

可是一到晚上,气氛变了。大家一致让我住在叙、黎侨民聚居的布鲁克林区,派了个向导带我去找间"合适"的房子。我们来到一个叙利亚家庭的房前,女主人一听到我的名字,立刻叫道:"是您写《不育者》的吗?我们边读边哭,差点儿把眼泪都哭干了。"我略显得意地自忖道:米沙,你的名声比你先到了,以后,你在布鲁克林可不是个无足轻重的人了。

鳞次栉比、密密匝匝、大同小异、阴暗郁闷的布鲁克林建筑群,简直是块流放地。那儿没有树木花草,没有蝶虫鸟雀,甚至没有一抔令人忘却那乡愁的黄土。怎么办?我必须在这儿栖身。怕人们破坏了我的孤寂,我又不愿住叙利亚人或黎巴嫩人的家里,最后选中了一个爱尔兰老人的家。那是四楼上的一间。踏着那破旧的木扶梯上楼下楼时,楼梯总要发出痛苦的呻吟。可一星期的房租高达五美元!噢,绥尼山,你在哪儿?你在哪儿呀,舍赫鲁布?白斯肯塔,你在哪儿呀?

我在这小屋里度过了第一个夜晚。身子刚刚挨着床榻,整个身心便沉浸在层层忧虑和疑团中:家里人怎么样了?报上说,饥荒正在成百成千地吞噬着人的生命……战争仿佛永远不会结束……美国欲进又退。总统大选已迫在眉睫。民主党的候选人就是现任总统威尔逊。看来,这个人厌恶战争,希望自己的国家远离其害。共和党候选人是查理斯,现任最高法院院长。人们觉得他始终热衷于把国家投入战争之中。我倾向威尔逊。在我从中找到了暂时栖身之处的恐怖的旋涡之中,在我几乎要窒息的斗室之中,才一个月或不到一个月,而我已囊空如洗。我该怎么办?从一位和纳西布同在《艺术》杂志工作的同事的简单谈话中了解到,杂志的全部收入尚不足以解决纳西布的负担,那又怎么能满足我和他的同事的需要呢?可是,正是《艺术》把我带进了这个旋涡。《艺术》应该活下去。至于我……你的主是最慷慨的。目前最重要的是投入战斗,直至取得胜利。

几天后，领事写的三封介绍信中的一封发挥了作用。我开始在俄国商船处打字。主啊！莫非我在白斯肯塔、拿撒勒、布勒塔法、西雅图所学到的一切，都只是为了让我用两只食指在这该死的机器上敲来敲去？在白纸上敲出一个又一个与我的思想感情绝无任何关系的黑色的数字和单词吗？这和我想的生活相距太遥远了，和我为之而付出的努力也相差太大了。这不过是我身体的表皮和实体的糟粕所出卖的力气。每月所得还不到八十美元！

除了需要我的两根食指外，在这五百万人口的恐怖旋涡中，竟没有人需要我的信义、诚实和思想，需要我二十年来学到的知识吗？不，米沙，很多人需要，可是到这些人身边谈何容易。在这个旋涡中，像鸡叫似的表白着自己的资格，乞丐般地叩着一页页门扇，才是你唯一的求升迁、受"重用"的途径。不过你一向厌恶鸡叫似的自我表白，更厌恶卑贱地叩门求荣。既然如此，你应该知足了。因为你现在的生活不需你毛遂自荐，也不用你低三下四地叩门求生了。

可是，我无法满足。不管我如何卖力气，精打细算，一个月八十美元的生活费常使我度日维艰。于是，两个月后，我不得不依靠手里剩下的两张介绍信。结果拿到了每月一百美元的薪金。又一个月以后，我在伯利恒钢铁公司担任秘书，每月有一百五十美元薪水了。这家为俄国制造炮弹的公司，位于宾夕法尼亚州一个叫"肉之家"①（伯利恒）的小城里。我住在附近的艾林顿。就这样我终于远离了纽约的喧哗，有能力依靠自己的工资资助家人而松了一口气。可是每当想到自己的处境，想到我正蘸着战场上千万亡灵的鲜血和他们国内亲眷的泪水，吞咽着口粮时，心灵上便漾起一阵战栗。有什么办法，只有佯装不见了。

暂时离开纽约确实有利。不管我付出了多少努力，我始终未能和三四万侨居美国的叙、黎侨民打成一片。他们中的绝大多数在思想、美学、宗教、社会等方面知识肤浅，把美元尊为神圣，这种状况使我十分痛苦。他们甚至把往昔的政治和派别上的仇恨、分歧和无稽之谈带到

---

① 阿拉伯文伯利桓的字面意义。犹如阿文的"白房子"（摩洛哥城市）之英语的卡萨布兰卡。

了侨居地。在我抵达纽约前不久，竟爆发了马龙派和正统教派之间的血战。有双方宗教人士支持的报纸在旁煽风点火，推波助澜。那时，侨民中的各派，按其人数多寡和地位高低，必须办一种或几种报刊，教堂和教派组织更不在话下了。

马龙派的几份报纸中要数奈欧姆·姆克勒泽尔的《正途》报最为出色，而正统教派最重要的会刊则是纳吉布·迪亚布的《西方镜报》。我记得当时一名来自马阿努的穆斯林青年曾办过一份叫《路》的穆斯林报，但没有几个月，便销声匿迹了。那时，穆斯林刚开始移居美国。各派的报纸只是为声嘶力竭的派别之争呐喊助威和发表各派活动消息，取悦群众以求获利推广。

离开纽约，前往新工作地点宾夕法尼亚的伯利恒前，我已将过去用俄语写的《冰河》一诗译成阿拉伯文，交付《艺术》杂志。发表后，简直不知如何回答人们的祝贺。"阿拉伯诗歌的新起点""诗人都应这样写诗""愿上帝使你的才华倍增，多给我们写点儿这样的作品"……作家和从事写作的人就是以诸如此类的评语迎接我的第一首诗的。纪伯伦大为惊叹，说得调和色彩十分甘醇，他像我一样，开始走在为传统诗歌送葬的行列中。我这首诗是按欧洲诗歌的风格，每两行押一个韵。某些主题庸俗的传统古诗从头到尾坚持一成不变的韵律，那些重复出现的形象已是尽人皆知，颇倒胃口的了。

我在那家制造炮弹的俄国公司里完成了这首诗的阿拉伯文译文。就在打字空余的两小时内，译诗一气呵成。几周后，简直像听写一样，只字未改地写出了我的第二首诗《兄弟》。由于纳西布再三要求，发表前，我在布鲁克林侨民举行的有关黎巴嫩饥荒和叙、黎灾难的集会上，朗诵了这首诗。结果，它犹如一枚炸弹，在革新派和稳重派之间炸响了。

诗分五段。为了使读者看到它的音韵、内容和处理方法上的革新的面貌，我将最后一段写在这里：

兄弟，我们是谁？

没有祖国,

没有友亲。

睡也好,

起也罢,

耻辱羞愧永远是我们的披巾。

世界因我们的死者腐烂,

因我们的存在发臭。

来,拿起锹铲,

随我前去。

再挖一条可随时藏匿自身的深沟!

在这里,第一行、第二行使用同一个韵脚,第三行出现新韵脚,第四行是自由韵,最后一句,则像读者耳朵所希望的那样,又回到第三行的韵脚上。这最后一个音韵是听者在一开始就可估计到的,所以它自然而然地出现在每一段的末尾。同时,诗歌各段所出现的形象不矫揉造作,没有华丽的卖弄,它只是对我们祖国所遭受的物质上穷困和精神上潦倒的一个动人的描写。它无意夺人耳目,只想走进人们的心灵和精神的深处。看来,我在这首诗中所付出的努力,获得了百分之百的成功。《艺术》杂志上刚一发表,传到阿拉伯祖国,立即被各报转载。《新月》杂志更是一马当先,为它写了美好的前言。我以他健全的思维意识到一股清新的风已开始从山姆大叔的国家向阿拉伯文学吹来。

战神的网罟

战神马尔斯想玩玩、闹闹，驱逐心头的烦闷，便对人类吹了一口有趣的、挑逗的气。不需多久，这口气便化作刺激人们，甚至使他们疯狂的风暴。于是，下界的海洋搅动着，浪涛仿佛要把对方吞噬。马尔斯认为：机会来了，便在惊涛骇浪里撒下了自己的网。没人知道网住了多少鱼？什么样的鱼？哪条侥幸而生？哪条注定死亡？

1917年6月4日，美国对德宣战。美国和我不相干，我不是美国人。战神与我有何相干？我十分厌恶战争，更讨厌马尔斯的嬉戏。打我记事以来，就不曾记得和人红过脸。至今既没有打过也没有骂过什么人，当然也不曾被打过骂过。其次，我是求知者，不是嗜血者。我正从最狭窄的门扇中为自己和与己有关的人们求得生计。我不垂涎财富，也不因富足与他人竞争。我不会夺人口中食物塞进自己口中，也不会剥人衣衫裹住自己的躯体。

除此之外，当年法国森林中的战争和喀尔巴特山上的战争的恐怖又怎么比得上我今天目睹战争的残酷呢？以前的战争不过是"爬虫和疾病"的战争，是骆驼踏碎僵化传统的战争，是那些怕幻想长上翅膀、视线不超过自己影子的人们，手握蜣螂所进行的废话横飞的战争。而我只想把祖国的文字从传统和僵化中拯救出来，把祖国的思想从诡辩和无稽之谈中解放出来。那么，我和那位在塞拉伊夫被塞尔维亚青年暗杀的弗朗西斯·费尔南德大公有什么关系呢？

可是战争的逻辑是最玄妙的。我和其他人在除战争外的各条战线上所进行的艰苦卓绝的斗争与它有何干系：它只是战争，只有它有权制订目的,划分前线。所有的人都是它的士兵。士兵只能无条件服从它那至高无上的权力。

美国刚一参战,立即宣布了全国二十一岁到三十一岁的青年的死刑,命令他们到最近的兵役处登记,以便将来抽签征兵。于是,登的登,逃的逃,我惯于奉公守法,也去登记。很快便被要求服役。可是,又因我当时"尚在为一个同盟国服务",所以两次被延缓服役。一次为期半年。

虽然兵役的刀剑悬在头顶,但我在宾夕法尼亚州这如同农村般的小城中生活的时期,正是我精神上丰收的季节。每晚,伯利恒的工作结束,我习惯的独身索居,使我沉入系统全面的默想中。嬉戏、女色、任何有吸引力的事物都不能使我抛弃冥想。唯独关于战争的消息才令我对自我、对宇宙、对人生想得更深更远。像以往一样,我认为人生是宇宙中最高尚的生命。可是没多久,正像哈里发阿里①对现实的评论那样,我把战争和日常生活的一切场面,看得比"蝗虫嘴里的一张叶片"还要渺小,还要微不足道。

独居冥想中,我生来第一次感到上帝是我内心的一种力量。我们之间并非是一种人间的创造与被创造、崇拜与被崇拜、信仰和被信仰的关系。这种感觉使我沉浸在心灵的安逸中,像子宫里足月的胎儿,急切地想来到人世。一天夜里,我并未让自己的心做全面的反省,却感到思绪不断地撞击着心头。于是,信笔为一本从未在我幻想中出现过的书写下了序言。

笔疾如飞,字里行间一个麻脸怪癖的青年跃然纸上。我把他取名为"麻子",这本书叫《麻子日记》,前言刚完,我就发现,我正像一个初得贵子的人,准备献出全部的父爱。

我用自己的想象创造了"麻子"这个人物。很快,他在我生活中的地位便超过了想象。多少次,我们促膝夜谈,并肩漫步,同桌共餐,共眠一榻,同枕一席。我不让他过一个有远见者的平庸生活,而赋予他敏

---

① 穆罕默德去世以后的第四任哈里发。

锐的洞察力。这种非凡的能力,是在他遭受猛烈的撞击后,从自己的过去中剥离出来。然后,又把他置于超出内在生活所能承受的范围里,每天周旋于浮泛着生活泡沫的环境中。这时,他仿佛是书页边幅上被遗忘的一个字母,是一个受侮辱的卑贱者。可是,他却通过日记中记下的对感官世界及其周围一切的印象,将这一世界和自己的心灵、思想和幻想的世界做比较,显露了他的精神富有。

塑造了"麻子"及其生活后,我应该利用他的日记,创造出一些令读者深思,引人注意,不带任何矫揉造作和枯燥无味的东西。而我在日记中所塑造的配角人物,他们之间奇怪的差别以及不时浮现在"麻子"记忆中的往昔生活的沉渣,使日记具有一定的故事色彩,较易为读者接受。虽然我还没想好怎么写故事的结尾,但禁不住纳西布再三催促,便把前几章先给他。1918年1月10日接到他的回信:

> ……《麻子日记》一书收到,只觉得纸页间一股轻风向我的灵魂吹来,我苏醒了。请允许我说一句,我认为这本书是你的精神送出的最佳作品(当然也十分赞赏《父与子》和其他作品)。米哈依尔,《麻子日记》是广阔无垠的汪洋。你结尾部分的那段诗我十分欣赏,多给我们写点儿吧,上帝满足你的一切愿望。我知道,作家们已变成"麻脸"的俘虏了。

看来,我确实把"麻子"的形象塑造得栩栩如生。以至在不久回纽约时,竟不知如何回答读者的问题:

"我们在纽约比你早生活了多年,可怎么你能在纽约的餐馆里找到了'麻子'?这家饭馆在哪儿?谁是老板?为什么别人没向我们提到过他的日记?"……而纪伯伦更是热情,他对我说:"这本书必须用英文出版。"

可是我们的马尔斯先生——愿主不保佑他——并不为笔下诞生的一切欢庆。他只对子宫诞生之人感兴趣。因为人,始终是他网中最好的猎物,炉中最好的燃料。而幸运的是,子宫仍在怀胎、生育。迄今为止，人们也未下决心与它对抗、羞辱，向他脸上吐唾沫。噢！地地道道的胆小鬼！十足的傻瓜、白痴！

他们拼死地保卫自己的子宫，不让陌生的血把它玷污。可是，在那歇斯底里的、疯狂的暴乱中，他们却置它的纯洁于不顾。将它及其诞生的一切，统统交给了战神、士兵及其助手。他们无时无刻不感到忧郁、愁闷和痛苦在惩罚着他们的日月，死亡在宰割着他们的生命。可是，突然之间，在谈不上有任何理由的情况下，他们互相厮杀。咬牙切齿、面目狰狞、深仇大恨地彼此残杀。于是，他们变成了蚕食自己日月的蠹虫和宰割他们生命的刀剑。他们像那些引狼入室者一样抱怨、叹息、痛苦，眼睁睁地看着豺狼毁灭自己的家。

布尔什维克的革命，消灭了设在美国的筹集军备物资的一切俄国机构，也使我失去了逃避兵役的理由。我工作的那家公司关门了。1918年初，我的《麻子日记》尚未走完一半路程，我又回到了纽约。因为当时我听纳西布·阿雷达说，《艺术》正经历着财政危机，如果得不到及时的资助，马上要停刊了。纳西布原来的同事已离开，他必须采取迅速、果断的措施。

经过讨论，决定将《艺术》转成股份公司，每股十美元。我负责征集股份。因为我在侨商中颇受尊敬，所以不到两个星期，已集资两千五百美元。其中两百美元是我的股份。杂志编辑部中我负责管理和通讯联络；纳西布负责编辑印刷和稿件内容、期数等的安排。于是，《艺术》焕发出新的生机，所有的朋友都认为前途有了保障。

可是，我在兵役站登过记。为"盟国服务"而被第二次延期服役的六个月刚刚结束，就接到了让我前去报到的命令。我不想以叛逆罪毁坏我的名誉并投入监狱，只得屈从。

事情发生在1918年5月25日。当时《艺术》正以连载的形式发表了我的《父与子》，又将该剧成书付印。我安慰自己："死亡如果无所谓地把我和手中的笔分开了，起码还留下这样一部微不足道的作品。"可是，我的心是万分痛苦的。马尔斯竟不让我写完《麻子日记》，逼我离开了刚刚投入的文字战斗！

叛　逆

美国刚一参战，便宣布抽签服役的法令，哥哥海卡尔志愿报名从军。他对新的祖国十分热情，希望用自己的行动证明对它的感激之情和时刻准备为它献身的忠诚。我听到这个消息，一颗心骤然紧缩起来，想象他怎样生活在战场上，他可能遭受的恐怖、痛苦和侮辱。当我想到他留给艾迪布哥哥的孤独寂寞时，我的心更加忧郁了。

现在，我也被置身在战争的网罩下，艾迪布会做何感想呢？父母知道后，又会作何感想呢？感谢上帝，至少现在，他俩还蒙在鼓里。即使马尔斯收拢网罟，他们也不可能知道的！有一天，当他俩得知了他们的海卡尔和米哈依尔为了尽"义务"已成残废或命归天国，那么就让时间去安慰他们的心吧！如果他们知道两个儿子参战后平安归来，定会亲吻土地，欢呼雀跃："主啊，感谢你，赞美你！"

两天两夜，隆隆车声伴随着纷飞的思绪，火车把大伙儿带到北卡罗来纳州边界的一片广阔荒凉地带。接待我们这批准备投入战争机器的人类混合体的人既不见微笑，也没有伸出欢迎、问候的手，没有一个人想过问问我们怎么走完这段漫长的旅途，问问我们心里想些什么。当然，更不会问起与他们无关的那些事。他们怎会明白我当时正思念着地中海岸边，遥远的绥尼山麓的亲人和瓦拉瓦拉的哥哥，以及加利福尼亚州兵营中的另一个哥哥；我正在怀念着《艺术》和我的几个朋友在纽约进行的阿拉伯世界中的文学革命和思想革命。好了，现在说这一切都是百分百的废话，随风飘逸的梦幻。而最重要的是……

是的，萦绕在我心头的一切不是最重要的，萦绕在全体士兵心头的一切也不是最重要的。重要的是我们应该有血肉之躯，强壮的肌肉，能看的眼睛，可听的耳朵，善走的双腿，承受重载的脊背，熟练扣动扳机、能射击、开炮的双手。这些正是马尔斯对我们的要求。除此而外的一切，对善良、静谧、幸福的渴望，以及我们对他人的各种关系中所做出的或者遭遇到的善与恶，一切的一切都变成了可以任魔鬼耍弄的无知妄说。

田野里散落着许多长方形的木棚，新旧不一，还有些正在刀斧锯锛的凿砍之中。这些就是接待过老兵的营房，如今还要接待我们和继我们之后的一切士兵……一个个猪栏牛圈，一些人在它们之间走来走去，有便装，有军衣。穿军衣的有官也有兵。但我一点儿也弄不清他们帽口、肩上和帽子上的那些标志，也弄不清班长和上尉、少尉和少将的区别。在军事方面，我简直笨得像只熊。

在这包容我的新世界中，我知道自己是个无足轻重、毫无价值的人，在地球这偌大的棋盘上，我不过是一个卑微的小卒，忍受着无数只手的推动。

当心扉稍有开启，我才感到那只凌驾于众人之上的"隐蔽的手"，我才明白我的生活和宇宙中的一切并不经常按自身和人为制定的标准在进行。在我和人们的推测中存在着巨大的空隙，它不是由我们的力量所能填充，也不是由我们的觉悟和水平所能补足。

军营里待了不到一星期，一天早晨，通知我服役的任务是烧锅炉，负责焚烧厨房垃圾和处理饭桌上的剩饭。锅炉安在离厨房不远的食堂附近。另有人负责劈柴，送到锅炉房和伙房。其他的人进行军事训练。

才两个小时，我的烧火技术就超过了魔鬼点旺地狱之火的技术。突然，天空乌云密布，狂风骤起，不消几分钟，乌云滚动，大雨倾盆。只得去躲雨了。我就近逃进通往伙房的一扇门里，焦急地望着成片的雨幕，等天放晴了再回去干活儿；负责劈柴的那个兵正在我身旁和师傅闲聊，他是在我之前进来躲雨的，还没干活儿呢。

雨毫无停止的意思。师傅看看我，让我出去弄点儿干柴，我随口答道：

"没柴了。"

他干涩地说：

"你有斧子，出去砍！"师傅的声音干涩、冷峻。

"砍柴不是我的活儿。"

"从现在起，是你的活儿了，快出去，不许顶嘴。"

"外边下着雨！"

"雨？你是盐做的还是糖捏的？趁火还没灭，快出去，中饭必须按时开。"

"等雨小些我再去。"

"饭不能等，我跟你说了，捡点柴儿来。"

这个厨师是意大利人，腆着个大肚子，面孔活像头猩猩。头上那顶黑乎乎的高帽，白色早已成一种记忆了。英语极其蹩脚，可就是命令的口气。

我一肚子无名火。这个厨子，这种兵役制，可以让他命令像我这样的人。正巧负责开饭的值班员进来，听到争吵，过来问个究竟。他听完厨子的话，命令我马上出去弄柴火。我一声不吭，站在原地。他上前用力推我却推不动。当时，我也不知从哪儿来了舍姆逊大力士那股劲儿。这是一股愤怒的力量。它来自被践踏的正义、被羞辱的尊严、我的个性以及成为美国军队中的一个意大利厨子和粗野的值班员手中的玩物而产生的恨。

值班员对我毫无办法，只得把当值的少尉找来，少尉不管外面的瓢泼大雨，命令我立刻出去劈柴并抱进屋里。他见我仍然默不作声，便抬起手腕，看着手表说："给你一分钟时间考虑。"一分钟没到，他骄横冷漠地宣布：

"你被停职了！"

我被带到一个孤零零的大棚里，有卫兵严密看守，等待军事法庭审判。棚子就是我的监狱。值得庆幸的是，我是唯一的囚犯。离我牢房不远的地方，还有一所大小与我这间相仿的棚子，挤满了囚犯。那里有着比真正监狱更糟糕的嘈杂、喧哗、混乱、打诨和下流话。特别在黄昏前后，犯人从白日的工作返回时，那情景无法形容。命令监禁我的尉官竭力企图完美无缺地完成他的任务，于是从我身上剥夺了任何一个受禁闭的士兵不应享有的"荣誉标志"，如：像牛仔帽似的缝在军帽帽檐上的带子，绑腿和每个士兵见到长官时先向对方敬礼的权利。

我一个人度过了监狱中的第一夜，身边只有送信的白天送来的一份纽约出版的《西方镜报》和艾迪布哥哥的一封信。这期杂志中有一篇编辑伊里亚·艾布·马迪写的关于我的文章的评论。他说，我像流星一样掠过纽约侨民的天空，他们对我的才华、能力和特点了解甚少。哥哥的信里充满因担心两个从军兄弟的安危而发出的抱怨。命令禁闭我的那个尉官或许知道他的犯人是颗流星，在遥远的瓦拉瓦拉和更遥远的白斯肯塔有许多颗心和许多双眼睛想念它。不过他就是知道了，也不会改变对我的态度。我只是一个普通士兵，他是一名军官。当兵的必须服从比他们级别高的。

清晨，有只脚不停地在踢我的腰。我醒来了，听到头顶上一个声音在吼："喂，起来！这是哪儿呀？你以为住进旅馆了吗？"值班员把我轰到旁边犯人的棚子里，又把我们一起赶到一堆锹、镐边上，让每人拿一样工具。我挑了一把镐，然后又按照值班员，或者说是按他肩上的枪和枪头上长长的刺刀的命令，走到一片空地上，在那里挖一条长五米、宽、深各一米的沟。这就是士兵们的厕所。沟里储满了他们肚皮里的废物时，便把沟填死，重新再挖一条。

当囚犯的五天里，每天傍晚，我都撑着一副几乎散了的骨架，精疲力竭，回到大棚里。但更痛苦的是，我是以破碎的精神、恍惚的思想和碎裂的心度过了这几个日夜。难道我母亲生我是让我干这些活儿吗？难道这就是战争机器在我身上所看到的能力，希望我去做的吗？难道我在祖国、在俄国、在华盛顿大学所学到的一切，我读过的书、思索过的思想、撰写的文章、掌握的语言，用我的心血滋养的广阔的希望，为求真善美同自己心灵和现存世界所进行的残酷斗争……难道这一切中竟没有一点一滴被记在战争和战神的账簿上？！

但是，当时我仍无法用下面的想法来安慰自己的心：

"米哈依尔！高傲、自恃、逃避艰苦是追求精神的障碍。你确信在此生之前，你已生活过多年。那么，可以肯定，你前世的那些生命使你在现时的生活中遭受如此折磨。不必逃避，心悦诚服、感激地接受它吧！因为你即使今日得以逃脱，明天后天又将再次陷入。如果不是你的需要，它绝不会造次来访的。今天，世界正在燃烧。如果你的手不能助燃，那就不是这世界的人。你的话熄灭不了这场火，纵火者都是疯子，你也是其中的一个。当两大对立阵营的燃料枯竭时，火才会熄灭，而这些燃料不是别的，正是生灵和钱财。既然别人慷慨许身，你也应毫不犹豫地献出自己。你又有什么权利希望别人为你赎身？如果你能用自己的生命为他人赎身，那就得到了荣誉。既然你身处两大阵营，那必须挑选与你国家的敌人和奴役你国家的人作战的阵营。毫无怨言地接受你面对的一切吧，甚至不要对你的心发出半句牢骚。"

审判开始了，法庭设在一座与我住了五天相仿的棚子里。审判长是一位上校，陪审员有二十名。轮到我了，当着下令监禁我的少尉的面，审判长宣读了我的叛逆行为和控诉书，问道："你是有罪的，还是无辜的？"我立刻想到，这是一个在法庭面前显示我精于司法才能的难得机会，于是，我用娴熟的英语，做了无懈可击的自我辩护。我说我不是美国人，如果，我想逃避兵役，那完全可以做到，但是我没有这么做；如果我把在美军中的服务看成是扼杀个人、践踏人道的尊严、不义或不公平，那我绝对不会甘心情愿在这里服务。

我的辩护在法庭上和听众中产生了强烈的影响。我的语音刚落，审判长抬头，看着我说：

"看来他们惩罚你、把你带上法庭是个错误，你愿意在军中服务吗？"

"愿意。"

"那么，你是无罪的。"他说，"这次指控绝不会记在你的档案上。你可以走了。"

我像当兵的那样转身欲走，庭长把我叫住，半开玩笑半认真地说：

"为什么不敬礼？"

我笑笑回答他:
"他们已经剥夺了我敬礼的权利。"
"可你现在自由了。"
我感激地行了军礼,走出法庭。
这是我有生以来第一次感到我的法律课没有白学。

蛋　壳

"这项圈是谁的?"

"什么项圈?"

"狗脖子上的项圈。"

"什么号码?"

"3257301。"

"是我的。哪儿找到的?"

"在它主人该在的地方——垃圾桶里。"

众人哗然大笑,项圈的主人也笑了起来,然后从我头上伸过手来,打着哈欠说:

"给我。让上帝诅咒它吧,真不知道它是怎么从我脖子上掉下去的。准是链子断了。"

船舱里安静了片刻。大船正把我们载向法国的新海港,而我们的三号舱位于水下,从甲板伸下的一道螺旋形铁梯是我们和水上的唯一联系。

十三艘轮船在巡洋舰和驱逐舰的护卫下,载着汤姆大叔的近五万名士兵和他们的全部装备,呈舰队行列前进。当时,德国潜艇日夜在大西洋上游弋,时刻都有危险出现。

"喂,美国佬,德国潜艇用鱼雷向我们的轮船致敬,你该说些什么?"

"潜艇上鱼雷不错,但总比不上你屁股里放出的鱼雷那样吓人!"

"我屁股里放出的鱼雷总比从你嘴里抛在厕所里的好。"

"什么你的鱼雷、他的厕所？都住嘴！我们要睡觉了。"

"像狗似的睡。"

"我简直要死了。又热又晕，头还痛，连空气都臭烘烘的。"

"为了祖国的兴盛！"

"完全正确！"

"为了自由和正义！"

"不可思议的神话。"

"你听到命令了吗？"

"什么命令？"

"明天到达法国时，每个当兵的都必须把早晨发给他的蛋壳拿到甲板上，扔进梯子旁的大桶里，否则就受罚。"

"我都活不到早晨了，我快死了。"

"死吧！汤姆大叔的军队里少了一条狗，这对他不会有什么影响。"

当时，每个士兵都感到他们遭遇了艰难困苦和侮辱，他们真像狗一样。所以当一个人对另一个说你是狗，这绝不是对人格的贬低，而是对所处环境的形容。所以，他们经常把自己的东西冠以狗字。比如"狗的项链""狗饼干""狗帐篷"等。

说到"狗项链"实际上是一块直径四厘米的铝质圆牌。每个兵都把它挂在脖子上。参谋部给每个士兵都编上号，号码刻在圆牌上，一旦他被炸弹炸得血肉模糊、不辨面目或死后无法知道他的姓名时，脖子上的这块圆牌就起身份证的作用，军方便把他列在死亡的名单上，政府便向家属发电宣布他已"光荣阵亡"。当时我的号是3185689，为了方便记忆，我把它分成了四组数字：31—85—68—9。

至于"狗饼干"，那是一块长十厘米、宽三厘米、厚三厘米的面包。经烤炉加工后，牙齿咬不开、嚼不碎，手也掰不开，简直比骨头还硬，恐怕连狗牙都难以在上面留下痕迹。一次，我曾试着用手掰下一块，手差点儿骨折。最后，我只好把它放在石头上，用一块石头敲。敲开了，还是咬不动。无可奈何，在水里又泡了十多分钟。

不过，你不要因为我的话就认为军队里所有的面包都是这类"硬饼干"，这是仅就自己而言的。与其他国家的军队相比，美国军队的生活相当优越了，普通士兵的食物能使其他国家的军官垂涎三尺。发给我们的"狗饼干"是为我们做好进入前线的准备。因为一旦开战，正规的伙房难以跟上大部队。而在火线上，一个士兵很可能几个小时，甚至几天和同伴失去联系，这时，"狗饼干"可就帮了大忙，使其得以生还。

还有"狗帐篷"，那是一块打上眼、备有木棍和绳子的柿色亚麻布。如果按照一定的方法，把两块这种布合二为一，那么就可以支起一个容纳两个士兵的帐篷。不过，个子高的那个真该死：坐着，头顶到帐顶，躺下，脚又伸到帐外。

每个兵拥有"半个帐篷"，自己的东西用它打成了一个圆柱形的包。今天，我还记得这些东西包括：两条毛毯、换洗用的内裤、一双皮靴、一双带鞋钉的鞋和每人的个人用品。这个"圆柱"，装在一个长约六十厘米的厚亚麻"袋子"里，袋子的两侧有两条短皮带和两条可以挎在肩上的长皮带。袋子的最上面是一个类似马料袋的大兜用来装餐具：一只铝饭盒，盒盖上有个把手。盒里装着刀、叉、匙。饭盒带一只铝杯，它的把，需要时可以安上，不用时又可以取下。

我当时是步兵。袋子和袋里的一切就是一个步兵应背的部分装备。除了上面所提到的，还有腰间缠的可装五十发子弹的子弹袋。子弹袋上挂着一把长刺刀。肩上扛着枪，头戴钢盔，行李袋上绑着一把小锹或小镐，还有防毒面具和一件大衣。

现在，我说了战争期间一个兵所需要的东西中很少的一部分。我们来想想，数百万人的军队，需要吃喝、穿戴、弹药、交通运输工具。再想想在财欲支配下，争先恐后与各国政府缔结合同满足上述要求的人们。这样，或许你能找到挑起战争的主要原因，明白谁是战争的最大赢家以及他们犯下的滔天大罪。

在这种情况下，和荆棘、岩石做斗争，从绥尼山麓的每一寸土地上夺得自己和亲人的口粮的优素福·努埃曼的儿子算得了什么呢？是的，一个斯多加德的德国农民，一个维也纳的奥地利木匠，一个布达佩斯的匈牙利铁匠，一个阿达纳的土耳其牧民又算得了什么呢？我为什么被迫远离亲人、家园和自己的工作，受侮辱，被歧视，被驱使着攻击与我素不相识、无冤无仇的人们？难道是他们杀戮我这个连存在都不被注意的人？莫非我的幸福就在这些可怜虫的死亡之中？我的死能为他们带来幸福吗？他们手中握着我的自由，我的手里握着他们的自由？多年来，他们活他们的，我过我的。我从未感到他们是我们的绊脚石，他们也从来不认为我在阻拦他们的路。每人都在走自己的路，每人都以特定的方式求己所求，弃己不欲。也许我和他们同是金钱崇拜者手中的廉价货？是的，肯定如此。这些人用魔鬼的花招，给这些货物冠以最美妙动听的名字，仿佛它是珍贵的金石："祖国保卫者……自由战士……维护人道正义的英雄……以鲜血雪耻的人们……尽职的烈士……未来的建设者、胜利者……优秀的人们，永垂不朽的人们"，等等。

上帝能疏远他们的谎言谬论，不打碎他们的圈套，不使他们获得的暴利遭到损失吗？

兵营里待了不到一个月。一天，黎明前不久，我们从弗吉尼亚州的一个港口出发向大海驶去。那时，我们接受的军训仅是一些最基本的军事动作，熟练的不多。但是令我吃惊的是，一些士兵竟不辨左右，不识文字，不明战争和战争起因，甚至不知道奥地利、匈牙利、法国、德国在地球上的什么地方。一次，一个军官拿着报纸问道："见鬼，这个城市在哪儿？"然后一个字母一个字母地拼出了"维也纳"。

最让我头痛的训练要算刺杀。场地里竖起一个模拟人型靶，一只塞满草料的口袋。教官把刺刀装在枪上，给我们表演各种刺杀的刀法：前面、后面、两侧以及刺刀可以穿透的身体的一切部位。刺中后或使敌人受伤不能活动，或是结果他的生命。示范后，要我们逐个上前操练。轮到我的时候，我一下把靶子胸部捅穿，除了枪托外，刺刀、枪头部深深插入靶内，难以拔出。教官立刻接过我手中的枪，示范说，这种情况下，一般不应一下把枪拔出，最好先把枪向左、向右旋转，然后再拔出。因为这样扩大了伤口面积，再拔枪就不难了。

"就这样，应该这样把狗日的五脏六腑搅烂。"教官边说边示范。可是，当我想象中把那只草料袋当成一个活人时，我几乎昏倒在地上。

在夜幕笼罩下出海，主要怕特务和密探知道我们的动向。这些人在美国多如牛毛！德国血统的人公开地、秘密地希望德国获胜。祖籍奥地利、匈牙利、保加利亚以及部分斯堪的那维亚半岛血统的人又同德国人怀着同样的希望。战争向美国说明了，它那些世界各地的公民，并非真正组合成一个"民族"。这或许是促使它参战的原因之一吧。政治家们总认为战争是锤炼一个国家中各阶层人民的最佳熔炉。战后，它将更为坚定、更为深刻地感觉到祖国的团结和共同的利益。

茫茫大海上，官员慷慨地提供精美的饮食。他们也许想以塞饱我们的肚子，来消除那包围着我们的危险的恐惧感，忘却那艰难的日子。每天早餐都有煮鸡蛋、熏肉，加有牛奶的咖啡和精白粉面包。餐厅是一个大厅。天花板上垂下绳子，吊起一块块木板，这就是老在晃动的餐桌。我们分别站在木板两侧用餐。这时如果一个大浪打来，乘我们不备和汽船开个玩笑，一个个餐桌立刻猛烈摆动，把桌上的一切都掀翻在地上。

第一天，我想吃发的鸡蛋。可是当我敲碎蛋壳，一闻到那股气味，便又原封不动地把它放了回去。我不喝咖啡，面包上也不抹任何东西，只啃白面包。鸡蛋并没有全坏，就是时间放得太长了。我难得尝一口大桶里的咖啡。这是用长棍把咖啡粉、糖和少量炼乳搅拌成的。站在我旁边的一个兵看见我拿蛋的样子，转身问道：

"看来你不爱吃蛋？"

"是的，不爱吃。"我答道。

"能把你的那一份给我吗？"

"当然可以了。"

就这样，天天早餐都是别人吃了我的蛋。一天早晨从餐厅登上甲板，想到梯子旁去洗碗碟……突然，一名尉官让我打开盖。我服从命令。

"鸡蛋皮呢？"他仿佛发现了我的弥天大罪，或是被卷进这项罪恶之中。

"我没吃蛋。我自己那份给一个朋友了。"

"这种吹牛的话早从人家那里听过了。每个兵都要把蛋壳带出来扔进这个大桶里,你不知道这个命令吗?"

"我知道。可是我没把蛋壳扔在餐厅里。"

"够了!马上到司务长那儿去。"

近二十个人在司务长那儿受到和我同样的指控。我告诉他,从起航那天直到现在,我没碰过一个鸡蛋,因此我没有错误。结果是白费口舌,他甚至不瞧我一眼,嘴里仿佛在默念:

"今天晚上六点到明天早晨六点,你在厕所站岗。"

我差点儿朝他脸上吐唾沫,并冲他喊道:卑鄙!无耻!下流!没心没肺的家伙!骗子!就因为你自己是个骗子,就认为天底下没有一个讲实话的人。可是我记起了禁闭室,想起了我的铝牌号码是31—85—68—9。于是,我仿佛在用别人的嘴说:是,遵命!然后走开了。

所谓厕所是船头的一间大屋子。靠墙立着一排排离地半米左右的管子。海水不断涌进管内冲刷着。这些管子就是士兵的便桶。船上有三千多兄弟,可想而知厕所拥挤的程度了。日日夜夜,来往不断。

我扛着步枪,彻夜在甲板上的厕所前踱来踱去。繁星在头顶上闪闪烁烁,它们哪知我的心事和思想上的阴影!大海仿佛与我同感。胸臆间动荡不安。船队熄灯而行。每当困倦爬上眼睑,我便狠狠地揉着,直到把眼皮搓痛。我就像个想数清自己呼吸和汗毛的人一样,拼命想弄清楚是什么把我带进如此的境地。面对困惑与焦虑,唯一的自我安慰仍一如既往:我的生活,需要这种磨炼。连我都不需要的话,它怎么会来到我面前呢?或许我应愉快地接受这一切。因为等我总结出必要的经验教训后,机会就会稍纵即逝,将一去不复返了,我尝到了各种滋味,度过了那一夜,精神状态比以前好多了。

那一夜,我多少次全面思考了兵役制和它的民主性。大家认为这一制度对穷、富、愚、智、贵、贱,一律平等,不存在任何偏袒。这种想法纯属白日说梦和无知妄言。退一步说,使士兵们在吃喝穿戴以及其他的生活条件上享受了平等,那他们为什么不能在承受艰苦的能力、责任感、苦乐感、美丑感、是非感等方面享受完全的平等呢？

有当兵的背负着一堪塔尔（四十四千克）的重物步行一英里，不气喘，不腿酸。也有人只带一磅东西走半英里，已腰酸腿痛，心力交瘁。有当兵的，当你对他说"喂，白痴"时，他像听到了你叫他"陛下"一样，满心欢喜。可也有人你对他说"喂，你这个当兵的"，他会觉得你用刀在剜他的胸。又有多少兵，当你给他斟上掺有牛毛、粪渣和落进苍蝇的咖啡时，他边喝边咂嘴说："没有比这再香的了。"可也有的兵，当你给他一杯上好的牛奶，他会因嗅到挤奶时粘在奶牛乳房上淡淡的粪便气味而厌弃它。不，不！兵役制带来的痛苦不仅是身体所应承受的。精神所遭受的一切才是它制造的最大痛苦。

我绝没想到——我认为你也绝不会想到——在厕所前站岗的那个夜晚，我得到了诗神的拯救。可是，她真的来了。怪事一桩！谁能想象奥林匹斯会和厕所相会？相聚在何方？在大西洋中运送美国士兵的一条汽船甲板上！

是的，诗神来到我身边。但她不能久留。我只记下了这一句，它便惊鸿一瞥悄然离去了。

  为我们开启幸福之门的人，你对他说，
    能把我们身后的大门紧紧关闭，就好了。

随你怎么去分析吧，那把幸福之门和厕所之门联系在一起的奇怪心理……

"妈——妈！"

火车把我们从大西洋岸边的布勒斯特港带到了法国北部。我们在布尔都郊外一处叫着布·迪齐尔的野地里安营扎寨。这大约是1918年7月中旬的事了。

漫山遍野的美国兵，漫山遍野的兵营、面粉仓库、弹药库、木料、钢铁、水泥库和其他美军设施。这些木结构建筑物有的已竣工，有的正在筹建。其中最重要的，要算那座可容纳几百名伤兵的医院了。每天，有许多伤员从前线送到这里来。

前线的消息并未报告战争快要结束。在圣·米希勒战役中强大的敌军重创我军。俄国爆发了布尔什维克革命，东线崩溃了。敌军被磨灭的士气在威尔顿城墙下又得以重整旗鼓。美国开始承担俄国的战争重担。另一方面，东方——我们的东方——断断续续传来了一些几乎令人不敢相信的消息。土耳其和德国寄予无限希望的苏伊士运河攻势遭到惨重失败。在麦加，确确实实是麦加，谢里夫·侯赛因宣布对奥斯曼当局进行革命，革命前他许诺解放阿拉伯人，并使他们获得独立。这是传向东方，传向世界的崭新的、吉祥的搏动——摆脱剥削盟国的奴役，求得自由和解放。我们生活的这些天发生了许多重大的事件。

但是兵役制仍然是兵役制。它对当兵的说：你首先属于我，然后才属于你自己。在你和你的精神之间，你可以任意思考，编织梦幻，抛离己所不欲的事物。一旦我有召唤，你必须招之即来，完成我要求你的一切，即使这么做会使你心神劳顿，思想和神经疲惫不堪，甚至付出生命代价。你绝不能表现出丝毫的忤逆。

兵役制是我们在布尔都附近的荒野最温存的伴侣。它最多不过让我们给那些美国设施站个岗。虽说这个任务使人疲劳、心烦,但它究竟是在远离火线几百英里的地方。对那些在战壕中苦熬日子的步兵来说,这纯粹可算作是一种游戏。一班岗一般不超过六个小时,最苦的一班是从半夜到凌晨六点。

哨兵必须完全清醒。查哨的军官如果没能在岗位上找到他,或发现他在呼呼大睡,那可真是罪该万死。如果他的失职使士兵生命或部队利益面临危险,那么,他受到的惩罚不会比枪毙更轻些。所以,值班哨兵必须在警戒区内,扛着上了刺刀的步枪,不停地巡逻。对所见到的人,除了肯定是朋友、不是敌人时,才能允许他靠近自己。黑夜里更要加强戒备。这种时刻,总是哨兵首先喝问:"站住!谁?"如果对方说:"朋友。"他便回答说:"走过来,朋友,让我看清你。"待对方走近时,他便询问口令。答对了,便放行。否则便喝令对方站住,他高声呼叫值班军官并报出自己巡逻地段的号码。离他最近的哨兵再把他的喊声传下去,以此类推。传到巡逻中心,中心派人把陌生人带走审查。

如果哨兵喝令对方站住,对方执意不肯。那么,哨兵应提出第二次警告,到第三次就开枪。此时,他有权,并且应该开枪。

我在巡逻队中,闹过一些笑话,但也产生了一些催人泪下的事。下面我给你们讲一个巡逻中的故事。

一次,我站半夜到凌晨六点那班岗。我的任务是看守一个不知装着什么东西的仓库。星光下,我看到仓库的一面墙下堆放着许多袋子,离地一米多。我伸手摸了摸,软绵绵的。然后,我开始踱来踱去,准备熬到清早六点钟。同时又觉得这三百六十分钟,没有什么问题。

可是,刚过完二百分钟,两条腿便罢工了,肩膀也不愿扛枪了,可是无地可坐,无处能靠。我便靠在那些袋子上,枪立在地上,点了一支烟。顾不得这样做是违反纪律的,一旦被发现,无疑要受罚。随长官的去吧!这时,双肩和双腿发出的命令是最权威的命令。看来,我对脚和肩的迁就已引起了身体其他部位的忌妒。

沉沉的头想落在什么东西上——石头也行!旁边的这些口袋,如此柔软、舒适。而自己的脑袋却重如大山，只有托着它的脖颈才知道它的分量：两条腿也想伸伸，随便伸到哪儿都行——就是布满荆棘的谷场也行。眼前就是驼绒般柔软的袋子，为什么不在它们上面伸开腿呢？上下眼皮早就想合在一起，只是手残酷无情地把它抻开。眼前这些和为它设立岗哨的人真该死！我的眼睛给这些袋子站了二百四十分钟的岗。那么，袋子就不能为眼睛站上十分钟、五分钟，哪怕是两分钟的岗吗？是的，应该……

这是什么？我在哪儿？是睡着还是醒着？有脚步声向我走来。天亮了，正是清晨六点。你睡了两个小时，这可能吗？是的。下一班哨兵来换岗了。我猛地从袋子上跳下来，以迅雷不及掩耳之势抄起步枪，扛在肩上。还没走上两步，班长便在换岗的哨兵之前赶上了我并以当时少有的口气问候道："早晨好！努埃曼！"随后，立即问道："你睡觉了？"我顿时张口结舌，不知所云：

"不……嘿……可是……"

"你的帽子呢？"

我这才发现自己光着头。一时疏忽，竟忘了帽子在袋子堆上。我羞愧地抓起帽子，扣在头顶上，班长以无法掩饰的微笑对我说：

"好好掸掸，上衣、裤子上全是。看来，面粉替你值了夜班。下次执行任务，再不准睡了！"

上帝赐福给他，这简直是个大好人。

另一次，我上岗的时间从下午六点到半夜。巡逻的地点是军营外一条三百米左右的狭路。那天晚上细雨蒙蒙，雾气浓重，根本看不清一步以外距离的景物。暗夜中，我对自己的身体倒不怎么注意，就怕水气沤锈了我的枪，在当官的眼里，步枪的清洁远比士兵的清洁重要。

一个小时过去了，我安然无恙。既没走累，也没淋湿。黑暗也没吓倒我。忽然，我听见身后有动静，立刻站下来谛听，周围一片寂静。我想可能是听错了。可是刚一迈步，又听到动静，我一停，声音就没有了。顿时，种种想法涌上心头，恐惧也随之产生了：准是受到特务的监视，他在观察我的行动，我绝不能让他得逞。心想，如果他再动，我就行使自己的权利：警告三次，然后开枪。可是，在这伸手不见五指的黑暗中朝谁开枪呢？我只要朝天开一枪，就可以打破他的计划。这时，又出现声音了，而且比前几次还近、还清楚。

"站住！谁？"

没有回答。

"站住！谁在那儿走？"

没有回答。

"站住！否则开枪了。"我扯直了嗓门喊道。仍然没有回答，我把一发子弹推上膛，把枪举平肩头。要不是传来一声惊人的嘶叫声，我差点儿就要扣扳机了。"可怕的特务"出现了：一匹离厩的驮马。

我想给你讲的第三次巡逻是在医院里。我站下午六点到半夜的岗。那天，火车送来许多伤兵，其中有不少是德国人。当我目睹了把伤员从火车上抬下来送到医院里的情景后，耳听目睹的一切，使我的心紧缩，神思恍惚，两眼发黑。这个兵把他的右腿丢在前线的什么地方，那个人的下巴已变成了挂在皮条上的碎块。有的肋骨从胸前戳出来，有的双手已不知去向，有缺鼻少眼的……只有战争能把人的躯体毁成这般模样。它那损害美丽完整、制造痛苦、颠倒位置的想象力实在是无穷无尽的。

我的任务是在两侧都是病房的狭长走廊里不停地走上六个钟头，我多次自问看守这些伤员们的道理。他们遭受的肉体和精神上的折磨还不够吗？这样的人会给部队和部队的安全带来危险吗？可是，我又算得了什么，能看到领导所考虑的事物？说不定哪个德国伤员会干出什么破坏勾当，或逃跑！他们不是俘虏吗？既然是俘虏，任何情况下都得有人看着。我的职责就是巡逻，无权询问或弄明白。

叫喊、呻吟、哭泣、哀号、恳求、呼救、护士、医生。此外，一座塞满伤兵的前线医院还能有什么呢？是的，还有穿着军装的神父和牧师。太可笑了，一边是政府，它仍然动员自己的臣民，置他们的肉体被枪弹残杀、被乌鸦啄食、被胡狼撕吞而不顾，把他们的灵魂送到魔鬼跟前，任其仇恨、毁坏和惩罚；另一边是教堂，它与政府狼狈为奸，为政府的所为喝彩，与魔鬼结盟反对天主。这个政府，这个教堂，在环境允许时，热心地为每个弥留之际的士兵完成例行的宗教仪式。仿佛它俩——把那士兵的灵魂和肉体出卖给了魔鬼的它俩——正以上帝的慈爱把对非现时的生命的希望送入他的心田。宗教！以它的名义犯下的罪孽是何等深重！

"妈——妈！"从我踏进医院那一刻起，这一声声固执、痛苦的喊叫，压倒一切，撞击着我的耳鼓。我扛着枪，朝发声的门口驻足观望。一个年约十九岁的青年躺在床上，头顶上的绷带连眉毛都裹没了。一条右臂放在被上，白皙的皮肤，被痛苦折磨的美丽的面孔。他双眼紧闭，鼻翼上凝结着血块。我，还有肩上这支枪，真令我害羞！面对这不停呼喊"妈——妈！"的青年，我的价值何在？我这把枪的价值又何在？这声声呼喊不正是对我，对我的枪，对一切扛枪的人，一切站在我的身后和我的枪的后面，一切站在这伤员和他的枪后的人的有力见证吗？

我从护士那儿知道这是个德国伤员，头骨被打碎，胳膊受伤，一块弹片打伤了肾脏，另一块刺进膀胱。他进医院后，只听他不停地喊"妈妈"。

"妈——妈！妈——妈！！！"

我努力想象这个妈妈在某国，某城某村的一所住宅里，结果却无法把她想成是某一个具体地方、具体时间内的一位具体的妇女。我觉得她代表所有女人，任何时间、地点下的女人，但又远远超过了一个女人。她是大地、太阳、月亮和宇宙间的一切星球及其所承受、包容和存在的一切。她就是生命，是一切的包括诞生那个可怜虫的生命之源，是那些垂涎金、煤、铁矿，贪婪油井、橡胶林中的财宝，在市场里贩卖自己破烂货的人们向其呼救的生命之源。

威廉①，你的耳朵在哪里？威尔逊、劳合·乔治②、克莱门斯③，你们

---

① 威廉，德国皇帝。
② 威尔逊、劳合·乔治（1863—1945），英国首相。
③ 克来门斯，奥地利指挥家。

的耳朵又在哪里?新旧两个世界的金融家、实业家,你们的耳朵又在哪里?难道你们听不到这个青年士兵的呼喊吗?

你们的耳朵多么不中用!你们的猎物,你们垂钓的鱼钩,你们裹着自由、正义、和平、安逸、舒适——幸福外表的诱饵多么卑鄙!你们居然不想让自己的耳朵远离毒蛇的嘶叫,不让自己的心摆脱虚情和假意?也许,当你们做到这一点后,可以听到那被折磨的人道主义的呼唤:"妈——妈!"

啊,暴虐的人们!也许,当你们听到了那声声呼唤,你们会理解它,走上正途。

幽冥带来的憩静

现世的幸福哪能长久存在？十月中旬的一个清晨，当我们接到出发的命令时，我们在布·迪泽尔的幸福也就结束了。我们迈开双腿，但没人知道为什么要走，走向何方。棋盘上一个小卒被棋手挪动时，能知道自己为什么转移的吗？可能这始终存在于我们行军、转移中的迷茫就是产生并伴随着我全部服役期间的内心不悦的原因之一吧。

那天黄昏，我们来到两个新地，早已有许多士兵集中在那里。我们排成一列列长队，一名军官开始逐个点名，让这个站到这儿，那个站到那边。这使我想起了在《新约》中读到的"世界末日"来临时，将公绵羊和小山羊分开的情景。公羊进乐园，小山羊入火狱。不过，我可不清楚，我们中间谁是公绵羊，谁是小山羊。不过，我却知道，当晚当我们被塞进一列火车时，每个车皮上都有法文大字写着："八匹马——四十个人。"看来，前线需要支援。我们正在去前线的路上。看来我所在的那节车皮装了四十多个兵，我坐在地板上，连伸脚的地方都没有，何况睡觉呢？

漫长、疲惫的旅途中，我们停在一个交轨站上，车厢里有的人下了车，不久，带着各式各样皮面的弹簧椅回来了。这是从停在一条支线上的空车里拿来的，有人用军用水壶装满了上等白兰地。原来，他们发现站台旁有许多大桶，打开一看，竟是满桶的白兰地，于是你抢我夺，装不完的，任其流淌！土地难道就无权像他们那样喝个酩酊大醉吗？它已喝够了鲜血，那么就痛痛快快地喝上一顿美酒吧！另外，在战争中，把自己的命运和全部能力都押在魔鬼肩上的士兵难道就无权在可能的情况下,摆脱法律的束缚,藐视人和道德的价值中一切尊贵、崇高之物吗?要知道,周围是恣意践踏人格、尊严和人的价值的世界,这不正是战争时刻教导、怂恿他去做的吗?难道战争的罪恶不是人们见到的最深重的罪恶吗?而它却披着英雄的锦袍,戴着功勋的桂冠,举着真理、正义和自由的权杖,这该是何等的丑恶啊!

漫长的旅行终于到了列车所到达的最后一个车站,离住有法国人村落不远的地方。下车后,还要步行一小段路。我们在丛林里过了夜,准备第二天继续上路。下面,请读者允许我摘录拙作《光明与黑暗》中"伟大的舵手"中的几段:

……我们在法国某小村里过了一夜。第二天黄昏,下达了向离村二十公里左右的第二个目的地进发的命令。全队这一千多人要步行前往。

看来,指挥官发了善心,觉得我们背着几磅重的东西走完这一段路实在不太轻松,便命令卡车运送行装,以减轻夜行军的艰难。

……我们只背步枪,拤着刺刀。不知走向何处,在哪里投宿。黄昏时分,纷纷细雨忽然变成滂沱大雨。冒着浓重的黑暗和无边的泥泞,晚上九时许,我们来到一个山丘旁,周围散落着几座木屋。这是个新建美军营地,我们将在此过夜。为了免遭敌机轰炸,绝对禁止烟火。不准抽烟,不准划火柴,违者严惩。营房的窗子只透出微弱的难以辨认的烛光。

十月下旬漆黑冰冷的雨夜,响起一个军官的声音,报告军用卡车已到,我们的背包堆放在附近的一个地方。每个士兵必须摸到那里,背起他摸到的第一个背包,把它背到最近的一间屋里,在烛光下弄清背包上的号码(号码与士兵脖子上挂的圆牌号一样)。记得我整理那圆柱形的背包时,有一条皮带怎么也系不好,便把一个卡子卡在皮带下留着的一个口子上。

我向背包堆走去时,我头脑中出现了一个其他士兵不会出现的念头。它怎么会出现的？打哪儿来的？是谁的暗示？我自己也不知道。我暗自想着，如果我摸到的恰好是自己的背包，那将说明在这场战争中我不至于遭到什么不幸。医院里的情景又浮现在眼前。我对伤残、毁容、失去工作能力的畏惧心远远超过了对死亡的恐惧。

这想法在我准备向背包堆迈出第一步的瞬间产生的。可是它刚刚涌上心头，我又狠狠地责备自己的这种幼稚的想法。对它有丝毫重视都将成为我的耻辱。成功的希望绝不会超过千分之一。我这不受诱惑的人竟把心扉朝邪念敞开，这是瞬息闪念，让它离开我的思想吧！于是，我开始驱逐它，可它却执意不走，犹如焦渴待毙的人见到了涌流的泉水。

我终于捞到一个背包，背在背上，随大伙走着，一边努力驱赶着那不肯离去的怪念头。但我的手，在暗夜中冒雨行进时，下意识地去摸背上的包。我不想这么做，可手却一次又一次地向后背移去。终于手战胜了意志，开始自上而下地摸起来。

这是什么……那根系不紧的皮带……我的心不安地跃动着，还在怀疑。会不会别人的包上也有一根系不紧的皮带？手又一次摸过去，在它的下方，终于摸到了那别住开口的卡子！疑云顿消，心儿欢跳，周身漾起一阵威慑、惊奇和敬畏的热流。我背的正是自己的包！……

这就是战争

我们哪里知道，告别了这个法国小村，便意味着告别了文明世界的最后一个里程碑。之后，我们再没见过儿童、妇女、老人和任何身着城市服装的人儿；也没听到猫、鸡、牛的叫声，时钟的敲打和火车的汽笛。军令把我们赶上了弹痕遍地、积水泥泞的道路，处处不见绿色，毫无生机。只有被炮火炸成脸一般的田地。我们有时钻进连根掀翻、树根被炮火炙焦的森林。那光秃的枝干，横躺直竖的枝条俨然是一群美丽、圣洁的亡灵诵经会上的哭丧妇。穿过村落城镇，残垣断壁上、门窗上满是昔日留下的空洞。这些宅第里，昨日还是人声笑语，今天却是一片忧伤、深沉、死一般的沉寂。

10月26日黄昏，我们这些来自远方、给前线补充新鲜血液的人排着长队站在艾尔温林中的一片空地上。中尉逐个询问每个士兵的姓名、职业、学历和精通什么语言。当他听到我会俄语、阿拉伯语、法语和英语并持有法学毕业证书时，笑笑对我说："咱俩是同学了。"他让我站到一旁。等他全部问完话后，又对我说："在这儿等我回来。"他回来后，递给我一张纸，让我交给另一名尉官。纸上写着："给你送来这张纸的人就是我和你谈起过的那个人。"

那张纸条是为我打通出路的钥匙。至今，我仍保存着并把它作为服役生活中值得收藏的纪念品之一。纸条让我当夜就跟值班的在同一个棚子里过夜。当我知道他是弗吉尼亚大学法学院的毕业生时，自穿上军装起便凝聚在心头的积云开始消散。五个月里，我生活在残酷的思想失落中，遭受着严重的精神荒漠，周围大部分伙伴文化水准极低。

话题超不过吃、喝、天气变化和军人生活的艰苦。现在，终于碰到了一个可以说比一般士兵更高雅的语言，和他谈论某些话题的人了。仅此一人，就足以减轻我的孤寂和心灵的干旱。

"能告诉我，他们为什么把我带到你这儿吗？"我向值班的问道。

"你将是我们中的一分子。"

"你们是干什么的？"

"我们一共八个，任务是调查并向参谋部提供战争情报。"

"你们怎么工作呢？"

"有一位负责军官管分派任务。两人一班，每班不超过两小时，两人在指定的地点观察战况，把发现的敌我双方的动向，随时用电话或派人向指挥部报告，使指挥部决定如何安排火力，向哪里增援。"

"肉眼观察，还是用仪器？"

"眼睛能看到的用眼睛，需要仪器的地方就用仪器。"

"观察有危险吗？"

"当然，他们是部队的耳目，敌人就是要打击对方的耳目。不过，他们经常待在火线后面。"

"看来，你是个老观察员了。"

"不算即将开始的这一仗，我参加过两次战役。看来，你对前线还一无所知！"

"是的。连炮声和飞机声还没听见过呢。"

"马上就要听到了。马上就要听到地狱的乐曲了。"

翌日清晨，对于那一带，特别是那个季节来说，今天的太阳格外的温馨。我在帐篷周围转了转，返回时，眼前的情景使我呆若木鸡。我的那位伙伴竟一丝不挂地坐在门口。衣服扔在身旁，手里翻弄着一件衬衣，仿佛他正在褶缝中间找一片毛、一根刺或是给皮肤蹭痒的什么东西。

"伙计，你这是怎么了？"

他不慌不忙地答道："这个嘛——这是……这是虱子。"

"虱子？！"

"是的，虱子。看来你还没尝过挨咬的滋味？"

一提起这种讨厌的东西，让我恶心，几乎喊着向他说："你不事先告诉我，就这样赤身裸体地坐在这里，太卑鄙、太无礼了。我再不愿和你同住一个帐篷了。"可是对方平静的语调使我难以再启口和生气了。

"你也会得上虱子的。这在前线是荣誉的标志，是你必得的荣誉。讲卫生在那厢，你在这厢。你那破烂的衬裤脏得贴在身上，几乎扒不下来，可又找不到可换洗的，这荣誉你怎么逃得掉呢？伙计，这就是战争。"

二十小时后，我们又踏上走在通往火线的路上。中午时分，到了一个被遗弃的农庄。宽敞的马厩的墙和顶棚尚属"安然健在"。因午饭时间已到，下令在马厩附近一个宽大的空地上休息用餐。战地伙房就设在空地中间。饥饿、疲劳交困的士兵们纷纷涌向伙房。拿着碗碟，排成一条条长队。刚领到自己的一份，就一屁股坐在地上，谁也不相信那一点儿吃的能填满辘辘饥肠。周围的空气是那样纯洁、寂静，放眼望去可以看到好远的地方。

少数人装满了盘子开始就餐时，突然一声巨大的爆炸声，震动了我们脚下的土地。只见三百米外腾起一股几米高的烟柱！然后，像巨大喷泉的柱头跌落下来。大家惊呆了，蠕动的嘴巴停止了咀嚼，舀汤的勺子停在空中，排队翘首望着伙房的目光都转向了烟尘升起的地方。

接着第二声，第三声，第四声……尘土烟柱呈扇形向我们扩散。转瞬间，逐渐靠近的烟尘使这些饥渴交加的人们抛弃伙房，无目标地四散奔逃。饥饿比死亡强。它也在死亡面前逃遁了。这时，最重要最重要的是不要让你的呼吸逃离你的胸膛。

大马厩里挤满了死里逃生的人，其中也有我。庄园里为数不多的几幢房子里也是如此。奇怪的是，当着这些面带惧色、声调紧得发颤的一群，我非但没有什么心跳加速，反而饶有兴趣地观察着周围的动静，品味着耳际的窃窃私语。

"离墙远点儿。"

"趴在地上。"

"快来,藏在这辆破车底下,木头也许能挡点儿弹片。"

"上帝诅咒这帮流氓①吧,连饭都不让吃一顿!"

"诅咒这帮蛤蟆②吧,他们打仗关我们屁事?"

突然,马厩连人一起晃动起来,一颗炸弹落在附近的房子上,危墙向这边倾倒。传来消息说,两个军官五个士兵被炸死,两个受伤。

"这就是战争。"

"可不是过去那种战争……"

死一般的寂静笼罩着马厩。这是盘旋在大家头上的死亡。一个小时过去了,爆炸声时远时近,最后重归寂静。传来前进的命令,我们继续开往前线。

队伍行走在一片开阔地上,子弹在头顶上呼啸。黄昏时分,来到一座山包下,据说就要在这里头顶蓝天过上一夜。有战争经验的见状马上拿起锹镐,动手挖单人掩体。我正试着向他们学时,侦察组的军官走来,让我把坑挖大些,能容下两人。说着,十分卖力地帮着一起干。主啊!主!军官的威风和傲气呢?一到前线,他们就成了软弱的羔羊。因为炸弹不问谁是兵、谁是官,兵对官不满可以用任何方法惩治他,甚至要了他的命。他满可以将一切都归罪于敌方的子弹或是战场上任何未能注意到的突发事件。

睡前,军官布置我们站岗。我站八点到十点的班。哨位就在山包的顶上。

我站在山顶。夜色茫茫,冷风刺骨。披了厚大衣,仍如一张纸似的瑟瑟发抖。无奈,我只得回到我的掩体里把铺垫的毛毯裹在身上,然后以近乎小跑的速度来回快步走。身子暖和了,拿枪的手可冻木了,饥饿又开始袭来。忽然想起袋中还有两块"狗饼干",立刻掏出一块咬下去,竟像块铁。可是口水已流淌出来,饥饿的滋味越发难以忍受。我弯腰想在黑暗中摸一块石头,结果白费劲,不知怎么忽然想起了枪托和刺刀。

---

① 第一次世界大战期间,法国人把德国人称为流氓。
② 第一次世界大战期间,美国人把法国人称作蛤蟆。

我把枪放在地上，饼干放在枪托上，用刺刀狠狠地、不停地砸。一块块碎片捡起来送进嘴里，使劲嚼，使劲咽。真是一场艰难的历程。可是在执拗的饥饿面前，你又能怎样呢？

山的另一侧是深谷。步枪、机枪的射击声不停地在谷地中响着。远处，双方的大炮都在怒吼，偶尔高空中出现彩虹般的信号弹，它是侦察单位给黑暗中作战部队的信号，也是眼睛在漆黑之夜中难得的享受。没有它，千万士兵将会走向死亡。

在信号弹的光亮下，从谷地到山顶，我看到一条长长的人影晃动的黑线，部分离我不远。这是救护队员。他们两两而行，一前一后，肩上扛着担架，担架上躺着伤兵或死人。伤员痛苦的呻吟声混杂着子弹的唏嘘、炸弹的呼啸、大炮的怒吼，不时传入我的耳中。主知道这些伤员中，谁能起死回生，主知道天下哪片土地会掩埋那些行将销声匿迹的死者。他们留在世间的仅是墓地上的十字架和钉在十字架上的那块铅质圆牌。

千奇百怪的形象在眼前浮现，嘈杂的声音传入耳中，我感情起伏，思绪万千。我无法相信目睹耳闻的一切就是事实，无法相信是我在目睹，在耳闻。我对自己产生了怀疑。我，我……不，不是，站在山顶上的这个人，绝不是那个在白斯肯塔出生、在舍赫鲁布长大的孩子，绝不是那个在拿撒勒、布勒塔法和西雅图学习，以笔为武器向僵化、愚昧开战，捍卫创作的自由、真理和生活之美的青年。青年绝不会成为这黑暗荫庇下的丑恶的帮凶：这是连野兽都羞于参与的丑恶行径。

茫茫黑夜，请你做证吧！璀璨星光，请你做证吧！人比动物低下。以自己头脑自豪的人在战争中丧失了头脑，他丑化了正确，然后又设法把丑化的东西纠正过来。他杀死了活人，又转而为他哭丧。他夷平了亲手设计的建筑，然后又去修复捣毁的一切。

这里，友爱的价值值多少？真理的价值值多少？正义、纯洁、精神的价值值多少？上帝的价值值多少？没有，没有价值！这里，一切价值都是钱！

为什么？为什么？为什么？

这种疯狂将到何时？

沃德鲁·威尔逊希望世界恢复理智，可是，当德国无条件投降后，他又希望战争能在"既无胜者，又无败者"——和平无胜利——的情况下结束，在"权利决定命运"的基础上建设战后世界，并让一个超出全球所有的国家组成的机构负责世界的组织安排。

德国全线溃退。可是，即使在遭受巨大损失的撤退中，他们也不放弃战斗。很清楚，战争即将结束。可是，在最后一颗子弹或炮弹射出后，还有什么可希冀的呢？那些被最后一发子弹毁容的人该是何等忧伤？被最后一发子弹结果了性命的人的家属又该蒙受多大悲痛？这就是十足的暴虐。

可是……为什么？为什么？为什么？

"你好。"

"你好。"

"你来换岗。"

"到十点了吗？"

"十点整。"

真怪，听到同伴的问候前，我竟没有听到他的脚步声！我竟在迷茫中度过了两小时。我摸黑回到自己的坑里，发现我的同伴的身体蜷缩得像块点心。舒心的鼾声让人觉得那里既无寒冷，又无战争。为了不惊动他，我轻轻地在他身边躺下，睡意立刻袭来。一觉醒来，已是清晨，我们上路了。整整一个白天我们马不停蹄。入夜了，继续行军，直到看见一个遍地马粪的马厩，才在那松软的"床垫"——马粪上躺下，虽然炮声隆隆，但我们早已习以为常了，管它什么炮，放吧！疲劳无仁慈，困倦更是残酷。

"瓦斯！瓦斯！瓦斯！"

若不是强烈的爆炸声，这声声惊慌的喊叫也绝不会搅醒我的美梦。一颗毒气弹落在我们睡的马厩里，顶棚炸了个大洞。下面的人死的死，伤的伤，瓦斯气体立即散布开来，活着的跳起来翻找防毒面具。为了不让毒气吸进肺里，大家急忙把面具扣在脸上、鼻子上和嘴上。我简直要窒息了。鼻了堵了，嘴里叼着胶皮管子，而且必须死命咬住，吸进氧气。我真不会用嘴呼吸，但愿我没戴它……

半小时后，命令可以摘下防毒面具。赞美主。这个夜晚只剩下四小时了，睡吧，让大炮去尽情吼叫吧！

我们在火线上等到11月9日晚。在那坑坑洼洼、沟沟坎坎的道路上，在那人仰马翻、弹片四散、武器钢盔遍地的田野里，我们紧紧追逐着节节败退的敌人。多少个水泥炮台上堆放着成堆的炮弹，多少个村舍和城镇的家里、餐桌上摆着没动过的食物，陈年窖酒、法国葡萄酒、香槟酒，瓶罐尚未启封。我们可不敢去动用品尝。因为当时盛传德国人在留下的食物和饮料里下过毒，还制造许多钢笔炸弹，炸死不少美国兵。

我们只大量搜集敌人的遗物，作为战争纪念品、钢盔、皮带、烟盒、笔、纽扣以及任何便于携带的德国小东西。

我们小组全体成员安然无恙地脱离了火线。11月9日晚，我们在一座无主的庄园里找到一间空房子。发现地窖里有很多干草，我们把鞋脱了，带着对上帝的感谢和翌日清晨冒着枪林弹雨追击敌人的决心入睡了。

半夜，身边的同伴叫醒我，悄声说道：

"战争结束了，已经宣布停战了！"

整个屋子里满是窃窃私语声，很快变成了叫喊，呼喊又立刻变成一支士兵喜欢的进行曲：

"我们在这里，因为我们在这里，因为我们在这里。"

突然又响起炮声，接着第二声，第三声……仿佛一团火遭到了倾盆大雨，年轻人的舌头缩了回去。

第二天，我们往后方走了整整一天。11月11日中午时分，当我们穿过一个破落的村落的泥泞道路时，碰见了一个离队的法国兵。他向我们问候后，喜气洋洋地高声说道：

"战争结束了！"

照例应该高兴地跳起来，舞起来，唱起来！无奈我们个个精疲力竭，饥肠辘辘，没膝的泥泞，满身满脸的龌龊，衣缝间吸血的虱子……

这一切夺去了我们欢乐的情绪,哪儿还有什么劲儿歌唱,所以,听完了话,一如既往地走着,仿佛停战的喜讯是给别人传递的。

那一天,世界各地千百万人在狂舞、欢唱、举杯相庆,尽情欢乐,但是,那些真正品尝过战争滋味的人却默默不语。

"'郊游'到什么时候算完?"

"到腿挪不开步,全都完蛋的时候。"

"我的背都要断了。"

"这该死的栓枪的皮带,快把我的肩膀磨碎了,从这个膀子挪到那个膀子,再从那个挪回来,仍然无济于事。两边都不行了。"

"真是个疯子,把它扔了好了!"

"上级问起来,我该怎么办?"

"让上级下地狱去吧!难道他们该向火线之外的战士问他的步枪吗?说丢了不就行了?"

那精疲力竭的兵丢下步枪,继续用那双钉着铁钉、粘满泥泞的沉重的皮鞋踏着路面。他的脚已经浮肿,觉得背上的背包重如大山。

停战宣布了十天,但我们依然马不停蹄地走着,只有在吃饭或浓重的黑夜才能停下来喘口气。旷野里被遗弃的、破烂的田庄和村落都是我们夜憩的床榻。每天三四十公里的路程,耗尽了我们的一切精力。正如黎巴嫩民谚所说"远路无轻载",些许的负载都会成为长途跋涉中的沉重负担。所以,大家必须轻载,我跟别人一样,丢了步枪、钢盔和原想留作纪念的一顶德国钢盔。一条毯子丢在夜间栖身的一个坑里。那天早晨,我本想和往常一样,把毯子和背包捆在一起,可是冻僵的手指不听使唤,怎么也勒不紧背包上的皮带,结果,只好把它丢在坑里,但愿周围的法国兵捡到它不至于白白浪费。

我们终于在一个叫作克拉·苏尔·艾尔曼苏的法国村子里住下,渐渐地回到了充满艰难、侮辱和心理厌倦的普通士兵生活中。在驻地,我非常简单地用英语记了一些日记。这些匆匆留下的东西像铅笔头一样,太少太小了。但我却保留至今,并想在这里,为读者抄录几段(不按时间)。

我们挤在一所被遗弃的宽大的旧房子里——说不定，过去它曾是一座宫殿呢！我们小组的住地最差了。虱子搅得我无法入睡，破烂的内裤贴在身上，找不到任何换洗的。

我和七个朋友在流经这里的一条小溪旁散心。花了五个法郎向附近的一位渔民买了两公斤鱼，然后请一位法国主妇为我们准备了一顿鱼的晚餐。噢！多美味的一顿晚餐，我们吃得可得意了，五个法郎就买到了幸福……

我想写几封信，可手边既无信封，又无信纸。接不到信真使我忧心忡忡。在这段服兵役的生活中，第一次发现囊空如洗，也是第一次伸手借贷。我向组里的一个朋友借了十个法郎，买了袜子和烟。一想到虚度的这些日子，深深的忧虑罩在心头……

今天的训练从早晨九点继续到下午两点。全部内容只是雨水、寒冷和浪费宝贵的时间。收获呢？淋湿的衣衫、冰棍似的两条腿、装满雨水的沉重靴子……真觉得恶心。我给亨利写了封信，很久没有收到亲友们的书信了……

为了消灭虱子，昨天命令我们到河里洗内裤。可是冷水对虱子不起作用。结果昨天和今天都没穿衬裤，因为它不干，白天我把它晒在篱笆上，晚上枕在身底下，也许我的体温能让它快点儿干了……

驻地里流传说要送我们到俄国去，也有消息说，不久就将去一个海港，在那里登船回美国……同伴们的娱乐就是酗酒。晚上，我在一家法国农民家里为他们安排了一顿丰盛的晚餐，他们大吃大喝，简直走不动路了。这就是他们怡然自得的嗜好……

一个同伴告诉我，他在巴黎出版的一份美国报纸上见到我哥哥的消息，这消息使我坐卧不安，后来才弄清他谈到的只是我哥哥打听我下落的一条启事。啊，多好的心肠，我们彼此为对方担忧，虽然同在法国，但谁也不知对方身在何处，经历着什么样的……

我读着法国报纸上的全部消息……威尔逊在对士兵们的一次演讲中说："你们有指挥官，但没有主子。"但愿他在这里亲眼看看他的指挥官们的所作所为……

今天是1919年元旦……这能成为世界史上一个新时期的开端吗？威尔逊创建"国际联盟"的愿望会实现吗？看来，他的子孙们已开始悖逆他的愿望了。他们不愿意承认公海的自由，索取昂贵的赔偿，力图报复。结果，威尔逊所期望的各国友好关系，竟成了深谷中的一声呼喊和向灰烬猛吹的一口气……

今天，听一个同伴说，战争如果再次爆发，还让我当兵的话，那么就请那些人放把火把世界烧光，然后筛去灰烬，才能找到我。这番话表达了当兵的共同心声……

看来，前不久刚结束的战争，已不是一场新战争的前奏了。因为这新的战争已经爆发，它是一场奴隶反对主子、被欺压者反对压迫者的战争。只要被剥夺了权利的人们不停地要求自己的合法权利，当今世界的主子们决然不肯放下武器。那些被剥夺了权利的人们正通过无产阶级这一喉舌，索取自己的权利。我的心和我的思想正逐渐把我推向极"左"。不过，我从未向任何人谈起我的变化。一个美国兵绝不关心什么人道的大问题。我在军队中的生命如一支燃烧的蜡烛，周围没有任何可以迅速解脱的迹象。我只能忘记自我。对一个睁大双眼、勤于思索的人来说，军队的生活纯粹是地狱。

……夜半两点十五分，上士的喊声震动我们的耳鼓："快起来！出去！"我们以为世界重又燃烧起来。后来弄清楚了，原来是有人把大便拉在当厕所用的沟边上了。于是，这位聪明过人的大人竟因一个士兵的罪过，惩罚两百名。他不许大家睡觉，命令大家冒着十一月的严寒，去掩埋那"宝贝"。于是一个兵挖一锹土，把粪便盖起来。这是对人、人的尊严的公开侮辱！士兵成了军官手中的玩物，真是绝大憾事……

今天，又一次让我们消灭虱子。办法是让我们进入被士兵们称为"有肺翼的澡堂"里洗澡。我们脱光了衣服用温水淋浴。不过，喷头的水像让吝啬鬼出钱一样，几乎到了涓滴可数的地步。最后效果等于零，反而增加烦恼……有消息说要把我们用船运到德国，也有人说我们要陪同威尔逊总统返回美国……

我们五个人对罪孽进行辩论。一个问，从《圣经》角度看，吸烟算不算罪。另外一个奇怪上帝为什么创造了充满罪孽的民族——法国人……

昨天，给阿尼姆①写了信，今天，给萨比特②写，谈谈我日

---

① 黎巴嫩诗人，死于巴黎
② 黎巴嫩政治家，一战时在纽约致力于组织叙利亚—黎巴嫩解放委员会，任主席。纪伯伦为秘书。

夜思考的叙利亚问题……阿卜杜·迈西哈的书唤起了我对纽约的回忆。我经常想提笔写一点儿，可是受周围的环境所阻。我一下子收到了一大堆信——艾迪布的四封、亨利的四封。亨利的一封信几乎使我热泪盈眶，我可怜的哥哥竟不相信，米哈依尔还在人间。

队里的伙伴对停战会议的消息漠不关心。我力图使他们重视世界大事的努力也付诸东流。现在，他们只考虑一件事，返回祖国……

接到艾迪布来信，说给我寄了圣诞包裹：巧克力和瓦拉瓦拉共济会送的一枚刻着我名字的金戒指。今天已是2月17日，可邮包尚未收到。我敢肯定永远不会收到。①

1919年2月25日——希望破灭。上级准备将部队中部分服役的大学生送到法、英、意等欧洲同盟国的大学里学习。我递申请要求上苏尔本大学。下午，为我递交申请的希科斯中尉见到我，他把我叫住，告诉我我没有被选中，并对此表示深深的遗憾和极大的震惊……噢，命运啊，你将把我带向何方？浏览了马利·库勒利的《齐斯卡》一书，我发现自己无法不去思索主宰着我们生活的无形力量。书本唤醒了我心中全部的苏菲派倾向。我多么希望把它表达出来！可是，此时此刻又怎能做到这一点呢？要知道我目前的生活是多么了无生气、毫无意义啊！

1919年3月2日，星期日。梦想重又实现。苏尔本大学没进成。下午，我和军团的另外三人，去来尼斯，入那里的一

---

① 几个月后，邮局将戒指退回给艾迪布，巧克力早已让别人享受了。

所大学。全班的伙伴都忌妒地看着我。以往,他们并没有感觉到我的存在,但此刻全站在我面前,和我握手相庆……从今以后,我只是一个名义上、外表上的兵了。

那是我生活中最幸福的时刻,因为我得到了对我在服役中所遭受的艰难、困苦、屈辱和禁戒的最美的回馈。

忍耐确实是寻求解脱、缓和心情的钥匙。

大学里的兵

我们四人同属一个军团。我曾在华盛顿大学学习过,他们分别是加利福尼亚、弗吉尼亚和哈佛大学的学生,之前,彼此素不相识。可是,刚在火车的二等车厢里坐定,我们四个就接近起来。以后,在全部大学学习期间和毕业后的若干年中,我们始终紧密相依。

1919年3月4日清晨,到达来尼斯。在这之前,我们在巴黎停留了一天,尽可能地游览那里的名胜古迹,还在蒙玛尔特的一个咖啡馆里度过了一个夜晚。回想那时,我们真像脱身的笼中鸟和从遥远、荒寂的流放地返回故里的流放者。难道有比置身于语言、思想无法交流的人群中所感受到的陌生更为残酷的吗?当你置身人群中,和他们交谈不十分敏感的问题,双方能相互理解,于是陌生转为亲切。难道有比这种交流更为美好的吗?

来尼斯位于法国东北部的布列泰尼省,就在这座城里,著名的德来伊福斯案件被平反。城市历史悠久,不乏珍贵的古迹。最主要的是大教堂和正义宫。这里的大学虽不是最有名望、最大的一所,但也是全国优秀学府之一。城市居民约八万人。

我们应在这座安静的城市里度过这一学年剩下的时间——四个月左右。每人尽力吸收营养。美国政府把我们送到欧洲各大学的目的,并非提高我们的文化水平,而是向它的盟国表示亲善,加强彼此间的友谊。同时,美国政府无法将它的两百万士兵在不到一年的时间内从法国撤回。既然在这一段时间内士兵无事可做,为什么不为部队里的大学生提供学习机会,让他们或多或少地增加点儿知识呢?

有一百八十名美国学生在里纳。除拿月薪外，每人还享有伙食和服装专门补助，可以随便租房、吃饭。我在里赛经理的家里租了一个房间，房内有一个烧木柴的大炉子，铺着羽绒垫、放着羽绒枕的大床。巨大的飞跃，从地狱到天堂！

我最大的幸福不在这间宽敞的房间，也不是美丽的炉子和羽绒床垫、枕头。我的幸福是浴室！当时，首先想到的——家里没有浴室——就是上公共澡堂！到了！热水、搓身的丝瓜瓢、肥皂、蒸气以及一切可以使被折磨、被侮辱的几个月未在水中浸泡过的身体尽情享受！当蒸气钻进我的皮肤，我从身上搓下一条条又长又粗的泥条时，别提多惬意了。我用丝瓜瓢和肥皂搓，仿佛从身上卸去了一层沉重、腐朽的重物，换上了一张新皮！至今我尚能记得，当我从脚后跟上搓下了一层如核桃一样大的一块泥垢，在脚上留下了核桃般大的一个坑时，我真是又惊又喜，不停地行走和龌龊的积累，使我的后脚跟变成硬石头了。

市长为我们举行了欢迎会，接着学校举行同样的欢迎会，我们的学习生活开始了。我选修法国史、法兰西文学、法兰西艺术、法国宪章，另外还有校方专为美国学生安排的法语课。绝大部分美国学生对法语一无所知，连字母也不认得。可我偏偏会那么一点儿，这引起了他们的忌妒，同时也委托我当他们的翻译。

当法学院的法国学生举行欢迎美国学生的联欢会时，我那一知半解的法语，居然成为美国学生的代言人，为他们致答谢词。看来要不是我的答词还不错，要不就是法国学生看得起一名美国士兵所会的一点儿法语。同学们纷纷过来表示祝贺，赞扬我语言的流畅和明晰。在祝贺的人流中，有一位浑身散发着聪颖、美丽和贵族气息的女学生。我相信只要我愿意，立刻可以和这位被我称作"玛德琳"（当然不是她的真名）的姑娘建立起超越纯洁友谊的关系。

玛德琳寻找和我单独在校园见面的机会。当我们俩坐在杉树树荫下时，她说她就是黎巴嫩杉树。她请我到她家做客，她的父母也总是热情地欢迎。我们经常在她父母的陪同下，在城里游玩。法国有这么一个习惯，不允许未婚姑娘在没有家人陪同下与陌生青年在街上散步。

看来玛德琳讨厌母亲的陪伴了。一天，她到我宿舍来，对我说，她已经安排了一次我们单独去城外郊游的机会。那是一个温和迷人的朗朗春日，玛德琳选中的地方又是一片旷野。那里花香树茂鸟儿飞翔，我们躺在茵茵绿草上，丝毫没有注意到身体粗暴践踏了草儿的青春，忽略了让它们和我们一样享受生活之春和吉祥的愿望。

突然，眼前的一切把我带回到十二年前布勒塔发郊外修道院的丛林中。此时此刻的情景和那时的一切多么相仿！哎，现在，我是否依然有能力做出当年所做出的一切，在眼前这位不顾一切把什么都交给我的姑娘面前保持自洁？周身的血液如此饥饿，我将如何保持自洁？这是一种生命对生命的渴望的饥渴，是一种没有它，便没有生命的饥渴。

现在，活生生的玉体横在我眼前，它如同这浓浓的春意，激荡着，翻腾着。它躁动了，准备呼救了，渴望着能与我的身体永结同心，永不分离。从她那里发出传到我身上的战栗，使我像枝头的一片孤叶，不停地抖动，炙烤着她的头也在炙烤着我。我们身卧黄土，头顶丹阳。周围的花木像召唤处在我们这种情况下的鸟、蝴蝶一样呼唤着我们，整个大自然点燃了推向内心燃烧的欲念。为什么执拗不肯？为什么犹犹豫豫？

但是发自内心的一个声音喝住了我，低声耳语立刻变成了吼叫：耻辱啊，米哈依尔，你竟想以终生的悔恨收买那片刻的享受。眼前的姑娘不过是你生活中的过客，你们的关系不是神圣的爱情。明天，你就要回到祖国的怀抱，回到你的工作中，你会忘了她。那么，愿她留下散发着豪侠、不屈、芬芳的记忆，愿你在她心中留下犹如烛光和薰香般美好的记忆，愿你心中的人性胜过兽性！立刻打消你的欲念，别用你那自我熄灭的幻想的火柴去燃旺它！

人又一次战胜了兽，但那是以敞开的心扉来面对！

那天晚上，我回到宿舍。女房东匆匆跑来说我父亲来过两次。主啊，父亲！不可能！父亲在遥远的白斯肯塔，那么是谁来找我呢？

我又回房东那儿打听一下来访者的模样，忽然听到有人上楼，进了我一楼的房间里。一见来者，我像箭似的飞奔过去，两人紧紧拥抱在一起，一分钟还说不出一句话来。女房东弄清找我的是哥哥不是父亲时，别提她有多惊奇、多尴尬了……

亨利哥哥正随他的部队驻在离雷恩一百五十五英里的布尔斯特港。我离开美国几个月后，他也离开了美国，但始终没有上前线。停战后，我们之间的交通始终未能开通。当他知道我要在雷恩大学学习四个月后，请了假来看我。我们在一起生活了三天，他是上士，朋友中算是混得不错了。我们俩谁也没想到能再次见面，现在相会了，并且同时躲避了战争的危险和不幸，我们在黎巴嫩的亲人也安全度过了饥荒。对此，我们不停地赞美主。这次突然相会时唯一使我们的欢乐蒙上黯淡色彩的是祖母乌姆·优素福去世的消息。愿上帝使她安息吧！

我对玛德琳的估计完全正确，她全部身心都沉浸在对我的爱慕之中。不过，却未从我这边得到同等的响应。或许我又变得燃不起爱火，还是玛德琳不是那颗能引起烈火的火种？

她在考虑结婚，用幻想建筑宫殿。自那次郊游后，当我们俩单独在她家时，我十分清楚地感受到了这一点。

"从今以后，没有你我无法活。你占据了我的思想、我的心和我的全部生活。"

她如此热烈地坦率地跟我说。结果，我惶然不知该怎么回话才能消除她的梦幻，又不伤透她的心，摧残她的心灵。

"玛德琳，我不配享受你倾注给我的爱。对我来说，这是无价之宝，神奇的力量。可是你知道我仅是一名匆匆的过客，我沉浸在远大的梦幻之中，目前刚刚踏上征途。这梦幻不是钱财，不是房产，不是职业和名誉地位。但它却是我在这世界上所占有的全部。在这种情况下，结婚对我是一种沉重的负担，一种疯狂的行为。"

"我将成为追随你的影子，比你的影子还轻快。"

"玛德琳，就是影子也能成为一种负担……"

一听这话，可怜的姑娘立刻投进我的怀抱，放声痛哭，断断续续地说道:"米沙,米沙,我们的路竟这样短,但它十分美好。我多希望它能长些,长得永无尽头……你将永远是我生活中的一盏明灯,是我的朋友……你能答应我吗?"

我答应了。实际上,回纽约后,我们之间的书信往来还持续了两年左右。后来,怕影响姑娘的前途,我主动中断了这种交往。如今,她怎么样了?在什么地方?活在人世间,还是到另一个世界里?这一切我都无从知晓了。

不论是和玛德琳还是和其他朋友,还是学习,我都没有放弃对自己的问题——自我,和将来的思索。每想起亲身参加的、已经结束了的战争,我十足感到了使人们趴伏在其重压之下的罪恶。四年的厮杀结果是什么?千百万尸体、伤员、残废、白痴、孤儿、寡妇,无数充满活力的宅院和农庄变成废墟。几十亿钱财变成弹药、枪支、大炮和葬身大海的舰船。无数只手离开了工作,许多头脑呆滞僵化,一颗颗心成为培养仇恨、厌恶、背信弃义、欺骗和力图报复的温床。

现在,"四巨头"正在凡尔赛宫里聚会、表白、争斗、分割、幻想。只有他们才能从主那里得到智慧和权力,在旧世界的废墟上创造新世界。他们创造了一个什么样的世界呢?

这四个人中,只有一个稍具慧眼,未曾垂涎任何国土,也不想反对任何国家。他明白,新世界不可能建立在仇恨、宿怨和丑恶上,即使建立也必将崩溃。所以!他认为战争应在"无胜无败""无罚无偿"的情况下结束,他希望各国人民自己决定命运,选择自己喜欢的政体,建立"国际联盟"管理新世界,这个组织应该具备可以执行自己决议的、足够的物质和精神力量。任何国家、任何国际集团都不可将世界投入大的或小的战争中。

但是威尔逊是名"中学教员",在政治家眼里是被蔑视的教书匠,在这些人看来,政治不可以、也不应该以明朗的目光观察世界。看世界的眼睛只能是发炎的?只能看那些在它认为是有利的东西,而事实上对其他的人又是十分有害的。巨大损失也无妨,因为政治本身就患有炎症!它至今尚未明白:对别人有害的好处,同样对自己也有害。

为此,张伯伦和路维德·乔治都在内心里嘲笑教员威尔逊,有时不遗余力地奚落他。当时"国联"已经形成,但缺少神经、指甲和牙齿。它只是一支听命于英、法的驯服的骑兵队。后来,"命运决定"转投了"托管"的怪胎,而且比托管还要狡猾。《贝尔福宣言》就是让一个陌生人扛着大英帝国女皇陛下的武器,强行闯进一个住满人的宅院里,对这里的居民说:"别害怕,家还是你们的,不过,将成为我的'民族之家'。仅此而已。"这是一条违心的诺言,更谈不上付诸实施。我看连苏莱曼的魔鬼也只能望洋兴叹了。

不义的政治在暗暗窃笑,在跟软弱和幼稚的斗争中,它胜了第一个回合。它将以攫取的利益养肥自己,从宽敞的大门踏入幸福之家。但很快它就发现这肥胖只是一块肿瘤,引进大门的只是烦恼与痛苦。它会改变的,结果便是不义加口是心非。

凡尔赛的政客们一心想平分战果。他们看不到一种由战争而产生的新运动将卷土重来,劫持他们,夺走他们的战利品。这就是布尔什维克在彼得堡进行的活动。他们或许也知道,否则为什么千方百计要将其扼杀在摇篮里呢?不过,他们失败了。运动在发展中日益壮大,今天已开始扰乱他们的酣梦,把忧虑带进他们的欢乐中,强迫他们改变战略部署。

但是,不管怎么说,战争使我的祖国和周围的阿拉伯国家摆脱了土耳其帝国的噩梦。这未必不是它做的一桩好事。不过托管是否会成为比土耳其统治更骇人的一场梦魇呢?我不久就要复员,我将面临什么样的命运?回黎巴嫩?在那儿能做些什么?上哪儿弄钱买车船票,要不回纽约?在纽约又干什么?《艺术》已经停刊,看来复苏已无望。面前摆着纳西布·阿雷达那绞人心肝的信。难道《艺术》诞生而燃起的火把即将熄灭?不!一万个不!它应该燃烧得更旺,照亮更多的地方。我虽囊空如洗,但无妨。我总能找到求生的工作。我的笔应该再次奋起,战争使它沉寂了一年,它想做许多事情,到奋起的时候了!

亲人呢？十九岁的纳吉布弟弟快失去了学习的机会。战争关闭了他就学的美国学校，阿利娅妹妹学习的俄国学校遭到了同样的命运，她很快就要做新娘了。小弟弟纳西布已经十五岁了，应该在国内的学校读书。最终完成大学学业。我应该负担他的学习费用。

噢，上帝是慷慨的……

各条战线

1919年7月下旬，我回到了瓦拉瓦拉，发现它竟是天堂中的一块土地。艾迪布哥嫂迎接我时流下了热泪。我搂着他们的孩子——原是两个，现在已成三个了——两个儿子、一个女儿，感到天大的欢乐，一种家庭气氛的温暖送入我心中，乡镇的宁静带给我的心安，在经历了生活中的残酷之后，现在变得更为坚强有力。这一切都使我心中充满了恬静平和。可是，这种感觉是暂时的。

不到两个月，我就开始考虑回纽约了。在那喧闹的城市里有我那如沙漠绿洲般的美好的梦。那里有我亲爱的同志——为了同一目的，走在同一条路上的同志。其中，纪伯伦已嫌我在瓦拉瓦拉耽搁得太久，多次催促我回纽约，去复活《艺术》，他写道：

……米哈依尔，每当我们谈起《艺术》时，都感到那里有许多事情将以你开始，或以你来结束。你如果想使杂志复活，那就应该返回纽约，成为推进这一活动的发条，因为现在纳西布一事无成……

总而言之，计划的成败完全仰仗你。如果你回来要做出牺牲，那么这种牺牲将是最宝贵的。重要的东西往往在扼杀了更重要的事物的基础上确立起来。我认为你生命中最珍贵的东西莫过于实现你的梦想，而你生活中最重要的则是开发你的天才……

我回到了纽约，不打算振兴《艺术》，也没有任何工作计划。口袋里只揣了一个月的生活费，但对被当兵生活阻断的渴望战斗的心愿却是无限的，同样，对这战斗的意义和它崇高目的的信念更是坚定不移。当时，我们确实希望有一本像《艺术》那样的杂志。可是，如果我们不厚着脸皮对那些腰缠万贯、对文学却一窍不通的人求助，希望肯定十分渺茫。但如果有一份报纸作为我们的论坛，即使它远不如《艺术》，又有何妨？最重要的是这份报纸必须把我们的声音传向世界，使我们和报纸的主人实现精神、目标的接近和协调。

目前有一份半周刊——《旅游者》，篇幅极小，在侨民办的报纸中基本上是无足轻重的。它发表的一切甚至在处理它最关心的派别、地区问题时，也不乏幽默、轻快的调子。《旅游者》的主人是一个投入新运动的年轻人。他理解这一运动的目的，感到自己有力量推动它去发展，并希望自己能为之做出贡献。年轻人和运动参与者之间有着纯洁的友谊。……《艺术》停刊后，年轻人的办公室成了大家集会的场所。他们研究，探讨，有时认真严肃，有时插科打诨，嘲弄社会，也嘲弄自己。特别谈到钱和那些有钱人时，更是嬉笑不已。那些在以后的时间里组成"笔会"的人，有的口袋里装足了天天不用发愁的生活费，也有人甚至无钱乘电车、坐地铁。我给你们讲一两个例子，了解一下这帮人和美元之间的冷漠关系。

宣布停战那天，纪伯伦从禅房跑出来和大家聚会，欢庆战争结束。可是，如果杯里没有威士忌，如果没有爬上脑袋的眩晕，还叫什么庆祝？但，囊空如洗，怎么办？

还是纪伯伦出了一招。他拿来一块硬纸板，用钢笔在上面画了一个姑娘，双手展开一面大旗。他在画下题了一行诗：

在我们过去的废墟上，
建设我们未来的光荣。

姑娘代表叙利亚，刚刚甩掉宽大的斗篷，挺身而出，享受自由，憧憬未来。纪伯伦当场拍卖画作,说不定这能解决他和同事的饥渴。当时,在座的人中,有一位霍姆斯青年。他与文学无关,却喜欢和搞文学的人在一起坐坐,听大家叙叙。他马上以两瓶威士忌的代价买了这幅画。周围响起了热烈的掌声。那实在是欢乐的气氛。那幅画嘛,今天已成了我的财产。

另一个故事是拉希德·艾尤布给我讲的有关他自己的事。他以自己独特的风趣,为这故事添加了大量佐料。他有一个卖留声机和唱片的侨商朋友,他经常在早上陪这位朋友从家里走到工作的地点。

一天,他俩走到商店门口,他朋友朝门槛上一望,立刻扭过脸去,捂着鼻子,一阵恶心。拉希德一看,门槛上有一摊猫屎。当他知道自己的朋友极端讨厌这种脏东西时,哈哈笑道:

"要是我把这脏东西给你弄走,你给我什么样的报酬?"

他朋友已恶心得直想吐。

"一顿丰盛的午餐,外带威士忌。"

拉希德先把门槛打扫干净,接着放开肚皮吃了一顿美味午餐,喝足了威士忌,他对朋友说:"我绝没想到能依靠这种办法挣饭吃,赞美上帝吧!"

第二天,出现了同样的情况,拉希德又白吃白喝了一顿。他对猫给他带来的幸福十分忌妒,希望同它签订一份终生合同。可是第三天,猫儿却背叛了。同样的时间,他和朋友到了商店门口,没有看见猫屎,别提他有多么难过。他站下,抓着头皮叹息着,像是从黄粱美梦中苏醒过来。朋友在旁觉得奇怪,问道:"你为什么叹气,为什么挠头皮?"

拉希德答道:"幸福竟这样迅速地消逝了……今天,我去哪儿吃喝呀?"

商人答道:"弄点儿猫屎来,不就有吃有喝了……"

*　　*　　*

该考虑找个混饭吃的工作了。在这弱肉强食的世界上,工作不会被放在银托盘上,端到你面前。它不会来找你,你必须主动努力去找它。可是,要我到哪儿去找,怎么找呢?我生来害羞、孤傲,不愿张口向别人去求,或介绍自己的性格、特长!三年前,初来纽约时,那位俄国领事给我写的几封介绍信,救过我的命,可是今天,谁来救救我呢?

二十世纪的巴比伦,竟没有人需要像我这样的青年,可能吗?也许在这座或那座大楼里,在这家公司或那家企业里,正物色像我这样的人呢,可是,怎样才能和他们联系上?莫非我应该成为一名占星家或先知,预见哪家公司或企业准备用高价或廉价收买我的知识和时间?莫非我应该站在路中央,高声呼喊:

"各位,大伙儿,上帝创造的人们!听我说!这里有一个人,希望体面地用他的额头的汗水挣得面包以糊口。他是文学院和法学院的毕业生,精通阿拉伯语、俄语、英语,还会法语。他不酗酒,不嗜赌,不偷,不抢,不背信弃义,不对任何人心怀叵测。他身体健康,头脑健全,可是你们却在他不名一文时,断绝了他的生计。同时,你们又创造了金钱,并以它成为衡量人们品行和才能的标尺,就是你们有权享受天地的幸福。现在,这个人身无分文,可你们却钱满箱,谷满囤。为此,他愿意出卖劳力,难道无人愿意张口,哪怕只用些许小钱赎买他的才能和特长,以使他有衣遮体,有食下肚,保住他的面子?"

也许,为了找到工作,我也应该像那些售鞋、卖布和批发老鼠夹子的人一样,在报上登一条卖身广告,或是不厌其烦地、挨门逐户地敲一家家大门。等某一扇门向我敞开,等有人对我表示同情,允许我来到哪位经理面前。可是往往一分钟,我便绝望地离开了。好心肠的丢下这样几句冷冰冰的话:"很遗憾,这儿没有适合你的工作。不过,把地址留下,什么时候有了机会,我们再和你联系,好吗?"

各条战线,数工作最艰难、最残酷!无休止地工作着实消耗你的精力,使你垂头丧气,动摇你的自信心!最后,也许弄到一个与你的气质、口味和你热爱的一切格格不入的工作。对它,你的心是那样陌生,所以工作起来总是那样心怀郁结。因此,对那些几天几个月为找工作而到处奔走又一无所获的人,你能说他们些什么呢?对那些被失望逼上求乞、偷盗、抢劫、流浪和犯下最丑恶罪行的人，你能对他们有何评价呢？

确实这是一个非常随心所欲的有弹性的世界。奇怪的是，人们却把这种生活方式称之为自由的制度！那些被迫从事与自己的身体和精神毫无血缘和感情工作的人，他们的自由在哪里？那种使工作和从事工作的人不能像水中的氢氧融合在一起或根本不能相遇的制度又是什么制度呢？

另外，你看到自己不仅在寻找工作的战线上鏖战，还在寻觅栖身之处的战线上苦斗。今天，特别是在大城市里，住房问题已成为最复杂、对人们的肉体和精神最有影响的问题了。极少数人住的是高楼大厦，悠悠自得地享受着阳光和空气。绝大多数的人住巢穴、暗洞。太阳、空气和天空对他们是那样冷淡和疏远。原因是金钱及其狡诈和残忍已使大自然大量馈赠给我们的一切按照一克、一扎和一基拉特被出卖。谁想得到多少天空、新鲜空气和阳光，就必须付出相应的金钱。否则，无论他多么渴望，多么迫切地希望享受这些幸福，也绝无缘分。他的肺可能正被病菌吞噬。

他也可能是阳光和蓝天的艺术家，对于阳光和蓝天，他的价值远胜于那些得意忘形之徒或豪华宫殿中的住客，可是他没有钱。他只好收起双翅，安于现实生活或安于他口袋里仅有的能带给他生存的一点儿钱。

这次那只隐蔽的手——也许你愿意把它叫作命运——又像以前那样救了我。真是得来全不费功夫。助我一臂之力的人就是若干年后，当黎巴嫩球权几乎从法国人转入爱国分子手中时，被法国人选为黎巴嫩总统的艾尤布·萨比特博士。事情是这样的：一天，我在路上碰到他，他叫住我问我是不是愿意在一家商行里工作。以前，我从未见过他，更谈不上跟他说话了。他告诉我有三个黎巴嫩兄弟，从事同菲律宾的进出口贸易。他们和其他黎、叙侨民没什么来往，做生意发了财，但为人高尚，正在物色有我这种品德和能力的青年人。

次日，我和萨比特博士应三兄弟的邀请，共进午餐。第三天，我已坐在一座俯瞰海德森河口大厦的第十二层。我来纽约十五年了。之前，河口上的自由神像不止一次地吸引我去观望它。奇怪的是，我既未向新的赐给我幸福的人问问我的薪水，他们也没谈起我要求多少工资。

我跨进了贸易界，像"婚宴上的聋子"。那些应该了解的商品，除了绣上各种图案的白布睡衣、六个月到两岁的连衣裙外，我几乎一无所知。他们告诉我刺绣是在遥远的菲律宾岛上完成的。可是，白布属哪一种？哪里来的？怎么织的？怎么绣的？又怎么装运、计费、定价？如何在买卖双方之间联系，填写货单，进行结算？还有，什么叫折扣，什么是竞争？这一切有关事宜，我一无所知。可是，不到一个月，我都摸清楚了。我懂得如何利用信函推销产品，和纽约以及远近的其他城市的顾客进行联系。我经常手提样品包，为了见主顾一面，在大商店里等上一两个小时，活像等待伽百利天使和马尔·布特勒斯为我开启天堂之门。

纪伯伦知道了这种景况，他给我写信道：

　　每当我想到，你作为一家贸易公司的代表在商行里转来转去时，感到阵阵悲痛。当然，我明白这种痛苦无非是旧哲学的残余。今天，我相信生活以及生活所带来的一切，相信未来日子中的每一夜都是美好和有益的。

另一封信中他写道：

　　在天地间奔走的人，早晨好！我聆听了你在市场和大街上的吆喝声——"嗨，新的，全新的！买细白布喽！上等好布！"——米沙，你的声音用得很恰当。我知道，天使也在倾听，并把你的叫卖载入不朽的史册。

三兄弟每年花四万美元在幽静如画的纽约郊区租了一幢豪华的别墅。他们有两辆高级轿车，司机是菲律宾人。他们全都独身，除商业上的事务,几乎与世隔绝。看来,他们三人都很喜欢我。每星期都请我和他们共同度过一两个夜晚。使我迷惑不解的是,他们虽然向我敞开了心扉,却从不向我伸出慷慨之手。虽然他们自己生活优裕,财源茂盛,可在最初的两年里,我的工资每月只有五十美元。从第三年开始,我又连续五年每月三百美元,其实,他们若给我月薪一千美元,对他们当然不会有任何影响,也比他们坠入与之交往的商人和金融界人士的圈套而使财产蒙受损失要强万倍。

不过,美元是令人心旷神怡、不可捉摸而又放荡淫乱的。它不时地袭击人的直觉,使其瘫痪麻木;侵犯到眼睛便会瞎眼,闯进人的价值领域,可以把价值观彻底颠倒。在应该以诚相待时,反而冷若冰霜;在理应谦虚谨慎时,却趾高气扬;在需要抛洒热泪时,倒哈哈大笑!

当我每月的固定收入达到一百美元时,应该按照收入标准,找一个住所了。在纽约,找房子比找工作还要难,要阅读各种报纸上的广告,无休止地奔走,上下楼梯,和形形色色、脾气各异的男女打交道。你可能花上整整一天、两天,甚至一个星期,却希望渺茫。这间房子可能合你的胃口,但你的钱包承受不了。这间的租金可以接受,可是房主又不讨你喜欢。那间房东不错,可是房子的式样、家具、所处地区、街道、远近交通等又实在不能令人满意。找到末了,可能还是住进一间不中意的房子。

我就是这样,在曼哈顿岛的最高处相中了一间。唯一使我满意的是,房子离海德森河很近,女房东又万分亲切地接待了我。从简短的交谈中,我知道她是生平第一次出租房子。她把这些告诉我的时候,脸上不禁赧然。家里只有她和她丈夫两人,没有孩子,也很少有常来拜访的亲朋好友。因此,从我喜欢安静这一点来说,这确是一间上等的好去处。不足的是房间小,黑黝黝的,厚墙把阳光整个隔绝了。我住在这幢多层大楼的四楼,窗户对面全都是林立的楼群。租金每周六元,这无所谓。在这满是窝巢小穴的大城市里,我总算弄到一个窝了。它静得使我可以在夜晚投入冥思和笔耕两条战线的战斗。至于内心,我久已荒芜。但一进入这间窄小的窝里,我已不知不觉地投身其间了。

发酵的面团

在我离开纽约从军前,拉希德·艾尤布发表了《艾尤布诗集》,我在《艺术》上写过评论。文章对拉希德不利,狠了点儿。拉希德也是白斯肯塔出来的,在他和其他人看来,我应该对他宽容些,还有些人更企图利用我的话激起他对我的不满。可他十分理智,既无责备,也不冷淡。当时,他如果真埋怨我,我会让他明白,文学、艺术、欣赏和真理的问题,我对任何人,甚至我自己都是铁面无私的。他这本诗集中的诗歌,全部因袭了传统诗歌的韵律、题材、比喻等描写手法。把死面团般的语言发酵制成思想,内心和理想的面包需要酵母。不久,酵母被拉希德找到了。他在许多场合下强调说:"我向地球上的人们做证,是米哈依尔·努埃曼教我怎样写诗的。"

事实上,看看《苦行僧之歌》和《这就是今日世界》,这时的拉希德·艾尤布和《艾尤布诗集》的拉希德·艾尤布,二者之间有着天壤之别。

伊里亚·艾布·马迪①的情况也是如此。他的天才未被新酵母发酵前,我尚未在《艺术》和《旅游者》上发表我的评论文章和《冰冻的河流》及《我的兄弟》等诗行时,他写了不少诗。作品读来无非是对现代的巴鲁迪、邵基、哈菲兹、米特朗②及古代的布赫图里、艾布·泰马姆、

---

① 伊里亚·艾布·马迪(1889—1957),黎巴嫩旅美派诗人。
② 巴鲁迪(1840—1904),埃及政治家,诗人;邵基(1868—1932),埃及著名诗人,哈菲兹(1872—1932),埃及著名诗人,人称"尼罗河诗人";米特朗(1871—1949),黎巴嫩诗人。

穆泰纳比①的因袭模仿。五十行诗集押一个韵。题材乏味,无论是意境还是描写,无论在忠实于自己或读者,甚至生活中最简单的事物,都找不到一点儿创新的味道。

我是1916年到纽约的,伊里亚先我不久,在《西方镜报》工作,住布鲁克林。那年的一个秋夜,他请我到他的住处,给我朗诵在埃及出版的他的第一部诗集。从头到尾读完,没有听到我一句好评,他抬头问道:

"怎么样?说说你的意见。"

"诗歌给我表述了坚强的气质、惊人的记忆力。句和韵的技巧高超、严谨,此外,就没什么了。"

"你说此外指什么?"

"我希望诗歌能在我心中激起焦虑、惊奇、凄清、欣喜、忧郁、疑虑、确信。或是因瞬间瞥见的美丽而陶醉,或是上述这一切的总和。我希望诗歌成为诗人心底的宝藏,而非浮在大脑上的泡沫,希望能为我揭示内心的未知世界——一层更比一层遥远的天地,一层更比一层深邃的洞谷。我希望不仅以其结构的严谨、雕琢的精湛引起我的惊叹,也应以其精神的威力和美感增加我精神的力量和美感的财富。可是,伊里亚,你的诗集收的不是诗,但你却是一个地道的诗人。"

1919年《伊里亚·艾布·马迪诗集》第二部出版。拜读后,发现新作与酵母发酵前的作品,两者之间有着无可比拟的长足进步。第一部里,伊里亚是何等热情地为一名宗教界人士唱挽歌:

> 君慰死者幽坟里,
> 君别大地地孤寂。
> 艳阳隐身润土干,
> 世间已无荫庇人。

---

③ 布赫图里(820—897),阿拉伯宫廷诗人;艾布·泰马姆(788—840),阿拔斯王朝诗人;穆泰纳比(915—965),阿拉伯大诗人,擅长哲理诗。

他赞扬自己编辑的报纸时写道：

艳阳日日展新容，
送尽暗夜黎明动。
秀女闺房戴金镯，
我报深入万心中。

但在第二部里，你可以读到他的有名诗行：

啊，你这无病呻吟的人儿，
真有疾病缠身，
你又如何哼哼？

翻翻提到的这部诗集，完全可以了解到艾布·马迪把自己同僵化、传统发动的革命联系在一起时，他的诗才发生了如此翻天覆地的变化。扉页上首先映入眼帘的是一位在纽约定居的黎巴嫩商人的照片，他捐款印刷这本诗集。为此，诗人在卷首写了"献给……"。诗行与古代站在埃米尔和哈里发门口，为他们大唱赞歌的作品无甚差别。内容充满了自恃和言过其实的谄媚与逢迎：

双目浏览的书卷，
存留在迷人的花园。
百花纷谢凋敝，
书卷永存久艳。

上帝把你创造，
赋予你自由与亲善。
你的志向如时光永存，
你的手如雨云般慷慨。

眼见你的功德传遍，
如繁星在夜空闪烁。

这首诗和伊里亚的《小溪》和《丛林》相比，进步多么明显，甚至，难以相信它们同出一人之口。受新倾向洗礼的精神，已开始对任何种类，在任何场合下的谄媚感到羞愧，把这种行为看作是对诗歌尊严的践踏，对诗歌艺术的贬低。这正是诗和诗人的最大收获。因为，一个艺术家把他的艺术作为求得权势者的同情和攫取金钱的手段，那是最大的遗憾。诗歌，即使是最美好的诗歌，如果吟写的动力只为激起哪个当权者或富人的高傲而给诗人带来短暂利益的话，那它也是虚伪造作的、被侮辱的。写诗的动力，应是授予诗人诗兴的花粉。而那些将乞求同情、钱财或掌声作为自己诗兴花粉的诗人正是对自己和自己的诗歌犯下罪孽。与其这般，倒不如没有诗才好。

除上面提到的受新酵母影响的两位侨居纽约的诗人外，我还要提到一位。这就是不见经传的哈达德。这位具备了做人的优秀品质的诗人，没有丰富的想象、雄辩的口才、深邃的思想和激荡的心理斗争，使他很难吟诵出具有独特风格的诗歌或为诗歌添上自身的色彩。但是，新酵母的作用却跃然于他的诗行之间。

和这些人相比，纳西布·阿雷达早在若干年前就备受新酵母的更新启迪，他学过的俄语和诗的天才，使他很早就飞向革新，避免了俗套的内容和风格，开拓了内心世界。除了苏菲派兴起的时代，阿拉伯诗歌极少有内心世界的揭示。如果没有纳西布对文学，特别是对新文学的热爱，就没有《艺术》杂志。没有《艺术》，就没有新文学运动激动人心的开拓。每一场革命都需要有自身的号角，《艺术》就是侨居地文学革命的第一声号角。所以，纳西布·阿雷达应该，也确实是这一革命的创导者和支柱。

艾敏·雷哈尼，受环境和其他原因的影响，未能加入笔会。但如果否认了他在侨居地文学运动初期的功绩，实在不公平。他有革命气质。对英国文学的涉猎，增加了他对传统的阿拉伯宗教、社会、政治、语言、文学中陈旧、僵化的东西的革命精神。开始，他写散文诗和小说，这在当时是一种大胆的创新。但是他的文章没有获得成功。

创新！这就是在异国他乡陌生的环境中集合在一起的少数人的心中开始产生神奇作用的酵母！生活在他们心中点燃了对文学信仰的烈火和进行创造的巨大力量。任何人都无法分析的陌生环境对他们中的部分人来说，几乎是突然的、盲目的、未经任何指导和计划的。对少数人来说，是一些外在或隐蔽的原因的必然结果，或是对那些应把新酵母植入他们心间的人们的需要的响应。

总而言之，新运动已在起跑线上。它的爆发力犹如炮弹的弹射力，产生的回声来自圣保罗、里约热内卢、布宜诺斯艾利斯、贝鲁特、大马士革、开罗、巴格达，甚至马格里布和阿拉伯半岛。有幸的是，回声不都是赞赏、称颂和喝彩。有的声音对它咆哮，有的声音意欲摧毁。有时责备，语言拙劣。有时批评，乱用语法、诗韵和祖宗们留下的神圣的遗物。新运动一开始，如果只听到赞扬和喝彩，那倒有可能使它萎缩凋零。一旦遇上那些板着面孔，古板、僵化分子的反对，反而能增加它的战斗激情和冲击力。在这种情况下，我写了收入《筛》集中的《萤火虫》《青蛙的聒噪》《爬行动物和缺陷》等文。

此外，意见相左促进了纽约从事文学运动的人的团结，加强了他们为阿拉伯世界肩负新使命的责任感。这一切的结果就是"笔会"的诞生。

心儿的苏醒

白人战胜印第安人，成为整个大陆上无可匹敌的主人公。忽然心血来潮，要在一年的某一天里把他们的心献给上帝，感谢主赐给他们胜利和种种幸福。于是，这一天就成了美国人的一个节日，一个他们最喜爱的节日。按传统，总统每年都要宣布这个节日的时间，并历数享受的恩德，向主表示感谢的幸福。这一天他们叫作感恩节，时间定在每年十月的最后一个星期四。

跟其他节日一样，感恩节也很快变成了肚子节。按照习俗，这天应该吃火鸡，于是感恩节也就成了可怜的火鸡惨遭屠宰的日子。关于火鸡嘛，说法不一。我们说它生活于埃塞俄比亚；埃及人说它长在希腊，故把它叫"罗马鸡"；俄国人认为它源出印度；美国人则说它生在土耳其，还有许多人说它产生在其他国家。

1919年感恩节那天，女房东请我和他们夫妇共进午餐。我在他们家的短暂时间内，一般只在早出晚归时，才能见上一面。我对他们俩的全部了解只限于他们是从本州的一个镇上搬到纽约的；丈夫以微薄的薪金在电灯公司供职；结婚至今，没有孩子。

我们围坐在丰盛的餐桌边时，一种奇异的感觉袭上心头，我仿佛又回到了十一年以前的伊拉·西姆夫卡。身旁的一男一女正是法尔娅和库提亚那一对夫妻。现在他俩注视着我的面孔，注意我的举动，倾听着我的谈吐。或许他们想对这个和他们同住一个屋檐下的陌生人了解一二：他是谁？从哪儿来？干什么的？思想水平、社会阅历，以及其他首次相会时激起陌生人好奇的种种情况。

我呢，开始把法尔娅和库提亚跟眼前的这对夫妇进行比较。妻子我叫她彼拉，丈夫叫亨利。彼拉三十左右，圆圆的脸庞，细嫩安详，除了淡淡粉迹，脸上不做任何化妆，令人十分舒适。这确是一张美丽的面孔，不过最美的，恐怕要数那两片洋红色的薄唇和一对微显羞赧的蓝色大眼睛。那里时隐时现着竭力隐藏的忧郁和痛苦，使少妇充满了迷茫和梦幻。难道她心中有着逝去的美丽和甜蜜？她的嗓音总流淌着甜美和女性的温柔，一举一动无不显示着美好的情趣和敏锐的感觉。你完全可以相信这样的举动来自一个可以忍受他人的伤害、却绝不会伤害他人的人。她的身材略高于一般中等个子。

亨利和彼拉不一样，当然也和库提亚两样。他是一个在街头相遇，分不出和其他男子有什么不同的人。可仔细观察、就近谛听了他的谈话后，你便会在他的脸上找到怪异和粗暴，在他眼中看到残酷，发现他的谈话充满了痴呆和孩童的无知，没有丝毫中年人的成熟和持重。他在自己的肚子里生活，也为自己的肚子而存在。在他眼里，宇宙间最大的享受莫过于一顿美味的午餐。后来，我从彼拉那里得知，亨利嗜酒成癖，使她无法忍受。他不工作，无法养活自己和妻子。迫不得已，只得接受多疗程的治疗，不再喝酒。可是治疗一结束，又像以前一样酗酒。这可怜的女人就是这样和他同床共寝，天天提心吊胆，他晚间回来捣乱、谩骂、侮辱，也许还经常打他的女人。

上帝啊，这里也一样，和伊拉·西姆夫卡一样，凑合在一起，两人没有任何共性——共同的情趣、思维、气质和感情。像水和油，他们永远无法融合。但是民法和宗教法，却找到了法律根据，用无法解开的纽带把他们捆绑在一起。根据就是他们是一男一女。难道我和他们的相处会跟我和法尔娅和库提亚一样吗？

一个多月以后，圣诞节之夜，我回到家中。刚打开房门，彼拉过来请我到她客厅里坐坐。

"你要是没有其他更想做的事，能在这儿跟我聊聊天吗？"

"只是，过一会儿，我要出去吃晚饭。"

"今天，请你一起用晚餐，好吗？饭很简单，没有蜡烛，也没有圣诞树。"

"那你太客气了。亨利先生呢？"

"他回老家，跟母亲过圣诞和新年去了。他是独子，老太婆说让他去过圣诞、新年和复活节。她讨厌我。"

"为什么？"

"因为我也讨厌她。"

"你为什么讨厌她呢？"

"是她促成了我的婚事……"

她沉默了。我也没说什么。半晌，她才接着说：

"十六岁时，我是寄宿学校的一个孤儿。亨利的母亲说服了遗嘱执行人，让他放弃已定下的一个姑娘，要她儿子娶我。还说她死后，全部财产留给我们。在当时那是一笔相当不错的遗产。指定遗嘱执行人同意了她的意见，一切就成了现在这个样子。"

"你现在后悔了？"

"后悔管什么用？我宁可跟一个瞎子、独眼、哑巴、白痴生活一辈子，怎能和一个酒鬼、混蛋、性情怪僻、口吐脏话的人同床共枕！只要亨利踏进家门，就散发着威士忌的气味，我周身犹如一张枯叶簌簌发抖。我口僵舌硬，心也脱离了我的躯壳。我遭受心理和神经上的不安远远超过了一个人所能忍受的。"

"你们结婚多长时间了？"

"十三年。"

"你就这样在惊恐中过了十三年？"

"是的。我无日不生活在揪心的日子里。"

"可是，我到你们家有三个月了，没听到一点儿吵架动手的声音。"

"他最近又接受了一次长时间的重剂量的治疗，所以没有酗酒。另外，在你面前，他也还有点儿不好意思。你住在这里是我生命的保障。"

"可我是一个过路客，明后天可能就要走的。"

"不，千万别走。你可比一个过路客重要得多。"

"为什么这么相信我？"

"为什么？……你的心指引着我。"

我和彼拉幸福欢乐地度过了圣诞节这段"婚假"。八年前，自从和法尔娅中断了关系后，我为自己的青春和心灵修筑的堤坝已如纸板般完全崩溃了。这些压抑、干旱的年月，我是凭意志而不是一颗心去度过的。现在，青春的血液在我血管里沸腾。任何宗教、社会的思想都无法阻止我把这一切都看成是无聊的废话和蒙上尘埃的蜘蛛网，是暴风中的尘埃。这种做法如果犯下什么罪孽的话，那就是天性的罪孽，它使热血变成火焰，使另外一股和它同样炽烈的、容易沸腾的血液得以渗入其中。

另外，这个女子被盲目的习俗拉进了和她格格不入的男子的怀抱里，她和他如油见水。她仿佛在地狱中生活，谈不上任何幸福。现在她找到了饥饿焦渴的肉体和灵魂所需的一切饮食。我在她那里找到的正如她在我这里索要的。她不想创造自己的肉体和灵魂，又把它们置于如此的饥饿和焦渴中，我也无法对自己的肉体和灵魂的饥渴负责。

这种关系我和彼拉持续了五年之久，它是我写《眼睑细语》中若干诗篇的动力。第一首诗《心儿的苏醒》中道出我思想和心灵间的斗争。在我认识彼拉，撤出情网前，我过着一种纯粹的思想生活。或是在新兴的文学运动中驱逐心中的忧郁，或是潜心思考存在的全部秘密和意义。有时我扪心自问："我的心儿，你是谁？"它孕育着万物，万物也在它的中间。其结果，它和上帝合二为一，但我没有勇气公开宣布。我只能说我的心是"神的一个部分"，是"神的泛溢"。有时，我对人生的烦恼和对难题的冥想又使我感到生活只是以形形色色的信仰麻痹了心灵的结果。于是我在《希望之说》一诗中写道：

  尽管我讨厌期望，但我
  仍然希望我不去期望。

但是，当我的心找到了它的伴侣，沉醉在它的感觉之中，同时感到，只有通过它或在它之中时，才有生命的感觉，才有权驾驭生活的缰绳。思想主宰生活的时代结束了，所以我与心儿对话道：

> 我的心啊，请裁判，无须逃避，
> 我绝不从你那里逃离。
> 今天，你是我的舵手，
> 主宰着我的权力。
> 尽情摆弄我吧，
> 摧毁环绕我的一切墙基，
> 好揭示我心中的秘密。
> 如果你失败，请莫垂头丧气，
> 如果你命令，不要慈悲怜悯。
> 把烈火烧得更旺，
> 让人们即兴离去。
> 用小杯量海水，他们束手无策。
> 请对思想诉说，
> 心是波涛翻涌的大海，
> 无法将其量计。

我又奉劝心中无爱的人，为他们的心寻找伴侣：

> 我为你感到遗憾，
> 你不成熟，来去不易。
> 你将在迷雾中寻觅，
> 直到那萎靡的心找到伴侣，
> 为你的道路燃起火炬。

此刻，思想和心儿之间不再隔膜，心儿要求思想帮它分析，厘清被传统与制度禁止的习俗。思想晓之以逻辑原理。于是心儿对它爱情的伴侣说道：

对过去的所为我们俯首帖耳，
呼唤存在的声音响彻耳际。
从生活中采摘的果实，
我们又把它投进生活的怀抱。
我们从生活中获得吃食，
我们也把自己的血肉吞食。
我们阔步前进，
丝毫不再悔恨，
把杯盏留给别人！
生活中如果确有禁忌，
侮辱我们这样的人就是罪孽，
惩罚……就是禁忌。
啊，我的伙伴，
我身心的伙伴，
与我同甘共苦的伙伴，
你说说：在创造天父的行动中，
没有龌龊，
只见纯洁和美丽。
让心儿享受幸福和欢乐，
让教法学家忍受禁止和忌讳。

更有甚者，在心的压力下，以爱的名义冲破了一切禁忌的思想，出于对心的极度同情，开始探测那无始和无终。终于发现了也必须承认，此时此地所进行的一切都是以因果关系与无始无终的时间和地点里已经发生的和将要发生的一切有着联系。两颗相互了解、相互热爱的心在成为血肉之躯前，必已在上帝的心中结识融合为一。所以在一首赠给彼拉的题为《献给 M.D.B.》的诗中我对她说：

当至高无上的主，
在地面上用泥土塑造出人类后，
我便是隐藏在你灵魂下的
一个未被揭示的秘密。

诗的结尾这样写道：

在欢乐中，在悲愁中，
我们的手彼此相握。
对那些无知的先人宣布：
从无始我们便紧紧相依，
到无终我们更形影同往！

哈利勒·本·艾哈迈德怪我的诗韵转换得太突然，我不介意。在恐怖和懈怠下，思想顺从了心，但却不时地骚扰着心。也许它并不完全是思想，而是某种超越思想的声音。它比思想更强大，更激烈。也许它是心声。或是比心更敏锐、细微、高尚。它不允许主人以它给旁人带来任何痛苦——即使是最微不足道的，以它去赎买任何享受——不论这享受多么甘美。爱是宇宙的精髓，是宇宙赖以存在的唯一实质。当爱未曾掺有任何瑕疵，未曾被暂时的欲望控制时，它是美中之最，是权利之先，是力量的源泉。使我们的爱沾上污点，是那无法感受到爱的存在，无法用爱的眼睛观察第三者存在的我们的自身。我办不到，我认为我代表彼拉的一切权利，包括她的一颗心。于是，我们的爱带来了痛苦，痛苦折磨着我们，特别是我。痛苦促使我制造声音，心儿一再要求我从痛苦中解脱出来。我从诗行中找到了泄愤的出口。有一首题为《迷途者》的诗中，我力图写出与自己的心灵进行自省时所感觉到的紧裹着的精神孤寂。

行走在茫茫的荒野上,
我面对寥廓,
独伴孤独。
命运煽起了胸中的烈焰,
愿把他人充当炉灶。
它使我得生,
又令我死去,
它让我畅饮醇酒甘露。

主啊,
难道心儿受挫,
生活在暗夜中,
解除自身的焦渴,
就应受指责?
主啊,
我们赞诵你的恩赐,
没有你,
我的声音又算得了什么?

　　类似的诗篇还有《风的赞歌》《格斗》《当我看到人们时……》《麻痹思想》。这些都收在《眼睑细语》中。

　　那段时期,一个挡着我生活之路的黎巴嫩姑娘更加重了我心理上的压力。在熟识人的眼中,她不仅漂亮,甚至迷人。毫无疑问,她以一种自鸣得意、自我欣赏的目光看待自己。因此,动作过分炫耀,说话拿腔作势,举动扭扭捏捏,故意探讨那些离她所知甚远的文艺或思想问题。

　　她从心里希望我做她的丈夫,便施出种种手段:请客、约会、写信来追我。可我这边却毫无动静和准备,又不愿粗暴无礼、用一句话断了她的念头。她于是更是一门心思,不断设置"圈套",让我去钻。

这可怜的女子一点儿也不知道她使用的办法非但吸引不了我,反使我见了她就烦。她不知道,任何女人过分的自诩、做作,言语中的装腔作势、违心的自我表现都足以在我们之间构筑成隔阂。它虽不如喜马拉雅山高峻,但也是一道山岳般的屏障,即便她有维纳斯般惊人的容貌也无济于事。一个女子最使我倾倒的是言谈举止中的自然大方。她身体和眼中流露出肉体和精神的自然美。特别当这一切与充沛而热烈的情感、娇嫩的面容、优美匀称的体态和羞怯、温柔融为一体时,我更为之心荡神移。

可是她,以执拗和诡计,在离我住处几米远的地方,租了一间房子,目的是离我近些,监视我的行动,了解我是否眷恋着别的女子。

一天,她请我到新居去玩,我刚按响门铃,她立刻就打开了大门。一见我,她好像因为极度疲劳或过分激动,忽然倒在地上。我站着,心想这肯定是为了博得我的爱怜和同情,激起我血液中的欲念而佯装晕倒的。我久久地站在那里,她也始终"昏迷不醒",最后,我把她抱到客厅的沙发上。当她确信这一计谋已失败,我绝不会落入圈套时,便慢慢睁开眼睛,叹息道:"赞美上帝,你在这里。"

但这声赞美产生了相反的效果,不一会儿,我告辞了,之后再也没有登门。

笔 会

革命应有号角,宣扬革命的目标及为实现目标所做的努力。侨居地文学运动的第一声号角便是《艺术》。《艺术》沉寂后,《旅游者》便是第二声号角,而当时每年年初发表的优秀期刊更具有强大的号召力。

当时投身这场运动的人们需要确定目标,统一行动,以组成有意义的实体。这实体不仅面向自身,更重要的是面向世界,和他们对话,面对他们的文学、思想、生活发生影响的整个世界。在这种形势下,笔会于1920年4月20日诞生了。起初,我们非常谨慎。只希望和品味接近、精神相通、心胸坦荡的人聚集在协会的大旗下。至于能力强弱、风格迥异,当时是全然不在意的了。

我们唯一的宗旨是团结、协调、互助、共同努力。按此宗旨,我们十个人成了协会的会员。按年龄顺序排列,他们是:拉希德·艾尤布、纳都拉·哈达德、纪伯伦·哈利勒·纪伯伦、威廉·卡茨非里斯、沃迪阿·巴侯特、伊里亚斯·阿塔拉、纳西布·阿雷达、米哈依尔·努埃曼、伊里亚·艾布·马迪、阿卜杜·迈西哈·哈达德。十个人一致推选纪伯伦任协会主席,我为顾问,卡茨非里斯为出纳。当时,艾敏·雷哈尼未能加入。原因有二:协会成立时,他不在纽约;但更主要的是他和纪伯伦意见不一,彼此关系疏远得很。

大家委托我起草协会的章程。我在宗旨部分中写道:

落在纸上的东西并非都是文学,每个舞文弄墨、吟诗学唱的也不都是文学家。我们所谓的文学应从生活的土壤、阳光和空气中吸取营养……我们所尊崇的文学家应是感觉敏锐、思想细腻,在生活的波涛里腾跃时,具有远见卓识,当生活对内心产生影响时,有明晰的估价……

这种新精神会让我们的文学从传统、僵化中进入创造优美风格和意境的新天地中。它是今天的希望,是明日的柱石。竭力把阿拉伯文学和语言囿于古人的传统、意义和风格,我们认为这是腐蚀我们文学、语言肌体的蛀虫。如果这类蛀虫没有受到抵制和反抗,其结果必将把我们的文学、语言带入永无振兴和革新的境地……

我们努力振兴新的文风,但绝不意味着割断和古人的联系;古代许多卓越的诗人和思想家的优秀作品将永远是今天和明天的启示。但我们认为对他们的僵死的模仿只会导致我们文学的死亡。为此,要想保存我们的文学实体,必须远离那些传统,适应今天的情况和明天的需要。今天的要求已经和昨天的不同了。

当时,协会想做的事情很多,包括要出版会员的著作和其他阿拉伯作家的优秀作品,还要翻译有价值的外国文学作品。要发物质奖,鼓励作家多写优秀的诗、文、译作。可是,因为财政拮据,协会始终没有发过任何奖励,只出版过一本《1921年笔会文集》。开始,拟定每年出版一本类似的文集,可为了出这第一本,也是最后一本文集,笔会不得不在布鲁克林最大的剧院举行庆祝会。会上募集了四千美元。这笔钱一部分用于文集的印刷,剩余的赞助《旅游者》。为推销集子,向阿拉伯各国联系时,得到的回答却是:预订的价格两美元太贵了,如果半美元,仅开罗一家书店就要一百本。可实际上,任何一本书的成本都超过了两美元。我们放弃了在美国境外销售的努力,把文集堆放在拉希德·艾尤布和纳都拉·哈达德处,随他俩处置。卖得的钱补贴他们的生活,所以,第二本再也没有问世。

在侨居地出版阿拉伯文书籍是作家一生中最艰难的事情。如果一个人具备了写作的必备素材，他首先必须筹集到印刷费用。有时，不得不像艾布·马迪出版他的第二卷诗集那样吹捧、乞求某个富商；有时，不得不在报上登个广告：某某诗集将在某年某月出版，欲购者，请将书款汇给作者。拉希德·艾尤布出版他的《修士之歌》诗集时，就采用这种办法，但他的广告差点儿使他进退两难。由于囊中羞涩，他把预收的订费贴补了日常生活。出版时他已不够支付印刷和发行费用。不过，朋友们拉了他一把，书终于在两年后问世了。

可是纳西布·阿雷达的《彷徨的灵魂》整整等了二十年，还没有得到出版的机会。我在1922年为他的集子写了一篇文章。当时他对我说他的一些有钱的亲戚答应资助他出版，所以我在文章里写了诗集已经付印。可是如果没有那些喜欢他和赏识他才华的人的关怀，他这本诗集恐怕至今仍躺在废纸堆里！令人痛心的是，《彷徨的灵魂》正装订时，作者未能见到便与世长辞了。

发行像出版一样，举步维艰。当时，绝大多数侨民既不懂阿拉伯语，也不关心古代或现代的阿拉伯文学。一是看到那位作家或诗人的吹嘘，或和他们沾亲带故、有一面之交，往往捎带买上一册或几册，让他高兴或赞美。如果那个作家或诗人办了一份报纸或类似的刊物，他们这样做的目的是要逃避他的弹劾和批评。因此，任何一个侨居地作家都难以靠文学创作糊口。

现在，也许你有兴趣了解一下协会成员的国籍和教派。十名成员中的七名是黎巴嫩人，另外三个：纳西布、纳都拉和阿卜杜·迈西哈是叙利亚的霍姆斯人；八个人是希腊正教派，另外两个纪伯伦和巴侯特属马龙教派。实际上，我们之间除了开玩笑绝不提什么国籍和教派。我们既不存在叙利亚人和黎巴嫩人之分，也没有正教派和马龙派之别。这是一个从感情和思想上完全超越教派和国籍界限的团体。下面我逐一地将协会的成员向读者做一简单介绍。

拉希德·艾尤布

黎巴嫩白斯肯塔人。高个子，身材匀称，和蔼可亲，感情丰富，为人实在，不太会筹划，大方到近乎浪费，性格开朗，谈吐诙谐，特别是大伙聚会或共饮时，更是兴致勃勃。容易使他人滋事寻衅的烈酒对他却能激起最美好的情感，忘却万种忧愁。拉希德最大的烦恼就是心头上挂念着的妻子和三个孩子。他非常希望自己能为他们提供优越的生活条件，可又无能为力。他最可贵之处是明白作为一个诗人应保持的底线。所以，他从不抬高那些低于自己的新人，也不妒忌高于自己的强手。他不存骄横之态，给予每个应享权利者应得的份额。

那时，我们特别珍惜也绝不会放过拉希德向我们发出的任何共进午餐或在他家中夜聚的邀请，会上的欢乐气氛，探讨诗歌、文学问题带来的一切，使每次会见都留下有趣的回忆。他和美元的关系始终冷漠疏远。每当口袋里装了几张钞票，一定愉快地把它花个一干二净。为此，我们送给他一个绰号：修士。

他的主要著作有《艾尤布诗集》《修道士之歌》和《这就是人世间》。

纳都拉·哈达德

叙利亚霍姆斯人。《旅游者》主办人阿卜杜·迈西哈·哈达德的兄弟。高大伟岸，举止安详，低声细语，羞怯善良，心地纯洁，为人正直忠诚，感情细腻。乍一见面，往往以为他是个商人或公务员，很难想象面对的是一个诗人。当不得已在集会或聚众场合朗诵自己的作品时，他的声音战抖，脸有愧色。读到内心激动的诗行时，含泪语塞，仿佛正跟奔向异国他乡的朋友话别，或是悼念亲人。

笔会成立时，他还是独身。几年后，成家生了几个孩子。在一个亲戚家的婚宴上朗诵了一首诗，席中急性心肌梗死，与世长辞。留下的唯一作品是《秋叶集》，去世前在纽约出版。

纪伯伦·哈利勒·纪伯伦

黎巴嫩布舍利人。中等身材，身体结实，一对弯眉，双眼经常低垂，眯缝的眼睑上长着长长的睫毛。他面容和善，感觉敏锐，思想活跃，富于幻想。简单的打扮无论是帽子的式样、领花、领子，还是食指上的戒指，总和普通的打扮透着不同。步子迈得显着高傲，嗓音表现出男子气，说话慢条斯理。说一件事，即使是最不起眼的，总也避免信手拈来，随便一说。所以讲话时断时续，不太自然。他最欣赏那些模棱两可、富有启迪性的比喻。

你若与他促膝谈心，会觉得他和蔼可亲，心口如一，温顺柔和。可是，只要从你的言谈举止中嗅到些许损害他的尊严，贬低他确立的地位的意味，他马上可以变成一座愤怒和仇恨的火山。正因为如此，他虽然装出镇静和不介意，实际上却以高傲自诩、不接受批评，愿意为自己的行动、出生、血统等编织出许多神秘的光环。那时纳西布·阿雷达就曾认为他出生在印度的孟买。布尔巴尔·杨则认为他父亲准是一个"一跺脚，整个黎巴嫩为之颤动"的大人物。教堂把他的作品列为禁书，并在贝鲁特的布尔吉广场上当众焚烧。有人估计纪伯伦力大无比，因为一次对一个讨厌的来客发脾气时，他一下子撕碎了纽约市厚达八厘米的电话号码簿……可是纪伯伦的心中仍然充满了友情，并对之忠贞不渝。他谈吐诙谐，常因幽默的话语，哪怕稍稍过分，也感到开心。他好贪杯，但只有一次见他酩酊大醉，当时不得不搀扶着他上下车。

纪伯伦是笔会中唯一精于文学和绘画的人，在这两方面他表现出了极大的热情，这种热情影响了其他会员，为作品的创作产生了极大影响。

威廉·卡茨非里斯

祖籍希腊，出生在黎巴嫩的黎波里。毕业于弗利尔中学，是协会中唯一精通法语的会员，英语也不错。颀长的个子，能言善辩，讲话时，手势动作多多。他文笔优美，语言通俗，与侨民在政治、社会和贸易生活方面联系广泛。他谋生之道很多，享过福也受过苦，他是一名富裕的商人。协会成立前，他已成家立业，生有二子和几个女儿。除了即兴的文章外，没有留下更多的作品。

沃迪阿·巴侯特

黎巴嫩库夫尔迈塔人。威廉·卡茨非里斯的挚友和同事。性情活泼开朗。加入笔会后，只写了一篇题为《蚊子》的文章。这篇不错的作品发表在《笔会文集》上。

伊里亚斯·阿塔拉

黎巴嫩贝鲁特人。笔会成立前，在报刊上发表了一些讽刺文章，之后再没有写作。他具有很高的文学鉴赏力和识别能力。他心地善良,感情真挚,一生始终是个小商人。

纳西布·阿雷达

叙利亚霍姆斯人。中等身材,略显肥胖,安静的目光中显露着深沉、忧伤和温柔,行动缓慢持重,思索、谈话成熟老练。忠实于友情,厌恶啰唆闲聊、争执、挑拨离间。不愿成为袋舍中的中心人物,他低估了自己的能力。为人慷慨大方,甚至不顾自己的能力。他平和宽容,在不适合自己习性和口味的陌生聚会上,显得害羞局促,讨厌装腔作势和出头露面,是笔会全体会员中对阿拉伯历史和作品了解得最多的一个。他生性聪颖,爱好广泛,但性格不甚开放,只有和志同道合的兄弟们倾谈时,才肯敞开心扉。

他是个美食家,嗜醇酒,贪恋扑克和吸烟。婚前,我、纪伯伦和阿卜杜·迈西哈在他家中度过了无数充满美好回忆的夜晚。他高明的烹调技术,使得在聚餐时他总是担任大师傅,其他人只能跑跑龙套充当二流角色,拌点儿凉菜,端盘上菜,洗洗涮涮,就这些事,我又是最笨的,酒也喝得最慢。而纳西布一杯接一杯地斟着威士忌,一口喝得干干净净。纪伯伦和阿卜杜·迈西哈能和他媲美。唯独我,倒上一点儿威士忌后再盛满冷水,最后像鸟儿喝水似的,慢慢地呷,弄得饭桌上杯盘狼藉。

笔会成立后,纳西布娶了阿卜杜·迈西哈的妹妹,但始终无子嗣。他发表的唯一一本诗集叫《彷徨的灵魂》,可实际上,他却留下了很多诗句和文稿。他曾在一家公司里任职。《艺术》停刊后,在《旅游者》和《正途》编辑部工作。

伊里亚·艾布·马迪

黎巴嫩姆哈迪塞人。身材瘦小,头发稀疏。脸盘上最引人注目的部位要算是额头和一双眼睛。穿着打扮中总冒着点儿缺乏鉴赏力的土气。任何甜言蜜语无法改变他话音中的冷峻严肃。他能言善辩,才华横溢,心怀抱负,执着不息。能不假思索地向别人学习、模仿,不乏求生之道和达到目的的手段。但是在对待友谊和树敌方面,往往根据自身善恶和利益判断。既有鸽子般的温柔，也有蛇蝎般的狠毒。有一段时间，他和雷哈尼成了莫逆之交，最后翻了脸，说对方是英国间谍。他攻击纪伯伦，在《西方明镜》上撰文，谈到纪伯伦的病时，说：健全的理智寓于健康的体魄之中。可是前不久，还请纪伯伦为他第二部诗集撰写前言。同样，让我莫名其妙的是他写文章，用最刻薄的话攻击我，没过多久，他又请我为他的《溪流集》作序。我答应了他的要求，此后，直至他去世前，我们始终友好。去世前不久，他和阿卜杜·迈西哈发生的新闻方面的争执达到了无以复加的尖锐和丑陋的程度。

他和《西方明镜》主办人的一个女儿结了婚，有子女数人。侨居美国的初期他和一个兄弟经商，后来进入《西方明镜》和《少女》编辑部。之后，又创办了规模很小的《夜谈者》月报，若干年后，改为日报。这也让他在晚年摆脱苦闷，生活在快乐之中。

阿卜杜·迈西哈·哈达德

叙利亚霍姆斯人。1904年秋我们第一次在拿撒勒见面，那时他还是个身体瘦弱、眼珠突出、情窦初开的少年。焦黄的皮肤，总让人怀疑他患了黄疸病。那次，他只在拿撒勒待了一年多。十二年后，我们在纽约再次见面时，我简直无法相信面前这个小伙子就是拿撒勒那个弱少年。

他聪明颖慧，感情真挚，尊重友情，日常生活漫不经心，做一天和尚撞一天钟，从没有未来生活的长远计划，所以生活时而宽松，时而紧张。他不见得有什么天分和特长，却坦荡剔透，思路清晰。

他是《旅游者》报的创刊人，真诚地希望该报能成为霍姆斯和周围地区侨民的喉舌。后来，当该报成为笔会的会刊，成为侨民和阿拉伯世界里的知名刊物时，他却没能很好地利用这个良机，报纸仍是半周刊。四十年艰苦生涯中，他始终困难重重。几年前，他把报社卖掉了。

笔会成立不久，他才结婚成家。妻子是个寡妇，遭到所有家人和朋友的反对，除了我这个男傧相是个例外。反对者终于全都"迷途知返"。夫妻俩生了一个儿子、两个女儿。如今儿子在当今世界最大的一家经营精密仪器的公司里任总工程师和经理。几年前，妻子去世，他又娶了一个。他是笔会中唯一还在纽约的人,《侨居地的故事》是他唯一的作品。

以上是笔会同志的一个简单的介绍。特别值得一提的是他们的文化水准。这里,拉希德·艾尤布、纳都拉·哈达德、沃迪阿·巴侯特、伊里亚斯·阿塔拉、伊里亚·艾布·马迪和阿卜杜·迈西哈都没有受过正统的教育,仅从平日的阅读中得到一星半点的阿拉伯语知识,他们的英语马马虎虎,能在某种程度上帮助他们阅读,料理日常生活,阅读报刊,翻译些消息。文章在阿拉伯报刊上发表。这点滴的英语知识帮助他们改编了一些日报上的诗歌题材,艾布·马迪就是一个典型。

威廉·卡茨非里斯的英语水平比上面提到的几位要好些。这方面,他的法语给了他不少帮助。但总的来说,他的知识面仍然狭窄。

纳西布·阿雷达在拿撒勒上学,之后,对阿拉伯和俄罗斯文学广读博览,较容易获得一定程度的文化知识。

纪伯伦的文化程度比上述各位要高得多。这一方面因为他热爱艺术,关心艺术的发展和艺术界著名人士的去向,另一方面因为他天性热爱文学,注意研究文学界的天才和文学界的各条渠道。再加上他精通英语,更如饥似渴地阅读文学和艺术方面一切引起他重视的东西。

有人分析了纽约的文学运动后说,这一运动受到美国文学的极大影响。现在,不妨引用我在《纪伯伦传》一书中的一段话来证明我的观点:

……就这样,笔会的名字在阿拉伯世界和侨居地传扬,各报接受会员的作品,纷纷转载或评论。有的人甚至收集成册,至今尚是许多学校里的教材。思想僵化的赞助者攻击它,但是这种攻击更增加了它的力量、热情和前进的信心,扩大了在每一个阿拉伯国家中的支持者、拥护者、仿效者和赞誉者的队伍。其结果,朋友和敌人莫不同时感到诧异,不知它的力量和远大影响的奥秘究竟在哪里。

有人认为奥秘在于影响笔会会员的美国文学,这纯属无知妄说。有人认为在于美国的自由空气,这也是废话。还有人说,在于笔会会员们冲破了规范阿拉伯语的束缚。这种说法和前两种相比,更属无稽之谈。事实上真正的原因,无非是把远离故土、生活在有限空间和短时期在一起的协会会员凝聚起来的团结的力量。那时,每个会员的心中都炽燃着热量不等、光辉各异的炭火,这些炭火却来自同一个炉灶。

笔会成立以前,侨居地有阿拉伯人,有阿拉伯报。笔会消失后,那里仍有阿拉伯人和阿拉伯报。可是令人不解的是,为什么始终没有出现类似从1912年至1931年在纽约出现的那种文学运动呢?

白　宫

持续了几个星期的会议，经过激烈的争吵讨论和那玩尽鬼花招的讨价还价，伍德罗·威尔逊总统终于带着一份对德和约和一份国际同盟的宪章从凡尔赛宫返回华盛顿。这两份东西离威尔逊原先的期望太遥远了。这既不算一纸不分胜败的和约，也不是一份为在地球上宣扬和平、正义和自由而互相谅解、共同团结的宪章。这两份东西的面貌完全毁在卡勒门苏和路威德·乔治的狡猾、执拗和贪得无厌上。结果，和约成了分赃的凭据，宪章变为以强凌弱的工具。于是人类的未来成了争执、分歧、动乱的细菌繁殖的温床和可能出现的各种骚乱的广袤的土地。

凡尔赛宫歪曲了威尔逊的人道思想，这使他十分心酸，但他宁可带着这份面目全非的东西，也不愿两手空空地回来。当他看到祖国迎接他如此冷淡，人民群众，特别是即将审批这份和约和宪章的参议员正拼命想推翻他，从民主党人手中夺回政权时，他认为必须周游各州，直接向人民解释清楚，这样做或许能赢得人民的支持，迫使参议院改变初衷。

威尔逊走遍各州，在各大城市发表了长短不一的讲话。他的讲话出自远见卓识的大脑和一颗明白的心，所以大部分不失雄辩有力，感人肺腑。可是他的政敌却以恶意、有毒的宣传把水搅混。结果，他的各州之行，除了身体疲惫一无所获外，终致神经崩溃，无法工作行动，卧病不起，以脑出血而告终。卧床期间流言四起，关于总统的职位：他既已无力承担总统的各项职责，是应继续为他保留总统的职位，还是让位给副总统。看来，敌手穷追不舍，执意扩大事态。威尔逊第二次总统任职期限即将结束。

在这期间，我接到巴西阿拉伯侨民的来信。信中表示了阿拉伯侨民对威尔逊为叙利亚和弱小民族的利益所做出的努力的赞扬，他们赠给威尔逊一件礼物，要求我郑重地代他们转送。

礼物是一个核桃木制成的精美盒子。内壁贴着纯金片，中间是十三颗金刚石环绕的美国国徽。从海关取货时，费了不少周折。那时，我从报纸上得知，总统的健康还允许接见代表团，便给他的秘书托曼勒弟先生写了一封信，协商送交礼物一事。回信说："总统非常高兴，将于1921年1月24日（星期一）上午十一时接见。"

代表团由我、纳西布·阿雷达·哈达德和两名赞助来回路费以及支付在首都一流饭店食宿费用的商人组成。我们按接见时间前往白宫。发现宫里毫无生气和动静。不多的卫兵和三两个记者，偶或低语几句。一切被深深的沉默笼罩着。

秘书进来，带我们乘电梯来到二楼，说接见将在总统办公室里进行。并嘱咐谈话要简单扼要，因为总统不能坐久了，说话也感到疲惫。

我们进了办公室，朴素狭小的房间中央摆着一张大桌子，桌旁坐着一位衰弱的男子。眼前这人使我想起了曾在战时见过一次面，并谛听过他一次即席讲演的另一个人的幻影。他双目呆滞，两手和脸部肌肉僵硬，这副外貌实在令人心碎。他表示自己不能起身同我们一一握手表示歉意，声音是那样微弱，仿佛来自另一个世界，我们的耳朵难以捕捉到。

现在我把对总统的讲话译成阿拉伯文：

历史上，很少有人像你这样，因为表达了人类的思想和精神而得到礼品的馈赠。那是因为你表达了人类最宝贵的希望和思念。

当今的世界，风雨飘摇，它不知所向，在黑暗中摸索前进，也是强人出没、蹂躏弱者的地方。阁下挺身而出，郑重宣布：

任何民族都不应被迫在他所厌恶的统治下生活！你这声音回荡在战争的喧嚣之上，传到世界最边远的角落。世界从中看到了新的面貌，弱者从中获得了忍受痛苦的力量。因为他们的新希望已经诞生，这就是，他们的痛苦将被自由代替。不，弱者尚未全部变成强者，奴隶也没有全部成为自由人，但是，他们已经看到了光明，他们将获得应该享受的正义，自由也绝非强者们所继承的遗产。

一切从你的讲话中看到了被新的光明照耀的人民中，有叙利亚人民。你帮助她从土耳其的桎梏下解放出来。她饥肠辘辘，几乎要在艰难竭蹶之中从地球上消失时，是你这位高尚的民族的总统，竭尽全力帮助她，使她得以生存。

阁下，为此，也为了其他的功德，叙利亚对您和您的高尚的民族十分感激和爱戴。在此，我们十分高兴地以侨居巴西的叙利亚兄弟的名义，向你赠送礼物，这表达了我们和全体叙利亚人民对你的崇高敬意和感谢。

总统阁下，请接受我们的礼物，也请收下我们的一片心意，它代表了超越一切事物的友爱、赞赏和感恩的可感知的标志。①

威尔逊总统想表示感谢，但他的嗓音不作美。我只听到他说："先生们，我感谢你们。"同时，我仿佛看到了他的眼眶中闪动着热泪。

三十八年过去了，威尔逊的形象依然浮现在我眼前。每当我想起他，想起各届政府，特别是形形色色的欧美"民主"政府反对他们内部的某些人，甚至是清白无辜者的罪恶时，"民主自由"把许多像威尔逊这样的人打得粉身碎骨，让一些毫无作为的人代替了使人类事业向着

---

① 移民初期的阿拉伯侨民很难说清他们归属哪个民族的家谱，他们归属土耳其，说的是阿拉伯语。然而"土耳其"这个词在他们意识中是带有侮辱贬低性的，而"阿拉伯"这个词也难广泛使用。结果便选用了叙利亚，因为在三个国家（叙利亚、黎巴嫩、巴勒斯坦）的侨民中叙利亚地域最大。这也是众所周知的古老的名称了。至于侨民之间的关系，黎巴嫩人没有放弃他们的黎巴嫩，巴勒斯坦也如此。

更正确、更美好、更美丽、更持久的方向努力。威尔逊执政的日子里，美国经历了它历史上从未有过的堕落。禁酒怕是造成堕落的最主要原因之一。那时，宗教界人士和其他捍卫"道德"和"品性"的严肃庄重之士，强迫国会通过了彻底禁止酿造和出卖酒类的法律。结果，走私迅速成为包括政府要员在内的数千人发财的好门道。而在人们中间，甚至妇女和青年男女，酗酒大肆泛滥。抗拒上述法律成了某种英雄行为和消遣，家庭俱乐部和舞台上，嘲笑这条法律成了取之不尽用之不竭的题目。

啊，那些宗教人士和捍卫高尚道德和纯洁操守、讨取天主喜悦的人们，什么时候能够明白，一切美好的东西既不能用棍棒种入人们心间，又不能靠地上监狱和地狱烈火的威胁而成长?!自亚当、夏娃识别善恶之树那个时代起，"禁止"只有出于人的理解和他的意志，才会带来裨益。因此，在制定任何禁止这、禁止那的法律之前，最好首先提高人们的认识，使他们能主动地去禁止那些恶习恶行。

啊，爱情！

一开始，我认为我和彼拉的关系不过是一种暂时的青春的冲动。但是，随着时间的推移，我发现了许多比血的冲动深刻许多的东西。彼拉的声音成了我耳中所听到的最甜美的声音。无论面对面，还是从电话中，听到她的声音，一种喜悦的漪涟和甜美的感觉，立刻在我的血液中荡漾起来。她那两片鲜红的嘴唇成了女神的醇酒也无法比拟的甘露。一对温顺的大眼睛，正是翻滚着无限纯洁的爱情波涛的海洋。每当我的心被生活的污垢玷辱，我便投入其中清洗，我最大的奢望就是将她的倩影深植在我的梦幻之中，用鲜花铺平她的道路，使她的生活充满亲情、和平和安宁。

我愿意用我的爱把她托起，也希望靠她的爱共同升腾到以往任何男女不曾到达过的地方，我不愿让我们两颗心一起踏上在任何时间和地点相爱的人们的心所走的同一道路——从欢乐走进孤寂，从希望走向失望，从幸福走向痛苦。美会消逝，青春将成为过去，肉体必定毁灭，宇宙间的一切无不都是消散的烟云，唯有爱情永存。只有它具有战胜时空的能力，面对各种潮流永恒不变。唯有它无法度量，它是通向生命之心——上帝之心的唯一的钥匙。

这一切正是彼拉的爱情在纯洁热烈的时候给我的启示。我感到自己和天地间的一切融为同一躯体，同一灵魂。我感到自己在一切自无始到无终的事物中，具备了久远骄傲的根基。我使一切吉祥如意，我从一切得到幸福美满。发自我内心深处的声音在呼喊着：

"啊，爱情！你是万物之始，万物之终。有了你，日月星辰悬挂苍穹，在你周围旋转。你是生命的源泉，生命是美的根本。有了美才有真理。你是天上至高的权力，你的裁决独一无二，你的正义环绕宇宙。你神奇，你是神奇之源，你是造物，你是万物，你就是一切。光荣属于你！诅咒那些被你创造但又以法律之名否定了你的人们。他们企图把你囿于渴望你的芳香和光明的人们的心中，把你从那些幸福的心中抹掉，那里设置了各式祭坛，用的是你的光明和芳香。

"啊，爱情！我已经把我的心变成你的祭坛：尊崇它，赞美它吧！最圣洁的人们！"

这就是那时我对自己爱情的期望，也是我在头脑和精神最明朗纯洁时对它的感觉。可是我无力将这种感觉封锁在心中，不让它溢出，或禁止除它之外的事物闯入我的心里。可是，当我上班时候，来了一个主顾想买我们的货时，上面那种感觉立刻离我远去。我会把货样拿给他看，用优越的质量和合理的价值吸引他，讨好他，博取他的欢心。我能在这兜售中获得成功。我十分惊诧，仅在一天中，甚至一小时、一分钟内，我的心时而舒展，时而收缩。有时我觉得它陌生之极，有时，它在无始无终之间徜徉，亲吻拥抱着宇宙中的每一粒子。可是突然间它又堕入万丈深渊，它最大的真谛变成了太太们的白细布、绣花睡衣，价值一美元！

当我的思想把我推入包围着我爱情的时间和社会环境中时，那种感觉也迅速离我而去。就是这些时间和环境使我的爱变为一种罪恶——我像普罗米修斯偷盗天火那样偷来了爱，难道不是人的法律在结婚时给予夫妻双方离弃对方的权力？难道不是这种法律在对夫妻双方说："从现在开始，你们两人的心只能享受对方的爱。即使对方是铁石心肠，也只能如此。"

因此，彼拉的丈夫认为自己是妻子心中的绝对主宰时，实在也无可指责。同样，当他感觉迟钝，思想顽劣，认为爱情只为他的制度和法律所约束，他就是一切权力的主人时，当然也无须非议。正因为如此，他觉得我是"第三者"插足，是"强盗"，刺痛了他，使他痛苦。那么，难道我能忍心撕碎别人的心，而使自己安然无恙吗？

可是，天平上不只是两颗心，有三颗。两颗在一边，另一颗在另一边。在另一边的是一颗关闭的、愚昧的、残酷的心。除了大地上的法律，它得不到任何支持和保护。而另两颗在一起的心，却是两颗开放、明理、感觉敏锐、受到上天法律保护的。既然如此，天平的两端平衡吗？如果那两颗心把幸福让给了第三颗，那么，禁止它俩享受第三颗心无法享受的幸福难道是合理的吗？

不，不！米哈依尔！逃避现实纯属枉然。现实是：一个人正因你的幸福而遭受不幸，如果，你真像你自己所说的，具有敏锐的直觉，那么，你难道不应为减轻那人的不幸，放弃自己的幸福吗？当然，你的放弃绝不会使你幸福，反而会使另一个人——彼拉，陷入不幸，你自己也必遭不幸。但是这不幸却是那些有理智的人们的幸福。

另外，米哈依尔，你真的确信你对彼拉的爱情源于天火，你这爱情之中没有任何肉欲之情吗？你不能使自己的爱情升华到肉欲之上，虽竭尽全力，却不能送给彼拉一对翅膀使她也飞离地面，这不使你难过吗？她虽然消融在你的爱情之中，却始终将你往下拉拽。她为你的冷热担忧，当你深夜不归，她便彻夜以待。如果白天见不到你，便在你的枕边留下纸条，写上她想念你，她爱你胜过爱她自己，甚至狂热崇拜。但在你以精神和幻想生活的世界里，她是多么的陌生，对那充斥于你的心中，推动你去寻找存在，存在的价值以及你和它关系的思想，她又显得多么遥远。

也许存在于你和彼拉之间的关系并非你所想象的爱情，也许这对你，对她都是罪恶！……什么叫罪恶？它从何而来？什么是善行？它从何而来？

写吧，写吧，
米哈依尔。
奇怪！我在梦中听到了
魔鬼对天使窃窃私语：
"啊，一千个啊，我的兄弟！

没有我的地狱，你的天堂在哪里？
我们难道不是一对孪生兄弟，
包含着生存和死亡的秘密？
我们难道不是由同种精髓铸成？
若人们把我遗忘，你可会把兄弟忘记？"
天使低首不语，
追溯着旧时的回忆。
它热泪盈眶拥抱着魔鬼，
喃喃地乞求宽恕：
啊，一千个啊，我的兄弟！
我的幸福来自你炽热的烈焰里。
他们俩双双飞起，
在迷雾的谗言里消逝。

是的，善恶本是同源，互为对方之父。无恶即无善，无善亦无恶。人本性中的善与恶正如大海的潮汐：

人有善良与罪恶，
海有潮涨与潮落。

既然善源于恶，恶来自善；既然人们目前的感知无法探索自无始至无终的一切因果，那么，当他在可行性和被禁止方面失足时便无可指责。但当人们将其所禁和可行赋予绝对的特性，当他将这一切归于超越了他能力的一种力量时，他应该受到指责。如果这种力量想让他远离某些事物，从事另外的事，那它就将在这些被禁止事物的周围筑起一道道不可逾越的屏障。但是它却允许人们对一切进行尝试：以经验识别哪些无益应尽力避开，哪些有益应努力求之。

我每次就是以这样的思想，为自己和彼拉的行为进行辩解，但我的直觉却没有完全被说服。不过有时它却能暂时改变一下我的固执。

《筛》

在那些热爱笔会文学,并为之献上极大热情的人中,有个人叫穆海亚丁·里达。出于对新文学的热情,他出版了一部《二十世纪阿拉伯语修辞》的集子,集子在开罗出版,传到其他阿拉伯国家,吓跑了老一代人,热情迎接它的是新一代人。其中阿高德写道:

……在这本书中我们读到了具有创新特点、对旧传统的批判精神,没有用词矫揉造作和艰涩难懂之意的散文和诗歌……本集有些文章确已达到了极高的修辞水平,有的创新在现代西方作家的作品中也十分罕见。唯一的瑕疵是旅美阿拉伯作家的缺点:语法不严谨,用词不得当。除此之外,这确实是一部值得称赞的名言集。

我第一次认识穆海亚丁·里达,是他给我写信,表示尊敬和赞赏。不久,我于1922年6月24日接到了他的第二封信,信中说:

……最近每一次夜间聚会,你都和我们在一起,你的名字在埃及比以往更为广泛传播着。人们开始了解你崇高的地位。我很希望能将你的部分诗文汇成集子发表,以成为喜欢新风格的人们的楷模,如果你允许,这本书我立即准备出版。你需要多少册,我定当奉上。

这封信是出版《筛》的直接动力。我开始收集自1913年到接到信时在《艺术》和《旅游者》上发表的评论文章。收集整理完毕后最大的愿望是给书起个合适的名字。首先在脑际闪过的就是《筛》。由于它和书内的文章内容相符,读者方便,既无矫揉造作,又不俗气,所以特别合我的胃口。可是,这是书面语还是土语,把握不大,于是查阅《旅游者》编辑部的《辞海》。当我在词典中肯定了这个词的意义时,真是欣喜万分。不过,那时,我已暗下决心,就是词典中找不到我也绝不放弃这个名字。

这里,我愿意向阿高德和其他责备笔会的作者语法构词不严谨的人承认,我在侨居地的全部写作过程中,除了上述的一例外,从未使用过词典。原因很简单,手头没有词典。另外,当我正在赶千篇文稿或诗时,我不可能中断思路,感情暂停,等着我翻开词典,找这个动词后面应连用什么样的介词,或是这个词所包含的各种不同意义。我如果对某个词意或新的语法现象把握不大,总是尽量避免使用。但这并不意味着我轻视词典。词典是比任何民族用于表达准确地理解生活的任何手段更为美妙的仓库。

但是,随着岁月的流逝,仓库成了古老的房屋。它拒绝居住者在它的家具中添加新内容,或除去某些杂物。仿佛只有从一开始便安置在那里的家具才是最完美的。仿佛那些创造了它们、又把它们像神一般供在那里的人们的视线正从无始望到无终,无法对他们制造的一切进行任何修改。他们确信,数千年前制造的东西将保证世世代代,甚至千百万代人的要求。对此,我绝不相信。我认为,任何有头脑的人也不会相信。被词典奴役,或对词典崇拜,都是一种思想的顺从,精神的空虚以及对生命及其神奇力量的无穷尽的诞生或更新的怀疑和背叛。

这种思想诱导我写了《蛙鸣》,文中主要写道:

对于语言的重视不应使人们忘记语言的目的。如果我们注意语言的精练美化,使它更为准确细腻,那确是美事一桩。但如果忘记或佯装忘记了它代表着程度不同的、更为庞大更为美好的实体，那便是憾事一件。更为遗憾的是认为它已完整无缺，不需要更进一步地准确了……我们说今天的阿拉伯语完美，是指我们认为创造这高尚语言的阿拉伯人及两千年前就为它规定了语法的语法学家们，是修辞的先知和神明。由于我们天性贫乏，心胸狭隘，不可能在他们已整理好的东西内添进新内容，删去或改变某个字母，从而只能折笔碎墨，停止写作，甘心于语言和语法的束缚……

热情欢迎这篇文章的人们中，有当时正在贝鲁特美国大学教授历史的菲利普·哈塔博士，他于1923年2月20日给我写信道：

> 愿上帝保佑你的口，保佑你那在《旅游者》上优秀的一期中撰写了《蛙鸣》的手。我读完了这篇文章，我一定要执笔为这篇文章向你祝贺，也为它向你表示感谢。你的文章刺痛了我的伤痕，表达了我的思想感情，使我每读完一句，都要说一声"阿门"。如果大马士革的知识界、贝鲁特和开罗的文学界中的穆斯林或基督徒，人人都将你这篇文章当作圣物挂在颈上，朝朝暮暮念诵着文中的章节，那该有多好啊！
>
> 请多为我们写些这样的文章，上帝将赐予你更多的与古代巨人和文学界的青年们奋战的决心和热情。请相信，如果这种相信于你有利，能强壮你的肌肤的话，这里确实有，甚至在叙利亚也有，为数相当的人在说着你讲过的话，属于你一派。我本人就是那许多喜爱你的评论、热爱你的文学的一分子。

上面谈了语言。在文风方面，我愿意承认，在我初涉文坛时，我的文风确非纯粹的阿拉伯风格，它的外国色彩特别是俄国色彩是主调。这一点也不奇怪。因为我自1906年进入斯姆那尔神学校学习到1916年在美国大学毕业，我阅读的一切语言、语法、修辞都和阿拉伯语截然不同。

另外，当一种语言离开它的故土，它所发生的变化和那离乡背井、生活在异邦的人的变化同样自然，他必然忘却一些故地熟知的事物，熟悉异乡从未接触的东西。实际上，安达卢西亚的阿拉伯诗歌独有的甜美绝非它故土的赐予。阿拉伯半岛沙漠上的粗犷干燥又怎么能和西班牙的柔嫩、鲜美比拟呢？图鲁巴杜尔的诗又怎么能和绿林诗、赞美诗、嘲讽诗及自诩出身门第的诗篇相提并论呢？这一切正使笔会文学具有更深刻的意义和更有力的修辞效果，从而成为阿拉伯各国的阿拉伯文学新的花粉。

现在，让我们再回到《筛》上。

和米哈伊丁·里达取得联系后，他寄来了一份两卷本的诗集。这是他和阿拔斯·马哈茂德·阿高德、易卜拉欣·阿卜杜·卡迪尔·马齐尼合写的作品。当时，我对后两位一无所知。可是开卷浏览后，情不自禁兴奋地为这突然遇到的、在同一战线、奔向同一目标的同志而鼓掌。他们俩在埃及，我一人在纽约，做着同样的事。他们致力于捣毁陈旧的偶像，制定崭新的文学标尺。话语中蕴藏着动力、热量、鞭策和无穷的自信。为此，我撰写了一篇文章，和集子一起发表了。开头是这么说的：

愿天主降福给埃及。它撰写的并非全都是扯淡，它所吟诵的并非都是虚华的辞藻。过去，我曾认为埃及是一个崇拜华丽辞藻的多神教徒，把韵律的堆砌奉为神明的国家。不遗余力地为眼花缭乱的杂技和魔术师们当吹鼓手，为醉鬼酒徒们涂脂抹粉！

但是，今天，我切身感到以前了解的并非它的全貌。埃及不是一个，那里有两个。一个埃及把蚊子看成了大象，把卵石当作高山。另一个则是认为蚊子就是蚊子，卵石就是卵石……

不久，阿高德把他的《片段》一书送来给我。我为此写了一篇文章，收在《筛》集的最后。

所谓作家,是依靠人的心、思索的头脑和撰写的笔,没有感知便没有思想,没有思想便没有阐明,没有阐明便没有文学。

一个人,只有当他具备了比他人更为丰富的感知、思想和阐明的能力,才能成为一个作家。如果人们感知的深度、广度、思想的敏锐和勇气以及阐明能力的优劣毫无差异,那么,任何人只要会写会念,都可以算成作家了。

关于这个题目,我至今仍未找到比这更为有益的话了。

我和阿高德在方向和目标上的一致使我们日渐亲近。当我把《筛》集的文章寄给出版商后,曾让他请阿高德为集子撰写前言。出版商写信回答说:

我觉得阿高德愿意承担。我认为他把自己的《片段》作为礼物送给你,就是这种愿望最好的证明,这里,我私下里对你说,他曾经跟我说过,他认为你的天赋超过了你所有的同伴,连纪伯伦也不例外……

不过,最后我还是亲自给阿高德写了一封信。他回信说:

1923年3月26日　阿斯旺

尊敬的兄弟:

接到你的信非常高兴和感激。让我撰写你《筛》集的前言,使我更为高兴和感激。这是你宽宏和高尚的友谊。在你那美好的信中,你说委我以此任,是要让我知道你没有把我当作一个遥远的陌生人。这种宽厚的兄弟之谊使我十分愉快。同时,你委托我写前言之后,又出于某种原因,改变了你的初衷,我有权责备你。我确实将这种"改变主意"视为一种错误认识，它来自像你那颗把真正的文学置于空洞文学之上的心中。

在我读你真知灼见的意见中度过了愉快的几小时后，我写完了前言，并寄给米哈伊丁。我在埃及这遥远的小城市中暂居以期发生变迁。这次阅读是我在这动荡的时代里得到的最好的食粮。你有价值的文章陪伴在我身旁。我自己的书未到之前，它们是我唯一可读的东西。谢谢你给我这宝贵的机会。

我期待着《筛》在埃及的成功。我也高兴地看到美国的新文学运动在这里得到关注。这是觉醒的关注，必将给我们的阿拉伯文学带来裨益。

问候你。希望这次通信成为我们经常联系的开端，使我能看到，大家对你们那吉祥的复兴运动希望的实现。

忠实的阿拔斯·马哈茂德·阿高德

1923年夏，《筛》首次在开罗出版，但出版商不是米哈伊丁·里达，而是现代印刷厂厂长伊里亚斯·安东尼·伊里亚斯。为使印刷精美并得到确切的保障，里达把出版和发行权让给了后者。《筛》一出版，米哈伊丁·里达立即写信给我：

希望你对我，为使你高兴而做出的努力满意。我们这一工作是一切好事的开端，为我印刷《筛》以外的艰深的文学研究创造了条件。我知道，《筛》的周围必将卷起雷电交加的埃及的风暴……让我们等待着那些惊人的事情出现吧……

纽约出版商给我寄了四百本样本。我可能只用二十本左右，余下的我都留在《旅游者》编辑部，任阿卜杜·迈西哈处置了。侨居地不是发行像《筛》或其他超越了绝大部分侨民的文化、思想和语言水平的书籍的可靠市场。

今天，距我撰写《筛》中一些文章的年代已有半个世纪了。读者可能很想知道我现在如何评价这个集子。

如果有人问起书中有关观点、意见和看法，即使今天，我也会毫不犹豫地接受和采纳，还是这句话，文学的关键是人。文学的存在与否完全依靠其深入人的生活的程度，对人的生活目的和为实现这一目的所遇到的障碍的探索。也就是说，评价文学——诗歌和散文的价值，应按其内在或表面的人道的力量，而不能依据辞藻的华丽和文句的优美。

我还是这句话，评论不只是褒贬，评论是创作。语言是人创造的工具，用以表达日常生活需要——可感的或未感的，高尚的或卑微的，在心中所激起的一切，被造物不应成为创造者的主人。语言本是人按其不断发展的需求而使用的工具，不应让人成为语言的工具。因此，土语方言是永远在发展的语言，而书面语却往往受到顽固的限制。他们不允许它发展，如果，他们拒不将土语方言中的新词和形式输入书面语，那么，有朝一日，书面语会面临僵化或远离把语言当成表达生活的工具的危险。

我仍要重复我在《筛》中说过的话：

> 我目光所及的，首先要以诗的名义进行研究的是生活气息，我所谓的生活气息无非是一些能反映我内心思绪的因素，它存于我读过的有韵律的语句里。一旦我感觉到了那样的气息，那便是诗，否则，我认定它是无生命的、僵化的。因为它不可能以其严格的韵律、华丽的辞藻、动听的乐感来欺骗我。
>
> 当我在阅读的东西中发现了诗歌，我首先以其范围的广泛和别的进行区别，即深度、高度和广度。然后，对外表加以审视：结构的精细、声韵的甜美和色彩的和谐。最后，才去注意韵律和语法。诗歌把我带到洞中有洞、天外有天的境地，为我的想象和感情开拓了广阔的天地。诗歌使我的精神感到亲切，使我内心生活的蓓蕾为其绽放。除此之外，为我的心展开的任何境界，对我都毫无价值。至于那种只剩下语言精巧、修辞华美和韵律严谨，别无任何可取之处的诗，在我眼中俨然是一座

长、宽、高均为两臂长的陋室,屋子四壁饰画、房顶镀金、地铺银砖。踏进屋,眼花缭乱,可是不到几分钟,我便感到需要新鲜空气,急于奔向上帝设下的广阔的天穹。于是,谢过房主,逃之夭夭了……

我确信,未来的人们将会发现,他们和许多被我们这一代人以及前人推上了奥林匹斯山顶的诗人们,同处在那间小屋里。

关于《筛》中的一些文章,今天,如果我想进一步推敲的话,是可以删去或修改,或更换许多词句的。可是,为了害怕失去当初写作时的自发感情以及伴随这种感情的热情,我倒宁愿它仍保留本来的面目。

无论如何,《筛》既是我文学生活的起跑点,又是被人们称之为"文学振兴"运动的出发点。

革命和停战

1922年6月28日　开罗

尊敬的米哈依尔·努埃曼兄弟：

　　首先致以衷心的问候。我写这封信向你和笔会其他的兄弟们表示我忠诚的爱戴和友情，同时，我要告诉你们：我要在《新月》创刊的第三十一年，即它生命的第四个十年之初，就附纸上的重大的题目，在我们的思想家中进行一次民意测验。笔会的成员居于受广大读者信赖的、成熟的、振兴派文学家的前列，所以，我希望你们中的每一位都能不吝笔墨，围绕这一题目，写上一篇短文。我希望能得到兄弟们的青睐和关切。最后，请接受我最忠诚的祝愿。

忠实的艾米尔·宰丹

　　民意测验的内容是：阿拉伯东方的崛起及其对西方文明化的态度。这一内容首先涉及的是文明化和东西方的比较。这也正是我当时用了相当多的时间和精力思考的两个问题。我不知多少次地自问，西方文明化将把我们带向何方？像我这样的人，能否在西方文明化中找到那庞大、遥远、模糊的东西？要知道，当他还是布勒塔法的一个不到二十岁的学生时，他就在寻求这个东西，并把除此之外的一切东西都看成微不足道、味同嚼蜡。

　　现在，我在美国，在这文明化的中心，文明化最完美的地方。这里文明化的渠流湍急、迅猛。每天，学校、教堂和司法机构中都有伴随着自由、民主的新尝试，每天又都有新的创造和发现。其中有些光彩夺目，迅速地、深深地影响着人们的思想及其社会和政治生活的方式。另一些，虽只局限在厨房、浴室之内，但也已使家庭生活天翻地覆。以前的任何文明化运动都无法与这次运动同日而语，它建设、冒险、侵袭，它以科学为指南，将赚钱、享受和奢华作为策动的马刺和推动力。

可是我感到，指导文明化的科学，自身也需要向导。因为它无力到达我寻找的"庞大、遥远、模糊的事情"。它主要依靠感官，可感官永远是欺人者和被骗者。因为它总是以其变化的自身接触变化的事物。此一时的"视"与前一时的"视"绝不相同，此刻的"被视"与未来的"被视"肯定两样。视、视者和被视处于瞬息不停的运动中，所以它们自己也处于不断的变化中。此时，产生运动者最为重要。那是不可凭感官以及通过各种方法和手段所得出的最精细的科学所能感知到的，它是凭超越了感觉的力量去实现的，这力量又恰是产生运动者自己赋予我们的。因此，我们应在比外在感官可感范围更大的范围内，在我们自身去寻找。一旦发现了，应立即培植、滋养，反复使用，使我们得以依靠它，并与它同时成长壮大。

除此之外，这文明化弄出了形形色色的鬼花招，使人们的思想和心远离存在于他们心灵深处所产生的运动者，而趋向于仍然浮泛在生活表面的泡沫中。在美国，人们整天都在为一些事情和问题争执、喧哗。像交易所里的一笔买卖；一口油井或由分文不值而变得价值连城的土地，使人在旦夕之间得到的横财；罢工和制止罢工的企图；骗子向天真的孩子们榨取大笔钱财；女子的不知羞耻，剪掉头发，穿上短裙，和男人比赛喝威士忌和吸烟；某政府机关的财政丑闻；某太太到佛罗里达过冬，爱犬忘在波士顿，租用专机把狗接来；物价昂贵，租金高涨；某百万富翁离弃结发妻子，和女佣结婚，或是他妻子把他抛弃和自己的汽车司机结婚等等，以及这座喧嚣的城市在它的社会、政治、经济生活和其他各国关系中所激起的形形色色的骚乱和喧哗。

在各种氛围、欲念、潮流翻腾的汪洋中，在这文明化及其各种诱惑中，但求清苦修行的波浪，却在我心中日益强烈地涌起。但这一切没有减轻我对女子的爱慕，对读者的赞誉，没有阻拦我在反对同胞们在文学中所出现的陈规陋习、歪斜标准和低劣的鉴赏能力的战斗中夺取胜利。每当我环顾四周，竟没有发现一张使我感到亲切、愉悦的面孔。美的，不总是美的；丑的，也并非一成不变。欢笑的立刻锁紧双眉流下眼泪，哭泣的转瞬间破涕为笑，它们带着下面滚涌着的土地上的淫荡，身体里的欲念，血肉的恐惧和时空幻觉的色彩，每分每秒、每时每刻都在变化着……

我在每一张脸上都看到自己脸上的东西，因为我也是愿望的玩偶，欲念捕捉的对象，恐惧的猎物和时空的奴隶……

我脸上的双眼真该死，无论怎样顾盼，都离不开这张面孔！我那被尘埃覆盖，只能看见尘埃颜色的双眼所能看到的我的面孔真该死啊！但愿我能用穿透时间和空间屏障的眼睛来替代我这一对眼睛。那一只眼睛昨天看到了三个人的面孔，于是人类的面孔的幻影都在它面前收缩了。

这就是菩萨、老子和耶稣的面孔。三张东方的面孔。我确信这三个人已经看到了我追寻的"庞大的、遥远的、模糊的东西"。因此，当有人要我谈谈阿拉伯东方的振兴及其对于西方文明化的态度时，我除了回答说：我将要使东方回到它那比西方文明化更强大和更永久的信念之中。除此之外，还能说些什么呢？

如果你把西方文明化中从东方借取的一切都剥离掉，在你面前的就将是一座外饰黄金、内包朽骨和蛆虫的坟墓。如果有一天，我对西方宣布：我将把你们的文学作品都收集在一起，允许留一部，其他的全都烧掉。那么，他们会选择哪部呢？毫无疑问，是《圣经》！如果在伊斯兰世界做这件事，肯定挑选《古兰经》！这就是说，最宝贵、最有价值的西方作品，正是从东方得来的礼物，那么，东方为什么要向西方伸出乞求的手呢？

除了飞机、火车、机器、铁丝、螺旋、装甲车、议会、博物馆、大学、餐馆、毒品和无数的弊病、难题外，东方能向西方学得什么呢？一切既不能使它接近生活的真谛，也无法给它随着自己的信仰便可得到的精神上的安宁。那么，它能得到什么呢？面对着向西方的借贷或乞求，付出的代价是：心灵的自尊、思想的安宁和公开承认"东方是世界的垃圾桶，西方是富有的天堂"。

我呼吁东方应重新确立和捍卫的信念是：不卑不亢，不屈膝投降，无所畏惧，不甘心于低贱、穷困和悲惨的状况。这信念正是到达并超越了思维的边缘，从而揭示生活中的精神财富。黄金、"白金""黑金"价值万贯，怎能和这精神财富相比？但使我痛苦的是，东方仿佛没有认识这种精神，把它变成一种向下拉拽，而非向上振兴的力量。因此，西方可以把它变成殖民地，进行抢劫和奴役。

西方对东方的骄横使我痛苦不堪。"一战"后，西方成了地球上无可争议的主宰，自称是教育东方、改造东方、使东方文明欣欣向上的主人。我义愤填膺，写了《你是谁？你是干什么的？》。我把这首依古典诗歌风格写成的诗发表在1922年8月24日的《旅游者》上，并收入《眼睑细语》中。现将全诗抄录于下：

> 你是谁？是什么人，竟敢统治人类，
> 掌心里仿佛攥着日月星辰。
> 你是上天的光明，
> 还是宇宙、命运的造物主，
> 或是主人在你那里得见天上的主？
> 为了你，我厌弃权势，轻生自尽。
> 你用刀剑和金钱，
> 残杀被你创造的生物。
> 看，你的剑已经砍钝折断，
> 是你用它把大地砸成四方碎块，
> 地上地下的都难逃劫杀。
> 你从这些人手中夺来口粮，
> 又送给另一些人作为礼物，

要不，用泥团填满他们的嘴。
砍断种植人园中的苗，
以便截枝为薪或采摘鲜果。
你把人群分成三六九等，
彼此屠杀，赖以生存，为所欲为，
这样，你吃掉人的肌肉，或抛弃，
你随意玩弄着他们家园中的一切。
似乎你手中转动的机器，
像生命的源泉从你掌心进涌。

你是谁？你这西方人又算什么，竟敢命令我。
你发号施令，我毫无反应。
主人！莫非上帝以他胸中的呼吸创造了你，
而用石头造了我？
莫非他选中你做他世界的明灯，
却未赐给我听力和视觉？
你说我懦弱、愚昧，
我却让天下人都知道我的弱点。
因为，在腰杆不硬的人面前，
我并不因承认懦弱而羞愧。
我也不在他面前掩饰自己的愚昧，
佯称深知未来和过去。
多少笨人知道学者所不知的事，
多少弱者战胜了强权。
放弃你那开导我，教育我的任务，
把这差事让给那别具慧眼而你又看不到的人。
以你主的名义说：星移斗转，
死的镰刀不会厌烦。
你是谁？是什么人？竟敢统治人类。

这些对"文明化"的非难,对像纽约这样喧嚣的城市所掀起的成堆的浮沫,激起了我对美好的大自然,对我在绥尼山怀抱中享受过的安宁、朴素的生活的怀念。这种怀念在我的《阶段》一书中的两篇文章中,找到了抚慰。这两篇文章是:《两个场面》和《生命的绿洲》。

　　第一篇,我描写七月下旬一天黄昏时的纽约公园。我把这个场面叫"龙喘息"。随后,我又描写了类似时间内舍赫鲁布的一个场面,并命名为"绥尼呼吸"。两者有着天壤之别,前者充满了窘迫、沉重和艰难的喘息,后者的气管里却畅流着舒适、愉快和开放。一方面是被枷锁和污垢折磨得精疲力竭的"文明化",另一方面则是孕育着妩媚和神秘的大自然。

　　而《生命的绿洲》一文实际上是回复黎巴嫩出版的妇女杂志《绣阁》主办人的一封信。1922年2月1日她给我的信中这样写道:

　　我听到你说:
　　主啊,请把我的心,
　　化作滋润亲者和生客的绿洲吧!

　　随后,她便极其客气地请我为她的杂志写一篇稿子。我回答说:"你听到的那颗祈求主把它化作滋润亲者和生客的绿洲的心,现在仍是一瓶干泥,刚刚落上一滴雨露,一千股毒风便把它吹干……

　　"女士,我像你一样焦渴,我和你一样在寻觅源泉。上帝知道我这样说绝非佯装自怜和谦虚,是承认我的心确是枯干、饥饿。我的精神是涸竭,焦渴。我认为,如果我们之间确有人值得忌妒,那就是你们,你们这些落后的人,而绝不是我们。因为你们有可畅饮的甘泉,可是我们却只能凭回忆,在梦中去汲取。这甘泉不是别的,就是人民。

　　"我提到的人民不是统治者、官员和宗教领袖,不是大法官和律师,更不是新闻界要人和商界显贵。我所说的人民是那耳聋口哑的大多数。他们以犁杖为笔,以镰刀为锄。他们站在田野的讲坛上,向他们的听众——谷穗和林木发表演讲。他们以谷场为屋,以群星为灯……他们理解天地之言，天地明白他们的心声。他们比我们精于言辞，善于思索，以无可比拟的程度比我们更接近天主……他们沐浴着大地的芬芳，用大地的百花和翠草装扮着自身。我们身上沾染着文明化的腐败气息和制造的香粉、发蜡和香精……他们的生存是为了他人，我们活着却为了死亡——使自己死亡，使他人死亡……

"华贵的女士，深埋在你我人民心中的诗歌尚未吟出，储藏在他头脑和心间的哲理，仍然是我们未曾翻开的一部天书。潜藏在他实体中的力量尚未以一种可见的形态得以表现。现在，即使我们这里每天都诞生一位诗人、哲人或先知，从今天直至世界末日，他们也无法吟诵出人民的全部诗篇，表现出人民的聪明才智，显示出他们实体中的精神力量。

"这就是那泉水不竭、绿茵不枯的绿洲。让我们尽情地吮吸它的甘露吧！"

我知道我对西方文明化的强烈愤慨也是为了排解苦闷。我只有先在自己的心中找到那"庞大、遥远、模糊的东西"，才能在重返大自然，重返人民之时再见到它。打开我心中一切思念的钥匙就在我心中，不在其他地方。它是一双神奇的眼睛，可以穿透一切事物的外表，看到隐藏在里面的东西。它能看到乌云遮蔽的群星，积雪覆盖的牧草，药物中隐藏的疾病。它也能在生命的摇篮中看到坟墓。

它是歌手也是歌，是耕耘者，也是种下的禾苗，正像放声歌唱，便有美好的声音，下种耕作了，便有收获。

> 我向自身精神之灵悄声低语，
> 歌唱吧，不要哭泣，
> 生命是回荡在你耳际的乐曲，
> 从中领悟到你的希冀。
> 生活是开垦的土地，
> 把那里的储藏赠送给你。

我完全了解了我的精神和宇宙万物的关系。任何东西都不能损害它,风暴也无法干扰:

> 我家的屋顶是钢铁制造,
> 我家的墙基用磐石砌成,
> 怒吼吧,狂风……

黑暗不能淹没它,因为它从信仰的灯盏中得到光明:

> 长夜漫漫,
> 黑暗无尽,
> 我凭借微弱的灯盏,
> 四处观看……

它不怕违抗天命和胆大妄为。因为天命正是它的盟友和伴侣,天命来源于它,存在于它之中,与它相依为伴:

> 啊,邪恶!
> 在我心的周围燃出火花,
> 啊,死亡!
> 在我家的四周挖出墓穴。
> 我不怕折磨,
> 我不畏伤害,
> 天命是我的盟友,
> 天命是我的伙伴。

一颗心依赖着从愤怒的痛苦中解脱出来,都肯定地认为愤怒的根源是确认两个世界的存在,而不是一个世界。一个世界是善,另一个是恶。认为这两个世界中存在着许多而不是一个自我。可是,实际上,世界虽为大千，却包含着形形色色、功能各异的实体。事物虽多，但只有一个犹如身体上的各种器官。

我十分赞赏我的心为我肯定的一切。我同意它的看法。可是，当我试图表达"存在同一"时，我想借用乌鸦的嘴而不是我的舌头，所以做出这样的选择，是因为阿拉伯人把乌鸦身上那丧服般的黑色羽毛和预测敌意的两眼中的凶相当成凶兆，一直把它看成是一种不祥之鸟。同时，当我们的挪亚将乌鸦从方舟上放出，让它了解洪水的情况时，它竟一去不复返，背叛了挪亚。更何况它模仿鹧鸪走路。结果，不仅没学会，反而把自己的步态也忘了！

现在，我为乌鸦创造了优越的条件，还把它叫作"乌鸦哲人"，我让它以我的身躯为讲坛，向众多的同类发表演说：

这是人！
这是一切实体赖以存在的宇宙。
这是因有力的幻想跬地不起的巨人；对王国的广阔感到恐惧的国王。
这是右手提灯的盲人。这是左手擎着黑暗的明眼人。
这是从精神逃入坟墓，又在坟墓中寻找精神的粗心人。
这是在自我中分散，在所创造的众神间迷失的神。
这是那无始有头、无终有止的无始无终的巨人。
这是那说"我"和"世界"的人。

"乌鸦哲人"飞着，向它的听众做解释：人，在他将自身的"我"和世界的"我"分离时，侵犯了自己。由此，将他的精神造成了他精神的对立面。他为自己的精神创造了对立面，就为一切事物创造了对立面。于是，他便用两眼观察一切，观察"我"的眼睛，观察"非我"的眼睛……

人就是这样地将其不可分割的精神分割着，把它抛向宇宙的各个角落。

这位明眼的盲人就是这样地摸索着他在宇宙中的道路,捡拾着散落在路边的他的精神的碎屑。可是当他拾到"我"的碎渣时,也同时捡到了被他称作"世界"或"非我"的另一部分的碎渣。每当他拾起一个碎渣时,他都自忖道:"我一定把这碎渣中的'我'保存好,把'非我'扔掉。"可结果,他却发现自己已将"我"和"非我"同时抛弃了。因为这二者是不可分离的。于是,他痛苦万分,重又去捡拾那些碎渣。

> 人就是这样捡拾着……
> 健康的和染病的
> 爱的和恨的
> 坚信的和反叛的
> 有生命的和死亡的

这"乌鸦哲人"终于以下列一番话结束了它对众乌鸦的劝诫:"所以,我要对你们——众乌鸦们——说说。如果你们听到有人说'我',你们即可知道他指的是自己而非世界。那么,你们就挖掉他的双目吧,但愿他现在能在看到两个世界的地方看到一个世界。

"如果你们听到有人说'我',并知道他指的是他自己、乌鸦及存在于无始无终的世界中的一切,那么,请对他下跪叩首吧。

"这个人,就是神!"

失败的计划

笔会成立一年多后,它的讲坛《旅游者》已濒临死亡的边缘。阿卜杜·迈西哈一筹莫展,不知从哪儿能弄到钱,使杂志从天天窥视着它的死亡中解脱,确保它成为自己将来生活的依靠。当他下决心结婚时,这忧虑更深了。为此,他认真思考是否返回大马士革,在那里办《旅游者》说不定会比这里幸运。叙利亚正面临着蓬勃的发展,新闻必将在这发展之中起到重要的作用,因此,《旅游者》无可置疑地在一个振兴的阿拉伯国家里必然举足轻重,而不会遭到在纽约的下场。

不过,这一思想使我和纪伯伦深感不安。如果失去《旅游者》和它的主办人,蓬勃向上的文学运动会陷入何种处境呢?阿卜杜·迈西哈是笔会会员们联络的枢纽。《旅游者》编辑部是会员们见面和思想交流的场地。在纽约,没有任何报纸或记者可以替代《旅游者》及其主办人。

1921年8月的一天,玛利·伊萨·胡里太太把我和阿卜杜·迈西哈请到她的别墅里。这位太太虽不是文学家,但对文学颇有鉴赏力,很会和文学家们沟通感情。又因为她那去世的丈夫曾在一家阿拉伯报纸的编辑部担任过编辑,所以她和年轻的作家,如雷哈尼和纪伯伦,始终保持着联系。笔会成立后,她又是笔会的支持者,并给予笔会高度评价。我和纪伯伦在她家中度过了无数个通宵。她在《旅游者》经费拮据时,给了许多钱财上的支持。当然,这对于她只是九牛一毛。她的职业是打制、出售珠宝首饰,这给她带来了相当可观的财产,使她享有优裕的物质生活。

那天，我们的话题自然地涉及《旅游者》及为了不迫使阿卜杜·迈西哈将其从纽约迁到大马士革应该做些什么事。阿卜杜·迈西哈认为一万美元就可保证《旅游者》的生命，胡里太太则认为不要把杂志只扔给阿卜杜·迈西哈这两个人，我应该跟他合作，我和阿卜杜·迈西哈每人出两千美元，她出三千，纪伯伦以贷款的形式出三千。她坚持让纪伯伦参加这一计划，并说，这事与纪伯伦的关系胜过了与她的关系。当时，纪伯伦正在波士顿，迈西哈委托我就此事给他写封信。我在1921年8月9日的信中写道：

亲爱的纪伯伦：

一千次地问候你那美好的灵魂。你说医生早已默默地宣布了你的死刑，这话深深地刺痛了我。因为我了解那永远席卷在你的灵魂深处的愤怒的风暴，那仿佛在你胸膛间的感情以及在你眼前晃动的幽灵，哪一次都如滞留在地面的水寻找出口。医生为什么不默默地对那些语言宣布死刑呢？它们使天地忧虑，污浊我们的空气，搅乱我们的美梦，使我们的日月黯淡。但是，使我感到宽慰的是，已经过去的和正在进行的一切都只会带来裨益。也许你在一段时间内抛弃工作，会使被你精神消耗掉的体力重新恢复，会使被你身体疲劳消耗掉的精神力量重新恢复。

另外，当医生将你笔上的羁绊解脱，将你的口从他的俘虏营中解放出来，那时，在你心中动荡的一切将如火山般喷涌而出。不要烦恼，不要抱怨，遵医嘱而行。医学中很有些哲理。

我嘛，虽然尚不需要医生，也没有什么迫使我少吸烟和少饮咖啡，但情况并不比你好。如果远离工作就是你最残酷的工作的话，那么，我的工作就是火狱。当然，我指的是我的"商业"工作。我曾不止一次地向你倾诉我的精神折磨。你和我一样，对我遭受的折磨了如指掌。我所以遭受这种折磨，是因为我像夹在许多向左转的轮子之间的一只向右转的轮子。

做买卖，不是我的本分。赚钱，也不是我的本性。如果事情仅此而已，倒也容易。因为人有时总会适应环境的。可是，我无论怎样努力，也无法与周围的环境相适应。我和做买卖就如油和水。这种感觉与我日夜为伴，使我坐立不安，它像毒蛇噬咬着我的心。我害怕，如果长时间佯装看不见这种现实，那我将失去感觉的心、思维的头脑、讲话的嘴和撰写的笔，它绝不会更长久地伴随我了。新的希望——巨大的希望已呈现在面前，这是一个使你我幸福的希望。现在我要对你讲明，并希望你把它珍藏在心间，直至它不再是希望而变成了现实。这一希望是：

阿卜杜·迈西哈让我和他共同经办《旅游者》。我反复思考后，感到这样做，对我、对阿卜杜·迈西哈，对笔会以及使我们的心感到亲近的文学艺术、生活中新精神的兴起都有好处。如此这般《旅游者》将要代替《艺术》，不，对于我们的思想，更正确的说法应是《艺术》将通过《旅游者》再次复苏。

下面是这一计划的摘要：

阿卜杜·迈西哈不去叙利亚，在下月或再下月和未婚妻成婚，以堵住那些说三道四的人之口。

我和迈西哈先提供四千里亚尔，并再向我们的同伴筹集六千里亚尔，以凑足一万。

我们将买下一座印刷厂，使《旅游者》彻底独立。通过印刷各种书籍及商业所需材料，以获得《旅游者》所需成本及部分利润。

我们筹得这一万里亚尔，并非十分困难，还能保证报纸光辉的未来。不瞒你说，近些日子，《旅游者》已经自力更生，自付报纸、主办人和书记员的全部费用。我加进去之后，开支只增加了少许。但是我们将通过短时期的努力，扩大订户和发行，以此弥补这一增加带来的损失。对于我们能否做到这一点，你怀疑吗？我确信，不需一年，我们的订户将增加一倍。

在这一年中，印刷厂将成为我们的强大支柱，为我们获取利润，增加我们的资本和收入。

如果我们的侨商伸出手，筹集一万里亚尔易如反掌……但是，我讨厌向那些除了买卖，对生活一窍不通，把钱财看成是世间最伟大东西的商人们讨借一分钱。我愿意我们的工作以一个家庭计划的面貌出现，而不要任何商人的馈赠。胡里太太积极支持我们的做法。上星期天，她请我和阿卜杜·迈西哈到她在龙·比茨的别墅里过了一天一夜。当我们向她谈及此事，并告诉她我们除手中的四千里亚尔，尚需六千里亚尔时，她立刻以你所知道的热情说，如果有人肯借给我们六千，她立刻借给我们六千。她和我们一样认为，此事无须求助于商人，最好使此事成为家庭计划，局限在我们的小圈子之内。

我当时就已明白，她若不是希望找到一个工作中的伙伴，肯定会给我们需要的六千。这样她一定会说：如果搞这个计划的人，又都是一些自称热爱文学、提高水平的人，对此计划没有任何可感觉到的偏爱，那么，她，虽然热爱文学和艺术，可她既非作家，又非诗人，又和这计划有何干系呢？所以，我们和她首先想到了你。除了她之外，你是我们之间唯一存有一些金钱的人。你能为我们拿出六千里亚尔吗？方法不限，借贷、入股均可。这笔钱将是我们对你欠下的债务，你可能像把它用在其他地方获取利润那样收取利息。如果你愿意入股，那我和阿卜杜·迈西哈最高兴了。我将用我的生命和《旅游者》的生命为你的这笔钱担保。

纪伯伦，我从未为这般事情麻烦过你。向你要求这等事，确使我十分为难。我很难得在有关钱财的事务上向别人张口。对我来说，谈钱比任何话题都困难。尽管如此，我想你不会拒绝我的要求，特别是在你已经知道了此举的重大意义之后。它关乎《旅游者》的未来，笔会的未来，我们的文学运动和艺术的未来。如果我们不能得到你的借款，那就无法得到胡里太太的借款。如果我们得不到胡里太太的贷款,那我们手中的四千里亚尔又有什么用呢?那样,我将继续待在我那商业的火狱之中,阿卜杜·迈西哈就得返回叙利亚,《旅游者》也将消失得无影无踪了。

我所以如此大胆、厚着脸皮地向你提出这个要求,是因为我知道你只要力所能及,绝不会拒绝这一类要求。现在,对你来说不是不可能。在你身上有一种比我所能说出、写出的东西强大得多的力量,推动你去实现它。正如你所看到的,事情的成败完全寄托在你的身上。我以兄弟般的情谊真挚地希望你能开诚布公地回答我。不要怕你的答复会妨碍我们之间的关系,刺伤联系着我们的精神友谊。

不要忘记谈谈你自己……你的身体、你的日日夜夜。上帝保佑你。

米哈依尔

但是纪伯伦拒绝了这一要求。我们的计划也因此告吹,而我希望从刺绣睡衣中,从为推销它而疲惫的四处奔走中解脱出来的良好愿望也随之落空了。也许计划破产对我更有好处,因为我答应提供两千里亚尔,可实际身边只有三百美元,其余的准备从在瓦拉瓦拉的哥哥那里去拿。而且即使计划落实,我们也会怀疑,它是否能保证我和即将结婚的阿卜杜·迈西哈的生活,是否能为我提供供养我的纳西布弟弟读中学和大学的费用。当时,我尽管生活清苦,但却决心负担我那尚在国内学习的弟弟的一切费用。他的路才走了一半,如果我忽视了他,那是一种罪恶。

凑巧的是,阿卜杜·迈西哈已经回去,不准备前往叙利亚了。他宁愿在那些不忍离开的伙伴身边完婚,并继续坚持《旅游者》的工作。这些同伴也不忍心让他离去。因为失去他,就意味着失去了将他们串联在一起的金环,和为他们手中的笔吹响宣传的号角。

侨居生活

1916年，我初到纽约时，那里的侨民生活尚囿于曼哈顿岛下一个被忽视的狭小范围内。侨民的商店、工厂和报业仅仅散落在华盛顿街、鲁克特尔街和沃斯特街上。最大的实业家的财产不超过二十五万美元。可是，战后不过几年，工厂和商店就转到了市中心，坐落在最著名的五号街和那些与二十到四十条街相连的大街上，百万富翁如雨后春笋般迅速地出现了。

优越的物质条件给侨居地带来了欢娱的社会生活。以各种名义举办的聚会种类繁多，对笔会的邀请络绎不绝，人们开始感觉到了笔会的价值和意义。为了给他们的各种集会冠以真正的文学色彩，我们争相对笔会发出邀请。孩子受洗、朋友远行等都成为举办邀请笔会参加聚会的借口。也有人干脆为笔会举办娱乐性的聚会。

最后这种聚会，我今天还能记得一次，那是一个商人举办的，既有歌手又有琵琶、竖琴、小提琴手，还有美味佳肴和饮料。我尚能记得，我是我的同伴中唯一未被歌声、琴瑟之声和威士忌陶醉的人，仿佛我那时并不在他们的世界之中，他们也不在我的世界之中。我无法描述我当时所在的世界。我只知道，那时，我的脑中只有一些诗句和国家。最初的几行是：

> 啊，为席间宾客斟酒的人儿，
> 看在上帝的分上，
> 请莫在杯盏的呓语声中，

斟满我的酒杯。
为别人添酒吧,
仿佛我不在席间。
走过去吧,
让我面对眼前的空盏。

第二天,把这首题为《假如荆棘得知鲜花的秘密》的诗,读给纪伯伦听。他说:"米沙,我起誓,昨天,我已在你的脸上读到了这首诗。那时,只是你的身体和我们在一起。"

1923年3月,侨民中纷纷传说的奈欧姆·姆克勒泽尔办的《正途》报的赞助者们准备在4月3日庆祝它的"银婚"。这消息自然使侨民们高兴,并积极热情地准备庆祝他们最大的一份报纸诞生二十五周年。最初《正途》是一份在费城出版的篇幅极小的周刊,但它很快迁往纽约,并有了自己的出版社和印刷厂,刊物也发展成八大页的日报。毫无疑问,侨民中的马龙派把这份报纸作为他们政治、思想、对重大事件态度的指南。他们认为凡《正途》赞同的,绝对正确;凡《正途》拒绝的,荒谬绝伦。

但就在庆祝诞辰的问题上,侨民中出现了分歧,一部分人积极支持,另一部分人又拼命反对。原因是《正途》的创办人聪明、爱出风头,但他生性暴躁,在一些问题上,笔锋尖刻,甚至不惜使用一些污言秽语。稍稍与众不同的侨民,怀有某种目的到侨居地的客人都难以逃过他的笔和口。他经常和人展开笔战,甚至不放过自己的亲兄弟赛鲁姆。最激烈的要算和他的妻弟艾敏·雷哈尼和《西方明镜》《旅游者》以及《少女》各报纸杂志了。他和《旅游者》以及《少女》的纠纷甚至闹到法庭。

黎巴嫩侨民于1922年在墨西哥首都召开了一次集会,会上《正途》的主办者奈欧姆亲口阐明了他的政治信条,他说:

"黎巴嫩及其周围各国的人们在没有强大的外国的关怀和保护的情况下,无法自治。这外国以其人道主义和文明化而国力强大,不可战胜。它首先以它的诺言，而不是它的士兵而感到自豪。它将把要求保护的民族带进文明的牧场，光荣、幸福的土地上。这个外国就是法国。它为自己，也为我们，把历史传统保留在白色的心底里，而我们正是在这颗心中植下了杉树，保护着黎巴嫩，保护着黎巴嫩那光滑的海岸和雪白的山峦。"

据说被《正途》所涉及的人中，有一位前来纽约访问的冰岛家族的王子。有个风趣的客人对他说："小心点儿，不要以一个行动或一句话惹怒了《正途》，否则你可要遭骂了。"王子说："我不过是一个游客，和侨民的生活毫不相干，能做出什么或说出什么触动《正途》的言行呢？"对方回答道："谁知道呢？先生，你或许会打喷嚏的。"结果，没过多久，《正途》就发表文章，公开攻击这位新来的客人。那位风趣人物说："王子打喷嚏了。"他碰到王子时，王子拍着他的肩膀笑道："你是对的，看来我打过喷嚏了。"

笔会的一些人对奈欧姆深有所知。我谈到的只是从他们那里听来的点滴而已。我和此公的交往仅限于在偶然相遇的场合中点头问好。所以我对二十五周年庆祝之事无动于衷。喜欢《正途》的人们理所当然地举行庆祝活动，但是，他们无权要求我和他们一样也去喜欢该报，或讲些言不由衷的话。

但是"银婚"的主人却坚持邀请笔会，并且明白地对那些操办庆祝会的人说，如果笔会拒绝邀请，他宁愿不搞这次庆祝活动。而接受邀请，实际意味着要求部分会员讲话。讨价还价后，讲得温和的可以被接受，讲得激烈的便遭拒绝。侨民中也吵个不停，竟使二十五周年庆祝的事，成为那段时间中最感兴趣的话题。

一开始，我属强硬派。但是，拉希德·艾尤布终于使我放弃了这种立场。他要求我改变态度，我尊重他的意见。他那时在一家人寿保险公司里工作，《正途》的部分赞助者是他的顾客，他不想惹恼这些人，希望通过对他们的迎合，获得更多的顾客。拉希德生怕关闭了这扇生财之门，他的生路实在狭窄，难道我甘心让他过更窘迫的生活吗？不，不！

庆祝会在布鲁克林最大的饭店里举行。有三百多名客人,有的来自遥远的各州,有的来自加拿大、墨西哥……庆祝会从晚上八点持续到半夜,整整二十个人发了言……你足以想象出他们的诗文撒下的"珍珠"了。

我也做了发言,题目是《各怀心意的人们》。我对庆祝会所激起的喧哗进行了嘲讽之后,说道:

"这种会,不论在哪里召开,也不论是什么人参加,总不免有许多奉承恭维的话。为了不让我的舌头说出不被思想所见、不为心所感的恭维,我宁愿把我的舌头剁成一千块。

"我今夜到此,绝不是为了给任何人脸上增光,也不是为了给任何人赎罪。如果语言就可以给人增光或为人赎罪,那我会使我的面孔永远容光焕发,抹去罪行簿上我的全部罪行。我认为我对人们的赞扬或责骂,只是写在纸面上的文字、吹向空气里的口气。我们有利于人们或不利于人们的宣判也往往是我们的私欲激起的聒噪。由于这些判决的根源是初步裁切的、歪斜的,不解那些显而易见的因果,所以这些判决也是初步裁切的、歪斜的。同时,这些判决正是我们心的爱恶的具体表现,而我们的爱恶又总是由我们的目的、利益、欲望来决定。

"我们只看到诸般事物的表面,无法探索隐藏于其后的动机。但是宇宙间却有不受目的、欲望、利益、爱恶束缚的公正的判决,这判决具有在某一时刻可以看到原因、结果和探索出的真正的动机。让我们请它来判决人们的动机吧。它不允许任何反驳和上诉,也不理会我们对判决的意见。它是对一切事物的最后的判决……"

那次集会四年后,一个名为"教育会"的组织想为两位杰出的黎巴嫩教育者进行缺席庆功。这两位是吉布尔·杜麦特和阿卜杜拉·布斯塔尼。"教育会"请我在会上讲点儿什么。我请他们为我提供一些有关阿卜杜拉·布斯塔尼的情况。我除了知道他编写过一部《苗圃》词典外,对他几乎是一无所知。但该会始终没给我材料,我只好向他们表示歉意了。

我这种歉意的表示纯粹出于一片好意。可是《正途》报很快就听到了这个消息,并向我发动了疯狂的攻击。说我狂妄自大……《旅游者》出面保护,与它展开了针锋相对的斗争,并加倍还击。那时,纳西布·阿雷达是杂志的主编,双方的战斗旷日持久;可我从不读《正途》,而是从纳西布在《旅游者》上的还击文章中去进行分析和判断。

《正途》对我的攻击并未使我不安。使我生气的是我竟变成了一场毫无理由的报界舌战的中心题目,而这场谩骂只是由于《正途》专爱干涉和口角而引起的。为此,我给纳西布写了一封信。他把这封信发表在1927年11月第10期的《旅游者》上:

亲爱的纳西布:

我读了你那高尚、优美的文笔为回击你那"好同行"的造谣和攻击而写的文章,从中看到了证实你高尚的灵魂、善良的心地和忠实于自己和朋友的新的证据。我认为我和一切被你那诗一般精神的醇酒陶醉的人需要这种证据。

不过,我和你在笔会中的兄弟们以及一切阿拉伯世界中欣赏你的人都不愿意你以如此的才智在这不应投入的战场上战斗。这正是堂·吉诃德和他的仆人桑丘·潘沙进行的那种战斗——风车骑士和意想中的大军败退了。

对于我来说,你的精神从浩大的生活甘露中汲取的每行诗句都能比通篇演讲还要珍贵。但无论它有多么美,你念给你那"好同行"听,他根本充耳不闻。即使听到了,也不能理解,因为你们正分居两地。

我以我和一切赞赏你的人的名义请求你停止,不要再为这场毫无根据的"诉讼"供应粮草了。不要把此案交给那位法官了,他坐下来自我审判比审判人们更能使他今世和后世的生活快乐。如果那位先生一定要发泄他对别人的愤怒和憎恶,那我从现在起,甘当他发泄的对象,直到事情真相大白。让他把一切下流龌龊的语言都用到我身上好了,他的褒贬对我全是一样——废话一堆。也许这样他就会停止对那些死人、寡妇、商人以及一切被他的谩骂、刺痛、伤害的人们的恶行。至于我呢,如果我只有一颗不会谩骂、挑拨和同情那些沉浸于谩骂、挑拨的心,和说出这些话的嘴,那就很够了。

不过,我的好兄弟,在这个案件中,使我难过的不是你那"好同行"对我的攻击,也不是对《旅游者》及笔会的无礼。我们在他箭靶范围之外,又不在他的危险区内。我难过的是,他通过我去伤害那些我希望他们一切都安然无恙的好同志。他把刺伤人们的话归罪于我。我相信,人们如果了解我,肯定知道这种归罪毫无根据。但是,有些人不了解我,他们很可能只相信自己读到、听到的东西。特别是《正途》所说的我没有在教育会为杜麦特和布斯塔尼两位老师举行的庆功会上发言,使人嗅到一种气味,认为我藐视教育会、轻视杜麦特和布斯塔尼。这实在太荒谬了!

教育会的会员中有我的朋友。我们互相尊重,真诚相处。吉布尔·杜麦特在我心中享有崇高的地位。我们互相通信,交换思想和著作。我喜爱他那蕴藏在并非年轻的身体中的年轻的精神。我每次在大众面前提到他的名字时,都使用尊崇、美好的语言。但是,很不走运的是,我不认识阿卜杜拉·布斯塔尼,也没有读过他的著作。不过,这绝不意味着我会在他心中或当着认识他的人面前贬低他的价值。

我最初欣然接受了教育会的邀请,这有力地证明了我对教育会及其庆贺的两位先生的评价和尊重。如果我打算对教育会及两位先生表示藐视,那么,最简便、最有效的办法莫过于在接到邀请时就加以拒绝。

对于我在接受了邀请之后,没有参加、没有发表讲话的原因,我已及时地、友好地向发出邀请的人做了解释。他们理解友好和忠诚的意义,所以也理解了我的心意,并友好而忠诚地接受了。我之所以这样做,是因为从那时起至今仍然认为这是我的义务。

这方面，纳西布，请你不要忘记说三道四的毛病是一种不治之症。随那些患者们去说吧，即使你的笔从天堂的多福河汲来了甘露，也无法把他们治愈。啊，我们是多么渺小，身边是浩瀚无垠的大海，可是我们却为得到了山羊蹄印里的积水而欣喜。

报界或非报界不时在侨居地的生活中激起的无谓汛波何其多也！当时，一份叫《人民》的报纸竟莫名其妙地向笔会发动进攻。开始矛头对准纪伯伦，特别是他的诗篇《行列》。该报以为如果他找出了诗中全部语法和韵律方面的错误，无疑，笔会和纪伯伦将被彻底击垮。看来对笔会的非难来自它"垄断"了文学，没有接受他为会员，没有承认他是一位名声显赫的大诗人。当笔会对他和他的攻击未加任何理睬后，他对笔会的仇恨愈发强烈。只有纪伯伦——来自任何一方的批评都使他痛苦——他对攻击他的人十分愤慨，甚至希望能够见到他，朝他脸上吐唾沫，扯开他的衣领，因为这样的狗是不值得用棒打的。

但是，这场风波，尽管一开始异常猛烈，却迅速平息了，一切痕迹都消失得干干净净，仿佛口头谩骂只是一种体育锻炼和开心之计。

在乡下

1923年一个春日的黄昏,我和彼拉坐在海德森岸边的一片小树林里,她对我说:

"你知道我在想什么吗?"

"告诉我吧。"

"在乡下有座房子。"

"美梦一场。"

"别笑。自从认识你之后,我发现自己对大自然的感觉远远超过了以前:树木、土壤、小草、露水、鸟儿、蝴蝶、云彩、和风、雨雪……一切一切,从来没有像现在这样变成我生活中具有价值的东西。"

"好事一桩。"

"不要笑话我,我开始像你一样讨厌纽约的嘈杂、喧哗和淫荡。以前我可认为纽约的生活才是最完美的生活。"

"想法越发甜美了。"

"我希望在另一种氛围中,在一种与你的精神的纯洁相吻合的气氛中享受你和你的爱情。"

"我精神的纯洁?还剩多少精神纯洁呀?"

"不要让我想起我的现实。我愿意忘记我已经结婚,忘记我的丈夫是个粗野、怪诞、愚蠢之徒。我有什么罪呢?他们为我选了他,但我没有看上他。我选中的人是你,我的心只看到你。我的眼睛、我的每一滴血和我身体的每一部分都只看到了你。认识你之前,我根本不知道生活的滋味。"

"可是，彼拉，传统是有权威的。它的权力绝不仁慈。"

"传统莫不是一尊泥塑。我们用自己的心血捍卫自己，免遭它的愤怒。我要活，让传统去死吧！"

"把自己的生活和传统紧紧绑在一起的人，传统死亡，他们也就咽气，你说他们些什么呢？对于像亨利这样的人，只能在传统中，并依靠传统生活的人，你该说些什么呢？"

一提到亨利，彼拉的面孔陡然变色。她双唇战抖，两眼发黑，语言梗塞。对于那个控制着她的思想和神经的男人，她竟害怕到如此地步。足足有几分钟，她一言不发，用手扭动着手中的小手帕。我的双眼紧盯着一群在海德森河上时起时落的海鸥，思想围绕着一个空环旋转着，旋转着，最后停止在我和彼拉的关系上。这关系绝不会持久，因为它伤害了只能以传统的目光来看待它的第三者。而这传统的目光，又将其看成是应受法律制裁的罪恶关系。于是，这关系便给他带来了心理上的痛苦。至于那"法律"，则是空洞、荒谬、盲目的，除了是毒害他精神的毒药，别无他物，所以任何事都不会使他忧虑。

望着海德森上空的白色鸟儿，我的思想徒劳无益地欲回答那仍在折磨着我的问题，这问题是：

米沙，为什么你命中注定要爱上身边的这个女子，不是在她将自己的生命同另一个男人结合之前，而是在那以后？你确信"命中注定"是今天或这以前在地球上度过的日月中一切动机、行为和关系的必然结果。那么，以前你在哪里，又是如何去认识彼拉的呢？她出生在美国，父母是美国人，你出生在黎巴嫩，父母是黎巴嫩人。那么是什么奥妙让爱情将你们两人联系在一起？你对她的爱，她对你的爱，虽然掺有某种程度的情欲，但对你来说，却远远超出了肉体的需要。你俩彼此融化，彼此净化着对方。但是，既然这爱必定消亡，那么它的目的是什么？所以说它必定消亡，是因为你不能长期生活在滋养着你、但却毒害他人的爱情之中。为了让你的爱滋养你又不伤害别人，你应该抛弃一切血肉之欲。你能做到这一点吗？

是的，你应该做到，你有这种能力的。你应该依靠非血肉之欲的食粮去生活,而不要因血肉之欲的死而死。对你来说,最好是在被血肉之欲消灭的爱情中消亡……

"我看你离我太远了。你跑到哪个世界去了?别离开我,一分钟、一刹那也别抛弃我。把手给我,让你指尖的温暖流进我的心田。没有你的爱情,我的心犹如无水的鱼儿一样。"

彼拉用手紧紧握着我的指尖,然后又把它送到唇边,热烈地、长久地吻着它。然后说:

"千万别离开我,我们到乡下去,在那儿买一所房子,远离这喧哗,在那鲜花盛开、树木翠绿、鸟儿飞翔的地方生活。说'阿门'。"

"阿门!可是我的工作将强迫我每天早晨来纽约,晚上才能回去。"

"没关系,千千万万的人都是这样的。我们的住处离纽约不会超过二三十英里。来往车辆很方便。"

"钱呢?你从哪儿弄到买房子的钱?"

"我已经存下了大约五千美元。先把这笔钱交掉,其余的分期付款。这笔钱可能比我们现在交付的租金少。现在谁负担房租?你,还是亨利?"

"如果我现在每星期交给你的房钱可以帮助你和亨利在农村买一座新房,那我准备把这笔钱从每周六美元提高到十美元。"

彼拉的脸上立刻放出异彩。她又一次俯向我的指尖,亲吻着,不停地说:

"你带给我生活中的幸福。因为你,我要忌妒我自己了。"

彼拉的愿望实现了。夫妻俩在离纽约三十英里处的小镇买了一座新房。他们先付了一半房价,其余部分签订了抵押支票,分期付款。因为他俩知道我学过法律,因此,为了不受骗上当,在一切有关合同、抵押事宜上,都依靠我来办理。他俩非常幸运,不久,亨利的母亲过世,留给他俩足够支付抵押的钱数。就这样,在他俩搬家几个月后,新房子就成了他俩的财产了。

只有当我来到了那个远离嘈杂、喧哗的海边美丽的乡村小镇,踏进了那座上下左右不再受无数房屋挤压,阳光、蓝天和空气不受任何建筑物的阻挡的新屋时——这新屋不再是上述千万座地洞、洞穴中的一个——我才感到之前我在纽约生活时，神经和精神遭受了何等的疲劳。新屋坐落在一块宽阔的空地中央，很快，我们就在空地里种满了花草，四周植满杨树苗。于是，一切都笼罩在梦幻般的静谧和安宁中。

离新屋几十米而不是几十公里远的地方是一片旷野。无论是白天还是黑夜，一年四季，一有空，我便可以和那条普普通通的小溪一起奔跑，和鸣啭的鸟儿一齐歌唱。我可以尽情地享受，抚摸着被人们勤劳的双脚和水车侍弄的肥沃的土地，触摸着田野中被犁杖或其他农具催出的麦穗，向徐徐和风或狂吼的暴风敞开胸怀，在那未被烟黑染污的白雪中行走，放眼眺望，遥远的星宿或冲破黑暗的晨光，或欣赏那在鲜花的眼睑上跳跃着的鲜露。

在这里，我可以将自己思想和心灵中纷沓庞杂的片段集中在一起，不逃避任何事物，在一切事物中都看到了自己。甚至粪堆，我都从内心中感到它充满了生命和美。每当我看到土地吮吸着它的汁液时，便在内心中欢呼道：

"主啊，土地吮吸着从醇酒般色彩的粪堆中流出的汁液时，它有多么神圣和伟大！它静穆、安详、默默无闻地吮吸着，既不酩酊大醉，也不步履踉跄；既不无事生非，也不高傲自大。在它那慈祥的黝黑的心中，无数的根和种子被这粪肥的汁液滋养着。它们跃跃欲试，准备明天上路去和太阳相会。

"明天，那些种子就将变成百合、紫罗兰或玫瑰。人们嗅着它们馥郁的芬芳说：多香啊！那些种子也会变成鲜嫩的蔬菜。人们吃着说：味道真好啊！那些种子还会变成美味的果实，人们采摘时会说：真甜，真美！

"明天，这一切将摆在君主和流浪汉的饭桌上，变成富人和穷人身体中的一部分。那时，君主、流浪汉、富人和穷人都将忘记这一切果实和蔬菜都来自那粪堆。

"农田里有粪堆，人类中有粪堆。每个村庄，每个城市里都有粪堆。人们抛下了它，远离它，可它正是他们生活中的生命肥料。它像那生于土地,又归于土地的小草一样,源于人们,又回到人们中间。

"人们经过一座宫殿时,高声呼喊着:多么美丽,多么堂皇!他们无限尊崇地环绕在宫殿的主人周围,向他俯首,恭恭敬敬地弯腰致敬。至于那些从大地深处挖出大石,制成方形、长形和圆形的各种石块,再层层堆砌成宫殿的劳动呢?那勤劳的手呢?

"从森林中伐下树木,把它做成门窗,屋顶的手。

"用油漆、色粉刷着天花板和墙壁的手。

"织出毛毯,用绫罗绸缎为居住在宫殿里的人遮羞的手。

"那些用散落的碎骨建造美丽骨架时尚是纯洁、高尚的手。当骨架营造完毕,这些手变成了垃圾,手的主人也变成了垃圾。他昨天建成的宫殿的大门在他面前紧闭,甚至禁止他幻想进入那些大门⋯⋯"

这时,绥尼山麓孩提的记忆又被唤起。在这小镇的第一个冬天里第一场风暴刮来时,我竟像和自己的主、自己的灵魂相会那样,急急冲出家门,冲进暴风雪,迎接着落在我睫毛上,亲吻着我双唇,抽打着我鼻梁的每一颗雪粒。白衣少女在风的掌心上舞蹈。从我脚下升起的音乐令我陶醉。令人振奋的风儿闯入我的胸膛,充满我的肺叶,我只觉得整个大地及其所有的一切事物和人都涮净了它们的龌龊,抹去了虚伪。而我有能力——并且应该——使温暖着我的心的爱情变得如苍穹在我眼前及周围铺下的地毯一样洁白、纯洁、辉煌。

从今以后,任何情欲都不会搅动我的心。那放置在给别人带来痛苦的睡枕也不会使我劳神。窃窃私语、嘀嘀咕咕和暧昧疑虑,也不会再在我的睡眠中飞绕。

是的,现在或将来的事就应如此。我应该说服彼拉,这对她、她的丈夫和我都有好处的是:我离开他们俩,让我们满足于享受我们爱情之花的芳香,并将其升华为我们生活中纯净的力量,不让欲念和传统居心叵测地注视着它。可是,当我回到家中,对彼拉讲出了那场洁白的暴风雪给我的启示后,她唯一的回答便是滚滚不息的痛苦的泪水。爱情哭泣时,神仙都会被感动得走下自己的宝座。于是,我沉默了,投降了。

但是,那场暴风雪在一年之内都无法实现的事,竟被酒在一夜之内完成了。一天夜里，亨利酩酊大醉地回到家里，威胁着、耍着酒疯。这以前，他久已酒不沾唇了。我认为他是把我和彼拉的爱恋当成了重新酗酒的借口。事已如此，我该如何去做呢？这三个人中间我应把谁的感情放在首位呢？

瞬息之间我得到了答案。亨利是我们三人中最软弱、最值得同情的人。这件事情如果有必要做出牺牲，那么我首先应该做出牺牲，其次便是彼拉。现在，不应再犹豫了。我的道路十分明确，我必须离开这美丽的乡村小镇中的这个家，重新回到纽约的喧哗和疯狂之中。不管这次返回对我来说是何等的勉强和烦恼，对彼拉又是何等的痛苦和悲伤，我绝不能犹豫。豪侠和义气是这样决定的，想从伤痛中解脱出来的爱情也是这样决定的。

当天夜里，我收拾好行李。翌日清晨与他们告别。亨利的泪水以及他就昨天对我的态度做出的道歉使我吃惊，彼拉的泪水及深深的痛苦没有引起我丝毫的诧异。

杜鹃钟

"……我很难过地将我的决定告诉你。毫无疑问,这决定也会给你带来某些不快……如果可能,我决定在今年秋天或初冬离开家乡。我反复认真地思考了自己的事,发现在这生活中没有我的未来。我可能到墨西哥去。但愿我们在将来相见……"

纳吉布弟弟说对了。他在一封长信的末尾告诉我的这个消息的确使我心中不快。如果,这消息不是在我当时所处的环境中来到我这儿,也许不会带来如此的忧虑和烦恼。不久前,我刚刚做了一件对自己来说最艰难的事,即亲手割断了自己的爱。这痛苦远非婴儿断奶的痛苦所能比拟。当然,彼拉不时来纽约,执意与我见面。我们也在相当长的时间内保持了书信和电话联系,但是,这种会面和书信俨然像诱惑孩子断掉奶头的糖球一样,只是为了减轻痛苦的程度。我尚觉满足的是这种割弃又把我带回了我以往在艰难时分赖以藏身的蜗牛壳中。不过,这一次,这个小窝不像以往那样宽敞、温暖了。

两年来,我工作的那三兄弟的商店遭受着严重的经济危机:顾客、合伙人都背叛了他们。三兄弟将货物发给他们之后,便宣布商店破产。

破产使他们损失了大笔钱财,银行的大门对他们关闭了。那曾被认为是他们坚固堡垒的巨大财富变成了海滩上的沙屋。风暴摧垮了它,浪涛又把它卷走。当他们处在这种情况下仍然给我每月三百美元的薪金时,我宁愿中断和他们的联系,以减轻他们痛苦的负担。可是,每当我向他们流露出我的打算时,他们都以热烈的期望相待,使我不得不放弃自己的想法。他们和我相识了五年,无法忍受我的离去。我和他们相处是对患难中的他们一种安慰。

我面临的这三个难题，足以一下子摧毁我的神经。和爱情割断的心仍在不时地谴责、动荡；寻找工作又是紧迫的重大问题。如果只是寻找我个人的饭碗，事情倒还容易，可是我必须帮助家人，帮助尚在学校的纳西布弟弟。任何轻率的举动，对于我视为神圣的职责，都是愚蠢和背叛。我完全可以留在原来的店里，每月领到三百美元。但是，尽管数目不多，尽管那三兄弟如此依恋我，我的情感却拒绝我去拿这笔钱。他们的航船已被风暴刮毁，自己尚不知能否得救。

但是，与爱情割断的心和离开目前的工作找不到饭碗的事都没有像纳吉布的信给我带来的消息那样令我心悸。逐渐的割断将导致彻底的割断，这是我的直觉做出的判断。对彼拉、彼拉的丈夫和我都有好处。生计的大门绝不会在我面前完全关闭。可是纳吉布的远行——如果他已经走了——将意味着摧毁亲爱的家和那些亲爱的心，首先是他自己的心。过去许多封信中他都向我表明，他热爱家乡的山和迷人的风光，简直到了崇拜的程度。如果他离开了那里的土地、亲人和山岭，他绝不可能在异乡的生活中找到替代物。另外，他现在已成婚，女儿尚在襁褓之中，他将把自己的妻女留给谁呢？留给父母？我真为父母的心悲叹，这两颗心太疲劳了，尝过了形形色色的艰辛。他俩养育了五男一女，现在到了耄耋之年，环顾四周，看不到一个孩子的身影，听不到一个孩子的声音。我们三个人已在国外，如果纳吉布的决心成为现实，那我们就将变成四个。我的妹妹已经结婚，最小的弟弟在远离他们的一所寄宿学校里学习。我十分了解父母的慈祥、温存，更了解，一旦他俩远离子女孤独生活时，即使我和别人在他们的家里堆满黄金和金刚石，他俩的生活也将比死亡还痛苦。

不，不能让两位老人心碎地过着无精打采的孤独生活。要是可能，我一定会飞到他俩身边。可是为了使我的小弟弟完成中学和大学的学业，我被迫留在此地。弟弟的学习费用完全靠我。如果没有任何人依靠我而生，如果我的生命没有若干生活的支持，那我活着又有什么意义呢？

那么，如何说服纳吉布，使他放弃到墨西哥或任何国家的打算呢？这不仅出于对父母的关怀，还出于对他们的怜悯。即使他能聚集起像可拉①那么多的钱财，在国外等待着他的也只有失望。他心胸开阔，却无处世经验。他要有了我的经历，绝不愿意用本乡纯洁的绥尼山的妩媚换取墨西哥的全部钱财。也许他没听过这句谚语："知足的农民——隐居的皇上。"他现在就是具有最高权力的人。没有人命令他，没有人呵斥他，没有人向他要一角钱。他固然辛苦，但从辛苦中得到了健康。他休息，不受任何争斗的欲念的干扰。它笼罩着西方或东方每座城市的每寸土地上。那为你带来了生活必需品的辛苦是多么纯洁，多么高尚。你的心神安宁、高昂，你的头不奉承、不欺诈，你的思想从不思索设置放在别人道路上的机关、陷阱。

阿卜杜·迈西哈来到我处，坚持让我为《旅游者》每期写点儿什么。这次写作是笔会，一切从事写作的会员都有不可推卸的责任。可是，我的思想已分散在我刚才所讲的那几方面，我的思想中没有任何可构成文章、故事或诗歌的内容。于是，我日复一日地往下拖，终于只剩下最后一天了。突然，若干年前，一个孩子目瞪口呆地站在侨居归来的亲戚带回的杜鹃钟前面。这个孩子就是我，他的影子出现在我的记忆之中，本书的第一部讲过这件事。难题顿时解决，我将以杜鹃钟为内容写个故事。把那只钟当作复杂的现代文明的代表，当作那些人们在其中寻找、却又找不到的幸福的标志。特别像我弟弟纳吉布这样的黎巴嫩人，如果他们明白，自己在故乡中所享受的幸福的价值，定会放弃远涉他乡，去追求遥远的幸福了。我奋笔疾书，描写了一对正值豆蔻年华的青年男女。他们生活快乐，身体健康。在即将举行婚礼的前夜，一个侨民回村探亲，带来一只杜鹃钟。姑娘和全体村民一样，被这新奇的玩意儿弄得眼花缭乱。很快，这个四十岁的侨民以制造杜鹃钟的国家的幸福为诱饵，姑娘同意和他结婚，两人一起到了美国。男人以杜鹃钟的诱惑成功了，姑娘抛弃了未婚夫和侨民同去产生奇迹的国度。

---

① 可拉，《新约》中以色列的反叛领袖，以豪富著称。

青年人留在故乡的土地上，咒骂着那只抢走了自己未婚妻的杜鹃钟和那个刺痛了自己心灵的未婚妻。一天，他在田里耕作，胸中翻腾着不满的情绪，闷闷不乐。他站在犁出的田垄间自言自语道：

"要到什么时候呀，海塔尔？还要到什么时候？你已把二十年的生命埋进这黄土地里，它给你生产出什么了？你和这些石头有什么两样？石头又聋又哑，你也是个聋哑人……你的祖母莱德已把你抛在脑后，看上了杜鹃钟。海塔尔，你有什么权力责骂她？你能比得上杜鹃钟？你的理智怎能和杜鹃钟的发明者相比？你的国家和制造了钟的部件、把它装配成奇妙、陌生的机器的国家差距太大了。你又怎能知道在那个国家里不会有比杜鹃钟更奇妙的东西呢？那个国家和它的居民多幸福！你和你的国家多穷苦！

"是什么把你拴在这些山石和小道上？你是胆小鬼！你是不知自己已经死亡了吗？海塔尔，让杜鹃钟把你赢了，这可太不像话了！"

海塔尔终于离开了父母和故园前往美国。数年艰辛，聚集了一笔可观的财产，便着手置业。他买的第一件东西就是杜鹃钟。然后修建了一座高大的宅院，把钟挂在屋里，认为自己已经向它报复了。他娶了一个出生在美国的本国姑娘。可是夫妻俩对待生活和"人应该如何生活"的观点不同，这使妻子无法忍受。妻子思想浮浅，丈夫思考认真；妻子不受许许多多道德和社会羁绊的约束，丈夫仍墨守他的农村意识。结果妻子离开了他，另成立了新家庭。他又情不自禁地自语道：

"可怜呀，海塔尔！你对自己干了些什么？你本是五尺汉子，有着粗壮结实的臂膀，宽阔厚实的胸脯，勇敢健全的心。你曾是自己的家、田园和自己尊严的主人，父母喜欢你，村人尊敬你。可今天，你是什么人？一个被悬挂在时钟下不停地转动的机器上的囚徒。它走啊，走啊，走啊，天主知道它走向何方？如果你与它联系的绳索割断，就将跌落在地上，粉身碎骨。如果你仍然挂在它的上边，你将亲眼看到你的灵魂在那机器下慢慢离你而去，最后被磨成齑粉。你希望战胜杜鹃钟，它却把你压倒了。你欲占有它，它却控制了你……"

一个偶然的机会，海塔尔看到了杜鹃钟从他身边抢走的那个姑娘，她是餐馆中的女服务员,早被那酗酒、赌博的丈夫抛弃,成为杜鹃钟的又一个牺牲品。海塔尔感慨万分,思念着离开祖国前的情况,考虑着自身投入其中的文明化:

"安装在成千只以魔鬼的速度转动的轮子上的巨大的塔楼,那只地狱的船只从高耸入云的顶上斜下,以无底的深渊为支柱。船只行走在最前面。他眼见那些乘客们咬牙切齿,互相噬咬,狂笑着,哭叫着争相奔向他们不知道的去处。他们根本不知道,船儿正把他们载向他们所不愿去的地方。

"在这万千人中,他看到了无数个自己的同胞,被幻觉和贪欲推进这群人中间。他们互相践踏,有些人把自己挂在船的轮机上,醉醺醺地、心神不定地哭叫着和机器一起向前转动着。他们不时左顾右盼,希望解脱和返回原地,但又一筹莫展。从顶上斜下千万只轮子的塔楼的最高处,海塔尔看到一只大钟,钟顶有个窗户,不时跳出一只大机器鸟,向船上的人们呼喊着:'咕咕!咕咕!'人们立刻跪下,窃窃私语现在这只钟又如何如何了。"

就这样,海塔尔离开了侨居地,化名汤姆逊先生回到本村,和村民一起生活,并以他们中一员的身份参加劳动,鼓舞他们,用自己的言行使他们热爱自己的土地并在这土地上劳动。他对他们说:

"在这土地里有香料店里没有的芬芳。

"《圣经》第一章就讲到土地。读了它就不需要读任何其他书籍了。

"真正幸福的人是以其所在地,所处的环境感到幸福。不幸的则是离乡背井到异地寻求幸福。

"土地有你们的衣食住处。如果你想在不碰土地的情况下,骗得自己衣食住处,那你太愚蠢了!

"人必须从一个合作者处获得生计。祝福那以土地作为自己合作者的人吧。因为他可以放心地安睡。

"如果你在地里埋下一粒种子,它将还你十粒。这时,谁敢指着你的鼻子说:这就是贼!如果你花掉一分钱,拿回了两分钱,那么即使你眼不见,也有许多手戳着你的脊梁,即使你听不到,也有许多张口说:

这就是贼。不过生活既能看到那些手指,又能听到那嚼舌声,生活能记住看到、听到的一切。

"土地能长出玫瑰、荆棘,滋养着小麦和毒麦。无论长出什么,它都毫无愧色。因为藏在它深处的一切都无比纯洁。可是人们却为他们的荆棘和毒麦而羞愧,千方百计地要将它们扼杀。所以,反过来,它们正在扼杀人类。向土地学习诚实的品质吧。"

我把发表了这个故事的《旅游者》寄给了纳吉布弟弟。我的愿望实现了。他改变了主意,和亲人留在了祖国的土地上。

多种职业技艺

1925年末,我离开了三兄弟的公司。他们百般要我收下一笔可观的赠款,我执意不肯。这以后的三年里,为了糊口,我做过许多工作,尽管有些和我的个性毫无共同处,我也没有过多地考虑。因为我需要钱,美元绝不怜悯那些需要它的人。

有一个搞地产的冒险家找过我,说他有一块地,和政府兴办的一个大工程毗邻,土地价格将会猛涨。这块地按房地产部门的规划分成若干份,准备出售。如果我想得到相当不错的佣金,就帮他推销。我怕他的计划中有诈骗的成分,考虑之后,不打算参与了。但是他却以他的真诚说服了我,把我带到一个遥远的州里。我亲眼看到他的土地和他谈到的那个巨大工程。这个人希望阿卜杜·迈西哈能参与我的工作。这样,我们两人的足迹踏遍了有《旅游者》的朋友和订户的各个州县。这一次同游十分成功。可是,在这期间我仍然有一种感觉即我从中得到的钱,并非全部合法所得。每当我端详着该项计划的主人的面孔,注意着他的言行时,这种感觉便油然而生。这样,信心也不足了,便缩短了行程。本来完全可以延长若干个星期的。

那次旅行后不久,这位搞地产生意的又有了新点子:在纽约举办东方产品展览,展出中国、印度、波斯、叙利亚等国的产品。他又一次建议我充当他这一计划的助手。我高兴地答应了。可是展览会闭幕后,我和他分道扬镳了。如要提到那个展览会有什么好处,那就是使我结识了一个印度知识青年。他引导我阅读了迄今为止仍对我起着良好影响的两部印度书,它们是《薄伽梵歌》和印度苏菲派梵非坎达的《瑜伽经》。我和那位印度青年多次谈论人、人在宇宙中的位置、生死、善恶等问题。当他发现在这些问题上我的思想和某些印度的思想，其中包括我刚刚提到的那两本书中的思想十分接近时，不胜惊奇。之后，我很快就得到了这两本书。

在那之后的很长时间内我没有工作。到口袋中几乎不剩一文时，我仍一筹莫展。我的自尊心不允许自己低三下四地去乞求某个侨居商人。一天，恰逢星期日，我买了一份纽约时报，看完主要消息和现代文学副刊后，随手将它扔在床上，走出房门，到海德森岸边小憩。也许能解解胸中的愁闷吧。当我再次返回家中，第一眼便看到了报纸的最后一页从文学副刊中显露出来。这一页通篇都是一个出版著名的《不列颠百科全书》新版的广告。

我站着，死死地盯着那个广告，十分惊奇。有一股强大的力量推动我去读它。于是我生平第一次——虽是被迫——从头至尾读了一遍这样大篇幅的广告，似乎感到这是专门写给我的一封信。那时，我知道印刷这部百科全书的单位经常雇用一些男女做他们的推销员，然后按比例在卖出的书款中提取佣金。可是我同样也知道那些逐门挨户登门拜访的书籍推销员的名声并不太好，人们像躲避跳蚤、苍蝇似的从他们身边逃开。那主要是因为他们不停地啰唆。他们的介绍，说服人们重视他们所卖的书的理由都是那样令人讨厌。他们往往拿着一些最没意思的书报杂志，然后想方设法地美化描述它，非让人们相信，要想获得幸福和解脱，就不能缺少它。

翌日清晨，我已坐在那个机构里，请求和负责推销的人见见面。长久的等待后，好不容易才见到了那个负责人。当他听到我说愿意成为纽约的一名《不列颠百科全书》推销员时，先是吃惊，随后鄙视地盯着我，嘲笑道：

"伙计，卖百科全书需要一定时间的学习和训练。推销员必须了解《不列颠百科全书》的特点，对它的历史及编撰人的情况亦应心中有数。明白吗？"

我立即答道："这方面我可能比你知道得还多。我有第十一版的

《不列颠百科全书》,这是我在许多文学、艺术、历史和科学问题上的唯一的参考书。"

我的回答、我的声调和动作中显示出的热情更使他惊奇万分。仿佛他明白了站在他面前的这个人绝非信口开河之辈。于是,改用亲切和羞涩的语调说:

"你想在纽约城卖《不列颠百科全书》。我们在全城设立了几个点,每个点都有自己的推销员。目前没有一个可以接纳你的专门的点,太抱歉了。"

"可是,想买书的那些人并不知道你派的这些推销员,只有我能找到他们。你让我试上一天,就今天,你绝不会损失什么。"

我的热情和自信征服了他。他立刻起身,给我拿来了新版的各种样本,有平装本、布面本、薄纸本和精装本,并给了我一个单子,上面有各种版本的标价、分批出售的条件、佣金多少及交付的时间等。然后和我告别,预祝我成功。

我和所有的侨商既无友谊又无亲缘关系,彼此只在偶然的场合下见过面。但是,他们很了解我,十分赞赏和尊重我。所以我选中了其中一部分人,认为一旦向他们推销,向他们阐明该书的用处时,绝不会遭到冷遇和拒绝。这本书俨然是一个图书馆,它会给家庭增加文化气氛。我的希望实现了,工作仅两周就得到了七百五十美元的佣金!

这巨大的成功,使出版部门的推销负责人也大为惊叹,他十分亲切地对待我,并说如果我继续努力,他将设立一个点由我负责。但是我没能坚持。我感到精神劳累和某种程度反对我在其中挣扎的浮沫的不安。两年前,我撰写《现在》一诗时的思想和幻觉又在触动我。这首诗中,我希望心能从生活的诡辩和妄语中解脱出来,从善恶、美丑的标准,从生死以及毁坏着人们的思想,使他们丧失视力,忘却自己并非暂时的欲念,以竞相喂饱血肉之欲满足于他们存在的时间、地点中解脱出来。血肉之欲是永不满足的。当他们思想正确、眼光明晰时,便会觉悟到自己比时间古老,比空间广阔,比一切根植于大地上的欲念、愿望宏伟,比任何血肉带给他们的享受和痛苦还长久。所以我呼喊道:

明天我将把人们的礼物交还他们，
我满足自己的穷困，不需他们的富足。
我要取回抵押的一切。
我曾把思想和感觉押给他们，
我曾在他们牟利的市场经商，
得到的却是苦闷和忧愁。
我多少次向他们敞开胸怀，
他们却迅速将自己的伯阿勒①
树立在我神圣的圣殿上。

我说的人们的礼物，是指他们的传统、标准、知识、艺术、宗教、钱财及一切空壳。他们依靠这些空壳在大地上生活，幻想着这就是生活的精髓，可是他们终究是些空壳而已。至于我，不需要人们的富足，而满足于自己的穷困是指我的心脱离了那空壳，并非是身无分文。

于是，我继续对我的心讲述着，肯定地对它说，总有一天我会成为纯洁的灵魂，不为死所控制，也不会被它误认为自己是受时空限制的、欺骗的外界和感官所控制，一旦它了解了自己，便发现自己原来是充满时间和地点的：

明天，我将把剩余的泥土还给泥土，
将灵魂从脑满肠肥人的监狱中释出。
把死亡留给死人和新生儿，
把善恶留给尘世和宗教。
我给赤裸的身子披上结实的铠甲，
天使和魔鬼都不能摧毁它。
地狱之火，不要恐吓我！

---

① 腓尼基人的太阳神。

天堂的美女，不要引诱我！
明天，我要越过视听的界限，
看清万物之源在我这里。
我能登上任何星球，
任何土地都使我富足，
天命和死亡中有发自我的天命，
命运的史诗中有我的命运……

但是，我看到自己比时间更为古老。于是，重又对自己说，我许愿明朝应做之事，应在今天完成，因为不朽的灵魂没有昨天和明天。

我用阿拉伯语写成的最后一首诗歌使我胸臆间充满了感觉、思想和幻想。两年后又以不可阻挡之势冲击着我。

我迫切感到应该将自己从曾经陷入的浮沫中挣脱出来，单独和自己的心生活在一起。当然，这种独居不是独身者在高高的山巅或幽深的峡谷中的独居。于是我下定决心，于1928年5月初前往瓦拉瓦拉。三年前我去过那里，这三年间，我二哥海卡尔娶了一个美国姑娘，大哥艾迪布又添了一个男孩，他已有三男两女了。所以，对大家来说，我这次旅行的确是十分必要的。

独 居

离开纽约前往瓦拉瓦拉前一个多月,我把第一首用英文写成的诗《无休止的比赛》寄给了《纽约时报》,署名米沙·努埃曼。我知道只有《纽约时报》每天都在专属编辑部的版面上发表一首诗。报纸每天收到上百首诗歌,可一年只能刊登三百六十五首。我的诗能被选中吗?

两个星期过去了,诗没退回,也没见报。我已不抱什么希望,几乎把它忘了。1928年3月14日(星期天)清晨,房东老太太敲开我的房门,问我是否有个叫米沙的亲戚。当她知道我就是米沙时,惊奇地瞪大了眼睛:

"这么说,我们竟不知道我们家里住着位诗人。祝贺你!我们为你感到骄傲!"

当我问她从哪儿知道我是个诗人时,她像羚羊般轻快地跑开了。然后,拿回一份当天的《纽约时报》,指给我看发表在报上的我的那首诗。我活像一个大梦初醒的人发现梦中的一切已变成眼前的现实!今天我的心和思想正在千万颗心和思想中跃动!从此,我迈出了久囿于其间的狭小的阿拉伯世界,开始与那些行进在人类队伍前列、和我无亲无缘的民族对话了!我用他们的语言,对他们发表最精彩的讲演。他们对我不再陌生,我也不是他们中间的外来人。啊!你这来自绥尼山麓的孩子,这对你是极大的安慰。你看见了蜿蜒在雾色中的道路正摆脱浓雾的迷蒙,愈加清晰地展现在你面前,伸向更加遥远的地方。

两天后,我收到《纽约时报》寄来的十美元的汇款单和总编称赞我的诗的信。后又收到了时报转来的一位美国女士的信。信中说她五十年来天天阅读《纽约时报》，没放过该报发表的每一首诗，而米沙·努埃曼的《比赛》一诗要算是她迄今为止读到的最美的一首了。

这新的开始使我高兴，但并未使我沉醉，反而增加了让自己的心和大自然独居一处的决心。哪怕是几天！所以我在瓦拉瓦拉待了一两个星期后，请求艾迪布把我送到他的山间别墅。别墅是一座孤立在绿色峡谷的河岸边的木屋。长满枞树、橡树和杉树的山峰从两侧拥抱着它。时值五月，我的要求使哥哥感到惊奇，他设法阻止我。他告诉我说这个季节里，峡谷中绝无人迹，离瓦拉瓦拉四五十英里，两地之间既无邮路，又无电话。另外，谁在那儿侍候我呢？

我对哥哥说事情很好办。我将在索身独居的生活中得到极大的享受。我会做些简单的食物，会做面包和甜食。只需带上些面粉、黄油、糖，多带些新鲜的蔬菜和干菜就行了。至于肉嘛，我根本不需要。什么时候想吃，抓些鱼不就行了。

我的愿望实现了。我在那小河边独自度过的第一个夜晚，多么迷人啊！周围是沙沙的树叶声、汨汨的流水声、轻风的低语和梦幻般的星光的挑逗。伴随着我的只有我平静的心跳和我那陶醉在血液中的生命的欢乐！如此的宁静最宜于心神的沐浴和休养。仿佛这里的我已不是纽约的我，仿佛这木屋已变成了人间的迷途者、受难者和流浪者们梦想的天堂中的宫殿。我虽只身一人，却感到充满了各式记忆、奇迹和生活的瀑布飞流而下。这一切都使我感到亲切，同我进行着最美好的交谈。彼此间绝没有任何噬咬和争斗。

在这小小的屋子里，纽约和白斯肯塔、布勒塔发、斯亚提勒、舍赫鲁布及法国的战场相遇了；法尔娅、马德林、彼拉与库提亚、亨利见面了；蒙昧诗人和笔会会员交谈了；无数的形象，无数的记忆……彼此间异常和谐，宛如同一只手按同一规格织出的织物。线与线之间，各种色彩之间，没有任何惹眼冲突，更没有任何混乱。没有尖爪，没有利齿，没有焚香燃烛的庙宇，没有下流淫秽叫嚣的洞穴。

这里，没有谁品评我、称量我。我和我内在的及周围的世界浑然一体，那里失去了始终，没有距离，一切度量衡的器具全都无效。我的价值超出了我理智的计算和我幻想的理解。几天前,当我在纽约乘电车时,我的价值在电车公司的眼里不过是五个苏努特。我走进一家餐馆、一个仓库或一座剧场,我的价值在这些老板的眼里不超过我在其中花掉的美元数的价值。为了提高自己的价值——哪怕只是自己眼里提高——我付出了多少努力。不停地走进博物馆、展览会、图书馆,走进举行讲座、演奏交响乐或探讨各式问题的俱乐部,但我的世界都不曾比我进入这里之前更为广阔、舒适和美好。

可是,在这孤独的山间小屋里,我重新和自己的心相遇。我们像一对久别而无法倾诉衷肠的情侣,彼此诉说着心中的秘密。现在,我要以极大的欢乐叙述我在木屋中度过的第一个夜晚。正当我进入深沉安静的睡眠时,忽然感到胸口有重压,心脏被挤得几乎停止了跳动。压力越来越大,我感到必死无疑了。但是我没慌张,没有害怕,以一种异常的镇静迎接死亡。我高声呼喊着:上帝啊,我已经准备好了!但我的声音把我唤醒了,我发现自己正仰面躺着,右手压在胸膛上!

我想在这本书里记下独居时的一次回忆……一天黄昏,我想去钓鱼。若干年后,艾迪布哥哥教会了我这一招。它有着自己的业余大军,他们都乐在其中,得到消遣和身体锻炼。

我拿起鱼竿,肩扛鱼篓,顺着小河流水,这里钓一会儿,那里停一下。费了不少诱饵,碰巧钓得一尾。最后来到一个宽大的水洼边,心想,这里的鱼一定会很多。我投下钓竿,等待鱼来吃食。忽然手中的竿颤动了一下,上钩了!我急忙提竿,一看,鱼食已被吃光。鱼儿吃饱后逃之夭夭了。我又一次次地下好鱼食,可结果一样,都是食被吃掉,鱼在水中。

我气坏了,认为那洼中只有一条该死的鱼,它看我很清楚,我却什么也看不见,它嘲弄我、鄙视我,一定在说:"瞧,瞧,什么钓鱼的!哪儿来的?绥尼山!他的脑袋里已经塞满了谬论和诡辩。他佯称热爱万物,可是心里喜欢的唯一的娱乐却是用诱饵欺骗小河中的小鱼,抓来作为他的口中食。哈,卑鄙的骗子。可是我却比他机灵。吃掉鱼食,然后就……哈哈!"

鱼儿的嘲笑和鄙视使我怒火中烧。我愤愤地回答道:

"你才是蠢货！你要是聪明的话，你就会知道面前的这个钓手绝非一般。他写了《筛》集，是笔会的顾问，在《纽约时报》上发表过诗作。他是柏拉图、塔里斯、菩萨、老子、耶稣、穆罕默德及一切文学、诗歌和艺术巨匠的朋友，他来到这里是为从这河流、小丘和山冈中找到新的诗歌、故事和文章素材来的。如果你停止捣乱，挂在他的钩上，成为他的思想和笔杆所需要的原料，那是你的光荣。否则，你要后悔的。后悔可来不及了！"

手中的竿又动了一下，我的心也颤了一下。鱼线绷紧了，我的神经也绷紧了。我以闪电般的速度提起钓竿，是一条鱼的肚子像银片般在阳光下闪亮。转瞬间，它只剩下最后一口气，在地上翻腾。它的厚颜无耻和对我的鄙视得到了惩罚。我只跳了一步，来到它的身边，张开两手紧紧抓住，生怕它从鱼钩上逃回水里。可是，当我准备把它摘下钩时，两手僵住了，眼前一片迷蒙，心儿几乎从两肋间跳了出来。鱼钩刺进鱼嘴，穿破眼睛，使眼球掉出眼眶。现在那颗眼珠还挂在鱼钩上呢……

顿时，我感到自己忽然成了射出的众矢之的！天空、大气、土地、河流、一石一草一木，我血管中的每一滴血都在谴责我：罪人，罪人，罪人！贼，贼，贼！卑鄙，卑鄙，卑鄙！这是什么样的英气促使你这体魄健壮、智力超常的人和在这样的小河中求生的一条小鱼交锋，并如此残忍地杀死了它？是什么样的饥饿促使你杀了它？是骄横恣意、喜爱运动，还是寻求消遣？但是你不应以折磨万物进行锻炼，不应该在夺去与你无关的生命之中寻求消遣。你既然知道你自己生命的价值，为什么要否认别的生命的价值？你既然讨厌带给你内心的痛苦，为什么要把痛苦留给别人？你是罪人，罪人，罪人！是贼，贼，贼！你卑鄙，卑鄙，卑鄙！

于是，我不自觉地从钩上摘下了可怜的鱼儿，把它扔进水里，然后又从篓里取出我方才钓到的三条——它们已经死了——也扔进了河里。我转身返回木屋。一路上，"罪人，罪人，罪人"的责骂声始终响彻耳际。从此我暗暗下了坚定不移的决心：今后，再也不用我的手、我的嘴、我的思想和心给任何生物带来痛苦。

独居期间，我用英语写了几首诗，其中一首的灵感是夜间我在木屋外燃起一堆篝火中得到的。当时,我像一个中了魔的人,注视着跳动着的火焰的舞蹈,看到那些火星真像从木柴的监禁中释放出的被禁锢的灵魂。火能解放火,灵魂能解放灵魂。我看着情不自禁地对它讲了下面的一席话:

> 啊,顽强闪亮的火焰,
> 诗歌和艺术也不如你长命。
> 当你从那火的阶梯,
> 登上不是这些山峰的峰顶,
> 攀上不是这些树林的树冠,
> 你唱着什么样的歌曲?
> 是我谴责之剑,
> 割断了你和爱的联系,
> 把你抛撒在宇宙间。
> 你痛苦,你叫喊:
> 还我仁慈的剑。
> 把你从长期的拘禁中解脱,
> 使你欢呼歌唱。

我在诗行的最后写道:

> 我的火舌摇曳、喘息、收敛,
> 灰烬慢慢地将它的双唇关闭。
> 我把灰烬藏在火的指环下,
> 妒火中烧的夜晚拒绝为我把它显示。

这次独居生活即将结束,那个炎夏即将逝去,我为之惋惜。我又要回到那恐怖的旋涡中去。我不知这次告别瓦拉瓦拉及其心爱的一切,是否会成为永别……

两个朋友

一回纽约，面临着以前几次遇到的难题：工作和生活问题。当时我口袋里的钱只够维持两个星期。

我在海德森附近租了一间简陋的小屋。两三年前，我买了一部打字机。每当我诗兴大发或想写信时，便兴致勃勃地敲打它的键盘，没有认真地考虑和寻找工作。这种忽略终于变成了冒险。我不愿奴颜婢膝地敲开那些阿拉伯或非阿拉伯资本家的大门，只好使用纽约城里成千上万失业者惯用的手段：在报上为自己刊登寻找工作的广告。

你可以想象，当我在《纽约时报》的广告科里往一张广告专用纸上填写三行自我介绍、寻找工作的简历时心中的感受！这一广告将连续刊登三天。唉，命运的嘲弄！几个月前，《纽约时报》已为我的诗敞开了大门，今天竟站在它那高大建筑物的角落里，作为千百个寻觅生计的平民百姓中的一员，正企图用广告敲开生活之门。在这短短三行里，我能写上自己的什么情况呢？我如何能打动那些财主们，将一些美元，哪怕为数极少的，花在这个精通阿拉伯语、俄语和英语的文学院和法学院的毕业生身上呢？

我白白花掉了刊登广告的那几个宝贵的美元。我寄予的希望也完全落空。但是，比那更惨的是我所得到的回答全部来自那些散发出欺诈味的搞空幻计划的人们或公司。因此，我没有被选中做任何工作。

情况非常窘迫，我遇到一个叙利亚人，说他刚刚还在一个商人那里，商人还问起了我，不知我愿不愿意在他店里的菲律宾刺绣品部工作。这部门和我五年前在三兄弟店里工作的部门相似。叙利亚人嘱咐我一定和这个商人联系。于是我给这位最有名望、最富有的侨商打了个电话，接着和他见了面，并在没有任何讨价还价的情况下接受了每周六十五美元的薪水。特别使我愿意在他那里工作的另一个理由是他在中国有个办事处，负责进口中国刺绣，而办事处的负责人恰恰是我的朋友伊斯肯德尔·雅齐吉。

人们经常使用真、善、美、爱、自由等词汇，也经常使用友谊、朋友等字眼。但是并非所有和你交往的人和同事，都是你愿意和他们同席而坐互相交谈，以及一切在你愁闷时使你得到解脱的朋友。所谓朋友应能带给你心里的需要，你的心也满足他的需要。就像蜜蜂和鲜花，彼此需要，相互受益。花从蜜蜂那里得到了花粉，少了它花儿不能结果。蜜蜂从鲜花那里得到了赖以生存的花粉。二者相互赠予。实际上，这是求生的赠予。

所谓朋友，在你的眼中他的优点扩大，缺点缩小。如果你在某个方面比他富有，他不但不忌妒，反而希望你更富有。如果他比你富有，你也不会感到低贱，反而使你感到他是贫穷的，你是富有的。

所谓朋友，为你服务而不利用你，给予你而不向你索求。他在生命垂危时，一想到你，便愉快地接受死亡。你活在他心中，他也活在你心中。

所谓朋友，不需语言便能理解，不用手指你便能明白。你俩的灵魂像一对并蒂莲，如一条藤上的两个瓜。

在我的生活中，伊斯肯德尔·雅齐吉从前是、现在仍然是我这样的朋友。1916年，我初抵纽约时认识了他，他是叙利亚哈斯努省的一个希腊教派信徒，又是自由叙利亚秘密会的会员。开始，他的两个特征引起我的注意：羞涩和镇静。我从未见他主动投入争论，也从未听到过他信口开河，废话连篇。我很快在他身上发现了很高的文学修养和与他人相处的真诚。他注意不以任何言行伤害他人的感情和尊严，也不允许别人用任何言行伤害自己的尊严。他从不阿谀奉承、信口雌黄、欺上瞒下，不搞什么猜测、中伤和报复。也许，他最突出的特点就是慷慨——慷慨到过分浪费了他心中和口袋里的一切。

但是，只有当他准备前往中国，负责管理那里的一家叙利亚刺绣工厂时，我才真正了解了他的心灵美、富有和高尚。那天，纳西布·阿雷达、阿卜杜·迈西哈·哈达德送他到车站。车轮转动前，他和我们一一拥抱，热泪顿时从他眼中倾泻而下，沾湿了面颊。他欲言又止，呼吸急促。冲洗他面颊的热泪在我心中产生了巨大的反响，使我看到了他灵魂中拥有的友爱、忠诚、忘我的宝藏。仿佛我有生以来第一次明白了什么是友谊，谁是朋友。此时此刻，那友谊还在我心中珍藏，并变得更为华美。

正如我在伊斯肯德尔的友谊中发现了极为珍贵和美好的精神财富那样，我在艾米尔·杜米特的友谊中也发现了不亚于前者的财富。当然，两者的形式和根源不同。艾米尔·杜米特的父亲、吉布尔·杜米特一直是贝鲁特美国大学阿拉伯语教学的负责人。他以自己的努力，使阿拉伯语教学十分活跃，颇见成效。艾米尔·杜米特在贝鲁特美国大学毕业后来到纽约，继续在哥伦比亚大学和马萨诸塞州的工艺学院学习。我不知道他为什么想结识我，并不断来拜访我。在我们一次次的见面中，我发现他喜爱思考生命的基本问题。我们从哪儿来的？为什么？从哪儿来的善与恶？以死亡告终的生命的意义是什么？死亡之后是否还有生命？在解答这些问题时，宗教成功到何种程度？失败到何种程度？科学本身是否能解决这些问题？

奇怪的是，看来我就这些问题发表的观点，竟在他心中产生了影响。他开始和我接近，向我披露心中的秘密，在生活和心理问题上与我探讨，征求我的意见。使我惊奇的是，这位正值青春年华的年轻人竟不事玩乐、心地纯洁、语言高雅、言行忠诚。他的言行使人感到他的天性中绝不会掺有任何欺骗、伪善、忌妒和贪婪。如果他虚伪做作，为了个人的利益役使同事或朋友，过高地估计自己，欺诈、谄媚、怀疑或让别人去做他可以做的事，那么，这一切都会使他精疲力竭的。

我和艾米尔·杜米特在纽约建立起的友谊是一种偶然建立的关系，可是当他于1931年，我于1932年返回黎巴嫩后，我们的关系重又发展起来。时至今日，这关系和存在于我和伊斯肯德尔之间的友谊犹如我和他生活中的两块美丽的绿洲。我十分同情那些生活中没有这种绿洲的人。尽管他们用黄金和五彩缤纷的宝石装饰着他们的道路，但它也永远是坎坷、干燥、艰苦的。

致弟弟纳西布

1911年末,我离开白斯肯塔前往瓦拉瓦拉时,我最小的弟弟纳西布才七岁。当我听他朗诵安塔拉的诗歌时,心里有多么高兴啊。诗的开头是:

激烈的战斗中,我是个无名小卒。

他已把诗背了下来,并充分体会了诗中的热情。因此在朗诵时,情不自禁地加上了许多自然的、天真无邪的动作。他那响亮的声音抑扬顿挫,全然不顾错读了一些单词。因为他对这些词尚未全部理解,只知道它们是讲英勇和马术的。安塔拉的诗是这样的:

在厮杀的战场上,
呼喊的人总能见到我。

他则念成:

在厮扎(杀)的战场上……

又一句:

我杀死了敌手,他当时正头脑清醒。

他读成：

我喂给（杀死）了敌手，他当时正头脑惊（清）醒。

还有一句：

长矛和利剑，专为我的双手制造。

他读成：

涨（长）矛和你（利）剑，专为我的双手制造。

我毫不怀疑，如果这位阿布斯的骑士复活，从坟墓中站起来听到这个孩子如此这般地在舍赫鲁布朗诵他的诗，一定不会在意他读错的那些词，而像我那样，把他拥进怀里亲吻他的面颊。

当弟弟在白斯肯塔的小学里学不到什么新东西时，家里人便把他送到了祖哈来的东方学院。但是管理学校的都是些神父，学校的宗教色彩十分浓厚。所以弟弟在那里只待了一年多，便转往建在阿里的民族大学。那里充满科学气氛，没有任何宗教派别影响。毕业后，又考入法国的蒙比利埃大学，后又转到南斯大学学农，1931年获农艺师文凭。毕业后就和南斯的一位法国姑娘结了婚，双双回到了黎巴嫩。

那时，我已暗自许下诺言，无论付出多少辛劳困苦，我都要把小弟弟供养到大学毕业。学什么，在哪儿学的问题上，我给予他完全的自由。因此，我们之间常有书信往来，通过一封封长信讨论各种问题。看来，他保存了相当数量的我寄给他的信。现在这些信都在我手中，我发现这些信中的一些东西是可以在这本书中占有一席之地的。我不是在写自己生命的故事吗？那我就从这些信中挑出能反映我生活中某个侧面的一些内容吧：

1923年1月1日

亲爱的纳西布:

早晨好！愿天主使你新年的早晨充满希望、信念和友爱，使你的肌体更健康，铺平你的生活之路，使它充满光明，平坦笔直。

我有许多事想跟你谈，也想向你提出许多问题。不过，我认为只有当你给我寄来一封详细阐明你的希望，告诉我你心中和思想中的秘密的信后我才能和你谈这些。只有那样，我才能像你一样地了解你，而不是依靠我的想象。你虽是我心爱的弟弟，但我们却彼此陌生。我离开你时，你还是一根小芽。可今天，你却是一棵枝繁叶茂的大树。我见过那根小芽，所以我了解它。可是我没见过这棵大树，我只能用想象的眼睛去看它，我不了解它啊！我只有在你信中看到它的照片的，我才能看清它，嗅到它的芳香，注视着它的生长，看它是随着哪股风摇曳。

到那时，如果我和你谈话，那将是知心的、爱的谈话。我的话不是一个可爱的哥哥对可爱的弟弟的话，而是朋友对朋友的谈话。没有友谊的手足之情是不健全的。对两兄弟来说，对他们最好的评价是：这是一对亲密的朋友。

亲爱的弟弟，我首先希望你给自己制定一个具体的目标，并竭尽全力去实现它。不要奢望远行两英里，而你只有行走一英里的能力。

你青春的决心是不尽的资本，不要恣意浪费。应用头脑理智地使用它，不要误认为简单的事容易实现，你便选中容易的事。不要买那些便宜货。随着日月的流逝，简单的事会使你付出几倍于困难的事的代价。便宜货将使你十倍地付出代价，而贵重之物你只需付一次价钱……

不要对自己说:"我必须加快学习速度，以便在不久的将来离开学校,到世界上去找一个能使我和我的亲人得到钱财的工作。"你如果这样做,随着时间的推移,将给自己和亲人带来坏处。你深思熟虑,认真选定一条生活之路,并对自己说:"这就是我的道路,我应该坚定不移地走这条路。"同时,始终积极努力地奔向你的目的地,那么,上帝保佑,你一定能实现己愿。那时,我便忠实地为自己,也为亲人服务了……

1923年2月4日　纽约

只要你的身体如盛开的鲜花,就不必担心你的思维会凋残枯干。只有思维健全,身体才能健全。因为思维对身体有着极大的影响。

弟弟,人类的思维是个奇怪的仓库。他在你不知不觉的情况下,把你所听、所见、所思、所感,全部保存在其中。将来犹如从地面上或地下湖泊奔涌出无数源泉一样,你的一切行为、欲望、欢乐、痛苦都将发自这个仓库。所以你应该注意把什么样的思想、欲望和梦想存入你思维的仓库。你今天存入这奇怪的仓库中的一切,明天将与你相遇。其情况如同留声机唱出你唱的歌曲一样……抛开那可能在一年或若干年之后才出现的忧愁吧!记住谚语说的:"我们考虑,上帝安排。"你不懂什么未卜先知,你也不能随意安排你的生活……

和人友好相处,便不会受到他们的伤害。善心待人,人将善心待你。不说别人的坏话,也不听别人的坏话。不责备别人的过失,不在人前以你具有而他人不具有的能力自吹,或许人家会以其他的技能胜你。你喜欢有人吹嘘、嘲笑你吗?"

那时,纳西布给我寄来了一首他写的、并在学校社团里朗诵过的诗。这是一首当时学生们常写的东西。我逐一批评它,结尾处写道:

我不愿看着你走别人走过的路。你这样做的原因,无非是看到了一条已有人踏过的道，你再走，可以省却寻找新路的艰辛。我不愿你随意役使自己的思想和心，请求你注意自己的思想和感情，只用它们来讲话。一旦你掌握了这一点，将会在思考、冥想和感觉之中尝到天大的享受，并发现自己就能像大哲人、大学者一样分析已知的事物。所谓哲人，就是运用自己的思想，并让思想永远伴随着他周游世界，主宰命运的沉浮。

1924 年 5 月 20 日

如果我对你文章的批评有过分指责和否定，我的目的绝不是要使你心神不悦，是想让你抛弃在写作和吟诗上走错误的老路。这条路不会通向鲜活的思想、美丽的形象和细腻的感情。我不是责备你，而是责备你所处的环境和那些老师们，他们只重视改正你的语言错误，却不够重视纠正你的思想，鼓励你说出心里想说的一切。

亲爱的弟弟，写作的秘密在于写作者有表达思想的欲望。这是最最重要的。至于表达思想的格式，可以依靠他选择最能表达意思、最使人舒心悦耳的词句的精细程度和能力。至于思想，只能从思想中诞生。也就是说，如果你有想表达的思想，那你应该先锻炼思考。当你尝过了思考的甜头，从你走的每一步，吃的每一口食物，饮进的每一滴水中，从你看到的每一粒尘埃或嗅到的每一丝芬芳中，从你眼睛看到的每一个生物或无生物上，从一切人际关系中便能看到引起思想的东西。那时，你便不乏写作的内容了。

亲爱的弟弟，世界上的一切都是神奇怪异的。从一粒河沙到高山大岳，从小小的蚊虫到庞大的骆驼，从猩猩到人……一切一切都会使人思索无数问题。什么时候当你向自己提出要求自我解答的问题——无论是自己提出还是在别人帮助下提出的——那时你就开始了思索。什么时候你开始了思索，便会发现自己已置身于哲人的行列，并能品尝哲学的甘苦。这样，你便发现自己被推动去精确地使用语言，不是用语言，是用思想——即以最美的装饰、最夺目的姿态表达的思想……

1925年1月11日　纽约

亲爱的弟弟，但愿我就在你的身边，给你新的信仰和新的观点。现在我站在你和不时震撼着你年轻灵魂的风暴之间。我不知风源，不知该如何保护你。你的生命刚刚开始，正处在充满梦幻和希望的时期。对希望敞开心扉吧，对忧愁和烦恼紧闭你的心扉吧。

我在你这般年纪时并非无忧无虑，我承担了过多的烦恼。但我当初的环境比你的处境艰难。现在，我们的父母生活安逸，可那时，他们朝不保夕，处境窘迫。你的哥哥在国外为生活奔波，有的年岁不大就终日为家庭操劳。现在，有人专门负责你的教育。亲爱的弟弟，为什么不驱逐思想中的忧郁，把心用在学习和前途上？任你的风暴在洞穴里逞威，明天的忧患留给明天吧。我坚信生活之神已为我们划定了道路。让我们高高兴兴，而不是怨气冲天地走在自己的道路上吧。

1926年10月20日（纳西布可能已抵达法国）

……你是有生以来第一次生活在陌生人中间。不过不消一个月，这种陌生感便会消失。你会感到并且明白，世界各国的人民原本一样。虽然语言、信仰不同，服装、胡须各异，但是人类的心、思维和精神却到处一样。以上帝的名义起誓，只要你保持身心的健康、思维的明敏捷和精神的善良，在你那里也会遇到健康的心、敏捷的思维和善良的精神。因为健全的吸引健全的，生疮的吸引生疮的。人说"鸟以类居"，确实有理。

你在法国将会看到黎巴嫩没有的男女之间的自由。这自由也有它的利弊。所谓利，它缩短了两性之间的距离，便于合作。你可以结识一些好姑娘。若想保持与她们的友谊，必以贞洁之心和她们相处。因为在女人的眼里，贞洁的男子身上有着一种隐蔽的吸引力，增加他的尊严、地位和一种近乎崇拜的可爱。

两性自由的弊是将人们从人的水准降低到了产生放荡、淫秽、精神松懈、身罹顽疾的动物的水准。我认为你一定不会接近淫荡和那些放荡下流之徒……

你首先要注意身体，其次是学习，最后还要注意陶冶你的情操和鉴赏力。只凭完成学习是不能成为一个有修养的人的。学问是一回事，修养又是另一回事。修养的捷径是阅读。无论在哲学、文学、艺术，还是在历史、科学等方面，没有其他语言比法语更富有修养的资源了。

1927 年 3 月 20 日

我关心你的学习，也同样关心你的社会生活。我并非怕你只顾学习。如果你没有受到同学和老师们的喜爱，那么，将来你很难使自己的知识对人们有益，又从人们那儿获益。只有当你喜欢一个人时，你才能给他带来利益。你爱别人，别人就会爱你。只有当他们喜爱你时，才会对你想在他们之间植下的有益的种子敞开欢迎的心扉。

弟弟，做一个善于交际、肯为人服务的人吧。只要对你的人类兄弟事事从善出发，你就找到了通往他们心扉的捷径。如果你因害羞或清高没有和人们交往，那也没什么关系，因为至今你还是一个不依赖他们的青年人。但总有一天，你会因为和他们隔绝而感到孤寂。这孤寂将阻碍你的努力，使你孤身奋战，你的意志将由此而消沉，希望亦随之凋敝……

1927年2月13日

你和我想象中的你丝毫不差。你已厌弃了简单，开始面对困难。你胜利了……愿你以南斯大学的入学考试的胜利为你做证……一个人只要竭尽全力去克服困难，而不去思考失败，那他必胜无疑。谁在困难面前惶惑、迟疑、恐慌、没有自信，那他必然失败……

你认为在这个世界里有人比你高、比你领先，这仅仅是你的看法。如果你肯对自己说你能赶上他们，那你们将是同一赛场上的勇士。比赛结束才见分晓。可现在，比赛仍在进行，谁能断言你不是领先者？谁能肯定今天在你前面的人到比赛结束时仍在你的前面？

人前不要害羞，害羞是自卑的表现。也许你认为自己不能与之匹敌的人，也搓着手正急需和你当面交谈呢！另外，害羞将阻碍你的努力，妨碍你的进步。人们都彼此为梯，你踏着邻人的肩登了上去，邻人又踏着你的肩攀登……

1928年8月7日

……你说阻拦你回黎巴嫩的原因之一是畏惧海上旅行。因为你在从贝鲁特到马尔西利亚时尝足了那旅行的苦头。可是，看看我当初从黎巴嫩到俄国的行程，你还能说些什么呢？你坐的是三等舱，可我往返都在肮脏的甲板上。那里拥挤着俄国、塔塔尔、土耳其、波斯和犹太的朝觐者。头顶青天，以甲板上的硬木板当床，除了一身衣服，哪里有什么铺盖？就这个条件我往返不下六次，每次航程十二到十五天。那时我头晕目眩。寒冷和龌龊使我痛苦，有时还挨饿。尽管如此，今天即使有人愿以千金相赠，以求抹去对那段日月的记忆，我也不会乐意的。

我怜悯不知艰苦、折磨的人。那在三等舱中开始，在一等舱中了结生活旅行的人比那在一等舱中开始,在三等舱里结束生活的人要幸福得多。上比下难,但却幸福。亲爱的弟弟,我只愿你是个上升者。依靠你的天主吧,不要因这里或那里的坎坷或障碍而无休止地诉怨……

1928年2月22日　纽约

让我说说书和作家吧!

你钟情卢梭并以全部思想和感情向他投降,竟成了爱他所爱、恨他所恨,日夜把自己关在房里,不和人们来往。据我所知,这维持不了多久。因为我不认为这是一种健康的状态。我想向你提供一些观点和思想,也许你可在其中找到你精神旅行的伴侣和向导。

你曾经思考过鲜花和它的芳香吗?这里有一个花池,种有玫瑰、百合和紫罗兰。每种花都具有自己独特的色彩和气味。那么这芳香是从哪里来的呢?是否在天穹下、在太阳光里或在泥土中,有一种香味叫作紫罗兰香,而另一种叫玫瑰香?还是在阳光中、天空下和土地里有一种芬芳,每一种花按照自己的能力摄取了它,然后又在自己身上将它表现出来呢?

我认为思想只有一个。这就是世界思想,亦即最大的自我,或最大的真理,或天主。称呼什么关系不大,主要是生命之源只有一个。我们每个人都以其思维、精神和身体结构所赋予的能力,尽量在这渊源中吮吸着。因此,我们所表述的一切思想都只是那最全面、最大的思想的部分表现。正如玫瑰的芬芳绝非自然中的全部芬芳,而是芬芳的一部分或某种芬芳。另外,我们在表达思想时,使用着构成各种语言的词语,这些词语都不可能将其所代表的全部意义表达出来。既然倘佯在我们头脑中的思想只是那最大的思想的一个幽灵,那么当我们用语言将其表达出来时,它就变成了那幽灵的幽灵。

当你读了卢梭等人的作品后，便会感到世界在你眼前分成了两个部分——你所喜爱的和你所厌恶的——好的和坏的，从而认识到你所看到的只是真理的一个幽灵。而你所赞美的真理——最大的真理——却不在那里。此时此刻，你不要停下来说：我已经得到了属于我的真理，可以告一段落。你应该继续踏上征途，继续寻找。那么你一定会找到卢梭不曾看到、又不曾反射在他灵魂的敏感的玻璃瓶上的若干真理的面孔中的一个。那时，你会像我一样感到你所看到的真理的若干面孔实际上只是一张面孔。而真理，就是它自己……是不变不逝的同一的本质，是天主。

如果我们可以，即便是在瞬息之间摆脱时空的幻觉，那我们就会看到世界的一切，从太阳到沙粒都是无限的，会在一滴露珠中看到浩瀚的大海……那时，我们每人都可以说：我就是世界，世界就是我……

总之，你向那只能使你讨厌诸般事物的一本书、一个作家或一位导师投降是十分错误的……因为认识真理的人既不讨厌任何人，也不厌恶任何事。

你远离人们是不对的。因为那实际上是从你的自我中逃离。每个人都是你的一部分，你的身上又总有些东西属于每个人。如果你认为自己颇为聪颖，那么你的智慧既来自智者又来自愚者；如果你身体很健康，那么你的健康受益于健康人和病弱者。或许从病弱者所获得的益处多于健康者……另外，千万不要忘记，如果你求全，人道主义便是通向它的阶梯；如果你寻求幸福，只有在你让别人幸福时你才会幸福。不要把你的忧愁烦恼禁闭在你心中，总有一天你会明白你的精神已超越了你，到达了每一个精神……

有一次纳西布写信说，有一名叙利亚青年来到南西，欺骗他，向他借一千法郎，第二天就还，可第二天他却不见踪影了。这使弟弟对人们所抱的悲观情绪增加了。我于1928年3月17日给他写信：

> 我深感遗憾。既因为有人骗了你的钱，又因为他的欺骗对你灵魂之美进行了抢劫。对于我来说，灵魂之美是无法用钱财来衡量的。我又一向以我的能力和对你心怀的爱去滋养它。
>
> 弟弟，我认为骗子和凶手比被欺骗者和被杀戮者更值得人同情，只要你的精神没有欺骗你，即使所有的人都欺骗了你，你也毫无损失。但是我深知人们犹如植物，一部分可使你活命，一部分可使你丧命。这正如那芳香四溢、尖刺伤人的玫瑰一样，难道你会因为你的田里长出毒麦而离弃它？难道你会因那使你园中的果实成熟、赋予你生命力的太阳晒死了你花池中的一棵紫罗兰而诅咒太阳？
>
> 人群中有骗子、盗贼、通奸者和各种罪孽的人，也有忠实、诚恳、纯真等种种美德的人。见恶不见美者是瞎子、盲人。你心中无刃，便不会看见人们的恶；人们中若无善，你也不会感到内心的美。我们付出自己所有的，获取与我们的道德和精神息息相通的。
>
> 你之所以拜倒在卢梭面前是因为你和他有着共同的倾向。但你绝没有想过，除你之外，有许多人，也有如此的倾向。另外，如果你思考得稍微深远些，便会看到如果没有人，厌恶人们的卢梭便毫无价值。谁将他从黑暗中送入光明？谁使他穿上了伟大的衣裳？难道不是人们吗？没有第戎学术奖，他便写不出自己的第一篇文章；若无人评价他这篇文章，文章便不会被接受；没有人印刷这篇文章，文章永不会被印刷；没有人去阅读它，它又不可能广为传播。此外，罗素提出因回归而欢欣的自然，它本身是羊也是狼，是鱼又是蛇，是人也是鬼。
>
> 总而言之，如果人们中没有纯洁、美、忠实、诚恳，那么，这些美德就不会出现在他们的精神之中。它如不是根植于人

们的本性之中，也不会表现在他们的精神之中。它既存在你身上，也存在别人身上。甚至，它可以在一个人身上表现出来，开花、长叶、结果。但在另一个人身上却始终如一粒埋藏在土壤中的种子，等待萌发……

1929年5月6日　纽约

……我迟迟未归的第二个原因是希望自己一旦返回祖国，就把那里作为我自回归之日起直至生命完结时的最后归宿。在那里开始一种比我今天的生活更接近我的心和思想的生活。但是这一计划我现在无法做到。你可能明白，我所说的"否定"，只有经过思考战胜欲念，精神战胜肉体，内在悟力战胜外在力量后才得以实现。在我对自己尚未完全自信，没有完成这个"否定"之前，我不愿刺伤父母的心，不愿有害于任何远亲近邻，我绝不返回祖国……

1929年8月26日　纽约

你能读巴尔扎克和尼采的东西，尽管只是大致翻翻，这也很好。对《查拉图斯特拉如是说》一书不理解，这没什么奇怪：真正理解它的人确实不多。但是，如果法译本也像英译本一样优美、流畅，那你定可以学到它那美妙的修辞和结构及远离粗俗陈套的文风。同时，你还会感到该书的作者属于那些最仇视人间陋俗，最大胆嘲笑人们为自己的生活所安排下的衡量善恶、美丑、优劣的习惯和标尺。他认为，超越善恶的生活是最崇高的生活。心怀摆脱一切约束羁绊的有抱负的人才是最理想的人。尼采认为，如果一定要求这样的人踏着弱者、可怜的人们的躯体爬上自己的高峰，那也未尝不可。强者不应受弱者的制约。一言以蔽之，尼采认为生活的最终目的是诞生最理想的人或超人。除此之外，人类、人类存在、人类的文明和宗教皆无意义。你看，尽管我不赞成《查拉图斯特拉如是说》一书的观点，不同意它对生活、生活目的、生活中善恶的看法，但是我却喜欢阅读它。

1930年5月13日

冬日一天天过去了，我几乎忘记了亚当为求生存而挥洒的汗水。当然并非我一人如此。除了那些自食其力的人们，这个城市里所有的居民，或者说，这文明化中的全体居民对那从身体的每个毛孔流出，又使浑身上下湿淋淋的汗水所带来的幸福几乎毫无所知。如果你将主对亚当的命令作为区别正当、体面地求生的人们和偷偷摸摸或非法求食的人们的标尺，你便发现大部分的城市居民都在依靠他人的汗水求生。

无论你将来是否功成业就，都会看到我永远希望你——从任何角度说——真正做到自食其力。

纳吉布说他还欠我两三本书。实际上应该说，我起码欠他两本书。就我所记，最后的一本是他得贵子时，请我帮他给孩子起个名字时我写去的贺信。我先挑中了"纳迪姆"这个名字。后来，我又寄去一信，改变了主意。因为家里很多人都按此音韵选用了名字。纳吉布、纳西布、纳迪姆，都是以字母"纳"起头。如此这般，新生儿的全名应为纳迪姆·纳吉布·努埃曼。每一部分都有字母"纳"。不过，我也认为字母"纳"是吉祥的标志。有人将其作为"完全"的符号，也有人将其比喻为"主的宝座"。字母"纳"相当于座椅，中间的那个点则是主。所以这个点既是中枢，又是始末。

你可能注意到了我在写"努埃曼"这个名字时，最后写的是表示归属的字母"亚"，我认为这样拼写是最正确的……

1930年9月末，纳西布从医院里给我写来了信。他说自己患了胸膜炎，饱尝痛苦，濒临死亡。但是死亡未使他恐惧，也未使他难过。使他痛苦难过的倒是他的死带给父母、兄弟们，特别是他最喜欢和依恋的兄弟纳吉布的痛苦。我于11月9日给他回了信：

……你的信深深地折磨着我的心。如果我能飞到你身边，我一定马上展翅。不过，尽管我的身体不能走到你的身边，我的精神却在你周围翱翔，我的心脏正和你一起跳动，我生命中的一切都在你的病榻前编织着爱的帷幕。

既然生了病，就不要想为什么、怎么得的病。而应该集中全部精力去战胜疾病。因此，我以神圣的兄弟之谊要求你丢掉任何关于学习、学校和考试的考虑，特别不要考虑住院的费用。钱是地球上最低廉、为除去身体疾病所付出的最便宜的东西。我甚至可以说，即使我为你献出了肩上的肉，这贡献也是微不足道的。爱是不可用堪塔尔（重量）来衡量的。我所说的、所感觉到的一切正是你的父母和你所有的兄弟、姐妹们所要说的。

你可以把写给我的话寄给纳吉布，但是不要告诉家里其他人，因为你很快就会康复的。你那朝气蓬勃的青春和纯洁的躯体将依你和主之愿，战胜你的疾病。

不过，亲爱的弟弟，我希望你多关注医院，住了院，也要注意自己。只要你未出院，每星期最少给我写两封信。有可能，再多些更好。不要对我隐瞒任何事，要发来详细的病情，医生的诊断、叮嘱，你所受到的待遇和得到的便利，以及一切你在那里需要、我又能为之提供帮助的一切东西。统统告诉我吧。

1930年12月17日　纽约

首先祝贺你病体康复。我的生活经验和教训告诉我，健康的身体如同正确的信仰，是人生命中最可宝贵的财富。亲爱的弟弟，千万不要悲观失望。如果日月违背了你某些意愿，不要责备它。那责备说不定会成为对你的意愿的谴责。不要诅咒日月。你应该说,有战胜日月的办法,只不过你现在还不知道,但是不会永远不知,一定会找到的。这方法不是别的,就是战胜自己的心。战胜了自己的心,便战胜了全世界。最后我还要劝你,除非能从诗歌中找到排忧、解除思想负担、宽慰拥塞之心的办法,否则不要以诗为消遣……

以上这些信都是寄给纳西布弟弟的,暂录于此,适当的时候,我会再提到余下的信件。

米开朗琪鲁第二

一天上班后，我局促在桌前，百无聊赖，随手抓起一支铅笔，在面前的一页白纸上胡乱地画起来。我漫不经心，笔左右上下移动着，画出了许多支离破碎的圆形的线条。更确切地说，是笔指挥着我的手，而非手挥动着笔。当时的目的只有一个：消磨时间，让思想从那纷繁的、各自想求独立、但结果又使思想散落的事物中解脱出来。

在这个商行中，所感到的心的孤寂已日益成为残酷和痛苦。那些从中国、菲律宾进口的刺绣品仅以每周六十五美元的代价，便夺去了我四十八小时的时间。我和它们之间有什么关系呢？华尔街各银行里的美元对于一个正在寻求超脱的人又有什么价值呢？

不过，这人又有血肉之躯。血肉的生命要求有面包、衣服和住所。这一切又只能依靠美元才能得到。这人有一个亲爱的弟弟住在法国，刚刚摆脱了死神的纠缠，他的亲人们在黎巴嫩，弟弟、亲人和他一样都需要美元。美元在那些并非以全部身心和思想去崇拜它的人们面前，总是傲气十足、骄横不羁。他们需要它时，它绝不光顾。何时来访，要看它的兴致。不管如何恳求和祈祷，它也不会在他们面前露面。当然，也许会来问候的，也许这问候又是最后的永别。

也许那个对美元的骄横和蠢行感到厌烦、几乎要爆炸的人永远也不会安于那骄横和蠢行，全心全意地去崇拜那个从小就开始寻找的神吧！现在，他的小弟弟的学业很快将要结束，不仅不再需要他的资助，还能担负起自己和父母的生活。既然如此，还有什么可阻挡这个人再次投入绥尼山的怀抱、让自己那颗疲惫的心重享没有美元聒噪、没有欲念捣乱的宁静呢?在这孤独的宁静中,他将洗净心灵上的一切龌龊,清晰自己的视力,增强自己的意志,穿过生活的双重性走向其单一的心中,变成克里希那穆提在《盖塔》中所说的那个哲人:

> 在那些具有精神识别能力的人们眼中,所谓哲人,即不被任何愿望、欲念、对金钱的垂涎驱使而去做自己的工作的人。他不受任何矛盾和妒忌的左右,自然地满足于来到他面前的一切。胜败对他全都一样。这样的人,他的一切工作已从自我之爱中剥离出来,全部心思都用于精神知识。他的行为并不约束他。一个人若将最高精神作为其冥想和行为的中枢,他自己也已走向最高精神。

是的,米哈依尔,你的纳西布弟弟快要回到黎巴嫩去献身于自己所期望的农业。那么还有什么阻挡你从这恐怖的旋涡中抽身而出呢?有什么东西可以把你和这旋涡联系在一起呢?你和你的同志们致力的文学运动已开花结果,俄国的东方学家伊俄那提·克拉契库夫斯基已为你和这运动撰写了专文,德国的东方学家卡宾夫玛依尔发表了《现代阿拉伯文学领导人》一书,你正在这些人之中。贝鲁特的基督教牧师艾布·鲁法依勒·纳赫勒已将你和你的同志们的一切诗作译成世界性的伊多语。这些人和东西方的许多人都开始感觉到了"新的阿拉伯文学"。

除此之外,还有什么能把你和这恐怖的旋涡联系在一起呢?是彼拉吗?你和她之间的关系已日趋淡漠。事实上,这关系也确实应该如此这般的淡漠,以便不铸成任何痛苦。你今天生活中的彼拉只是一缕余香。毫无疑问,你也是她生活中的一缕余香。我们在人们的心中留下了芬芳的记忆,又从他们那里得到了同样芬芳的记忆,这是多么美好的事情啊!可是,你将如何对待这新近产生的又一层关系呢?如何对待那位硬闯入你的心田,名叫纽尼娅的女子呢?你曾经认为你的心已经变得坚如磐石了……

我手中的笔如脱缰之马，信手画来，忽快忽慢，漫无目的。可是……这是什么？我的眼睛竟在面前那页纸上交错的线条中看到了一幅形象奇特怪异的图画。那些形象吸引着我，使我很快便发现其中包含着应该用心设计的一道题目，这题目是画出两块相对耸立的大石，被一条狭窄、深邃的幽谷分割着。这不是两块普通的岩石，石头的下端布满绿苔，长满杂草和荆棘，每一块大石由若干部分组成。有的像树根，有的像人的肢体。这是胳膊，那儿是大腿，另一处则是眼鼻或整个的头颅。这是一幅代表了生活互相交错、形象互相关联的思想的图画，是运动从简单到复杂、从迷蒙到觉悟、从无理智到理智的思想的图画。

为了实现这一想法，我使每块大石的顶部呈一个仰面躺着的人形，两只臂膀尚被捆绑在岩石上，没有获得充分的自由。这是一个囚徒，但是两条腿却是自由的。我把一条腿画成白色，代表女人，另一条腿画成黑色，代表男人。然后，又使这两只脚的脚趾越过鸿沟交叉在一起。于是，生活的潮流便像正负极电流交融一样地被创造了。我把这画叫作《生命之舟》。

我对绘画艺术一无所知，手中别无他物，只有一支铅笔和一块橡皮。突出这形象，涂掉那个形象。画些阴影线条，不想却画了这幅画。画完，我想把它撕掉，因为这不过是一种儿童的自娱，它帮我消磨了时间，使我的思想从那些尚未得到最后解决的难题中解脱出来，它已经完成了自己的使命。可转念一想，我又把它留下来了。

我又如此这般地画过几次，手中竟聚集了六七幅画。其中一幅我称之为《试验》。画的是一位虔诚的修行者在深夜中从山洞里出来，手中秉着两支蜡烛，腋下生出一对赤裸的女人的双腿，致使他一动不动地站着。另一幅画我画了一个活生生的孩子正吮吸着死亡母亲的乳汁。我把这幅画叫作《死亡——生命的乳房》。

那不久，我想逗逗纪伯伦。于是拿着我的画，跑到他那儿去，稍谈片刻，便把那些画拿给他看，并说这是我在法国的弟弟画的，是他寄给我的。这是我第一次发现他喜欢绘画，重视艺术。那时纪伯伦知道我确实有个弟弟在法国，于是拿起画来反复地审视着、观看着，并不时地叫着：

"多么了不起的想象！多么细致的平衡协调感！多么高雅的鉴赏力，多么深刻的思想和感受！这幅题为《代号生命》的画稍加修改就可在最好的艺术杂志上发表。还有这幅《试验》。"

我的脸上浮起淡淡的微笑，这使纪伯伦生疑，他问道：

"你笑是什么意思？有什么骗局？"

我说自己绝无任何恶意，只因为他发现了我不曾知道弟弟的天才而感到自豪和高兴。于是，他十分认真地说：

"米沙，我只消教上他一个月，就可使他变成米开朗琪鲁！"

我的脸又一次绽放出了微笑，纪伯伦认为这是一种诚悦的微笑，于是又拿起画仔细观察着，并通过它来分析我兄弟的个性。他说，我的弟弟多思，不以表象判断事物，他那独立的气质只能和为数甚少的几种脾气合得来，具有热烈的性情感，等等。结果，我实在憋不住，笑出声来。纪伯伦发现果然有蹊跷，沉默了片刻，说道：

"你这个坏蛋，真把我骗了。难道你现在还不对我讲实话？究竟是谁画的？"

当我以实情相告后，他板起了面孔，仿佛在知道了是我画了这些画后，正重新品味着他对于这些画和我所说的那些话，以便被迫收回部分或者全部的评语。突然，他用手拍着面前的桌子，叫道：

"以上帝的名义起誓，对我说过的话，我绝不改变一个字！"

不过我却没有到纪伯伦那儿去学一个月的画，连一个小时都没有！于是，世界失去了又一个"米开朗琪鲁"……

那以后不久，我在绘画上的无意的尝试也永远停止了。

纽尼娅

"每当我握着一只从未触摸过的手时，总是说：愿主赐福你！祝你取得新的成就，得到无尽的财富。"

话是在写完《路上的葡萄园》一书两年后说的。自我开始认真地思考揭示我们与人们的关系是我们在相互生活中所起的作用时，依据生活的突然和奇异的方法时，便产生了一种感觉。我就是用上面这句话表达这种迄今为止依然伴随着我的这样感觉的。有多少只手，当你第一次握住之时，双唇间总会送出结识时的习惯用语："先生（或是女士、小姐），我万分高兴。"但一段时间后，突然之间，这只手便给你带来形形色色的折磨和各式各样的欢乐。它可能将你驱向死亡，但也可能将你从死神手中拯救出来。无论哪一种情况，它都是你所需要的经验，而获得这经验的唯一途径就是那只手，或那只手的主人。

我并不忌妒那些疲于思考人际关系和控制这关系法规的人们。他们得出的结论是，人际关系不受任何法规的约束，只是各种盲目的偶然性的产物。我认为人们在互相吸引、互相排斥的过程中，服从某些规律的准确和严格程度并不亚于天体中各星球所服从的规律。不过前者显得更美好，远非显微镜、望远镜及人类头脑已经创造出的任何仪器所能揭示和探明。它寓于精神而非肉体的品行中，它的根伸向辽远的时代。

努埃曼先生，××小姐（我以后将要称她为纽尼娅）。

我在一家叙利亚餐馆里，即将用完晚餐。我的朋友和他的女友已吃完饭，从他们的桌边向我独坐的餐桌走来。我请他俩在我桌旁坐下，等我把饭吃完。说不定我们会一起回家呢，因为我从朋友处知道他们想和我同路。

我的朋友是一位颇具音乐才华的知识青年。但我对他了解不深，一年不过见上一两次面，见面时也只是简单的寒暄问候。他的女友，我却从未见过。她操着一口流利的英语，但从口音上我断定她绝非英国人或美国人。从脸上判断，会让人觉得她是一个二十五岁左右的斯拉夫人。不过她却是一位大大超过一般水准的姑娘。她体态轻盈、协调、青春焕发，动作自然、优美、稳重。她那深沉、诚挚、纯洁的声音如同悦耳的银铃。十个手指灵活、漂亮、敏感。白中泛红的肤色完全是健康的孩童的皮肤。一对深邃的大眼睛，仿佛喷涌出无数道惊奇和渴求生活的美丽和幸福的瀑布。两片润湿的嘴唇显示出她在追求之路上，是不能忍受任何打击的执着的女性。一言以蔽之，她是一个煽动着欲望、思念和运动的世界。这世界的中心埋藏着火山般的烈焰。她的皮肤几乎难以包住她体内跃动的活力。

我们离开餐馆向旅馆汽车站走去。一路上，姑娘毫无造作地主导着我们的谈话。她提出了许许多多的话题，并为其增添着欢乐。那迷人的笑声不断地感染着我们。我们登上了汽车的二层。它以自身的凉爽，博得了纽约人在夏季对它的喜爱。我们的共同旅程不过一刻钟左右。我的朋友和他的女友到站下车时，我的路还远着呢。我们互相道别。我不过是在和我生活中毫不相干的两个人告别，我们之间的关系绝不会超过在电车上或出租车里偶然相遇的两个陌生人的关系。

我把姑娘忘记了，但她没有忘记我。两天后，她的男友打电话给我，以她的名义邀请我们俩到海德森河畔游玩。我按时赴约，发现和他俩在一起的还有一位青年。后来知道这年轻人是一个意大利画家。她见到我，面孔、嗓音和举动莫不表现出极大的欢乐。我们游玩到半夜时分才结束，我俩之间的一切客套已不复存在。她管我叫米沙，我则称她纽尼娅。我知道了她是波兰人，酷爱芭蕾舞艺术并擅长表演。她从芭蕾中发现了表达在她的心灵和肉体中的跃动生命，是对自由美的思念的最好形象。她经常在自己工作的地点举行聚会，邀请真正懂得芭蕾艺术的人们参加。她跳独舞，由餐馆中遇到的那位音乐家钢琴伴奏，意大利画家帮她选择适合各个舞蹈的服装。

纽尼娅开始以无限的文雅、不可抗拒的自然，天天都为新的约会创造新的理由。比如说，这里有一次美术展览，一定得去看看。那儿有一个诗会，更不能放过。什么地方有个白哈教教长的讲座，当然值得一听。每次她都跟音乐家和画家朋友一同赴约。终于有一次她独自约我了。那是在游人络绎不绝的海德森岸边的公园里。

夜幕降临，但没有像乌鸦羽毛般一片漆黑。到处都是灿烂的灯光。我和纽尼娅坐在公园角落的一张长凳上，紧紧地拥抱在一起。忽然，她那如火焰般燃烧的声音在传入我的耳际时先在我的心中低语："米……米沙！"然后她创造出许多多充满深情的爱的名字：米顺、米叔纽、米叔尼契卡……多达二十来个。她的双唇从不离开我的嘴唇，偶或离开一次，又以更大的贪婪再度返回。它们紧紧地夹住我，只要可能，真想吸去我的骨肉。

纽尼娅掀起的狂风，像洪流把岩石从山巅冲下似的席卷着我。我暗自吃惊，几乎不认识自己的心，几乎不相信我就是那个不止一次地思考拒绝现实及各种诱惑，去寻找心灵世界真谛的那个男子了。我怀抱中的这位女子正饥肠辘辘，需求着只有我才能给予她的食物。这食物可能就在我的顾盼、步伐、言语之中，同时也可能在我的声音、德行和血肉之中。这个女子对于只有我才能消除她的一切的饥饿感，也引起了我对于只有她才能消除我的一切的饥饿感。我们俩彼此间仿佛相辅相成。我们所以在这以前的日月中生活，就是为了迎接今天的到来，它使我们完美。如果我们为此而付出血和肉的代价，又何足惜？

这以后，纽尼娅常来到我的住处，找到了通向我的心扉之路。奇怪的是，我竟从未想起问问她和音乐家以及画家的关系，为什么他俩总和她形影不离。只要我去她的工作地点，不是看见其中一个，就是碰到三人都在。我若是张口去问，她或许会认为我在忌妒、怀疑她对我的忠诚，或干涉她的私生活。另外，文艺界的人总和常人不同，他们常常不拘泥于常人护身的一些社会传统和习俗，这倒是司空见惯的了。

我和纽尼娅的关系始于1929年夏天，1932年我离开美国时宣告结束。在这过程中,我和其他一些姑娘有过交往,但那都是些无可指责的关系。我当时是那样希望的:不愿意以和其他女孩子的关系——不论她多么美丽、富有魅力、和我息息相通——来玷污我和纽尼娅的爱情。

在那些女子中,有一位是一家不错的美国杂志的主编。这位年逾三十的大姑娘过早地长上了白发。她以惊人的耐力,忍受着慢性神经性头痛的痛苦,她不仅具有丰富的知识,高超的鉴赏力和相当的忠诚,而且持重、貌美、品德高尚。致使我每次和她谈话时,都感到仿佛在跟一位维多利亚或伊丽莎白时代的贵族太太对白。我从没有怀疑过她是一位像天使般纯洁的姑娘。我真希望我们建立起的友谊会永生持续。可是事过两年,我发现姑娘垂涎的东西已超过了友谊。她想结婚!我起誓,她确实是我所结识的最高尚的女子之一。

纪伯伦逝世那天,我在医院里结识了一个姑娘。我们之间亦曾有过关系,是一种容易导致相识和亲近的环境使我们彼此相聚的关系。她是一位在美术界颇具影响的画家,当她和纪伯伦同住在一座楼里时,和纪伯伦有着相当深厚的友谊。又因为她的新工作地点离我的住处很近,因此,每星期都有一两次机会请我去她那里喝茶或共进晚餐。那时令她惊奇的是,纪伯伦竟向她隐瞒了一位像我这样的朋友。

终于,她一而再、再而三地建议给我画一张彩粉像。我接受了她的建议,因此常到她那儿去。我们谈话的时间总是十分地长,因为她希望越长越好。画快要完成时——画得确实十分成功——她装出十分疲劳的样子,躺在一张长沙发上,招呼我过去。我明白了她的意图,站在她身边说:

"如果你希望我们的友谊长存,最好不要用短暂的欲念去玷辱它。"

对她来说这话不啻是当头一棒。她以不相信男女间存在友谊的辩解来减轻这一打击的力量。但是,我们的关系也就此结束了。

我在《纪伯伦传》中还提到过我和一位犹太姑娘的关系。关于她,我在别处还会提到的。现在,让我回过头来,继续谈谈纽尼娅。

每当我把彼拉和纽尼娅进行比较时,我都觉得前者像只鸵鸟,后者俨然一头母狮。她的勇敢、自信和旺盛的生命力都绝无止境。同时她又是相当的甜美,具有高尚的鉴赏力、敏锐的感觉和过人的机敏。不过,她只是在满足肉体欲望和艺术的爱好时才运用她这些优势。至于我日夜思索的问题——生与死、根源与目的、善与恶、我存在的目的以及我所在的世界是什么样的世界……这一切距离她的头脑是那样的遥远。想使她对这些问题引起注意,那纯属徒劳。

因此,我的心中不时地会产生这样一种感觉:在我恢复理智后,从没有一个像她这样激动着我的姑娘,将迅速变成一个路人。那时,我必将再滑回自己的窝里,回到过去伴随着我、将来也必然伴随着我的孤独之中。这孤独也同样伴随着那些人,他们不因生活的浮沫和糠皮而安于生活,他们也很难认识到蕴藏在他们自己中间的巨大力量。后者即便认识了这一力量,在为自己和别人的幸福中使用了它,便能认识到宇宙和主宰着宇宙的力量。因为,这力量本身就是储藏在他们之中的。

我的三四首英文诗在这种感觉下诞生了。在那首《啊,我的孤寂》中,我对我的孤寂说道:

啊,我的孤寂!
我不认为你能在
没有太阳和月亮的天空中徜徉;
能踏上你那
没有道路的沙漠;
能穿越你那
没有岸沿的汪洋;
能探求你那
没有底部的洞窟;
能攀登你那
荒凉瘦瘠的山巅;
能用你那带翅的双脚
在你黏滑的苔藓上舞蹈。
我不认为她那甜蜜的双唇,

能够忍受你那
装满苦瓜汁的酒樽;
不认为那受伤的心
能够谛听你那漂泊的梦中的呼喊。

啊,我的孤寂!
我和你曾是两个孤寂的人儿。
孤寂到世界的末日
可是,以主起誓,今天我们多么辽阔。
啊,我的孤寂!
我们多么富有!
我们占有它,在它中间,和它一起
我们以右手和无始相执,
我们以左手和无终相握。

主啊，怜悯我吧！

《旅游者》的优秀号没能在1931年初出版。两年前就出现的财政困难继续紧扼着国家的咽喉。每天从早到晚传入你耳际的都是：交易所里股票大跌；银行宣布破产；工厂遣散工人；公共财产拍卖；投资者加入赤贫者的队伍；失业者饥肠辘辘，依靠各城市发放的面包和稀粥苟延残喘。仿佛一场严重的地震正袭击着国家的东南西北，仿佛它那童话般的财富只是一股灰尘或空中楼阁。因此，这场地震也自然而然地耍弄着那些叙利亚、黎巴嫩的侨商。

要知道他们的广告和财务赞助正是阿卜杜·迈西哈出版《旅游者》优秀号的最大依靠。

也许《旅游者》那时已从内心感觉到笔会的任务已经完结，它的会员们的聚集行将离散。它在阿拉伯文学的土地上撒下的种子开始发芽、成长。振兴的芽苞正在广袤的阿拉伯土地上频频挥手。新的一年刚刚过去三个月零十天，支柱纪伯伦便告别了笔会，与世长辞了。他的死，我在那本关于他的生平的书中已经写过，这里无须赘述。不过那本书中未提到的一些事，我一定要在这里谈谈。

当我们准备用火车把纪伯伦的遗体从纽约运到波士顿时，我主张笔会的全体成员都应随同前往。有些人却以没有时间或没有旅费为借口表示不能前往波士顿。实际上，如果我们也都考虑旅费问题，那么就没有人能够随车前往。可是当我要求雇用我的商人捐献四个代表用的费用时，他慨然应允了。这四个代表是：纳西布·阿雷达、阿卜杜·迈西哈·哈达德、威廉·卡茨夫里茨和我。

下葬的那天清晨,我们把尸体抬到波士顿的马龙派教堂,请一位杜威希牧师做祈祷。置身在这挤满祈祷者的教堂,我的思想却远远地离开了眼前举行的传统礼仪。伴随着礼仪进行的古罗马语的赞美诗,我可是一句也不懂。突然,教堂的空气中升起了一丝柔美、悦耳的声音:那是祈祷的牧师用阿拉伯语诵读,开头是"主啊,以你伟大的仁慈怜悯我吧"的关于先知大卫的《旧约·诗篇》。我们的热泪如泉涌般夺眶而出,无法制止。几天前,我曾在纪伯伦弥留之际,伴随他度过了长如五个世纪的五个小时。他咽下最后一口气时,我亲手合上了他的眼皮,但我的眼中却没有掉下一滴眼泪。我不愿意,因为我确信并且宣扬说弥留是新生命的渡口,死亡是生命的一部分。那么我们为死者抛洒热泪还有什么意义呢?

但是那教堂里的祈祷者的呼喊,回荡在空气中的"主啊,怜悯我吧!"的声音令我的思想凝固,令我的意志麻木。因为它来到了我的身边,比思想深邃,比意志坚强。一瞬间,我仿佛觉得我的同伴的灵魂、我的灵魂、教堂里所有的人的灵魂,甚至地球上一切国家的人的灵魂,活着还是死去,都在祈求怜悯。向谁呢?天主。谁是天主?宇宙的灵魂。为什么要求怜悯?因为他们否认了灵魂,从而否认了自我,即否认了他们自己的存在。现在,他们要求确立自己的存在,宽恕他们否定自己存在的行为、思想和欲念。每个人,当他醉心于行将消散的事物,忘却了永存的灵魂——天主之时,他怎么会不否认自己的存在呢?

主啊,怜悯我吧!

遗体运到墓地,必须有人讲话。我这个"笔会"顾问、纪伯伦的密友责无旁贷。但我的思维杂乱无章。我认为在死亡面前的任何话语都是啰唆和胡言。沉默是面对死亡最有力、最生动的表示,因为我的即席讲话语无伦次。否则今天我总会记住当时讲过的一些话和片段的,但现在除了知道我确实讲过话,连一个字母也记不起来了。

当晚,我们告别了纪伯伦的姐姐玛尔亚娜和在追悼会第二次相遇的玛丽·哈斯克勒,走向火车站。有个名叫巴巴拉·杨的美国女士,我们没有请她,她却从纽约一直陪着我们。以前,我在纪伯伦那儿认识了这位无名女诗人,也是她通过英文的《叙利亚世界》杂志的主办人塞鲁姆·米克尔兹勒告诉我纪伯伦住院的消息。这天她没有和我们同返纽约,留在了玛尔亚娜处做客。

火车进站前一刻钟我们到站。为了不错过车次,我们在月台上踱步。忽然过来一位姑娘,羞涩地问我是否愿意跟她谈谈纪伯伦。她是纪伯伦的一个崇拜者,专程从纽约飞到波士顿来参加葬礼的。我们谈了起来,上了火车也没停过。到纽约后,她要去了我的地址和电话号。以后我将称她希勒达。

两天后,玛丽·哈斯克勒发来电报,要我到火车站去接她。我见到了她。现在我要谈一些发生在我们之间的事,证明她具有了今天女子罕有的特点。例如:我见她提着沉重的手提箱走下火车,立刻叫来脚夫给她扛箱子,可是她坚持自己拿。她认为让脚夫做她力所能及的事,即便付了工钱,也是对脚夫的侮辱。让人们负担你能担得起的重任,实在说不过去。我请她在车站的一家高级餐馆用早餐,她又拒绝了,另找了一家。那是自助餐馆,顾客手拿一只大盘子,选取面前的各种食品。付款后可以拿到桌边慢慢吃。

早餐后她希望我能陪她去纪伯伦工作过的地方。这必须要坐出租汽车。她又不让我把她的手提箱从餐馆提到出租汽车前。我们到达目的地时,她又坚持要付一半的车费。这一下我不能接受了。我坚决拒绝后,她虽然屈服了,但看得出这是带着抗议色彩的让步。也许读者会把玛丽的所作所为看作是一种吝啬的表现,可实际上,她确是一位谦逊、朴实、忠诚、尊重人的尊严的女士。她认为现代妇女将自己可以承担的重担推到男人身上,正是一种自我贬低。所以她觉得即使对像她这样富有的女子来说,能付所需金额的一半,甚至四分之一,也是一种引以为傲的事。

我和玛丽谈了很久很久,说到了纪伯伦,说到了她从纪伯伦为自己举办的画展上认识他直至逝世两人之间的关系,以及他和米士琳的关系。她还告诉我许多另外的消息,一部分是公开的,另一部分却是秘密的。她和我侃侃而谈。我感到了她每句话中流露出来的诚意,这诚意同时也来自她的声音、眼睛和动作。她确是一位不使坏、不欺骗、言语行动毫无夸张的女子。我们最后一次联系是在1952年。我写的《纪伯伦传》的英语版出版后,她发表了一篇文章,高度赞扬了这本书。那以后联系又中断了。今天我不知道她是否仍然是这个地球上的居民,还是已经去了纪伯伦已经先走一步的地方了。

我们单独在纪伯伦的住所或工作房里时,玛丽跟我讲了发生在她和巴巴拉·杨之间的事情。巴巴拉要求住在纪伯伦工作的地方,直到屋子租赁到期,即从1931年4月到9月。理由是她住在那里可以保护纪伯伦的遗物不被破坏。玛丽来征求我的意见,我回答说,既然玛丽必须回到遥远的佐治亚州的丈夫家中,让巴巴拉在这儿住也未尝不可。离开时玛丽找到了纪伯伦生日时她送的礼物,猪皮钱包,钱包仍保存在原来的盒子里。玛丽希望我能把钱包拿去留个纪念。我顺从了她的意见。时至今日,这个钱包仍在我衣袋中履行着它的职责。它从不曾有过劳累和饱胀之感。另外玛丽还想把纪伯伦的手杖、表和其他的遗物给我。我拒绝了,说:将来会建纪伯伦博物馆,这类遗物应该保存在那里。

当晚我送玛丽去乘开往佐治亚州的火车。两天后,巴巴拉·杨从波士顿回来,打电话请我去纪伯伦工作的屋里夜聚。从此,我和她的联系和聚会日渐频繁。我想不要让清谈浪费时间,应该收集和整理纪伯伦的手稿。实际上我已开始整理纪伯伦的来往信件,还发现了一封我写给他的信,就是我在前面提到过的关系到《旅游者》命运的那封信。同时我还发现了纪伯伦和玛丽的来往信件。我把这些信件放在一旁,准备第二天晚上带回。可是当我刚刚回到住所,巴巴拉就来电话说她接到了玛尔亚娜的信,要求将纪伯伦的手稿等物原样搁置一段时间。

不久前我曾接到过玛尔亚娜的一封信,对我在纪伯伦去世以及之后所做的一切,表示万分感谢。因此,这次她和巴巴拉·杨而不是和我谈起她弟弟手稿之事,她希望不要去管她弟弟遗物的话使我十分吃惊。我怀疑巴巴拉告诉我的事里有误解或不正确的想法。不管怎么说,这一消息促使我将自己的手从纪伯伦的遗物上挪开了,使我的脚再也没有踏上纪伯伦工作房子的门槛。

就这样,和我告别纪伯伦一样,我也告别了那座"禅房"。怀着痛苦的记忆,心头仍响着太空中回荡的祈祷声:"主啊,怜悯我吧!"一去不复返地永别了。

又过了几个星期,我听说巴巴拉·杨在那里举行了纪伯伦画展,带去了一个摄影师,将所有的画拍成了明信片大小的照片,以每张三美元的价格出售!不久之后,她又发表了题为《这个人来自黎巴嫩》的四十页的黑皮小册子,并说这是对纪伯伦的研究。书在塞鲁姆·米克尔兹勒的叙利亚世界印刷厂印刷。实际上这本"研究"是作者宣布她确信纪伯伦是众神之一,他不时光临人间,把地球作为工作场所和讲坛。作者在书中塞进了一些无稽之谈,还声称说这些东西直接来自纪伯伦之口。如:纪伯伦的父系亲属和母系家庭都是有财、有名、有势和有高度文化的;纪伯伦四岁时就酷爱达·芬奇的作品;密特朗派人送他祖父一封信,他读后勃然大怒,对送信的人说:"请转告他,叙利亚是奥斯曼帝国中最大的省份,黎巴嫩是叙利亚的王冠,布什里是王冠上最美丽的一颗珍珠,纪伯伦家族是布什里最有声望的名族,我便是这个家的支柱。"

就这样,纪伯伦尸骨未寒,已成了神乎其神的神话了。

希勒达

在关于纪伯伦的书中和本书前面的一节我都提到过这位姑娘。当我第一次在波士顿火车站的站台上见到她时，觉得她年龄介乎二十到二十五岁之间。一头蓬松的浓密的黑色短卷发。这边的刚被推到脑后，那边的又散落下来。一对黑眼睛中闪烁着火花和惊奇，神经质的动作中表现出焦虑和羞涩，语言接连不断地竞相从口中吐出，伴随着相当多的手势。她胖瘦适中，比中等身材的女子略矮一些。

从波士顿回来才两三天，希勒达就打来了电话，问能否在我的住处同她聚聚，我同意了。那天晚上我们的大部分谈话都围绕着纪伯伦以及她和纪伯伦之间的事。后来她的来访日渐增多，我们的话题也不断扩大，但很少提到纪伯伦了。她很乐意和我谈论精神及其不能被感官感觉到的事物，谈论践踏心理美德、卷起一股股贪婪和不义的浪潮的文明事以及追逐钱财和用钱财购买的实为精神和肉体的毒剂的廉价享受。在那一切夜聚和谈话中，我始终保持着最大限度的循规蹈矩，彼此间俨然一对兄妹。

1931年12月31日，除夕夜。在大部分人疯狂度过的夜晚我非常愿意独自一人度过这岁末之夜。酒馆、咖啡馆、餐馆和赌场里人们狂喊乱叫。他们可能已经忘记了自己是人。填饱肚子、塞满腰包和麻醉头脑对他们来说已远远不够了。我曾在一个新年之夜用英语写了一首题为《新年挽歌》的诗。在诗中，我为人们的愚笨而痛哭，因为他们在欢庆地球围绕太阳旋转一周的结束及新的一圈旋转的开始。我对他们说：

我仍然是,并将继续是
不受天地限制的汪洋中存在的
沸腾的爱恋。
那么,我和地——你们的地,
天——你们的天,
又有什么关系?
快把你们焦渴的心沉入遗忘之中吧!
至于我,
绝不淹没我那颗沉醉和觉醒的心。
还不塞紧耳朵,
哪怕是一瞬间,
使它听不到你们的骚乱?
然后再竖起耳朵,
听听大地的恸哭,
和你们的号叫。
那时,你们可以想念:
新的诞生,
而不是新的一年。

　　那一夜,希勒达要求和我共度良宵。来时,她提包里装了一瓶威士忌。当时禁酒仍处在极严格的阶段。酿酒和走私酒被列入违禁行为。那些自酿的和走私的酒不仅味道不正,还对身体有害。当我发现姑娘的言谈举止中有某种不安时,明白了其中的原因,但又佯装不晓和不明白。当夜已过去一半,姑娘望了望腕上的手表,然后转向我问道:
　　"新年即将来临,你难道不想迎接它吗?"
　　"你希望咱们怎样迎接呢?"我问。
　　她以一种充满犹豫和羞涩的声音答道:
　　"如果你允许……用吻来迎接。"
　　我不想撕碎她的心,便在她的额头上印上了一个纯洁的吻。然

后说:

"让这吻作为你对我的纪念吧!现在,咱们干吗呢?"

"来一杯威士忌。我带的威士忌是我的一个邻居酿制的,还不错。"

斟满两杯酒,递给我一杯。我尝了一口,便把杯子放在一旁,对她说,我不能喝这酒。可她却把自己的一杯一饮而尽。然后不时地自斟自饮。那也许是为了抑制在我面前感到的羞涩或对我的尊敬,然后可以毫无顾忌地投入到我的怀抱中。我力图熄灭她血液中燃烧的欲火。但是就在那关键的几分钟内,我忽然觉得任何放松都是对纽尼娅的背叛,使自己滑到不希望滑进的深渊。于是我以钢铁般的意志克制着。我在战胜自己的心的过程中,我的这种克制对于怀抱中的姑娘的心以及她清醒后的生活所产生的良好影响中,发现了幸福。

姑娘狂饮,醉得不能回她远处的家。我叫了一辆出租汽车,把她送到最近的一家旅馆里,给她租了房间,让她单独过夜。翌日清晨,在我门口看到了一封信,她求我宽恕昨天的行为,并说,从此以后她再也没有看我、抚摩我的手的自由了。可是几天后,她又来当面谢我,并发誓说我将永远是她生命中一盏不灭的灯。

我下决心要回国了。不久,希勒达给我讲了她的一个梦,使我万分惊异。我要回国的决定她丝毫不知。她说梦见我手持锄头挖地。她问我在干什么,我一边挖,头也不抬地答道:"我在山里给自己开条路。"

我的回答使她明白了,路只是为自己开,她不可能和我同行。从今往后,任何人不能阻止我把路开到底。

这个梦和那深藏在心底、未被任何人知道的事如此吻合,确实令我惊诧。我很快就要返回黎巴嫩,在那里开辟我通向世界之路。自从我看到了文明化的肿胀和千奇百怪的趋向、潮流,我就希望自己走自己这条路。而更奇怪的是,那天夜里,为了开心,我让希勒达打开《新约》《旧约》,要她把一个手指放在打开那页的一行上。她放在哪一行,那一行的含义就是正等待着我的一切。她把《圣经》打开后,手指放在最下面一节上:

你回家去，传扬上帝为你所做的事。(路加福音：8—39)

既然提到了梦，我想说说我在那期间做过的两个梦。那时正值我离开纽约返回黎巴嫩的前夕。许多征兆都在暗示我已面临生活中的重大变化。我在第一个梦中看见自己正站立在高原之巅，下面是一条美丽、平静、宽广的大河，高原上鲜嫩的绿草如毯，点缀着五彩缤纷、芳香四溢的鲜花。我独自伫立在那里，鲜花、绿草使我眼花缭乱，以致我宁愿死死地站在原地，以免踏坏了一根小草，伤害了一朵小花。我身边的小河似流非流，那远离我的岸边上长满了树木，可树木不高、不美、更不迷人，一直延伸到我右侧的河岸拐弯处。那拐弯后面的东西便一无所见了。

阵阵悠扬的弦乐从拐弯的后面传来，仿佛几把提琴正同时演奏着史无前例的节奏鲜明、有力、音调甜美和谐的乐曲。我不禁自忖道：这不是人类的乐队，毫无疑问，这是一支天使组成的乐队。音乐、绿草、百花、丛林、河水、湛蓝的天空和我所处的环境，使我神魂颠倒不知自己身处天上还是人间。处在这优美环境中的我的孤独也使我痴醉。我考虑应该选择哪位亲朋好友与我共享孤寂和天堂。这时，梦醒了。

在第二个梦中，我躺在床上。一棵珊瑚为干、宝石为枝、翡翠为叶的树耸立在面前。不过枝条短促，叶影稀疏。一根树枝上歇着两只大小和模样都一样的彩鸟。它俩放开歌喉，同时唱出了一支歌：

代欧斯，代欧斯，伊勒代欧斯！

鸟儿的形象令我惊叹不止，那从不变调反复吟唱的奇怪的歌声中听得我如痴如醉。不一会儿，一只鸟儿丢下自己的伙伴飞走了。剩下的一只仍反复在唱着，一直唱到我从梦中醒来。但是，这对鸟儿的形象，它俩唱的三个词和调子却始终铭刻在我的脑海里。就是在今天，只要闭上眼睛，立刻就会看到那对鸟儿，听到它俩的歌声，此情此景和二十八年前梦中的情景丝毫不差。至于"代欧斯"一词，据说是西班牙语的"上帝"。

行期到来的前两天,我才跟希勒达讲了回国的决定。当她知道我的决心不会再改变时,面如死灰,双唇战抖,然后放声大哭,并坚持要到船上送我。我劝说后,她改变了主意。当她问我是否愿意和她通信时,我答应了。就这样,我们分手了。她以一线希望宽慰着自己的心:我们总会再见面的。

末场戏

秋天。白昼充溢着温暖和光明。我们置身其中的森林像火焰一样，一片鲜红却不燃烧。不见烟雾，没有火星、火焰和灰烬。有的树叶真像火舌，当然它们不是火，它是被秋的神奇涂抹上的葡萄酒色、红砖色、火炭色和金色的树的面颊。叶儿随风舞蹈，仿佛在燃烧，它们因那一去不复返的绿色而痛苦，为那不可逃脱的迷茫的将来而忧伤，期望从过去和未来的束缚中解脱出来。当一片叶子就要返回那在春天以一棵小小的嫩芽离开安静的子宫时，谁能知道它感觉到了什么呢？

我和纽尼娅坐在林中的一块巨石上。她的头埋在我胸间，双臂勾着我的脖颈。我的嘴不曾开启，她的双唇也不曾翕合。她不知道我在想什么，我也不明白她的思绪，但两颗心却在无言的情况下，窃窃私鸣，无言相通。

那时，我脑中想的主要是这个枕在我胸上的奇怪的女人。就我俩的关系，我能做些什么，该如何对待？返回祖国的想法已日益强烈地萦绕在我的心头。现在正是1931年秋，纳西布马上就要拿到大学毕业文凭，这将为他在国内工作开辟广阔的天地。黎巴嫩和叙利亚的农业技师极少，改善农业的工作大有可为。他返回黎巴嫩，开始专业工作后，不仅解除了我为他提供生活费用的负担，还能为父母和纳吉布弟弟提供极大的帮助。那么我为什么还要继续待在美国呢？

我不是已经厌倦这城市了吗？这里迷漫着对海市蜃楼的追逐所扬起的烟尘。尘埃和蜃景中没有我的追求。我只能在绥尼山的怀抱之中，在与心的幽聚时才能找到我的方向。在那里，面对苍穹、岩石，迎接和风,伴随着树木、飞鸟,赤身裸体站在我的直觉面前,除掉黏结在我身上的一切龌龊和脏物。我向太阳敞开心扉,光明不谴责我,我把心的碎片聚合,心便认识了我,我也了解了它。是的,我们彼此间的离异已经太长久了,谁是自己的陌生客,谁就对一切感到陌生。

这里的千百万人已被美元的皮鞭鞭笞得遍体鳞伤,鲜血淋漓。可是他们又去抽打从自己身上流下的血,诋毁这些血液,然后又继续向那唯一的终点——死亡奔去。那么,我和他们有什么关系呢?和那些美元为他创造的使其以往所遭受的穷困、痛苦、忧虑和噩运的夜总会有何关系呢?今天是篮球热,明日是足球赛,摔跤、拳击、选举、消夏、越冬……一个个浪潮此起彼伏,一个个光怪陆离的广告又使人对高级轿车、贵重珠宝、美味的消夜和旅行、引人入胜的小说、时髦服装、最新发明、最难得的赚钱和享受机会垂涎三尺。还有那些充满狂欢的节日、丑闻、谣言、不同阶层和公司的争斗、法院及法院中的谩骂和欺骗,寺庙及其虚伪和假仁假义,学校及学校中的麻醉和迷误。这一切都和我有什么关系?

这里人们甚至对时间,对于以时间作为审判的完全的意志进行欺骗!他们保证你身体健康,不至于分崩离析、衰弱,保证你的财产免遭破坏、偷盗,不受风暴、烈火、地震、地陷的侵袭,不过那要付出多少美元!他们为你担保,绝非是对你的爱,而是出自对于金钱的贪欲。不过无论如何,他们却不能担保你不痛苦、不气愤、不怀疑、不忧虑、不烦闷,不感觉到心、思想和精神的痛苦。

是的,我的灵魂迫切需要在孤独中清洗自己。而我只能在绥尼山麓找到那孤独。那里没有权势欲和金钱欲,没有世界末日那样拥挤的人群。可是眼前这位用双臂搂住我脖颈、把头枕在我胸前的女子将会在那孤独中窒息。她的喜爱令我感到窒息的尘埃中的生活。那么我该如何协调她的尘埃和我的孤独呢?还是她只能接受与我的共同生活——即使是在火狱之中——呢?

主啊,这是怎么了?她在哭,也许她已感觉到了我的心思?

"纽尼娅!"

她在流泪，也不回答。出什么事了？莫非我得罪了她？她性格怪异，感觉敏锐，经常突然从喜到悲，转乐为怒。原因只是希望她换一种方式讲话或不让她讲话。我们沉默着。

"纽尼娅！"

呼唤，摇晃毫无用处。我用双手托住她的头，用嘴唇擦抹着她的泪：

"纽尼娅！"

她抽泣、发抖，滚滚热泪顺腮边流下。两片嘴唇仿佛完全麻木了，也许她得到了有关亲人们的噩耗？父亲？母亲？为了不搅扰这美好的兴致，她特意对我保密。那么，米沙，就让悲伤从泪水和心中拿到它应得的份额吧！

几分钟长达几小时，我等待着回答，可是只看到泪水。终于，她启口了：

"米修……米修努……米修尼契卡……我是个已婚女子。"泪水又一次使她的话音哽咽了。

已婚？可是自从我第一次认识她时，就知道她被称为"小姐"，她所有的伙伴都知道这点。她正是以未婚小姐的身份邀请人们参加她举办的集会，并在电话簿子上登记下自己的电话号码和住址的。

当时我也了解到，在美国，确有一些谋求妇女解放的极端的女性，婚后仍然使用原来的姓。人们只知道她父母的姓，不知她夫家的姓。我也知道，文艺界人士是最不受传统习俗约束的。但是我认识纽尼娅以来，万万没想到她是一位受婚约约束的人。更令我瞠目的是，她的丈夫不是别人，就是那两位经常陪伴着她的青年之一——意大利青年。对他，我心怀纯洁的友谊，而他从来都是以友好、尊敬的目光看着我。看来他肯定知道我和纽尼娅之间的一切，那么，我们这种关系延续了两年之久后的今天，纽尼娅的眼泪又意味着什么呢？

回答十分清晰。这种关系深深地刺痛了她的丈夫。但是，出于对妻子的十二分的爱，他默默地承受着这种伤害，而没有做出任何引起妻子厌恶的表示。他在向她要求夫妻关系的权利。婚姻在成婚的双方的眼里，首先是互相谅解，彼此和谐，其次才是立法　　无论这立法来自何方——所赐予的权利问题。同时又因为这青年性格十分温和、忠实、顺从，并且有相当的鉴赏能力，所以他十分注意不以任何言语或动作表示出他和纽尼娅的关系超出友谊和共同的艺术爱好的界限。倘若事情不是这样，而我已经从他和纽尼娅的言行中嗅到了他们是一对夫妻，那我绝不会使我和纽尼娅的关系发展到这种地步。

但是事情已经发生，两颗心已深深相爱。眼前，纽尼娅那滚滚的热泪正向我求救。给她的丈夫造成任何痛苦，同样使她痛苦；让她亲手撕裂自己所爱的人更使她痛不欲生。我同样感到痛苦，因为我使两个人遭受痛苦，可实际上，我却希望他俩幸福。怎么办呢？

"咱们分手吧，纽尼娅。"

迸涌的热泪是她的回答。片刻之后，她鼓起了勇气，说："我做不到。如果让我过那种看不到你、听不到你、嗅不到你的生活，还不如死。"

又是一行行滚烫的热泪之后，她又说："我尽力做到。"

我们约定了，从此以后不再相见。

我认为已经履行了的职责

弟弟纳西布康复后,一方面准备毕业考试,一方面又继续认真思考生命及其秘密。为此他寄来过一封信,我也就不同的方面有简有繁地做了回答。后来他又来信说他爱上了一个法国姑娘,并想在离开法国返回黎巴嫩前和她结婚。下面我从去信中摘录一些片段,帮助读者了解我当时的观点和意见。时至今日,我仍保持着部分观点和意见。

1931年3月2日

你要求我纠正某些"缺陷",主定会赐福给你让我来矫正它们。实际上,你的这些"缺陷"恰恰证明你已在正确的路上——怀疑、经受考验、到达正途——迈出了可喜的第一步。现在我只应该对你说:别不好意思,以你的耐力战胜你的怀疑,你完全能成功的。任何处于可思考状况下的怀疑都不会滞留在它所处的状态之中,不会一成不变。它只能促使你去思想去思考。

当你自问:我是谁的时候,你要为自己的生活制定无可媲美的、最高尚的目标。这一目标就是对你的问题的回答。因为"我"是和宇宙中一切表现的和隐蔽的事物相连的。你对于"我"的认识就是最高深的知识——宇宙的知识。所以苏格拉底说过:"认识你自己吧!"这一知识是一切知识的基础。

如果你问我,怎样才能得到"我"的知识,我会对你说:冥思苦想以及确信是思想在问"我是谁"。有这两方面的结合就能使你得到所求的知识。而大多数人所犯的错误在于他们认为答案必须是迅速的，应在提出问题的那一小时或那一年内得到。他们忘记了获取这一类知识的困难。我们尚未进入人类的阶段前，已经经历了无数世纪，才有了"我是谁"的思想。因此，今天除了那些盲人，绝不会有人说人仅是五六千年社会的产物。

任何思想都有自己的比较和推导方法。学者们的方法是研究他所感受到的一切，然后推敲、分类，将各部分进行比较，找出相同的基础或能包括近似的区分差异的同一规律。诗人的方法是不拘于外界的感觉，依靠内在感觉的想象支配下的感情。哲人的方法是思考事物的本质而非表象。先知们是依靠那些如闪电般掠过的跳跃的内视能力。这种能力往往在转瞬间就能揭示出学者们积累千年努力才能发现的东西。所以你也可称之为"先见"。按民间的话来说，这一切办法都可以到达磨盘——即找到真理。

今天你听到这个那个学者都在说：我们今天所掌握的知识，不可能使我们认识真理，原因是其力量局限于可感事物之中。但当你深入一步，便会感到在这些可感事物之后存在着不可感的本质。它的本质和思想的本质同是不可感的，所以只能依靠抽象思维去理解。换言之，一旦知识到达了"绳子末端"，便会发现自己站在显微镜、望远镜都无法达到的能力面前。于是惶惶然不知该如何称呼它。称之为"上帝"吧，似乎确认了自己的失败，承认昨天尚被他嘲笑的宗教战胜了他；不给它起个名字吧，又不知该如何站在它面前和它谈话。结果各有所钟，名目繁多。有的称它为"力量"，有的称之为"意志""法律"。我却认为"上帝"一词最佳。美，庄严，并且朗朗上口。每个人都可以按照自己的理解去理解它。只要愿意，你可将其置于被称为上天的地位，也可使其具有爱、憎、恼、乐、报复、惩罚等特点，完全按你今天的理解程度去想象它。

不过我的上帝不犒赏、不惩罚、不高兴、不恼怒、不仇恨、不报复，从不局限于任何事物、任何地点和任何时间之内。它是一切，又存在于一切之中。它是具有多种不断变化的可感形象的唯一本质，但它自己却是唯一的、不变的。你可将其与本质上的相遇相比拟，而最与他相似的就是思想。

你用许多语言、动作和行为表达你的思想。这一切是你思想的表象，而非你思想的本质。表象千变万化，而创造它们思想的就是思想本身。从这里，你可能理解《新约·约翰福音》开头的一句话："太初有道，道与神同在，道就是神。宇宙被造以前，道已经存在。"道与上帝同在，道是上帝。这里"逻各斯"一字才第一次出现在思想的表达中。它是被具体化了的意志，就是"你成为……"的意思，就是万物之初。

我说这一切的目的并非要指引你或像你所说的矫正你的"曲折"，只是想为你的思想开辟你不曾想过的新天地，你正处在思想革命的开端。每当你感到自己正在探索宇宙中的一切时，你应该想到那里有许多你尚未看到的东西。有许多境地你连做梦也没看到过。有许多道路，你还没有踩过。现在将其中一部分向你指出，但没有对你说：这是正确的，那是错误的。我希望你能依靠自己的思考分辨是非，而不是靠我。

痛苦的问题：你知道吗？千千万万的人认为，人的生命既非起自摇篮，又非终于坟墓。今天地球上的每个人都是今天以前地球上的人，他死了，便返回地球。然后再死亡，再返回。将死的也将返回，并将如此这般地死亡和诞生，直至战胜源于无知的恶。到那时，就没有谁需要地球和地球的生命了。在这些人的眼中，地球的生命俨然是一座学习期限不能满足学业需要的学校，这个学校里最高明的教师就是个人的体验。这个学派认为，一切思想都是从其自身产生的，一切行为都将回到和它一样的行为发生者那里。善本善，恶本恶。今日的痛苦可能就是昨日恶的结果，现世生活的欢乐和痛苦，就是我们在过去和今天的生活中给别人带来的欢乐和痛苦所领取的薪俸。生活的平衡规律消灭一切,每一个被造物都是种瓜得瓜,种豆得豆。这是一个漫长的研究,我只是给你起个引子,愿意的话,可从中开辟思索的新天地。

善与恶:上帝是不存在善与恶的,善与恶来自人们的思想。你难道没有看到思想是如何控制着肉体和意志吗?难道没有看到一旦思想麻痹或沉睡,最大的痛苦是如何平息的吗?如果你将自己的思想从隐藏在身后的痛苦或歹恶转向善、美、好,你就会感到你的生活是如此的善、美、好。想到此,有一些人挺身而出,教导人要训练思想,令其驯服,并为此制定法律。就像那些注意身体锻炼的人为自己制订了锻炼计划一样。耶稣敦促弟子们斋戒和祈祷,斋戒的目的是驯服肉体、强化思想,祈祷的目的是把思想纳入正轨,所以他说"有求必应"。也就是说要你们的思想趋向你们所要求的善,那你们必将得到善,因为思想源于它所存在的事物。你祈祷了,但是希望并未实现,那么你应该知道,那是因为你的思想并未全部转向你所求的,或者因为你的要求对你或他人并非纯粹的善。

上面讲的也许有些深奥,目的只有一个:无论你在思想世界中如何徜徉,也应该永远说那里尚有许多你尚未勘察的领地。对更广大的思想世界来说,你今日所见,只是沧海一粟而已。

今天就写到这里。我写下的这些可能是错误的,给人以错误的认识……你今年能参加考试吗?什么时候考?千万记住,你的身体可比考试重要,重要到无法比拟的程度。如果你没拿到文凭,但身体健康,那么对你自己和他人比一个多病的农艺师有价值得多……

那时,弟弟写信告诉我他和法国姑娘的爱情以及他决定将姑娘作为生活伴侣。信中也谈他第一次在《旧约·诗篇》中读到的句子中有奇怪的"偶然"一词。我于五月十四日回信给他：

> ……所谓"偶然"一词只是人们在彷徨无措时使用的欺骗性的一个词。生活中绝没有偶然。所发生的一切都符合小至沙粒、大到太阳都要遵守的因果规律。同样，那句被夹在某本书中、不曾被你的任何一个外部感官感觉到的《旧约》诗句，实际上对你当时十分警觉的内在感官来说，并没有被遮蔽，它一直就在那广阔的太空里。它遇上了你知觉的感觉，便敲响了它，这和太阳的某些情况完全相似。当太阳的光芒射向明朗的苍穹之中时，必然反射在水面上和任何光洁的平面上。但是，当它进入不能把光线反射出来的黑暗之中时，光线就消失了。
>
> 声音在空间回荡时，耳朵也只能在一定的距离内听到它。可是，如果你有收音机或其他比收音机还灵敏的任何样式的耳机，那么，即使声音很远很远，你也能听到它。保存住声音的空间也能保存思想。因为思想和声音一样，都是可以感觉到的实体，能够在反射它的光滑的平面上被反射出来。人们的知感和感觉之间的区别就是他们灵魂的纯洁和灵魂对生活的光，或者说是真理、天主的反射能力。
>
> 非洲人迹罕至的地方文明程度较低的人可能只会将生活中那些极其简单的肉体需求反射在内心。可是像柏拉图，他的精神平面异常光亮，以致能够反射感觉无法达到的东西——即反射事物的"灵魂"而不仅是事物本身……
>
> 精神从空间或从生活的总库中拿了值得它自我拿取的一切。因此，当你听到先知耶稣同他的天父或天使谈话时，不要急忙怀疑，也不要说那是妖术或疯癫。应该知道，他的灵魂十分透明，以致能够得到天父和天使的真谛。
>
> 思想是磁铁，但它只吸引自己的同类。它的引力又决定于它自己的力量。谁了解这个秘密，知道该如何引导自己的

思想，使全部思想朝着唯一的目标，谁就了解了生命的秘密。不过，引导思想，使其服从意志却是最困难的。

关于你的婚姻问题，我没有什么新的意见，因为我认为这种事情不是我们的感知所能主宰的。在这方面，我同教堂站在一起，认为婚姻是"秘密"。首先你应把它当作一种美好的秘密去接近它，仔细地检查你的心和思想，以免只是被欲念和一时的目标所驱使。其次，我认为非常重要的是，你不要隐藏任何东西，也不要对任何事害羞，这样才不至于把任何欺骗放进你未来家庭生活的基础之中。

纳西布，爱情是生活的心和本质，是真谛和天主。以其为基础而建立的一切是不会动摇的。如果你看到大部分人，不，应该说全体人们，先认为自己是在爱情的驱使下结了婚，然后却陷入了无穷无尽的绝望和痛苦之中；这时他们开始为自己的运气恸哭，并说什么爱情不过是幻觉或没人叫出的名字，那么你就应该知道，他们已把爱情从自己的心中驱逐出去，而将和爱水火不相容的欲念装入心间。爱情的灵魂是为了别人而忘我或将自己的心扩大到能被心以外的一切看透的程度。

愿你对婚姻所提出的要求能使你的妻子幸福，而不是使你因她而幸福。如果你能以此为宗旨，你将会在你的精神中看到宽恕、忍耐和宽阔的胸怀，并将拥有以美好的容忍和十分的理智迎接一切突然的变化或平常之事的能力……

1931 年 5 月 19 日

……是的，错误的想法是会伤人的，特别是对那些原本是为善、友爱和信任的事物的错误认识更是如此。不过在你的理解中有一些是引起减轻刺伤痛苦，甚至要求宽恕的错误认识的原因。要记住，你的父母、你弟弟纳吉布的世界和这世界中的友爱、纯真，都没有超越白斯肯塔的范围，它用以观望这大千世界的眼光是狭窄的、有限的。但是应该原谅的是他的忠诚、好意，他为实现自认为是真的、美的事物做出了不懈的努力。这个有限的小世界的误解之一就是：法国是一个淫乱、放荡的国家。我从不怀疑，你的父母、兄弟姐妹从你进入法国起直至今天，始终在为你的平安、纯洁、灵魂和肉体的忠诚而祈祷。因此，当他们突然得知你决心要娶一位法国姑娘，特别是在你把自己的病告诉了他们之后，他们首先想到的就是你落入了魔鬼般女人的圈套之中。他们的心由于为你担忧而战栗着，那是因为他们太爱你了。

你难道不曾看到，即使对你的错误认识，也是出于对你的挂念，对你的爱的力量和希望你得到他们认为美好的女子？同样的，你难道没有看到，当你允许他们的那些话像毒药似的刺伤着你的时候，而你又明明知道他们所以说这些话，首先是出于对你的爱，其次是不了解你所处的世界，特别是你的法国世界，你自己难道不是一个宽容和明智的人吗？我认为，你简单地把纳吉布的信给你的姑娘看了，可又没有使她明白像父母和纳西布这样纯洁、朴实的思想和你俩思想的区别，这是十分错误的。因为这使她憎恶你的亲人。即使将来你们真心生活在一起了，她也将像接近敌人那样去接近你的亲人。只有当你认真开导家里人，或是让她自己揭示他们的心灵美，揭示对你和你所爱的人的爱时，这种情况才会改变。

不要忘记，结婚不只是思想和心的通婚，它同时还是肉体的通婚。最幸福的婚姻是建立在思想、心灵和肉体的互相吸引上，绝非建立在三者之一的基础上……

1931年7月7日

苏珊给我的信使我了解了许多事情，也证明你以前对我讲的有关她的事确实属实……她确属那种一旦爱上一个男子，便把自己心里和思想中的一切都交给他，并把自己全部的信仰都倾注在他身上的女子。在她眼中，他就是地上的"主"。

亲爱的弟弟，你千万要注意，千万不要，哪怕是只言片语，动摇了她对你的信仰。而应该竭尽全力使这位姑娘看到你的确具有侠勇、丈夫气、忠诚，是忘我的典范。另外，你千万不要忘记，她正在和生养她的土地告别，离开亲生父母的怀抱，因为她确信，她将在你的爱中找到比她出生的土地更亲切的地方，比她父母更温暖、宽大和长久的怀抱……

1932年2月2日

……给亲爱的苏珊的回信中，我说到可能在两个月之后到你们那儿去。现在这个可能性非常大。只要我和这世界不发生任何变化，阻碍我计划的执行，成行的希望极大。俗话说：谋事在人，成事在天。总而言之，明天近在眼前。今天还对我们隐瞒的事，明天就可能出现在面前。没有通知你不要给我写信前，一定要经常来信……

这最后一封信到纳西布手里时，他和妻子正住在阿里。当初，他就是在那里的国立大学学习法语和法国文学的。他读完我的信，马上转寄给纳吉布，并写道：

……我把这封包含有世界上最美好、最幸福的消息的信寄给你，这消息不是别的，就是两三个月后我们亲爱的米哈依尔就要来我们这里了！

了　结

纽尼娅想错了，我也如此。当我们在那燃烧着秋天色彩的森林里说定不再见面时，我们都想错了。那燃烧在我们血液中的火炬，根本不能用一口气吹灭蜡烛的办法，用一句话就使它熄灭。因此，才过了两个礼拜，纽尼娅就打来电话，用被泪水哽咽着的声音说，她无法忍受远离我的生活，她无时无刻不在盼望着见我一面，哪怕是一小时，甚至一分钟也行。她是有权这样要求的。

但是，处在1931年末的我已经感到，我在异国的侨民生活即将结束，我的心和我所处环境中的许多事情就证明了这一点。

我到美国来是为了学习，不是为了赚钱。学习结束我就想回国，战争打破了我的计划，或者说生活改变了我的计划，将我推上了尝试战斗的道路。那只是因为，在生活为我准备的工作和我在做这工作中所必须具有的装备方面，生活的眼光比我看得远。

要赚美元的斗争是再容易不过，再痛苦不过的斗争了。而最艰苦，却又最幸福的斗争则是我把语言文字从那种欺骗、迷误、闲散和妩媚中解放出来的斗争。这也是为了我的心，在那充满危险、黑暗、死亡为万物之主的世界中，为我的心开拓一条没有黑暗和危险的道路。

为语言文字所进行的斗争远未结束，也绝不会结束。但是，当笔将这一斗争转移到它应该去的地方——阿拉伯故乡，并在阿拉伯国家中培养了许多战士之后，它在这一斗争中的历史使命已经结束。首先，对我的心来说，在黎巴嫩的天空之下进行这场斗争，比在这喧嚣的纽约参与这场斗争要幸福得多。同样的，在绥尼山的怀抱中心和思念的净化，具备驱散感官黑暗的信心，使感官从血肉的危险中解放出来，这样的斗争将更加简单，更加有效。

其次，只要我和纽尼娅彼此接近，我们的关系对她、对我、对她丈夫都是一种折磨。只要我远离她，我们的这种关系将永远是我和她生活中纯洁的光束和启示之源。爱情只要不被人类的龌龊污染，便是生活的最美好的赠礼。

是的，空气中的一切都在宣布我生命中的一个阶段即将结束。我的那些梦境——我已经提到了其中的两个——向着广阔的天地和奇异的画面扩展开来。纽约的生活使我的心胸愈加烦闷，我的心灵愈加强烈地渴求着宁谧、纯净、朴素以及对过去的清算和准备迎接未来的装备。我工作的那家商号的主人正因国内财政危机而蒙受损失。因此，已向我暗示了准备缩减开支的打算。正巧我的那位在远东为他服务的朋友伊斯肯德尔·雅齐吉也写来了信，说他准备辞职，先回纽约，然后从纽约回国。我拿他做榜样，当他回到纽约后，正好一起回国。于是在1932年4月19日从纽约开往贝鲁特的美国客轮上，我们合订了一个房间。

登船走进预订的房间，第一眼看到的就是一个插花精美的白玫瑰花篮，花篮中夹着一张卡片：

起程之日，我感到这白玫瑰是送别你的最好礼物。它像你的心一样纯洁。

希勒达

纽尼娅带着她的丈夫和那位音乐家朋友亲自来为我送行。起锚前半小时她就开始抹泪。我在船舷上只能看到她在岸边向我挥动白手绢。她的泪水始终未干。我曾把自己的心献给了这位女子。她崇拜这颗心，并使之更为美好。我也把自己的血献给了她，她也使之净化。现在这滚滚热泪正是我生命中这一阶段最好的结果。过去我的心和血如果不需要一个女子的心和血，那么，我发生在俄国和法尔娅以及在美国和彼拉、纽尼娅之间的一切便不会发生。

这是我一生中，以一个男人的身份结交的四位女性，和她们的结识使我的精神更加富有。我认为，彼此之间使对方富有的程度是完全一致的。

希勒达为我送行的白玫瑰又是我生活中的另一个时期，是个良好开端。在这新的时期里，主宰的精神欲使男人和女人升华为比任何欲念都更为强大的完人、统一的人。

当我决心回黎巴嫩时，已给瓦拉瓦拉的两个哥哥写了信。艾迪布用英文给我回了一封长信，信中他认为，被人们不断称道的最崇高的人类美德非个人主义，无非是词典里的一个词罢了。而人们所做的一切却源于"爱自我"。看来，全心全意地为孩子、妻子服务，可实际上是在为自己服务。他如果爱他们，实际是爱处在他们之中的他自己。但是哥哥在信的结尾时说：

> 可是，当我回首往事，回顾你所做的和今天正在做的事，我不得不承认我的生活哲学是错误的。我一生中，从未见到任何人的精神境界如你的精神境界这般崇高。你远离爱"自我"的能力是天主在这方面赐予人们的最大能力。你已把自己的生命献给了别人，却从未企求任何报酬，除了使你的直觉满意之外，你未曾要求任何的回报。

希勒达的玫瑰，纽尼娅的热泪，我那从不信口开河的哥哥寄给我的"证明"，是这样美好。离开居住了二十年的土地，我的心没有对任何事物感到惆怅，没有对任何人心怀憎恶，加上难得的挚友的陪伴和对预料的、将在绥尼山身旁即将出现的简朴、安静、心安的生活的向往——这一切的一切都使我从纽约到贝鲁特的旅程十分舒心愉快。

我离开了美国，但是它那惊人的富足只在我的衣袋里留下了五百美元！不应该责备美国，应该责备我，因为美元只对它的崇拜者慷慨大度。可是我，过去不曾、也永远不会和他们为伍。同时，我同女人们的关系也向我说明了，我出生于世，绝不是为了成为一个女人的丈夫，或是儿女们的父亲。我一生中的工作远远超过了千百万人天天所做的传宗接代的工作。他们是在以人的两部分——男人或女人完成他们的工作，而我的工作却不允许从事此项工作的人与他的姐妹结婚的。

我虽然只从美国的金钱中舀取了微不足道的一小勺，却从物质和精神的经验中舀取了不可用金钱估量的食粮。在那里生活的二十年中，我亲身经历了工业、科技和社会革命的最激烈的阶段。

在这一时期，美国从一个进口国变成了最大的出口国，工厂如雨后春笋般地崛起，有的工厂竟雇用了成千上万的人。工人运动变成了力大无比的巨人。在这个国家里，他们的话和那些有钱、有企业的人同样举足轻重。无论是在田野里，还是在办公室和家庭里，机器已经替代了人手和人脑：它种、它收、结账、印刷、记录、洗衣、做饭、清洗炊具和用具，运输工具从福特汽车发展成各种超豪华的汽车。于是美国拥有从大西洋到太平洋的巨大的水泥路和沥青路公路网。然后又有了飞机。我至今不能忘记，当一架美国飞机用了三十六小时飞越大洋，从纽约抵达巴黎的消息传开时，全世界，特别是美国人沉浸在何等的欢乐中。我也不会忘记那天登上工作商号的平台，观看第一架"齐伯林"号德国飞机安全返回纽约。

这一时期，无线电的诞生可谓迄今为止人类的头脑产生出的最聪明、最惊人的婴儿。它诞生时，曾激起了世界何等的惊呼啊！仿佛它是来自精灵和鬼魂的世界。以前你只能从那里听到嘲笑黑暗深渊中风雨呼啸的罪恶的声音。但它很快就学会了说话、奏乐和吟诗，并开始讲最美好的语言，演奏和吟诵最美的音乐和诗句。

同样在那个时期里，开始了对南北极的探险。刚刚开始兴旺的科学在同顽固的宗教斗争中取得了胜利。美国的一个州曾企图以法律的力量阻止学校教授达尔文主义，可时过不久，它便一败涂地。同时，妇女得到了她们的权利，有了选举权和被选举权，参加了法院、国会、贸易、工业方面的各项工作。又因为妇女也走上社会，参加工作，挣取薪金，所以她们没有足够的时间从事家务，于是，美国出现了一种美国首先接受的生活方式……住房面积缩小，厨房变成了罐头食品的展览会，瓷盘瓷碟变成了硬纸做成的方便餐盘，"三明治"以其方便和节省时间而变成了辘辘饥肠最受欢迎的食品。速度成了生活各个领域中的秘诀。

确实，我正在告别的、记录了我生命中二十个春秋的国家确实是一个矛盾重重的国家，它迅速地朝着纵向发展，但又以同样的速度在横向上缩小着。它在这些年中的一切成就，是任何其他国家在几个世纪中都无法实现的。难道它不是赤手空拳地侵袭了整个世界吗？是的，它没有用武器，但却以它的货物、发明和金钱侵袭了整个世界。"美国方式"风靡世界，变成了最被人喜爱，传播最广的方式。甚至绥尼山上也不乏来自山姆大叔国度的口香糖、胶卷和纸匣！

这是一个没有慵懒、怠惰立足之地的国家。它最憎恶的莫过于僵滞、满足和呆钝。它最喜爱的则是运动、抱负和创新。它迅速奔跑，它知道自己奔向何方吗？因为它的速度已如瘟疫般传播到了地球上其他的国家，那么地球上的全体居民都应该问问：往哪里跑？

大海能回答我吗？绥尼山能为我解答这一问题吗？

第三部

1932—1959

在大海的陪伴下

世间广厦千万幢,少年眷恋第一间。

艾布·泰马姆①说得一点儿也不错。我自1902年首次离开那坐落在绥尼山麓的家后,周游了多少遥远的地方。辗转三十载,在多少个家里落脚并熟悉了它们。而在这些地方所经历的宽裕和贫困、亲切和寂寞、心安和焦虑、开放和封闭的心怀又是多么怪异!但是,无论如何变迁,都有若干根线,不,是若干条粗大的绳索,暗中把我拉向当年张望世界的窗口——白斯肯塔我那破旧的家;把我拉向舍赫鲁布,还有那里的山石、林木、鸟雀;拉向绥尼山和它的峰巅以及洞穴中闪烁的光影或摇曳的树荫。

青年时期,无论走向何方,我都贪婪地端详着大地的面容,无休止地思索这块地域奇异的脸上的任何一个部分,它们都吸引着某个人、某种爬行或飞翔的生命的心。就像思念家乡般思念着自己的出生地、自己的牧场、自己的洞穴和窝巢。这种对根的眷恋,似乎是大自然的一条规律,是生存和传代的一桩秘密。

当我从美国出发前往黎巴嫩时,对黎巴嫩的思念,远远胜过了对亲人、故乡、土地、天空、空气、水以及孩提、少年、青年时代的人生舞台的思念。当时摩西带领族人走出埃及,在旷野中迷失四十年后,思念迦南,我想我对黎巴嫩也是怀着完全一样的思念之情。

---

① 艾布·泰马姆(788—846),阿拉伯阿拔斯王朝诗人。

我开始感到我仿佛已和自己的心，和我主相约在绥尼山准备好的幽居地。我热望自己那独居时的时刻、年月。届时，我将按照它那纯洁的、宁静的启迪清理四十三年来留下的种种印象、回忆、感情、思想以及错综纷繁的思绪。

我唯一担心的是，生活问题可能会搅乱独居的宁静。口袋里有限的美元只够我几个月吃饭；亲人们的收入，尚难于保证他们自己的温饱，而我又毫无希望会给家庭收入带来新的补贴。于是，我下定决心过苦思冥想的艰苦生活，不为钱财折腰。不论有多么诱人的工作，我也不会卑微企求。只有当能以土地收获的纯洁作物或手中秃笔所表达的多思的思绪去换取收入时，我才勉为其难。可是，那时我们的土地对在它那里劳作的人民十分吝啬，拒绝满足他们的要求。而在我们国家里，笔耕的产物却分文不值。我又不甘心为金钱做出自我牺牲。

可是，一想到纳西布弟弟，我顿时豁然开朗。他是一所女子学校的教师。当然，可以肯定地说，他不会毕生致力于教育，一定会以实际行动，在比教学更广阔的天地中，积极开发和使用自己的农业知识。这样他就可以成为家人的坚强支住，替我承担起过去十五年中我为他和大家所承负的重担。

是的，我的独居一定可以实现。那时，我将在那无垠的世界里，即我的世界和宇宙中一切可见和不可见的世界里遨游。疲倦归来时，我将拥有精神就其存在和存在的目的所赋予的一切信念。当然，要做到这一点，必然要使精神摆脱污点、瑕疵。任日月穿梭，也要从不断吸引它以致使它变成其中一部分的毒麦、针刺、灰土和碎石中摆脱出来。如果我的清理工作做得好，肩头的负担便会减轻，我便能心明眼亮，得以专心清理我的精神之家，弄清我存在其中的目的，再进一步开拓实现该目的的道路。

在大海的陪伴下，在从纽约走向贝鲁特的二十天正是这独居和清理的最佳准备时刻。无论是白昼还是夜晚，每当我站在船头或船尾，把我那深沉的目光投向飞溅的泡沫、遥远的天边、黑暗深邃的幽冥之地时，或是追随那时起时落、不断拍击的浪花时，我总感到一种类似幻术的东西控制着我的想象、思维及心脏的每一次搏动！或许这就是幻术吧！

啊，眼前的一切多么辽阔。它包容了地球的南北极、东西方。太阳都无法以一瞥之功环顾它的无垠。我一双肉眼又如何望得见尽头呢？我的视线模糊，眼睛疲劳。看几公里之外的东西，它无异就是瞎子。几厘米之内的东西，它还是瞎子。光线过强，它是瞎子。光线太弱，它还是瞎子。除了那如露珠般纯净，如空气般透明的事物，它无力穿透任何东西。大海绝非一滴露水，也不如空气般明澈，那么，我的眼睛如何能穿透它，到达它深深的底部呢？

可是，自古以来，在千万只眼睛的通力合作下，坚持不懈便可以看清大海，整个的大海。我们有地理学，通过线条和色彩勾画出地球轮廓的地图，它标明了海域、海岸线。又分成大海、小海，都起上名字：太平洋、大西洋、印度洋、北冰洋、南极海、地中海、黑海、红海等。还有不计其数的大海、海峡和群岛。我只看到了占地球总面积四分之三的海洋的极小部分，我应该相信除我的眼睛之外的千万只眼睛所看到的一切，毫不怀疑地接受地图的叙述。我确实心悦诚服、满心感激地相信它，接受它。制定地图的人的眼睛和头脑所做的工作，恰是对我的眼睛和头脑有力的武装和帮助。

我同时也满怀喜悦和激情接受别人的眼睛和头脑所获得的关于海底、海的深度和海的居民的知识。这些知识虽然还不够严谨和完善，但却足以成为我的思想和想象的出发点。请看，这是多么惊人的事实，如果大海枯干，那么埃佛勒斯特①的顶峰将比地球的最低点高出九万英尺！而生活在如此深邃的海洋中的生物已不是肉眼或任何望远镜所能看到的，就连最胆大的想象力也无法想象出这些生物的大小和奇怪的形状。而它们所承受的巨大压力，又不是我们所知道的最庞大的躯体所能承受得了的。

我万分感激地接受别人的眼睛和头脑为我揭示的水和组成水的两

---

① 即珠穆朗玛峰。

个主要元素的学说，这就是在水中以2∶1的成分存在的氢和氧。由此看来，覆盖了地球四分之三表面的大海不过是 H_2O。它在化学家眼中不过是被一个小小的数字分隔开的两个拼音字母。

另外，我凭自己和我的人类兄弟的经验，知道大海尚在跳动，不断地发生着涨潮落潮。实际上，海是一个庞大的炽燃的火滴。它和自己的心脏及四肢紧密联结的目的是在同一时间显示出虚弱和力量。任何一个新生力量，无论它多么软弱，都能分成两滴紧密相连的水滴。可是，一旦它分开了，两滴仍成一体。仿佛水里有除氢氧外的另一种元素，尚未被化学家发现。它的名字嘛，或叫一致，或叫结成兄弟，或叫团结、相亲相爱，或其他表示聚集在一个充满力量和秩序的同一体中的名字。难道秩序最终会变得不和睦、不协调吗？

我凭自己和人类兄弟的经验还了解到只有居住在地球上低潮处的大海能够在太阳和空气的帮助下把水滴送向太空。这些水滴有时以蒸气、雾或云的形式出现，有时它稀少到我们无法看到它的色彩和形态。但是，在绝大多数情况下，又降回地面。你会看到它变成了露珠、雪花和雨水，又会看到它变成了小溪、河流，浇灌着大地上干渴的动物和植物，并将多余的水分送回给它来自的大海。

尼罗河、赞比西河、亚马孙河、乌里诺科河、哥伦比亚河、密西西比河、莱茵河、多瑙河、第聂伯河、伏尔加河、底格里斯河、幼发拉底河、恒河和长江，这些都来自大海又回到大海。任何一滴水，流向何方，就在那里安家。它表面上脱离了大海，实际上却为了继续留在海中，并在其实体中求得对自己的实体的帮助。因此，这种表面的分离，不过是视觉的欺骗。

实际上，大海并非局限我们所见，存在于我们所见到它的地方。他远远超越了我们的视听感觉，跨越了我们在地图上为它划出的海峡岸界。当它存在于我们头顶上的暮色天穹和周围的空气之中时，存在于任何大小植物的根叶之间时，存在于每个生物体的细胞之中和每抔土里时，我们怎么去看它、听它呢？它是我们眼中的泪滴，嘴中的唾液，肠胃中的食物。在我们的生活中，不被我们听到和看到的东西往往比看到和听到的重要许多——任何机体，当它的水分枯竭时，生命就干涸而死了。

水越透明，越轻，最终变成了飞散在空气中的微粒。这些微小的水珠眼看不见，手摸不着，鼻嗅不到，舌尝不出，耳听不见。对于我们的感官来说，它仿佛不存在。可实际上，它正是一切。没有它，任何事物都不存在。

那些小水珠凝聚起来便是无数的水滴。水滴不断合并聚合又成了江河湖泊。它一群群一批批推拥、拍击，便是平日所见的浪花浮沫和听到的涛声、流水声。但无论进退，它们永不分离，互不残杀。仿佛这进退涌动，正是生命的搏击，纯真的挑逗和消遣自娱。

水凝固了，失去了运动和生命，或者说运动和生命正恬静地安睡。可是只要具备了适当的温度，冰又立刻变成水，运动和生命又出现了。

这一切关于海的认识，就是通过自身的和我的人类兄弟的经验得到的。我们的经验又是许多头脑对于外在感官感受的总结。外部感官如果愚钝、迟缓，甚至无力将它在任何瞬间、任何地点所得到的感受传递给思维，那么，它又怎么能传递那些遥不可及的感受呢？又该如何将那些如盲人摸索般得到的错觉传递给思维呢？更有甚者，又该怎样对待那些被程度不同的睡眠、疾病、酩酊、气愤和心理不安伤害了的感官自身呢？

人们说，完人的感觉和思维是可以信任和依赖的，它们所得出的结论是正确的。可是，时至今日，没有人见过完人的尊容，或进入他的住宅。那么，那些尚未达到完人但已经超越了完人所感觉到的和所思考的种种认识就是地地道道地欺骗吗？

我就不知道我是否达到或超越了完人的标准，但是我绝不满足我的感觉，以及我和完人思维中关于海的了解。

我希望对水的了解不限于氧和氢，我要明白：什么是氧和氢？它们从何而来？为什么要以1∶2的比例构成水？它俩以及化合的方法，是否自己趋向于某种或几种目的的自觉的力量？这力量是什么？在哪里？它的目的又是什么？

我想知道：那里是否有一种计划或目的使地球上的水量——可见的和不可见的不比现在多，也不比现在少？谁是策划者？究竟是什么目的？

是否有某种策划或目的使大海、太阳、土地和空气结成奇怪的同盟？谁做出这一设计的？其目的又是什么？如果没有这同盟，地球上便不会有草木、人类和动物的存在。那么，草木、人类和动物存在的哲理又是什么？

是否有某种设计或目的使数目如此惊人，种类如此繁多的植物、昆虫、动物和人并存呢？如此惊人的数量是一次出现还是至今仍在逐渐地由简单到复杂、由单一到繁多地发展，这种逐渐发展的趋势和繁多的数量是否在到达某一限度后，便要终止？

或许，我所认为是"设计""策划"的，不过是一种无目的的、无意识的盲目的偶然。倘若如此，我一直为了某一目的才呼吸、思考而运动的我——在那无思维无目的境界中有什么作用呢？我在那因无思维而不能成为合理之中对合理的热情寻找又在哪里呢？这实在是一种痴呆行为，或者就是常说的疯子。疯癫就是思维混乱或失去思维能力。有思考的人无法跟疯人达成谅解。因为有思维能力的人其话语行动都是有规律的，而疯人的话语和行动恰恰相反。

如果，在我一诞生，生活的世界里充满了混乱疯狂，那么，我打算用自己的思维去理解其行为的企图便十足是疯癫。这样，我和世界便彻头彻尾都是疯子。

可是，我却真切地感到，我内心的和周围的世界无论最微细的部分还是最庞大的事物都是井然有序、循规蹈矩的。宇宙间一切事物的形成、运动、生长、分解也都遵循着一个年年月月永不变更的严格规律。若非如此，人类便无法繁衍生殖、种植收获、纺织穿衣，也不会建房造桥、横跨大洋、飞上蓝天，也不会梦想登上其他星球或从事任何时刻无不充斥于我们生活之中的大小事物。在这万般事物之中，我们都遵循着诞生于其中、生活于其间、又为其而生的规律。

规律否定任何形式的混乱、偶然性和盲目运动。它若失去了目的，便也变为混乱。规律的目的永不离开规律，它同时是创造者，又是被造物。它既是目的，又是实现目的的手段。

现在，我，一个站在万顷碧波中一条航船甲板上的小人物，正在询问海的规律，然后，又自问动机——促使我提出这一问题的动机。大海中的游鱼、流动的水或是从它那里流出又回归到它那里的水。陆地上的动植物、矿物、昆虫都不可能提出这一问题，只有像我这样的人才会发问。如果这问题不合理，它不会出于理智之人的头脑。提问者若不感到回答是可能的、合理的，也不会提出，更不会绞尽脑汁用想象去寻找解答。

我所得到的回答像一束迅速闪动的光线。最明亮的部分该是那些规律，它们主宰着我和大海，主宰着那些充斥于无垠的天穹、已被我看到的和我尚未看到的一切实体。它们既显赫又有威力。我认为规律就是那无始的、全部的、完美的、包罗万象的思维。它是本质之源，是人类的思维，动植物、昆虫的本质以及所有组成液体、固体、生物和无生物粒子的本质。犹如大海不断地把自己分散在地球上，它也把自己分散在宇宙间，永不枯竭。它的馈赠永无休止。

然后，我又发现我的思维和那无始的、全部的、完美的、包罗万象的、不断地发生作用的思维的区别就是树苗和大树、孩子和父母、小溪和大海的区别。一旦条件成熟，树苗长成大树，孩子长成青年男女，小溪也汇成湖泊、海洋。这只是时间和地点问题。时间在无始和无终之间，结果，好像不存在时间。地点包容在无限之中，结果又仿佛没有地点。我的思维和那无始的、全部的、完美的、包罗万象的、不断地发生着作用的思维一样永存，使其萌发生长的条件就是一切时间和地点。

由此看来，大海及其广阔、深远、波动、涨落、凝固、蒸发所表现的一切，源于它又回归于它的泉水、江河；陆地及其内部包含的一切、表面上生长的一切、广阔的天穹及其中的日月、河川及其他彼此间仿佛是空旷的，但又不空旷的空间；生死、生长、分解、苦乐、思念、焦虑——所有这一切不过是包括时间地点的有利条件。这些条件正是那最大的思维为最小的思维准备下，以帮助它萌发、生长、理解，最终变成产生它全部的、包罗万象的、完美的、无始无终的思维。

此外，我不认为——我想别人也不认为——就是地球才为我们提供了最大思维的第一场所和唯一的实验室。最大的可能是，在我们来到这个地球之前，已经知道了很多其他的地方。而且，我们在目前这块土地上生活之后，将会认识更多更多的地方。同样的，以前，我们可能曾经依附在我们今日所依附的许多躯体上。将来，我们也会依附在和现在的躯体截然不同的许多躯体上。地球上有无数试验室，它们并非全为人所准备，也为了地球上其他生物。有些生物远不及人那样会思维，但有些又超过了人。这些实验室中的设施可能彼此互异，手段也因情况和需要的不同而不断变化、更换。最大思维确是手段和改变情况的能力，它是无限的。这些手段和情况促使小思维寻求为实现自我萌发和从限制拘束中走向无限制无拘束的境界而努力。

地球这个实验室中，如果人是思维最广泛的生物，那么，我们把一切星球只看成是这个试验室中的器械和设备，而没有把它看成是部分比我们要先进不知若干倍的生物实验室。这显然十分荒谬。怎能把这些星宿河流认作是地球的附庸，而地球却永远也不去理睬它们中间的大多数呢？在这个大多数中有的距离地球远达几百万光年！那些把地球看作是宇宙中心的人也够无知的了，但更无知的是那些把人看成是万物之主，使人成为宇宙之主的人。

是的，地球是个实验室。在我们思维萌发的这个阶段，它可能是我们和其他生物最良好的实验室。但它不是第一个，也不会是最后一个。我们所做的实验和我们每人所达到的萌发水平有着千差万别，因此，当看到这些东西的大小、形态、色彩、价值，或是判断它是绝对真理还是暂时现象时，产生了极大的分歧。这不足为怪。

有为蜜蜂和蝴蝶开放的鲜花，也有为苍蝇和黄蜂开放的花朵。有为蚂蚁存身的树根，也有为飞鸟栖息的树枝。有的雨水专为岩石倾泻，有的雨水滋润沙漠中的作物。受苍鹰欢迎的阳光不为蝙蝠喜爱。那些为自己的羊羔而生长的羊儿，绝非那些为屠夫所生长的羊。一切在普通人看来是千真万确、永久固定而真实的东西，在柏拉图这一类人看来，不过是对永不湮没的思想的暂时幻想。在我们绝大多数人的眼中，大海这个大思维，只是地球实验室为我们准备的最好的器材，只不过是一个巨大的水库，可从中取水滋润身体，浇灌作物，可以捕捞鱼类、海绵，可以采集珍珠，可以开动商船和战舰，还可以洗濯身子，把脏物和垃圾倒入其中。

海在其未成为海，而以 H_2O 的形式存在时，眼看不到，耳听不见，手摸不着，舌尝不出，鼻嗅不到。当它存在于我们呼吸的空气之中时，同样也看不见，摸不着，听不到，嗅不出。它凝固时，不能运动，失去生命。一旦融化，生命和运动回归。它有时愤怒、咆哮、泛起泡沫，可它的深处却永不愤怒，没有波浪，不起泡沫。这一切，在地球实验室中，为数极少的人能从其意义和启迪中获得收益，而绝大多数人眼中的大海不过是波涛、浪花和泡沫。这三者都像海浪，处于永久争斗之中，同时，又沉入浪花和泡沫之间，使你觉得浪花和泡沫的关系就像释义和词语、果仁和果皮的关系。

*　　*　　*

关于海，我谈得过于冗长，过于庞杂，不着边际。当我撰写书中一个有开始的阶段时，也应该给它一个结尾，现在，让我们把海留给大海自己吧！让我们回到我与大海为伴的二十个黎明之后，船把我送回陆地上的那天黎明吧！

新的黎明,猛烈的打击

我的一生中,1932年5月9日的黎明多么美好!

我们到了贝鲁特港。它正缓慢苏醒,开始了一个与平日司空见惯而活动截然不同的新的一天:迎送旅客,装船卸货。码头上万千种声响敲击着我的耳鼓:车轮辘辘,马蹄嗒嗒,车夫皮鞭的抽打声,脚夫和经纪人的叫喊声——喂、艾哈迈德!哎,穆斯塔法!艾布·祖库尔!还有那二十年前我从贝鲁特公海漂流时不曾听到过的讨厌的声音——汽车喇叭声!

眼前是一片帆樯拥簇的森林。森林后面的建筑物,有的已年迈老耄,有的却正值青春年少。建筑物的后面又是绿色宽广的海岸。可是我的眼睛却从那些桅杆、码头、建筑物和绿色的海洋上跃过,落到了那海岸背后的山峰上。

主啊,黎明时分,峰峦披裹着迷人的透明薄膜。这里像珍珠般闪光,那里映出紫罗兰的高洁,波涛的色彩被镀上金色。比这更迷人的则是被这五光十色装扮的层峦叠嶂,连绵不断地向远方伸展、向高处伸长、伸长……使人觉得苍天恰是依它而立。那里不是别处,就是绥尼山之巅!

依天而立的绥尼山,就在我面前!

眼睛几乎跳离脸庞,心儿几乎跃出胸膛。我多么想在太阳升起之前就到达那亲爱的山巅,幸福地抚摩它那白色的面纱;敞开胸怀尽情呼吸它那冰凉爽神的空气。站在那里俯瞰舍赫鲁布、那里的人和一切,展望大海那披着霞光的波涛,欣赏这长满了松柏、橡树和冬青的峰峦,看那散落在它肩头和怀抱中的农田、村落和那蜿蜒曲折的深邃的山沟。暗夜正在拆除那里的帐篷呢!

我多想和出巢的鸟儿、蜜蜂并肩齐飞,和出栏的牲畜、出洞的爬虫一起奔跑。我愿陪伴着这些生物走上它们独特的谋生之道。这些道路,无论多么的崎岖复杂,隐藏着多少斗争和艰辛,和人类在他们的王国和城市内谋生的道路相比,都是无辜、高尚、纯洁的。更不用说交易所中的投机,工厂、商店、银行里的贪婪,政治的狡诈,殖民主义的欺压,派别的仇视,权势的不义,披着正义外衣的暴虐和虚伪,穿着粗布的淫荡的假面具!至于我心烦耳恶丢在二十世纪的巴比伦中的嘈杂和喧哗,更无存身之地了。

太阳升到绥尼山顶,霞光万道,光芒万丈。黎明转成早晨,早晨变为白天。汽船、码头上的活动更为频繁:箱笼、护照,公安人员检查护照,舷梯上接船下船的人,穿梭不断。

突然,我身边来了两个男人,一位女士。他们是纳吉布弟弟,苏莱曼舅舅和纳西布的法国妻子苏珊。

"你是我哥哥?"

"是的,我是你哥哥。"

纳吉布一把搂住我,亲吻着。我也同样把他搂在怀中,谁也吻不够。他体魄健壮,面容俊美,两眼、外表、动作无不透露着健康和男子气。今天,他又是三个孩子——玛叶、优素福和纳迪姆的父亲了。不过我能感觉到他的热情中隐藏着某种压抑。

苏莱曼舅舅已不是1911年我离开贝鲁特时告别的样子,他过早地衰老,脸上身上一副忧愁和穷困的样子。以前我就知道,他的铺子战后就关闭了。他把白斯肯塔的房子以四分之一的低价押给一个叔伯兄弟。这房子原本不全是他的财产。母亲和另两位姨妈享有比他更多的权利。但是出于对这个不知自重、以赌博挥霍自己财产的兄弟的同情,她们也不再向他要求什么了。

苏珊是一位面容姣好,声调、动作十分持重的女子,眼镜后面露出羞怯和恐慌。看到这个从美国远道而来的陌生男子,她显得局促不安,不知该怎么跟他开口和相处。

我热情地向她问好，问道：

"纳西布呢？"

她低声答道："在家里。"

"哪个家？阿里叶还是白斯肯塔？"

"白斯肯塔。"

"他没接到我的电报吗？"

"接到了。"

"那为什么没和你们一起来呢？"

"他身体不好。"我从苏珊的声音中听到了愁苦。

"什么病？"

苏珊吞吞吐吐，没有作答。我立刻想起纳西布在南希大学学习的最后一年里得的胸膜炎。婚前，他已彻底痊愈。不过从我知道的有关这种病的情况，即使彻底痊愈，几年内，也不应过分操劳和纵欲，否则，两肺会再次感染。我明白了弟弟的病。也许只是大病初起，他会好起来的！父辈和祖辈中还没有人了解这种病症呢。

米哈依尔，这真是一个沉重的打击。但你不能表现得步履蹒跚。你难道忘记了自己和大海，以及关于大海的谈话了吗？使大海流动的规律也同样主宰着你和宇宙万物。那不是别的，就是存在于你血肉之中的思想和心。它只伤害那些一无所知、违拗它、与它为敌的人。如果你不希望它把你碾得粉身碎骨，就顺从它，与它和好吧！

你认为你对自己亲人所承担的物质责任已经结束了吗？这未免有些操之过急；现在，它又出现而且更繁重了，不过，你是不会临阵脱逃的。要站稳脚跟，坚持住！千万警惕，别让你的信仰把最伟大的指导者和它那公正、完善、包罗万象的规律从你那里放跑了。现在，站在你面前的和在白斯肯塔等待着你的人们的信仰崩溃了，力量瓦解了，必须让他们从你的信念中找到支持、力量和信仰。

我告别了我的同志和朋友伊斯肯德尔，相约至少今年夏天在绥尼山麓和城堡附近相会一次。和亲人们来到贝鲁特城以后，我的妹夫和别的一些居住在贝鲁特的亲戚又加入了我们的队伍。

今非昔比,贝鲁特发生了很大变化。码头附近,昔日搭着天棚的狭窄小巷不见了。那时,我必须不停地跳过填满垃圾的小沟,躲避着心安理得地躺在地上或疯狂争抢剩饭碎骨的狗群。今天,不见了!马车也几乎绝迹了,替代它的是汽车。只有那四轮车仍是运输货物的主要工具,而最重要、最令人惊异的是,妇女蒙面斗争失败后,面纱也开始后退了。

噢,贝鲁特确实变了。战争改变了它,托管改变了它,比我二十年前所熟识的贝鲁特宽阔了许多。但是,它和我期望的清洁、有秩序和安静相差极远。它开始自我享受着嘈杂、喧哗、喧嚣,下流话和大减价的高声叫卖。街上店铺鳞次栉比,有门面的小店,流动的货车,头顶肩扛、背负以及随意在人行道上设摊位的。

这座城市的耳朵仿佛是由固定不燃的物质铸成,眼睛是一双无视街道肮脏的玻璃,鼻子永远因患感冒而堵塞,嗅不到柱子前电线杆下尿迹的骚臭。这座城市俨然是形形色色的人和服饰、语言和信仰的博览会。在这里,巴黎的优雅和沙漠的粗俗相会;光脚汉与皮鞋锃亮的先生并行;近东的棕皮肤,远东的黄皮肤,欧美的白皮肤和非洲的黑皮肤混在一起;缠头布伴着巍巍高帽;敞开的胸脯和带着面纱的脸庞同行;教堂的钟声宣告着耶稣是上帝之子,清真寺的宣礼塔证实穆罕默德是安拉的使者,而犹太教堂告诉人们摩西是主的密谈者……一切的一切又都论证了金钱是开启大地幸福和上升天国的钥匙。

处处是托管的痕迹:塞内加尔士兵和他的法国军官到处游荡,绝大部分店铺的招牌都是法文,什么"布恩米尔""本斯瓦尔""默尔西"①等话更是接连不断传入耳中。连大街的名字,也叫成什么"古卢""维昂""克列曼梭""居里夫人"②等。不由得使你觉得黎巴嫩的历史似乎是从1919年开始的。之前,这里竟找不到任何举足轻重的人物,没有美丽的峰峦、汩汩的山泉和河流足以光荣地列为城市街名。

---

① 依次为法语"你好""晚上好""谢谢"。
② 四人分别是法国将军、诗人、政治家、科学家。

但是，为了博取生活和享受，贝鲁特爆发着活力和奋勇精神。狂热程度宛如不肯消退的高烧，在很大程度上为它的喧闹、混乱所补偿。至于它不时感到的抑郁，无知的人们把它归结为耶稣反对穆罕默德，或是穆罕默德不满意耶稣。可实际上，二者均是无辜的。让这个说话，也会让另一个说话。时至今日，它还在让人说话，把恩惠、友爱和美赐给一切光亮、树木、飞虫、水滴、沙石。不过除那些明事理、多思维的人以外，没人能享受这一切了。

相　会

那天,纳吉布租了一辆汽车把我们送回家。当时,有三辆汽车往返行驶于白斯肯塔和贝鲁特接送乘客,弟弟租的便是其中之一。车主兼司机正是我们白斯肯塔人。下午四时许,汽车带着我们向绥尼山奔去。

主啊!山姆大叔的车轮、发动机和汽油,已先我来到了祖国。我侨居地的许多其他我不知道的东西也早我一步到了这里。令人吃惊的是美国汽车长驱直入,开进了黎巴嫩和叙利亚。可是,它从自己本土带来的那些部件名称却弄得这两块地方疲惫不堪。什么"穆台尔""迪克松""费特斯""沙姆比利里""布吉""伊沙布曼""克鲁米特拉吉"以及"舒费尔",等等。我真希望《停下吧,朋友!让我们哭泣》一诗的作者①能从坟墓中站起来睁眼瞧瞧,当汽车登上了骆驼的宝座,飞机在那"狂奔疾退"的比赛中荣获冠军后,这"郝曼勒"的纯正阿拉伯语发生了何等的变化!

一开始,公路是平坦的沥青路面。穿过沿着海岸延伸的柑橘、柠檬和香蕉林,逐渐登上蜿蜒曲折的山路。两旁参差生长着橄榄、葡萄和稻子豆树,间杂有松柏和橡树丛。不久,沥青路面越来越窄,逐渐湮没在碎石路和土路间。正因为它窄长、曲折,才给我那渴望着安宁、和平和美的心带来了欢悦。城市的厂房、商店、建筑、码头、街道在我的胸臆间吹进了爽洁的和风。刚刚踏上这条路时,我真觉得自己正走向神话中的天堂之门。可是一想起弟弟纳西布,这种感觉迅速消逝,心头顿时

---

① 阿拉伯蒙昧时期七位悬诗诗人之一、乌姆鲁勒·盖斯的《悬诗》的第一句。

黯然。我是不是应该抗拒这种想象呢?

按直线计算,白斯肯塔距贝鲁特不过二十千米。可是蜿蜒的山路却把距离拉长到四十五千米。若路面平直,汽车完全可以在一个半小时左右到达。现在不行,土路坑坑洼洼,时而登上山梁,时而进入谷底,最后到了海拔四千五百多公尺的高处。

人在汽车上根本无暇顾及它那破旧的外表、肚子里咕咕的怪声和周身关节的格格声。周围迷人的景色使我忘记了自己,忘记了去想那可能会在同疾病的斗争中失败的弟弟。那多姿的妩媚,在我远离它的年月中,根植于我的梦幻和思想中的如画风光又怎能不令我忘乎所以呢?

但是,我的痴醉十分短暂。离开海岸,登上山顶后,汽车就在一片柏树林里抛锚了。司机下车,打开发动机上的盖子,检查发动机"关节"软弱无力的原因,一脸狼狈尴尬的表情。到了这里,我们的"坐骑"连一寸也不肯前行。当然它不会拒绝带我们向后转。宁肯下山也不愿上去一步。

"不难,不难,先生们。修理厂不远,咱们先回修理厂,马上就修好。"

司机带我们后退了一千米左右。半小时以后,我们第二次上路。可是当来到半小时前抛锚的地方,我们的"坐骑"又停止呼吸,拒绝前行了。于是,司机再一次扮演了上次的角色,用"不难"安抚我们的心。一个接头烧了,好在修理厂就在附近。

我们又掉转方向,向修理厂驶去。毛病不像司机想象的那样简单,不过也不算太复杂。半小时后,我们又上路了。没过半小时,我们第三次抛锚。地点仍是第一次停车的地方。司机沉不住气了,一连串的咒骂像炮弹似的从他嘴里发射了出来:

"罪孽,狗崽子!他们狗屁不通,不懂装懂,把车子搞坏了。这车像钟表一样好使。不过,错不全在他们,在我。是我把自己的车交给他们的。我真是一头蠢驴。太对不起了,好人们,请别见怪。这回,非回贝鲁特不可了。我知道那儿的一家修理厂,和老板挺熟,他们的手艺高明，我信得过他们，马上就修好。没问题，没问题，安拉保佑。"

我们回到贝鲁特，进了我们的司机信任的那家修理厂，在油泥和锤子的叮当声中足足待了两个小时。和我在一起的包括我自己都奇怪，怎么会有如此好的耐心，我的两条腿怎么会不累。要知道，厂里连一张我可以坐的椅子都没有。

已经是晚上七点多了，我还站在那里烦躁地等待着。我同情那个司机，他的车已经坏了，我可不愿意他再失去能挣到的一份工资，更何况他还不时地安慰我："不是大问题，几分钟就行了。"

命运终于宣判了，车要到明天才能修好！

纳吉布只得另找车送我们回家，想找一辆能在夜间通过白斯肯塔那人人皆知的遥远、崎岖、险峻道路的"舒费尔"绝非易事。但是，终于成功了。不过，由此而产生的问题是我无法在阳光下享受从海边到绥尼山沿途的旖旎风光。同时，另一种不祥的感觉又潜入到心底：回到白斯肯塔后，我的生活必将开始面临巨大的困难。

晚上十时许，我们到了舅舅家。纳西布和妻子离开阿里叶的学校后，一直住在他家的楼上。那天，家人、亲朋、邻里全都聚在那里等我们回来，他们在阳台和房内的灯架上点燃一支支蜡烛。可是，当我们久久不露面时，欢乐几乎变成了悲哀，母亲拍着手掌，断定我们在路上出事了："主啊，还不如不回来呐！"我妹妹的痛苦和焦虑不亚于母亲。纳西布为了安慰母亲和妹妹，装得十分镇静。他坚持派车去找。半路上两车相遇。当时，只要有通讯联络，本可以免除这一场担忧。可是，连贝鲁特都没有一架电话，更何况白斯肯塔。

"啊，我的孩子，我的命，我的心肝！让我亲个够！这是给你的，这一吻是给艾迪布的，这一吻是给海卡尔的。啊，我的孩子，我的孩子！"

啊，母亲的一颗心！它仿佛来自另一个世界，由那不知比血肉崇高多少倍的最永久、最圣洁的物质构成。它是给予各种实体以生命，并和那围绕旋转的、无始无终的枢纽紧密联结的奇妙的芬芳，它比时空更广阔，比分解、消亡更强大。

啊，被日月年华玩弄的感官多么幼稚啊！万物不能始终不变。脸蛋、身高、声音、动作永远处于不断的变化之中。眼前，和我互相拥抱的母亲已不是二十年前与我互相拥抱的那个母亲了。皱纹爬上她的脸颊，脖颈和双手的皮肤已经松弛下垂，头发花白，双眼中的光芒已经暗淡，后背微驼。可是她的一颗心没有变，一颗母亲的心啊！

妹妹阿利娅在我们分手时，她还是一个不到十岁的小姑娘，可如今亭亭玉立，有了丈夫，成了四个男孩和一个女孩的母亲。头个是一对双胞胎，最小的才两个月，和他在美国的艾迪布舅舅的儿子叫着同样的名字：哲利尔。

过来了一位少妇，以羞涩的热情拥抱了我，她那柔嫩、甜美的外表，闪光的皮肤，羞怯的目光，甜润的嗓音吸引了我，她真可以成为达·芬奇笔下的对象。这就是纳吉布的妻子泽克娅。我离开白斯肯塔时并不认识她这个小姑娘，但知道他哥哥是我村塾里的同学。

最后轮到纳西布了。六英尺高的个头，宽厚的双肩，大脑袋，健美的体形，柔软而浓密的头发，宽而高的前额，突出的鬓角，鼻子显出十足的男子气，嘴唇看来十分坚决和自信，一对不畏艰险的眼睛，下巴勾画出进取的意志，这是一个地道的健全的身躯，莫非苏珊说的医生的诊断是错误的？纳西布没有吻我，我吻了他，我们紧紧地、长久地拥抱在一起。

大家说父亲必须在舍赫鲁布过夜，到早晨才能来到镇上。天亮了，父亲回来了，他依然步伐坚定，腰身像矛杆一样笔挺，一对小眼睛像过去一样射出亲切、和蔼、温顺的光芒。被太阳晒得黝黑的脸上和以前一样，绽放着纯洁由衷的微笑，显示出坚定的信仰以及对土地和庄稼所做出的功绩的朴素的满足。唯一变化的是年老使他自头顶、双鬓到胡须中没有留下一根黑色的毛发。

纳吉布和阿利娅的孩子都来了。啊，天真无邪的童年，埋藏在童年里的珍宝！当岁月的忧患、卖弄和怪异尚未侵入，令其改变时，童年多么温馨！从侄女玛叶长长的、弯曲的睫毛下一对迷人的黑色的大眼睛中，从她那天使般的面容上，从她那垂落在背后辫梢上的蝴蝶结，和那看来她十分珍爱的鲜艳的连衣裙上，我看到了纯洁、美好、甜蜜的世界，梦幻和秘密的天地。她弟弟优索福吸引我的是他那对人眼睛中的惊异和跃跃欲试的神态，他那小小的身躯难以容纳的活力和那甘于取出口中食送给他人的一颗善良的心。纳迪姆是三兄弟中最小的一个，刚刚蹒跚学步，牙牙学语，却已表现出勇敢和独立的精神。后来，我总把他驮在背上，抱在怀里带他玩，还教他一些英文。

我在妹妹阿利娅的孩子们那里找到了同样的感觉。这些孩子和抚养他们的大人是我今天在白斯肯塔的亲戚。我主要考虑的是孩子们。尽管我们的秉性、气质、特别是思想和生活趋向有着天壤之别，还是应该和他们共同生活，和谐相处。

那天早上，他们把我带到父母和纳吉布家住的地方。这不是我和兄弟们出生的房子了。大战前不久，全家就已搬出今天已成废墟的老房子。新房比旧房约大两倍，离旧房一百米左右。和旧房相比，它有三扇窗子，由铁锁替代了两个门上的木锁，加上屋里的桌椅板凳、柜子、桌布，看上去比旧房子阔气多了，和镇上绝大多数的房子一样，这也是一幢独立的土顶房子。

这就是我在尝试了大千世界后，带着我全部信心和意志返回到的新世界。回家前，我已经知道，这里已不是我先前离开的那个世界，白斯肯塔、舍赫鲁布、绥尼山，一切的一切，今非昔比。一场场暴风，一股股洪流，把成千上万吨泥沙冲入大海，霜雪风化了巨石，四季和环境改变了它的植物，甚至改变了居民的生活方式。但是，也有没有变化的：湛蓝的天空，肥沃的水土，清新的空气，晶亮的星星，鸟儿的鸣啭，柔风的吹拂，晚霞的五彩缤纷和日光月影、婆娑柔枝在山巅、丘陵和深深的洞穴中的舞姿。

我也知道，1932年5月回到这里的已非1911年11月离去时的我，但是，那被我唤作"我"的人，仍然通过隐蔽的道路，将这个回归者和那离去者结合在一起。这里独有的山峦引诱着我，为我备下了多年的独居默思才能实现的愿望。

恢复时期

吻过舍赫鲁布的小棚，吻过棚前那棵古老的橡树和树下的泥土，我面对绥尼山坐在树荫下。眼、耳、血、肉、心绪、思想统统都沉醉了，沉醉在佳美和欢乐中。

天比镜子明亮，和风更比梦幻中情侣的耳语温柔，阳光照射在绥尼山顶上散落的积雪，宛如魔术师手掌上跃动的珠宝。金色的金雀花仿佛是绿树和白石间舞动的火焰。忘却一切，一心惦念自己的窝巢和幼雏的鸟儿，它的鸣啭让人想起赞美诗、欢呼声和奉献的牺牲。舍赫鲁布巨大岩石下的燕雀掀动羽翼时，仿佛无数支笔用惊人的速度在空气的表面画着、写着。离我几米远的绥尼山泉潺潺流淌，为那忘却了周围一切和像我这样渴求静谧和安宁的冬冬日哼起温柔的催眠曲。

头顶、脚下的一切，面前、身后的美丽和欢乐，使我处于一种近似眩晕的状态，甚至觉得绥尼山、舍赫鲁布和周围的一切正携手并肩，为这位离开了又回到它们怀抱之中的聪明孩子准备接风筵席。这正是那"死而复生，迷途知返"的孩子。万千深重的思绪猛烈撞击着我的心头。多想用心地迷恋拥抱那看见、听到的一切，用自身的血和肉去滋养、浇灌它们，以表达它们给我恩赐的感激之情，可是它们远比那需要感恩的事物更为伟大和慷慨。

突然，一个念头在心田上漾过——我正享受的沉醉，走向消亡，不会久长。一切在产生过程中得到过我帮助的东西和感觉也正在走向消亡。啊，这想法使我痛苦，像泼在火焰上的冷水折磨着我。可是不久，我又对自己说：是的，万物走向消亡，感觉走向消亡，但是美却是永存的。它的价值正是精神从感觉和事物的相会作用上提取的。这些价值就是事物和感觉的精神,也就是精神的灵魂。精神存在,灵魂不灭。而也有些人,他们的美在走向消亡,他们的精神没有灵魂,诅咒他们吧!

那天,我从前来问候迎送的烦琐应酬中逃了出来,这是我回来后在舍赫鲁布的第一个白天。我让自己的心观察了这珍爱的土地上的每个角落,从南边谷底到北边高耸的岩顶。我踏上多年前走过的小径,像孩提时代那样让绥尼山泉的水洗濯着手、脸和脚。无论走到何处,那遥远的昔日的画卷和记忆伴随着我的心房,我觉得已不是孤身一人。我是一群人,我正生活在许多世界之中,绝非这狭小的、只包容我和人们目光所及的事物的世界。

眼前的舍赫鲁布和二十年前我离开时无甚差别,那屈指可数的变化也就是白斯肯塔人修了从镇上开到绥尼山泉的汽车路,还有一个水果园,一株挺拔的栗子树,一片核桃树,和母亲在战争年代亲手建起的蜂房。

1911年秋我走了以后,父亲开辟了这片果园。绥尼山是最先发展果园的,后来白斯肯塔又发展了两处。这片是三家果园中最早的一个。父亲成了这一带果树种植的三位先驱者中最早的一个。托管初期,法国总督到这里参观,对他们三位的聪明才智曾给予表扬。可是,1929年至1930年冬天,山区一场罕见的大雪和霜冻,使舍赫鲁布的果园遭受沉重的打击。很大一片土地上,只剩下悼念自己昌盛、肥沃和青春的树桩了。母亲说,饥荒猖獗的年月里,果园的果子救过不少人的命。母亲从未让那些乞求些苹果、桃子、樱桃充饥的人们空手而归。

蜂房确实是我在舍赫鲁布见到的最重要的新生事物。对我来说它们的意义不在于酿制美味蜂蜜,主要为我提供了与蜜蜂交往的机会,使我能就近观察它们奇妙的天性。当我读了穆里斯·米特林科的《蜜蜂的生活》一书后,这温和、洁净、勤劳、慷慨地生活和活动着的昆虫,激起了我的惊叹和好奇。也许将来我会以更详细、更有效的语言和你谈谈这令人吃惊的生物。现在嘛,我们还在谈舍赫鲁布、舍赫鲁布的居民以及他们在这里付出的辛勤劳动和从它那里得到的微薄收入。

我从未梦想过能有可拉那么多的财产，去实现名誉、富足和享受。但我却希望有足够的钱财，消除舍赫鲁布土地上的艰难险阻，铲平崎岖，提供足够的灌溉用水。对改善、美化和组织的热爱在我的血液中沸腾。减轻劳动人民的重担，简化他们复杂的劳动，是我的愿望，它伴随着我的热血在周身流淌。更何况，他们就在我家里，和我有着血肉之缘！

我热爱土地和它生长的一切；热爱家畜吃食地上的牧草，鸟儿捕捉地上的虫豸，热爱人们在地里劳作，以地里生长的麦菽瓜菜为生。但我不赞成像我父亲这样的人。他已年近八十，可还在不停地干，直到咽气。现在，该是他休息的时候了。我也不喜欢像弟弟纳吉布那样的青年。每年，从春干到秋，不见他放弃过一天沉重的劳动。为了在这山上多收到一粒麦种，他忍受着形形色色的忧愁和辛劳。先是艰难地撒下种子，然后精心管理，直至成熟，再用手和镰刀收获，弯腰背到打谷场，用牛轧麦，用掀扬净、扫起、晾干，最后用毛驴把麦粒和麦草运回家。多么冗长、烦琐的劳动，耗去多少汗水，带来了多少腰酸背痛和神经紧张。一旦歉收，农民得到的只有种子或略多于种子的收成，那该是何等的失望和不幸！

我并不认为对工农辛劳的同情是徒劳无益的，每当我的目光落到舍赫鲁布破旧的果园中干枯的树根上，总有一种被折磨和侮辱的感觉。我喜欢建设，厌恶破坏。破坏是沮丧、投降和自杀的表现。我生性不沮丧、不投降、不自杀。我要的是振兴和崛起：一定要前进，一定要让舍赫鲁布的果园展新貌，一定要把果树种到我们镇上的果园里种桑树的地方。因为桑树的时代已经过去了，随着天然丝和人造丝的激烈竞争，天然丝的时代已逝去了。另外，我母亲也应该放弃那令人穷困的养蚕业。眼高手低怎么办呢？上哪儿弄到我希望的革新所需要的经费呢？

问过弟弟后，我发觉口袋里剩下的钱还足以实现我的愿望。那时，一个工人的日工资是半个黎巴嫩里拉，需用的石料等也不贵。所以我应该大胆地着手干了。

纳西布呢？

他已成为我回来后最大的忧虑。每每想到他,心头枞满乌云。我和他一起到贝鲁特找专科医生检查过。医生认为他进疗养院比留在家中有利于健康的恢复。于是我们把他送进疗养院。每星期我和他的妻子都会看望他两三次。

米哈依尔,没关系!哪怕问题成堆、困难重重,也无所谓,一把钥匙开一把锁。不过,办法只属于那些善于寻求、善于使用的人们。在人们看来是难题的那些事物,在你所信仰的永恒、完美、包罗万象的规律中并非难题,它只是规律的一部分。你应该用自己的思维、心和精神去解决它。

打开任何难题的钥匙不会自动地、盲目地在你面前出现,只有当你用自己做过的、思考过的、企望过的事情把它向你拉拢时,它才出现在你面前。它的到来,要以规律对你的信心进行考试。背离了它,再拉你回头。它是你的教导者、警告者和布道者。如果你想彻底摆脱困难,就应该使自己的眼、耳、手、思想、意图和心摆脱使你偏离上述规律、给你带来困难的一切。

满足吧!你今天所处的环境,正以它的和平、安宁和美帮助你实现这一摆脱和理解。前不久,你还被不断的喧嚣、混乱和各种疯狂、强烈的欲望包围着。坚持吧,米哈依尔,坚持这规律的哲理、正义和美吧!将你的思维、心和灵魂的大门向诱导和启迪你的光明敞开吧。

新　生

回家两个星期后，白斯肯塔觉得应该对我来个集体欢迎。负责安排欢迎会的人十分高明，选中了俄国学校的大厅作会场。过去我在这里读过小学，现在由地方的正教会管理。三十年！我离开它整整三十年了。

站在那挤满与会者的大厅里，回忆和激情不停地撞击着我的心。就是在这座建筑物的地上、墙上和天花板上，我的想象——不是我的眼和耳——记录下了我童年时代的影子、声音、足迹、梦幻和痛苦，也有陪伴过我、教导过我的人的痕迹。今天，这些人中，有的已消逝在另一世界的帷幕之后，有的还在呼吸着这块土地上的空气，有些人就坐在欢迎的人群之间。

人们之所以来欢迎我，是因为他们读过、并喜欢上了我写的一些东西。可以肯定，除了极少数之外，绝大多数没有自己读一读我写的一个字。不过他们听说他们欢迎的这个人确实做过点儿值得他们敬重的东西。那个"东西"就不是他们那些漂洋过海的男男女女想要得到的东西了。这是一种全新的东西。不管如何，他们非常想知道有关那个"东西"的结果，更何况他们熟识这个侨胞生长的家庭，认识他的父母兄弟，知道他的舍赫鲁布。所以大家愿意过来看看有血有肉的他，听听他讲话，说不定会弄清他为什么值得大家敬重。

站在我面前的男男女女中，有教师、学生、医生、律师，也有商人和宗教界人士。但绝大多数还是农民。他们过去是，今天仍然是最贴近我的心的人，最值得我尊重和爱戴的人。因为他们对人们最有益，但又最不受人们尊敬。因此，我应该表示出自己对他们的极度尊崇和爱戴，说明他们在我眼中是伟大的。说不定，这样他们自己也会看得起自己。同时，我还应该向他们阐明山里的生活带给他们的恩惠。对于后一点，他们几乎一无所知。于是，我对他们说道：

白斯肯塔人，我的血肉！

二十年来，我始终面对大海，背靠绥尼山。而今天，就是面对绥尼山背靠大海了。我在这二者之间，仿佛置身于一个新的世界，获得了第二次新生。

我不是创造奇迹的先知。但自从我回到你们中间，奇迹就始终包围着我，我仿佛来到了神奇世界。望着童年时攀登的山，觉得山似乎爬上了我的心头；看着我昔日走下的深谷，觉得深谷好像落进了我的心底；放眼我从前走过的果园、葡萄园和田野，仿佛觉得它们正行走在我的胸臆之间，那里的每一棵树都根植在我心中，每一只在田里劳动的手真像在我的心田里劳动。

我每抚摩一块石头，都能看到纯洁和美的泉流从它那里迸涌；每听到一声鸟的鸣啭，都听到了天使的乐队在齐声歌唱。主啊！上帝！每当我仰望天空中的星宿，都看到那里垂下神奇的天梯，这是联系着天上和人间万物的友爱之梯……

当我离开这块土地时，我只有一父一母。今天，我在任何一位父亲那里，都看见了我的父亲。每当我看见怀抱孩子的母亲，仿佛看到那孩子就是我自己，他们的母亲就是我的母亲。以前，我只有一个家。现在，你们每人的家中都有我的住所。让我享受这般恩情的主是多么慷慨，认为我应受这般恩惠的你们又是多么善良！

然后，我向他们说起了离乡和侨居。我对他们说：

宇宙中唯一真正的离乡感就是人离开了他的主——离开了他的心——的感觉。

你们听到的为获取高官、财富和荣耀而漂泊他乡实际上只是一场梦……什么样的爵位值得漂洋过海为它去冒险呢？莫非是你高居山巅，你的邻居沉落谷底，找不到一条可使你下到他身边，或使他上升到你这里的梯子？什么是荣耀？难道莫非就是你的邻居流淌血汗，买来香火，在你面前焚烧，而你却因他的香火和穷困成就荣华富贵吗？什么是财富？难道你大腹便便，你的邻居饥肠辘辘；你衣着华丽，他赤身裸体吗？相信我！这种生活既非享受，也无幸福可言。

我想向他们讲明工作的神圣、美好的崇高，于是给他们讲了下面的故事：

一天，一位前来问候我的女士把她的手放在我的手上，说：对不起，我的手太粗糙了。我回答道：不，是我对不起你，我的手太细嫩了。当时，我十分吃惊。这只慷慨赠予的手竟向索求拿取的手道歉。现在，我要对你们说：因劳动而变糙的手是和天主的手相握的，她帮助天主的手，制造了大地的思想。谁因为这双手羞愧，谁就因自己的主而羞愧。与此同时，柔嫩的手只和魔鬼的手相握。

无论是这次讲话，还是在黎巴嫩、叙利亚、巴勒斯坦的各种场合，俱乐部和学院中讲话，我都十分注意。只讲我的思想和心里话，不装腔作势、不偏袒一方、不阿谀奉承、不逢迎拍马，甚至没有一次使用过那低俗的称呼："女士们、先生们！"

写到这里，我记起在大马士革的一件事。一天，我被邀请在一个共和国总统将要出席的庆祝会上发表重要演讲。陪同我出席庆祝会的代表团来到我下榻的旅馆。代表团团长一本正经但又十分羞涩地说：

"先生，按照我们的常规，在总统出席的场合中，讲话只能对他一人，不是说给其他人听的，因此，开头应该称呼：阁下。"

"那么，就别让我参加好了。"

我的话使团长和随他前来的人瞠目结舌，不一会儿，他讷讷地说道：

"先生，您是在开玩笑吧？"

"不，我非常认真。"

"必须这样吗？"

"是的，必须这样。"

"你在同总统讲话中用了'阁下'一词，对你会怎样呢？"

"我不愿意侮辱自己，也不愿意侮辱他，还有你们和其他的听众。"

"我不明白，这有什么侮辱可言？"

"我不明白什么是'阁下'，为什么会有那么一个人成为'阁下'，而你、我和其他人却不是阁下。在我的眼中，也许你比阁下还要尊贵，你怎么能希望我驱使我的嘴讲出我的思维不肯接受、我的鉴赏力鄙视、我的思想讨厌的话呢？我的语言、思维、鉴赏力和思想相互联系，彼此和谐，关系紧密，绝没有一个欺骗另一个的现象。"

争论以代表团和团长的妥协而告终。"阁下"一词也没有在我的讲演中出现。从那时起直至今日，我始终在我的讲演、文章和广播稿中坚持这一做法。可是，东方人，我们的东方人，却仍然像孩子们喜欢洋娃娃一样，热衷于虚伪的形容和假惺惺的头衔。仿佛他们的精神成熟仍处于儿童时期，或者是潜入他们内心的自卑已经根深蒂固，想要消除它竟比切除肿瘤更为艰难。这里甚至知识分子也拼命想弄到使他们区别于平民百姓的一枚奖章，或是什么标志和头衔。而黎民百姓争先恐后地向这些标志和头衔表示出赞赏和尊崇的同时，又拼命贬低自己。

白斯肯塔的欢迎会开过几天后，"文学团结会"又邀请我参加了它在贝鲁特安比尔剧院为我举行的欢迎会。会前，报纸发表了我的简历和一些诗文。这为欢迎会的召开做了准备。据说，那天与会者的人数竟达两千人之多。在这次集会上，我也同样向听众讲了被我叫作"机器和时间的文明化"的西方文明化破产的感觉，我也讲到自己确信东方的活力将以其知识的精华传向西方的使命。当然，我还说到了自己是如何陶醉在黎巴嫩山峦的美丽和和平的妩媚之中，我讲了当时美国正在财政和经济危机中挣扎：

这不仅是美国所遭受的灾难，也是世界性的灾难，是头装在口袋里、心长在工厂里的文明化的灾难。如果你扎紧口袋，就等于扼住它的脖子。如果你关闭它工厂的大门，你就关闭了它的心门……

诅咒那些人吧，他们制造了使大地上福利增多的机器。福利增多，它对人们的噬咬更残酷。诅咒他吧，他休息后，辛勤劳动。可是当他得到休息时，又不知如何利用，竟把它作为牺牲奉献给魔鬼。诅咒他吧，他寻找缩短距离的办法，使自己原地不动。如果他能为自己装上一对翅膀，从厌恶飞向友爱，从艰辛飞向幸福，我们就要说：天主赐福给他们一对翅膀吧。可是实际上，他却带着大地上所有的厌恶、忌妒、贪婪、忧愁和空想在天上飞行。所以，无论一小时飞上一千英里还是一英里都无所谓。他对自己的心的了解和未知之间的距离却依然如故。

你们为祖国的历史无比自豪，把它称为"先知的摇篮"。可是当它今天已变成孵育幼雏的鸟巢时，这摇篮对你们有何裨益？

当你们的先知没有把光照进你们胸间时，你们能从他们那里得到什么好处呢？你们已经把他们埋葬在书页里和寺院的黑暗中，但愿你们再把他们埋葬在你们的心中。你们的先知教导你们要把自己暴露在真理面前，既不能趾高气扬，也不要卑躬屈膝，而无论自己所承担的义务如何，都应成为平等百姓。现在，你们在你们中间挑选了一些人，给他们冠以"阁下""仁人""殿下"的高帽,而其他的人竟仿佛是生活的渣滓。你们就这样把卑微放进心间,嘴里却声声要求显赫之职。你们喉咙里唱着自由,可却在灵魂深处为奴隶主义修筑了巢穴。人就是人,这荣耀还不能使他满足吗?

我还听你们说:我们的国家气候宜人,风景优美,但是很穷。人们没有告诉我这是什么样的穷困。是你决心劈开岩石,种植葡萄、橄榄和麦子的穷困吗?是你啜饮清泉、呼吸清新空气的穷困吗?是以地作床,以天当被,享受健康的穷困吗?或者说,那穷困就是你没有食用你亲朋之血和的面做成的大饼和用他的厌恶和痛苦烤成的面包,而是靠自己的汗水和信仰之火做成的面包而活。

对你们认为贫穷的国家的美,我能说些什么呢?它的海洋、山峰就足以使它无比妩媚了。一尺布、一个葱头的钱少得可怜。但那些风掠鹰栖的巨石,那些松柏、冬青和香草茂盛的山丘,那些充满和平气息的深谷,那些给你带来阳光和芳香的和风……这一切,你又该怎样去估量它们的价值呢?

我接着就大海和绥尼给我的一切做了简短的发言:

大海告诉我,生活就像一滴滴水和一片片波浪那样紧密相连。大海还告诉我,因为它无私地以自身之物赠予他人,所以它不满盈,也不亏损,不会出现任何危机。在大海表面上拍击的浪涛永远自我拍击,留下的只是浮沫和涛声。可是在大海深处,既没有争斗,也没有浮沫和涛声。那里是永远的平静。

绥尼山教给我如何将那机器和危机的文明化抛入山岩的石缝中。如何用飞鸟的鸣啭扼住它的长叹,用花香纯净它的呼吸。我一丝不挂地站在这伟大的艺术家面前,亲眼看着它在岩石上刻出令我心荡神驰的一尊尊石像,在田野里画出一幅幅令我精神痴迷的画像。于是，我仿佛就是那位艺术家，就是他创造的一幅杰作。

我这样结束我的话：

  同胞们，不要让眼花缭乱的西方文明的闪电晃瞎了你们的眼睛，那是勾魂的欺人之光。不要让那震惊心灵的雷声吓住你们，那是死亡的哀鸣。不要因为自己的旗帜没有在世界民族的前列飘扬而闷闷不乐，我认为那些飘扬的旗帜全都浸染着鲜血、掠夺和恐怖。

  你们的国家是劳动与和平之邦，你们奉献给人类仓库的不是坦克、装甲车，而是富有成果的劳动和令人心旷神怡的和平。你们的国家是灵感和美的土地，给你们的兄弟们奉献上灵感和美吧！愿你们的旗帜永远光明、正道和友爱！

舍赫鲁布的隐士

和往年夏天一样,我的家又搬到舍赫鲁布。为写作和默想,我必须离开人聚集的地方。我在舍赫鲁布的北边,选了一块巨石环抱的空地,用树枝搭起一座草屋,亲手做了两张写字台和一只凳子。回国初期,我就下定决心。不读当时刊发的报纸,以免让消息破坏了我独居的清净和我的思索。

除了吃饭、睡觉、接待客人,手边没东西可写时,尽可能帮助父亲和弟弟在田间劳动。我的全部时间都是在这草屋里度过的。当我操镰割下麦穗,在场上劳作,用绥尼山泉浇灌庄稼,放牛吃草或把它赶向水边时,都感到了极大的喜悦。我干的活儿有限得很。因为身体条件只允许我像搞体育锻炼或调节精神那样地从事这些劳动。邻居或是白斯肯塔的过路客看见几天前还被他们深情接待过的人居然手持镰刀、木棍、铁锹,或赶牛吃草、饮水时,都十分惊奇。我一直愿意身体力行,用语言和行动向他们表明我对土地的热爱,对田里辛劳的人们的高度评价和对于有钱人、政界人士及一切权贵所使用的卑鄙手段的蔑视。我希望这些毕生和土地、牲口打交道的人不要把我看成是一个和他们有距离或高高在上的人,完全应把我看成是他们劳动队伍中的伙伴。

一天傍晚,我正把牛赶到离路边不远的地方,看见一个青年提着箱子急匆匆地走着。待与我平行时,停下脚步问,舍赫鲁布还有多远,我答道:

"这儿就是舍赫鲁布。"

"努埃曼的家在哪里?"

"离这儿再走两百步。"

"你知道,他今天在家吗?"

"在。"

"你说,我能见到他吗?我是远道来的,没有找到汽车,我就从白斯肯塔走来了。"

"实际上,从白斯肯塔到这一带,最好的交通工具莫过于步行或骑牲口了。除非你肯高价租车,否则汽车不会到这里的。你从哪儿来?"

"叙利亚的萨非塔。"

"你是专门来找米哈依尔·努埃曼的?"

"是的,专门来找他的,但愿能见到他。"

"那么他就在你面前。"

青年顿时目瞪口呆,以为我在和他开玩笑。他万万没有想到,站在他面前的这个放牛的会是那位大名鼎鼎、如雷贯耳的米哈依尔·努埃曼,可是当他看到我脸上的微笑时,结结巴巴地说道:

"你……你就是他……你放牛?"

"有什么不可以的呢?我想你总不会因为餐桌上的牛奶、奶酪、黄油羞愧吧。那么你又怎么会因为放牧这一切恩惠的根源——牛而难为情呢?"

回首往事,我讲的这个故事不是发生在那年夏天里,而是第二年。它只是我正在撰写的这一节的开头。

回国后在舍赫鲁布度过的第一个夏天的一个黄昏,一个约莫二十岁的年轻人来找我。他随身除了一个钱包,没有携带任何行李。他的问候充满热情和思念,他告诉我,他叫陶菲格·阿瓦德,说完立刻又了加一句:

"当然,这名字对您毫无意义。"

我答道:"不。不过我过去好像没有听到过这个名字。"

"可是我们之间却有关系。你给予过我巨大的恩德。"

我竭力在头脑中搜索这个名字:

"能告诉我那是一种什么关系吗?什么时候产生的?那恩德又是什

么呢?"

"你不记得了,贝鲁特的耶稣学院里有一个叫艾布·鲁法依勒·纳赫莱的神父给您往纽约写过一封或几封信吗?"

"记得。我记得他的名字。我还记得他把我和笔会其他一些成员的诗文译成世界语,也给我寄过一份出版后的译作。"

"还有什么?"

"他还给我寄过三首阿拉伯文的诗歌,题目是《母亲》,那是他学生的作品,不过他没有告诉我是谁,只希望我能谈谈这三首诗的作者的才能。"

"你还记得如何回答的吗?"

"我记得选了一首,说诗人闪烁着才能的火花。"

"我把你的回答牢记心间,至今还保存着一份。老师在全班读了你的回信。我刚一听到,欣喜若狂,高兴得几乎要飞上天。你选中的那首诗正是我写的。"

"那么希望我的预言实现。"我答道。

年轻人和我一起在屋顶上搭的、专为睡觉用的帐篷里过了一夜。帐篷外搭上粗布,里面放了两张木床。正因为他是诗人,又是在黎巴嫩农村长大的,因而深深地领略到绥尼山之夜的美:群星闪烁,仿佛近在咫尺,随手可摘,比在海边和城里见到的还多,还明亮;溪流潺潺,树叶沙沙,秋虫唧唧,甚至被认为是永恒之声的鸥鸟的叫声都给夜的静谧增添了魅力和威严。

我不知多少回躺在小屋的床上。纯洁、凉爽的秋风轻拂脸颊,挑逗着睫毛和头发,情不自禁地想起了在纽约的那些住所和栖身之处,对二者进行了比较。我感觉到,得到如此的享受,天主真是太慷慨了。白天,它给我充足的阳光;夜晚,赐我宁静、和平和那无穷无尽的感觉。周身没有丝毫肉体的欲望,没有怀疑、仇恨、憎恶,抑或对他人财富和荣耀的希冀与垂涎,看在慷慨的天主份儿上,在那没有暴雨,温和适中的六个月里,这一切都是无偿赐予的!

翌日清晨,我携同客人来到舍赫鲁布山谷,观赏绥尼山顶的日出。

整天，我们谈话的内容几乎都围绕着思想和文学。陶菲格·阿瓦德为这次来访写了一篇长长的采访，以《舍赫鲁布的隐士》为题，在诗人白沙莱·郝里主办的《闪电》杂志上连载。

看来，陶菲格·阿瓦德给我的这个绰号颇受许多专事口、笔之职的人的欢迎，他们只要写到我、谈到我，便将绰号和我的名字联系起来。引得许多读者把我想象成禅房中的修士、洞穴中的隐士，与世隔绝，拒绝与人相见。也许正是这个原因，促使《新月》杂志在若干年后要求我以"我为什么要与世隔绝"为题写点儿什么。下面是我这篇文章的片段：

> 我从美国回来了，耳际回响着形形色色文明化的喧哗，脑子里堆积着一座又一座思想的火山，心中揣着那可消除耳边的喧哗、脑中的火山和解除心中部分怀恋和思念的愿望。那时，舍赫鲁布对我十分慷慨。对我所希望的独居没有丝毫吝啬。它敞开心胸，张开双臂。于是，我在一个山洞中度过了我绝大部分的白昼。我思索、冥想，清算往昔，揭示内心，打开灵魂的窗口接受上帝之光。有时又举笔著书，著书不就是和人们交谈吗？
>
> ……我没有离开过人们，人们也没有离开过我。和我的心一样，我的家门日日夜夜，冬夏常开……和大家面对面交谈，总比用笔和纸为好，我获得人们的了解胜过我博得他们的青睐。时间对我来说，并非黄金。我解除忧伤者的悲愁，把光明、信念和希望输进每一颗被怀疑和沮丧笼罩着的心坎里，要比我拥有大地上全部的金银珠宝还要宝贵。
>
> 不过，我在处理人际关系时，十分注意我的独身和独居，对它的需要如同对面包、水、空气一样重要。事后，我必须有几小时远离人们，对交往中的一切进行消化。可是，如果让我和某些人一起，沉入他们的难题在我耳际激起的泡沫之中，或是让我的舌头和他们一样，在相聚时说东道西胡扯一通，或

是让我佯装"同甘共苦""结党拉派",热衷于政治和社会的纠纷,或让我为他们的光荣而酩酊,为他们的疽痈而长疮……这都是我无法做到、不能忍受的,我和他们的生活目的迥然不同……

钱和笔

我的钱袋马上就要空了。疗养院里弟弟的健康每况愈下。他的主治大夫对我说他的病传染,细菌以惊人的速度在繁殖,没有药可以根治。他还说,弟弟的左肺几乎无法工作,右肺尚完好无损。在这种情况下,应该在病菌未侵入健康肺叶之前,把病灶治愈。

"人可以依靠一片肺叶生活吗?"我问。

"可以,但需要格外调理和采取预防措施。俗话说:聊胜于无。"

当我把医生的话告诉弟弟时,他竟连眼皮也未眨一下,脸上和声音中没有任何不安和痛苦,他说道:

"我生来就两叶肺。我宁可带着两叶肺死去,而不愿靠一叶肺活着。"

我对弟弟平静、果断、坚决的男子气回答,十分钦佩。我俯身亲吻着他的前额,真怕心中的泪淌入眼眶。最后只简简单单说了一句:

"你是对的。"

是的,眼前这个汉子需要的不是鼓励和安慰。相反,也许我对鼓励和安慰的需求甚于他。别看我虽然坚信生活的哲理、规律以及它在一切事物中所表现出的公正,却无法冷漠地对待肉眼看不见的细菌吞噬着弟弟美好的躯体。对这些病菌,我既无力消灭它们,也不能把它们毁坏的一切复原更新。消灭了这个躯体,不仅消灭了它美好的青春的希望,也动摇了和它有密切联系的其他躯体的支柱。

如果我看到孩子在堆泥沙之塔,然后,这个用手,那个用脚,还有的拿起棍棒和石子把塔毁了,我会说:这是孩子的鲁莽,幼童的无知,他们不知道把自己过盛的精力用于吉祥、幸福的事业。可是，如果我目睹生命建设了星宿、高山、云杉、雄鹰、鲸鱼、狮子或任何可见之物，不久又把它们捣毁时，我的头脑里一定会产生千百个问题。我怎能眼看着它用极为精美的艺术"建"了一个人，用奇妙的发动机让他思索、追求、希冀幸福和完美，但没多久，又听任这个人变成病菌和蛆虫的美餐呢？

但愿生命"修造"了人以后，在毁灭他时，别让他感到痛苦。或者给以一定的时间，让他感到仿佛已到耄耋之年，毁灭他更胜过让他生存。可事实是，生命竟把人毁灭在青春的摇篮里。毁灭他时，又想方设法让他受尽痛苦和折磨。很少有人不遭受痛苦而死的，也很少有两个人死得完全一样。这一切的哲理何在呢？

我说的是哲理，不是非哲理。因为我对生活内在和外表的不断观察，使我确信生活的基础是规律。任何符合这个规律的不会发生混乱和偶然。在生死、享受和痛苦以及形形色色的生长和瓦解的现象背后，有一种超越了我今日所知的哲理。但它不会永远不被我认识。因为那一部分的哲理，就是用无止境的考验逐渐扩大我的知识范围，考验的本身包括了享受和痛苦、生与死、生长和瓦解。

够了，米哈依尔，这般冥想有何裨益？你亲爱的弟弟正在你的眼皮底下枯萎，可你却没有耶稣的一句话、一投手即可消病除灾的能力。你的钱袋需要人援助。你认为已经从它控制下解脱出来的可诅咒的金钱如今又扼住了你的脖颈。你从哪儿得到援助呢？

你在自己的世界中得到的名声已变得徒有其名。来访者踏破门槛，为你举办大大小小的集会，学校、俱乐部竞相邀请你去讲演。只要能为你鼓掌喝彩、能为你准备往来的交通工具，便认为已经完美无缺地完成了对你承担的义务。他们好像不把你看成一个常人，你准备讲演时，不需要吃、喝、穿，不要笔墨，无须熬夜，劳累思想和身体。似乎这一切圣灵已为你准备妥帖了。

另外，你的"货"是话。在东方，什么时候见过话有价值？它不过是海滩上的沙粒，如果你是请你讲演的学校或俱乐部中的警卫、清洁工、厨师，或者你是个小丑、摔跤手、拳击运动员，那么你可以拿到工资。如果你只讲上一个、半个钟头，那么，就拿掌声当工资吧！

"当兵的没钱花了！回家翻翻你爹的老本子。"这句民谚提醒了我。可我父亲既没有老本子，也没有新本子。倒是我还保存着从侨居地带回的一些本子和纸片，上面写着一些我未在《筛》集等书中发表的小说、诗歌和文章，这些东西即使在今天将其汇集成册，也不会成为对过去的系统的回忆或被认为是普通陈列物的"逃兵"，它是某时某刻、随时随刻笔下的产物。

就这样，我将一批文章汇集成册，叫作《旅程》，意为"生活的表面和深层旅游"，至于诗歌和文章，暂没收入。成集后，面临的问题是：怎样出版。

贝鲁特印刷厂、书店不少，但没有一家出版商肯冒风险给一个新的作家出版一本新书，并授予版权。如果有书店肯自掏腰包出书，那么，这些书肯定是《希莱勒人西行记》《安塔拉传奇》《赛义夫·本·泽耶齐》或是什么宗教书、古代著名的作家或诗人的作品。至于新的翻译和作品，作者必须自己出钱，或将版权让给冒险出版自己作品的印刷厂或书店。

所以，我也只能自己掏钱出版《旅程》。手里钱不够，去借。同时，不得不自己负责印刷，挑选纸张、油墨、封面，确定字体、规格、行距，还要亲自校对。那时的印刷马马虎虎，既不注重外表，也不重视印刷质量。如果一本书中的印刷错误少于一百个，那就算是一本印刷得十分成功、质量非常高的书了。

我的这本书，每千本需付二百黎巴嫩里拉，这只是现在所需价钱的十分之一。印刷之后，面临发行。灾难来了，我该从何处着手，该找谁去呢？

我把每本书价格定为七十五个叙黎基尔什，同意书店拿百分之二十五的回扣。随后便向黎巴嫩、叙利亚、巴勒斯坦、伊拉克和埃及的各大报刊寄了一些样本。对它的评价是很有希望成为畅销书。之后，我又从有经验的人那儿弄到贝鲁特和其他阿拉伯城市中大书店的名单，纷纷写信推荐。同时，我亲自去找贝鲁特的其他书店，和店主商谈。得到的回答是：你愿意的话，就寄五本来，由我们代售。只有两家："出版者书店"店主、已故的赛里姆·易卜拉欣和"国内书店"对我格外照顾，每家为我代售十本。赛里姆向我讲授了有关卖书的经验后，答应拿十本去。他说："先生，人，有的悲惨，有的幸福；书也如此，有的幸运，有的倒霉。"

之后，每隔一两个月，我便到各书店去"视察"一番，看看扔在那里的书命运如何，走运，还是倒霉。结果，每次我都感到十分羞愧。我总觉得仿佛在向别人乞求自己应得的权利，这种感觉终于使我停止向各书店寄送我的书。贝鲁特和其他各地的书店拿去了数量不少的书，又拒绝付款时，我也放弃了自己的权利。不过，我和所有书店的交道也并非都是如此。比如塞内加尔迪尔卡城的一家阿拉伯书店写信要去了一百五十本，书款也汇到贝鲁特一个有名望的商人处。

啊，艾布·安托尼[①]，书不幸，你却走运了。实际上，悲惨也罢，幸福也罢，都由作者去体会，无须由书去承受。也许他们所遭受的不幸远远超过了所得到的幸福，特别在那金钱比笔杆享有高得多的荣耀和尊严的国度里，情况更是如此。

---

① 文内赛里姆·易卜拉欣的儿子，"出版者书店"店主。自1945年后，不断出版努埃曼的小说、文集。《七十述怀》也由这家出版社出版。

种　子

　　各院校和俱乐部纷纷向我发出的邀请，使我获得了一次极好的机会，清算自己和在那生活的表面和深层里远游时的体会。这次旅行的收获肯定了生活的完全同一和十分有序。生活中所产生的一切不是盲目的、偶然的，有目的的人的悲惨或幸运完全取决于他自己的思想、行为与那"同一"的和谐程度，取决于他对规律是否理解，是顺其道而行，还是背其道而动。如果他不能理解，便不能和"同一"达到和谐。当他具有思想、想象、感知和意志时，他便会感到幸福。蕴藏在他体内的这一巨大力量，将推动他向生活的同一中去寻找规律，寻找规律的目的。

　　但是，人们不是同时诞生，不具备同样的经验，所以也不具备同样的思想、想象、直觉和意志。当澳大利亚的一个土著居民对数学一无所知时，地球上其他地方已有人熟练地掌握了数学知识，并且达到了极少数人才能达到的程度；当非洲的野人还乐于杀人吃人时，在印度却出现了菩萨，建立了以不杀生为基础的"艾希米沙"学说。不要伤害任何生物，哪怕是无足轻重的小飞虫也不要伤害。巴勒斯坦诞生了拿撒勒人耶稣，他嘱咐人们：你希望别人怎么待你，你就怎么对待别人，不要以恶惩恶，要善待那些伤害了自己的人，为轻视侮辱自己的人祝祷。可是绝大多数的人，甚至自命为文明人的人，也仍然不怎么样。他们对那包罗万象的规律及其目的的理解千差万别。

　　所以，我只要站在讲坛上，就力图使听众对人类生活和包罗万象的宇宙生活的关系引起重视。也许他们明白，他们要求的是比吃喝、生儿育女更高的东西。而他们所颂扬的各种文明，所进行的形形色色的创造和发明，只有被用于为那最遥远、长久的目的服务时，才产生价值。那最遥远、长久的目的则是对宇宙规律及其目的的理解，而宇宙规律正以其一切细节存在于他们的物质和精神实体之中。

我曾对黎巴嫩一所学校的学生讲述：

"……我在这里可以为你们预言，你们学过的一些东西，终有一天会变成你们灵魂的障碍。生活带给你们的将是糟粕。今天被你们看作是沉重负担的内容中，你们将会看到思想的羽翼和内心探索的钥匙。对你们来说，生活之风无论怎样吹拂，你们也不会产生一种固定的认识，即看到生活中只有一座学校、一门功课和一名教师。这座学校是人，这门功课是人，这名教师还是人——人占据着生活的全部和始终。

"你们即使探索星球，揭示了它们彼此吸引或排斥的秘密，但对人彼此吸引或排斥的秘密却一无所知。你们可以征服一切元素，但对自己的自大傲慢却束手无策。你们可以统治整个地球，却无法驾驭自己的各种欲念。你们可以与毒蛇为邻，与野兽、飞禽同吃同喝，但绝不意味着你们创造了奇迹。只有当你们学会了如何与人共处，既不伤害他，也不被他所伤害地和他同吃同喝，结为友邻，那时，你们才找到了通向知识之路……"

对美国大学学生们所做的关于想象及其对思维的价值的英语讲演中，我将自由的想象置于感官的思维之上。我说，想象一旦摆脱了被感觉之物，便能超越它，而感觉变得几乎麻木了：

"……有些人的想象尚在襁褓中，即使他们让想象吮吸思维的乳汁，这也无妨。孩子将要长大，身强体壮。终有一天，他会将自己的母亲背着走向坟墓，让那些把思维作为自己唯一手杖的人去拄着他的思维而行吧！瘸子要比瘫子强！那些想象的羽翼已经长出并逐渐坚强起来的人，我要对他们说：'还不快将你们的想象从思维之笼放出来！'带着它飞翔，飞到它习惯翱翔之处。那时，你们就会发现，你们的足迹遍布宇宙，你们就会感觉到，自己存在于所感觉的一切之中，你们就会看到，自己存在于所看见的一切之中。那时，你们便会因为认识到自己和生活是一个不可分割的整体而沉醉。

"……如果你们具有这样的想象，便会理解自己和世界上任何一种事物的间隔都是感觉的幻觉制造的。当你们认为有些事只与你们有关而和除你们之外的任何人绝无联系时，你们错了。而想象则教导你们，告诉你们，任何人、任何甲虫、沙粒和任何组成大千宇宙的事物，在你们所作所为、所思考的一切事物之中都有自己的地位。宇宙中的任何一种声响都是生活总旋律中的一个音符。任何一种思想都是宇宙思想上的一经一纬。任何一种欲望都是各种欲望的大海表面上的一朵浪花。想象还教导你们，死人并没有死。他们的思念、梦幻，欢乐与忧愁、诅咒和愤怒仍然存留在你们呼吸的空气中以及你们从中求得自己的愿望和思想的大海中。想象也告诉你们，这些尚未诞生的正和你们在一起，就在你们之中。所有的明天都睡在今天的怀抱里。"

当大马士革的文学俱乐部为我举办招待会时，我并没有向人们讲述什么当前重大的政治问题。是啊，每时每地发生的重大问题何其多也，可是，它们又是何等迅速地消失，何等迅速地被新问题所取代。我向他们讲了地球上人类所面临的一个问题，即痛苦及其根源。我说：

"……人绝不可能找到自己遭受痛苦的原因，从此远离痛苦；也绝不会找到摆脱痛苦的途径，并前往之。明白痛苦和摆脱痛苦都源于他自身，又在他身上流淌，最终流向他自己。他的地狱在他内心，他的幸福也在他内心。他永远是种瓜得瓜。他种下了幻觉，收获的也只是幻觉。正因为每一个幻觉都是一个痛苦之源，所以他遭受痛苦。

"那源于人的一切幻觉的幻觉，是他认为自己具有脱离一切自我的自我，独立于一切生命的生命。如果有一天，他询问自己'我是谁？'时，他并不能在他自己和任何事物之间划出界限。或许，你们并没有看到，当你们喝下一滴水时，仿佛已喝进了整个大海。因为海洋中的每一滴水都与你喝进去的那一滴水有着联系。如果你们吃了一个果子，你们似乎已将整个生命吞入腹中。因为生命的一切在这个果实的形成中都是共同合作的。如果你们看到彗星在天空掠过,仿佛你们看见了太空中的一切。因为太空本身就是天主掌握一切的手掌。在那里,最远的与最近的紧紧相连。如果你们和一个人握了手,仿佛你们和全人类握了手,和从亚当开始直至刚刚出生的人握了手,因为每一个人的心中都有着其他人的心思。如此这般,无论你们如何变更,总会发现,任何事物中都有你们自己,你们自己存在于一切事物之中,不受任何空间和时间的限制。一旦你们被自己的感知束缚,便难于在被感物之间划出界限,那么,你们怎么能从感知世界奔向精神世界呢?"

贝鲁特一个团体纪念城里发生的一桩可怕的灾难中的受害者,他们邀请我在会上讲演,我也没有像一般讲演者那样,在这种场合下,尽量道出痛苦、悲怆、修饰过分之辞。我认为应该向人们讲讲,促使他们深思"生与死"的问题,我是这么对他们说的:

"既然时光让我们得以复生,那么,我们共同逃离死亡,走向那实际上只是通向死亡之路和死亡之门的生命的摇篮又有何妨?

"我们亲吻写出《法谛哈》[①]的手,噬咬写出结尾章的手,而这手又恰是写出《法谛哈》的手,这又有何妨?如果生命的结果是恶,那么通向结束的开端同样也是恶。此时此刻,我们最好是哀悼那些正在出生的,然后再去追悼那些正在死亡的。如果开端是善,那么产生于这个开端的结束也会是同样的善,此时此刻,我们对死亡和生命应感到同样的喜悦。

"你们认为我在给你们猜哑谜吗?如果我讲的不是哑谜,那又是些什么呢?人们的传统,使他们存在的每个环节都包藏着哑谜的锁链。

"是的,这是横亘在生死间的哑谜,生死如同昼夜、觉醒、梦幻、花果、露滴和冰块一样紧紧相连。

"这确是哑谜。它使大地上的植物、飞鸟、走兽死亡,变成你身上的血、肉和骨骼,并把这一切叫作生命。当大地将你的身体变成植物、

---

① 《古兰经》开端章。

飞鸟和走兽时,它就把那叫作死亡。

"这种哑谜就是你在自己所吃、所喝和所穿戴中,吃着、喝着和穿戴着死亡。你和死亡同时起居。你在一切欲望中追求死亡,并以生命之名为它祝福,但是当它吃你、喝你、穿戴你、追求你时,你又拼命诅咒它。

"这种哑谜,就是当天主使你得子时,你便说:天主赐子于我。当你丧子时,则说:天主以爱子之死考验我。

"如果你对这二者一视同仁,那么,你既不会在得子时感到欣悦,也不会在丧子时看到灾难。当生命将生命赏赐给你时,难道没有把它全部自我赠予你吗?没有把它的秘密、威严和美丽全都赠予你吗?既然如此,它又如何再在它的自我中增加一分或减少一分呢?

"……人所以讨厌死亡,是因为他没有很好地热爱生。如果他没有把生当作灾难,他的死也不会成为灾难。

"你们没有告别将自我倾入大海的河流如何再次从大海中流出,再次满盈?你们没有看到企图独享大海青睐的池塘如何停滞肮脏?我们绝不能战胜我们自身中的死亡的停滞和肮脏,从而学会如何热爱生活。我们也绝不能学会如何热爱生,如何不受任何报酬毫无顾忌和希望地消耗掉生。

"我们知道生的整个身体——我们的身体是不可分割的,它是包罗万象的灵魂——我们的灵魂是不可分割的……"

在耶路撒冷基督教青年会的豪华大厅里做的报告,我同样没有谈论那些无限繁多的现实问题。我向听众讲述了和平及各人类集团与和平相互冷漠的原因。人们自古以来就谋求和平,但得到的只是战争。请看,耶路撒冷的原名是"乌鲁·萨利姆",意为和平之城,这正是人们有史以来追求的最好证据。

"那么,你们知道为什么会产生这样的结果吗?因为人所需求的和平正是和平之敌。

"这是修士的肚子和大饼之间的和平。大饼本是为修士的肚子而做的。这两者之间从没有也绝不会产生纠纷,而所以出现了纠纷,是你不让修士的肚子接受人饼。

"这是两块平行的土地之间的和平。两块土地之间从未发生过争斗,也永不发生任何争斗。而人们企图将它俩分离,然后再在它俩之间找到和平。这就是争斗。

"……这是奴隶和他的自由之间的和平。自由本是上帝恩赐给全人类的。主人和奴隶完全平等。而人佯称他可以使自由和奴隶主义结成姻缘,使它们和平共处,这本身就是对和平的杀戮。

"……你们听到、读到的,各王国及其政界人士为实现和平所做出的努力都只是火上加油。因为他们企图用在某次会议上制定的法律和文件来实现和平,并且认为只能用大炮和装甲车才能保卫和平。和平从不是可用绳索捕获的凤凰,也不是需要保护的衰弱老人和年幼的儿童……

"在你们自己的心中寻找和平吧。在心以外的地方寻找它,只能是徒然,在那悬挂着形形色色的欲念和奢望的石榴树下召开你们的和平会议吧。如果你们的某种欲念得以实现,它把你们带到高处,那必有另一种欲望将你们引向低谷。一些欲望指使你们向西,另一些则指使你们向东,当你们和世界和平相处时,即使它那样动荡不安,你们却了解了和平。否则,即便你们周围世界的天空万里无云,你们也将永远遭受争斗风暴和浪涛的侵袭……

"……在这地球上,在人的胃肠已经扩大、想象已经缩小的时间里,人开始用语言赞颂和平,用行动屠杀和平。来吧,让我们赞颂和平之城,让我们全心全意地去赞颂它,让我们以对生活之美,正义和完好的信念为它修起坚固的围墙。让我们以明晰的思想做它的哨兵,以创造性的想象成为飘扬在它城堡上空的旗帜,让我们用光明组成的字母在它的每扇门扉上写下:

"……你们的和平就在你们的心中。"

在叙利亚的一座城市里,我曾对一些知识青年说过:

"谁想赠予,他首先应该相信他手中的一切是值得相赠的。千万不要空手相赠,因为它给予他人的只是失望和失败。

"谁想解放他人,他首先应求得自身的解放。身为自己的奴隶者,千万不要号召人们争取自由,因为他只能将人们引向他所在的奴隶主义。

"谁想照亮他人,首先应披上光明。黑暗的心千万不要呼吁人们追求光明,因为他只能把人们引入自己的黑暗之中。

"今天以及每天,这个国家以及一切国家中的文学之病,就在于许多一无所有的人张着手在高喊:来吧,拿去吧!许多自我奴役的心在呼叫:这就是自由之路!更有许多黑暗的心在向人们号召:随我走向光明吧……"

在另一个类似的场合,在一个黎巴嫩村庄的青年们招待我时,我对他们说:"……不要憎恶任何人。如果你们必须憎恨,那就去憎恨人们的软弱和罪孽吧!

"不要憎恨恶人,而去憎恨'恶'!如果你们憎恨恶人,也将变成如他们那般的恶人。如果你们憎恨'恶',那可能杀死它,得到善。

"不要讨厌暴虐者,而去厌恶暴虐。如果你们厌恶暴虐者,就将成为和他们一样的暴虐者。如果你们喜爱他们,就应该分清什么是正义,并使暴虐者也拿起正义。

"不要从愚昧者身边逃开,而要逃离愚昧。因为当你们从愚昧者身边逃离时,你们正是离开了自己的心。如果你们逃离了愚昧,那正是向知识的接近。

"在你们寻找哲人和诗人之前,先去寻找秉正优秀的人。在你们寻找以真理进行劝诫者之前,先去寻找生活在真理之中的人。在你们寻找用各种语言和色彩为你们勾画美的人之前,先去寻找日日月月由他的行动勾画美的人吧!我们对于美好榜样的需求胜过了对美丽画图的需求。"

最后,我还想再一次重申我在巴勒斯坦拉姆拉的富兰德兹美国学校年会上所做的讲演的片段。在这个讲演里,我谈到了传统问题。随着日月的前进,这些传统具有任何家庭和非家庭的"规矩"所不具有的神圣性,它顽固地对人们的思维和心实行独裁,禁止人们摆脱规定的和束缚的思念。窃取了人们翘首以望的能力——他们要求那无边无际的生活的最广阔最美丽的远景。我在讲演中列举了有关生育、结婚、死亡、任命统治者、颁发学校各种文凭以及有关高尚、荣誉、自由、正义、功德知识等各方面的传统。我说所有的传统都是他们力图确立、加强和捍卫的实质的殓衣。谁想认识实质,就必须撕碎这殓衣。

"……那种带着伤痕,甚至遍体流淌着鲜血的作品既算不上艺术也到不了崇高。它只是咬穿另一只野兽皮肤的野兽的牙齿。所谓真正的光荣应不受任何创伤,身上不沾染他人的鲜血,在心血中进行沐浴。

"所谓光荣,不是你踩着人们的肩膀达到自己的现世的目的,只有当你用自己的双肩承托着众人去实现他们后世的目的,才叫光荣。

"所谓自由,不是你看到某种事物或某个人阻碍着你的道路,便用暴力或狡诈将这障碍铲除。真正的自由是你把你想象的范围扩大,直至在一切事物中、每个人中,都看到你。届时,障碍将变成你上升到没有梯级、没有障碍的太空的梯级。

"所谓正义,不是你拿取属于你的,应将给予他人的送还他人。一切属于你的,你都应该把它送出。一切你应该送出的也都属于你。所谓正义,是你知道你比给予时贫穷,比拿取时富有……

"你说,这是一个受过教育的人,这话是什么意思?

"莫非这就是你加加减减地玩弄着从1到无限的数字,可是却不知道百万正在1当中,而1只存在于你的想象之中,而你正是具有那个1的知识。

"难道你是那种虽能分辨主语、谓语、主动者、被动者,却不知你自己就是那谓语的主语、是它内含的主语,你同时既是主动者又是被动者?

"难道你只知道福摩萨[①]和马达加斯加收成的结果,却不知自己心的收获的结果?

"难道你掌握驾驭着蒸汽时,也被你的愤怒掌握和驾驭?

---

① 即我国的台湾。

"难道你只知地球绕太阳旋转,太阳围绕自己的轴心旋转,但不知你自己围绕着什么旋转,你的日、夜旋转的轴心是什么?

"但愿你们从生活中根除传统,并且,只有受到精神的启示和遵循天命的意愿时,才召开会议。不过,传统习俗多不胜数,而一部分的根蒂又深不可除。

"竭尽全力抵抗这些传统习俗吧!一旦你们无力抵抗,就将像太阳接受阴云、珍珠接受贝壳、戴面纱的女子接受面纱那样地接受它。但你们却没有忘记乌云背后有明亮的太阳,贝壳里有珍贵的珍珠,面纱遮盖着妩媚的面孔。

"我们摆脱了一切传统习俗,抛掉一切面纱,站在那只以真理为武器、以美为面纱的生活面前的那一天该是多么美好!"

我把这些片段再次写给读者的目的,只是想使他们能方便地进入我回国后以自己的思想、心、精神生活在其中的世界。这一世界日益广阔、深远、优雅、和谐,它的大门愈加坚强地抵挡着许多生活的喧闹、浮沫和尘埃,所以开始诱我向人们讲述关于它的一切。同时,我也深深感到,应对自己所说的每句话、写的每个词、秘密或公开地做的每一件事负责,也应对我为逃避某种义务而不愿做的某种事情负责。对我来说,词语已远远超出了我嘴里所说的,或是用墨在纸上写的字母和单词,也不只是创造出被人们称为文学的工具。当你阅读这些文学作品时,有时会使你忘却了你存在的主要问题,然后又使你陷入各种疑虑、幻觉和思绪之中。于是,你既未置身于黑暗,也未涉足于光明;既不是正直的,也不是弯曲的;既不是活人,也不是死者。

在我这里,词语已变成能够创造各种世界、又能消灭另一世界的创造性的能力。我不应该随意地将它送出,而应该仔细观察它的温床,"看它是否纯洁,是否真诚"。我应该尽量地看清它在离开我的嘴和笔之后,所要走的道路。因为我担心,它在我希望其成为香脂的地方变成毒药,在我将其铺设成梯级的地方成为障碍。它是我播撒在自己的心和我的心所思念的心中的种子,它是我为自己的心和走向我的心所规划出的道路。

因为我尚有血肉之躯,所以读者可以想象我以前生活过的、今天仍然生活在其中的日月时刻。每当我发现自己的心和言行之间所包藏的和表露的一切有差别和矛盾时,我便严酷地教训我的心,狠狠地鞭笞它,如果我的种子没有找到除了我的心以外的土地,这对我毫无妨碍。可是当它落进了我的心以外的土地,我便十分重视它是否会成为良种,带来丰收。

在世界之巅

1932年夏,我和艾敏·姆士里格拜谒了布什里的纪伯伦墓地。在我没到美国前,艾敏就已是侨居在那里的诗人,后来去了南美厄瓜多尔的首都。我们在贝鲁特相遇之前,彼此互不相识。这次,我们决定先去游游杉树林,然后再去马尔·斯尔基思。

我站在小树林中那棵高大的黎巴嫩杉树前,杉树的威武、坚强没有使我惊奇,它那精巧的结构也没让我神驰,倒是二十世纪以来人类和自然界中发生的种种事件始终萦绕在我心头。我多希望这里每一棵树都是一张嘴,讲出自己在这漫长的世纪中的所见所闻。那样,黎巴嫩和其他的国家便有了可考证的历史,我和千千万万的人便可从心头的负担和至今仍存在的忧虑中解脱出来,笑逐颜开。

我苦苦地思索那棵巨大的杉树——白吐利里克杉,我为今天失去了几百棵、几千棵,甚至数万棵的杉树而痛苦。现在,有许多迹象在证实着当年海拔两千米的黎巴嫩山上杉树成林。如果野蛮人的手不曾毁掉黎巴嫩生长着的各类的杉树、松树,今天,黎巴嫩的景致该多么迷人啊!

毁灭了杉树的黎巴嫩的子孙们若不比他们的先辈具有更多的美感,那真是奇耻大辱。他们的先辈当年消灭了各种杉树,他们今天则将拼命消灭鹧鸪、金翅雀、夜莺、黄连雀、知更鸟以及各种各样的飞禽。它们为山峦增添了世上绝无仅有的亲密、温和、甘甜、快乐、和平和宁静。今天,在黎巴嫩的广阔地区里找不死鸟和凤凰竟比找麻雀还容易。为什么?因为把捉麻雀作为夏季消遣的人们实在太多了。尽管如此,仍有人面无愧色地把黎巴嫩称为有修养、美丽和充满阳光的国家！

不过，大自然慷慨赠予黎巴嫩的恩惠，不是那些祸害者和那些文明化人的野蛮行为所能毁掉的。这里包括群星闪烁的迷人的夜空，给白天带来温暖和光明的太阳，清新的空气，潺潺的流水。特别是那些结构精巧，不时闪烁着奇光异彩的山峰、丘陵和洞穴。时至今日，竟没有一位诗人，没有一个艺术家或是先知能够形容出它们的妩媚、迷人和给人的灵感。

站在杉树山坡上俯瞰高迪沙谷地，或站在绥尼山坡俯瞰舍赫鲁布谷或骷髅谷，你的双眼、心中、思想和想象中的动人之美和威严会使你先高声呼唤，再屏住呼吸，双膝下跪。看来，在逝去的岁月中，隐士们、敬畏天主的人们，都到高迪亚山谷来隐居终生，确是不足为怪。这里确能使人幽居冥想，修身养性。

我们从杉树林向马尔·斯尔基思山谷走去，特意在站旁采了一束金雀花和其他不知名的野花，准备献给坟墓中的纪伯伦。在墓地入口处，突然遇上了一桩有趣的事，差点儿让我忘记了纪伯伦和手中的鲜花。我们离开大路，踏上一段狭长弯曲的小路，那柔软的、细细的白土几乎没到了我们的脚踝。来到墓地的大门前，我们从外拉了连着门铃的铁丝。听到里面响起铃声，但没有人回答。等了许久，我们又一次拉铁丝，仍然无人答话。待我们第三次拽响铃铛时，一阵暴风雨般的咒骂一股脑儿向我们迎头泼来："喂，××崽子！就不能让我歇会儿！滚开！我可没时间听你们胡说八道！滚开！"

我俩瞠目结舌，呆呆地站在那里，以前我曾听说过，看坟的是纪伯伦的表兄弟。我的朋友不知所措地望着我，说道："把你的名字告诉他，也许会给我们开门。"

我的朋友刚说完我的名字，大门立刻打开。刚才还恶狠狠骂不绝口的那个汉子竟不知该如何向我们道歉和表示他的尊敬了：

"实在对不起（法语），真不该骂人。也不必道歉了！请进！请进！十分欢迎！"他把手里的莴苣和甘草举到我面前，说道：

"请吧，尝点儿，吃吧！我们这儿的甘草味道好极了！"

"你是纪伯伦的表兄弟？"我问。

"如果母亲没撒谎，我就是。"对方答道。

上帝呀！纪伯伦，我们是如何在纽约的马尔·曼苏尔医院分了手，又如何在这里相会！你我想过我们将像一年多以前那样分手吗？想过将会像现在这样地相会吗？你曾多少次和我谈起马尔·曼苏尔，多少次希望你和我共享这美妙的幽静，现在你独自占有了它。

不，不，纪伯伦，我说得实在太无聊了，我们既不曾在马尔·曼苏尔医院分手，也没有在那里相会。你我都不曾享受这幽静。我们没有为了分别而相会，我们不是为了在幽静处躲避人们而寻求幽静，我们将人们聚集在幽静处，但愿我们能和他们一起，将人类带向生活幸福永存的地方，在那里他们绝不会遇到无法解决的困难……

那年夏天，我做了几次长途和短途的旅行，特别是周游了绥尼山附近的一些地方。群山、大海为每一颗追求宁静、纯洁和美丽的心准备下的迷人景色真使我心旷神怡、目不暇接。朋友艾米尔·杜米特到我这里，和我一起在舍赫鲁布小住数日。他像我一样热爱山。于是，我们趁此机会一起攀登绥尼山顶，纳西布的妻子陪我们一同前往。

十八岁那年，我攀登过一次绥尼山顶。可是，虽说我从小在它身边长大，却不识攀缘之路。山顶比舍赫鲁布高出一千多公尺。除了背面稍见倾斜外，那垂直耸立的样子，简直是一个端坐宝座的皇帝。从舍赫鲁布向上，沟坎和廊檐式的地面颇多坚硬的石灰石。生长的主要植物是伏牛花和其他耐夏季干旱、抗冬天冰雪的荆棘。正因为我不识路，所以不止一次发现我们处于必死无生的绝境之中。我终于到达了峰顶，可是浓雾迷漫使我无法实现自己的目的，最后回到原地。

所以这次旅行，我选择了不会出现雾障的大白天，并且向纳吉布弟弟打听了通向峰顶的最安全的捷径。纳吉布是那一带颇有名气的猎手，对山了如指掌。

黎明时分，鸟儿、蜜蜂和蚂蚁尚未苏醒，我们就带着棍棒和早饭出发了，计划回舍赫鲁布吃午饭。我真希望能向读者描述我登山时的感觉。我真不知道将我引向一切山脉，特别是绥尼山是具有一种什么样的不可抗拒的吸引力。我也无法回忆起我自童年起一直做的爬山的梦！那些梦中，我有时爬到了顶峰，有时也不能如愿以偿。正如我在本书的第二部中所提及的在俄国时做的一个梦，在那个梦里，我有时爬高高的秃山，身旁左右都是人，有的奋力向上，有的又滚落山下。后来，人们消失了，只剩下我独自一个，爬到了一块绿草如茵的平地上。俨然初春时间，牧场披上新绿。我疲惫不堪，仰身躺下很快就进入睡眠状态。忽然一只手用力摇动我的肩膀，大声喊着：

"快起来，顶峰就在眼前，春天在那里等待着你。"

我睁开眼睛，见那摇动和喊我的是一个身着洁白长袍的美艳绝伦的姑娘。毫无疑问，她来自乐园。

可是，我孩童时代和青年时代的梦境中不止一次出现的峰顶多是一堆高耸的岩石，岩石的中央是一道形如宣礼塔阶梯的石缝，要想攀上去，实在困难。梯级的顶端是一道细细的缝，能望到一丝碧蓝的天空，可以呼吸新鲜空气。那时，每次我都攀到那细缝处，想无论多艰难，我也要穿过它。这次我想，以前已穿过了，今天绝不会被它难倒。于是，千方百计，竭尽全力，终于成功，站到了世界之巅。

来到顶峰，太阳出来了。经过两个小时的艰苦攀登，我们到达顶峰。一路上，每迈一步，都要站稳脚跟，生怕石块带来危险，让我们滚到难以站立起来的地方。一般都目视前方，不敢回首向后，也不敢左右顾盼。快到峰顶，我们来到一块长方形的空地，覆盖着相当厚的积雪。肚中渴得冒火，我们设法捧些积雪或用木棍子敲下一些来。可是毫无办法，雪比石头还硬。在炎热的阳光照射下，边缘还是有些雪块化成了水滴。我们在它下面挖了个小坑，等着坑里积满可以解渴的雪水时，便趴在地下，拼命地啜饮。

到山顶了！

当你面前一览无余，只有头顶蓝天，是何等的心醉！眼前没有一座曾在书本上读过的比你所在之巅高多少倍的高山峻岭，此时此刻你所领略的，只是你的眼睛和耳朵所感受的。你的眼睛告诉你，在它和那遥远的湛蓝的天际之间没有任何东西阻隔。你的耳朵告诉你，那里除了和风的吹拂和宁静、严肃,没有任何声响。

往西,俯瞰脚下,看见了什么?这里是突出的山坡,那里是凹凸的沟壑。它们一起向下跑,停在那被叫作海的蓝色水面上。那些凸起的表面和沟壑的内部,我看到了许多点点块块。虽然无法判断它们的面积、形状和色彩,可你会知道,那是村庄、果园和天然森林。尽管你分不清这座还是那座村庄,这棵还是那棵树,也看不见那些返往其中的生物,搞不清促使它们往返、走动的原因。

在这高处,细节不见了,形象消失了,声音静寂了,气味散尽了。如果没有你携来的记忆,你不会相信在这大地上还有生生死死的生命繁衍,互成为别人口中食的动物,从中长出,享受一段阳光、空气之乐,又返回泥土之中,变成尘土、肥料或是无生命的腐尸。你也不会相信,人类在生死之间,会崇拜稀奇古怪的偶像和幻觉,遵循着莫名其妙的习俗和宗旨,并通过那不同于泥土黑暗之中的鼹鼠的地道走向目的地……

你如果没有在同人们的长期交往中得到关于各种事物的经验,你不相信,当你站在世界之巅时,他们正忙于各种工作。有人整治土地以获取生活的口粮,也有人在欺骗他们,想用种种手腕和最低廉的价格,夺走他们从土地获得的一切;有人日日夜夜绞尽脑汁,为人们设计娱乐养神的方法和手段;有人放荡、淫逸、酗酒、捣乱;有人在痛苦的床榻上蜷缩求救;有人在以唯一的主之名,或以多神的名义交易买卖;有人终年不眠,唯恐清算日时进入火狱;有人在准备战争或依靠战争为生,他们在这大地上的使命就是死亡和毁灭,他们为完成这一使命而自豪;还有人骄横自大、飞扬跋扈,因为他们囊中鼓胀,手里有权,所有的人都在争先恐后,拼死拼活地为钱服务。

不,当你站在那里时,你不会相信,你的世界和那些生活在你脚下的城市、村庄及一切地方的人们的世界居然是同一个。当你问什么是万物的真谛,什么是诸事的实际时,你只能得到如下的回答:站在绥尼山顶上的人的真谛和实际绝非那些行走在山麓和海边上的人的真谛和实际,翱翔在高空的苍鹰的真谛绝非在土地的黑暗中永生的真谛,海里海绵的真谛也不会是鲸鱼的真谛。那些方尺之间的陆地和海域和那些名称为整个大地和整片汪洋也绝不相同,更何况那思想和想象是全宇宙——可见的和不可见的人呢?

同样,如果你让自己的眼睛超越了形状、色彩、大小、距离的详情细节,你便会发现你已处在全部的世界之中。如果你再使自己的眼睛超越了部分而到达全部时,又该如何呢?那时,你就处于一个最统一、和谐的世界里。因为这一世界只存在于你的中间,你也只有在这个世界中才有自己的存在,你和它是不可分离的统一体。

那时,你将像我站在绥尼之巅所希望的那样,哪怕是用你的手的一个动作,说一句话,一个眼神,或一下心跳使人们都成为一颗心,并使这颗心充满友爱、和平、宁静和快乐。然后,这颗心溶化于世界里,世界也溶化在它之中,二者共同成为一种时间消逝,它却成为永存不灭的美的融合。但愿如此!不过,我们发炎的眼睛、低下封闭的智力对它仍然茫然不见……

于是,我发炎的眼睛又将我带回到"真谛"之中,它认为我也已把它抛在身后的山坡上。我那关闭的智力也把我带到了因站在山巅而将其忽略了的实际中。弟妹苏珊就在我身旁,脸上现出一种非常惊奇、又非常疲劳的神情。对此,我立刻心领神会,那是一种忧伤和悲哀。可怜的女人想起了她的丈夫,想起了如何为了他远离父母和祖国,想起了他的境遇。是的,她应该想想那痛苦的结局和黯淡的明天了。可是,正因为她只有高尚的情操和勇敢精神,所以尽量抹去脸上的愁云,表现出十分快乐。

那愁云从她的脸上移到了我的脸上。痴醉过去了,思虑又回归。我们从世界之巅起步,走向它那燃烧着贪欲、耻辱、享受、痛苦、忧伤和思虑之火的腹地。

考 试

1932年秋天的一个傍晚，弟弟纳西布突然回到家里。他消瘦了许多，青春的光泽已从他脸上消失，但他勇气依旧，头脑清醒，感情丰富。我问他，为什么突然回家，而两天前，我去看他时，却没有提起此事。他简单回答道：

"我在家里能得到比在疗养院更好的护理。家里的空气和疗养院不一样。在疗养院里我的身体已经枯竭，我不愿意自己的心也在那里枯竭。"

但是，我马上想到他没有提到的另一个原因，我认为他离开疗养院绝不是为他自己，而是为我。为了这个承担了他的学习费用后，又要承担起他治疗费用的我。同时，我还要负担家中老小的生活。说实话，我的钱袋确实在受"灾""不景气"。

我毫无遗憾地送走了冬天。这是自1902年离开白斯肯塔后，三十年来在这里度过的第一个冬天。侨居在外时，当窗外狂风呼啸，向大地撒下最纯洁、最洁白、最璀璨的珍珠时，我总是参加那些"哈伦"和其他老少都参加的有趣的夜间聚会和讨论会，使我的心充满希望。可是那个冬天我所得到的远非我期望的。如果不是当时生活所需，我根本不会得到它。

那时我所听到的，往往是不时从纳西布房里传出的断断续续的咳嗽声。为什么这咳嗽声不能成为亲爱的夜谈者，而一定要去和安塔拉、阿拔斯、艾布·辛德、希来勒去交谈呢？弟弟的咳嗽声中有着某种东西在嘲笑阿拔斯人和希来勒人的英雄业绩。是的，我从未听过弟弟抱怨责怪上帝。我只听他说：

"我的左肺完了，现在轮到右肺了，看来它也不会太长久了。"

我仿佛在听他说：

"今天，我们这儿是冬天，明天，春天就来了。"

冬去春来，1933年5月15日来到了。

清晨，我像往常一样跑到弟弟那儿，道了早安，吻过他的前额，询问他的情况。他还没有回答，我又接着说道：

"你的咳嗽轻了吗。"

"是的，轻了。"

"赞美上帝。"

对于我的赞美，弟弟未置可否，只是沉默着。我说，说话可能对他不好，他的声音已经十分虚弱。苍茫的面孔俨然天使般安详，仿佛蜷缩在他面部肌肉里的痛苦已经松开了拳头。

一个小时后，苏珊过来对我说：

"纳西布想要点儿雪。"

"雪？"

"是的，他要绥尼山的雪。"

立刻，我奔向通往绥尼山的小路，臂上搭着从纽约带回的一件雨衣，准备用来裹雪。

那是黎巴嫩高山地区特有的一个迷人的春日。蓝天像孩子的眼睛，纯洁、清澈，阳光洒满人间，却不晃眼。空气是那样温暖、舒适，绝不会使人感到炙烤。春风微拂，像那醉心的低语，像那温柔的抚摩。水流潺潺，没有丝毫恣意放肆。茵茵碧绿向着太阳和风微笑。鸟儿在枝头，歌唱在太空之间。一切一切都在盛宴之中，只有那个手挂冬春木棍，臂上搭着黑色雨衣快步前行的人，他的心不在筵席上，他的思想也不在联欢中。

最近的一块雪地也要走上两个小时。那是绥尼山俯瞰大海的一面，被一道太阳和风的深沟环抱着的地方。它面对舍赫鲁布，终年积雪，即使在八月中旬，也是白皑皑的一片，只有穿过舍赫鲁布才能到达那里。

我在舍赫鲁布停了一下，拿了一把挖雪的铁锹，并去问候了在路旁的一块土地上耕种的纳吉布。当他知道我的意图后，深为不安，丢开犁杖，呆呆地僵立在那里。那颗联系着他和兄弟之心的强烈的爱，我深有所知。当时，我不想多说，继续赶路。

我走着，既没有感觉到脚下的路，也没有感到自己在行走。我时而同我的心谈着一些毫无关联、不知轻重的话。我时而祈祷，或者说想祈祷。可是我确不知道怎样祈祷，为谁祈祷，向谁祈祷，祈祷些什么。我希望我弟弟活下去，可是他却必死无疑。即便不是在今天，在今年，也将在另外一年的某一天死去。我也将死去，世界上一切生命都会死的。大地将死，星辰将死，任何东西终有一天要变成另一种东西。只有那熔化旧事物、诞生新事物的奇妙的熔炉得以永生，它是子宫同时又是坟墓，它，只有它，永生不死。

也许是出于对自己和弟弟的尊重，我希望死亡从大地上消亡。

如果死亡从大地上消亡，每一棵作物，每只昆虫，每只飞鸟，每头动物，每个人都永生不灭，那地球会是什么样子呢？肯定无疑，它将拥挤不堪，甚至不能再容下一棵草、一只小蚊虫、一尾鱼无限期地生长下去。可是如果没有生长，就将存在僵滞，僵滞如果不是死亡，也不会是生命。那么僵滞的生命又有何意义呢？

如果死亡从大地上消失，那就意味着大地的子宫和大地上一切生物的子宫都是不育的。因为，如果只生不死，大地便无法容纳它的出生者。如果大地和大地上万物的子宫都是不孕的，那么，这万物该如何生活？以何为食？如果它们可以不食而生，那么大地已非大地，生命亦非生命，它俩就是我们不愿离弃的大地和我们不愿死亡的、禁止我们吸其乳汁的生命。

不，不，生命是一种权利，同样，死亡也是世界上的一种权利。那里充满了各种形状和色彩，跃动着不同的动力和活动，互为食物，互为补充。生命是死亡的干粮，死亡是生命的粮食。生命不会在死亡中消灭，死亡也不会在生命中消失。这二者实际上是不可分割的同一体。至于那没有各种形状和色彩、没有动力和运动、没有不断繁衍互为食物，互相补充生物的地方，就无须谈论生与死。而应该谈论那超越了这二者，比这二者更为遥远的能力。今天，任何思想和想象都无法与这种能力相比拟，任何笔和舌也无法描述这种能力。

生死的规律是同一的。这规律的哲理是同一的。即使我们没有认识这一哲理，但只要认识这哲理和规律的公证的面貌，这公正也是同一的，特别在关于死亡的路途及其时间上，更是如此。因此，绝没有两个相似的死，也没有任何一个人，在他死前的几年内，就知道他将在何年、何月、何日死。所以，如果我们今天没有看到这规律的哲理和公平，将来总会看到的。

可是我为什么要在这充满生命的清晨频频地想到死亡呢？为什么不能在心中找到驱逐它的能力呢？我觉得弟弟今天的情况比以往任何时候都好，他想要点儿绥尼山的雪，我正走在实现他愿望的道路上。那么死亡为什么紧紧地跟着我，走在我的身前左右呢？

耶稣，你在哪里？你没有听见我在呼唤你吗？你的父亲和我那在天之父在哪里？他没有听见我在呼唤他吗？耶稣，这是创造奇迹的时刻，请创造奇迹，让我弟弟的健康恢复吧！或者让绥尼山的雪把健康还给他吧！是的，绥尼山将要创造奇迹了！

中午刚过，我便背着裹在雨衣里的数量不少的冰雪回到家中，可是我弟弟只慢慢地吮进了几克放在他唇边的雪。我觉得他在那吮吸之中得到了享受，心中稍感宽慰，因为我给他带来了这微小的享受。

太阳落山不久，苏珊过来说，弟弟想喝点儿掺牛奶的咖啡。那时，他的病不允许他喝咖啡。于是，我急忙让人将医生请来。检查之后，医生用英语对我说：

"从现在起，他要什么就给他什么，让他的任何希望都不要受到阻止吧。"

我帮助弟弟坐在床上，喝他想要喝的咖啡。可是还没喝半杯，他的头就搭在枕头上，伸出一只手探我的手，另一只手伸向站在床另一侧的妻子。然后，抬头看看我，再看看他妻子，仿佛将他的妻子托付给我。我感到握在我手里的那只手正慢慢变得软弱无力，热气也在消退。他的胸部微微起伏,起伏逐渐减弱,终于不动了。双唇微微张开,送出了最后一次呼吸,眼睛只睁到一半,便僵滞在眼睑之间。

我合上了那一对亲爱的眼睛的眼睑。谁能知道,我是按照哪种见解将其合拢的呢?我亲吻了握在我手中的手,跪在床边,一言不发,任泪水在心中默默流淌。

方 舟

死亡和我们较量后,未能取胜。较量结束,我的盾牌也没有被怀疑永恒规律的哲理和公正的箭穿透。两年前,当我用手将另一个兄弟的眼睑合拢时,也曾同死亡较量过,那个兄弟不是我母亲所生,他的名字是纪伯伦·哈利勒·纪伯伦。

可是,死亡没能从我这里获得的东西,却从我的父母、弟妹那里得到了。是我们那些伴随着死亡的不义的、残酷的、龌龊的传统使它获得了胜利。当时,在我的亲人们的眼中,仿佛头上的青天、脚下的土地都已不复存在。他们的泪水不干,吊唁人的泪水不干。他们根本不理会宗教对他们进行的"肉体消亡,精神永存"的教导。此情此景,我找不到任何一句话可以安抚他们心中的痛苦,医治他们受伤的心。我所能做的只是禁止他们穿黑戴孝。但是没有说服母亲。从那时起直至生命的终了,她只穿黑色的衣服。

一个人的死可能导致亲友们为他感到悲痛。我不知道哪一种最能表达悲痛:捶胸、打脸、撕衣服、披头散发、跪伏在地、又哭又号、诅咒、求救。仿佛死者是创世纪以来的第一个或最后一个。如果大地上有不断重复的现象,那么,这种现象就是死亡。难道人们还不应该去熟悉它,对它的到来做好准备吗?这是最大的怪事了。

我不知道什么原因促使那些哭丧妇们围绕着死者的尸体转来转去,用那震耳欲聋的号声喊着最无聊的话语。

先生,您地位崇高,绝不低下。

她们最大的希望,莫过于让死者家属的眼眶里积满泪水,也让那些在场的女人因想起自己家中死去的人们潸然落泪。

同样，我也不明白是什么原因让那些前来吊唁的人对死者的家属说："你们的健在是唯一的补偿。"或是"主怜恤你们，使你们健在。""愿主使这成为你们最后的痛苦。"主怎么使他们健在的呢？莫非他使别人活着就是为了使他们健在？或许他们是被主挑中的永生不死的人？主又如何使他们的痛苦结束呢？莫非他能使人从今以后不再遭受痛苦？

更无聊的是悲痛给自己弄了个标志——黑色。仿佛它要对人们说："诸位，我是悲痛，你们任何人也不许在我面前发笑，不许拨动琴弦或放声歌唱。那是对我的尊严的践踏，对我人身的亵渎，对我感情的玩弄，对我极度的不尊。"

我认为痛苦是侵蚀心，消磨意志，使心的天地窄小的蛀虫，因为那些痛苦的人应该彻夜不眠，如同那些龋齿疼痛的人不能成眠一样。也许，在他们的生活中，牙齿比心重要。因此，在这种情况下，最痛苦的最好治疗是欢乐，而不是身披黑孝。

而最最愚蠢的，无论在东方还是世界上其他的地方，就是死亡竟变成了死者家属显示他们的政治社会地位和财富的良机，他们首先是要分发许多带有宽大黑边的讣告。如果他们能收到许多唁电和花圈，如果吊唁者有许多是权势之辈或是各方的显贵，如果棺木上好，棺材较贵，那么，追悼会就会被说成是庄严的追悼会，死者家属将因此而无限自豪，痛苦的表示也只剩下身披黑孝了。唉，甚至死亡，骗子们用它来进行欺诈，商人们用它来进行交易。他们竟把死亡当成获取廉价荣誉的手段！

弟弟死了。我们用村里木匠做的一口简单的棺木把他埋葬了，死是他生活中的一个环节。我认为他的生命之环，并非自他出生之日开始，也不从他死亡之日算起。他的一些亲人，包括我在内，活着。活人应对活人履行自己的职责，我也应尽自己的义务。毫无疑问，痛苦不会帮助我履行自己的职责，死了的弟弟也不会希望我放弃自己的责任，陷入悲痛之中。我生命中的一页已经翻过，让我开始新的一页吧。

那年夏天，我的家人遵循以往的习惯，又搬到了舍赫鲁布。在那里，我寻找着另一处可以独享幽静的地方。我在前一章里所提到的那张帐篷靠近路边，路边传来的声音经常破坏我所希望的绝对安静。结果，当我希望想象出比那些声音更美好的一切却又不能时，我便一直在寻找着另一个幽静之处。

舍赫鲁布西边一公里有一块地方，那里的居民是岩石、大树、荆棘、昆虫、爬虫和飞鸟。狐狸、胡狼、苍鹰又不时地来拜访那里高大的岩石。经常是一周、月余，不见人的足迹和任何人的声音。到这里来的人，如果具有些许鉴赏力、敏感性和想象力，定会感觉到祖先的威严正伴随着他的每个步伐和每一缕思绪，仿佛他正置身于一块神妙的土地，也仿佛这土地是一个被施以魔法的童话。

那里，巨大的灰色石灰岩块随意散落着，那情景不仅使人惊诧，更能驱动诗人和艺术家的想象。有的石块以几人高的雄姿巍然挺拔，另一些却以不足寸拃的矮小身材紧贴地面。无论是巨人还是侏儒，竟没有两块相同。每一块都独具风姿。那千奇百怪的形态使你觉得像是头大象、狗熊或是一头睡狮，使你觉得看见了洪水前和史前的各种珍禽异兽。还有些使你觉得仿佛看到了酒酲、礼塔、坦克，甚至人头和那我在《米尔达德之书》中将其变成石头的舒玛迪姆石像，并把它的名字写在那本书的封面上。

实际上，那只是一些冰冷、坚硬的岩石，仅仅岩石而已。可是，如果你对它敞开胸怀，或不是用你日常的眼光去看待它，便会得到许多比你对岩石的日常了解深刻得多的体会。仿佛那每一块岩石的表面和内心都包藏着一个又一个故事。你耳朵听到了这些故事，定会使你惊叹不已。特别是当你看到那些大树像孩子依偎在母亲怀中那样紧贴着岩石，你定会忘乎所以。几乎能听到岩石和大树的私语，并能感觉到那话语中的深情和谅解。

如果你走在被一块块或一堆堆巨石隔的时而狭窄时而宽阔的空隙中时，会感到好像行走在已变成废墟的古城堡的街道上，感到笼罩着它的宁静的肃穆。特别是当你觉得那城市繁华茂盛时你访问过，今天则是到它那故址的浓荫下沐浴、休养。

在那充满了美、堂皇、静谧、柔和的阳光和清新的空气的神秘地方的中央，耸立着一块古老的大石，从一个方向看，颇像海中的一条船。主知道大自然费了多少光阴把它造成了这个模样，后打碎了它坚硬的中心部分，形成一个长四腕尺、宽三腕尺、高十腕尺的空洞。空洞南面有一个高大宽阔的入口，北面的入口显得狭窄低矮，旁边是一个形状奇特美丽的窗洞。除此之外，洞的四壁尚有许多空洞和飞檐，覆盖着地面一层薄土中生长着的各种各样的野草。

我把这块岩石当成白天修身的禅房。以石为凳，以膝为案，度过每一个夏日。几小时用于冥想，几小时用于写作。我在那里接待了来自阿拉伯各国和其他国家的来访者。他们中间有文学家、作家，或来自政界、宗教界、工商各界人士，还有纯粹是被好奇心驱使来的客人。除了大自然为我准备的一切外，我的禅房全无家具。因此……我便请客人们也像我一样在石块上就座。

奇怪的是，每当别人让我给这禅房起个名字时，方舟——挪亚方舟立即闯入我的脑海。在那块大石的中间，我已经感觉到咆哮的世界之浪也一样像洪水的波涛在挪亚方舟旁碰碎、退却。在大石的入口和周围击碎、失望地退却，所谓世界之浪就是它的欲念。其中最强烈的，就是几年后我在《路边的葡萄园》一书中提到的：

> 很早以前，我就将我五十五个欲念中的五种埋葬了：这就是权欲、财欲、情欲、名欲和永生欲。
>
> 昨天早上，我想起了我的宝藏，于是动身前往墓地。结果，在第一座坟墓上看到了顶着鞋子的王冠。在第二座上看到成为蚂蚁之家的一堆矿石。第三座上是洁白柔嫩的百合，一群群蝴蝶争相呼唤它的芳香，亲吻它的面庞。第四座上则是蛆虫蠕动，乌鸦、蛇蝎聚集的白发老妪的僵尸。待我走到第五座坟墓前，发现坟墓敞开，没有任何尸体。

这意味着，我唯一没有克服的欲念是永生欲，这欲念存在于生命的本质中。我们的生命源于这种本质。那伴随着它的感觉、思想、想象和思念仍在推动着我们运动和寻求，仿佛无终才是它的终结。它不会自满、堕落和投降，也不愿以些许的永生接受好处。我这里所说的永生，不是人在他的工作中永生，而是在他的精神中永生。

至于其他的四种欲念，死亡已将它们揭露无遗，指出了存在于它们每个之中的虚伪。首先让我们来看看权欲、财欲和名欲。我用皇冠代表的权欲，已变得比它美好、高贵。我用矿石代表的财富，只具有泥土的价值。名欲已变成了腐朽的僵尸。情欲则因死变成了洁白芬芳的百合花——贞洁的标志。

实际上，我为人们争夺权势感到痛心。他们为满足权欲所使用的卑鄙手段，他们在议会上戴上的假面具，为了使人们觉得他们原是比众人高贵的泥土，而对人们进行的不停地吹捧、拍马，真令我心头作呕。他们距离那绥里对弟子们的训导"欲为人主，必先做众人之奴"是多么遥远啊！

我还记得，一次白斯肯塔和附近地区的一个名人绅士代表团来到我这里，说他们想到贝鲁特，对新当选的共和国总统阁下表示祝贺。他们希望我当代表团团长，并代表他们，代表白斯肯塔及附近地区致贺词。我笑了，对他们说："如果你们是公正地对待他，那么应该向他致悼词，而不是贺词。如果你们是公正地对待你们自己，那么，既不要致贺词，也不要致悼词。让'阁下'他安安静静地搞他的工作，就像你们没有敲锣打鼓地做你们的事一样。是你们创造了你们的统治者，不要让被造物高于创造者。"

还记得有一次，黎巴嫩发生了被叫作议会选举的战斗。某位政界要员派人到我这里请求我在他的那张名单上提名为我自己竞选。信使向我说这绝不会对我有什么要求，只需宣布我参加提名就行了。这样，我只要静坐家中，不需破费分文，议员资格就会降临我家。随之而来的，还有部长的职务。而这位政界要员的背后有一个强大的外国做后盾，正是这个"外国"希望我给自己提名。

当时，我对信使说：

"我和政治的关系俨然像油和水一般。如果我当上了议员或部长，那就失去了我自己，在瞬息之间毁掉了我多年努力追求的东西。对于我，我的心比任何政治职务都高贵。对于我的眼睛来说，我所建造起的，比为了一个议员和部长之职去牺牲它更为可爱和美丽。请你这样回复派你来的人，和他背后的这个国家吧。"

可是，那位政界要员没有失望，他又派来了第二个信使。认为他比第一个更善于辞令，定能说服我。可是他的命运并没有比他的前任强。

以上说的是权欲，现在来说财欲。每当我想到钱，它在全世界播下的罪恶的恐怖便令我浑身战栗。它主宰战争，制造纠纷，腐蚀心灵，屠杀高贵的品德和那些将其崇拜为唯一的主宰的奴隶。有些人的心竟要求他们蔑视、冷淡金钱。这些人真该死，太该死了。要知道，有了金钱才有面包、衬衣，有了它才有医疗和药物。甚至水、光明、空气以及当今时代里的形形色色的需要，哪样不需要钱？怎么能对它冷淡，从它身边逃走，对它傲视呢？

不过，我从来没有崇拜过金钱，从没有让它在我的心间和思想中占一席地位，更不让它左右我的生活之缰。我过去是，今天仍然是满足于我的工作报酬，不论在己前还是人前，都不因之感到羞愧。它也没有使我背离我的心所选择的道路，和我在那条路的终点所确立的目标。我生活的任何时刻里，从没有想过有一大笔财富。因为我认为财富是灾难，不是恩赐。金钱在未被善良的心境和善良的工作清洗之前，总是沾满污秽的。我还记得有一次，当我囊空如洗时有人给我送来两万里拉，条件是要为某个国家做点儿宣传。那宣传丝毫无损于我的名声，却有损于我的直觉，有损于我的生活宗旨。这宗旨是宁要伴随着心和精神的纯洁的穷困，而不要使心不悦、使精神无法摆脱它的重担和桎梏的富有，鉴于这种思想，我当然不屑于对方的帮助。

至于名欲，在我开始写作时，它曾是我生活中的第一教师和最高统帅。毫不奇怪,我的心感觉到超越对手的宏愿紧紧地跟随我,因为害怕失败,不敢向任何人透露这一愿望。我在拿撒勒学习时,这一愿望就具有它独特的色彩和意向。我在俄国学习期间,对这一愿望更加强烈和关注。终于,我相信,那诱使我获得名望的战场就是文学。

开始写作时,我抱着急切的心情品味着一切耳闻目睹的以及读者来信中的每一句表扬和赞赏。只要想到和千百万无声无息的普通人一样,出生在一个默默无闻的国度里的米哈依尔正步步高升,不禁暗暗窃喜,终于成为公认的黎巴嫩代表,成为火车、客轮上人们谈话的中心。不过,我从未为了声望去撰写某篇文章。我是因为心的需要才提笔的。所以,重要的是,我如实地表达了心的需要。如果这么做能增加我的声望,固然很好,反之,我也不会对自己所写的东西后悔。因为我以一颗诚实的心对待读者。

这是我回到黎巴嫩,尚未踏上绥尼山麓的方舟之前对名欲的观点。之后,我开始感觉到名声是沉重的负担,是重大的责任。今天发行的报刊上,人们都以尊崇的口气,反复提起我的名字,这对我已毫无诱惑力了。有时,我的名字和批评、中伤同时出现,那也不会给我带来痛苦。但看到我在书页里、讲坛上播下的种子在许多人的心中生长、并结出丰硕的果实,深感幸福。在这里,我可以诚实地说,名欲已在我心中锐气大挫,但我承认它是我顽固的五大欲念之一。

毫无疑问,情欲是一个最顽固、最强烈的欲念。当我将自己的思想和心转向比情欲崇高得多的事物之后,这一欲念也被我驯服了。我不再用男人看女人的眼光对待女子。我确信,那样的男人和女人不需要用肉体的结合,而可以用精神的结合互相补充,肉体结合会妨碍精神结合的。所以结婚的念头在我的生活中消失了。许多想跟我结婚的姑娘的努力,也付之东流,失败而归。当然,这种观念是不可逾越的。虽然它使我满意,符合我的生活观,但不会使绝大多数读者满意,也绝不符合他们的生活宗旨。我所以提到它,只是谈谈自己,而不是谈论所有的人。

在"方舟"里——以后我常用"洞穴"一词代替——我写了许多文

章。其中有《院》《米尔达德之书》《纪伯伦传》等。

关于纪伯伦的这本书,当时刚开了个头。我愿向你谈谈这本书,还有该书所激起的至今仍在继续的风波。

纪伯伦·哈利勒·纪伯伦

我决定写一本关于纪伯伦的书。我不想按一般写传记的陈规俗套，像那些历史学家或研究人员，收集有关的材料和图片，按时间顺序，把这些成绩展现在你面前，在跋或是边注上注明这些材料的出处。我完全不想这么做。我和纪伯伦共同生活了十五年，同甘共苦，摸透了他的一切，了解他的思想和艺术趋向，深知他的秉性爱好，涉足他的灵魂深处。如果我俩在生命与死亡、在文学和文学使命的思考鉴赏和认识诸方面没有惊人接近的话，我不可能对他有如此透彻的了解。倘若没有这种思想、鉴赏和精神的接近，我也不敢按照我所了解的他给他写书立传。我这本书，不是对他生活事件的干瘪苍白的记述，而是有血有肉、活生生的纪伯伦本人。

其次，我为纪伯伦撰书的另一个原因是他在生活中遭遇的精神上、物质上的问题和我生活中碰到的十分相似。我们一致认为被感物的后面，有一种感觉达不到的力量，它就是本质和被感物的各种表现，是根源和目的，是指导者、组织者和筹划者。人只有摆脱了物质的污垢才能理解。而这种摆脱只能依靠多年的经历和逐年积累的各种经验。我们还同时将语言作为表达上述信仰的工具。我们信仰的鉴赏力使我们拒绝将词汇作为炫耀、欺骗、卖弄的工具，拒绝将语言置于失却灵活和生命力的框框之中。但是，又不妨碍我们各自以独特的方式使用这一工具，形成各异于对方的风格。

在这大地上，没有任何东西诱使我为成吉思汗或拿破仑树碑立传，因为我和他们的生活实在相距太远。可是，比如我要写关于菩萨、老子、柏拉图、耶稣等思想界、精神界的人物的书时，全出于内在的动力，而不需要任何引诱。因为他们的生活中，有和我对生活的看法相吻合的东西。如果我没在纪伯伦的生活中看到能使我踏实地进行生活，特别是人类生活的观点，我决然不敢为他动笔的。

我们俩的生活都有着可称为"骨架"的东西。这骨架的骨骼就是历史学家可以收集到的他生活中的许多突出的地方。但是附在骨架上的肌肉，肌肉中流淌的血，却不是历史学家制造得了的，而艺术家可以做到的。我在这本关于纪伯伦的书里，特别是被称作"布什里想象"和"波士顿想象"的部分，按艺术家的标准看，称为"历史学家"是不够的。纪伯伦出生的年、月、日和地点，他父母、兄弟的姓名和特征，这一切都属于历史。可是接生婆在他出生时说的话，母亲的话，父亲和纪伯伦的言行，这一切便是我创造的血和肉。同样，纪伯伦的母亲带着四个孩子远赴美国，定居在波士顿的中国区，纪伯伦和玛丽·哈斯凯勒相遇，他和米士琳的恋爱，他兄弟、姐姐、母亲患肺病丧生，他向玛丽·哈斯凯勒求婚，等等，这都是历史。而对中国区的描写，纪伯伦同他母亲、兄弟、姐妹的谈话，他和米士琳、玛丽·哈斯凯勒的谈话，和自己的心的谈话，则是我创造的血和肉了。

我所创造的血和肉中，有一个是玛丽·哈斯凯勒在纪伯伦出生时做的梦。当时，她只是一个生活在美国的十岁的小姑娘，和这遥远的、陌生的新生儿毫无关系。我创造了这个梦，并使之出现在纪伯伦诞生之夜，意在引起读者的注意，并为后来纪伯伦与玛丽·哈斯凯勒的相遇埋下了伏笔。同时也向读者暗示，我们并非像某些人所想象的那样，像一页洁白的纸张那样诞生。我们出生时，在我们和许多人、地点以及许多事物之间都有着使你从无意识向有意识过渡的刹那间感觉不到的隐蔽关系。过去的年月中，这种关系伴随着我们。它不是偶然机遇，而是你长期意识不到的关系的继续。

我在写尚未结识的纪伯伦时，把他在自己的许多著作中写的和他尚未说出、写出的内容作为他讲的话。但必须使他的讲话方式和内容与他的个性、爱好、秉性思考和情绪十分吻合。至于我们1916年在纽约见面后的描写，那几乎是百分之百的真实写照了。

奇怪的是，因这本书而挑起风波的人，绝大多数并不认识纪伯伦，对他的著作也所知甚少。但他们居然厚颜无耻地和我争论，说我写的纪伯伦不是真实的纪伯伦。他们中有的坚持认为纪伯伦写了一本名为《先知》的书，所以他也像先知一样完美无瑕。有人则指责我暴露了纪伯伦生活的秘密，从而玷污了我和纪伯伦之间的神圣的友谊。而更荒唐的是，有人认为我的坦率是对纪伯伦文学地位的故意贬低，从而抬高自己，使我居于纪伯伦之上。还有个人竟卑俗到不堪一说的地步——胡说什么纪伯伦没在他的遗嘱里给我留下一笔钱，所以我和他反目成仇了！俗话说：你在这个山谷，他们在那个山谷，彼此趣味不投，用他们的标尺来衡量你，你又能有什么对付的良策呢？

所以，我对他们一概不理不睬。但对艾敏·雷哈尼在《祖国报》上发表的致我的公开信，我就不能缄口不答了。下面是该信的原文：

1934年1月6日　福利克

米哈依尔兄弟（愿主保佑）：

　　荣幸地收到了你的赠书《纪伯伦传》，谢谢。祝你取得更丰硕的文学成就。可是我在你的树干上发现了蠹虫，使我颇为担忧。因我一向喜爱你那棵大树和它的果实，所以特来函告之。

　　恕我直言，读了你这本书，我感到你不允许个人主义掺进你的文学。这种做法几乎成了一种职业。你主张完全的和解和统一，但这与个人主义是无法兼容的。你从不主张文学家用他们的笔去刺伤别人。

　　你高尚的品德和你写的关于你亲爱的朋友纪伯伦的一切如何协调？你这本书，尽管是那些以赞赏和公允的文学眼光去看待纪伯伦作品的人也感到痛心。当你对他的个人言行、文学艺术作品不论巨细明暗一律进行清算时，就不怕自己也陷入用来指责纪伯伦的一切之中了吗？

望你重读该书的第131页、215页，还有144页，并像对待别人作品那样，以评论者的目光去读一读。你如果对自己的文学评判很公正，你会看到，一般化是卑微的，自我清算应先于对他人的清算。

你在第63页、64页、104页、105页和116页中，对你那处于苦难之中的兄弟的内心世界窥探得过多，结果伤了喜爱他的人的心。然后，你又用专制的手，揭开了人们无权窥视的许多细枝末节或者纯属个人琐事的帷幕。

谁跟你说了"纪伯伦自忖"的内容，难道是你描写的纪伯伦亲口告诉你的？可我们知道他是十分注意封闭内心的人！你所说的他的内心深处隐藏着一个他不敢披露，甚至也不敢对自己的心披露的"希望"究竟是什么？既然如此，为什么他又对你和其他的人吐露了呢？如果他不曾对任何人讲过，你又不是那知人心的上帝的同胞兄弟，那你又怎么知道的呢？

你书里的这些东西对任何人都没好处，对纪伯伦的文学既不抬高，又不贬低，它们既不能增加你书的价值，又不会太多地减少。

难道我能首先侦察像水和酒一样地融合在一起、对我倾注了最真诚的一颗心，在它失望时把它和我的心中的一切公之于世吗？

纪伯伦十分信任你，十分称赞你那"伟大的心，美好的灵魂"。那么，这颗心难道还不该容纳下你亲爱的兄弟身上的人类的弱点吗？

第101页上有三行关于纪伯伦的文字谈的是最崇高的精神感情。我多希望你能将这种感情作为你评价他个人生活的标尺。

你知道，在纪伯伦生命的最后十年里，我未曾像你那样接近他，但是我认识他在你之先，比你更早地喜爱他。在你们把探索心作为职业之前，我对他的内心世界就已有所了解，但是我和那些心理学家都没有热衷执行人和事的探索。不，我不满意，我想纪伯伦也不会满意这种充满专横和粗俗，但却仍然标榜其为最崇高、最清晰的、令人可疑的科学恩赐的心理活动。

我至今仍保留着，只要活着将永远保留着那种爱的美好的记忆。它产生于巴黎和伦敦，在纽约两条相隔不远的街道中成长并开花结果。这种爱理解异国中两颗陌生的心中的思绪，明白两个颂扬真理和美的崇高的灵魂的希望，也看到了在你今天谈论之前就已经在谈论的城市中的两颗幼稚的心中的无知妄说。

当我写到那些美好的日子时，没有提过当初我和纪伯伦如何在第六街一家如地狱般黑暗、拥挤和喧闹的饭店里吃饭，然后回到我寓所里或是他的禅房里，坐在被忘却了昔日光荣的沙发上，诅咒着现在的种子。我们会醉心于自己写的一篇文章或一首诗歌，朗读着赞扬万物主宰的章节，以二十五美元的代价再次出卖纽约。对于那些岁月，我只记得纪伯伦的心，那颗在创作时快乐贪玩的心，那颗在思想和希望时被折磨的忧伤的心。在创作时，我们都希望整个宇宙是一束鲜花，将这束花献给那最高的宝座——永恒的爱的宝座——天主的宝座。在思念和希望时，我们又都希望整个宇宙是一只陶壶，我们将在天主的脚下把它打碎。每当我忆起那一切时，我真是记起了如晨光般纯洁的爱，像孩童和先知们的眼光一样崇高的思念和带着古老圣台上的烛光及被日夜磨利的武器为奋斗的文学圣战。

正是对那种爱、那种思念和圣战的回忆，鼓励我写信给你。我写的东西绝不是对纪伯伦的捍卫。他已经超越了我们的人类爱好和尘世俗念。我写这些仅是对爱和友谊的捍卫。现在我正是以爱和友谊之名对你说：你错了，你确实错了。愿主宽宥你！

在我结束这封信之前,我还要以爱和友谊的名义再讲几句话。我非常赞赏你的文学才华。希望它能摆脱尖酸的个人主义、冗长的贬抑和虚伪、固执的诙谐幽默、严肃问题的一般化和那实为理智之心的浮沫而非其本质的心理愚笨的表现。

能摆脱这些灾难,你这本书可谓无洞穴、无草莽、完善之致,无懈可击了。至于那些山峰——高大的山峰,如《精选的》章(最后一页除外)、《酩酊——苏醒——酩酊》章及《在纽约城》的一章,确令我以肃然起敬、无比佩服的感觉站在它们面前。这是阿拉伯文学中光彩耀人的高峰。我祈求主使你的全部作品获得成功。

雷哈尼已经过世了,一切以传统表面的眼光看待这本书的人们也都过世了。这本书里,我只用极少的笔墨提过纪伯伦的私生活,目的在于为他自己、为所有像他一样追求完美的人所竖起的天平上进行衡量。他的情况正如下面诗行所说的:

如果肉体将爱情引向享受的床笫,
爱情正在自杀。
我们知道,爱在精神之中,不在身体内部,
正如酒浆不为酩酊,实为灵感酿制。

这就是,贞洁是爱的围墙和盾牌,对情欲投降便是对爱的杀戮。用纪伯伦的天平衡量是他要求我履行的义务,也是真理要求我履行的义务。真理比任何生活未给其重量的传统看法伟大得多。这本关于纪伯伦的书中,我不仅评价文学和艺术,同时还评价有着美好的遥远目标的生活。我应该讲清横亘在实现目标路上的障碍,也应讲明为了克服那些障碍所遭受的艰辛,在哪里取得了胜利,在哪里遭到失败。我在书的结尾让纪伯伦和他的心签订了和约,这就是对纪伯伦与自己的心所进行斗争的最好评价。

不，我从不是语言贩子，也不是那种从揭示敌人的阴暗面中寻找享受的人，更何况是自己的亲爱者呢？从没有人发现我泄露了他要求我保守的秘密，也不会对他失约。因此，对那些咒骂我"泄露了纪伯伦秘密"的人我不屑理睬，对那些侮蔑我贬低纪伯伦以抬高自己的人我也无暇顾及。如果，雷哈尼在他的公开信中也只是谈了这些，我也不会在乎的。但是，我在他的信中嗅出了更多的东西。

我嗅到的是，雷哈尼发现可利用我这本书达到一箭双雕的目的，在躺在坟墓中的纪伯伦面前，在成千上万的黎巴嫩和其他阿拉伯国家及非阿拉伯国家中欣赏纪伯伦的人们面前为自己涂脂抹粉，然后同时消灭一个文学界中可怕的竞争对手。

当年在侨居美国的黎、叙作家之中，雷哈尼年龄最大。在纽约文学运动兴起时，他的名气也最大。那时纪伯伦就曾希望自己能享有雷哈尼那样的声望。可是，当纪伯伦的翅膀长硬、声名鹊起时，雷哈尼不愿再见到纪伯伦，两人之间的冷漠维系了十二年。这十二年中，彼此互不来往，也听不到对方的声音；纪伯伦带着这样的关系死去了。可是雷哈尼在他的公开信中对这种冷漠只字不提或故意冲淡，只管以神魂颠倒的、诗人都难以达到的程度说着他和纪伯伦之间的友谊。其目的意在暗示读者，他和纪伯伦的关系自始至终都是那样纯洁、美好，同时影射我没有像他那样捍卫和纪伯伦之间的友谊。如此这般，我能沉默不语吗？

如果雷哈尼不愿用涂脂抹粉来给我脸上抹黑，如果他不想以教师、训导者的身份，以上级对下级的态度来阻挡我的道路，他本不会舍弃了邮局的途径，而通过一份日报来与我对话。既然如此，我能沉默不语吗？

我认为沉默是一种胆怯的表现，是逃避我应对自己的心、自己的读者和一切继我们之后关心文学运动史的人们应负的责任。所以，我决定在发表了雷哈尼致我的公开信的报上也给他一个公开的回答。我的回答迅捷、尖刻、激烈，但真诚、公正。下面是我答复的全文：

艾敏：

我在这份尊贵的报纸上看到你就我的《纪伯伦·哈利勒·纪伯伦的生、死、文学和艺术》一书给我的公开信，如果这封信只是评论该书的文学性，我绝不会自讨麻烦，做此回答。我，作为一个一辈子对许多文学作品进行过评论的人，知道怎么去尊重那些忠诚的评论者的意见，而不去追究他们的批评艺术。为此，我绝不会跟任何人讨论他对我的批评。

可是，你的来信离我所认为和敬重的批评太远了。你在"教导"我，什么是友谊，朋友应当如何描写他的朋友，你拿自己做我的榜样，你让我回忆起你和纪伯伦之间的"友谊"，说你心里所存的只有那"晨光般纯洁的爱"，像孩童和先知们的眼光一样崇高的思念和我们带着古老圣台上的烛光和被日月磨利的武器为之奋斗的文学圣战。

很抱歉，艾敏，如果我开诚布公地对你说，即使我对友谊一无所知，而这地球上又只有你这样一位老师，我也不愿跟你学友谊的知识。此外，如果我将你和纪伯伦之间的所谓"友谊"的真相诉之于众，也请你原谅。

你在信中说："你知道，纪伯伦生命的最后十年里，我没有像你那样地接近他。"你说这样的话，手中的笔竟不打战，你打了真相一记耳光，把真情扼杀了，那留下你字迹的纸张竟不羞红了脸。你要是吐真言，应该说："要知道，纪伯伦生命的最后十年里，我被他唾弃、讨厌和鄙视。"

是的，艾敏，纪伯伦从事文学运动的初期，你和他之间确有过某些联系，今天你想以"友谊"之名，为这种关系涂脂抹粉，但我却认为你们根本没有友谊可言。后来当纪伯伦的文学闻名于世，当他品尝了你那"晨光般纯洁的爱"之后，便像吃橄榄吐核一样，永远摈诸门外，唾弃了你的"爱"。甚至每当他在水杯里看到你的影子，即使当时他正焦渴难熬，也不会喝那杯水反把杯子打碎。尽管你没有忘记，我还是要提醒你，别忘了那天晚上他把棍子举过你的头顶。当时，若不是在场的人上前阻拦，你今天已不会在活着的行列里了。从那一夜起，整整十四年，纪伯伦再也没见过你一面，你也没有再理会过他。

此外，你从没有关注和重视过纪伯伦的文学。你要是忘了的话，我可以提醒你，在纪伯伦去世前一年左右你在我那儿度过的一个夜晚。我们一起走出寓所，在百老汇大街上漫步时，谈到了纪伯伦和他的文学。记得，你只用了两个英文词便概括了你对他文学的全部看法：Mawkish Sentimentalism。第一个词形容第二个，意为"乏味的、令人作呕的、低级趣味的"，第二个词意思是"故作温柔的感伤主义、伤感癖"。

纪伯伦带着对你的厌恶去世了。你对他的文学的评价不过是"故作温柔的感伤主义"。但奇怪的是，他的遗体刚运回祖国，盛誉满京城时，你也开始大唱赞歌，拿我亲爱的兄弟的称谓使你的评论、感情合法化。直到今天，你还不肯放过任何合适的或不合适的机会，证实你对他的爱像"晨光般的纯洁"。艾敏，这种无耻不太过分了一点儿吗？这是不可原谅的无耻。

现在再回到公开信上，也许我该说出丑信。艾敏，你指责我揭开了掩盖纪伯伦一些缺点的幕布。你说："你这颗心难道还不该容纳下你亲爱的兄弟身上的人类的弱点吗？你那美好的灵魂不是最应该为你兄弟的生活上的不足垂下遮蔽的帘幕吗？"然后，你又以"爱和友谊"之名对我说：我这样做错了。并以我从未在你身上看到的信念祈求主宽恕我！

艾敏，你真明白什么叫爱，那么当一个人在谈论他所爱的事物时，你必然会将珍藏在心底的爱，不在人前暴露，以免遭到像你这样的笔和像你这样的舌头的中伤和污蔑。你真了解友谊的实质，那么，当你描写有关朋友时，你必然会保护灵魂深处的友谊，拥抱它不受旁观者的毒眼和好奇者的窃窃私语。

果真能如此，你倒可能以赞赏和崇敬的心情，站在你朋友面前，以纯粹个人友谊来书写另一位朋友。那种感觉应当像你站在我这本书中被你称作阿拉伯文学中光彩耀人的高峰前的感觉一样。你若以一个理智的思索者读完我的书，而不是像独眼骆驼啃食荆棘，你定会以赞赏和崇敬之感站在这书的高峰之前。对你的自我说：写《老鼠生娩，生出了大山》一章的人，希望通过写下的一切，穿透生活的外衣和服饰，到达它赤裸的内心。他或是落入谷底，或是进入洞穴，或是钻入宇宙的丛林，然后带着纯粹的生活本质脱颖而出。

　　不，艾敏，你没有认真读一读我的书。为了便于读者理解该书的目的，解开那些封闭的谜语，我在书的一开始就留下"钥匙"。我在前言中说，每个人都有他的"隐私"和生活秘密。我了解纪伯伦的部分隐私，但对更多的却一无所知。那么，我是否可以将我所知的部分秘密公布于世呢？我要继续保留它们，那我写书还有什么意义呢？如果我隐藏了那些在人们眼中看来是隐蔽的，在宏大生活的记录簿上并不属于隐蔽的范畴，但为了满足那些毫无艺术口味，对生活一知半解的人，而对自己的口味残酷虐待，把自己的意见埋葬在地下，难道不是对自己的心、对读者和纪伯伦的背叛吗？如果我不隐藏这些，又怎能不在读者眼前展示那些谴责我兄弟的过错呢？当然，我也可能犯有同样的过错。

　　那么，我不认为宏大的生活中有什么秘密可言。当我披露一个"秘密"时，我并非揭示被遮羞的事物，只是把已经被揭示的事物告诉人们。因此，我的艺术口味不允许我把纪伯伦的生活描写成一片光明或浓重的阴影。因为它还没有成为独一的，也不是独一的。如果确是如此，人们既看不到它，也感觉不到它。所以，如果我不把我兄弟的缺点当成伴随着优点的光亮的阴影，使那些优点更加明亮耀目，那我绝不会因他的缺点而对他指责。

再有，你如果认真读一读该书的前言——读一遍才两分钟——你便会听到我在另外的地方说过："纪伯伦生活中最美好的东西就是跟自己的心进行有序的斗争。这是为了使自己的心摆脱一切瑕疵，使其如同用想象看到的和在图文中大量播下的那样美好。"如果我未曾阐明他斗争的对象，怎能阐明他同自己的良心做斗争呢？他反对心中的什么来使心美好呢？只能是一些并不美好的人类弱点和现世欲念。我在前言的最后部分写道：

"艺术，不论在从事它的人和其他人的眼中多么崇高，但如果从事它的人和其他人都把它化为一股力量，促使他们摆脱有限的生活羁绊，走向无限的生活自由之中，即从人在天主之中到天主在人之中，艺术便不具有丝毫意义。无论多美的文学，只有当它永存于大地和苍天中，具有揭示生命的能力时，才有意义。"

所以我撰写这本书，目的在于阐述纪伯伦短暂生命中所走过的道路。从有限的生活羁绊走向无限的生活自由——从他的人生到他的神性，在于说明他在他的文学中对生命意义揭示的程度，只局限于对精神自由的认识。我之所以提到他的一些缺点，只是为了展示他顽强的奋斗和美好的信仰。我写了他现世生活中的爱好和他对世界荣耀、显赫的渴望，也只是为了突出他的精神爱好和他对于那种非常人所追求的荣耀和显赫。我认为在这本书中，我自始至终以感情和挚爱之手，而不是像你说的以专利之手把他逐步升华。我的笔是贞洁的，我的心更为纯真。我以写作的精神，知道纪伯伦以他的想象也看到，希望他的生命走上——只有精神的巨人才希望达到的康庄大道。对这些人，我们绝不能用衡量地痞流氓生活的"优雅"来衡量他们的生活。纪伯伦在他生活的这些阶段中没能走上那条康庄大道，这不能指责它，更不应对他加以非难，这对他已经够了。正如纳西布·阿雷达在他那首叙述精神之路和路上的障碍的诗中所说的：

让我们前进，前进！
或许我们在希望和希望的时刻前死去。
够了，因为我们已经起步，
尽管不足，可是已经足以看到。

艾敏，如果你是擎这盏灯、执这把钥匙看我这本书，那你绝不会气愤，也不会痛苦。不过，你的气愤和痛苦倒是对我的安慰。能绞痛愚昧的心，使它愤怒，这实在令我高兴；能刺伤骄傲和狂妄的心，使它痛苦，实在令我欣喜。

既然你理解不了我这本书的本质，当然也没有看懂它的框架。这框架的开始和结尾可都是"死亡"。我选用这一章主要说明地球上任何人的生命都只是死亡的雾环绕着的疏漏，这疏漏中最美的就是那穿过死亡的迷雾走向最理想的生命的觉醒，把人拔高到超越善恶——升华到天主的梦。在全部疏漏期间做着这种梦的人，必在那无限的全面知识和自由的喜悦中苏醒过来。那些品尝了梦的甘美，却又以其他的梦的苦涩破坏了这美梦的人，在未摆脱痛苦之前，将承受折磨。这苦涩源于一切欲念、贪婪和任何有始有终的愿望。我已拿纪伯伦的生活做了这方面的例子。他就属于那种品尝了美的甘甜，又以尘世的欲念破坏了这一美梦的人。他对此并不隐瞒，在他的书中，对那些知道如何阅读的人开诚布公。他说："他将追回世界，使他的梦摆脱一切痛苦。"

正如你所看到的，在你认识纪伯伦之前我所不了解的那部分生活我已把它命名为"想象"——人的想象和波士顿的想象。我以自己所有的关于这方面的知识，造就了一个血肉之躯的纪伯伦。创造过程中，对他生命最后十五年的了解是我们对文学鉴赏口味的极度相近和我们精神倾向的雷同给我的帮助。我对如何升华纪伯伦的精神，描写这种精神在各种情况下的表现是了如指掌的。

可是你，却以你所不熟悉的、出自完全相反的目的，向我证实我善于描绘，使你对"酩酊——苏醒——酩酊"等章节击节赞赏。我在这一章里描写了纪伯伦从巴黎回来时的心理状态。当时，我甚至不知道他的名字，又是你将我引回书中第101页的头三行。你认为这三行是纪伯伦的话，仔细品味，大加赞扬。这三行是：

"我应如人们所期望的那样，成为一个纯洁、干净、透明、富于怜悯心的人。应该热衷于改革，忍受痛苦，超脱一切低俗。主啊，将我从我的心中拯救出来吧！洗掉我身上的肮脏，在你爱的熔炉中锤炼吧！"

你即使在余生中，甚至未来的全部生命中寻找，也绝不会在纪伯伦所写所说的言语间找到这些话。因为它不是纪伯伦说的，是我说的。我之所以把它变成了他的话，只为了描写他的一种心理状态，那么，艾敏，什么是你说的荒谬呢？莫非就是指长于描写，以至了解纪伯伦的读者都无法辨别塑造的形象和模特儿的区别？还是像你在公开信中那样提问："谁跟你说了纪伯伦自忖的内容……如果你又不是那知人心的上帝的同胞兄弟的话……"

最后剩下的便是你对我的文学之树的关注表示怀疑了。你已在它的枝干上看见了蛀虫。出于对这棵树的喜爱和同情，在为时尚不晚时提醒我有蛀虫——我的个人主义，就在几个星期之前，你在贝鲁特对我的谈话，我才知道"我的个人主义"意味着什么。那次谈话中，你希望我成为你政治斗争中的同伴，因为你不明白：像我这样的文学家，怎么能够热爱祖国、为祖国服务，但却不致力于将祖国从法国统治下解放出来的事业呢？

可是，我该如何向你解释呢？我为自己的祖国、为一切国家、为自己和一切人所要求的自由,绝不在王国的宪法中,也不在国际之间的条约中。整个世界披戴的镣铐、枷锁又不是谩骂、争吵和政治密码所能打碎的。这镣铐藏在心中,而不是生活中心之外的魔鬼。就这方面来说,法国、黎巴嫩没什么区别。

"我的个人主义"是我选择了一条绝无同伴足迹的荒凉道路,通向我的自由。在那里,我用我的心血找到了那几乎见不到的足迹。于是,我继续前进。

走你的路吧,艾敏,我也走我的路,你我的道路连在爱因斯坦的空间里也不能相交。

1935年11月2日　白斯肯塔

这又是四分之一个世纪以前的事了。今天,我已可以从容地对待任何战役、中伤、批评和过分的赞扬。我比别人更了解自己的弱点和长处。只有我能纠正自己的缺点,注意发扬自己的优点。时间是一切言行的观测台,经过它的筛洗只留下正确和优良。

读者可能很关心我和已故的艾敏之间的论战会有什么结果。肯定地说,战斗绝不可能结束在仇恨和冷漠上。我生性不能忍受仇恨。尽管有时,我疏远了一些人,但绝不是因为我讨厌或仇恨他们,相反,怕那些根植在他们身上的错觉、道德和品行中的荆棘刺伤了我。艾敏给我的公开信和我的回答发表了不久以后,我们就在贝鲁特的无轨电车上相遇了。我向他致以问候,他也问了好。之后,他又在另一次机会中邀我到他家做客。我们一起吃了午饭。他母亲坐在主位,我像尊敬自己母亲一样尊敬这位老妈妈。愿主怜悯这位母亲和艾敏吧。

另外,如果读者知道,以极高的评价和赞赏的目光阅读这本关于纪伯伦书的人远远超过对它不满或佯装不满的,这倒是公正的。书出版后,一个青年作家对我说,他一口气读了三十遍,还没读够。拉希德·艾尤布则说:"作家就应该这样写作!"阿卜杜·迈西哈·哈达德就这本书写了一系列文章。在贝鲁特，初版售罄，冉版时增至十五个黎巴嫩里拉。时至今日，在贝鲁特已再版四次。新月出版社也将其列入新月丛书，印刷了一次。

我把书译成英文，纽约的哲学书屋发表了。纽约的报纸围绕这本书发表了许多篇评论，有玛丽·哈斯凯勒——即婚后的玛丽·梅尼斯发表在 1950 年 11 月 19 日《萨法那晨报》上的。玛丽·哈斯凯勒在纪伯伦的生活中起着其他男士或女士不能起到的作用，所以，我愿以这位优秀女士的话作为这一章的结尾。这位女士在纪伯伦文学和艺术活动的初期，就始终陪伴着他，为他铺平了学习、生活和工作的道路。纪伯伦的《折断的翅膀》和其他一些文章就是献给她的。他在遗嘱中把一切艺术作品、书籍等悉数相赠。如果有人对我这本书存有非议，其中的微词就集中在这位女士身上。她发表的东西见解都独具特色。和那些不了解纪伯伦，却口口声声为了"捍卫他"进而攻击、冲撞他的人岂可同日而语？那些知道纪伯伦，可又缺乏审美鉴赏力的人，也相距甚远。他们不持公允态度去评价这本作为艺术品的书，也不承认书中对纪伯伦的真实写照。

玛丽说：

> 努埃曼是诗人、作家、思想家，是纪伯伦的密友，他揭开了蒙在纪伯伦私生活上的面纱。由于西方人和他这个东方人之间存在差别，美国人对他的这种生活一无所知。由于纪伯伦的掩饰和保守，叙利亚人对此也毫无所闻。努埃曼向你谈了纪伯伦的梦幻和痛苦，他的力量和弱点……也说了纪伯伦为了使自己的心摆脱一切瑕疵，而进行的激烈斗争，促使他像想象中的和在他的图文中大量播下的那样美好的种子。
>
> 作者简要地叙述了纪伯伦的一生，一幕幕如动画般在你眼前掠过。这是一些各具特色的语言图像：1883 年在黎巴嫩出身低微的门第；十二岁前往波士顿，在一个艺术家的工作间工作；陷入情海；在黎巴嫩学习后又重返波士顿；母亲、兄弟、

姐妹之死；第一次画展；玛丽·哈斯凯勒；在玛丽的学校里举办他的画展；米士琳；巴黎三年，波士顿两年；1912年到纽约直至逝世。

在纽约，一群叙利亚、黎巴嫩青年，他们致力于将新精神注入行将崩溃的阿拉伯文学之躯和僵滞的思想之中，热烈欢迎纪伯伦的到来。那时，纪伯伦的名字已在阿拉伯世界中传扬，人们在他身上看到了眼界开阔的诗人和思想家的形象。四年后，米哈依尔加入了这支青年的队伍。那时，纪伯伦开始从他对尼采的《查拉图什特拉如是说》的长期眷恋中解放出来，他的一些诗作俨然出自尼采的手笔。但是，因为他用阿拉伯文写作，所以美国人不知道他是一位诗人，只知他是一位画家，买他的画作。而同时，叙利亚人只知道他是个诗人，不知他是画家。所以，他决定同时用英文和阿拉伯文写作，并在《七种艺术》杂志上发表了他的第一篇诗作。这大大扩大了他的知名度。他专心作画，减轻了贫困的压迫，生活稍有转机。他用英文写的第一部作品是《疯子》，随后便是《先驱者》，1923年出版了《先知》。

努埃曼谈到《先知》一书时感到很遗憾，认为该书的架子很像尼采的《查拉图什特拉如是说》。可这无伤大雅，凡是读过《查拉图什特拉如是说》的人一眼就能发现这种相似。作品的框架谁都可以采用，然而努埃曼在谈到书的实质时说：

"只要人们持续地生死、吃喝、爱恨、婚育、喜怒哀乐，那么其中必然会有人寻求爱情、婚姻嫁娶以及其他的联系生命的纽带，有人同意纪伯伦对这些问题的解释。"

他十分欣赏纪伯伦书中的十二幅画，尤其是《先知》，他认为是"纪伯伦的力作"。

作者把纪伯伦《人子耶稣》那一幅题为《长胡子的妇女》。原因是纪伯伦曾对他说过：我很讨厌那些仿佛把他议论为一个长了胡子的妇女，这样去描写、形容他。纪伯伦认为要让耶稣的同代人按照耶稣的爱好和认识去谈论耶稣。于是，从他们的谈话中，构成了"纪伯伦所看到的"耶稣的形象。纪伯伦对耶稣的热爱和对其伟大精神的崇敬使努埃曼十分高兴。另外，他有权按照自己的想象为《新约》所叙述的耶稣的生活加上旁注，但他不应为了使这些和他想象中的耶稣相吻合，随意篡改《新约》的文字。努埃曼认为纪伯伦这本书中的插图十分精彩……

纪伯伦逝世前三个月，给努埃曼读了他的《大地上的神仙》一书。努埃曼说，当纪伯伦读完书，给他看书中的插图时，他几乎忘了自己，忘记了纪伯伦，忘了刚才尚在耳际回荡的诗句。

书中有的部分犹如矿石中闪烁的金砂。比如，一场梦卷起了类似梦幻者生活的地图；西十号街10号的工作间和那里供应的咖啡；纪伯伦为努埃曼作画时使用的如蚕豆般大小的橡皮；作者对《查拉图什特拉如是说》一书的简介；纪伯伦和努埃曼的谈话片段；得见光明的一些隐蔽物。

书中的插图同样珍贵。纪伯伦画四幅，努埃曼两幅；还有纪伯伦的墓地；马尔·塞尔克思——纪伯伦长眠于黎巴嫩的古老的修道院！修道院的门上写着：

Oh Beata Solitudo（独居多美好）
Oh Sola Beatitudo（寂寞多美妙）

书的附录收有纪伯伦的遗嘱，他的追悼会、葬礼的情景；有纪伯伦写给努埃曼的二十八封信，努埃曼在纪伯伦纪念会上即席朗诵的精彩诗篇，在叙利亚侨民举行的纪伯伦逝世四十天纪念会的讲演。同时，还收有纪伯伦全部英文著作的目录和出版日期。

纪伯伦1883年生于布什里，1931年于纽约逝世。两个朋友之间的谈话，成为我们西方罕见的那种人道的文献。它甚至会使读者感到像亲眼见到两个人在攀登喜马拉雅山，共同到达顶峰，虔诚地寻觅着包罗万象的生命，并确信完全可以找到。这就是照亮道路的光明，讲着自由的语言，适于人们行走的康庄大道。就是在这里，东西方相会了……

1934年夏，我写完这本书。但是脱稿并不等于辛劳的结束。我不得不在出版和发行上劳神。我亲自负责印刷，选定铅字磅数、纸张和封面，不得不向一个朋友求助支付成本开销。不过，幸好初版就很快地收回了全部费用，还略有盈余。

新的职业

初返白斯肯塔的年月中,我十分注意入乡随俗,和人们保持社会、宗教和生活上的一致,我按惯例祝贺、慰问,在重大的节日里去教堂,只要有人提出要求,我也会和大家一起做祈祷。而且,我还十分愿意独自和神父在一起,在我们的教堂里做晚祷。我在自己的生活中踏进的第一座教堂,给我留下了芬芳的回忆。我不知多少次地和农民同坐在田野里、打谷场上,和放牧人一起在牧场里,和人们一起留在他们的工作场所。我和他们聊着,仿佛就是他们中的一员,彼此都感到同样的亲切。诚然,如果我不了解他们劳动的详情细节,不了解劳动的价值和所付出的艰辛,这种和谐绝不会产生。

这些农夫、牧民和工人的善良、聪明、勤劳。在他们的聪颖和勤劳中蕴藏着抱负和不屈,但他们却是宽容、温和的。当然,这并不意味着他们绝不争吵谩骂。我是说他们的争吵、谩骂、仇恨从未达到厮杀滴血的程度。他们当然也不是完美无缺的。他们的缺点包括忌妒,缺乏互助精神,极端不关心全局和共同的利益。比如,某人可以为了一个基尔什的利益,不停地挖掘公路,致使大家损失几百里亚尔的钱财;又如某地有一个可使众人受益的泉眼,但却很难在他们中间制定一个没有分歧和争吵的制度,结果,每个人只考虑如何保证自己的权益,毫不顾及邻居的利益。他们的哲学是:在我之后,洪水席卷;或者是:在我鞍马的后面,寸草不生。

他们最大的缺点,或许是最重要的缺点,是时时刻刻对政府抱有恐惧心理。因此,那些身在政府机构稍有权势的人便可轻而易举地使自已成为这些善良村民的领袖。他们恐吓农民，说马上可以把他们从死神手中拯救出来，又可以置他们于死地，即可以随心所欲地左右他们的福祸。

结果，领袖以及自称领袖的人们何其多也！一村的民众就分成不同的派别。这些是属于这个人一派的，那些又是另一派的。政府往往有意识或无意识地在一个村镇的居民中间挑拨离间，在那些本可充满自尊和不屈的心中塞进卑屈。

于是，从那时直到今天，我始终远离村镇中的"政治"，和它那廉价的首脑职务，逐步减少我对社会和宗教方面的应酬。只在罕见的场合参加祝贺或吊唁活动。至于教堂，则干脆不去了。可是我却从未逃避力所能及地为个人或集体服务的职责。如东方学校——俄国学校的前身——的负责人要求我负责学校的管理和组织工作。为了享受有益的工作的愉快和为他人服务，我没拿任何报酬，忠诚积极地干了三年。

另外，我迄今仍在担任许多白斯肯塔儿女的"秘书"，这些人中的绝大部分，都是侨眷或和侨居地有某种关系。他们经常在各种场合，为了不同的目的到我这里来。这个希望我帮他或是他孩子去美国，这一点我从不吝惜时间，到贝鲁特的美国领事馆办理所需的英文手续。那个来对我说，他侨居美国的亲戚已经久未和他们通信了，我便极尽亲切温和的语言，用英文写信过去，重新激起他们心中对他的思念。使用的语言委婉美好，使用的风格足以唤起那曾经僵死的感情。于是，确实有人重又对他们身在白斯肯塔的亲戚敞开胸怀和钱袋，还问代笔写英文信的人怎么掌握了这样地道的英语。

一次，一个牧师来我这里，让我给一些侨居澳大利亚的白斯肯塔人翻译洗礼和死亡证明。有时有人请我帮他取得死在蒙塔那的他妻子的遗产。还有一个拿来了一大堆华盛顿国防部给他寄来的有关他兄弟的死亡证明。他曾在美军中服役，按部队规定，他可以拿到他兄弟的遗产。我经常花费整整几个小时，给他解释纸片中的问题。问题不仅繁多，而且复杂。如果我对美国的法律和兵役毫无接触，根本无法完成这样的任务。我还不知多少次地被要求承担润色贺电和唁电的电文。这类电文,弄得我那讨厌欺骗和恭维的偏爱疲惫不堪,编写它们比撰写任何文章都吃力得多。

有过一件很有趣的事。一个狂风呼啸的冬夜,一个青年来找我。我认识他的老父亲。他递给我一张纸,说这是父亲写给在美国的叔叔的阿文信。他父亲要求我逐字逐句、不增不减地把阿文译成英文。我知道他父亲是文盲,便问是谁写的这封阿文信。出于某种原因,青年不愿告诉我写信人的姓名。下面是信的原文:

我亲爱的兄弟:

愿主保佑,使你荣升天国。

从遥远的远方,我们以最强烈的思念亲吻着你们的面颊,并祈求我们最亲爱、最伟大的天主使你们长寿。但愿你和你全家都像我们所希望的那样身体健康。兄弟,如果你想问问我们为什么写信,其实并无他因,我们同受上帝赐予的千般恩惠。只是总也见不到你们,使我们十分思念。兄弟,我们很奇怪,为什么你们很少给我们写信,已经整整三年了,我们竟没有接到你们的一封信。但愿阻隔是件好事吧!我们在这里经常发狂似的谈论你们,我们的心永远和你们在一起,如果我们撕破了你们的心,请不要见怪。你的嫂子做了手术,若没有至高无上的天主的仁慈,我们早已失去了她。你们的大侄子的脚骨断了,现在还卧床不起。另外,年景不好,庄稼没有收成。我们只好把泽阿鲁勒的地押出去,应付开销。我们只买了一半口粮,情况真是倒霉透了。我们拼命地干啊,干啊,可吃的却是野菜。正像诗人所说的:事与愿违。人有难处,只有兄弟相帮。你是我们的亲人,是我们的希望。你了解我们,这就够了。

这些话的后面,便是家中每个成员、亲戚和邻居们的问候。

于是,我给那位侨居在外的兄弟写了一封回信,既无乞怜,也无抱怨，但却倾进了足以激起同胞手足的感情。我用英文打字机把信打好发出。后来回信中有一张一百美元的汇票。这位白斯肯塔的老人毫不怀疑是那封被润过色的阿文信打动了他兄弟的心让他敞开了钱袋。

更有趣的是，一天，一个妇女来找我，请我替她向侨居美国的公公的女儿写封英文信。她怕我为难，耽误我的宝贵时间，说话吞吞吐吐，腼腆犹豫。我十分亲切地帮她写了信，她千恩万谢地走了。几天后，她又求我向同一个地址另寄一封信。从此以后，她常来，不断写信，希望我为她写的这些信能给她带来更多好处。她的最后一封信是为她自己、丈夫和六个孩子要衣服。结果，我的罪过来了，心里烦得很。她给自己要一件带帽的风衣，给丈夫要一套灰西装，给大儿子要这个，给小女儿要那个。她拿着一张长长的单子，上面写着家里每个人衣服的尺寸：身高、袖长、胸围、腰围、臀肥、肩宽……还有对颜色和布料的要求。由于我那天事务繁忙，我希望她第二天来取信，可她竟声色俱厉地说："先生，请不要忘记，我的时间不能耽误，我是八口之家的主妇！"

还来了一个老迈、孤寂、身无分文的老婆婆。我以她的名义向她那瘫痪在美国的一个州里的盲兄弟发了信。请她的侄子和侄女接济他。那两个人出生在美国，一个阿拉伯文字母也不懂。两人便携手合作，每月给老人寄十美元，很快又提到二十美元。多少年来，她都是拿着逐月寄给她的汇款单，让我替她换成黎巴嫩币，再给她翻译同时寄来的信件。

这些就是我不图报酬，不要感谢，为乡亲们做的许多"秘书"工作中的一小部分。我所以提起这些，只是为了使读者对我们乡村生活的一个侧面有所了解。我难道不是在给读者讲述"一生的故事"吗？

艾布·艾迪布告别舍赫鲁布

祖父死了。他的祖辈也都死了。他们都怀揣着在舍赫鲁布找到饮用水的希冀与世长辞了。你们一向以绥尼山泉水浇灌土地。来自两千米外从一条土质明沟流过来的水不适宜饮用。尽管如此,我们天天都在黎明前,到那条沟把水罐灌满。我们常用"流水不腐"的俗话来安慰自己。一旦绥尼山泉水断流,我们就格外辛苦,长途跋涉去担水饮用。

多少次了,我听到父母抱怨舍赫鲁布缺水。不知多少回了,我看见父亲拿着锹镐在舍赫鲁布附近的一些地方挖水。因为他眼见水从山中渗出,草儿翠绿,缺水的地方草木是不能生长的。可是父亲没有挖井的经验,也没有钱雇有经验的打井人,所以每每挖上一两米,不见水,就停下来了。特别是当坑里积水后,挖掘工作愈加困难,他也就算了。那时水可真缺,但还勉强能维持家中的必需用水。

所以,我从美国一回来,首先就想到勘测水源的工作。一次,从白斯肯塔来了一个人,说凭着水在他体内激起的神经性颤动,他可以找到地下水资源。还可以根据颤动的强弱,确定水源的深度和出水量。他说,我们要是在住房东边几米远的地方挖上一条深沟,定能找到足以灌溉用的水,人、畜均可受益。他的话打动了我和弟弟,鉴于当时每个工人的日工资才半个黎巴嫩里拉,我们俩开始合计着挖井。

1935 年和 1936 年的两个夏季,我们以极其原始的办法,挖了一条主线和支线加在一起长为五十米的隧道。施工中,碰到不少危险。一部分塌方时,我们不得不借着微弱的烛光用工人们从外面运来的石头,加固两壁和顶部。工人的手脚经常陷入泥泞。有时挖掘的土方特别坚硬，变得硬如铁块。不过，从顶部和两壁的渗水，始终滋润着我们的希望。这项工作直到我们弹尽粮绝、无计可施时，才停止了。

不要打听那化作烟云的美梦吧！我每天不止一次地走进隧道视察工作的进程。我随时等待盼望着有工人从隧道里跑出来，带来纯净的水奔涌而出的喜讯。这次水源的勘察，带着勘察者全部思想和感情的冒险。一旦失败，他定要寻找失败的原因。是他的恶还是他的善造成的后果？至于我，每逢失败，都是责备自己的心。因为一切失败无不都是自己的心引起的，如果心找到了原因，失败将变成心的胜利。

不过，我们的力气还没有完全白费。我们用水泥墙保住的七米长的隧道的上方，不断地大量渗出水来。拦截后，足以形成一个几立方米的蓄水池，家中用水绰绰有余。这一段隧道处于地下十一米深处，水终年清凉。我们从"蓄水池"向沟外接通水管，又在管子的末端装上水龙头，水便轻而易举地到手了。舍赫鲁布有史以来，我们是第一家可以在离家几步远的地方打开水龙头，任那冰凉的、水晶般透明的水奔涌而出的人家。弟弟纳吉布精通水质，他品尝过山区所有的泉水。他证实在这众多泉水中，我们家这条井中的水最甘甜、最宜于消化。从此，我们开始享受这山泉汇聚成的水流和它带给我们的安逸。我们满足了，因为失败已化为胜利。

1937年夏，我对父亲像往常一样登上舍赫鲁布感到不安。我希望他和母亲一起留在镇里。八十三岁高龄的父亲身体健康，没有任何疾病，只是有时感到头晕。有一次，他到我这儿来，晕倒在地，旁边竟没有一个人知道。另一次是在那年春天，我让他坐在门前阳光下的一张椅子上，为他尽"理发师"的职责，当时，天气虽冷，可是阳光却送来了丝丝温暖。当我给他剃下颔的胡须时，发觉他的头向前垂下，我把它向后扳正，可是头又垂了下来……我突然发现他已昏过去了。我们急忙把他抬进屋里，给他治疗。待他醒来时，根本不知道曾经昏了过去。所以我希望他留在镇里。

可是，7月刚到，收获季节开始，父亲就不愿待在家中了。他在镇上烦躁不安，总想到舍赫鲁布去。我深知他的精神和舍赫鲁布的亲密关系，所以没有阻拦。一到舍赫鲁布，他的精神就上来了。欢愉的面孔上那对小眼睛闪烁着甜蜜的微笑。我不止一次看见他将下颌搁在挂着手杖的双手上，坐在他那棵亲爱的橡树下。目光从一座座山峰掠过，落入一个个谷底，又转过一片片田地。仿佛他正徜徉在背熟了的一本爱不释手的书页中。

正当他是这般神情时，一次我走到他身边，问他："爸爸，你想什么呢？"他说：

"孩子，我在想人是怎么出生、怎么生活、怎么死亡的。你难道没和我一起看到人生下来就像个死人一样？然后逐渐从死之中站起，长了力气。之后又局部死亡直至全部。他们一批批地活着，在没有完全走向死亡之前，也是一批批地在死亡着。婴儿出生时，有嘴不能言，有手不能工作，有脚不能行走，有眼睛，但只能看到很少的东西，而且不能理解所见之物，无力去完成某事。对于这件事物来说，它就是死亡。

"我们长大了，能够完成幼时无能为力的工作，可是力量又日趋枯竭。多少年前，我就不能爬绥尼山了。那么，对能爬山的人来说，我已经死了。对许多我以前力所能及的事，可以跨越的距离，可以从远处辨别的颜色、形状和声音来说，我的双手、双脚、眼睛、耳朵，在很大程度上已经死了。我身上已经死亡的部分比还活着的部分多。尽管如此，我和大家都认为我还是个活人。是的，是的，孩子！我们在未死之前就开始消亡了。我们从出生到死亡，始终伴随着死亡生活。可是我们却认为死亡是可怕的。但它是权利。赞美造物主吧……"

7月16日晨，从隧道里接出的水管第一次流出清水。舍赫鲁布第一次看到从土壤深处流出了清澈固定的水流，使它的居民无须付出任何辛劳便可解除焦渴，并使其他的用水需要得到满足。我父亲和大家一样，目睹了清水迸涌。为了这梦想盼望已久、为之祈祷的恩惠，他感谢天主。

趁我们不注意时，父亲拿起镰刀到附近的一块田里收割，可是刚割下第一捆庄稼，他的气力就背叛了他。他回到家里，对纳吉布的妻子泽克娅说："孩子，我的日子已经过去了，我还没割上一捆就累了。我想睡觉。给我铺上褥子吧！"

泽克娅在父亲的老地方，被叫作桥的地下室中间的厅里铺上褥子。那里没有门，父亲一向爱待在那里，好就近听听山谷里的风声，观看天上的星。当时，我还在我的洞里。回来后见父亲沉睡不醒，又听了泽克娅讲了刚才发生的事，顿时大吃一惊。

舍赫鲁布的主人睡了很久，整整三天，他努力和死亡搏斗。这期间，或清醒过来，却没有睁眼。我还记得，泽克娅对他说："公公，睁开眼睛，看看你周围美好的世界吧。"他用那不带丝毫忧伤、不安和没有一点儿恐惧的声音轻轻地说："孩子，除了我所见过的一切外，我还能看到什么呢？"这是他生前说的最后一句话。这之后，他又几次张开嘴喝下一匙舍赫鲁布的清水。还有一次，吃下了白斯肯塔神父带来的圣餐。

1938年7月19日晨，当我在父亲身后坐下，把他的头放在我胸前时，他那临终的喘息逐渐平息，消逝了。我们用公共汽车把他运回镇上，第二天便在四年之前接待了他儿子纳西布的坟地里埋葬了他。我仿佛觉得舍赫鲁布的飞鸟、岩石、泥土、树木，甚至荆棘都在和送葬的人们一起为他送葬。他和这一切的关系，以无可比拟的程度胜过了某些血缘关系。我特意在他简朴的棺木中放进一块舍赫鲁布的石块、一抔黄土、一串谷穗和那棵古老橡树的一片叶子。

我给在美国的两个弟弟和朋友伊斯肯德尔·雅齐吉写信，报告父亲逝世的消息，并说，我为他的死亡感到高兴。他死去了，他两眼饱含着对大地的妩媚，心中没有对任何世俗的浮华虚美有饥饿感和对死亡的恐怖。他身体完整无损，没有一根骨头折断，皮肤也没接触过任何手术刀，病菌没有侵入他的任何器官。他也不曾昏老瘫痪，给周围的人带来疲惫和埋怨。另外，他又是死在舍赫鲁布——那里的泥土渗入了他的汗水，那里的荆棘吸走了他许多热血。他又恰恰在他最喜欢的季节——收获的季节与世长辞了。

啊,艾布·艾迪布,你悄悄而来,悄悄而去,没有任何锣鼓乐声。你是那芸芸众生中,整日耕作,不断收获,直至生命最后一息的人。你满足于亲手种植,亲手收割。

与大自然

　　我这里所说的大自然指非人手创造的一切。对那些迄今为止七十年的尘世生涯爱好、感觉、思想、行为所形成并产生了极大影响的一切，我道不清说不明。从孩提时代到此刻，将我吸引向大自然的事物既不可数，也无法分析和解释。对于我来说，大自然就是那本神奇的书，时至今日，我仍以无限的思念和贪婪在阅读它。这书没有终极，我也百读不厌。不仅用眼读，还用全部器官，甚至皮肤、指甲，身体上的每颗细胞、血管中的每滴血、心肺中的每次呼吸来读。

　　对我来说，大自然还是那孜孜不倦的老师。他的深思熟虑和广博的爱，他解释书的内容和方法，引导我们注意书中的旁注和文本中美丽的图画，优雅的修辞——这些方法都是永无穷尽的。

　　我认为——并非进行分析和解释——大自然中的一切，首先使我眼花缭乱的是它诞生、更新的惊人能力。在它创造的每一瞬间，都散发着令人的思维惊叹不已、令人的想象目瞪口呆的馥郁。

　　在大自然的词典中，"创造"一词意味着将不可感体体现在可感之中，也就是将被感物带到不可感处。在大自然中，生是创造，死也是创造。最精彩、最细致的创造就是包括从沙粒到大山，从蚊子到骆驼，从水滴到大海，从柔和的呼吸到暴风，从灯芯的微光到距我们几千光年的恒星的光芒……这是一切被感事物所遵循的规律。

　　大地上一切植物的种子世界里，那众多的门类使你目瞪口呆。它们的设计，使每种植物具有生命的奇特能力，具有形、色、味、嗅特点的过程中发挥作用的广阔的想象力使你惊叹不已。比如说，剖开一颗苹果籽，绝不会看到中间有根、茎、枝、叶、花、果实，你尝不到苹果的味道，也嗅不到苹果的气味。但你的感官感觉不到藏在其中的生活的奥妙，使它具备了长成一棵可以结出有一定形状、颜色、气味和味道的果实的树木，正是这奥妙使苹果籽和大地上一切植物的种子不同。像那棵长成了苹果树的种子一样，对一切种子来说都是含糊、暧昧的。

这就是说，创造了苹果和大地上的其他植物的大自然，也为它们创造了可以繁衍的规律，尽管表象千差万别，但这规律却适用于大地上的一切生命。因为我们是用感官感觉这一规律，所以没有发现它的精彩之处，竟认为这只是小事一桩。只有当我们思考地球的寿命和地球变得适宜于生命成长，显露出美妙的种类繁多的动植物的生命时，那精彩才能充分表现出来。多少年来，无数的植物、昆虫及动物始终彼此为邻繁衍、生息着，互不欺凌，大地没有因它们的存在显得狭窄拥挤，荒凉贫瘠，这难道不奇怪吗？这是一种无法形容的平衡，是规律的一个方面。

精彩程度不亚于诞生、更新，平衡的另一个方面是每株植物，每只昆虫，每只飞鸟，每尾鱼和每种动物在为自己生存的同时，也为他人生存。仿佛生命创造了个人正是为了使其成为社会的栋梁。生命只关心与群体利益相等的部分。它的本质是个"公司"，不是一群人；是统一，不是庞杂的聚合。

紫罗兰肯定为紫罗兰而生，但它的美丽和芬芳不只为它自己而存在。它们为了我，为了你，也为了一切能够欣赏色彩之美、为馥郁陶醉的人。当麦粒在土壤的黑暗中长成一棵弱小的植物，当它冲破黑暗得见光明、呼吸空气、变成纤细的麦穗时，当它哺育包含着它生命乳汁的许许多多的麦粒时，它不考虑你、我和其他生物。可是，它赖以生存的规律却使我、你、蚂蚁、老鼠、小鸟、鸡、鸽子、鹧鸪享受它生命的一大部分。这是拒绝孤独和独占的规律。全体为个体服务，个体为全体效劳。没有掌握这条规律的这个方面的人，就没有掌握生活的本质。顽固反抗这条规律的这个方面的人，也就在顽固反抗唯一能使他走上通往生命之心的道路的自由人的能力。

也许，你在那使你的舞台或全部生命为他人所用的规律中，看到极端的残酷暴戾，那是你忘记了正是这一规律允许你从许多动物身上受益。你随心所欲地吃豆芽、粮食、水果，任意采摘鲜花，随便宰杀鸟、兽。你在自己所作所为之中为生命祝福，不认为你的行为中也有残酷和暴戾，那么，如果生命允许狼吃羊，鹰捉小鸡，猫逮老鼠，允许苍蝇、蚊子和一切病菌侵犯你健康的机体或死后的尸体，你又将如何诅咒它呢？

哪一条规矩只允许需要营养的人摄取那些需要营养之物？哪来的制度只允许大地以它的子女喂养它的子女呢？狼和羊的情况跟人和羊的情况截然不同。人可以不吃羊，但狼不能。当狼将活羊撕碎时，它感觉不到它给羊带来的痛苦，但是，人可以感觉到。人、狼规律互异。人的规律要求，当他希望以尽可能少的痛苦生活时，要尽可能少地为万物制造痛苦。也许，在我们缓慢的肉体和精神发展中，总有一天会变得像不死鸟一样，只靠物体的芬芳生活，而不需要它的身体。

大自然在你面前不断更新时，它推动你思考它在更新事物和生物时所依赖的奇妙的方法。你了解若干种之一也就够了。这就是每一种植物都来自种子，但最后又回归到如它源出时一样的种子。所有的动物、飞鸟都渊源于精液，然后又回归到类似的精液中获得新生。那小小的精子从雄孔雀体内排出，进入雌孔雀体内，和雌性精液相遇的过程该是何等的神奇！两种精液在雌性体内排出的卵子中结合，被"孵化"。数天后，长出雏鸟。雏鸟很快就变成了尾部、两翅、脊背、腹部的羽毛既不多也不少的大孔雀。是谁把那羽毛一根根地插上？是谁为它们涂上颜色？无论是在两种精液相遇的卵子中，还是在生出孔雀的卵子中，哪里有羽毛和颜色？哪里有眼睛、双腿、头和喙？

当你的视线从动物的精液转向人的精液时，以无可比拟的程度，超越了你思想和想象范畴的大自然的丰富的想象和手段，会使你无限惊诧。对那种非凡的能力，你会如何想象呢？使男人的精液在女人的子宫中相遇，构成了迅速长大的受精卵，四十个星期之后，这受精卵就变成了发育完全的婴儿。届时，子宫将他（她）从黑暗中抛向光明。一段时间后，他又变成有感觉，会思想，有梦想和思念，会爱会恨，知道享受和痛苦，能够繁殖出和他（她）一模一样的人了。

如果没有性欲——为使各种动物延续，生命使用的最有效的办法——大自然中的人类和动物便无法以繁衍形式得到不断更新。生命使这种性欲具有除了人可勉强悖逆，其他动物绝无抵抗能力的力量和快感。自然中有许多昆虫为了瞬息间的性享受而牺牲自己。意国蛛在性交后，雌蛛竟把雄蛛吃掉。公蜂在和蜂王交配后，立即死去。更有许多动物，为了独占寻欢的母兽，公兽彼此厮杀。不仅如此，不同的动物，交配的手段和时间也不同。蚊子和蝴蝶交配的手段互异，蚂蚁和蜜蜂不同，飞禽和走兽各有自己的方式，人和动物各有手段。

至于交配的时间，鸡几乎是每天一次。鸽子、兔、老鼠、蜥蜴等是一年几次。鸟儿和许多禽兽每年一次。这些动物的交配都是在雌性的要求之下进行的。其目的只有一个：传宗接代。人是地球上违背这一基本规律的唯一生灵。他不分早晚，不论春夏秋冬，只要喜欢，可随时进行。其目的，不只是传宗接代，主要为了享受。有时，对享受的追求或许会使他牺牲那享受的目的——延续后代。因此，人的规律比天性的规律广泛，他可以使天性背离自己的目的，可以向它屈服，也可以抗拒，特别是当他以自己的全部思想、想象、直觉、意志的力量与直觉战斗时，他可以战胜它，然后便自觉地，以自己的力量，而非天性去做他所做的一切。

在数量惊人，种类、形状、色彩、本性各异的万物和众生中，有许多使思维站在其面前感到茫然、惊奇的怪事。但是，最大的怪事莫过于天性可以使生物或长或短地生存一段时间，并能在此期间，享受一定程度存在的幸福和传宗接代。

天性使鸟儿认识自己的孩子，分辨出雄雌；使它认识并努力获取赖以生存的食物，并从给它带来死亡的危险中逃离。天性使它爱友憎敌。凭着天性，雌鸟在春季呼唤雄鸟，雄鸟也向它奔来。性交刚刚完毕，天性又使它明白性交的结果是生几枚蛋，蛋必须放在一个安全、温暖的巢中，所以，雌雄鸟儿双双寻找合适地点。谁也不知道，这一对夫妻是如何商讨，最后达成协议，选中了这地方的。依靠天性，它俩共同收集筑巢必备的材料，并共同施工。最后，还是天性，使鸟儿孵卵。在幼鸟未出世前，每天守卫，片刻不离。小鸟出世，夫妻开始了哺育工作，直至雏鸟能够远航、自己寻找食物为止。

天性使候鸟穿越大陆，飞过大洋，使蚂蚁返回蚁家，使蜜蜂进入蜂房，而猫儿，你即使用袋子背到十英里外的地方，也能返回自己的家。人虽然以自己的思维和想象扬扬自得，可是，即使当他手持指南针时，当他离家几英里，走入深谷和密林时，也难免不迷失方向。那是因为，他对于思维和想象的依赖超过了他对天性的依靠。

因为我和蜜蜂打过交道，对它的生活略有了解，所以想简要地向你谈谈这精巧的昆虫和它奇异的天性。当然，这绝不会是动物学家或生物学者的谈话，而是一个愿意观察、比较和寻找结论的人的谈话。也许，你我会在蜜蜂中找到一个最伟大的哲学家都没有的聪慧。

蜜蜂早已引起了人们的注意。养蜂是为了得到蜜和蜡。随着人们对于蜜蜂生活的了解的加深，养蜂的方法也在不断改善。人们的受益也越多越广。蜜蜂一群一伙地生活。每一群都有自己的蜂巢。一只蜂巢内的蜜蜂往往可达一两万。每只蜜蜂都不遗余力地完成自己所担负的职责。丝毫不会破坏那不会引起任何抱怨、不满、愤怒的骚乱的严谨的制度。蜜巢里虽然拥挤，但其中的生活却井然有序，俨然像血在血管中流淌，水在清澈的小溪中奔流。

每群蜜蜂中都有一只形状与众不同的蜂王。它的身体稍长，与它的臣民相比，颜色偏黄。其他的都是纯洁的工蜂或雄蜂，蜂王当然是蜂巢之母，具有绝对的权利。巢里的全部蜜蜂都是它五脏六腑里的填充物，它是唯一具有生殖器官，可以使蜂巢的生命延续的蜜蜂。它每年交配一次。在可延续几年的一生中，产卵五百万枚。

工蜂无权享受生育之乐，它们必须成为蜂王的侍女，为蜂王产出的卵准备必要的蜂房。然后，供给每一枚卵孵化成蜜蜂必需的营养。建造蜂房要求工蜂们制造蜂蜡和建造人的思维无法达到、人的语言无法表述的精确的放置卵的洞孔。制造一克蜂蜡，工蜂要消耗七克蜂蜜。

正如汗从身上流出一样，工蜂从自己的胸部分泌出腊；然后用前肢收集起来，建成一个个六角形的组成蜂巢的小洞。就建筑蜂房的目的而言，这六角形蜂房的建筑，其和谐、美妙和坚固的程度实在令人吃惊。

工蜂们刚刚造好小窝，蜂王就在每个小洞中产下一枚卵。工蜂便外出采集花粉，在每个小洞里放进足够的花粉。干粮备足，它们便用一种阻挡阳光和空气的物质，将洞口从上封死。至于那为数极少的准备繁殖出蜂王的小洞，工蜂们把它建得比其他洞更深些，并备下蜂王专用的干粮。那是一种蜂王专门食用的虫子，工蜂和雄蜂是不吃这种食物的。

孵化季节结束，当全体蜜蜂认为它们的生活可以延续到来年，工蜂又去采蜜，并把它储藏在孵化之后空出来的小洞里，作为冬天的干粮。小洞装满，它们又用一种防止其外流的物质将洞封死。

这就是对蜜蜂生活的简要的叙述，不过这不是我们的需要。值得我们借鉴的是其中许多精细的方面，如：

有些庞大的蜂房竟由一两百个小蜂房构成。它们紧紧毗邻，互相衔接，可是每个入口长不超过几厘米，高不过一厘米。为了采蜜，蜜蜂经常远离蜂巢四千米，甚至更远。可是当它返回时竟可准确无误地进入自己的小蜂房。它周游的广大世界和蜂房的入口宛如大山和针眼一般，那么，它从哪里获得了如此精确的辨别方位的能力？这能力来自它的头脑、眼睛，还是它的嗅觉？抑或它的全身？在极为罕见的情况下，一旦有一只蜜蜂误入其他蜂房的入口，那个蜂房里的全部蜜蜂立刻蜂拥而上，群起攻击，迫使它赶快逃命。那么，其他蜜蜂能够识别出迷途的蜜蜂不属本巢居民的奇怪感觉来自何处呢？

众所周知，蜜蜂过的是纯粹的"社会主义"生活。它们之间的工作分配极其公平、细致。那么，谁分派的工作？谁对这只蜜蜂说：你去守门，对另一只工蜂说：把你的翅膀张成扇形，不要让蜜从洞里流出？又对第三只说：风把这根草棍吹进来了，把它扔出去！对第四只说：去采花粉，或继续建造这个或那个小洞。对第五只说：去干这，去干那。是蜂王吗？蜂王如何与它的臣民互相交流？是天性吗？天性如何在千万只蜜蜂中分配工作,而不使任何一只无事可做?不会使这一只影响另十只的工作,也不至于使这一只重复另一只的工作?

大家也都知道,蜂群不可一日无王,蜂王离巢,全体蜜蜂相随。但是当蜂王飞出寻找艳遇时,却只是雄蜂相随,工蜂则继续工作。那么,这些工蜂如何知道他们的蜂王外出是为了延续它们蜂巢的生命,从而不感到烦恼,也不执意追随呢?

当蜂巢拥挤不堪时,必须有部分蜜蜂迁出,建造新的蜂巢。迁出的部分叫作蜂群。在我们山区还叫"雏"或"被赶出的"。那么,谁命令这些应该留下,那些应该迁走呢?应该迁出的蜜蜂,要在胃里储存最少够三天的蜂蜜,使它能够安下新家,出去采花粉。那么又是谁决定了搬迁的日子和时刻呢?

蜂群迁出时,跟随它们的不只是一个蜂王。这些蜂王都是年轻的一代,但只有其中之一独居为王,谁挑中了它?在绝大多数情况下,这只蜂王落在最近的一棵树上或最近的一个树枝上,蜂群都叠落在它的身上,使树枝"负蜂"累累。蜂群成圆锥形自上而下。这里,思维又茫然不解了。从旧巢迁出的蜂群一定得寻找新家。这个新家又必须具备建造宽狭等方面的许多条件,更应坚固无比,能抵御外敌和风暴、雨雪的侵袭。那么,如果养蜂人没有给蜂群准备新的蜂房,又是谁负责寻找这个新的家呢?在这种情况下,蜂群中有先行者挺身而出,四处寻找。整个蜂群原地不动,等待全体先行者回来,互通情报后,才做出最后决定。然后,将蜂王围在中间,护卫着它飞翔。蜂王首先盘旋,蜂群团团围绕。然后,蜂王直线前行,飞向新居,首先进入,它的大军紧紧跟随。这新居可能在高高的岩石之巅,或在老树枯木的洞里,或在两块岩石的狭缝中。

谁挑选了先行者?如何挑选的?如何下达命令?先行者如何发表自己的意见?问谁?谁最后决定采取何种意见?在哪里建筑新家?

蜜蜂在新家里安定下来后,立刻爆发了蜂王之间的激战,最强者杀死了全部敌手后,战争才告结束。其他的蜜蜂坐山观虎斗,没有任何倾向,不表示任何态度。战争一结束,它们立刻向获胜的蜂王效忠,开始新家的建设。

如果养蜂人想使蜂群重返它们迁出的蜂巢，就必须杀死蜂群中所有的蜂王。方法是摇动蜂群落在上面的树枝，让蜜蜂落在地上。他挑出其中的蜂王。这可是一个需要相当程度的忍耐、速度和灵巧的工作。我所以了解这一点，是因为有一次，我曾抓住了蜂群中最后的一只蜂王，想把它送回蜂房。我用拇指和食指捏住它，又把手放在正在寻找它的蜜蜂之间，这些蜜蜂刚刚在我的手间嗅到了蜂王的气味，就开始在我的手上聚集起来，一直到小臂。这时，一些人来看我，当我走去迎接时，他们看到了我的胳膊上密密麻麻全是蜜蜂，吓得扭头就跑。那时，想要我向他们说明，他们看到的我和蜜蜂的情况不过是一种幻术，实在不容易！

现在再来谈谈已变成好吃懒做的雄蜂。雄蜂不采花粉，也不做蜂巢里的任何工作。但它们却享受工蜂采来的蜜，依靠工蜂的劳动生活。那么，工蜂为什么甘心忍受雄蜂的欺压，不拒绝把自己靠劳动得来的食物给雄蜂吃呢？

秘密在于雄蜂必须对蜂王授精。只要蜂王尚不准备"结婚"，工蜂就得忍耐。蜂王的受精刚刚结束，工蜂便群起而攻之，不让蜂巢里留下一只雄蜂。那是一场蜂王受精后延续几天的可怕的屠杀！当它们看到蜂王返回蜂巢时，尾部上粘有雄蜂的精液和它肠中的分泌物，便知道蜂王已经"成婚"。蜂王的受精都是在空中完成的。每次，它离开蜂房，所有的雄蜂便竞相追随往往多达一两千只。蜂王不断盘旋，越飞越远，越飞越高。追随的雄蜂渐渐力不能支，最后空中只剩下一只最强壮、最厉害的雄蜂。于是，蜂王顺从了。这只雄蜂为了获得蜂王的认可，竟付出了生命的代价。

关于蜜蜂我可以讲许多许多。我可以给你讲它那奇妙的嗅觉，它们的个人生活和蜂巢生活中的异常清洁。它们誓死保卫蜂王，保卫家族和家园。但是，我在这里谈的是我的生活而不是蜜蜂的生活。如果，蜜蜂的生活以及一切大地上或大地以外的被感知的和不被感知的，有生命的和无生命的物体都是我生活的一部分，我绝不会去说蜜蜂。创造了它们的想象创造了我，使它们运行的天性仍然在使我走向遥远的地方。那么，我和它们之间的区别只是我具有它们所没有的力量。这力量就是想象、思维、直觉和意愿。它源于那真正的力量，也包括奇妙的本能在内的、完全的、包罗万象的、无始无终的规律的力量。

我所具有的这种力量可以在不断使用的训练中成长。它包括一切奇特的形状、怪异的图形和精美色彩的大自然。它是日夜磨砺着我力量的磨刀石。关键是我要用好这块磨刀石，不要让我的力量锈蚀到任何磨刀石都发挥不出作用的程度。我帮助大地使种子萌发、豆荚、果实生长时的想象力不是我待在咖啡馆、大麻馆、妓院里的想象。我望着繁星闪烁的天空时的思想不是我在那灯火通明、人头攒动、欢乐消遣的鸡尾酒会上的思想。我看着鸟儿哺雏时的直觉和我看着许多牲畜被宰杀的下场时的直觉不一样。我望着苍鹰在高空翱翔时的意愿和我跟许多人在那生活总如浮沫的城市里的人行道上摩肩接踵时的意愿更是不一样。

只有从大自然那里掌握了生育的本领，我和你才能诞生新的生命。只有从大自然那里得到了思想，你、我才能思想。我们只能在大自然中得到美、爱和同情，只能从大自然唯一诞生生命的力量、生命的永恒中，理解永生的意义。因此，自然是没有任何力量可以创造它的创造者，它是永不死亡的致死者。它支配自己的创造物，又不受自己创造物的支配。它的创造物是照见像我们这样受感官约束的生物镜子，这面镜子照出了各种形状，但它自身并非这些形状。各种事物反映了生命的存在，但它自己并非生命。生命存在于树木，但树木不是生命。电存在于电灯里，但灯不是电。如果我用"主"一词代替生命，我就应该说：主存在于一切事物中，但任何事物又不是主。

啊，大自然是伟大、庞大而慷慨的。但这伟大、庞大和慷慨并非来自它本身，而是来自它显示于其中的生命。比自然更伟大的是那种有抱负的人。他摆脱了一切约束、羁绊和阻碍，理解了不披着任何外衣的、赤裸的生命，了解了生命的统一和顺从。但这理解是依靠觉悟和意志获得的，而不是靠愚昧、不自觉，靠对天性表现出的奴隶主义获得的。这种人梦想能变成如存在于自己体内的生命般纯洁的灵魂,不受任何时间和地点的限制。

　　大自然又是一本奇妙的书,但这本书只属于那些认真阅读,理解所读的人。大自然是一所综合学校,只接受那些对学习和知识的渴望胜过对肉欲思念的人。大自然又是超越了任何教师的教师。它教导那些不只用耳听,不只用眼看,不只用鼻嗅的人们。这些人所听、所谈、所看、所读、所嗅、所品尝的一切都使他们感到无限愉快。

新的家

我还在纽约时，就常在报纸、广播和人们的嘴里听到两个名字：墨索里尼和希特勒。他俩以惊人的速度从黑暗中跳进光明，从无名之辈变得四海闻名。这两个犹如从瓶子里跳出的巨人，聪颖过人，狡猾奸诈、能言善辩、富有煽动性和感召力，可以在很短的时间里，分别煽动起意大利和德国人民的情绪，并在不长的时间里吸引全世界的注意。他们在各国动员了自己的随从，然后卷起了一场几乎将全世界毁灭的风暴。风暴的呼啸迄今仍在许多人的耳际和心里回荡。

当时不寻常的世界形势，帮助了墨索里尼和希特勒卷起这场风暴。那时，欧洲的另外两个国家——英国和法国几乎占据了全部亚洲、非洲、大洋洲和分散在各地的岛屿。另外一些欧洲小国，像荷兰、比利时、葡萄牙，参与了他俩的称霸活动，但范围极其有限。至于南北美洲，则受着另一个巨人美国的控制。这些野兽般的国家一律以自由、民主的名义对本土、殖民地和自己的势力范围内的土地进行统治，对自己的统治、对现状和将来都抱着高枕无忧的姿态。

但是一个意外事件打破了他们的美梦，这就是俄国的布尔什维克革命。这场革命使地球上出现了从未有过的统治形式，它的名字就是共产主义。它充沛的活力、无穷的勇气和信仰优于其他一切统治形式，并散发着它的芬芳，在全世界进行宣传。这宣传十分有效、迷人，特别是对于那些在殖民主义铁蹄下呻吟的国家，更具有莫大的魅力。

形势如此对立，墨索里尼和希特勒又火上加油。两人认为，民主和共产主义不可能给疆界狭小、物产贫乏、人口稠密的国家带来富有的生活，也不会在世界民族之林中享有适合于他们的特点、天才和能力的地位。于是墨索里尼开始给意大利人灌输高傲自负的精神，使他们重新回忆起意大利人正是昔日征服整个世界的罗马人的子孙。他下令进军埃塞俄比亚和索马里。希特勒则向德国人民强调大自然以其所赋予德国人的思考、组织、管理能力和健壮的体魄高居各民族之首，德国土地狭小，需要具有活力的天地；只有德国才有权决定获得这片天地的手段：可以用和平手段，如果一定要用战争，那就是战争。

正因为这两人都憎恨民主和共产主义，他俩的国家又都需要具有活力的天地，所以，形势相似，野心类同，法西斯的墨索里尼迅速和纳粹的希特勒同结城下之盟。这同盟被称为罗马—柏林轴心。这轴心又扩展到远东。和西方的德国、意大利形势相似的东方的日本也加入了。于是，整个世界便同时围绕着三个轴心旋转——民主、共产主义、法西斯或是纳粹。三大轴心的摩擦跳出火花，加进热量后变成了1939年底爆发的战火。

那一年我也跟希特勒和墨索里尼一样，急需具有活力的天地。但二者的区别是，我从没想过要以强权，或利用左邻右舍，来攫取这片天地。我的住房不是我的，是舅舅的产业，房子已被典押，期限将到，房产权很快就要转入新主人的手中。我必须另找住处。家人住的地方容不下这么多人。房子是旧式的，泥顶已成了穿梭不停的蚁群的乐园，白天灰土不断地掉到家具和人身上。我怎么能住在这里，一年四季在这里接待来自不同国度的客人呢？真是走投无路，可是又怎么办？

一个当律师的亲戚正好来我家，他了解了典押的事，告诉我，不用多费劲，一定可以帮我解决问题。舅舅押出房产时是以他个人的名义签字画押的，可实际上，房产中我母亲和两个姨妈的份额远远超过了舅舅。在这种情况下，典押的只是舅舅的一份，不包括母亲和姨妈的。我左思右想，尽管我迫切需要住房，还是拒绝了这位律师亲戚的建议。我对他说，我不愿从那样的厨房里拿到自己的吃食。我绝不会站在法庭上，为母亲要遗产。我绝不会同别人争夺一座有损于其建筑者的房子。我认为，一切东西——包括实心的石头在内——必然具有那些以自己的肉体和精神与之相符的人的特点。舅舅家的墙、地、天花板及其房里的空气和周围的一切已经吸入了许多忧伤和眼泪、许多纠纷、许多憎恨和隔阂。因此，我不能再将它作为我的长久住处了，免费住也不行。

那年我收到了五百美元，作为我在美军服役的补偿，母亲除了多年来为"来世"积攒下的一笔款项外，瓦拉瓦拉两个哥哥又给她寄了一些。当她看到我手头正紧时，让我先用。就这样，我把自己的和母亲的钱一凑，竟达一百多个土耳其金里拉。虽然钱少得可怜，我却敢于修建一个新的家。

我把我的想法告诉纳吉布时，开始他几乎不敢相信，最终还是同意了。我们在当年——1939年的夏天和工人们一起备下了足够的石料。第二年五月中旬，动土拆毁旧房，开挖新房地基。我们和建筑师商定，挖地基我们出钱，地基填平后他砌墙。当时，工人的日工资只有半个黎巴嫩里拉，师傅的日工资也只是一个黎巴嫩里拉。这样我的冒险行动成功的把握大多了。我还记得，一个星期六，在旧房的前面挖好了三米多深的地基。星期一早晨就可以动手砌墙了，可是星期天一大早，我弟弟泪汪汪地来了。他告诉我，头天夜里，地基坑塌方了，"我们亲手毁了老房子，现在，新家还没盖，就全完了。"他的声音几乎窒息。

我去现场，情景可怕极了。但我没有胆怯，我让弟弟去找建筑师，说不定他能挽救尚未塌陷的部分。然后，我带着一种信念——我或别人的工作，既非我一人所做，也非他人单独所为的信念，走回书房，打开《旧约》，信手打开，把手指放在打开的一行上。我发现我找的正是《以斯拉记》中第三章第十至十一二节：

> 匠人立耶和华殿根基的时候，祭司皆穿礼服吹号，亚萨的子孙利未人敲钹，照以色列王大卫所定的例，都站着赞美耶和华。他们彼此唱和，赞美称谢耶和华说，他本为善，他向以色列人永发慈爱。他们赞美耶和华的时候，众民大声呼喊，因耶和华殿的根基已经立定。

请读者任意为这奇妙的仪式做个结论吧。他们可以说我荒诞无聊。但是当我读完这一段，确信只要信仰真，过去引导过我的，并甘心顺从它引导的那只"隐蔽的手"，此时此刻又在引导我了。它将永远引导我。在我们的生活和大自然的生活里，我们无法理解、解释的令人疑惑的现象不可胜数，无论是我上面提到的，还是梦幻、纪念感召的，都属于这种情况。但根源不明，不能把它们彻底否定。也许，我会在后面的一章里专门探讨这个问题。

当时，欧洲的战争使金价一日三变。比利时刚刚陷落，一个土耳其金里拉就可换得三十个黎巴嫩里拉。我认为建筑材料和其他必需品的涨价将影响金价的上涨，交通不便，机会主义者和垄断商人的诡计也将使许多必需品被人囤积。当机立断，我立刻把手里的土耳其金里拉换成黎巴嫩里拉，买下了所需要的全部建筑材料。我当时在和时间赛跑，唯恐一旦落后，一切工作将毁于一旦。

托靠那只"隐蔽的手"的功德（不是靠我自己），我终于胜利地结束了战斗。那情景和以色列人走到红海边，海水为他们开路，让他们顺利通过，包围了法老和他的军队，此情此景何其相似。当时，物价飞涨，市场上物资日渐匮乏，如果房子没在那个时候建成，那就绝对完不成了。到1940年11月中旬，大家庭在新家聚会。新房和旧家相比，俨然是一座富丽堂皇的宫殿。

到今天，当我每每想起新屋是怎么完成的，总觉得一切像一个奇迹。它如果早动工一年或晚几个星期，我们都要背上一屁股债。实际上，我们只借了二百里拉，就把房子盖好了。弟弟纳吉布卖掉了他那珍爱的第一次世界大战的纪念品——一支德国步枪，我们立刻还清了债务。弟弟和我一样，即使卖掉身上汗衫，也不愿拖欠一分钱的债。

我从内心感谢使我建成这座新屋的能力。建房屋不是为了我个人享受，而是为了别人，特别是为了母亲。从我懂事起，就常听到她念叨想要一座瓦房，她命中注定要在那有许多房间的红瓦房里度过她生命的最后四年。命里也注定让在煤气灯下学会了第一次祷告和第一个字母的本书作者能够生活在电灯光通明的自己的家里。无论房里还是房外，都能享受充足的自来水。屋里装上了电话，响起了收音机的声音。当然这一切都是在几年内逐步实现的。

本书作者绝不会幼稚到认为优雅、舒适的住房就能给他带来安宁，电灯光就能给他带来渴望的光明。如果那里没有座椅和床铺，只有条石为凳，以土地为床时，他仍然可以安于那种生活。他明白，舒服安宁的不是物质，而是使用物质的精神。精神光明之外的光明只是欺骗和黑暗。事物都没有价值，只有当使用它的人赋予它价值时，它才拥有自己的价值，它的权力和人们控制自己的感觉、思想、行为的力量相同。多少人，具有丰富的物质条件，但却辛劳终日。灯火通明的宅第中有多少瞎子，富人中有多少穷人，穷人中又有多少富人，又有多少座实际上是坟墓的宫殿啊！

人们的灾难

第一次世界大战结束了，我心中充满了对战争和发动战争的人的仇恨。第二次世界大战爆发，这比第一次大战恐怖许多的战争更燃起了我炽烈的怒火。不管我如何努力，都无法摆脱以全世界为其舞台的这个罪恶的悲剧的幽灵。悲剧仿佛使我对自己和所有人的信赖变得茫然。我对人和生命的不断思考已经使我确信，随着时间的前进，人总有一天会变成神的，难道不是这样吗？

就是这些人，自称是人们的领袖，逢人便夸他们创造了自地球存在、人类诞生以来无与伦比的"文明"。就是这些人，如果把他们的所作所为归入兽类，野兽也为之羞愧，连精神病院的疯子也干不出他们的勾当。他们的理智哪里去了？他们的知识、艺术、发明、创造、哲学、宗教的价值何在？如果他们尚未从经验中体会到，他们使之流淌的鲜血要用他们的血来偿还，那么，他们将用自己的骨肉修补被他们撕碎的骨肉；他们抢夺的具有"活力的天地"，只是铁笼和栏杆，也是他们死亡的天地；他们扼杀的生命将成为消灭他们生命的炸弹，他们毁灭的精神将会成为仇恨他们的火山，用自己喷涌的岩浆，将自身送进坟墓。如是这样，那么，他们千百年来，日复一日，年复一年积累起的经验有何裨益？

如果他们尚未理解什么使他们共享大海、空气、阳光、星月，使他们享受欢乐和痛苦，生存和死亡，也使他们共同生活在地球上，他们从各地收集的经验又有什么用呢？人与人之间为什么要有界限？为什么要有枷锁和阻隔？就因为有黑白之分，有阿拉伯人和非阿拉伯人的区别吗？还是因为这是佛教徒，那是伊斯兰学派？在人的皮肤未以颜色区别以前，在阿拉伯民族和其他非阿拉伯民族未形成以前，在菩萨、耶稣、摩西和穆罕默德尚未诞生前，人就已是人。人性的美丽和大地的美一样，有万千缤纷的色彩和为数众多的道路。即使在坚持界限和阻隔，终生维系着它们，又对发生在我们之间的、动摇这界限和阻隔的战争大为吃惊时，情况也还是如此。让人不可理解的是，正当我们用镣铐锁住人民，把他们推入战争时，居然还在谈自由和平。这是因为人们对生命之所爱的东西没有太大兴趣。没有自由的生命就像没有灵魂的躯体。

战争使人体残废、精神毁灭，破坏了大地上人口稠密的地区，捣毁了城市和村庄……这只是它犯下的部分罪行。实际上，它使躯体残废之前先使精神残废；毁灭精神之前，先摧毁精神中的真理；破坏大地上人口稠密地区之前，先破坏思维的"人口稠密地区"；捣毁城市和村庄之前，先捣毁品质高尚的心。战争是强烈的公开的仇恨，它把沉默的爱赶下宝座，穿上了它的龙袍，拿起了它的权杖。战争是以野蛮的炮弹武装起来的可恶的胆怯，以勇敢的名义为非作歹。战争是疯狂的贪婪，打着正义和在大地公民间平均分配土地和利益的招牌下恣意横行。战争是卑贱的奴隶主义，在慷慨、自由的口号下公开掠夺。

只是在美国军队和极少的法国戴高乐士兵进入黎巴嫩的短暂时期内，小小的黎巴嫩才听到了枪炮的呼啸和飞机的吼叫。战争期间，这里的人除了拜倒在金钱脚下外，丢掉了他们对一切价值的信仰。功利主义者和垄断资本家残酷剥削人民。那时，灌满耳朵的，只是旦夕之间某些必需品便在市场上消失了，小商人成了大富商，黑市怎样使一些穷人跻身于富人之列。无可奈何，政府只好采取分发票证的办法，供应面粉、小麦、糖、牲畜饲料等生活必需品，可是结果呢？

欺骗和伪造猖獗，盗窃在一切与粮食有关的政府部门中盛行，从最小的警察到最大的官员，都在偷。除了有权势的外，所有的人只能领到掺有大量泥土、石子、粪渣和人们想象不到的与麦没有任何关系的奇奇怪怪的东西。他们吃的糖里掺进了白砂土，灯油的一半或大半都是柴油，领到的配给的麦麸饲料中绝大部分都是锯末。牛病了，死了，不知是什么病，怎么死的。当时，伪劣货和贪婪竟达到这样的程度：有人用石灰做成类似奎宁的药丸，并把它卖给了药商。只有出现几起病死的案件，这一罪行才会被揭穿。

第二次世界大战解脱了最丑恶的人的天性的羁绊。直至今天，人类还在遭受这一解脱的痛苦。它曾试图将这丑恶的天性再次锁起，但一切努力皆成枉然。令人遗憾的是，这种道德瓦解的跳跃压倒了战争带来的另一种跳跃。这就是一切殖民地人民和被奴役的人民独立和自由的跳跃，这跳跃的重要几乎使其变成开发和利用的丰富的源泉。

物价一律上涨，是战争带来的问题之一，连学费也涨了。黎巴嫩政府很少在农村里办学校，偶尔有一所，质量也太差。正教在白斯肯塔开办的免费学校已经不能使我弟弟和妹妹的孩子们学到什么新东西了。至于那些遍布全国的私立学校，我又无法支付那昂贵的学费，可是弟妹的孩子们该上学了。怎么办？

人急计生，我也心生一计。纵然我从未当过教员，但这次决定给弟弟、妹妹的孩子们当老师了。这些孩子的年龄和接受能力相似，于是我每天花上几个钟头，给他们教授阿拉伯语的动词变位、语法、基础英语和有关地理、历史、算术的基本知识。我以清晰的《卡里来与笛木乃》一书为阿拉伯文教材，为他们解释每个语法现象，要求他们阅读并单独解决每一个出现这一现象的句子。不管其他，只弄清这一现象。待他们牢牢记住后，再解释新的内容。我的努力取得了成果。一年后，1943年秋天，新的学年开始了，侄子纳迪姆和外甥吉力勒就进入了白尔玛那的英国"夫兰得兹"学校，那时，我应负担侄子的四年教育费。外甥的教育费，则由他家人负担了。

如果当时有人问，你从哪儿弄到侄子教育费的？我真无法回答。当时，我手里只有半年的费用。但是，当我经历了这么多年的生活后开始相信，隐蔽的生活之手更在帮助我们所进行的一切工作中，帮助我和大家。如果这工作是一桩好事，隐藏在它背后的心意便是纯洁高尚的，生活便动员许多我们不曾想到的力量帮助它得以成功，这些力量本身也许不是纯洁崇高的。但是纯洁的心意和高尚的目的使其变成纯洁和高尚，更何况如果它本来就是纯洁高尚的呢？如果我们做的工作是一件坏事，那么隐藏在其后的心意和目的必然是肮脏和卑鄙的，但是，生活为使其实现所动员的力量本身却并非是恶的，卑鄙的。但是罪恶的心意和卑鄙的目的却使之变成了罪恶和卑鄙的，更何况它本来就是罪恶卑鄙的呢？

战争为我打开了从未想到过的生活之路。其中有广播、期刊、文化协定和开始感觉到自己对于作家们，特别是其中优秀的作家们所担负责任的文学俱乐部。他们要求人人写一篇文章、做一个报告都要付酬的。这一切中间还包括一些迈着迟缓的步子、姗姗出现的出版社。于是，我很快就变成了时局中引人瞩目的人物和文学界的能者。

战争期间，法国人在贝鲁特建立的电台要求我每月做一次广播讲话，报酬从每次五十黎巴嫩里拉迅速增加到七十五里拉、一百里拉。这种情况一直继续到黎巴嫩独立，政府接管了电台之后的若干年。战争结束之后，一些国外的阿拉伯电台和报纸付给我每篇文章或每则故事二百到三百黎巴嫩里拉的稿酬。我在一个学院里的两个报告，某阿拉伯国家给了两千多里拉。当然，这些不是在一年内实现的，它是多年的结晶，但是，无论如何，它确实成了现实。于是，像我这样一个遭受了许多艰辛和贫困的人，也可以依靠自己的笔杆子生活了，贫困的剑不再挂在头顶上。

除了广播、杂志、俱乐部外，阿拉伯国家，特别是黎巴嫩的出版社开始出现并逐渐增多。于是，落在我肩头上的另一个噩梦——为我的作品印刷和发行的操心消失了。我自己出钱、出版发行《旅程》和《纪伯伦传》的过程中，历尽艰辛，吃足苦头，真想我的笔再也不写东西了。但是，不行。我打算抵抗我的笔，但它比我顽强，我打算堵塞它多产的源泉，但它更为流畅。它原本就是顽强、流畅的。它所期望的，已远远超过了暂时的利益和荣誉，命运为它安排了在自己的工作中不断前进的有利条件。

1936年，埃及的选编出版社出版了我的演讲集《来世的干粮》。我只拿到了三百本书，稿费分文无着。之后，我和出版商订了按部数和零售、批发价格，双方应得的百分比。这样，书一上市，我便可以拿到自己的份额。我的朋友萨迪尔书店的业主安东尼·萨迪尔，是第一个按照这个原则和我签订合同的人。他为我出版的第一本书是诗集《眼睑细语》，时间为1945年。后来，我又和埃及的出版界建立了联系。开罗的知识出版社出版了我的《打谷场》《世界之声》《路边的葡萄园》，并再版了《筛》集。不过，我的绝大部分作品都由后来跟马哈茂德·绥菲丁的贝鲁特出版社合并的萨迪尔出版社出版的。

请读者原谅，我想你们在这里跟我共同思考那使我们和一切天地，使一些人的忧伤成为另一些人的解脱，这些人之死成为那些人之生的规律。战争的恐怖和丑恶使我遭受了最大的痛苦，我为之写了许多文章。只有第二次世界大战才使我的境况有所缓和。没有这场战争，就没有我现在居住、接客的家，我便不能帮助我的侄子完成中学和大学的学业，不能在我和兄弟们从父母那里继承来的土地上进行任何改革，不能更深刻地思考、更安心地写作。我的思想和作品也不能像现在这样在人们中间传播。战争带给一些人和带给地球上另一些国家里的千千万万弟兄们的东西截然相反。我属于前者。

我们生活的地球，头顶的蓝天是一座多么庞大、神奇、怪异的熔炉！那使天地万物成为你难于将生、死、善、恶、恩惠、愤怒、昨天、今天和明天分离的令人吃惊的混合体的手是一只什么样的手啊！你不仅要从那里看到它精巧创造的一切，更要明白创造这些东西然后又毁掉它，最后在保持各事物形状的基础上，使它们达到互相混合的目的。除此之外，我这个绥尼山洞里的隐士和希特勒、墨索里尼、斯大林、罗斯福和丘吉尔有什么关系？我和那些制造了第一颗原子弹，并把它投到广岛的人们有什么关系？我们互不相识。我和广岛遥遥相距几千英里，又是哪根线把我拉向伏尔加河畔的斯大林格勒？

表面上，我和那些人、那些地方丝毫没有联系。实际上，我和这些人、这些地方以及世界上的一切都有着极为亲密的关系。否则，他们、那些地方以及我直接与其联系的一切，都不会对我的生活产生任何影响。我认为从世界这个大熔炉来到我生活中的种种只是我托付在那里的美丑、善恶，这是十分公正的。

我就是这样认为的。

生我的人死了

生我的人死了。死亡使一切都消失了——包括母亲在内。

她去世了。我的血肉和骨骼中还残留着她的血肉和骨骼。心中还有她心脏的跳动,胸中还有她的呼吸。我这有生命的躯体不正是用她的有生命的躯体,在她的体内造成的吗?她死了,我的一部分仿佛也已死亡;她的一部分似乎活在我的生命中。我们俩都死去,我们俩都活着。

以前,我并非不知道,生我的人总有一天要死的。所以,当我站在她床边,感觉到那握在我手中的她的手,逐渐冰冷、僵硬,没有脉搏,没有热气,我没有害怕。我和她讲话,她不应我也没有害怕。以后的生活中,我再也听不到她叫我"孩子"了。再也看不到她向我投来热切的目光,想知道我是否健康安好。我再也吃不到她亲手做的,哪怕只是用手摸过的食品了。只要上帝知道,在她做母亲的漫长岁月里,她那双手做了多少干粮……这一切,都没有使我害怕。

是啊,当我亲眼看着生我的人变成了僵硬的尸体,昨天还是崇拜者围绕的祭坛,今天已被遗弃,我没有害怕。看到几小时前灯火通明的祭坛变成了凄凉的屠宰场,我没有害怕。可是当我从自己的母亲想到所有的母亲时,我的心颤动了。我想到了那鲜红的、椭圆形的被称作心脏的肌肉,在母亲的胸怀里,它多么幸福,又多么悲惨;多么质朴,又多么狡诈;多么吝啬,又多么慷慨;多么坚硬,又多么柔软;多么软弱,又多么强大!

所有的人都是奇妙、美好、怪异的,但毫无疑问,最奇妙、最美好、最怪异的心便是母亲们的心。孩子刚离开母亲的心,母亲就变得具有两颗心、两个身体和两条生命。有几个孩子,母亲便有几颗心,有几个身体和几条生命。她像印度无花果一样,树根刚刚触地,立刻长出根须,长出新的小树。表面上,这树的枝干和大树毫无牵连,可实际上,二者的关系极为密切。

你们没有听到母亲如此亲昵地称呼她们的孩子吗?"我的心肝!我的命根子!我的眼珠!我的骨肉"等。这些称呼不是什么隐喻,它们只是一种没有任何装饰的赤裸的事实和夸张。孩子的心就是母亲的心,孩子的眼睛就是母亲的眼睛,孩子的命就是母亲的命,孩子的骨肉就是母亲的骨肉。因此,产生了母亲对儿子的伟大的热望。这种热望变为忘我和不惜任何代价,不怕任何痛苦,甚至视死如归的慷慨的自我牺牲。

孩子遭一份罪,母亲便遭几份罪。孩子身上流一滴血,母亲的心里就流出几滴血。孩子的眼中不是白昼,母亲的眼前便没有太阳。孩子刚刚在母亲眼前消失,母亲就开始为他的安全夜不成眠,为使他免遭不测,走向胜利,返回他离开的窝,不断祈祷。如果孩子不幸一命呜呼,那么,没有一个演说家、一个诗人和一个魔术师能够说出母亲已经死亡过多少次,她那分散在各个孩子身上的心是何等痛苦。

1944 年 8 月 14 日,母亲去世后,我写下了上面这些话。她去世前三天,我刚从巴勒斯坦返回。主要是应那里的几所学校和文学俱乐部的邀请去的。途中,我的朋友艾米尔·杜米特想跟我一起在舍赫鲁布待上一段时间,他和我一道从贝鲁特返回白斯肯塔。黄昏,我们看到母亲独自坐在家门口,没有和往常那样热情地欢迎我和我的朋友。无论是眼睛,还是脸,都没有往常的欢笑和喜悦。我虽然大吃一惊,但也知道失去纳西布的痛苦仍在吞噬着她的心。我认为,也许在我们到家前,她正想着可爱的小儿子呢。这样,让我尊重她的悲伤吧!

可是,我不忍让她总是这般忧伤。我找了个机会,单独坐在她身旁,讲讲我这次旅游的见闻。我知道她那时比较看重钱,所以一开始就对她说:

"妈妈,你知道我这次挣了多少钱吗?"

她漫不经心地说道:

"我怎么知道?多少?"

"我兜里有一千二百里拉。"

我自认为她一听到我的话,定会满面生辉,两只眼睛一定会吃惊地瞪得大大的。可是她却冷冰冰地说道:

"一千……孩子,一千是多少?"

当时,我本应该立刻从母亲的回话中认识到悲伤给她带来了她脑子里的一种突然病变。她完全不是头脑简单,弄不清一千,甚至一万是多少。但是,我没有意识到这一点。那天晚上,我和朋友告别她去舍赫鲁布时,家里只有外甥女玛叶做伴。

第二天,玛叶带来口信,说姥姥情况不正常。我们急忙赶回镇上,看到母亲躺在床上,不能活动,不能讲话,感到头痛。已经不能吃喝了。医生认为任何措施都无效,脑血管已经干枯、萎缩,灯盏里的油就要耗尽了。八十三年的辛劳绝不是一般的劳累。

一到母亲床边,我就趴在她身边,亲吻着她的双手和前额,呼唤着:

"您认得我吗?"

母亲眼睛不睁,说道:

"谁呀?"

这是我听到她讲的最后一句话。我在她身边待了几个小时,站在她头前一会儿,诵读《新约》和《旧约》的诗篇,一会儿默默地为她祈祷。我完全沐浴在她胸臆间那临终的灵魂的爱河中。这爱是我全部生活历程中的保护伞。我和母亲却不曾知道,有多少次她的爱把我从窘迫和逆境中拯救出来，为我清除了多少障碍！她的爱是我赖以攀登的阶梯。

我多么希望把我过去做过、说过的有损于这位妇女的行动和语言统统涂抹掉。这位妇女用她的血肉怀了我、生了我、哺育了我，但她不知道怀的是谁、生的是谁、哺育的是谁，为什么怀他、生他、哺育他；也不知道他在生活中会担任什么角色，对生活起什么作用。子宫虽然窄小，可它却又多么广阔！它生育的人布满大地，连他们的母亲都不能完全认识。现在，我和母亲的思想联系已经中断，在她眼中，我还是那个她曾怀胎、生养、哺育过的孩子。当年，她的自尊曾使她期望她的孩子能在人中显赫，但她却不能理解，导致产生这种名望的原因。是啊，她不会读、不会写，怎能理解呢？

每到吃饭时间，她走进我的房间，见我还在专心地奋笔疾书，便抱怨她的主和我：

"孩子，你竟把自己忘到了这种程度！我们不叫，你就不吃饭，再不要有什么笔和纸了！你们小时候，我最大的希望就是在家里看见练习本和笔。可是主给我的比我所求的多得多。本子和纸成了我家的灾难，它已不是馈赠了！主啊，宽恕我们吧！"

曾有一次，她对我说：

"只有你会让我短命。拼命写，把身子搞垮了。看，你现在就剩下一副骨头架了，一对大眼睛都累得变小了。更造孽的是，你没有结婚，你亲手切断了你的后代的路，也不考虑考虑来世，你是我最大的一块心病！"

迪布的妈，请安心！这个不曾结婚，没有生儿育女，不关心他来世而使你不满的"孩子"实际上已经结婚了。但他娶的不是女人。他生养了后代，但他们没有血肉之躯。他和一个叫作"文学"的迷人姑娘结为秦晋之好，生育了许多孩子。她认为这些孩子在来世中不会忤逆不孝。她像你用你的血肉哺养你的孩子一样，她也用她的心和思想的液汁抚育了她们。

此外，迪布的妈，你我都不知道，谁挑选你做我的母亲，谁选择我做了你的儿子。也许你我都不知不觉地参与这一选择，如果我和你都把来世的烦恼抛给那安排了开始，并精于安排结果的人，这对你对我岂不是美事一桩？是的，这对你我都是再好不过的了。

1944年8月15日，圣母马利亚恸哭节那天，我们把母亲安葬在她丈夫和爱子安息的墓地里。今天，我写她的死和安葬，仿佛她并没有死，也没有被埋葬。是啊，当生命曾在一个人体内显露过，哪怕只是一瞬间，这个人怎会死亡，怎能被埋葬呢？除非生命死亡，时间被埋葬。

世代竞争

第二次世界大战尚未全部结束，斯大林格勒保卫战还没有爆发之前，我在贝鲁特的黎巴嫩广播电台发表了一篇题为"明天战争将要结束"的谈话。那篇讲话预言了战后将要出现的事物，请读者允许我在这里抄引其中几段。

明天，战争将要结束。大炮不再射出死亡，坦克不再散布萧条，飞机不再倾泻毁灭，潜艇不再播种尸骨。

大地自我收缩了片刻，太阳从上方呼唤：

"我的女儿，你好啊！你今天好吗？"

大地答道：

"妈妈，万事俱备，唯缺和平。"

大地四处奔走，把时间卷起，仿佛是不曾有过的事……

明天，鼓要敲破，锣要击碎，千百万歌唱家、舞蹈家和演员的合同将被废除，幕布将在愚昧和憎恶这一对自开始起便以丰盛的筵席和非凡的联欢款待人们的忠实夫妻举办的一场最盛大、最精彩的联欢会上垂落。幕布垂下，观众离去，演员散尽。这一对夫妻回到他们的私房里去生育新的战争和灾难。

太阳俯身问大地：

"你好，我的女儿，今天你好吗？"

大地回答：

"妈妈，停战了，但不是和平。"……

明天,铁与火的战斗将要结束,战士们将要回到他们那依然激烈,但却没有铁和火的战争中去——父辈与子孙、生产者和消费者、饥饿者和大腹便便者、法官和被审者、残暴者和被欺压者、鉴赏力、思想和传统之间的战争……

太阳又一次照亮了大地,问候道:

"你好啊,我优秀的女儿!今天你那儿有什么呀?"

大地回答:

"妈妈,有火,但没有爆发。有对和平的思念,但没有和平。"

明天,战争将要变成田野、森林和朝气蓬勃的村庄。墓地将披上绿装,沐浴着阳光。少女将走出闺房。老妪将离开黑屋。那些尚在子宫里的生命将要来到天是这样的天,地是这样的地的世界上……可是母亲将用乳汁和复仇哺育他们……

太阳呼唤着它的长女:

"你好啊,女儿!今天你那儿有什么呀?"

大地回答:

"妈妈,我这里有了新战争的新种子。至今我还没看到和平的面孔。"

明天,战争将要停止。人们将把新的战争加在旧的战争负担上,在某一个国度里的某一个地方,各民族的首领聚在一起,他们专心致志地趴在文件堆和地图上,认真地给新的民族划分着新的土地。一些疆界接近了,另一些疆界变远了。这些民族并入另一些民族,那些民族又从其他的民族中分离。

一切谗言都有声响和蠕动。各种贪欲都有呼啸和火焰。厌恶发出蛇的嘶声和狮吼,虚伪露出丑陋的微笑、愚蠢的狂笑。可是爱,没有图像,没有声音。以它的名义讲话是低能和耻辱。真理是清除国内和外来者足迹的拖把。宽恕便是将其每条静脉割断的被杀的娼妓。至于手足之情嘛,它不过是守门人自我消遣的一条支离破碎的锁链。

工程师们终于做完了设计,盖上图章,签上大名,但他们却不了解他们的每个印章和每一个签名,掩藏了从此刻起就开始破坏他们共同设计的世界性大炮、坦克和飞机。人们彼此相贺,战争结束了,从今以后,我们将共享和平。

那天,太阳又呼唤着他亲爱的女儿:

"你好,亲爱的女儿,今天你那儿怎么样?"

大地回答:

"妈妈,我这里只有和平条约,但没有和平。"

人们在历史上记下了某一次战争的结束。大地带着对那些设计的工程师们和编撰历史的历史学家的嘲笑继续走自己的路,它的怀里跃动着许多战争的胎儿,筑起了无以计数的工程师和历史学家的坟墓,耳边响着未出生的世代的哭泣,心里揣着像我这样简单朴实的人们对那无意厮杀,和不可被厮杀的强大的爱,和不可用刀剑夺取的神圣权利的信仰。

从这场战争的开始到结束,我写下了为数相当多的作品。《打谷场》《世界之声》《光明与黑暗》《风口上》等集子中的文章便是最好的证明。毫不奇怪,当时,我让自己认识到,人犹如神的播种者,是向神的完美和成长发展的。人在他成长和发展的那个阶段中与他所犯下的丑恶罪行互相吻合。他一方面反对枷锁、阻碍和界限,发展科学、艺术,建设文明文化,另一方面又让自己的鲜血流淌,撕碎自己的肌肉,毁灭自己建设的科学、艺术,并在废墟上重新为自己制造枷锁、阻碍和界限。什么时候人类能有成熟的认识呢?什么时候能从混沌中清醒过来,不再和帮助他走向完美的亲兄弟打仗,而去和偏离完美的天性厮杀呢?

但是,我对战争的思考,并没有使我忘却思考我对他们负有友谊和爱心责任的人们,他们是我的亲人、朋友和读者。当时,我虽然远离纽约,但我的心仍在思念着那里的一些亲朋好友,特别是笔会的同志们。

死亡已开始降临到他们头上。继纪伯伦离开大地后，伊里亚斯和阿塔拉相继去世。1946年3月底纳西布·阿雷达与世长辞。纳西布在我的心里和生活中留下的影响是任何一位笔会的同志都无法比拟的。

1937年10月13日，纳西布给我写了最后一封信，我愿在这里以他的信和我的回信，证实他高尚的精神。

亲爱的米哈依尔：

很久没给你写信了。但这不是分离。我的精神始终仰望着你的精神，并为你的醇酒而陶醉。这不是分离或疏远。当一个人的心为你心中每一次跳动而跳动，他的精神被你精神的乐曲所感染，他怎么会离开你、疏远你呢？我该如何称呼这种分离，如何解释它呢？不知道。我只知道，多年来你我虽远隔万里，但你曾是我的同志，是我忧伤之夜的陪伴者，是我白昼逢凶化吉时的支持者。你在考验自己精神所遭到的不幸，也是我的灾难和不幸，当你哭泣你灵魂的一半——你的兄弟时，我也在默默地为自己的兄弟流泪。当你安慰你慈祥的父亲时，我也像安慰自己的父亲一样安慰他。当你在绥尼山麓和吉祥的大自然融合时，我用自己的想象和你同去同归。我时而和你一起耕作，一起收割，一起踏青，时而和你一起唱着纯洁心灵的歌，驱赶牲畜，和你在禅房里一起修行。

是的，你离开侨居地后投入到新天地中去生活。你离开我以后，我悲惨、陌生地在生活的环境里默示了一种力量和能力。是的，我确是亲人和同志间的外人。我也不知道，为什么在我辛苦管理《正途》杂志之余，此时此刻要给你写这封信。一种奇异的动力在推动我，驱动着我拿笔的手。从你那里得到的启示，还是你直觉的力量在诱惑着我的软弱，使我从自己的深渊中拔身而出？

我很高兴给你写信。在这次意外的书信中，我的心得到享受，我的精神重获元气。

米哈依尔，我好像变老了，不，已经老了。今天，回首往事，发现自己一无所成，双脚在时间的沙地上只留下了失望和失败的脚印。心怀几许希望，胸中有多少话想说。可是，这话能起到哪怕是微如灯芯的作用吗？它不会像消失在荒凉石谷中的声音那样悄然隐去吗？

　　曾有一段时间，我希望宇宙遍响神妙之歌，天际尽现惊人之画。可是我发现自己的歌只是无能的狂呼，我的画只是天真、顽皮孩子的涂鸦……《艺术》杂志仍在引诱着我的思想，它是我致命的梦。

　　从周末起，我要到华盛顿街80号去管理《西方明镜》的出版。若回信，请按下面地址寄发。希望听到你的消息，我将把它转告给这里唯一的兄长伊斯肯德尔。致意！

下面是我给纳西布的回信：

　　黎巴嫩，白斯肯塔，1937年11月10日
亲爱的纳西布：

　　你在我心中，我在你心里，没有任何东西能把你我分开！你给我写信，没有使你对我的信任有任何增加，你不给我写信，也没有减少我对你的爱。当然，我喜欢直接听到你的情况，胜过从别人那里打听你的消息。因此，尽管来信中通篇都是抱怨的痛苦和痛苦的抱怨，我也十分高兴。但我不喜欢你在那没有敏锐感觉、活跃想象和忠诚心意的世界中诉苦。真希望你不要发牢骚。你想，叛教者中的信徒，贪婪者中的满足者，喧哗之众中的崇拜者，暴徒中的梦幻者会得到什么呢？

　　我之所以这样对你说，是因为我了解你的遭遇，知道你那被扼杀的思念，被压抑的志向。实际上，我希望你不要对任何事情发牢骚，特别不要发那种已经看见，后又认为它破碎、消

失了的梦呓般的牢骚。请相信，我们的梦，无论是被记录的还是尚待记录的，都将比我们的肉体长寿。那些长存的梦幻，飞出了语言、颜色、形象和重量的牢笼，以证实那些被投入这牢笼中之物的存在。一个人若不渴求真理，他的渴求就会盲目地失去。不要从现世中解放出来的屠场上杀死自己现世中的希望，任鲜血流淌。

你不是说过吗？

让我们前进，前进！

或许我们在希望或希望的时刻前死去，

够了，因为我们已经起步，

尽管不足，可是已经足以看到。

为什么回首观望，去看你留在时间沙地上的足迹？你和时间以及它的沙子有什么关系？你比它们长寿。你为什么要谛听岁月的脚步，计算它的步伐，然后说你已经老了？走向老迈的只是日历的婴儿，而你是用哪种日历来计算你想象中的年龄呢？

丢掉这些忧虑吧！它不适于像你这样以想象摆脱了血肉磁力吸引的人。

别发牢骚，只有不信仰生活的美、哲理和正义，或是极端缺乏这种信仰的人才发牢骚。不必理会人们的衡量标尺。你生活的精华不能以你将给后世留下的文学遗产去衡量。一生中曾写下只言片语的人也许能抵达最后的港口，可是蜚声遐迩、作品如山的人却可能成为浪涛和浮沫的俘虏。

只要你躯体内的精神有一定的目的，它就不会得不到糊口之食，蔽羞之衣。创造了你躯体的人最了解它的需要和目的。

下面是我从阿卜杜·迈西哈处得到了纳西布逝世的消息后，写给他的信：

白斯肯塔，1946年4月

阿卜杜·迈西哈兄弟：

纯属巧合——多奇怪的巧合啊！——你带来的亲爱的纳西布逝世的噩耗和我同时到达贝鲁特。这次去贝鲁特，是应阿齐兹·白希吉的多次邀请，和纳西布毫无关系。但一到达，阿齐兹立刻把你和阿齐兹·吉瓦德的两本书给我看。两本书中都提到纳西布的诗集正在装订出版。我们都为这本珍贵书籍在长久的盼望后即将问世而感到高兴。和你们一样，我也对纳西布的健康担心。前几天，我决心给纳西布写信，一再要他把诗集寄来，在贝鲁特出版。我已经同出版社达成了出版这本诗集的协议。

整个白天，我们都在谈论纳西布和他的诗集。晚上，回到白希吉家时，看到你的电报。白希吉打开一看，顿时面如土色。他把电报递给我，我瞪圆了眼睛读它，这时我才明白，我并非应白希吉之邀来贝鲁特，而是纳西布在召唤。我毫不怀疑，是纳西布那忠诚、友好的灵魂拉着我离开白斯肯塔的家，来到贝鲁特，听到他的讣告，完成我对他应尽的义务。翌日清晨，贝鲁特各报忧郁地转载了阿拉伯消息社发出的这条消息。当时，一定要发一条逝世者的生平简介。这份简介是电台播出的。第二天晚上，我在电台发表了讲话。紧接着，一个赞赏纳西布诗歌和天才的人朗诵了他的三首诗：《喂，兄弟！喂，兄弟！》《走向悲愁的同志》和《终极》。

这一切已经过去两周了，可是想给你写信时，我的笔总不听使唤，思想也不能集中。这不是因为我谴责死亡对一个亲爱的兄弟、一个忠诚的同志和优秀的诗人做出的行为，它将对你我、对全人类做出同样的行为，也不是因为我丧失了以死亡作为其部分内容的、生命的公正的信心。如今无数的回忆和冥想包围了我。真不知应该先做些什么，后做些什么，但愿手头有一种不是笔的机器,记录下心中翻涌的感觉和思潮的脚印。

霍姆斯——白斯肯塔——拿撒勒——布什里——贝鲁特——的黎波里——姆哈依迪塞——库夫尔买塔,然后是纽约和笔会!包括了无数个阶段的漫长而复杂的旅程。它的目的只是将八九个人聚集在一起,他们的精神相互了解,心儿彼此呼应,笔杆结成兄弟之谊。他们共同前进,开拓新天地。他们是先行者,是开创者,是文学界新一天的黎明。

笔会由一颗颗种子相聚而成,现在又开始一颗一颗地散开。愿主赐福给它的组织者和使它散去的人们。从纪伯伦开始,随后是拉希德、伊里亚斯,然后是纳西布……旅程尚未结束,死只是其中一个阶段。阿卜杜·迈西哈,你难道没有像我一样,看到死亡是不能将生命所聚集起的东西离散的吗?曾经将我们聚集在一起的笔会,在时间的终极时将再次把我们聚集起来。

如实告诉我,纳西布临死前,见过印好的自己的诗集吗?倘若见过,那对他对我都是极大的安慰。另外,别忘了给我寄几本他的诗集。他出版的诗中表露着他的灵魂美,散发着他温顺、充满活力、厌弃自我表现和诡称在怀念伊莱姆的熔炉中锤炼过的个性的芬芳。这些诗是阿拉伯文学园地中的奇花异葩。而这个东方,我们的东方,应该以其芬芳来熏陶他们的灵魂。

纳西布在自己的路上已经走了很远。他尚未停步,愿主使他顺利地走到终点,用它那不死的爱宽慰我们吧。

三年战争的洪流卷去了千百万人。和他们的死相比,这些人——包括其中的天才——都是微不足道的。当年笔会成员的十人中,只有两人尚在人世,纽约的阿卜杜·迈西哈和黎巴嫩的我。八个人中最后一个去世的是伊利亚·艾布·马迪。至于我和阿卜杜·迈西哈,谁先离开人世？无人知晓。

新一代排挤老一代，这是生活的判决。否则，大地早已无法容纳来到它这里和永远不想离去的人们。他们都要被迫离开。因为大地虽妩媚动人，但终究只是观望那更广阔世界的窗口。在那广阔的世界里，生命是思想，不是形象，世代之间不存在什么排挤和竞争。

反常的现象

我们眼中、耳中和思想中显得无比庞大的事物和重大事件，会按时间、地点和我们接近或远离的程度而相应缩小。这时，占据了我们全部视听和思想的事物会将除它之外的一切都遮蔽起来。我们永远生活在相对的而非绝对的，局部的而非全部的世界里。因为，比例只有通过归属者，被归属者和属于谁者才成立。又因为这些人都是全部中的部分。部分只有存在于全体之中，才能存在，才有意义。所以，我们依自己的感官生活于其中的生活，只是近乎幻觉、部分真实的生活。要改变这种状况，唯一的办法就是以超越感觉的力量来拯救我们的感觉，这种力量可以将我们带进绝对和完全。

只要我们生活在相对世界和局部世界中，谁也不能断言说这是真实，那是幻觉，或者说这个科学命题是正确无疑的，那个是毫无真实的迷信或神话。在被感事物和它的后面，有许多现象是科学无法在实验室里研究的。但愿科学能记起莎士比亚借哈姆雷特之口对他的朋友霍拉修说的话：

"霍拉修，天地间有许多事，是你哲学梦想不到的。"

科学可以制造出一种机器，叫作收音机。使你可以坐在家里，听到几千英里外的声音。你相信收音机。可是，如果我告诉你，除了使用大自然为我准备的工具外，我没有用任何器械，却听到了远处的声音。这是你不会相信的。更奇怪的是，那不是一般人能听到的声音，是一个女子在梦中的呼喊。她和身边的人都没有听到，倒是我，和她相距五千米的我，听到了。事情是这样的：

那是纳西布弟弟死后几个月的事。那时纳西布的妻子苏珊和家人住在舍赫鲁布，我一人住在镇上舅舅的房子里。一天黎明时分，我还在酣睡，忽然听到有人叫"米沙"，我惊醒过来，立刻从床上跳下来，径直走向门边，打开了门。我听到是苏珊在叫。不知为什么，我没有丝毫怀疑，立即向镇上的家里走去。我肯定，打开家门时，她一定会等在门边。可是当我真的打开大门时却不见苏珊的踪影。我想，她一定藏在哪儿要吓唬我，虽然我明知她生性不爱开玩笑，特别是同我更不会这样做。我还是找遍了各个角落，三次喊她的名字，但都没有听到她的回答。我惶惶然疲惫地转身折回，对已发生的事产生了怀疑。

可是当我来到舍赫鲁布，向包括苏珊在内的家人讲述了那天早晨发生的事之后，我的疑团解开了。当时，苏珊战栗地对我说："你的梦使我想起了那天早晨我的一个梦。我梦见自己正处在危险之中，详情已经记不起来了，有一点我记得是向你求救，拼命地喊了声'米沙'。可是声音并未真从我嘴里喊出来。"

圣女贞德的故事早已成为历史。

同样，科学制造了电视，它不仅传递声音，还传递发出声音的形象。当电视屏幕上映出某位讲演者的形象，并对你说，这就是某某人，你会绝对相信的。因为你的确看到了他的形象，听到了他的声音，不过，你很可能不相信，斯维登堡[①]坐在伦敦的寓所里，却看到了那发生在他生活的城市和他国家的首都斯德哥尔摩的火灾。那时，他正和客人们一条街、一所房子，绘声绘色地讲述着火灾的情景，最后讲到自己的家。

你也许不会相信，一天威廉·布莱克[②]和他的朋友们在一起。其中一人起身坐车回家。他走后半小时，威廉正和客人们谈话时，突然中断了自己的话，说刚回家的朋友又回来了，他要马上下楼去给他开门。结果，事情果真如此。原来，他朋友的车出了毛病，只好徒步回来了。布莱克确实"见"他回来了，但使用的不是肉眼，那么，是什么眼睛看见

---

① 16世纪瑞典哲学家。
② 威廉·布莱克（1757—1827），英国诗人、画家。

朋友回来了呢？和电视相比，它俩谁更伟大？难道只有斯维登堡和布莱克等人才有那种眼睛，还是所有的人都有？不过对绝大部分人来说，它是发炎的，只对极少数人，它才是睁着的。即使对这些人，也在特殊情况下这对眼睛才完全睁开。印度的瑜伽学者们认为，自古以来人类就具有类似的力量，只要他们坚持某种训练和生活方式，完全可以从中获益。可是在科学的眼中，瑜伽并非科学。

许多事例都说明确有人已经或正在听到耳朵听不到的远距离的声音，也有人看到或正在看到超出视力所及的许多形象。有些形象只被一些人看到，完全没有映入那些近在咫尺，甚至就在他们身边的人的瞳孔里。

还有些人在事件发生前就已感到或者当事件发生时，对一切了如指掌，而他们相距数百英里。有些人，不在夜间也不在梦中，恰恰是在光天化日之下，在完全觉醒之中，看见死者或远离他们的活人的影子。

有些处于催眠状态或心情极度激动和疯狂的人，可以揭示出许多隐秘，说出清晰的证明，实现奇迹。在白斯肯塔，有个人得了常说的疯病，实际上并不知道那是什么病。妻子、孩子、同事、邻居，他一个也不认识了。日日夜夜像被鞭子赶着，被马刺刺着似的，不停地在家门前走来走去。他不停步，不休息，不左顾右盼，不理会酷暑骄阳和寒冬的雪刺痛他光着的脚。后来病愈了，一直活到今天。他对我说，在那些不停地走动的日子里，他感到有一支"幽灵"的军队紧跟着他，不允许他停下片刻。在那不停地奔走中，他赤足跨越了许多大海。奇怪的是，在他"患病"的自始至终，他一直非常健康，连感冒也没得过。那么，他以非己的思维和意志生活，处于不正常情况时，他在哪里呢？难道他处于正常状况时的思维和意志不是我们所说上述状况时的思维和意志吗？为什么今天不能做出他在"不正常"时所做出的一切？

同样，梦游者可以在梦游时做出他们清醒时不能做的事情。

这种能力如果不是来源于他们自身，又来自何方？我们应以何种标准来衡量他们的活动和工作的能力？以他们处于完全清醒状况下的标准，还是以他们处于不清醒状况下的标准？为什么要以"清醒"而不是以"不清醒"为标准呢？把清醒与不清醒状况下进行的活动和工作相比较，我们在清醒状况下所做的一切简直微乎其微。眼睑眨动，肌肉伸展、收缩，毛发指甲生长，心脏跳动，我们身体任何部位都不是以我们觉悟的意志在工作，而是以我们感觉到但却不理解的躯体的意志在工作。那么，哪种生命是真实的呢？是我们自觉的清醒的生命，还是不自觉的生命呢？

睡眠不是我们生命的一部分吗？梦不是睡眠的一部分吗？我们怎能忽视自己生命中非意识部分，只重视意识部分，并说只有意识部分才是我们生命的真谛呢？没有非意识的，就没有意识的。至今不了解梦幻、疯痴，因时间地点产生的思想和感觉的相互作用、启示、意识和非意识的真谛的科学，即使使用了汽车和各种车辆，也绝不能判断什么是正确的和荒谬的，什么是合理的和不合理的，什么是真实，什么是幻觉，什么是知识，什么是迷信。

我认为任何人都可以给你讲一些科学无法解释的事情，如一些人所说的"空眼"，那就是不论有生命的或无生命的躯体，只要看它一眼，躯体上便留下记号的眼睛。为什么某些眼睛在有的情况下不会具有这种能力呢？众所周知，身体是不间断的光源。特别是眼睛，总是不断地接受和送出光芒。我们虽不知那光的实质和影响的程度，可是，当我们找到光离子后，已开始认真地思考这些了。

属于上述情况的还有"奇迹般痊愈"，即从医学上已无药可施的绝症的痊愈。头脑简单的人把这归于"不可思议"的力量，也就是超自然的力量。科学不相信它，即便相信了也无法解释。即使想解释，也只能说它源于沉睡的病体的精神力量，一种外来作用唤醒了它，并推动它朝着一定的方向发生作用。那作用者可能是一次触摸、一瞥或一声，甚至也可能是石头。民谚不是说"相信石头，就会痊愈"吗？科学为什么不研究这种信仰，使它为人们的利益服务，而是单纯地去否定它呢？

谁都可以给你讲一场离奇的梦。1947年9月23日的夜里，我做了一个梦。醒来时，我还在不断地念："伊斯库来布斯。"屋里没点灯，我摸黑抓来了床边的一支笔和一个烟盒，把这个词记在上面。清晨醒来，我开始翻阅《不列颠百科全书》，竟找到了"Aesculapius"一词，人称医神阿波罗之子。以前我从未读过也没有看到过这个词。那么，它从哪里来呢？为什么会出现呢？人们给你讲过多少梦境，便在第二天，或几天，几个月甚至几年后成了现实。我在本书的一些章节中讲了我的一些梦境，这里我想概括叙述一下我在1942年12月31日早晨做的关于墨索里尼的梦。当时，我在广播中讲了我这个梦，后来又收录在我的《打谷场》集中。

我置身于一间陌生的房子里，离我两步远的床上躺着一个人，我知道他是墨索里尼，他裹着一条红毯子，穿着黑衬衫，贴身是一件灰衬衫，灰的外面又是一件带红条的灰衬衫。他的面孔逐渐灰暗，头也渐渐缩小到石榴般大小。我知道他病了，听到他在叫医生给他拿体温表。我也明白他的医生就是希特勒，不过我没有见他。我知道他不喜欢我待在屋子里，就出来了。

我又来到了一间宽敞的大厅，中央的大桌子上摆着一只精致的银盘，里面是我从未见过的鲜美的葡萄。我在希勒塔法时的同伴米哈依尔·伊斯肯德尔让我在桌边坐下，我们便开始饶有兴趣地吃起那美味无比的葡萄。当然，墨索里尼出现在大厅的一侧，像是那里的主人，可是身穿的却是俄国哥萨克军官的宽大制服。他仿佛准备好要到那里去。于是我暗示同伴，为了礼貌，不要吃了。我们放下葡萄，感谢主人的款待。

这就是梦的大概内容。令人深思的是我看见意大利的代表墨索里尼病了。实际上，当时的意大利，正在令人窒息的军事、政治和经济困难中挣扎。而当时德国的代表希特勒是墨索里尼的代表，德国正在以徒劳的努力，力图使意大利继续参战免于崩溃。梦中墨索里尼穿的黑衬衫是法西斯的象征，下面的灰衬衫代表纳粹，最里面的红条灰衬衫则象征着共产主义。这一切说明，法西斯纳粹的意大利的结局将是纳粹和共产主义共存。

我和我的同伴吃的甜美、精致的葡萄，是身着哥萨克军官服装的墨索里尼对我们的招待，这说明了我们共同热爱的俄国终将取得胜利，并将以共产主义给意大利打上某种烙印。这一切都在三年后变为现实。

当我看见梦中的一切时,我在哪里呢?可以肯定地说,见我之所见、听我之所听的人绝不是睡在白斯肯塔床上的那个人。因为床上的这一个两眼紧闭,双耳距意大利几千英里,嘴巴不张,不吃不喝。那么,谁是那个看见、听到、又吃又喝的人呢?那就是我,不是别人。但那时的我,并不是躺在床上的躯体里。科学应该研究,那个躯体是什么?在哪里?它是如何与那被看见的躯体联系在一起,又如何在睡眠状态中和它分离的?它用什么手段将它在奇怪的漫游中所见到的形象送给记忆?为什么那形象中的许许多多都是模糊不清、被歪曲的,只有极少数才是清晰可见的呢?他如何能看到尚未发生,但即将发生的事物呢?如果这些事物不曾在它们被造成,即它们在被我们称为"现在"的一瞬间到达他的知觉之前就存在,他就不会看到和听到。难道过去和将来都会有存在于"现在"的时间范围内的事物吗?

科学确实应该不时地向自己提出这些问题。不要因为它不接受化学中的蒸馏器和物理器械的考验就逃避它。人比化学、物理的元素多许多,比他自己看到和听到的关于自己的数目多许多。它喜爱那些它所生活的、奇妙宇宙中不可衡量之物。如果说人的生命中有超越人的本性的不可思议的现象,那便是一种拙劣的愚蠢。我们所说的不可思议的奇迹,是说人具有科学和哲学尚未梦想过的巨大的、隐蔽的力量这一事实的见证。那些以人类迄今为止的所作所为来衡量他,并认为他们已经到达人类的巅峰,深入人类的幽谷的人们是多么愚蠢!而那些只肯把人囿于种族、肤色、语言、宗教的牢笼中,局限于地理、政治、经济等界限之中的人们则更加愚蠢。昨天的人道主义和今天的人道主义所看到的日渐加深的忧虑,正是那些牢笼和界限的必然产物。

独 立

第二次世界大战中以及大战后,"独立"这个词,不仅成了地球上一切被奴役的和殖民地人民的口号,它简直成了最有诱惑力的语言。

第一次世界大战结束前夕,威尔逊宣布了和平十四条中的《自决权》,殖民主义国家狡猾地将其扼杀了。但第二次世界大战后它又复活了。亚洲、非洲反对帝国主义和殖民者的人民起义风起云涌。那些首先摆脱了欧洲帝国主义侵略的亚洲国家中,黎巴嫩、叙利亚站在前列,获得了主宰自己内外事务的独立权利,成了世界组织——按照愿望,而不是以名副其实的原则,被称为"联合国"的成员。实际上,"联合"一词正是对这个包括了无法实现团结、联合的众多国家的组织的辛辣嘲讽。

我对飞扬跋扈、殖民霸道、抢劫掠夺他人的行为深恶痛绝。我高兴自己的祖国和其他殖民地国家摆脱殖民者的统治,获得独立。但是我那透过表面、深入内部的思想破坏了我的情绪。我认为,就是那些让自己的舰队广陈大洋,飞机布满天空,士兵踏遍大地,让祖国的国旗在别国国旗之上高高飘扬,他们也没有尝过真正独立的恩赐的甜头。因为他们的舰队、飞机、军队,不但没能证实他们的心安,反而只能说明他们的恐惧。这不是力量的标志,倒是软弱的暴露;不是理智的表现,只是疯狂的端倪。独立永远不是恐惧、软弱和疯狂的产物,绝不能和这些灾难欢聚一堂。

"大国"的独立尚是如此,"小国"的独立又该如何呢?特别是那些世世代代连同乳汁一起吸入了卑屈、恐惧、软弱、虚情假意、依赖他人、背信弃义、仇恨、独占、复仇等缺点的国家又如何呢？一颗心只要染上了这些缺点中的一份——不是全部——便不可能为自己给独立留下立足之地。

黎巴嫩1943年刚刚获得独立后，我在黎巴嫩电台说过：

以前的夜晚，群星沉落，明月隐身，命运的闲言碎语比比皆是。以前的白昼充满中伤和愤懑，到处是浮躁和喧哗，人人心怀仇恨、恼怒、厌恶和口角。

然后，人们互相观望，仰视高空。看到了一块红、白、红相间的织物，中间有一棵类似杉树的图案。空中的微风，吹得它飘动，地上的群众为之鼓掌。这时，一个头脑简单的人问，这些象征着什么？人们答道：

"意味着黎巴嫩独立。"

但愿他们说的和正在说的都是事实……那么，黎巴嫩，在你哪里，谁是伟大的人物，谁是政府要员和功臣，谁给你带来幸福、欢乐、宽容和同情？谁是有其他美称的人们？至于我，这个既无美名，更无门第的无权无势的黎巴嫩人，我在你的酿酒厂里挤榨葡萄，在你的地窖中榨油、制酒，在你的打谷场里扬晒小麦，在你的采石场上采石，在你的森林里砍柴。没有你，我是一个没有肌肉、没有神经和血液的人。那么，我究竟是谁？黎巴嫩，我的美名是什么？我不希望你贬低你的被统治者来抬高你的统治者。不希望你尊崇你的统治者，侮辱你的被统治者。不喜欢你以表面的独立冲淡内心的奴隶主义，使你臣民中的一部分成为高居于一个阶层之上的另一个阶层，一部分匍匐在另一些人的脚下，小人物为大人们涂脂抹粉，然后心满意足地听人说：

"黎巴嫩已经独立了！"

黎巴嫩，只有当别人从你那里独立后，你才能脱离别人独立。可你已经奴役了神灵，难道你没有看到，你总是以神灵之名和别人争斗或和解？难道你没有看见，你们一对兄弟恼怒，便强迫神灵对他不满。一旦对自己的兄弟发动战争，还要让他们做敢死队吗？你驯服了他们，使他们变得比你的臣民还顺从。为了让他们把你的独立给予你，你还不把它们的独立送还它们吗？

为什么你旌旗上的杉树从血红色的大地上长出，又向血红色的天空张望？最好让它从像你那样的白雪纯洁的土地上长出，昂首向像你那样的雪白纯洁的天空，最后让它——力量、希望和不朽的标志——把你的信带给全世界。那是一封相信真理、没有贪欲的希望和建立在大地和大地之子的统一以及宇宙间一切星宿统一在主的基础上的不朽的信。

到那时，如果人们说：黎巴嫩独立了！我也会说：黎巴嫩独立了！

但是，黎巴嫩，今天你的耳中尽是大海的喧嚣和瀑布的轰鸣。我不认为你能听到我的声音，即使听见了，我也不认为你明白我的话。

黎巴嫩，你会听到的，会明白的！

直至今天，我仍在对其他的阿拉伯国家——独立的和正在争取独立的——讲我在黎巴嫩独立初期对它讲的这番话。可憎的殖民主义固然使它落后于现代文明的行列，但是，卑贱、屈辱、顺从、依赖、玩忽社会职责、无视人的个性等所起的阻碍作用更为严重。这致命的瘟疫并非来自国外，那些在他们心中种下或正在播种它的人们正是来自它的内部，或生活在它内部。绝大多数情况下，他们都执掌着世俗的和宗教的权力、享有传统的声望和地位，拥有巨大的财富和贪婪的欲望。帝国主义利用了他们实现自己的目的，没有他们，帝国主义的统治便无法确立，寿命不能长久，生活不得安宁。

令我十分痛苦的是，许多阿拉伯国家中，殖民主义的阴影已在缩小，可是，上述的瘟疫却未曾受挫，仿佛它正处于繁衍生长的新的活跃时期，而那位任何人都无法否认其聪明、抱负、对自由热爱的黎巴嫩人，要借穆泰纳比之口讲话了：

离开家乡吧，除了他的心一切都不重要。
除了英明造物主，谁的东西都不能接受。

就是这个黎巴嫩人，独立后，发现了一个人。这个人明白独立实为剥削，公共服务实为贿赂和鄙视服务对象的手段，聪明实为狡猾欺诈，制度实为违反制度。他理解了被称为爱国主义的派别观念，知道派别观念只是一场场没完没了的演习，唯一的目的就是争得统治席位在国库钱财中的最佳份额。所谓首领，就是保护那些追随他们的罪犯不受法律惩治，加罪于那些哪怕是清白无辜的反对者。

尽管如此，黎巴嫩愿意自我夸耀，它的阿拉伯兄弟国家也愿意谈起它，仿佛它真是阳光沐浴下的自由之邦。

今天黎巴嫩和其他阿拉伯国家在边境设防前应先给人"设防"，在建设住房、工厂、寺院、海陆空军之前应先建设人心。这一切是不能以空谈、自夸、希望、祈祷、诗行和宣传来完成的，要依靠新的教育，将作为人的尊严还给阿拉伯人。这种尊严将重新激起他心中的感觉，使他感到，他不比任何君王低贱，不比任何流浪汉高贵，而生活及其幸福不能从任何人手中乞求。如果他信仰天主，只要天主永远在他心里，和他在一起，在他周围，只要他不断地对天主敞开心扉，便不需要将他和天主联系起来的中间人。如果他想免遭人们的伤害，他就不要害人，一切表现出的美和美德都是食粮和力量。玩弄它们便是玩弄者对自己和人们犯下的罪行。独立于人们的愿望只有在为人们做出的没有任何独占和获利念头的服务中才能实现。

我多么希望阿拉伯人能受到这样的教育。届时，他们便能把得救的信带给那仿佛正从分崩离析和争斗中脱颖而出的世界。阿拉伯人是世界上最了解沙漠绿洲价值的人。他们难道不能使自己广袤的国家在今天充满贪欲、仇恨、敌意、恐怖的沙漠世界中成为和平、谅解和充满兄弟之谊的绿洲吗?难道他们能够使他在丧失知觉的世界中保持自己的觉悟吗?他们中间会出现具有远见卓识,给臣民们这种正确引导的领导吗?

但愿如此!

我的家

若不是耶和华建造房屋,建造的人就枉然劳力;若不是耶和华看守城池,看守的人就枉然儆醒。

自从我用鹤嘴锄在旧房顶上刨了第一下,到我们全家在新房里欢聚一堂时,《旧约·诗篇》中第一二七节开头的这句话始终萦绕在我心头。大部分人都认为大卫的意思和谚语"秘密在住家人当中,不在住家地点里"的意思相符,甚至可以说语出同源。房屋的墙顶和屋里的家具无论多么坚固、雅致、精良、优美,房屋不是依靠它们耸立而起,房屋是依靠那些在墙壁和天花板之间居住,使用其家具的人兴建的。但是,只要上帝没有将他们"建造",即没有友爱、亲切、宽容、合作、谅解,为达到共同目的携手并进的水泥将他们彼此联系,那么,造房人建成的房子对他们毫无作用,仅是一种徒然的劳动。

我认为,如果我和纳吉布一家住在一起,共同关心他孩子的成长,管理和利用我们的财产,对我对他都有好处。因此,一开始,我就注意不让家里的空气出现导致兄弟、夫妻、长幼彼此疏远的任何心理上和物质上的秽物。不出现贪欲,一个人对另一个人心意的怀疑,不出现互相忌妒,不出现把重担推给别人、自己挑轻的恶劣作风,不出现权欲、控制欲、固执己见或盲目自信。

我并不是说我们家的气氛永远友好和谐。纳西布死前,他妻子回到她法国的亲人那里之前,我们一家共十口人。他俩一走,剩下八人。父母去世后,我们又变成六人:我、纳吉布、纳吉布的妻子泽克娅、他们的孩子玛叶、优素福和纳迪姆。这六个人各有各的生理和心理结构，性格、思想和脾气都不一样，必定会产生见解、鉴赏和爱好上的矛盾。但是，这些矛盾多是十分轻微的，没有在这些彼此相爱的，甚至忠诚忘我的心中留下丝毫痕迹。正因为我和弟弟纳吉布以及他们全家之间有着如此亲密的关系，所以他们的生活成了我生活的补充，而任何关心我生活的人也有权对这个家庭的每个成员进行了解。

纳吉布

在我们兄弟姐妹中他排行第四。我是父亲去美国前出生的三个孩子中的第三个，纳吉布则是父亲回国后出生的三个孩子中的第一个。他比我小十岁，高矮、相貌都很像我，但比我壮实，比我能吃苦。他虽然只读完小学，但自学了不少东西，甚至能较准确地读写阿拉伯语，写点儿打油诗、民间小调，并用自我陶醉的声音唱上一段。

他性情急躁、顽强不屈、爱发脾气、易宽恕。他感情奔放、心地纯洁廉正、言行真诚。他讨厌假仁假义、背信弃义、欺骗、自夸、办事拖拉、爱吹捧权势之人，他憎恶空头恭维和陈规陋俗。他不善演戏，特别不会和人们搞外交。办事一是一，二是二，从不吹捧恭维。

他最不愿意别人破坏他的鉴赏力和践踏他的尊严。有人求助，他立刻伸手，不求报酬。谁敢挑衅，他立刻还击。他以不知疲倦的热情努力工作，在处理日常工作和人际关系时，不只是依靠所谓逻辑或老套熟路，更多是依靠他的内在感觉。

他热爱土地，热恋耕作，深知水对牲畜和庄稼生命的价值，从不浪费一点一滴，他认为浪费水的人都属于叛教者、罪犯。他喜欢饲养牲畜，特别是牛；对这种温顺、高尚动物的喜爱使他大量阅读了关于牛和牛疾病的书。他后来成为一名相当不错的兽医。白斯肯塔和附近的人们常上门找他治牛病，把不少的牛从死神手中救了回来。不管这项工作使他多么疲劳、熬夜，但他从不收取任何报酬。当养牛变成他和家庭的沉重负担时，他吻着牛的前额，流着热泪，卖掉了最后一头牛。

纳吉布最大的爱好莫过于打猎。他的打猎并非垂涎于猎获的禽兽，而是醉心于同各种状况和变化的大自然一起奔跑。我曾不止一次地想使他放弃打猎，但一切努力都成枉然。我对他说，也许，我的过分强求，要他放弃可以进行最好的精神和身体锻炼的业余爱好会伤害他。但他认为，这种爱好是高尚、纯洁的，和那些使许多当代人堕落的酗酒、赌博等嗜好截然不同。

我想在这里谈谈纳吉布的猎狗。那是一条短毛大猎犬（Poiriter）。这里我要讲一些人们认为任何动物都不能做到，但它却做到的不寻常的事情。我不想谈它那奇特的嗅觉，这是狗和其他一些动物的天性，它虽然令人吃惊，但不会使那些直接与它接触，听到或读到它的人们的惊奇。我想讲讲这条狗和我们在一起时的三件事，请读者自己去解释或估价吧。

一　一天，纳吉布和妻子泽克娅坐在舍赫鲁布的家门口。狗躺在前面。当时，正值樱桃成熟的季节。屋前的一棵樱桃树，果实累累压弯了树杈，低垂到地上。泽克娅看见一群鸡正啄食樱桃，便轻轻地对纳吉布说：看树下的那些鸡，你干吗不把树枝架搭高些？让鸡啄不到樱桃。她的话刚说完，那狗立刻跃起，箭一般冲向樱桃树，狠狠地把鸡都赶跑了。当它感到樱桃安然无恙了，又跑回来趴在地上。难道它听明白了泽克娅对纳吉布说的话？它怎能明白人的语言？明白鸡、樱桃和鸡带给樱桃的危害呢？如果它不明白这些词，又怎能明白这些词所表达的意思呢？

二　离我们舍赫鲁布的家两百米左右的地方，有一个樱桃园。每年，都有一些白斯肯塔的水果贩子光临这里。众所周知，鸟儿、狐狸、猫鼠和狗等都爱吃樱桃。可是，令人奇怪的是我们这条狗每天在果园守夜。它在那些被累累果实压到地面的枝条下走来走去，小心翼翼地不碰掉一颗樱桃，不吃任何一根枝条上的果子。可是，一旦果实落地，或是有人用手把果子送过去，它当然不会拒绝的。那么，它怎么知道枝头上的果子对主人有用，便不去碰它？掉在地上的没人要，它就去吃它呢？如此品质，你只能在少数人身上发现，更何况狗呢？这是后天培养起来的，而不是出自天性，那么，我们这条狗如何自己区别哪些是可以做的，哪些是不能做的呢？

三　迪克是这条狗的名字，一见主人穿上猎装，立刻高兴得如疯似狂，又跳又窜，摇头摆尾，仿佛那张皮已容不下它的身体。它相信自己就要上路，于是跑来跑去，一会儿鼻子触地，一会儿又朝向天空，吸收各种气味。它爱坐汽车，大小不论。一天早晨纳吉布带它朝绥尼山方向去打猎。刚上路，就碰上了一辆开往绥尼山方向的大客车。司机坚持请纳吉布坐上。纳吉布上了车，让狗也跳进汽车里，可是迪克却转过身，脸望着家的方向。纳吉布从未见过狗做出这样的动作，十分吃惊。以前，它总是抢在主人前面跳进汽车的。纳吉布下车想把狗弄进车里，这时，附近一座教堂的丧钟响了。一问，竟是我们的一个亲戚死在贝鲁特。纳吉布完全明白了：今天白天他不肯向东走，应向西走，不肯去山里，应去海边。于是返身回家，狗也跟着回来了。不过，眼中的欢乐已经消失，肌肉的火已经平息。它耷拉着尾巴，鼻子既不朝天，也不吻地，慢腾腾地迈着步子，两眼无神，神情沮丧。

难道迪克感到那钟声给他的主人带来不幸的消息，使他不能出猎，从而拒绝上车吗？谁知道呢？对于你我不合理的事，在迪克和许多与它同类或不同类的禽兽那里都可能成为非常合理的。谁知道呢？

泽克娅

一张和颜悦色的脸上表露着东方和西方的美，无论亲人还是陌生人见了都倍感亲切。一双不太有神的眼睛里充满了人道主义、母性、爱和温顺。她生性腼腆，不愿抛头露面，不愿自持，绝对地摒弃了妇女们强烈追求的脂粉、化妆品和首饰。她的舌头从不恶意伤人地提起别人的灾难、困苦和缺点。她的手不停地劳动：和面、烤面包、做饭、洗刷、打扫房屋、采摘瓜豆、西红柿和自己种下的各种蔬菜，她还要缝补、织毛线、钩花边等。

她最大的享受莫过于给别人特别是家里人带来幸福和安逸。为了这一点，她甚至可以不吃、不休、不睡眠。在劳动中和忍受痛苦时，她有着惊人的毅力。当别人怨天尤人、呻吟不止时，她却顽强地和痛苦做斗争，她像蚂蚁一样珍惜家中的一切，不到无法修补、不到不能再派上任何用场时，她是不会丢弃任何旧物的。她诚恳待客，对别人的要求从不吝啬，她很少去教堂祈祷，但却虔诚、笃信。大斋小斋、圣母的斋戒，她从不拒绝，但在重大的宗教礼仪中不滥施俗套，过分铺张。

玛　叶

我第一次见到她时，她还是个刚进校门的小姑娘。她安详、美丽，举手投足中有着许多含义。玛叶最大的特点是要求整洁有序。她在美感和鉴别行为、穿戴和语言的文明程度方面有着敏锐的鉴赏力。她绝不让自己的个性被淹没，绝不肯随波逐流。她的思维闪光，与数字无关的事物，她能迅速记住，迅速学到手，并迅速得出结论。可是一碰到数学，她的心收缩了，思维也关闭了。但是，对于其他功课，特别是散发文学味的作业，她总是以欣喜的心情和敞开的思想去完成。

祖父去世后，玛叶总是在镇里和祖母一起过暑假。我和家里的其他人则住在舍赫鲁布。母亲去世后，家里的生活方式改变了。每逢夏季，兵分两路。纳吉布、泽克娅、优素福住在舍赫鲁布，我、玛叶和纳迪姆则住在镇上。有不少原因使我们不能把镇上的家门上锁，其中最主要的一条原因是每逢夏季，几乎天天都有各地的客人来访问我。

令我吃惊的是，母亲去世后，刚刚踏上青春之途的玛叶，已成为一名罕见的优秀的家庭主妇了。她迎接客人，尽东道主之责。她打扫整理住房、烧饭、洗刷，特别注意让她的伯伯和弟弟休息好，满足他俩的需要。我们家日日夜夜宾客盈门，俨然一家旅店，来访者中必然有一些令人讨厌的生人，但是玛叶独自一人就替她伯伯完成了任务。对她来说，伯伯的喜悦已成了上帝的喜悦。即使在最微不足道的事情上，让伯伯休息好已成为她应尽的最有意义的职责。她不知花了多少时间，按照自己的推断，准备出她认为我一定喜欢的食物，或者以她所知道的一定会引起我的赞赏的方式，在房中某个角落放上鲜花，或是为我编织她认为足以御寒的背心。

每当天气变化，她总替我担心，她怕我劳累成疾，嫌我吃得太少，因此总是千方百计让我吃下超出我身体所需的食物。她让我休息，抛开思考和写作，饭后哪怕是休息上一个或几个小时也好，她不叫我"伯伯"，而将英文的"安库勒"(uncle)一词加以改造，把我叫"我的安库勒"。只要我写出东西来，总爱在发表前先给她念念，听听她的意见。我相信她的欣赏水平和健全的天性。

玛叶给我的丰富的纯洁情感、高雅的鉴赏力和敏捷的感觉启发了我写过一个故事，题为《妇女的敌人》。故事里我描写了一个无妻无子的男子，一次，他在婚礼上认定新娘是他的女儿，是以前有人把她抢走的。于是提笔给这位新娘写了一封信：

女儿，你走后，我的家已面目全非。它成了鬣狗的窝，蝎蜥的洞……它荒凉、干枯、愁眉不展。可是往昔的日子里，它曾肥沃碧绿，充满微笑、慷慨和美……现在我的家笑迎你手中的帚把和抹布，因你双目中的光明而熠熠生辉，听到你的脚步声而倍感安宁。

以前我的家俨然像蜂巢，你是那颐指气使的尊贵的蜂王。那时，我的每一个梦幻都长有双翼，天使的赞歌也无法比拟你的甜蜜之声。那时，我的梦不停地运动，运动就是吉祥……

但是，你走了，蜂巢一片荒凉，一切运动和吉祥也已衰落。没有羽翼的鼓动，没有声音的回荡。没有甜蜜，没有花香。没有人播种新的梦，蜜蜂在小巢里沉睡，永远地沉睡了。

女儿，你走后，我已不是原来的我。和你在一起时，七十六岁的我犹如二十六岁的青年，更像阳光一般的年龄，具有光的纯洁和璀璨。你的手指不再轻抚我的头发，你的手掌不再抚摩我的两颊。我再也看不到你的微笑，听不到你美妙的声音。你再也不能给我送来一口水、一口饭，让我的肉体和精神重新燃起生活的热情，像晨光和黎明一样生机勃勃，扩展在天边……

此事之后，人们问我：从美国回来后，你这正值青春饱满的男子怎么过着没有女人的生活呢？我的回答是：我不需要女人的肉体，这是女人身上最无价值的东西。如果没有享受到她那源于上帝之心的一颗心的温暖、柔意和爱情，确该诅咒！

优素福

为了使先辈的名字能在后辈人中不断出现，人们习惯让家庭中的一个孙子叫他祖父的名字。优素福便因此继承了祖父的名字，同时，他也继承了祖父善良的心、高尚的精神、对工作的热情和对土地的爱。因为他对土地的爱远远超过了对学习的爱，所以，很早就丢下了功课，和父亲一道管理我们的庄稼作物，增加收成。他吃苦耐劳，敢面对困难，从不在艰险面前退却。他身上有父亲的气质，又具有独立见解。在同伴、朋友中，广结爱心。他特别注意不损害别人的权利，不忽视任何职责。他讨厌并避免纠纷，但是一旦被迫卷入，除非担心损害他伯伯的名声，他从不怯场，从不逃避。

他会编会唱长短格式不一的民歌，对工作、贫穷者和被欺压者寄予了深厚的同情。在解决工作和社会生活中的矛盾时，思路敏捷。他和兄弟姐妹之间的深厚美好的情谊，从未受到一句生硬的话和凶狠的毒眼的影响。

纳迪姆

当我把他抱在怀里，扛在背上，用孩童的语言和他窃窃私语时，他就已流露出优秀的气质。进入村里的东方学校后，我便注意他智力的发展，学习的愿望和消化所学知识的能力。我发现他喜欢语言，愿意把知识分门别类进行分析，具有鉴赏能力、思维能力、想象力和各种良好的特征。所以我特别注意尽量为他创造学习条件。我先把他送进了白尔玛那的美国弗兰兹学校。待结业后，我却没有能力让他进美国大学学习。他不能忍受在家赋闲的生活，便用函授学习伦敦大学一年级的课程，并通过了考试。之后我轻而易举地将他送进美国大学文理学院二年级。但入学不满一年，他在我不知道、没有我帮助的情况下，得到了贝鲁特美国学院的奖学金。这使他完成了学业得到了学士证书。

他的专业是哲学。因此，在他得到了第一名那年，大学任命他为伊斯兰哲学助教，几年后，他又以一篇关于斯宾诺莎哲学的论文得到了硕士学位，1960年，他又获得了英国剑桥大学攻读哲学博士学位的奖学金。

一切听过纳迪姆讲课和跟他有过同窗之谊以及同他交往过、做过朋友的人都认为他相貌英俊,但有比这更美好的则是他那令人愉快的性格、清晰的头脑、敏锐的鉴赏力和直觉,还有纯洁的心地、认识分析问题的能力、言行忠实一致。同时他还相当的快活和有幽默感。

我曾和他讨论过关于文学、思想和生命各方面的意见和观点。我发现,他知识广博、能言善辩,逻辑合理。他能精确地分辨出现象中的本质和偶然,也能仔细找出了解单词的价值。区分不滥用词语的文学和那种将毫无价值的卖弄、浮华、追求生僻当成是创造、美好、更新的词语的文学。

纳迪姆的许多优点之一就是无论他是做学生还是当老师,从未轻视过土地。一有机会,他便以极大的热情、干劲和乐趣,帮助父亲和哥哥劳动。

我的家和妹妹的家紧紧相连。或者说,她的家几乎成了我家的延续。妹妹把全心全意为丈夫和四个孩子的服务看成是她在人世间最大的快乐和幸福。她的丈夫和两个儿子——哈斯布和赛米尔在田间的劳动为家庭带来了富裕、安康的生活。她的三儿子哲利尔没有务农,但绝不是讨厌土地。相反,他敬拜土地,敬仰土地上劳作的人们。但是他性情开放,想象力丰富,具有远大的理想,特别喜爱学习。他曾和纳迪姆一起在白尔玛那学习,后在美国大学里获得了学士学位。今天,他在伦敦广播电台的阿拉伯文部工作。他酷爱文学,特别是英国文学。

妹妹的第四个儿子名叫艾都尼斯。当他还是个刚刚跨进校门的孩子时,我没有发现他有什么特殊的才能。小学时,患了瘫痪症未能读完,只好待在家里。但令我万分吃惊的是,一天我去看他时,他给我看了一张纪伯伦画的玛琪德琳·马利亚的画像,作品发表在我那本关于纪伯伦的书中。他对我说,他用铅笔,照着书上的画画下来的。这件事如果是别人告诉我的,我绝不会相信,因为他临摹的和原作太相像了。

这位娴静、内向的瘫痪孩子的能力确实使我吃惊。我给他拿来了图画本和一些彩色铅笔。没多久,他就画了不少画。有些完全是想象中的产物。他还用纸做出了五彩缤纷、各式各样的花朵，他做出了蝴蝶，仔细地涂染翅膀，用橄榄核当身体，结果蝴蝶活灵活现。几年后，他放下了绘画和制作花朵、蝴蝶，开始写作，可是当时，他几乎不能很好地阅读呢！今天，他已是三十岁的青年了，写出了一些诗歌，发表在贝鲁特一些有名的报纸上。下面就是他写的《眼睛和心袋》：

眼睛看到了许多奇妙的东西，
急忙叫心儿来观看。
心儿待在原地，无动于衷。
眼睛嘲笑他，暗自思忖：
可怜的心儿，他是多么愚蠢，不明事理。
一个漆黑的夜晚，眼睛进入深深的睡眠，
心儿呼唤它观看美丽的梦境，
可是眼睛一睁开眼睑，梦境全部消散，
周围仍是一片漆黑。

* * *

我在这个阶段的尘世生活中，就是在这样的氛围中生活和工作的，它使我沉浸在忠诚的爱和美好的温暖中。但它的界限已远远地超出了我家的界限，它的范围也比紧紧系着我的、使我远离人们的血缘关系更为广阔。每当我的思想延伸、我的想象驰骋时，我家的疆界也随之扩大，大到你无法确定和形容。我家人的范围也在扩大，包括每个听过我话的人，每个善意或恶意提起我名字的人，以及一切不曾听过我的声音，不曾见到我的相貌，不曾提起过我，而我也不曾听过他的声音，不曾见到他的相貌和提到过他的人。我会和他一道，那过去、现在和将来都源于其中的、包罗万象的生命和精神的人，都是我的亲人。

一本书的诞生

诗歌、文章、故事、小说是怎样诞生的？任何一本书、一个文艺作品是如何诞生的？我无法回答这些问题，别人也许认为我可以回答。有人认为文艺作品跟盖工厂、修桥、造飞机、船只、楼房一样，先要设计，十分详尽地安排细节。但愿文艺作品也是一个用数字、尺寸和方程式便可解决的问题。事实上，它却是异常复杂的。一首诗，无论长短，都可能是第一行诗或诗行的前半句，是耳听到的一个词，眼看到的一个形象，或是心中泛起的想象和情感，驱动直觉的思想，或是其他写诗时无法控制的内在或外在因素的产物。

一句话带来了另一句话，一行诗诞生于另一行诗中，一种形象跟随着另一种。诗人开始写诗时不会知道其中的任何一种，他不知道他们是从哪里来的，也不知道为什么是以这种形式，而不是以另一种形式出现。当然，这些都不是他心外之物，但他却无法知道自己的心是一个什么样的神奇的仓库，随着岁月的流逝，心中积聚了什么样的感觉、思想和形象。总的来说，他具有特殊的鉴赏力，独特的思想倾向和有别于他人的精神和肉体的资质，当然，有时这种区别只表现在一种事物上。就是这种鉴赏力、资质和倾向帮助诗人安排协调语言、诗行、形象和序列。摒弃其中一部分，接受了另一部分，使他的诗成为他自己的真实形象。如果诗人属于那种善于或力图成为那种欺世盗名之徒，那么诗就是他的虚伪形象。

写文章、故事、小说的人写作时所遇到的一切和诗人写诗所遇到的一切完全相同。很少有那样的作家，当他提笔写作时，对他思想的发展及其结果已一目了然。因为他不知道想象将把他带向何方,他的思想将和什么样的思想和影响联系起来,这个词、那个形象将会给他带来什么样的启示,那些他从未想到过的窃窃私语将来自何方。不知有多少次,我提笔想如此写,结果却发现事与愿违。甚至有些时候,我竟感到引导我的笔不仅是我的笔或者说我的笔不是我一个人的笔。

我可以向读者讲讲我最近写作时的经过,讲讲我在写作时的心理状况。但是,我没有能力说出使我选中这个题目、这个词、这个句子、这样开始、那样结尾的全部想法。

本书第二卷中,我说到《麻子日记》,说到我开始写作时,并无系统计划和安排,只有一种塑造一个人物的强烈愿望。我要借助他的嘴表达我这个不断思索的人和上帝同一,以及人们放弃了这同一之美和崇高的思想去追求现世生活的无聊和陈腐。我应当首先在自己的头脑中清晰地描绘出这个人的形象,然后再以他的嘴讲话。这样才能使他所说的一切符合他的精神和肉体的构成。可是,我刚提起笔,那人的形象就像雾一样飘然出现在我心中和眼前。雾刚一消散,眼前出现了一个三十岁左右的麻脸青年。天花给他俊美的面孔上留下了斑斑痕迹,所以人们称他为麻子。他各方面的情况十分奇特,和别人说话只有两个词:是或不。他从未讲过自己的往事,不知父母和家乡。他来到纽约的一家阿拉伯咖啡馆找工作,人家便给他一个跑堂的差事。就在这家咖啡馆里,他开始自发地把自己观察到的、思想和感觉上的东西都记录在日记本中。

这个"麻子"的形象刚刚在我头脑中完善,马上就变成有血有肉的真人,挥之不去了。我轻而易举地给他创造了可以使他暴露自己丰富的内心世界和揭示他周围生活中的贫困、浅薄、丑陋和令人作呕的一切特定环境。这些环境全在没有事先设计的情况下涌入我的脑中。那时,每当我写完一篇日记,我不知道下一篇的内容。我把这"麻子"从他过去的生活中剥离出来,使他的心断绝了和尘世的许多联系,从而生活在纯粹的思索中。我安排了一个被害的姑娘的幽灵伴随着他,甚至在他清醒的部分时间里,也不离开他了。可是对于横亘在他和他的过去,以及他和那个被杀害的姑娘之间的鸿沟我却没有找到合理的解释。

1918年当我被征入美国军队时,这部日记的写作中断了。谁知道在三十年后的黎巴嫩,我又在继续那未完成的篇章。

我在写每首诗、每篇文章或故事时,情况也是如此,特别是写小说《相会》。开始动笔时,我头脑中只有一个模糊的概念,即打算描写一个形象,他钟情完美,竭力美化自己的心,并以音乐为武器,使自己的心远离龌龊的尘世。可是我刚刚写完第一章,尤那尔都便以其清晰的面容和所代表的思想出现在我的眼前,使我立刻安排他在黎明时分到我这里,托我保管他的提琴,并对我说保管他的提琴就是保管他的灵魂。他要去一个未向我透露的地方。如果两年内不见他回来,就请我把提琴烧掉。

第一章中的情节和各种形象是随着我的笔在纸页上的移动来到了我的头脑之中,绝不曾有任何事先的设计。仿佛我正从关闭在我内心、有人把它打开的仓库中逐字逐句地提取。可是当写到第三章时,好像一个在宽阔的柏油马路上匆匆赶路的行人突然发现一堵高墙挡在前面。尤那尔都不知去向,当他的演奏造成了近乎"犯罪"的后果,即一个名叫白哈的姑娘听了便昏迷过去。我认识这个姑娘,也认识她的父母。她有非凡的精神美和形象美。姑娘昏迷了几天还不醒。她父母认为尤那尔都给施了妖术,请求警方追捕。有人告诉她父亲如果能找到那把犯罪的提琴,就可使姑娘从长久的昏迷中苏醒过来。

提琴在我家里,我已经许愿它的主人在他远游未归前不跟任何人提起这把琴。他现在在哪儿呢?事情怎么解决呢?我用什么办法把尤那尔都带进故事里?他重回故事该做些什么呢?故事又怎样结束呢?

事隔一天多,我在寻找出路。猛然间,是的,确实非常突然,我想到编一个"贞女谷"的神话故事。故事要提到远古时期前萌发在尤那尔都和白哈之间的爱情。然后我让男方藏在山谷中的一个深洞里,以清洗他在演奏心爱的"相会"时,看见白哈后产生的情欲。那时,凭这首曲子,他俩觉得几年前就已相识。但是他的情欲破坏了他的曲调,给他带来了噩运,他的情人昏迷不醒。那时,他必须摆脱那种情欲,重为白哈演奏纯洁无瑕的乐曲。他这样做了，唤醒了沉睡的姑娘，两人相会了。

就这样，我成了一部记录的机器。写完故事的最后三章，看看所写的，十分满意。

现在我要将读者再带回本章的题目，谈谈我在写《米尔达德之书》时所遭受的阵痛。我认为这本书是我思想的巅峰。

前面，我已经谈过在舍赫鲁布附近找到的那个洞，我把它作为冥想、写作、纯洁心灵的地方。还说过，想给它起个名字时，一下子就想到了"挪亚方舟"。我之所以这样称呼它，是希望在这翻腾着人间欲望浪涛的尘世生活中，它能像《旧约全书》中所讲的那样，起到"挪亚方舟"的作用。

我还讲过那个洞所处的优美环境，笼罩在它上空的恬静、肃穆，那些俨然是远古旧城废墟的岩石所激起的感觉，讲过那块立在洞口状如人头的岩石。差一点儿忘了说，那块岩石我把它叫作"迷失的神"或"石化神"。

在洞中，我多方思考，大量写作。在写下的文章和故事中我探讨了一种主要思想的各个方面。我的全部思想都围绕着这一基本点进行，从它那里派生，也回归它那里。所以，我渴望为这种思想写一本书，以避免分析、追究之枯燥，并借助感觉、想象的奔放和将不熟悉的、非实际的描写变成熟悉的、实际的故事的吸引力，充分而全面地阐述这一思想。当时，我本应该选择适合它的深度和高度的框架，不用我选择他去解释这一思想。了解这一思想的细枝末节，并以它在我心中激起的热情去宣传这一思想。我应该创造出这样一个人物，但不能用创造凡人，甚至不能用创造人中豪杰的泥土去塑造他。我当时唯一决定的事，便是用英文撰写。如果有人问：为什么？我也不知道，只是想这样做。

一连几天，我一直在搜索那个框架和主人公，可是总没有合胃口的。我感到，我依傍的山、我遍留足迹的这块土地、包容着我的这个山洞，还有蹲坐在洞口的"石化神"，终将给我灵感和启示。曾有一天，我想象在那块土地上，我偶然遇到一个独居的陌生人。我们进行了长时间的谈话，通过他的口道出了我头脑中的各种想法和思绪。可是我很快又打消了这个念头，因为它太虚伪做作了。又一天，我在头脑中编织着有关这块土地或是那个"迷失的神"或"石化神"的神话。可是对自己的编撰仍不满意。

最后，不知为什么，我发现自己又回到了挪亚和洪水的故事上。我非常想把挪亚作为自己思想的表现。于是我描写了挪亚和他的妻儿、儿媳们在方舟内度过的艰难岁月。我将挪亚写成一个思想开明、心地善良热情奔放的人物，而他的妻儿和儿媳们则是从极端的虚妄到淳朴的信仰，从强烈的欲念到令人宽慰的纯洁的各种人类性格的典型，我决定将这一切安排在一出戏中。

我以极大的热情和信心开始用英语写这出戏，想象中浮现出挪亚的各种形象。那天，他开始建造方舟。除一个儿子外，所有的邻居和家人都嘲笑他。戏从漫长的酷热几乎烤焦了牧民和他们的牲畜这一章开始的。那里有一个少年和一个姑娘。挪亚派他俩将尽可能捉到的活的昆虫和其他动物拿到他那里来。有一位来自远方的五百岁的男子，他在找寻挪亚的家，我把他叫作米尔达德。写这本书的若干年前，我曾在一些阿拉伯读物上读到这个名字，具体是哪本书已记不清了。我知道那是一个天使的名字，我喜欢名字优美的发音和它所包含的"返回"之意。我很想把这个来自远方的访问者写成是挪亚的同胞兄弟，让他眼界开阔，能够认识感官无法达到的真实。

可是，刚写到洪水泛滥，方舟中所发生的一切时，我搁笔了。不要问我为什么。想象把我带到另一个方向。也许我又认为戏绝不能达到我的目的。我的目的是不断地、反复地陈述我的思想，即不能用那些必须在戏剧中制造出的辅助事件来冲淡这一目的，也不要让它受到现代戏剧中的话剧对话和各种要求的束缚。

奇怪的是，即使在我改变了写剧本的想法后，方舟和洪水的构思始终不离左右，仿佛在我将那洞穴叫作方舟那天起，我已不自觉地为多年后以相当数量的篇幅写挪亚方舟的一本书做好了准备。我寻找框架和主人公的工作，终于以创作一个被我叫作本书故事的、成为进入《米尔达德之书》的入门的神话而告结束。我无须在这里概括这个故事的内容，有兴趣的可以读读那本书。

神话的粗线条刚刚变得清晰起来，我便感到，仿佛一座山已从我的心头移走，仿佛我以一种绝妙的魔术，找到了无穷无尽的宝藏。我所求的框架和我寻找的主人公就在我面前。那个框架虽然具有神话的气息，但对整个地球来说，并不显得陌生。那个主人公，虽然具有敏锐的洞察力和非凡的精神力量，但在那个框架中却显得十分自然。框架和主人公仿佛就在地球之上，但又并非来自地球。两者均不具有某一地点或时间的特性，但又都具有一切时间和地点的尘世和人类的特点。

也许读者想多少了解一下本书故事中的各种象征。那么，我首先应该说，我在创造一些名称和地点时，受到周围大自然的启示。黎巴嫩山就是书中的"阿斯和里班山"，绥尼山巅就是"祭坛顶"，绥尼山西面的著名的斜坡就是燧石斜坡，那块人头形的岩石就是石化的"舒玛迪姆"，洞穴的那块岩石就是"鹰巢"。

至于我从燧石斜坡爬到祭坛之巅所遇到的重重障碍，我用它象征横阻在每一个寻求真理的人的道路上的艰难险阻。他克服这艰难险阻的唯一办法就是摆脱尘世之俗。使自我从尘世之欲的铁拳中挣脱出来，不断伸展、扩大，终于和无始无终的、完美的、包罗万象的自我化成同一之物。

1947年夏，一个美国人来访时，《米尔达德之书》已脱稿。他想看看。当他读完一部分章节后，让我把书寄给伦敦的一家出版社，他认识出版社社长。我按他的意思做了。不久，我接到了那位社长在1947年7月21日写给我的长信。他说，读了这份手稿的技术顾问们，无一不称赞书中表现对忠诚力量的强烈信仰。但是他们没有要求出版，因为在他们那里人人都有自己独特宗教信仰的国家里，这种书的销售量一定极少。该书与他们所熟悉的基督教信仰格格不入。因此，除非建立起一座持这种信仰的新教堂，否则这本书不会广泛传播的。社长最后说："我万分感谢您，因为您使我们有幸先睹了这本稀有的书籍。"

于是，我决定在贝鲁特出版，可是那家印刷厂尚未具备印刷英文书籍的全套设备。书出来了,印刷错误百出。编排、字母和纸张的选择都十分欠缺。尽管如此,它终于在一些美国朋友的帮助下,慢慢开拓了自己的道路。没多久,一些和我素不相识的人纷纷写来了赞扬信。

我知道这本书已经到了日本和其他远东国家,我也接到印度孟买一家书店一次索求一百本的来信,真是万分吃惊,又是多么高兴。若干年后,那座城市里的一家优秀的出版社同我联系,要求我允许在印度及亚洲再版,并说这是当年的畅销书,是一代人的书,是永恒的书。1954年该书出版了,并被译成印度流行语言之一的乌加拉底文。同样,该书也被译成荷兰文,在荷兰出版。德文和法文的译本也将出版。我没做任何宣传。只靠读者自己的传播和评论家们在报刊上的书评。直至今日,他们写评论多半是充满了赞誉的。

诚然,思想和语言之路是命运规划之路,是披上神秘色彩之路。

1949—1959

到《米尔达德之书》英文版出版时为止，我始终把阿拉伯文作为表达我心中的感觉和思想的唯一工具。阿拉伯语是父辈、祖辈的语言，最高贵，最丰富，我血液中流淌着对它的爱。但是，我的读者有几百万。我不能只拿阿拉伯的水准去思考，不能只为阿拉伯人去写作。我应该在全人类的基础上思考，为全人类写作，在一切时间和地点中写作。我必须打碎阿拉伯语套在我脖子上或是心上的枷锁。英语比阿拉伯语传播的范围广，和世界上一切有生命的语言有着紧密的联系。我精通英语，那么，为什么不把自己的部分著作译成英语呢？

为此，我先用英文写了《米尔达德之书》。然后将《纪伯伦传》《麻子日记》《相会》等阿拉伯故事译成英文。1950年又在这里出版了《麻子日记》。1957年印度班珠尔的世界文化公司出版了《相会》。如果时间允许也许我会把其他著作都译成英文，最好有人替我承担起翻译这项艰辛的工作。

任何一位读者都不要认为我使用英语是垂涎来自同胞的高度评价。我的同胞，过去是，今天仍然是对我持有相当好的印象。如果我想发表他们对我的一切好评，恐怕一本书的篇幅也容纳不下。我只想在这里用一下阿卜杜·拉赫曼·赫米斯和著名的阿拉伯战士法里斯·胡里的兄弟、已故的法伊兹·胡里的谈话作例子。赫米斯在1949年12月24日的《埃及人报》上撰文道：

如果阿拉伯世界，甚至整个东方要宣扬自己的思想家，以及哲学家、诗人和作家而自豪,那么,我们阿拉伯民族应该将米哈依尔·努埃曼列为我们当代的精神和文学的骄傲之首。

米哈依尔·努埃曼是一所绝无仅有的人道的学校,是人类思想诸多高尚信仰中最忠诚者,在这里,我们且不谈他如何是一所学校和一种思想信仰,只说说他号召阿拉伯读者们尽可能多地索取这些将自己的果实赠送给人们的天才的珍宝。

米哈依尔·努埃曼只给予不索取。他只馈赠,任人们在他那里索取——如果人们善于索取的话——他就满足了。

事实上,赫米斯说我只给予不索取,那是错误的。他的这席话不就是我索取的一部分吗?什么样的快乐可以和一个人将自己的思想和心意播撒在纸上,眼看着这些种子在众多的思想和心中破土、成长、结果的快乐相比呢?

法伊兹·胡里当时是叙利亚驻伦敦的大使。当我的朋友伊斯肯德尔·雅齐吉寄给他一些我的著作后,他于1952年11月20日给他的复信中说:

> 两天前,邮局给我送来了两包努埃曼先生的著作。令我吃惊的是,这些著作中的思想如此深刻、见解如此精细,任何一种思想或看法都足以使人类之心灵经受思索之疲劳,使宇宙的学者在它的重压下喘息。我奇怪,你怎能把它们包得起来,邮局又怎能托运得动。我也不知道作者本人如何将他的哲学塞进了这些软弱的纸页间。我认为天地之间的一切纸张都无法容纳这种哲学。我逐篇逐句认真地读过了,那深邃的思想和正确的见解震撼着我的心。我将努力理解它们,试着成为作者的同伴,一起到达那样的思想高度。可是我正沉溺在物质生活的洪水中,身披尘世的枷锁,我又如何能做得到呢?唉,但愿我有一个像他那样的灵魂,实现巨大的飞跃……

这个时期是我个人生活和世界生活的多事之秋。在1950年7月2日，侨居瓦拉瓦拉的艾迪布哥哥写信来，告诉我海卡尔哥哥的死讯。我是那样地热爱我这位哥哥。消息使我记起了他给予我的一切关怀和物质帮助。读完噩耗后，我一个人在屋里，脸埋进手掌，从我们孩提时代起到1928年，我最后一次去瓦拉瓦拉见到他时的情景一幕一幕在眼前掠过。我没有去擦抹腮边流下的泪水，且让它作为我心中对哥哥的纯洁的爱的见证吧。

那一段时间里，我们比较容易地在舍赫鲁布的土地上推行这样那样的改进。我们在离家两公里的地方买下一处泉眼，在泉水周围建了一座有一百立方米容积的蓄水池，利用这个蓄水池，和我们在绥尼山泉中所享有的权利，我们在舍赫鲁布的果园和夏季作物的灌溉有了保证。地里的收获足以满足逐年增加的家庭开支的一大部分。舍赫鲁布旧房的外墙岌岌可危时，我们把墙扒掉，重砌新墙，安了新窗和新门，只保留旧拱，因为它保存了无数的记忆和那正在消逝的父母的痕迹。我们还在房前建了有四根柱子的门廊，房顶上抹了钢筋水泥的房檐。和过去相比，我们的新房俨然像一座富丽堂皇的宫殿！

后来，我们有了汽车。在这以前，往返于镇里和舍赫鲁布，我们或是步行，或是骑驴、骑驮马。如果你问我，你最喜欢使用哪种交通工具：汽车、毛驴、驮马，还是两条腿？我会回答：如果汽车尚未将生活的脉搏加快到人的双脚无法追赶的程度，我对两条腿的喜爱胜过汽车、驴和驮马。后来，飞机出现了，它对汽车的影响和汽车对两条腿、驮马、毛驴的影响一模一样。因此，我认为，人们生活脉搏加快了，人们心中的安全感就减少了。

两年以前，在白斯肯塔和绥尼山的家之间架设了电话线，电线从舍赫鲁布西部穿过，自东向西延伸着，但还没有为所有希望使用电话的人架设好支线。我多么希望我的祖父能起死回生，亲眼看看，从他走了后，舍赫鲁布发生了什么样的变化。是的，他肯定不相信自己的眼睛了。

这段时间里，有两件事必须提到。一是我应苏联作家协会的邀请，于1956年对苏联进行了访问。这距我第一次去俄国到斯姆那尔·布勒塔法求学已是整整半个世纪了。关于这次访问，我写了一本书，题为《比莫斯科和华盛顿还遥远》。我用"遥远"一词，是指两大阵营——资本主义阵营和社会主义阵营——和整个世界都面临着许多重大问题。它们两个中的任何一方，都不能以有限的目光，把人类生活看成是摄取人世间最大的利益和享受的机会，去找这些问题的根源。

两大阵营的任何一方都认为，目前世界所以遭受忧虑、恐惧、动荡，其原因在于对方所实行的社会、政治和经济制度。他们丝毫没有注意到控制着包括整个地球和它的居民的一切星球的规律。这规律在地球上的某些表现，即是消灭一切人类制度。它们或与其相悖，或不符合它为人类规定的生活目的。因此，人类的制度处在永恒的斗争和不断的发展之中。譬如，宪法制度诞生于绝对的王权制度，但又消灭了后者。资本主义制度诞生于封建制度，但又把它打得粉碎。同样，社会主义——共产主义也必然从资本主义制度中诞生，并将其彻底消灭。那么，一种诞生于资本主义，并消灭它的新制度终有一天会出现。对此，我坚信不疑。既然如此，为什么要如此歇斯底里？为什么要匆忙地武装？那种可能只会使人类留下残肢断臂的战争对两大阵营有什么好处？它绝不会成为裁决两种制度——资本主义制度和共产主义制度谁优谁劣的最后断语。

在这里，重复我在那本书中所写的内容，对我和读者都没有用处。我只想说，当我离开俄国时，只觉得自己正从一个巨大的蜂巢中返回祖国。那个国家的一切都热气腾腾，充满生命活力以及对于它为自己制定的目标满怀信心，是值得为之付出一切牺牲的真正的目标。它坚信，只需依靠科学，就可以最终统治大自然，揭露大自然的一切秘密。一旦控制了大自然，就可以将人从恐惧、需求、无知，和他的身为人的兄弟的绳索中解放出来，使他过上富裕、舒适的生活。可是它却没有说到科学知识如何能使它掌握人心，驱逐人心中的忌妒、贪婪、谗言、憎恶、对死的恐惧以及有人类以来，直至今日仍在折磨着人、破坏着人心的生活的一切灾难。所有主张对人的思维的重视远远超过了对人心的重视，便不可能给人带来他以全部身心追求的安宁。最终，人心将把思维的结果变成具体的痛苦或享受，变成奴隶主义或自由主义。但那要看他是否完全摆脱了一切龌龊。如果心中没有丝毫憎恶、仇恨、贪婪和其他卑鄙的欲念，那他的全部世界纯洁无瑕。如果他始终是那些肮脏欲望的沃土，他的世界必将是充满争斗的混浊世界。那时，思维开启大地的碉堡和星宿的大门所带来的任何好处对他都毫无效用。人在未能控制自己的心所处的奇怪世界之前，想法控制整个宇宙，这对他有什么益处呢？

在对苏联的访问中，有一件令我吃惊但又使我难过的事，那就是他们那里有一个组织井然的作家协会。黎巴嫩的作家们刚刚建起了自称为"笔者"的组织，又很快被贪欲、忌妒和派别撕得粉碎。同样，阿拉伯的作家们也准备召开年会，结果，那些廉价的政治玩弄了他们的年会，使希望破了产。

我必须要在这里提到的第二件事，发生在舍赫鲁布。时间是1958年8月28日午后一点钟。那一年动荡的风浪正狠狠地拍打着整个黎巴嫩社会。

那天一早，我就进我的洞里去，为一个阿拉伯杂志撰写文章。刚写到一半，我的弟妹来叫我，说有客人在家里等着。那天，舍赫鲁布的家中只有我和她两个人。正午刚过，客人离去。我们准备吃午饭，泽克娅把饭菜摆在桌上，我走到附近的一个泉眼处洗了手准备吃饭。当我返身回来，还没走到饭桌边时，家里养的一群鸡挡住了我的路。我讨厌这些鸡在房子周围跑来跑去，便吆喝着，跟在鸡群后面，从高处往下轰，尽量把它们赶远些。可是，不知怎么搞的，在离房子几步远的地方，我竟在一块高出地面一米多的倒塌的地边缺口处滑倒了。那块地的下面荆棘丛生，乱石成堆。看来，我是从右侧着身子，头朝下跌下去的。我立刻昏了过去。

待我醒来时，发现自己的头搁在乱石间，右眼闭着，右臂仿佛从肩膀上脱了下来，泽克娅在家等着我，对这里发生的事一无所知。因为我掉下坡时没有发生任何声音，也没有呼救。我想站起来，可是胳膊帮不上忙,只好喊她。一开始,她甚至不知道声音来自何方。当她找到我时,几乎失去了理智。我安抚她,说没有生命危险,但她必须去找一两个男人来,把我抬回家。

消息迅速传到了正在镇上的纳吉布和优素福侄子那里。两人开着汽车,带着医生匆匆赶来,医生包扎了前额、双颊和头上的伤口,立刻将我送到贝鲁特医院。在那里,伤口缝上了,并做了必要的急救处理。并且确诊右眼上的肿块是由伤口造成的。前额上的伤也没有触及骨头,两处锁骨发生了骨折。

出事那天,玛叶和她的兄弟纳迪姆和各自的伙伴们到离白斯肯塔二十千米处的一个避暑地去玩。傍晚,当他们返回白斯肯塔时,离家几步远的一个邻居拦住了他们,问玛叶:"姑娘,你伯伯怎么样了?他的伤不厉害吧?"这突然的问话几乎使可怜的姑娘昏了过去,她根本不知道她伯伯出了什么事。如果贝鲁特当时没有自晚上六点开始宵禁的法令,无论时间多晚她一定会和兄弟上贝鲁特医院来的。结果,她躺在床上,彻夜未眠。

翌日,她告诉我,就在我出事的那一刻,她曾经突然感到一种莫名其妙的心胸憋闷和不适。当时,同伴们都坐在餐厅里,可她却暗自呼喊着:"我要伯伯,要我伯伯!"两眼中充满了泪水,大家面面相觑,而她自己的惶惑不安又超过了众人。

在医院里的头四十八小时,我不吃,不睡。一星期后,我出院了,后背上打着石膏,我的胳膊只能稍稍动弹,睡觉也只能仰卧。整整四十天,没有别人帮忙,我便不能睡,不能起,不能吃喝,更不能洗脸、穿衣、脱衣。

后背上的石膏,简直像块硬铁,待我实在无法忍受时,便瞒着医生让人把石膏拆掉了。真是幸运,多亏我做出了这样的决定。

我发现连左臂的肌肉都开始萎缩了。但是,经过一年左右的按摩、锻炼和忍耐,一切终于恢复了原状。

这一年,我带着对使我经历了这次试验能力的深深感谢坚持着。虽然我尚未准确地知道,但我从未怀疑,是我做过的事、思考过的问题、心中的欲念导致了这次考验的降临。这种在我的词典中被叫作"全意识"的能力，在我生命的七十年中，从未让我染上任何疾病，或使身体残缺。这种厚爱和怜悯已使我十分满足。那么，折断锁骨，简直如同手挠痒或安抚了。另外，舍赫鲁布的石头就无权喝我的几滴血吗？托整体意识的福了！

上面说的是我个人的事。这一阶段在世界范围内发生的事，其诞生之迅速，衔接之紧凑，对人类生活进程影响之大，简直令我惊心动魄。

首先，在阿拉伯世界中的叙利亚，发生了被称为"政变"的起义。当时，阿拉伯主义、阿拉伯团结的潮流十分强大，要求承认活的、非凡的力量——人民的呼声十分强烈。这是阿拉伯历史上新的篇章。随之，在埃及发生了革命，消灭了法鲁克的腐朽，结束了法鲁克及其腐败的亲信的时代。殖民者从尼罗河流域撤军，外国投资野心家从苏伊士运河被赶走，埃及、叙利亚联合成为阿拉伯全面统一的基石。让那些阿拉伯统治者们感到十分陌生的口号到处回荡：民主、社会、合作！

埃及革命六年后，又爆发了伊拉克的革命，为一本新书写上了新的篇章。北非的苏丹及其他除了阿尔及利亚之外的全部阿拉伯国家统统摆脱了殖民主义的枷锁。从地中海到海湾地区的阿拉伯人的统一美梦，开始引逗着许多阿拉伯人的心。仿佛实现这一愿望便是一年或几年内即可出现的事实，而无须一代或几代人的奋斗了。但是产前的阵痛却在继续着，并日趋强烈。谁也不知道，将会分娩出什么，什么时候分娩。奇怪的是，阿拉伯民族的发祥地——阿拉伯半岛，却仿佛与这阵痛毫无关系。

在更广大的世界范围中，中国披着鲜红的旗子，出现在国际舞台上，该是近年来最令人瞩目的事件了，这个有着四亿多人口的幅员广大、支离破碎的国家，在过去漫长的岁月中，时断时续地遭受着外来野心家的抢劫和国内的饥荒、腐朽的传统和统治的破坏。但是，在她接受了马克思、列宁主义之后，竟在突然之间变成了在国际场合中备受尊敬的国家。这块共产主义的土地竟如此广大，几乎包括了地球上四分之一的土地和三分之一多的居民。

亚洲从沉睡中苏醒过来,亚洲的人民,一个接一个地拂去眼睑上呆滞的灰尘,砸碎了欧洲殖民主义的野心套在他们脖子上的枷锁。非洲也紧跟着,像亚洲一样,那里变成了一口鼎沸的锅炉。我觉得,沸腾已变成我们生活时代中最显著的特征。人们甚至会觉得那些没有"沸腾"的国家是不是史前时代留下的遗老遗少。无论你走到哪里,都会看到人们在和天命比赛。如果你问他们争先恐后奔向什么目标,便会使他们惶然。这个会说他自我武装,对付狡诈的、背信弃义的敌人;那个会说他要搞工业化,提高生活水平;第三个则会说他要探索太空。

这时,你会自思自问:如果人们都自我武装,反对狡诈的、背信弃义的敌人,那么人们便都互相为敌,大家都是狡诈的、背信弃义的。如此这般,他们应该死亡,不应生存。如果他们只是将自己的狡诈、背信弃义和想象中的可以抵御狡诈和背信弃义的武器带给工业化和探索太空,那么,为提高他们生活水平的工业化和探索太空对他们又有什么用处呢?

当人们听到第一颗人造卫星于1957年10月4日上天的消息时,个个都虔诚地跪拜称谢,以人类无限的能力,引为自豪。人类不仅可以飞向太空,还可以到达地球内部任何未知的地方,揭示那里的秘密,使其成为从自己心底的动物上升到上帝的人。这颗卫星的飞行员是苏联人、美国人,还是其他国家的都无所谓。他是个人,这就够了。如果没有人类自古以来的世代努力,他今天根本做不出有成就的事业。他的成功中包含着你、我和迄今为止所有人的努力,荣誉不应由他一人独占。这是我、你和全体人类的荣誉。它向你、我证明了,人只有在知、感、理解了某事后,才能想象和思念,把自己的思想、聪明和才智发挥出来,获得成功。

哪一个不呆不傻的人,会去阻碍可以在自己的兄弟——人——的帮助下实现的愿望呢?但是……请你和我一起说吧:那些看人只看肚皮和脊背的人是多么不道德,多么卑鄙!他们用武器使人疲惫,在他的心中植下恐惧、卑贱、仇恨、憎恶,在他的思想中埋下怀疑和戒心,然后再赠给他和平、利益和幸福。这是一些忘恩负义的人,是罪犯!如果他们齐心协力,在人们的心中植下友好、信任和爱的种子,那么,人们已不是现在的人们,大地也不是今天的大地。如果他们想改变自己内心的东西,这对他们并非难事。可惜,他们没有这份心愿。

以 后

　　读者,我已在这本书中为你开启了许多窗口,你可从中窥见我按照人们排出的日历度过的七十年的生活。只有当你从这些窗口中看到了你生活中的景象,哪怕只是一部分,那时,这些窗口的众多和宽大才会对你有益。

　　此外,你绝不要认为你在我生活中了解的事情便是我生活的全部。我的记忆并非幻灯,我的笔也不是能满足你愿望的戒指。我怎么能够历数我的身体吞下的大地上的肉、脂肪和血,我的耳目所听到的一切声音、看到的一切景象和一切叩击着我的心和思想之门的愿望、欲念、幻觉和梦想?我又如何能够数清我的呼吸、说出的话、写出的文字?这一切均非我力所能及。

　　我所看到的我自己的生活,其中既有浮沫,也有纯真。也许浮沫多于纯真吧!哪种生活没有浮沫呢?即使是浮沫,但对那些寻找着,并知道如何寻找被浮沫掩盖着的事物的人来说,也可能会有很大的好处。但是,人的生命是短暂的,我们纯真的寿命则是无始无终的。

　　读者,你、我生命中的纯真,即是被你、我称为"我"之物。余者则是浮沫上的浮沫。"我"即是你从中观望你的自我,和只在你的自我中存在的宇宙。你生活在其中的宇宙的广阔或狭窄是依你这扇窗口的宽窄而定的。

　　你的视力、你的自我和你的实体的清澈程度则取决于你能将眼前的泡沫驱散了多少。

　　如果你从我为你打开的窗口中仔细地观察了我的生活,那你定能理解这生活的本质就是抗拒浮沫、追寻纯真的过程。自从我尝过了思考的甜头，了解了思想威力之巨大，首先令我恐怖的便是死亡。我认为世界上的一切都在走向死亡。这世界不啻是充满浮沫的、无存在价值的世界。既然我所爱的一切，我和我的心、我的筋骨都在走向消亡，那么我仍全部身心滋养和捍卫的爱对我又有什么用呢？而那花的光艳、鸟的鸣啭、溪流的潺潺、星星的眨眼、闪电的光亮以及千千万万种使我赏心悦目的景象、声音和芬芳都正在或将要走向消亡，那它们会给我带来什么益处呢？我在学习上付出的努力，为改善我的物质境遇、社会地位、保持在人们眼里享有美名而做出的拼搏，莫不都是为了虚无，为了死而做出的无意义的努力。

如此看来，苏莱曼·本·达乌德的话是对的：荒谬之荒谬。一切都是荒谬的，都是手中的轻风。不过，如果死亡具有苏莱曼和我都尚未知晓的意义，我的思想却可以使我认识它。但是它不应是后世乐园和火狱。后世要么是永远的欢乐，要么是永不熄灭的火的煎熬。我的思想接受这种认识比接受死亡的观点难多了。

尽管我那时的思想无力进一步思考，但它也不认为那具有无法探求的边际，令人心旷神怡的几何结构和控制着它的奇妙的规律的宇宙会毫无意义。因为，作为那规律的一部分的死亡，已使我必须在理解那规律的某种意义之前寻求死亡的意义。那么，我到哪里去寻找呢？

为什么要扯这么远呢？先从我自身开始吧。我的身体，这部奇妙的机器以微缩的形式体现了整个大千世界。这身体确是一个令人吃惊的世界。它部门繁多、构造精细、彼此相连，每一部分以想象不到的简便执行着自己的功能，不但不妨碍自己的邻居或其他部分执行自己的功能，反而能帮助它。身体各部分之间的合作，从小脚趾的指甲到大脑之间的合作简直无法想象，一切都达到了天衣无缝的程度，不见丝毫怠惰行为，也从不逃避哪怕是十分重大的责任。这些组装和形状奇特的部分受到那绝妙的血管中流动的血液的滋养。而这流动的血液又从那些刚刚进入身体、旋即又被呼出、使体内的一切自发地运动的一次次呼吸中让生命延续。呼吸停止了，血液不再流动，这就是死亡。

这奇怪的身体的最显著的特点是生长、更新和分解。它依靠从外界摄取的东西生长。如果它不能充分得到这些外来之物，如果它的内部没有推动它寻求这些外来之物的动力，它就不会生长。生长是你我的思维都无法理解的秘密。但你我心中都有着因之而高兴、自豪之物。没有这种事物，你我在这块大地上的生命便毫无快乐和喜悦，我们也不会如此眷恋生命了。那时，给你带来生长秘密者——把它叫什么都无妨——给你带来了你生活中最大的快乐。它对你十分慷慨。难道你不应自由地去爱它，把它当作朋友，而不是把它当作敌人吗？

　　为你带来了生长秘密的人，也给你带来了世代更新的秘密，在你体内放置了推动你去实现这一更新的动力，并协助你去实现。你不希望你的后代在地球上消亡，你以忘我之情爱着自己的孩子们，爱着任何幼小的生命。那么，赐给你更新世代能力者也赐给了你无可比拟的欢乐。它是慷慨的，是朋友。

　　但是，给你带来生长和世代更新的秘密者，也给你带来了分解的秘密。这三种秘密互相连接、厮守，互相依靠，互相补充。分解意味着身体由于多种原因而罢工，其中有长期疲劳、疾病、突发事件。那么，在你的生长和世代更新中曾是你的朋友的，竟在你的分解中变成了你的敌人。那真是大大的忤逆和忘恩负义了。我要保护你，不受它的伤害。

　　如果生长和世代更新是一种奇妙的秘密，那么，分解则是更奇怪的秘密。只有当你考虑到那些不因你的身体的分解而分解之物时，你才能对其有所了解。你的身体，虽然精美无比，它也是掩蔽了比你的身体清晰得多的事物的浮沫，那就是你把它称之为"我"的东西，那就是不依外来之物，只以其内部的自身营养生长的自我。它的营养不是面包和水，推动它去寻求营养的也不是饥渴，而是一种求知欲——求知欲是什么？是谁？从何而来？去何处？为什么只有这种知识才能将你从一切未知的桎梏下解放出来，使你能够战胜死亡。

　　当死亡来到你那里时，身体的一切欲火都熄灭了。没有饥饿、焦渴，也没有性的需求。可是你并不轻易向死亡投降。因为心中的许多愿望未实现：你思念正义、仁慈、宽赦，思念和平、友爱……许许多多的思念都变成了那不受忧愁和痛苦打搅,不会被死亡暗杀的生活的思念!某事物的存在是产生对其思念的前提。饥思面包,渴思水。饥渴使面包和水存在。你不曾以你生活在大地上的短暂岁月里实现你的思念,你还能在哪里实现它呢?你或是任何一个人,如何可以决定只有这大地才是你的愿望得以实现的地方,而你在地球上所生活的时间,就是你在你生命一瞬间中应得的份额呢?

不,我的读者,我不希望你将你的"我"囿于大地之上,局限于你在大地上度过的时间之中。它比一切星宿,可见的,不可见的,都要广大。它比时间更久远,它不曾从时间中后退,也永远不会后退。

这并不意味着我贬低地球和地球里、地球上的一切。你在你生命的这段时间里存在于地球之上,这就说明了你需要它,需要它的一切事物、一切人。同样,这些事物和人也需要你。你只有热爱地球,热爱它那里的人、物,才能满足你对它的要求。只要依靠爱,你就可以理解飞鸟、树木、河海、岩石、沙土和微风的低语。没有爱,你甚至不能理解大地和它的臣民的只言片语,那里只有避难者和陌生人。

如果你带着爱走进了大地之心,那么,当你出来时,便可带出大地上任何金银财宝都无法比拟的珍宝。这些珍宝中有对美的感觉,对那包罗万象的规律的感觉,对造物生命的广大无垠的感觉和你就生活在这种生命中的感觉。这种感觉是你在大地生活中的一滴浮沫,其余的便是一堆浮沫。如果死亡在你具有这种感觉时降临到你的头上,那么,你定会心安理得,瞑目而死,对大地上的欢悦情爱不存有丝毫惋惜。

我已从大地上取得我所得,献出我所赠。我毫无畏惧地迎接着我离开它的时刻的到来。我愿再次重复四十年前我在自己题为《喂,我的伙伴》一首诗中说过的话:

> 请你说,我们在自己所做的一切中
> 都已顺从了唤起我们存在的声音
> 我们从生活中摘取了果实
> 但又把它还给了生活

我们吞食了部分果实
就是吞食自己的肉，喝自己的血
我们毫无悔恨地走了
把佳酿留给了他人

  但我从未思考过，在死神即将来临时，绝不会去想我个人之所得和所赠，也不会去想我的人类兄弟们的所赠和所得。我多么希望今天的人们，能为他们的后代留下比他们的先辈留给他们的更美好、更清澈、更高尚的佳酿——在那些酒樽中，没有仇恨、憎恶、怀疑、戒心、背信弃义的沉渣。表面上也没有贪婪、野心、淫乱和垂涎孕育着痛苦的享受的泡沫。

  但是，绝不可能！今天的人们并非坚持不懈地寻求浮沫掩盖着的纯真，而是顽固地在浮沫中寻找浮沫。他们在狡诈、背信弃义的浮沫中寻找政治浮沫，在热核武器的浮沫中寻找实力的浮沫，在暴乱和宣传的浮沫中寻找民族尊严的浮沫，在学派分歧的浮沫里寻找知识的浮沫，在宗教派系的浮沫里寻找宗教的浮沫，在钱财和经济设施的浮沫中寻找幸福的浮沫。

  仿佛他们的浮沫已使大地变得狭窄。于是他们开始把这浮沫移向月球、火星和其他穿越太空的飞船。他们忘记了，在地球上激起这种浮沫的人如果不能先在地球上消灭浮沫，一旦到达太空，也将在那里激起浮沫。但是，能消灭这种浮沫的，绝不是他的炮弹、火箭、狡猾的政治、不义的宣传，也不是他的民族、经济、宗教信仰、艺术和科学。唯一能消灭这浮沫的只是唤醒人的良知，使存在于其中的、它的实体的真谛、它存在的目的复苏的声音。实现这一点的前提是：许多人淹没在血与泪的汪洋中，他们文明的许多标志都在烈火中化为灰烬！

  这声音将要从东方传出！

词汇的筵席

啊,词汇!
你教我发音,我便会读。
你教我书写,我便会写。
我说出的一切原属于神秘、奇妙的世界,
我写出的一切均属于密码、暗语的世界。

如果我没有说和写的能力,我便不能说,不能写。
如果我没有理解我说的、我写的内容的能力,我便不会觉得我明白了它们。
可是,实际上,我没有真正理解我所说、所写的内容。
我说着,写着这一类词汇:上帝——生命——真理——正义——美——自由——永生。我同样轻而易举地说出、书写出另一类的词汇:魔鬼——死亡——荒谬——暴虐——丑恶——奴役——消亡。我认为我明白自己说的和写的东西,可实际上我并不明白。
那么,何时能够明白?
当我说出写出这一类的词汇:人——动物——大海——山脉——百合花——昨天——明天——水——土等时,我也认为我明白它们。实际上我也不明白。这一切都是一个个紧锁的箱子,是全体中的一部分。那么,只要我尚未理解全体,又如何能打开这些箱子,明白局部呢?就是"我"这个最多地出现在我笔下和口中的词汇,我也不明白它。

我何时能理解呢?

你这意味着过去、现在和将来的一切的词汇,你我之间有着亲如母子的关系,有着被崇拜者和崇拜者之间的亲密关系。我何时能够理解你呢?

我那颗迷失在你那些密码和谜语之间的心,被你的魔力和神秘变得迷茫的心,何时能重返我处?何时能带着神圣的理解重返我处?

我仿佛听到了词汇在回答:

"我的孩子,什么时候你能获得神圣的理解,这并不重要。重要的是你要辨别、认清通向这种理解之路,并以坚定的步伐踏上这条道路。只要你理解词汇的愿望强于你以词汇进行消遣的愿望,那你一定可以找到这条路。

"我的孩子,词汇中隐藏着你的尊严、低贱、幸福和艰苦的秘密。你鄙视它,它便轻视你。你尊敬它,它便崇尚你。每当你说出和写出言不由衷,或和你心中所思背道而驰的话时,每当你将它作为实现那些有损于你的人性目的的手段时,你便玷辱了它,蔑视了它。

"人们的词典中有千万个词汇。有'泡沫'一词,有'一个泡沫'一词。有的词会使你在理解之路途上迷失方向,有的词又引导你走向理解。

"词典中有'腐尸'一词,这是人类中豺狼、蛆虫和胡狼最垂涎的美味。词典中有'脓疮'一词,苍蝇们争先恐后地向它飞去。词典里还有匕首、毒药、药西瓜、娼妓、生疥疮的、有口臭的、独眼的和那种自我炫耀夸赞、妄自尊大和说着'我'就是一切的词汇。我的孩子,如果你确属那些不满足于生活浮沫者之列,我便要使你免遭这些词汇及其来源的伤害。

"词典里还有另一些词汇:蜂蜜、香脂、馥郁、保护、绿洲、启示等。从根本上说它们就是保护、信仰、明灯、大门和钥匙这些词汇。我的孩子,如果你真的希望走上神圣的理解之途,我要把这些词汇赠给你。它无疑将是你走上理解之途的路标。届时,这些词汇将如山泉汹涌般地从你的直觉之中蜂拥而出,不见丝毫虚伪和矫揉造作。虚伪、矫揉造作不正是欺骗吗？而真诚却永远是简朴的。正因为它永远简朴，它便永远美好。所以我嘱咐你使用真诚之词。今天，真诚之词是大地上最珍贵之物。当你看到大地之民在浮沫中挣扎，几乎面临灭顶之灾时，便不足为怪了。

"我是词汇。谁使我美好，我便让他美丽；谁丑化我，我便令他丑陋；谁蔑视我，我便贬低他；谁尊敬我，我便崇尚他。

"我是史无前例、空前绝后的筵席。有无数的佳肴，有无数的入席者。我宴请的是诸神、苍穹、太阳、星宿、无始、无终和一切源于生命的生灵。

"只有当你明白了你所吃所喝的正是你自己时，你才能在我的筵席上吃饱喝足。如果你想知道你是谁，你就要注意如何吃、如何喝，才能在你饥渴之后吃饱喝足。让捣乱者和玩弄者去随心所欲吧！让那些以玩弄表皮自娱的人们去玩耍吧，词汇的光华尚未射入他们的心，理解的精神尚未纯净他们的手和口。"

这就是我在想象中，我的耳和心听到的词汇的自语。这也是我在同你告别时，想注入你的耳和心中的东西。愿我和你共同学习如何美化和尊崇语言，从而使我们因它而变得美好和神圣。愿我和你共同学习如何从它那丰盛的筵席上获取为我们铺平走向神圣理解之路的一切吧！

译后记

《七十述怀》是努埃曼的自传,完成于1959年。全书按他生活和创作生涯的三个阶段分写成三部。第一阶段:启蒙时期,1902—1910年。时间从巴勒斯坦上俄国传教士小学到乌克兰的教会中学毕业。这个时期,他吸收俄国资产阶级民主革命思想,了解当时各种思想文化流派。第二阶段:战斗实践时期,1911—1932年。时间从1911年毕业回家,1912年赴美学习,1918年应征入伍,1920年同纪伯伦等人成立笔会到1932年纪伯伦逝世。这个时期是他一生中光辉成熟的二十年。他身体力行,借自由世界之风,挥动革新文学的大旗,不倦地和一批志同道合者向僵化、呆板的旧文化发起冲击。第三阶段:潜心著作时期,1933—1959年。这个时期他回国定居,著书立说,将过往的经历升华为对社会的分析,对人生价值的思考和哲理性的揭示。

努埃曼始终提倡吸收世界文学的精华,革新阿拉伯传统文学,摆脱呆板僵化、因袭前人的条条框框,以赋予文学新的生命和活力。他为笔会起草的纲领中鲜明地提到"落在纸上的东西并非都是文学,任何能舞文弄墨、吟诗学唱的人也不都是文学家。只有那种从生活的土壤、阳光、空气中汲取养料的文学,才是我们所认为的文学"。

季羡林先生在《文学的经与纬》一文中对新文学做过这样一个深入浅出的解释。他说:"任何国家任何时代的文学(文化的一个重要组成部分)都包含着两方面的因素:民族性和时代性。代表民族性的民族文学传统是历史形成的,这是南北方向的直线,可以算是经。代表时代性的是民族文学随时代而异的现代化,这是共时形成的,这是东西方向的纬。经与纬、民族性与时代性相结合,就产生出了每一个时代的新文学。"

1923年发表的文学评论集《筛》,是努埃曼新文学的起跑点。他对现代阿拉伯诗歌的形式、表现手法和思想内容做了系统的阐述,也对语言和文风、传统和创新提出了独到的见解。他分析了对语言的珍视不应忘了使用语言的目的,不能认为它已完整无缺,不需更进一步的准确了。"仿佛屋里的家具永远只是一开始安置的才是最完美的。难道数千年前制造的东西将能保证世世代代,甚至合乎千百万代的要求……""竭力把阿拉伯文学和语言囿于古人的传统意义和风格,我们认为这是腐蚀我们文学、语言的蛀虫。"关于民族性问题,他认为,"一种语言离开了它的故土,所发生的变化和那离乡背井、生活在异邦的人的变化同样自然。安达卢西亚的阿拉伯诗歌独有的甜美绝非它故土的赐予。阿拉伯半岛沙漠上的粗犷又怎能和西班牙的柔嫩相比……这一切正使笔会文学具有更深刻的意义……从而成为阿拉伯各国阿拉伯文学新的花粉"。笔会推崇的文风和风格最终为阿拉伯世界所接受,成为新文学的典范。这方面较为我们所知的、有埃及复兴派"阿波罗"诗社的诗人接受了这样的思想,使自己的诗歌面向人民,反映人民的活力和他们对政治、社会、宗教等社会生活的希望。

* * *

二十世纪二三十年代黎巴嫩的新文学有三类典范。第一类是侨居美洲的诗人们受西方浪漫主义的影响,更多地深入洞察现实生活中的灾难与痛苦,描写大自然和抒发他们对远离祖国的怀念感情。第二类(如伊里亚斯·艾布·夏克白)接近上述典范,受第一种诗人的启示。他们主要生活在黎巴嫩本土。第三类走得更远些。他们受法国象征主义派诗人和文学家的影响,含沙射影地启发思想和抒发感情。诗句隐晦枯涩,只注意词句的修饰。他们也大都居住在本土,如赛义德·阿卡勒等。后两种典范对阿拉伯新文学影响不大,主要是第一类。

第一类主要是笔会的文学家们。他们在短短十多年创作生涯后,随着纪伯伦的去世,分化成两种倾向。一部分人发展成为苏菲派,另一部分向相反的哲学方向发展,追求物质生活享受,借此摆脱现实生活的痛苦。努埃曼属前者。

"苏菲"意为穿粗羊毛织品的人。苏菲主义是一种神秘主义思潮。八世纪兴起于伊拉克和叙利亚北部,以后广泛流传于中亚、印度。他们表面上不否认伊斯兰教,但对其教义任意引申和解释。他们否认人世幸福,提倡禁欲主义,追求抽象真理。

努埃曼1932年回国定居后,他的苏菲主义思潮达到成熟阶段。这在本书第三部分中做了总汇。在这里,他全面论述了轮回转生、生死、善恶、现实和幻觉,甚至战争与和平的观点。对轮回转生,他在《来世的干粮》(1936)中做过专论。他认为世界的存在完整充实,紧密相连,不可分割,是无尽的统一。上帝、人类和大自然是一个整体,存在的统一是永恒的。生命是死亡的产物,死亡孕育出生命。

在贝鲁特的一次演讲中,他认为生与死是一对统一物。生死如同昼夜、觉醒、花果般紧密相连。"人之所以讨厌死亡,是因为他没有很好地热爱生。如果他没有把生当作灾难,他的死也不会成为灾难。"

在爱情和欲念上,努埃曼也恪守着苏菲派的信条。在《路边的葡萄园》一文中,他写道:多年前,我已将五十五个欲念中的五个埋葬了。这就是:权欲、富欲、情欲、名欲和永生欲……

这里特别值得一提的是努埃曼和纪伯伦的关系。他1934年写的《纪伯伦传》是我们今天了解纪伯伦短暂一生中所走过的路,从有限的生活羁绊走向无限的生活自由——从他的人性到神性的最有力的材料。《七十述怀》中叙述了两人在一起生活——不,战斗的十五年,"同甘共苦,摸透了他的一切,了解他思想和艺术趋向,深知他秉性爱好,涉足他灵魂深处。如果我俩在生与死,在文学和文学使命的思考、鉴赏和认识上没有惊人的接近,我不可能对他有如此透彻的了解并动笔"。另一方面,也是主要的方面,是两人在生活中遭遇的精神和物质问题十分相似。在哲学观上都认为,"被感物的后面,有一种感觉达不到的力量,它就是本质和被感物的各种表现，是根源和目的，是指导者、组织者和筹划者"。在语言和文学上，两人既倾向于将它们置于灵活和生命力的框框之中，又不妨碍各自以独特方式形成各自的风格。

* * *

努埃曼活了九十九岁。七十岁时对一生做了认真的回顾。他认为自己生命中既有浮沫，也有纯真，也许浮沫多于纯真。"不过即使是浮沫，但对那些正在寻找，并想知道如何寻找被浮沫掩盖着的事物的人来说，未尝不是一桩大好事。人的生命是短暂的，但纯真的寿命却是无始无终的。"这或许是我们翻译这本书的目的。

图书在版编目（CIP）数据

七十述怀 /（黎巴嫩）米哈依尔·努埃曼著；王复，陆孝修译. -- 北京：华文出版社，2018.5
ISBN 978-7-5075-4918-8

Ⅰ.①七… Ⅱ.①米… ②王… ③陆… Ⅲ.①米哈依尔·努埃曼 – 自传 Ⅳ.①K833.785.6

中国版本图书馆CIP数据核字（2018）第100439号

七十述怀
QISHI SHUHUAI

作　　者：	〔黎巴嫩〕米哈依尔·努埃曼
译　　者：	王　复　陆孝修
策　　划：	杨　平
责任编辑：	杨　宁　郭俊萍
特邀编辑：	罗金花　余菊芳
出版发行：	华文出版社
社　　址：	北京市西城区广外大街305号8区2号楼
邮政编码：	100055
网　　址：	http://www.hwcbs.com.cn
电子信箱：	silkroadlibrary@qq.com
电　　话：	总编室 010-58336239　发行部 010-58336267 责任编辑 010-58336258
经　　销：	新华书店
印　　刷：	北京画中画印刷有限公司
开　　本：	710×1000　1/16
印　　张：	38.5
字　　数：	553 千字
版　　次：	2018 年 5 月第 1 版
印　　次：	2018 年 5 月第 1 次印刷
标准书号：	ISBN 978-7-5075-4918-8
定　　价：	78.00 元

版权所有，侵权必究